图案：吕尧

梁慧星学术文集

第四卷

合同法与侵权责任法

梁慧星 著

北京大学出版社
PEKING UNIVERSITY PRESS

梁慧星

1944年1月生，四川省青神县汉阳镇人。中国著名民法学家，中国社会科学院学部委员、教授、博士生导师。第四、五、六届国务院学位委员会委员，十届政协全国委员会委员，十一届全国人大代表（主席团成员）、十一届全国人大法律委员会委员。曾任山东大学法学院院长，最高人民法院、最高人民检察院专家咨询委员，公安部监督员，现任北京仲裁委员会主任，北京理工大学珠海学院特聘教授、民商法律学院名誉院长。1986年国家人事部批准为"有突出贡献中青年专家"。1992年享受国务院颁发的政府特殊津贴。

序

我于1978年考取中国社会科学院研究生院硕士研究生攻读民法，1981年毕业后留法学研究所从事民法研究，至2019年5月退休。四十余年间，我致力于民法理论和立法研究，曾参与国家立法，从事编辑、教学、培训等工作。经北京大学出版社蒋浩先生建议，收集所撰写的民法理论研究、立法建议、法典论争、问题解答、判解评论及翻译介绍等文字，汇编成集，名曰"学术文集"，再按主题分为六卷，第一卷"民法典编纂、民法原理与法学方法"、第二卷"民法总论"、第三卷"物权法"、第四卷"合同法与侵权责任法"、第五卷"民事解答录"、第六卷"译介、判解、回忆及其他"，每一卷开篇均有对该卷内容的说明。

本文集仅收录单篇文章，包括已在平面媒体和网络媒体发表的、曾编入文集（如《民法学说判例与立法研究》《为中国民法典而斗争》《为了中国民法》等）出版的，以及未曾发表过的文章。本文集未收录专题著作，如《民法总论》《民法解释学》《裁判的方法》《法学学位论文写作方法》《民法总则讲义》《合同通则讲义》等。

需说明一点，本文集虽以学术文集为名，但其中许多文章并非严格意义上的学术研究论文，如实务问题解答、民法基本知识讲解，以及立法建议和提案等。写于改革开放初期的一些学术研究论文，也未必符合今天的学术规范，且因时过境迁，今天看来未必有多大学术价值，请读者谅解。

希望本文集的出版可以为读者提供方便。

上海财经大学民法教授李宇，负责文章的收集及各卷的结构编排，为文集的顺利出版付出了辛苦,在此表示感谢。

北京大学出版社领导和编辑同志为本文集的编辑出版付出辛劳,谨致感谢!

梁慧星

于昆明岭东紫郡之退庐

2022 年 4 月 28 日

本 卷 说 明

本卷收录了本人以合同法和侵权责任法为主题的相关文章,分两个部分。

第一部分合同法,按三个专题选编了本人关于合同法的文章。第一个专题是本人关于《经济合同法》的修订与统一合同法的制定的文章。第二个专题是1999年3月15日《合同法》颁布后本人关于该法的制定经过、若干重要问题及条文解析的文章。第三个专题是本人关于合同法的专论文章。

第二部分侵权责任法,按照写作时间顺序选编了本人关于侵权责任法的文章,涉及内容包括侵权责任法的制定方案,历次草案的述评与建议,我国《侵权责任法》的制定过程、重要制度以及条文解析等。

本卷中部分文章由于写作年代久远,或根据现场录音整理,文献无法一一核实,恳请读者谅解。

目 录

第一部分 合 同 法

合同法立法

论《经济合同法》的修订 …………………………………… 3
中华人民共和国合同法立法方案 …………………………… 14
从"三足鼎立"走向统一的合同法 …………………………… 36
中国统一合同法的起草 ……………………………………… 49
中国合同法起草过程中的争论点 …………………………… 76
关于中国统一合同法草案第三稿 …………………………… 83
从过错责任到严格责任
　　——关于《合同法草案(征求意见稿)》第76条第1款 …… 97
回顾合同法的制定过程 ……………………………………… 103

合同法解析

统一合同法:成功与不足 …………………………………… 119
《中华人民共和国合同法》的立法经验 …………………… 126
审理合同纠纷案件的若干问题 …………………………… 153
如何理解《合同法》第51条 ………………………………… 166
合同解释方法与所谓"最终解释权" ……………………… 171
"不良债权"受让人不能起诉银行 ………………………… 174

对买卖合同解释的解读和评论 ················· 179
如何看待承租人优先购买权 ················· 213
《合同法》第286条的权利性质及其适用 ··········· 216

合同法专题研究

论我国民法合同概念 ····················· 221
资产阶级民法中的合同自由 ················· 230
论我国合同法律制度的计划原则与合同自由原则 ······· 238
合同法与公平观念 ······················ 249
经济合同的法律效力 ···················· 264
论可撤销合同
　——兼答曹瑞林同志 ················· 274
论合同解释 ························· 281
关于实际履行原则的研究 ·················· 285
合同法上的情事变更问题 ·················· 298
论合同责任 ························· 320
论合同管理 ························· 330
合同自由与合同管理 ···················· 339
论出卖人的瑕疵担保责任 ·················· 347
融资性租赁法律问题研究 ·················· 378
论农业生产责任承包合同 ·················· 433
保证保险合同纠纷案件的法律适用 ·············· 440

第二部分　侵权责任法

侵权责任法立法

对《侵权责任法草案(第二次审议稿)》的修改意见 ······ 449
中国侵权责任法的制定 ··················· 467
对《侵权责任法草案(2009年8月20日修改稿)》的评论及修改
　建议 ·························· 484

《侵权责任法草案(第三次审议稿)》的评析与修改建议 ················ 507

侵权责任法解析
我国侵权责任法的几个问题 ······························· 538
中国侵权责任法解说 ····································· 564
怎样看待侵权责任法 ····································· 594

索　引 ··· 611

第一部分
合 同 法

合同法立法

论《经济合同法》的修订[*]

一、修订的理由

现行《经济合同法》的起草工作,是在1980年至1981年进行的。当时的立法背景是,经济体制改革还主要在农村进行,城市的经济体制改革只在若干大中城市试点;国民经济还主要依靠指令性计划和行政手段管理,原有经济体制还没有发生大的改变。在经历了"文化大革命"十年动乱和长期的法律虚无主义之后,法学教育和法学研究刚刚恢复,缺乏深入的法学理论研究作为立法的理论基础。这就决定了《经济合同法》必定受到原有经济体制及反映该体制的法学理论的局限。经济体制改革愈深入,这一局限性愈是突出。现在我国社会经济生活已经发生了根本性的变革,一个统一的社会主义市场已经初步形成。因此,有必要对《经济合同法》进行修订,使其与已发生根本变革的社会经济生活相适应。

受立法当时的历史条件限制,许多重要问题(例如,合同成立的要约、承诺规则,法定解除权,可撤销合同,同时履行抗辩权,损害赔偿的范围和限制等问题)在《经济合同法》中未作规定,给法院和仲裁机构裁判合同案件带来很多困难。因此,有必要在总结实践经验的基础上,参考国外成功的立法经验,完善《经济合同法》的各项制度和规则。

自《经济合同法》颁行以来,我国又相继制定了《涉外经济合同法》《技术合同法》,尤其是制定了具有民事基本法性质的《民法通则》,迫

---

[*] 本文原载《中南政法学院学报》1991年第3期。

切需要解决《经济合同法》与这些法律的相互衔接和协调问题。这是修订《经济合同法》的主要理由之一。

还有解决合同纠纷的手段和程序问题。《经济合同法》同时采用诉讼和仲裁解决合同纠纷,当事人在选择了仲裁之后并不丧失向法院起诉的权利,即仲裁裁决不是终局裁决,当事人不服仲裁裁决还可以向法院起诉。这样一来,一个合同案件往往要经过"两裁""两审",实践证明这样做不利于迅速解决纠纷,不利于加快经济流转。法院和仲裁机构均要求改革这一制度。这也是修订《经济合同法》的一个原因。

二、修订的指导思想

一部分民法学者主张对《经济合同法》作大幅度修改。他们所建议的修订方案包括:(1)废弃"经济合同"概念,将法律名称改为"中华人民共和国合同法";(2)删除不属于民法规范的第六章"经济合同的管理";(3)删除第二章和第四章中有关各种合同的规定,因为这些规定与各合同条例的内容重复,使修订后的合同法成为我国民法的合同法通则。他们所提出的体例如下:第一章"总则";第二章"合同的订立";第三章"合同的担保";第四章"合同的履行";第五章"合同的变更、转让和终止";第六章"违反合同的责任";第七章"解决争议的方式";第八章"附则"。

这无疑是一个比较理想化的方案。我国从1979年至1986年曾经发生过民法与经济法两大部门法学者之间的激烈争论,《经济合同法》的归属问题正是论争的一个焦点,虽然因为《民法通则》的颁布使论争暂告停止,但两派分歧远未消除。采纳上述方案,尤其是废弃"经济合同"概念和变更法律名称,势必遭到大多数经济法学者的反对,重新挑起论争并延误法律的修订工作。虽然不能说概念和法律名称问题不重要,但其与法律的实质性内容相比毕竟居于次要地位。应当把修订的重点放在法律实质性内容上,即尽量充实和完善反映现代商品经济共同规律的规则和制度,以避免因概念和名称引发大的论争而延误法律修订。基于这些考虑,我们主张在维持《经济合同法》体例和结构大体不变的前提下进行法律修订。这也正是大多数民法学者和经济法学者都能接受的主张。

所谓维持经济合同法体例和结构大体不变,包括:(1)保留经济合同概念并维持法律名称不变。经济合同概念虽然为苏联经济法学派所创,但自20世纪50年代传入我国后,经立法机关采用,沿用至今,实际上相当于国外的"商事合同"概念。(2)法律结构大体不变。立法是从实际需要出发,而不是从某种完美的理论模式出发。在民事法律文件中包含少量公法性规范,并不少见。经济合同的管理,是我国法律中一项有特色的制度,实践证明是有效的。因此,修订后的《经济合同法》仍应保留合同管理一章。我们主张结构大体不变,并不妨碍对各章作增删调整,甚至增加新的章、节。(3)现行民事立法格局应维持不变。现行民事立法格局是,《民法通则》属于民事基本法,在基本法之下,由《经济合同法》《涉外经济合同法》和《技术合同法》构成"三足鼎立"的格局。三个合同法是以调整范围划分的。这一格局应维持不变,但不妨碍在《经济合同法》中增加属于合同法通则性的规定。在维持基本结构和立法格局大体不变的前提下,认真总结《经济合同法》自实施以来的实践经验,吸收国外立法中反映现代商品经济共同规律的卓有成效的制度和原则,进行增删修改,使修订后的《经济合同法》更加适应改革开放和发展社会主义商品经济的要求,并与《民法通则》《涉外经济合同法》《技术合同法》相互衔接,保持协调一致。

三、修订的主要内容

(一)调整范围

原法第2条规定了经济合同的定义。凡属经济合同,均归经济合同法调整。由于受苏联经济法学派强调以主体划分经济合同的主张的影响,原法第2条规定"经济合同是法人之间为实现一定经济目的,明确相互权利义务关系的协议"。这一规定就是在立法当时也与实际生活不符。因而立法者不得已在附则中规定第54条:"个体经营户、农村社员同法人之间签订经济合同,应参照本法执行"。这次修订应彻底放弃"主体划分法",以当事人双方是否为了实现一定生产经营目的,作为划分经济合同与其他民事合同的标准。使经济合同主体可以包括法人、个体工商户、合伙人、农村承包经营户、未取得法人资格的企业及企业法人的分支机构。这样,经济合同概念即相当于国外的商事合同概念,《经济合同法》则相当于国外的商事合同法。

(二) 经济合同的订立

原法第3条规定经济合同,除即时清结者外,应当采用书面形式,而第9条规定双方依法就主要条款经过协商一致,经济合同就成立。而书面形式究竟是不是合同成立要件,法律未明确规定,导致解释上发生歧见,影响法律适用。这次修订应着重规定书面经济合同的成立,要求凡是法律规定或当事人要求采用书面形式的经济合同,应当自双方就主要条款达成协议并签字或盖章时起成立;法律、法规要求须经国家机关批准的合同,自批准之时起成立。这样规定将与《涉外经济合同法》第7条相一致。

原法第12条规定经济合同应具备"主要条款"。按照合同法理论,合同主要条款的效力决定合同的成立。而原规定"主要条款"的范围过宽,与当代合同法的发展趋势不符。例如,"违约责任""争议的解决方式"等本属一般条款而非主要条款,未规定这类条款并不影响合同的成立和有效。因此,建议修订稿删去"主要条款"四字,可改为"经济合同应具备以下条款",其中既包括主要条款,也包括某些一般条款如违约责任及争议的解决方式等。至于哪些条款属于合同主要条款,法律不作规定,留给理论和判例去解释。

关于经济合同的订立,建议修订稿规定要约、承诺规则。

(三) 经济合同的履行

建议增加关于同时履行原则及由此产生的同时履行抗辩权和不安抗辩权的规定。此为合同法关于合同履行的基本规则,各主要国家和地区立法莫不规定,如《法国民法典》第1613条,《德国民法典》第320、321条,《日本民法典》第533条,《苏俄民法典》第177条。我国《涉外经济合同法》第17条的规定,相当于大陆法系民法的不安抗辩权。规定这两项抗辩权,对于解决(减少)企业间存在的"货款拖欠"问题,有重大意义。近几年的经济合同实践中发现有的人自己并不准备履行合同,而是通过订立经济合同使对方"违约",以获取违约金和赔偿金。规定同时履行抗辩权和不安抗辩权,可以使这种伎俩不能得逞。建议条文如下:

经济合同当事人的一方于对方未履行义务前,有权拒绝履行自己的义务,但依法律规定、合同约定或者合同性质应当先履行义务的一方除外。

依法律规定、合同约定或者合同性质应当先履行义务的一方,有对方不能履行义务的确切证据时,有权中止履行义务,但应当立即通知对方,当对方就履行义务提供了充分的担保时,应当履行义务。

(四)经济合同的转让、变更和解除

原法未规定合同的转让问题。但《民法通则》第91条和《涉外经济合同法》第26条对合同的转让均有规定。因此,建议修订后的《经济合同法》应增加关于合同转让的规定,以适应经济生活的要求,并与《民法通则》和《涉外经济合同法》相协调一致。需说明的是,此所谓合同的转让,包括了大陆法系民法所谓债权让与和债务承担两个概念。此外,在大陆法系民法中,对于债权让与,仅要求通知债务人,而不必征得债务人同意;债务承担,须经债权人承认始能生效。但我国民法关于合同的转让,不论债权让与还是债务承担,一律要求征得对方的同意,否则不发生合同转让的效力。法律规定应经国家机关批准的合同,其转让须经原批准机关批准;法律禁止转让的合同,不得转让。

原法关于合同的解除,未区分协议解除与法定解除权,在实践中造成执行困难。修订《经济合同法》应对此作区分,并规定发生法定解除权的原因。法定解除权,性质上为形成权,其效力在于依权利人意思表示而消灭法律关系,无须征得对方当事人同意。因此,发生法定解除权的原因应限于那些界限明确、易于判断的情形。例如,国家指令性计划被修改、取消;发生不可抗力,企业关闭、停产、转产、破产,或者个体工商户被责令停业或吊销营业执照;对方违约。"国家政策变动"不应作为法定解除权发生原因,因为这是一个极不明确的概念。各主要国家和地区的做法是,承认"国家政策变动"为一种情事变更,当事人可依情事变更原则,请求法院解除合同。按照情事变更原则,决定权不在当事人而在法院。是否有政策变动,是否构成情事变更,是否达到必须解除合同的程度,均由法院审查判断并作出判决,这有利于正确协调当事人利害冲突,维护经济秩序的稳定。

情事变更原则是现代商品经济社会中一项不可或缺的民法制度。其实质与功能在于,贯彻公平及诚实信用原则,消除因情事发生变更所致不公平后果,协调合同当事人利害冲突,维护社会公平及经济流转法律秩序。这一原则的立法化已是当代民法不可逆转的潮流。

我国《民法通则》规定公平及诚实信用为我国民法之基本原则,原《经济合同法》第 27 条第 1 款第(4)项对情事变更已有规定,加之我国加入《联合国国际货物销售合同公约》,该公约第 79 条规定的情事变更原则成为我国《涉外经济合同法》之一部分。因此,当前所要解决的问题,是在现行立法基础上,借鉴各主要国家和地区立法经验和理论研究成果,通过修订《经济合同法》完善情事变更原则法律制度。鉴于原《经济合同法》第 27 条第 1 款第(4)项关于情事变更的规定不够明确,因而在实务上难以适用,且规定法律后果为发生法定解除权与情事变更原则本意不符,因此建议删去原第 27 条第 1 款第(4)项,在该章末尾另立一条规定情事变更原则。建议条文如下:

经济合同成立后,因不可归责于当事人的原因发生情事变更,致法律行为基础丧失,使当事人目的无法实现或对价关系障碍,仍维持合同效力显失公平,则受不利影响的一方当事人有权请求人民法院或仲裁机构变更合同内容或解除合同。

(五)违反经济合同的责任

1. 关于责任原则

现代《合同法》关于违约责任均规定以过错责任为原则。责任之成立,须以违约人有过错为要件。但原告并不负证明被告对于违约有过错的举证责任,而是采用举证责任倒置,使被告负担证明自己对于违约并无过错的举证责任。因此,属于推定过错责任。原《经济合同法》第32条规定,"由于当事人一方的过错,造成经济合同不能履行或者不能完全履行,由有过错的一方承担违约责任",未明确规定举证责任应由违约方负担。建议修订时,明定为过错推定责任,以便于法律的正确适用,可采用下述条文:

经济合同当事人一方未按合同的约定履行义务的,应当承担违约责任,但能证明自己没有过错的除外。

2. 关于"双方违约"

原《经济合同法》第32条规定,"如属双方的过错,根据实际情况,由双方分别承担各自应负的违约责任"。理论和实务中称为"双方违约"。《民法通则》第113条在此基础上更向前进了一步,明定为"双方违反合同";"当事人双方都违反合同的,应当分别承担各自应负的民事责任"。1990年7月26日的《经济合同法》修订送审稿,将原法第32条上述规定和《民法通则》第113条予以折中,规定为修订稿第37条第2款:"当事人双方都没有按合同约定履行义务的,应当分别承担各自应负的违约责任"。

所谓"双方违约"在理论上是错误的,在实践上是有害的。因为合同法上有同时履行原则及同时履行抗辩权和不安抗辩权,当事人在对方未履行义务时,有同时履行抗辩权,他之拒绝履行义务为正当行使权利,不构成违约,合同通常约定一方先履行义务,在应先履行一方未履行时,另一方的履行义务不发生效力这种情形中,只有应先履行一方违约,而另一方并不违约。如果应先履行一方有另一方不能履行的确切证据(如陷于支付不能),可以行使不安抗辩权,中止履行义务,也不构成违约。应先履行一方没有对方不能履行的确切证据而中止履行,或在对方已提出充分担保后仍中止履行,则构成违约。但无论什么情形,均只有一方违约。在实践中,法官往往利用这一规定任意指责"双方违约",迫使受害方让步,接受调解或判决,致受害方利益得不到充分保护。因此,建议删去关于"双方违约"的规定。

3. 关于损害赔偿的范围和违约金

原《经济合同法》和《民法通则》未明确规定损害赔偿的范围以及约定违约金和法定违约金的适用顺序,致使实践中存在的否定对可得利益的赔偿及片面强调法定违约金的倾向得不到纠正,近年来又发生了一些当事人借约定高额违约金或赔偿金谋取不当利益的现象。因此,建议修订《经济合同法》时,采纳各主要国家和地区民法的共同规则,即约定违约金和损害赔偿条款优先适用;无约定时损害赔偿应包括实际损失和可得利益损失;约定违约金、赔偿金过高或过低时,法院或仲裁机构依当事人申请可予减少或增加;损害赔偿额不得超过违约方在订约时应当预见到的损失。

4. 关于不可抗力免责

原《经济合同法》第 34 条规定,"当事人一方由于不可抗力的原因不能履行经济合同时,应及时向对方通报不能履行或者需要延期履行、部分履行经济合同的理由,在取得有关主管机关证明以后,允许延期履行、部分履行或者不履行,并可根据情况部分或全部免予承担违约责任"。其中将通知和提供证据作为不可抗力免责的先决条件,与不可抗力制度本意不符。通知对方发生不可抗力事故(不是通报有关情况和理由),并提供证据,属于附随义务,其根据为诚实信用原则。另外,提供证据,一般应由公证机构负责,企业上级主管机关的证明不应算数,因为它们与企业有利害关系,不具有公信力。建议修改为:

当事人因不可抗力不能履行或者不能按照约定期限履行合同义务的,不承担违约责任,但应当及时通知对方,并在合理期间内提供有关机构出具的证明。

(六)经济合同的无效和撤销

原法第 7 条规定,"下列经济合同为无效:一、违反法律和国家政策、计划的合同……"修订送审稿专设一章(第五章)规定合同的无效和撤销,将上述条文修改为"违反法律和国家政策、指令性计划的合同"。建议作进一步修改:

下列经济合同无效:一、违反国家法律和政策的强制性和禁止性规定及违反国家指令性计划的合同。

理由如下：法律有强行性（包括强制性和禁止性）规定与任意性规定之分。所谓强行性规定，即不问当事人意思如何，必须适用之规定。所谓任意性规定，即允许当事人予以变更或以意思表示排除其适用之规定。凡是关系国家根本利益、社会秩序、市场交易安全及直接关系第三人利益的事项，法律设强制性或禁止性规定，以排斥当事人之意思自由。凡是关系当事人自己利益的事项，法律设任意性规定，旨在补充当事人之约定，或作为解释当事人意思之标准。公法为强行性规定。民法总则及关于物权、继承之规定大部分为强制性和禁止性规定，而关于合同的规定大部分为任意性规定。法律上所称违法，指违反强行性规定；违反任意性规定，不构成违法。各主要国家和地区法律上作为影响合同效力的原因之一的"违法"，均指违反强行性规定。例如，《德国民法典》第 134 条规定，法律行为违反法律的禁止性规定者无效。我国台湾地区"民法"第 71 条规定，法律行为违反强制或禁止之规定者，无效。英美法中的"违法"分为制定法上的违法和普通法上的违法。其中，制定法上的违法，指违反制定法的禁止性规定；普通法上的违法，指违反公共秩序。

由于现行法未明确规定"违法"概念，导致实践中出现任意扩大"违法"的范围，甚至滥用"违法无效"规定的倾向。许多案件判决，将不属于违法的情事作为"违法"，例如所谓"主体违法""形式违法"等。这些情事虽然也可能导致合同不成立或无效，如主体不合格、超越经营范围、未采法定形式等，但与违法致合同无效的情事不同，因此应予区别，不能混淆。

原法第 16 条第 2 款规定"违反国家利益或社会公共利益的合同"，修订送审稿将该款规定作为第 54 条第 4 款，并增加"对故意的双方或一方，还可视其情节轻重，追究其经济、行政责任直到刑事责任"一句。这一规定所存在的问题，在于"违反国家利益或社会公共利益"过分广泛，有加以限制的必要。否则，不能纠正实践中已出现的滥用此规定的倾向。另外，应明确规定行政制裁措施，并将损害第三人利益也

包括在内。建议修改为:

经济合同违反国家法律和政策的强制性和禁止性规定,严重损害社会公共利益、国家利益或者第三人利益的,除应确认合同无效外,对故意的双方或一方,应追缴其非法所得的财产收归国库或者返回第三人。并可视其情节轻重,依据法律规定给予训诫、罚款或者拘留等处罚;构成经济犯罪的,应依法追究刑事责任。

(七)合同争议的处理

我们赞成修订送审稿关于经济合同仲裁的规定,即工商行政管理机关设立的经济合同仲裁委员会,根据合同仲裁条款或事后达成的仲裁协议受理仲裁案件,实行两裁终局制。但我们不赞成赋予合同管理机关直接从当事人账户"扣留""划拨"款项和"变卖"当事人财产的权力。我们认为,如果当事人对于生效的仲裁决定书拒不执行,只能由对方当事人向人民法院申请执行,不能由工商行政管理机关自己执行。理由如下:

(1)任何法治国家,执行权均统一归法院行使,法院以外的其他任何机关不得享有执行权。尽管在第二次世界大战以后,由于各国执行干预经济的政策,致行政机关权力膨胀,甚至拥有了某些准立法权和准司法权,即使这样,行政机关仍不能享有执行权。执行权统一归法院,这是保障公民权益不受行政权非法侵害的重要原则。

(2)我国行政权历来十分强大,不少行政机关不仅有行政权,而且有某种"立法权"和"司法权"。以经济合同管理机关为例,它可以制定实施条例,解释法律;可以确认合同无效,并且一并处理当事人之间的财产返还和赔偿;在仲裁案件时,可以仲裁机关名义决定采取保全措施,"查封、扣押、冻结"当事人财产。其权力已非常强大。若再授予它"划拨"当事人款项和"变卖"当事人财产的执行权,则合同管理机关实际上变成了另外一个"人民法院",不利于保障公民权益和民主法制建设。

(3)依修订送审稿,合同管理机关已拥有决定采取保全措施的权力。它可依当事人申请(当然应责令申请人提供担保)决定采取保全措施,查封、扣押当事人财产,冻结当事人账户存款。这对于保证裁决的执行已经足够。

(4)现今不少行政机关纷纷伸手要执行权,此例一开将导致国家司法权、执行权被肢解瓜分。如果众多行政机关均可凭自己意志执行公民和企业财产,动辄冻结账户,扣留、划拨款项,直至封门、抄家、变卖财产,其严重后果不堪设想。维护执行权统一由法院行使的原则,使法院对行政行为和仲裁决定有进行司法监督,纠正错误的行政决定和仲裁裁决的机会,对于保障公民和企业合法权益及民主法制的发展,有极重大意义。

中华人民共和国合同法立法方案[*]

一、立法指导思想

（1）从我国改革开放和发展社会主义市场经济，建立全国统一的大市场及与国际市场接轨的实际出发，总结我国合同法立法、司法实践经验和理论研究成果，广泛参考借鉴市场经济发达国家和地区立法的成功经验和判例学说，尽量采用反映现代市场经济客观规律的共同规则，并与国际公约和国际惯例协调一致。

（2）充分体现当事人意思自治，在不违反法律和公序良俗的前提下，保障当事人享有充分的合同自由，不受行政机关及其他组织的干预。非基于重大的正当事由，不得对当事人的合同自由予以限制。

---

[*] 1993年10月法工委邀请北京部分民法学者座谈讨论制定统一合同法事宜，与会学者一致赞同立即着手起草，并推举八位法学学者研拟立法方案。这八位学者是：中国政法大学江平、中国社会科学院法学研究所梁慧星、中国人民大学王利明、中国社会科学院法学研究所张广兴、烟台大学郭明瑞、吉林大学崔建远、最高人民法院李凡、北京市高级人民法院何忻。当月下旬在北京召开了研拟立法方案的座谈会，会议开了三天。先用两天时间分析法律发展潮流、发达国家和地区的经验、我国经济生活中发生的问题，讨论立法指导思想、价值取向、基本原则和法律结构等问题，第三天分两组分别设计总则和分则章节。在集体讨论基础上由梁慧星执笔完成立法方案草案。11月4日法工委邀请北京部分学者对该立法方案草案进行了初步讨论。1994年1月上旬在北京召开了有12个单位的学者参加的合同法起草工作会议。这12个单位是：北京大学、中国人民大学、中国政法大学、对外经济贸易大学、武汉大学、吉林大学、烟台大学、西南政法大学、中南政法学院、华东政法学院、西北政法学院、中国社会科学院法学研究所。会议经逐条讨论后一致通过《中华人民共和国合同法立法方案》。然后由各单位自选承担其中一章或几章的起草工作。要求严格按照立法方案规定的原则和要点起草，预定在6月底完成，实际是11月全部完成。在各章草案基础上，由梁慧星、张广兴、傅静坤三人负责统稿，于1995年1月完成《中华人民共和国合同法（建议草案）》。

（3）考虑到本法制定和实施的时代特点，本法应能适应我国建成社会主义市场经济后对法律调整的要求，同时应兼顾目前由计划经济体制向市场经济体制过渡的时期的特点，但对落后的现实不应迁就。

（4）本法在价值取向上应兼顾经济效率与社会公正、交易便捷与交易安全。即在拟定法律规则时，既要注重有利于提高效率，促进生产力发展，又要注重维护社会公益，保护消费者和劳动者权益，维护市场经济的道德秩序，不允许靠损害国家、社会利益，损害消费者和劳动者而发财致富；既要体现现代化市场经济对交易便捷的要求，力求简便和迅速，又不可因此损及交易安全，应规定必要的形式和手续。

（5）应注重法律的规范性和可操作性，条文繁简适当，概念尽量准确，有明确的适用范围、构成要件和法律后果，以便于正确适用。

二、调整范围及与其他法律的关系

（1）本法调整平等主体之间的合同关系。

（2）本法仍维持狭义合同概念，即本法所称合同为债权合同。基于身份关系的协议如结婚、离婚、收养、遗赠扶养协议等均非本法所称合同。所谓行政合同亦不受本法调整。

（3）基于前述立法指导思想，本法坚持统一的合同概念，不区分经济合同与非经济合同，商事合同与民事合同，国内合同与涉外合同。

（4）非平等主体之间的承包关系，如企业内部承包、企业承包等尽管采取合同形式，亦不受本法调整。

（5）本法在坚持民商合一体制的前提下，处理与民（商）事单行法的关系：凡单行法有特别规定的，适用该特别规定；凡单行法无特别规定的，应适用本法。这里所说的民（商）事单行法，指公司法、票据法、证券法、海商法、保险法、专利法、商标法、著作权法等。

三、基本结构及起草提要

本法分为总则、分则、附则。总则包括9章，分则包括28章，附则1章，共38章。各章名称及内容提要如下。

总　则

第一章　一般规定

提要：

第 1 条规定本法立法目的：保护合同当事人合法权益,促进社会主义市场经济的发展。

第 2 条规定合同定义：平等主体之间设立、变更、终止债权债务关系的协议。

第 3 条以下,规定基本原则：(1)合同自由原则；(2)平等原则；(3)公平原则；(4)诚实信用原则；(5)公序良俗原则。

说明：(1)关于合同定义,有学者提出应不受《民法通则》定义的束缚,建议采传统民法经典定义；(2)关于基本原则,有学者建议规定合法原则；(3)有学者提出基本原则的效力问题,建议规定法院在裁判案件时,如无具体条文可以适用,或适用具体规定所得到的结果显然违反社会正义,则可以不适用该具体规定而适用基本原则。为避免基本原则的滥用,可规定法院于直接适用基本原则裁判案件时,应报经最高人民法院核准。

第二章　合同的成立

提要：

章名用合同的成立或合同的订立,尚可斟酌。

建议设要约、承诺、合同的成立、缔约过失责任共 4 节。

第一节　要约

规定要约的概念；要约的构成要件；要约的形式；要约的效力。

关于要约的生效,采到达生效主义。

关于要约的形式,应对要约与要约邀请作出界定。商品标价陈列、自动售货机之设置、投标书之寄送,为要约。商品广告、招标公告为要约邀请。

关于悬赏广告,采单独行为说,故非要约。

第二节　承诺

规定承诺的概念;承诺的构成要件;承诺的方式;承诺的效力;承诺的撤回;交叉要约、同时表示。

关于承诺的概念应与国际买卖合同公约相协调。对非主要条款修改后的承诺仍构成承诺。

关于承诺的生效时间,区分对话方式和非对话方式。对话方式,即时成立合同;非对话方式,采到达主义。

第三节　合同的成立

规定成立的时间;成立的地点;成立的形式;成立要件。

关于成立的时间,应区分诺成合同与实践合同,要式合同与非要式合同。

关于成立的形式,原则上合同既可采用书面形式,也可采用口头形式,但当事人有特别约定或法律有特别规定的,依当事人约定或法律规定。

规定合同成立要件:须有双方当事人;须以订立合同为目的;须意思表示一致。

第四节　缔约过失责任

采纳德国法上的缔约过失责任制度。可规定缔约之际,当事人负有相互保护、通知义务;并规定相应的责任,此所谓缔约过失责任,包括合同不成立时对先期履行的返还及对所发生损害的赔偿。

说明:(1)有学者认为,不必规定成立要件;(2)关于公用事业服务合同,应规定经营者有承诺义务;(3)关于要求登记或批准的合同,在书面订立后,未登记或未批准之前,应为"已成立但未生效";(4)预约、意向书不必规定,因预约、意向书受到损失的,应依缔约过失责任制度处理。(5)关于"书面形式"应做扩大解释,除合同书外,应包括电报、电传、传真、电脑数据。

第三章 合同的效力

提要:

建议分为7节,规定:生效要件;效力补正;无效合同;可撤销合同;合同无效和被撤销的法律后果;附条件、附期限、附获奖机会的合同;标准合同。

第一节 生效要件

合同的生效要件为:当事人有相应的行为能力;意思表示真实;不违反法律强行规定或公序良俗;标的确定和可能。

第二节 效力补正

规定无行为能力或限制行为能力人订立的合同、无权代理人所订合同、无权处分人所订合同,须经补正方能生效。但无行为能力人或限制行为能力人订立的纯获利益的合同无须补正。

第三节 无效合同

无效合同有以下四种:

(1)违反法律强行性和禁止性规定的合同。

(2)违反公共秩序与善良风俗的合同。

(3)双方代理的合同。

(4)自己代理的合同(使被代理人纯获利益的行为除外)。

可在本节对狭义无权代理、表见代理和法定代表人越权行为作出规定。狭义无权代理而被代理人未追认的,由无权代理人履行或承担责任;表见代理,由被代理人承担责任;法定代表人的越权行为,在对方当事人为善意时,为有效,对方当事人为恶意时,为无效。

第四节 可撤销合同

导致合同可撤销的原因有以下五种:

(1)欺诈。

(2)胁迫。

(3)重大误解。

(4)显失公平。

(5)不当影响。

其中,显失公平应增加主观要件,该主观要件不使用像"乘人之危"之类用语,应尽量具体,但不能像《德国民法典》"暴利行为"的主观要件那样严格。"不当影响"系新创概念,指一方或双方迫于第三人如上级主管机关的压力而签订的合同,受不当影响的一方或双方,有权请求法院予以撤销。

可撤销合同当事人可不请求撤销而请求变更。当事人请求撤销时,法院可不予撤销,而径予变更;但当事人请求变更时,法院不能予以撤销。

撤销权的除斥期间为1年。

第五节 合同无效和被撤销的法律后果

合同被认定无效或被撤销的,已履行部分应予返还(包括孳息);返还不能的应予补偿。有过失的一方应赔偿对方所受损失。

本法不宜直接规定行政责任和刑事责任。合同违反行政或刑事法规时,以上法律后果不影响对违法行为人追究行政责任或刑事责任。

第六节 标准合同的效力

建议专设一节规定:标准合同的概念;对其有效或无效的判定;其解释原则;对标准合同的法律控制。

第七节 附条件、附期限、附获奖机会的合同

附获奖机会的合同,如有奖销售、有奖储蓄等。

说明:(1)有学者认为不必规定合同生效条件,因为从正反面同时规定生效条件和无效合同,而二者并不周延,但另有学者认为应规定生效条件,不具备生效条件与无效合同不是一回事;(2)可撤销合同应规定谁有权主张撤销;(3)有学者指出,民法通则所谓"重大误解"属于传统民法中的"错误",建议使用"错误"概念;(4)本章变更《民法通则》之规定较多,应详述理由。

第四章 合同的履行

提要：

拟分 7 节。

第一节 合同履行的一般规定

要求当事人应严格按照合同的约定履行义务。

我国原有民法理论上所谓实际履行原则，系高度集中的计划经济体制的产物，为本法所不采。

第二节 双务合同的抗辩权

规定双务合同的同时履行原则；同时履行抗辩权；不安抗辩权。

不安抗辩权与英美法上的"预期违约"为相似制度，但预期违约的适用范围比不安抗辩权更宽。此不采预期违约制度，可考虑在规定不安抗辩权时，适当吸收预期违约制度的某些优点。

第三节 向第三人履行义务和由第三人履行义务

规定在这两种情形下的履行原则。

第四节 合同约定不明时的履行

规定在合同约定不明或未有约定时的履行准则。参照《民法通则》第 88 条，应比第 88 条更完善。

第五节 债权人迟延

规定在债权人受领迟延条件下履行债务的原则。

第六节 合同履行的保全

规定债权人的代位权和债权人的撤销权。

第七节 情事变更原则

参考德国法上的"行为基础制度"、其他国家的有关立法及我国司法实践，规定情事变更原则。

说明：(1)本法不规定合同的履行原则，第一节为一般规定；(2)有学者认为英美法的预期违约比大陆法的不安抗辩权好，请起草人斟酌；(3)情事变更原则非关于合同的解除问题，而是合同的履行问题，因此，应在本章规定。

第五章　合同权利义务的转让

提要：

拟分 4 节。

第一节　一般规定

合同权利义务原则上可以转让。

不可转让的合同如下：

(1) 当事人约定禁止转让。

(2) 法律规定禁止转让。

(3) 合同性质决定不可转让。

可考虑规定限制转让的合同。

转让应依原合同形式。

第二节　债权让与

规定债权让与的概念；债权让与的条件；债权让与的效力。

债权转让仅以通知债务人为已足，不要求获得债务人同意。

第三节　债务承担

规定债务承担的概念；债务承担的条件；债务承担的效力。

债务承担应获得债权人同意。

第四节　债权债务的概括移转

概括移转，即合同当事人一方将债权债务一并转让。

规定概括移转的概念；条件；效力。

概括移转应经对方当事人同意。

第六章　合同的解除与终止

提要：

拟分 3 节。

第一节　合同的约定解除

约定解除，指依合同约定条件产生解除权。

第二节　合同的法定解除

法定解除,指法定解除权。产生法定解除权的事由如下:

(1)合同履行不能。

(2)债务人逾期经债权人催告且在债权人指定的或合理的期限内仍未履行。

(3)债务人逾期致债权人目的不达或逾期后的履行对债权人重大不利的,无须催告。

大陆法传统上有"期限代人催告"的原则,依此原则,债务人一经逾期,立即成立解除权,而无须债权人催告。考虑到此原则对债务人过苛,因此,改为以催告为原则,以与《联合国国际货物销售合同公约》相一致。

此外,应规定解除权行使的期限;解除的效力。

第三节　合同的终止

合同的终止,指双方当事人协商一致消灭合同的效力。

说明:《民法通则》及《经济合同法》有所谓合同的变更,考虑到所谓合同变更乃合同自由应有之义,因此本法不作规定。

第七章　合同的消灭

提要:

拟分6节。

第一节　一般规定

规定合同消灭的原因;合同消灭的效力;合同消灭后的义务。

合同消灭的原因有:清偿;抵销;提存;免除;混同。

合同消灭后的义务,即学说上所谓"后契约义务",指某些合同消灭后,依诚实信用原则,当事人间仍有保密、协力、通知等义务。

然后,第二节至第六节,分别规定清偿、抵销、提存、免除、混同。

第八章　违约责任

提要:

拟分5节。

第一节 一般规定

规定归责原则;第三人侵害债权;违约形态;免责事由;免责约款。

违约责任虽为过失责任,但并不要求受害人对违约方的过失举证,而是允许违约方证明自己无过失而获免责。实际上为过失推定责任。因此,本法应明文规定,采过失推定责任原则。

并规定,当事人应对自己一方的第三人(如配件供应人、分包人、受托履行义务人)的原因造成的违约负责。自己一方的上级机关的原因造成合同不能履行,也应适用此原则。

合同债权虽为相对权,但自本世纪以来,判例学说已承认得为侵权行为标的。即第三人侵害债权,构成侵权行为。为强化对合同关系的保护,有必要在此对第三人侵害债权作出原则规定。

违约形态可规定四种:拒绝履行;履行不能;逾期履行;瑕疵履行。

免责事由:不可抗力。

关于合同中的免责约款,应规定原则上有效,但以下责任不得事先免除:

(1)因故意或重大过失所致责任。

(2)人身伤害的责任。

(3)消费者保护法禁止免除的责任。

第二节 违约金

合同约定违约金视为约定的损害赔偿。

约定的违约金过高或过低,当事人可请求法院或仲裁机构予以适当降低或提高。

第三节 损害赔偿

本法以金钱赔偿为原则。

允许当事人事先约定赔偿金额或损害赔偿额的计算方法。

当事人未约定时,赔偿范围包括:实际损失(财物的毁损、灭失和费用支出),及可得利益损失。

并应规定扩大损害规则;过失相抵规则;损益相抵规则;合理预见规则。

最后规定,法律规定有最高限额的,依法律规定。

第四节　其他方式

规定强制实际履行;定金制裁;修理、更换、重作。

强制实际履行的条件:受害人请求;合同有履行可能;有强制履行必要;法院认为适于强制履行。

第五节　责任竞合

规定在同时成立违约责任和侵权责任的情形,由当事人选择。

说明:(1)有学者建议不规定上级机关的原因造成的违约;(2)违约金是否区分为迟延的违约金、不能履行的违约金;(3)起草时请注意联合国关于违约金条款的统一规则;(4)请考虑定金与违约金、定金与预付款的关系。

第九章　合同的解释

提要:

规定解释合同的原则:

(1)探求真意,不拘泥于文字。

(2)整体解释。

(3)依诚实信用和交易习惯。

(4)符合合同目的。

分　　则

第十章　买卖合同

提要:

拟设3节。

第一节　一般规定

应在本节规定所有权转移;危险负担;即时取得;瑕疵担保。

关于所有权转移,不区分特定物与种类物。原则上有约定的依约定;无约定的,再区分法律是否要求登记;法律要求登记的依登记;不要求登记的依交付。

危险负担随所有权。

第二节 特种买卖

拟规定:(1)保留所有权的分期付款买卖;(2)附所有权让渡的分期付款买卖;(3)附买回条件的买卖;(4)样品买卖;(5)试验买卖;(6)赊销;(7)拍卖;(8)连续供应合同。

第三节 互易

互易为两个买卖的重合,因此规定在买卖一章。

说明:(1)有学者指出将互易定性为两个买卖的重合是错误的,认为应将互易单列一章。考虑到起草的便利,暂作为一节起草,待定稿时再决定是否单列一章。(2)关于房屋买卖,是作为特种买卖之一种,或者单列一节,或者单列一章,由起草人斟酌决定。

第十一章 土地使用权转让合同

提要:

第一节 国有土地使用权转让合同

第二节 农村土地承包合同

说明:关于国有土地使用权的合同,是对出让、转让一并规定,或是仅规定转让,或是对国有土地使用权出让、转让均不规定,意见尚不统一。是否规定农村土地承包合同,意见亦未统一。有学者提出,土地使用权的出让和转让属于物权行为,应在《物权法》中规定。经商定本章暂予保留并委托起草,待定稿时结合《物权法》的制定做最后决定。

第十二章 企业经营权转让合同

提要:

此所谓企业经营权转让,即通常所谓企业承包。关于本法是否规定企业承包合同,有不同意见。因为现实中的企业承包情况复杂,有的是主管机关与企业之间的关系,行政色彩较浓;但亦有由企业发包人与承包人之间签订的经营性承包合同,难说有什么行政色彩,实质上类似于租赁,发生纠纷亦由法院受理。多数学者认为,后一类企业承包关系属于民事合同关系,本法应予规定,为了区别,改名为企业经营权转让合同。对于合同名称,起草人尚可斟酌。

第十三章 赠与合同

提要:

关于赠与合同为诺成合同或实践合同,各主要国家和地区立法及学说有分歧。本法采诺成合同。同时,为平衡双方利益,规定有法定原因时,赠与人可以撤销赠与。

关于赠与可否附条件,各主要国家和地区立法有不同。本法允许赠与附条件,但条件违反公序良俗者无效。

标的物有瑕疵时,赠与人以有重大过失为限,负瑕疵担保责任。

第十四章 借贷合同

提要:

第一节 一般规定

第二节 金钱消费借贷

在概念上不分银行借贷与公民间的借贷,但在条文上针对银行借贷与公民间的借贷的特殊性,应有不同规定。

规定禁止高利贷。

第十五章 租赁合同

提要:

第一节 一般规定

第二节 动产租赁

第三节 不动产租赁

其中包括房屋租赁与土地使用权租赁。

第十六章　融　资　租　赁

提要：

基于融资租赁的特殊性,应单列一章。

第十七章　借　用　合　同

提要：

借用合同的标的物为不消费物,借贷合同的标的物为消费物。

借用合同为无偿合同,而借贷合同为有偿合同。

标的物有瑕疵时,出借人以有重大过失为限,负瑕疵担保责任。

第十八章　承　揽　合　同

提要：

第一节　加工承揽合同

加工承揽包括:加工、定作、维修、改建、印刷、复制、勘测、设计、检验、鉴定。

第二节　建设工程承包合同

不区分所谓基本建设工程与一般建筑工程,但不包括所谓"交钥匙工程"。

可借鉴日本法上的"工事完成保证人"制度,规定履约保证人,承包人不履约时,由保证人代为履行。同时,为保护承包人利益,可规定承包人对建设工程有法定抵押权。

第十九章　运　送　合　同

提要：

第一节　一般规定

第二节　旅客运送合同

第三节　货物运送合同

第四节　联运合同

第五节　管道运输合同

建议对运送合同规定无过失责任,并规定不得以免责条款事先免责。另由有关法律、法规规定赔偿限额。

建议规定承运人对所运送货物和旅客的行李有留置权。

货物或行李运到约定地点后,超过规定期限未被领取的,承运人应予提存。

第二十章　委 托 合 同

提要:

应严格区分委托与代理。代理关系之基础为代理权。在委托合同中,委托人可授予受托人以代理权,亦可不授予代理权。

第二十一章　行 纪 合 同

提要:

行纪合同为民法传统合同,此前亦有称之为信托合同的。为避免与英美法上的信托相混淆,本法称为行纪合同。

第一节　一般规定
第二节　代理商

目前我国外贸中所称的代理,实为行纪关系。从事外贸代理业务的法人和自然人,称为代理商。

第二十二章　居 间 合 同

提要:

居间合同亦为民法传统合同,亦可称为中介合同。原则上为诺成、有偿、不要式合同。

第二十三章　保　管　合　同

提要：

第一节　一般保管

一般保管合同为实践合同。

第二节　仓储保管合同

仓储保管合同为诺成合同。

第二十四章　医　疗　合　同

提要：

医院或开业医生与病人之间的关系为医疗合同关系。医疗合同的成立不要求书面形式。

应规定医院方对于病人负有高度注意义务，同时对于病人身体及在病人死亡后对于尸体有保护义务。

医疗事故的责任及重大过失的责任，不能免除。病人入院或手术前医院方提出的免责条款，虽经病人或其家属签字，亦不发生免责的效力。

承认违约责任与侵权责任的竞合。

第二十五章　旅　游　合　同

提要：

旅游合同应强调对游客利益的保护。旅游服务提供者（旅游公司）对游客的人身和财产损害承担严格责任。免责事由限于：不可抗力；受害人故意。

免责条款无效。

发生原因竞合，即损害是由旅游服务提供者的原因和第三人的原因所造成，应由旅游服务提供者承担全部责任。但旅游服务提供者对该第三人有求偿权。

受害游客有重大过失时，可减轻旅游服务提供者的责任。

第二十六章　住宿、饮食服务合同

提要：

应强调对顾客利益的保护。

服务提供者对顾客负有保护义务和安全保障义务。

服务提供者对顾客的人身和财产损害承担严格责任。免责事由限于：不可抗力；受害人故意。

免责条款无效。

原因竞合的情形，由服务提供者承担全部责任。但服务提供者对第三人有求偿权。

顾客有重大过失时，可减轻服务提供者的责任。

第二十七章　邮政通讯服务合同

提要：

包括信函、包裹、快递、专递、电话、电报、电传、传真。

应由服务方承担无过失责任。

免责条款（如电报迟误仅退还发报费）应无效。

说明：有学者认为邮政服务合同规定服务方承担无过失责任不具有可操作性，因为国际邮政联盟都是过失责任，建议不规定邮政通讯服务合同。

第二十八章　培 训 合 同

提要：

培训方应对培训（教学）质量负责。国家或有关部门定有标准的，应符合该标准；无标准的依约定。培训方提供的附带服务的质量依约定。

第二十九章　出 版 合 同

提要：

《著作权法》虽规定了著作权、出版权，但未规定出版合同。因此，本法应规定出版合同。

第三十章 演出合同

提要：

表演权虽在《著作权法》中规定,但《著作权法》未规定演出合同问题。因此,本法应规定演出合同。

第三十一章 储蓄合同

提要：

包括银行储蓄和邮政储蓄。现金卡合同亦应在此作出规定。

第三十二章 结算合同

提要：

包括通过银行进行的现金、票据结算、托收承付、委托收款、信用证结算及信用卡结算。

关于银行单方面扣收贷款问题,应在此规定:只在借款合同有抵销约款时,银行才能从借款人账户扣收贷款。

应规定银行的审查义务。

第三十三章 合伙合同

提要：

第一节 一般规定
第二节 合资合同
第三节 联营合同

《民法通则》关于合伙、联营的规定,系对组织体的规定。本法所规定的是该组织体的基础关系,即合同关系。

要求合同应以书面形式签订。主要条款包括:出资比例和出资方式;利益分配比例;亏损负担比例;事务的执行;退出;合同终止时财产的分割等。

说明:有学者提出应规定隐名合伙。

第三十四章 雇佣合同

提要：

本章规定雇佣关系之基本问题。在《劳动法》有具体规定时,应适用《劳动法》的规定;《劳动法》无规定时,则应适用本章的规定。

本法不采依雇佣方所有制性质区分雇佣合同与劳动合同的见解,一律称为雇佣合同。

应强调对劳动者利益的保护。

对劳动保护、安全卫生条件、劳动者的休息权及带薪假日等,应作规定。

雇佣方辞退受雇方或受雇方要求离职,须提前通知对方。长期合同,应提前3个月通知;短期合同,应提前2个周通知。

说明:有学者提出雇佣关系应由劳动法规定,本法不予规定。经研究认为《劳动法》不可能调整全部雇佣关系,应由本法规定其基本关系,并调整《劳动法》未涵盖的雇佣关系。但定名为雇佣合同抑或劳动合同,请起草人斟酌。

第三十五章 保证合同

提要：

本章涉及《担保法》与本法的关系问题。

第一节 一般规定

应规定保证人资格,国家机关(财政部除外)和公益法人不能担任保证人。

关于保证人责任,应规定责任性质(履行责任或赔偿责任);责任范围;连带责任与非连带责任。

应规定保证人的权利。

保证合同与主合同的关系。主合同无效,保证合同当然无效;只在保证人有明示或有过失时,保证人才对主合同无效后的财产返还负责。

主合同的债权人变更,保证合同有效;债务人变更,保证合同消灭;履行期提前,保证合同有效;履行期延长,保证合同消灭;主债扩大,保证人对扩大的部分无保证义务;主债缩小,保证合同有效;主合同标的、性质变更,保证合同消灭;标的质量标准提高,保证人只保证原定质量;标的质量标准降低,保证合同有效。

一般保证,保证人只负补充责任,保证人有后诉利益和检索抗辩权。须对主债务人申请执行无结果,保证人才负保证责任。连带保证人与主债务人负连带责任。

同时存在保证和物的担保时,应先执行物的担保。

第二节　共同保证

共同保证人对共同保证人间如何承担责任有约定时,依约定;无约定时,相互承担连带责任。

第三节　银行保证

银行保证,即银行保函。

应区分无条件保证即凭要求即付保证与附条件保证。

说明:正在起草中的《担保法》亦包括保证,保证合同是在本法规定,抑或在《担保法》中规定,由立法机关内部协调决定。因此,本章暂不起草。

第三十六章　保险合同

提要:

只规定保险合同的基本关系。《保险法》有具体规定时,适用《保险法》的规定;《保险法》无规定时,则适用本章的规定。

说明:鉴于《保险法》正在制定中,本法应否规定保险合同,由立法机关协调决定。因此,本章暂不起草。

第三十七章　技术成果转让、许可合同

提要:

只规定技术成果转让、许可合同的基本关系。《专利法》《商标法》

有具体规定时,适用该具体规定,无具体规定时,则适用本章的规定。

说明:多数学者认为,现行《技术合同法》所规定的合同,即技术开发合同、技术服务合同、技术转让合同,不是典型合同。技术开发、技术服务,应适用本法关于合伙合同、委托合同、雇佣合同等的规定,而技术转让因标的的特殊性,不能适用买卖合同、租赁合同等的规定。因此,本法应规定技术成果转让、许可合同。此所谓技术成果,包括专利技术、非专利技术、商标权等。

附　　则

第三十八章　附　　则

提要:

规定本法的生效。本法生效后,《经济合同法》《涉外经济合同法》《技术合同法》一并废止。

规定法律适用问题。凡单行法有特别规定的,适用单行法的规定;单行法无特别规定的,适用本法;本法无规定的,适用《民法通则》的规定。

应规定本法生效前的合同关系,在本法生效后涉讼的,如何适用法律的问题。

本法解释权归全国人民代表大会常务委员会。

本法生效后不制定实施细则,但不排除针对个别合同制定单行法。

四、对本法起草的要求

(一)本方案对起草人的约束力

(1)起草人在草拟条文时,应遵循本方案第一部分关于立法指导思想和第二部分关于调整范围及与其他法律的关系的规定。

(2)起草人在草拟各章条文时,应遵循各章提要中已肯定的原则和基本点。

(3)起草人在草拟分则各章时,对于章名、节名、节的划分可以变更,甚至可以增列新的合同。

(4)起草人在草拟条文时,应注意与其他各章的协调。

(二)对起草条文的技术要求

(1)每一章要求有一个对本章内容、目的和指导思想的说明。

(2)每一节也要求有一个对本节内容、目的和指导思想的说明。

(3)重要的条文或理论、实践有分歧的条文,要求附立法理由:所根据的学说;实践经验;外国立法例;所针对的社会问题;尚未解决的难点;不同方案。

(4)每一条要求拟一个条名。

(5)章下分节,节下设条,条下分款,款下分项。章、节、条序号用"第一""第二""第三"等;款、项序号用阿拉伯数字1、2、3等。

(6)条文安排要求有逻辑顺序:从一般到特殊;从抽象到具体。

(7)要求概念准确,尽量使用法律固有概念。使用新创概念要说明理由。使用同一概念,要前后一致。

从"三足鼎立"走向统一的合同法[*]

一、中国合同法的现状

中国现行合同法主要包括下述法律、法规：

(一)《民法通则》

中国尚未制定民法典，现行《民法通则》是中国民事法律的基本法。《民法通则》由第六届全国人大第四次会议于1986年4月12日通过，1987年1月1日施行，其中绝大多数规定都与合同有关，如第五章第二节债权，规定了合同定义；第六章规定了违反合同应承担民事责任。

(二)关于合同的民事特别法

中国现在并存三个合同法，分别适用于不同的领域或不同的合同关系，形成所谓"三足鼎立"的格局。

1.《经济合同法》

1981年12月13日公布，1982年7月1日施行。适用于国内的经济合同关系。包括总则、经济合同的订立和履行、经济合同的变更和解除、违反经济合同的责任、经济合同纠纷的调解和仲裁、经济合同的管理以及附则，共7章57条。依据该法第56条的规定，国务院陆续制定了7个合同条例。1993年9月2日第八届全国人大常委会第三次会议通过《关于修改〈中华人民共和国经济合同法〉的决定》，对《经济合同法》作了重要的修正。

---

[*] 本文原载《中国法学》1995年第3期。

2. 《技术合同法》

1987年6月23日公布,同年11月1日施行。适用于国内技术开发、技术转让、技术咨询和技术服务的合同关系。包括总则;技术合同的订立、履行、变更和解除;技术开发合同;技术转让合同;技术咨询合同和技术服务合同、技术合同争议的仲裁和诉讼、附则,共7章55条。

3. 《涉外经济合同法》

1985年3月21日公布,同年7月1日施行。适用于国内企业组织与外国企业组织和个人间的经济合同关系,但不适用于国际运输合同。包括总则;合同的订立;合同的履行和违反合同的责任;合同的转让;合同的变更、解除和终止;争议的解决;附则,共7章43条。

(三) 其他法律中有关合同的规定

最重要的是《海商法》。《海商法》于1992年11月7日公布,1993年7月1日施行。其中第四章规定海上货物运输合同,第五章规定海上旅客运输合同,第六章规定船舶租用合同,第七章规定海上拖航合同,第十二章规定海上保险合同。其他如《著作权法》,有关于著作权使用许可合同的规定,《铁路法》有关于铁路运输合同的规定,《中外合资经营企业法》《中外合作经营企业法》有关于合资经营合同和合作经营合同的规定。

(四) 有关合同的法规

如《工矿产品购销合同条例》《农副产品购销合同条例》《加工承揽合同条例》《财产保险合同条例》《借款合同条例》《技术合同法实施条例》等。

二、现行合同法的缺点

现行合同法是在中国改革开放的过程中陆续制定的,对于促进社会主义市场经济的发展,无疑发挥了重大作用。但现在看来,现行合同法还存在若干缺点。

1. 因经济体制上的原因所产生的缺点

现行合同法的产生,正值对旧的体制进行改革而新的体制尚未形成的时期,这就决定了现行合同法难免在立法目的和基本精神上较多地反映和体现了计划经济体制的要求,保留了不少反映旧体制特征的制度和原则。尤其是《经济合同法》,其制定于 20 世纪 80 年代初期,较多地反映旧体制的要求,如强调国家指令性计划,对当事人合同自由的限制太多,行政干预太强。

2. 因立法体制上的原因所产生的缺点

中国现行立法体制实际上受行政体制的制约,除基本法如《民法通则》系由全国人大常委会法制工作委员会组织起草外,多数单行法及条例均由国务院所属一个或几个部委负责起草。负责起草的部委往往不可能从全局考虑,而是较多地考虑本部门、本系统的利益,这就导致了现行合同法互不协调、重复规定、相互抵触及被人为地肢解分割的缺点。并存三个合同法,就是这种立法体制造成的后果。

3. 因民法理论上的原因所产生的缺点

中国原有民法理论是在 20 世纪 50 年代继受苏联民法理论的基础上形成的,自改革开放以来的立法基于社会经济生活所发生的根本变化,在许多方面已经突破或修改了原有理论。但现行合同立法仍保留了原民法理论中许多过时的、错误的东西。如以当事人之属于法人或公民而区分经济合同与民事合同,致使现行合同法不能涵盖全部合同关系,如公民之间的合同及消费者合同迄今未有规定。

4. 因立法指导思想上的原因所产生的缺点

中国立法指导思想历来强调所谓"成熟一个制定一个"及"立法宜粗不宜细",造成现行合同法的分散零乱、过于原则化及重要法律制度欠缺。如缺乏关于合同成立的要约承诺规则、关于合同履行的抗辩权的规定、关于法定解除权的规定、关于情事变更原则的规定等。经济生活中许多重要的合同类型迄今未有法律规定,已有的规定又往往因为过于原则化或过分简略而影响其适用。

三、发展市场经济要求实现合同法的统一

1. 三个合同法"三足鼎立",不符合市场经济的要求

中国正致力于发展现代化的市场经济,建立全国统一的大市场,这就要求统一市场经济活动的法律规则。现行三个合同法互不统率,形成"三足鼎立"的格局,且各自的内容、体例、基本精神均不协调。例如关于基本原则的规定,《经济合同法》是"平等互利、协商一致";《涉外经济合同法》是"平等互利、协商一致";《技术合同法》是"自愿平等、互利有偿和诚实信用"。这些不同的表述,仅仅是文字上的差异,或是有实质上的不同?三个合同法只规范经济合同,而对于非经济合同迄今仍缺乏法律规定。而且,三个合同法均缺乏合同通则的规定。

2. 随着改革开放的深入,经济合同概念已经丧失意义

现行法上的经济合同概念,系从苏联拉普捷夫的现代经济法学派继受而来,本属于计划经济的产物,以"计划性"为本质特征。但随着改革开放的深入和市场经济的发展,经济合同的所谓计划性已经消失。现今中国90%以上的消费品和80%以上的生产资料完全由市场调节,由当事人自由缔结合同,不受国家计划管制。因此,经济合同概念在立法上已经失去意义。

3. 发展现代化市场经济,要求实现合同法的现代化

现行合同法产生于中国由计划经济体制向市场经济体制转轨的过渡时期,难免要受到旧的体制和反映旧体制本质特征的旧理论的限制。例如,合同自由受到过多的限制,尤其是《经济合同法》制定于20世纪80年代初期,体现指令性计划和行政手段的规定不少,这些规定日益与发展市场经济的要求相冲突。特别应指出的是,自第二次世界大战以来,发达国家的合同法,反映了现代化市场经济的要求,有很大的发展,通过立法和判例学说创立了许多新的原则和新的制度。中国要发展现代化的市场经济,要与国际市场接轨,就不仅要清除现行法中不符合现代化市场经济本质的规则和制度,而且要广泛吸收发达国家立法的新经验和判例学说新成果,实现合同法的现代化。

四、《经济合同法》的修订与制定统一的合同法

1. 《经济合同法》修订工作概况

《经济合同法》的修订工作是从1987年开始的,中间经过若干曲折,产生过若干个修订草案。1992年春邓小平先生南方谈话传达后,修订工作加快了进度。立法机关曾打算将该法修订成合同法总则性质的法律,1993年春产生过一个名为"中国合同法"的草案,但后来考虑到通过该法的修订不可能解决市场经济条件下合同法的统一问题,于是改为"两步走",即将《经济合同法》的修订和合同法的统一问题分开。

2. 《经济合同法》修订的主要内容

1993年9月2日第八届全国人大常委会第三次会议通过《关于修改〈中华人民共和国经济合同法〉的决定》,对经济合同法作了重要的修正。主要是以下内容。

其一,立法目的变更,即将原法立法目的,由"保证国家计划的执行"修改为"保障社会主义市场经济的健康发展",并删去诸如订立合同必须符合国家计划及违反国家计划的合同无效等规定。

其二,扩大适用范围,即适用于"平等民事主体的法人、其他经济组织、个体工商户、农村承包经营户相互之间"的合同。但仍不包括公民之间的合同和消费者合同。

其三,减少行政干预,扩大合同自由。特别表现在删去了由行政机关确认合同无效的制度。

其四,改革合同仲裁制度。将原法规定经仲裁不服可向法院起诉,改为当事人选择了仲裁即不得向法院起诉,仲裁裁决有终局效力。

3. 制定统一合同法的概况

《经济合同法》的修改只是使该法与市场经济不相适应的状况有所改善,没有也不可能根本解决现行合同法的统一和完善问题。党中央《关于经济体制改革的决定》提出,要尽快建立社会主义市场经济法律体系,并特别指出要坚持市场经济法制的统一。中国合同法的统一和完善,只能通过制定统一的合同法来实现。《关于修改〈中华人民共和国经济合同法〉的决定》通过后不久,在全国人大常委会法制工作委员会召开的一个专家研讨会上,与会专家学者一致认为制定统一合同法的时机已经成熟,建议由专家学者承担起草工作并委托部分学者先提出一个立法方案。这就产生了由中国政法大学江平、中国人民大学王利明、吉林大学崔建远、烟台大学郭明瑞、最高人民法院李凡、北京市高级人民法院何忻、《法学研究》杂志编辑部张广兴和梁慧星共同提出的《中华人民共和国合同法立法方案》(以下简称《合同法立法方案》)。该方案经过 1993 年 11 月 4 日法制工作委员会邀请北京部分专家出席的讨论会及 1994 年 1 月法制工作委员会邀请全国十多个单位的专家出席的讨论会征求意见和论证,最后确定下来,并由法制工作委员会委托 12 个单位的学者分别起草一章或几章。这 12 个单位是:中国政法大学、北京大学、中国人民大学、中国社科院法学研究所、对外经济贸易大学、吉林大学、烟台大学、武汉大学、西南政法学院、中南政法学院、西北政法学院、华东政法学院。1994 年 11 月各单位完成条文的起草,由法制工作委员会委托梁慧星、张广兴、傅静坤三人统稿,完成《中华人民共和国合同法(建议草案)》[以下简称《合同法(建议草案)》],共 34 章 538 条,于 1995 年 1 月提交全国人大常委会法制工作委员会。

五、《合同法立法方案》规定的立法指导思想和法律基本构架

1. 制定统一合同法的立法指导思想

其一,从中国改革开放和发展社会主义市场经济,建立全国统一的大市场及与国际市场接轨的实际出发,总结中国合同立法、司法实践经验和理论研究成果,广泛参考借鉴市场经济发达国家和地区立法的成功经验和判例学说,尽量采用反映现代市场经济客观规律的共同规则,并与国际公约和国际惯例协调一致。

其二,充分体现当事人意思自治,在不违反法律和公序良俗的前提下,保障当事人享有充分的合同自由,不受行政机关及其他组织的干预。非基于重大的正当事由,不得对当事人的合同自由予以限制。

其三,考虑到本法制定和实施的时代特点,本法应能适应中国建成社会主义市场经济后对法律调整的要求,同时应兼顾目前由计划经济体制向市场经济体制过渡时期的特点,但对落后的现实不应迁就。

其四,本法在价值取向上应兼顾经济效率与社会公正、交易便捷与交易安全。即在拟定法律规则时,既要注重有利于提高效率,促进生产力发展,又要注重维护社会公益,保护消费者和劳动权益,维护市场经济的道德秩序,不允许靠损害国家、社会利益,损害消费者和劳动者的利益而谋取不义之财,既要体现现代化市场经济对交易便捷的要求,力求简便和迅速,又不可因此损及交易安全,应规定必要的形式和手续。

其五,应注重法律的规范性和可操作性,条文繁简适当,概念尽量准确,有明确的适用范围、构成要件和法律后果,以便于正确适用。

2. 调整范围及与其他法律的关系

其一,本法调整平等主体之间的合同关系。

其二,本法仍维持狭义合同概念,即本法所称合同为债权合同。

其三,本法坚持统一的合同概念,不区分经济合同与非经济合同,商事合同与民事合同,国内合同与涉外合同。

其四,非平等主体之间的承包关系,如企业内部承包、企业承包等尽管采取合同形式,但是亦不受本法调整。

其五,本法在坚持民商合一体制的前提下,处理与民(商)事特别法的关系:凡特别法有规定的,适用该特别规定;凡特别法无规定的,应适用本法。这里所说的民(商)事特别法,指公司法、票据法、证券法、海商法、保险法、专利法、商标法、著作权法等。

3. 法律基本结构

分为总则、分则、附则三部分。

总则9章包括:一般规定;合同的成立;合同的效力;合同的履行;合同权利义务的转让;合同的解除与终止;合同的消灭;违约责任;合同的解释。

分则28章包括:买卖合同;赠与合同;土地使用权转让合同;企

经营权转让合同;租赁合同;融资租赁合同;借贷合同;借用合同;承揽合同;运送合同;委托合同;行纪合同;居间合同;保管合同;医疗合同;旅游合同;住宿、饮食服务合同;邮政通讯服务合同;培训合同;出版合同;演出合同;储蓄合同;结算合同;合伙合同;雇佣合同;保证合同;保险合同;技术成果转让、许可合同。

附则1章。

六、《合同法(建议草案)》的体例结构、基本原则和特色

1.《合同法(建议草案)》的体例结构

建议草案共34章528条。其中总则9章,第1条至第164条,即第一章一般规定;第二章合同的成立;第三章合同的效力;第四章合同的履行;第五章合同权利义务的转让;第六章合同的解除与终止;第七章合同的消灭;第八章违约责任;第九章合同的解释。分则24章,第165条至第525条,即第十章买卖合同;第十一章赠与合同;第十二章租赁合同;第十三章融资租赁合同;第十四章土地使用权出让与转让合同;第十五章企业经营合同;第十六章借贷合同;第十七章借用合同;第十八章承揽合同;第十九章运送合同;第二十章储蓄合同;第二十一章结算合同;第二十二章出版合同;第二十三章演出合同;第二十四章委托合同;第二十五章居间合同;第二十六章行纪合同;第二十七章保管合同;第二十八章合伙合同;第二十九章雇佣合同;第三十章保证合同;第三十一章技术开发与技术服务合同;第三十二章技术、商标转让与使用许可合同;第三十三章保险合同。附则,第三十四章第526条至第528条。

2.《合同法(建议草案)》规定的基本原则

按照《合同法立法方案》,建议草案在第一章一般规定中规定合同法的基本原则。基本原则条文如下。

第3条 [合同自由原则]

当事人在法律允许的范围内享有合同自由,任何机关、组织和个人不得非法干预。

第 4 条 ［平等原则］

合同当事人法律地位平等,任何一方不得把自己的意志强加给对方。

第 5 条 ［公平原则］

合同内容的确定应当遵循公平的原则。

由当事人一方或第三方确定合同内容的,其确定只在符合公平原则时,使得对他方当事人发生效力。

第 6 条 ［诚实信用原则］

双方当事人行使权利履行义务,应当遵循诚实信用的原则。

法院于裁判案件时,如对于该待决案件法律未有规定,或者虽有规定而适用该规定所得结果显然违反社会正义时,可直接适用诚实信用原则。

法院直接适用诚实信用原则裁判案件,必须报请最高人民法院予以核准。

第 7 条 ［公序良俗原则］

合同的内容及目的不得违反公共秩序或善良风俗。

3.《合同法(建议草案)》的特色

其一,以现行法为根据并予以进一步完善。

建议草案的起草人充分研究了现行法各项规定和制度,凡是符合经济体制改革方向和发展社会主义市场经济要求的概念、原则和制度,均尽可能予以保留,并进一步予以完善。如第 2 条合同定义,即是以《民法通则》第 85 条为根据,现定为"合同是当事人之间设立、变更,终止债权债务关系的协议"。建议草案根据《民法通则》第 3 条、第 4 条、第 5 条、第 7 条及三个合同法相关条文,规定了合同自由原则、平等原则、公平原则、诚实信用原则和公序良俗原则。再如第四章第四节合同约定不明时的履行,即是根据《民法通则》第 88 条的规定。分则各章如买卖合同、运送合同、承揽合同、借贷合同、土地使用权出让与转让合同等,均以规定《工矿产品购销合同条例》《加工承揽合同条例》《借款合同条例》及有关国有土地使用权出让、转让法规的规定为依据,凡不采或变更现行规定的,均经过慎重研究并有充分理由。例如,现行法关于合同无效有所谓部分无效,经研究认为关于合同主体、合同内容违法均不发生部分无效问题,仅合同标的可能发生部分无效,如标的物一部分灭失或违反指令性计划。考虑到依指令性计划签约宜由特别法规定,不属于本法范围,因此在第三章不再就部分无效作一般规定,仅对于标的物一部分灭失的特殊情形在第 36 条第 2 款作了具体规定。又如《民法通则》和《经济合同法》将欺诈、胁迫与内容违法及危害社会公共利益的民事行为一并规定为无效,考虑到欺诈、胁迫系损害相对人利益的行为,与内容违法及危害社会公共利益之损害社会公益不同,尤其是受害人不加主张时法院不可能也无必要强使其无效,因此建议草案第 47 条、第 48 条将欺诈、胁迫规定为可撤销,以与各主要国家和地区共同做法及国际惯例一致。

其二,充分尊重审判实践经验。

建议草案根据立法方案要求,认真研究自改革开放以来我国人民法院的审判实践经验,特别是最高人民法院的解释和批复中确立的规则,凡是行之有效而又合于法理的,均采为草案之根据。如关于重大误解的判定,关于撤销权行使的期限,关于违约责任损害赔偿的范围,关于情事变更原则,关于民间借贷利息限制等,均以最高人民法院之解释、批复作为拟定条文之依据。但对于我国法院实践做法并不盲目照搬,如草案关于保证合同与主合同的关系,关于结算合同的抵销权条款效力的规定,均未照搬法院现在的做法。

其三,尽量采纳反映市场经济客观规律的共同规则。

起草人按照立法方案指导思想的要求,对于发达国家和地区成功的立法经验和判例学说,凡是反映现代化市场经济客观规律共同规则,而与我国改革开放的方向和发展社会主义市场经济相符的法律制度,均尽量采纳,为我所用,使我国合同法进一步完善并实现科学化和现代化。因此,建议草案参考德国、法国、日本以及我国台湾地区的做法,规定了合同成立的要约、承诺规则,规定了合同履行的抗辩权制度,规定了合同履行的保全制度,规定了合同解释的方法和原则,完善了合同转让制度和合同解除制度,规定了现行法所未规定的委托、居间、行纪、融资租赁、雇佣、合伙等合同。参考各主要国家和地区判例学说,规定了缔约过失责任、责任竞合、附随义务、后契约义务、第三人侵害债权等制度。并注意参考和吸收英美法和国际公约的相应制度,例如,关于合同的履行、解除和违约责任吸收了英美法的预期违约制度,关于可撤销合同参考吸收了英美法的"不当影响",关于对外贸易中的行纪合同,吸收了英美法的间接代理等制度,关于要约承诺、有履行期限合同的解除、违约责任、合同解释、买卖合同等的规则参考吸收了《联合国国际货物销售合同公约》的规定。

其四,注重协调和兼顾当事人利益与国家、社会利益。

建议草案基于发展社会主义市场经济的要求及合同作为当事人间的法律行为的性质,始终强调对当事人合同自由和合法利益的保护,但同时注意兼顾国家和社会利益,不允许当事人滥用合同自由损害国家和社会利益。例如,规定合同自由原则的第3条明示当事人"在法律允许的范围内"享有合同自由,任何机关、组织和个人不得非法干预。第7条规定合同的内容不得违反公共秩序和善良风俗。第31条规定,以违反公共秩序或善良风俗的事项为内容的合同无效。第34条规定,违反法律强制性或者禁止性规定的合同无效。为了协调和兼顾当事人利益,建议草案特别强调诚实信用原则,在第6条将诚实信用原则规定为合同法基本原则,并规定法院在特定条件下可以直接适用诚实信用原则。第29条规定当事人于订约谈判过程中负有相互协力、保护、通知等基于诚实信用原则的义务,即学说上所谓先契约义务。第64条规定当事人应当依据诚实信用原则履行合同,第112条规定合同消灭后,当事人在必要时承担保密、协力等基于诚实信用原则的义务,即学说上所谓后契约义务。并在合同解释一章规定法院解释合同应遵循诚实信用原则,建议草案为了保护市场经济中的弱者,即消费者和劳动者,专设第三章第六节定式合同,规定了定式合同条款提供人的提示义务,规定违背诚实信用原则的定式合同条款无效,规定定式合同内容有两种不同的解释时,应采其中最不利于定式合同条款提供人的解释。另在

第 34 条规定免除或者限制故意、重大过失责任；人身伤害责任；《消费者权益保护法》禁止免除的责任的条款无效，在雇佣合同一章特别设立了若干保护劳动者的规定，如试用期不得超过 3 个月，雇佣人应当为受雇人提供合理的劳动条件和安全保障，雇佣人有尊重受雇人人格尊严和宗教信仰的义务，禁止约定由受雇人提交履约保证金，并规定了雇佣人终止合同应向受雇人支付解约金，受雇人终止合同有权获得补偿金。为了协调双方利益，建议草案同时规定了受雇人有服从雇佣人指示，保守雇佣人秘密，重大情况告知雇佣人和照顾雇佣人利益的义务，规定雇佣人遇有重大事由可提前终止合同等。

其五，注重兼顾交易便捷与交易的安全。

为了满足交易便捷的要求，建议草案规定合同可以采用口头、书面或者当事人约定的其他形式。考虑到不可能概括规定各种合同的必要条款，并且顺应法律对必要条款的要求愈来愈放松的趋势，建议草案除对某些合同如结算合同规定了该种合同的必要条款外，对于多数合同未规定合同必要条款，将必要条款问题留给法院掌握，同时在第 27 条规定若双方有订约诚意，即使将某一必要条款留待日后商定、形式有缺陷的合同，在意思表示真实、不违反法律强行性规定的前提下，如果一方已经履行了全部或主要义务，法院可根据履行一方的请求，确认合同全部有效。另外，为了保障交易安全，草案也对订立合同的形式和手续提出了严格的要求。例如，第 25 条规定书面合同自双方当事人签字或者盖章时成立。第 32 条规定法律对合同的形式有特别规定的，合同在符合该规定时，发生法律效力。第 198 条规定房屋所有权移转的时间以登记记载的时间为准。草案对若干种类合同规定必须采用书面形式。

其六，注重法律的科学性和实用性。

《合同法（建议草案）》采法典式，其总则不仅指合同法总则也包括民法典债编总则的规定，将来只需增加侵权行为的规定并作适当调整即可成为民法典的债编。在结构安排上，遵循从抽象到具体，从一般到特殊，先原则后例外的逻辑顺序，总则部分第一章规定立法目的，合同定义、基本原则,以下各章依成立、有效、履行、转让、解除、消灭、责任、解释的顺序。分则尽量将性质相近的合同种类安排在邻近的章节,各种合同均设有定义,条文依逻辑次序排列。整个草案依法律内部秩序,注意概念、原则、制度之间的上下位阶关系,以及同位阶概念、原则、制度之间的相互关系,例如,第31条规定合同有效条件之一为合同标的可能,但标的不能(履行不能)分为自始不能与后发不能。因此设第36条规定自始不能的效果:合同标的自始不能的,合同无效。设第96条规定后发不能的效果,即合同陷于标的不能的,双方均有权解除合同。第104条规定合同解除时的损害赔偿责任,另在违约责任一章设第142条,规定对于履行不能有归责事由的一方当事人可以解除合同,但应当承担违约责任,在起草中特别注意法律的规范性和可操作性,法律条文尽量使用准确的语言,尽量规定明确的构成要件和法律后果。并尽可能为法院裁判案件确立计算基准,例如,第104条规定合同解除时,除法律另有规定或当事人另有约定外,损害赔偿的范围为:一是债务不履行造成的损失。二是因合同解除而产生的损失,包括一方订立合同所支出的必要费用;因信赖合同能够履行而做准备所支出的必要费用;因失去同他人订合同的机会所造成的损失;一方已经履行自己的义务所造成的损失;债权人已经受领给付因返还该受领物而支出的必要费用。

七、结语

全国人大常委会法制工作委员会于1995年2月将《合同法(建议草案)》印发给负责起草的单位征求意见,并邀请在京合同法专家召开合同法座谈会,就该建议草案进行研究讨论,会后将对建议草案作适当修改,形成新的草案,向各界广泛征求修改意见。新的草案无疑会对建议草案作较大的调整和删改,但建议草案作为我国完全由学者起草的重要法律草案将在立法史和民法理论发展史上占据重要地位,具有重要的理论意义。

中国统一合同法的起草[*]

一、引言

中国尚未制定民法典,在现行体系中相当于民法典的基本法地位的是1986年通过、1987年生效的《民法通则》。在《民法通则》之下,并存三个合同法,即《经济合同法》(1981年12月13日公布,1982年7月1日生效,1993年9月2日修订并重新公布)、《涉外经济合同法》(1985年3月21日公布,同年7月1日生效)、《技术合同法》(1987年6月23日公布,同年11月1日生效)。此外,在《海商法》《保险法》《民用航空法》等单行法中,均有关于合同的规定。

实践证明,《民法通则》、三个合同法及其他单行法的规定,对于规范市场交易行为,保护当事人合法权益,促进市场经济的发展,维护市场经济秩序,发挥了重要作用。当前中国的合同法律制度存在的重要问题是,三个合同法各自规范不同的关系和领域,相互之间存在不一致和不协调,且法律规定过于原则化,可操作性不够,社会生活中还有许多合同缺乏法律规定。因此,自1992年中国政府确定以建立社会主义市场经济体制为改革的目标以来,在现行《民法通则》和三个合同法的基础上,制定一部统一的、较为完备的、现代化的合同法,就成为建立和完善社会主义市场经济法律体系的一项重要任务。下面谨就起草工作的概要、统一合同法草案总则部分的新规定及起草中存在的问题,作简要报告。

---

[*] 本文原载《民法学说判例与立法研究(二)》,国家行政学院出版社1999年版。

二、起草工作概要

(一)起草工作的开始和合同法立法方案

党中央《关于经济体制改革的决定》提出,要尽快建立社会主义市场经济法律体系,并特别指出要坚持市场经济法制的统一。中国合同法的统一和完善,只能通过制定统一的合同法来实现。《关于修改〈中华人民共和国经济合同法〉的决定》通过后不久,在全国人大常委会法制工作委员会召开的一个专家研讨会上,与会专家学者一致认为制定统一合同法的时机已经成熟,建议由专家学者承担起草工作并委托部分学者先提出一个立法方案。这就产生了由中国政法大学江平、中国人民大学王利明、吉林大学崔建远、烟台大学郭明瑞、最高人民法院李凡、北京市高级人民法院何忻、《法学研究》杂志编辑部张广兴和笔者共同提出的《合同法立法方案》。

立法方案确立的立法指导思想如下:(1)从中国改革开放和发展社会主义市场经济,建立全国统一的大市场及与国际市场接轨的实际出发,总结中国合同立法、司法实践经验和理论研究成果,广泛参考借鉴市场经济发达国家和地区立法的成功经验和判例学说,尽量采用反映现代市场经济客观规律的共同规则,并与国际公约和国际惯例协调一致。(2)充分体现当事人意思自治,在不违反法律和公序良俗的前提下,保障当事人享有充分的合同自由,不受行政机关及其他组织的干预。非基于重大的正当事由,不得对当事人的合同自由予以限制。(3)考虑到本法制定和实施的时代特点,本法应能适应中国建成社会主义市场经济体制后对法律调整的要求,同时应兼顾目前由计划经济体制向市场经济体制过渡的时期的特点,但对落后的现实不应迁就。(4)本法在价值取向上应兼顾经济效率与社会公正、交易便捷与交易安全。即在拟定法律规则时,既要注重有利于提高效率,促进生产力发展,又要注重维护社会公益,保护消费者和劳动者权益,维护市场经济的道德秩序,不允许靠损害国家、社会利益,损害消费者和劳动者权益而发财致富;既要体现现代化,市场经济对交易便捷的要求,力求简便和迅速,又不可因此损及交易安全,应规定必要的形式和手续。(5)应注重法律的规范性和可操作性,条文繁简适当,概念尽量准确,有明确的适用范围、构成要件和法律后果,以便于正确适用。

立法方案规定了统一合同法的调整范围及与其他法律的关系。维持狭义合同概念,即本法所称合同为债权合同。基于身份关系的协议如结婚协议、离婚协议、收养协议、遗赠扶养协议等均非本法所称合同。所谓行政合同亦不受本法调整。坚持统一的合同概念,不区分经济合同与非经济合同、商事合同与民事合同、国内合同与涉外合同。在坚持民商合一体制的前提下,处理与民(商)事单行法的关系。凡单行法有特别规定的,适用该特别规定;凡单行法无特别规定的,应适用本法。这里所说的民(商)事单行法,指公司法、票据法、证券法、海商法、保险法、专利法、商标法、著作权法等。

(二)1995年1月统一合同法建议草案(第一稿)

立法方案经过1993年11月4日法制工作委员会邀请北京部分专家出席的讨论会,以及1994年1月法制工作委员会邀请全国12个单位的学者专家出席的讨论会征求意见和论证,最后确定下来,并由法制工作委员会委托12个单位的学者分别起草一章或几章。这12个单位是:中国政法大学、北京大学、中国人民大学、中国社科院法学研究所、对外经济贸易大学、吉林大学、烟台大学、武汉大学、西南政法学院、中南政法学院、西北政法学院、华东政法学院。1994年11月各单位起草的条文汇总,由法制工作委员会委托梁慧星、张广兴、傅静坤3人统稿,完成《合同法(建议草案)》,于1995年1月提交全国人大常委会法制工作委员会。

建议草案共34章528条。其中总则9章,第1条至第164条,即第一章一般规定;第二章合同的成立;第三章合同的效力;第四章合同的履行;第五章合同权利义务的转让;第六章合同的解除与终止;第七章合同的消灭;第八章违约责任;第九章合同的解释。分则24章,第165条至第525条,即第十章买卖合同;第十一章赠与合同;第十二章租赁合同;第十三章融资租赁合同;第十四章土地使用权出让与转让合同;第十五章企业经营合同;第十六章借贷合同;第十七章借用合同;第十八章承揽合同;第十九章运送合同;第二十章储蓄合同;第二十一章结算合同;第二十二章出版合同;第二十三章演出合同;第二十四章委托合同;第二十五章居间合同;第二十六章行纪合同;第二十七章保管合同;第二十八章合伙合同;第二十九章雇佣合同;第三十章保证合同;第三十一章技术开发与技术服务合同;第三十二章技术、商标转让与使用许可合同;第三十三章保险合同。附则,第三十四章,第526条至第528条。

(三)1995年10月统一合同法草案试拟稿(第二稿)

全国人大常委会法制工作委员会以学者提出的建议草案为基础,进行删节修改,形成法制工作委员会1995年10月合同法试拟稿,即第二草案。第二草案分总则7章,分则22章,附则1章,共30章。总则7章,即一般规定、合同的成立、合同的效力、合同的履行、合同的变更和转让、合同的终止、违约责任。分则22章,包括买卖合同、供电供水供热供气合同、农村土地承包经营权许可使用或转让合同、承揽合同、工程建设合同、运输合同、借贷合同、储蓄合同、结算合同、租赁合同、融资租赁合同、保管合同、仓储合同、借用合同、技术合同、出版合同、雇佣合同、合伙合同、赠与合同、委托合同、居间合同、经纪合同。与建议草案相比,增加了供电供水供热供气合同、农村土地承包经营权许可使用或转让合同,另从保管合同中分出仓储合同,从承揽合同中分出工程建设合同,将运送合同改为运输合同,行纪合同改为经纪合同,将技术开发与技术服务合同,与技术、商标转让与使用许可合同合并,改称技术合同,删去企业经营合同、保证合同、保险合同。

(四)1996年6月统一合同法草案试拟稿(第三稿)

1996年5月27日至6月7日,全国人大常委会法制工作委员会在北京西郊龙泉宾馆召开会议,修改统一合同法草案。参加会议的专家学者有:中国社会科学院法学研究所的梁慧星研究员、《法学研究》编辑部张广兴副主编、中国人民大学的王利明教授、中国政法大学的徐杰教授、对外经济贸易大学的王军教授、中国国际贸易促进会的高隼来教授、最高人民法院经济审判庭奚晓明副庭长、最高人民法院民事审判庭李凡副庭长、北京市高级人民法院告申庭何忻庭长、国家工商行政管理局法规司王学政司长。修改工作是以1995年1月的学者建议草案(第一稿)和1995年10月全国人大常委会法制工作委员会民法室的试拟稿(第二稿)为基础,将第一稿和第二稿相互对照,修改形成新的草案即第三稿。全国人大常委会法制工作委员会领导特别指示,此次修改工作应充分尊重专家学者的意见,对于学者建议草案中的新制度,凡是符合中国实际的,要尽可能予以采纳。会议经过两周时间,与会学者对建议草案和第二稿进行逐条对照比较,仔细研究和争论,最后按照预定计划形成了统一合同法草案1996年6月7日试拟稿(第三稿)。

第三稿包括总则7章、分则21章、附则1章,共29章376条。与建议草案比较,第三稿除条文总数减少了152条外,在结构上也与建议草案稍有差异,总则由9章减为7章,即第一章一般规定;第二章合同的订立;第三章合同的效力;第四章合同的履行;第五章合同的变更和转让;第六章合同的终止;第七章违约责任。分则由24章减为21章,即第八章买卖合同;第九章电力自来水热力燃气供应合同;第十章承揽合同;第十一章工程建设合同;第十二章运输合同;第十三租赁合同;第十四章融资租赁合同;第十五章委托合同;第十六章行纪合同;第十七章居间合同;第十八章保管合同;第十九章仓储合同;第二十章储蓄合同;第二十一章借贷合同;第二十二章借用合同;第二十三章技术开发与技术转让合同;第二十四章咨询合同;第二十五章服务合同;第二十六章赠与合同;第二十七章合伙合同;第二十八章雇佣合同。附则第二十九章。

(五)1997年5月统一合同法草案征求意见稿(第四稿)

全国人大常委会法制工作委员会对第三稿稍作修改形成1997年5月14日的《合同法草案(征求意见稿)》(以下简称"征求意见稿"),即第四稿,发给各地法院、各部门和各法律院系征求修改意见。

征求意见稿包括总则7章、分则22章、附则1章,共计30章,390条。与第三稿相比,增加1章,即第二十六章旅游合同。

1997年6月9日至18日,全国人大常委会法制工作委员会邀请北京的民法学者专家召开合同法草案征求意见稿讨论会。出席会议的学者专家是:中国社会科学院法学研究所研究员王家福、谢怀栻、梁慧星,中国政法大学教授江平,中国人民大学教授王利明,北京大学教授魏振瀛,清华大学教授崔建远,最高人民法院审判委员会委员费宗祎、最高人民法院经济审判庭庭长黄赤东、最高人民法院民事审判庭副庭长李凡,国家工商行政管理局法规司司长王学政,外经贸部条约法律司司长张月姣,国家科委政策法规与体制改革司司长段瑞春,国务院法制局顾问郭日齐。这次讨论会只是将各种修改意见记录在案,并未形成新的草案,会上对若干重要问题的争论情况,将在后文介绍。

三、合同法总则部分的新规定及其修改

(一)关于合同义务的扩张

其一,关于缔约过失责任。

建议草案在第二章"合同的成立"中设第四节"缔约过失责任",包括第29条:"当事人在为订立合同而进行磋商的过程中,相互负有协力、保护、通知及其他依诚实信用原则和交易惯例所要求的义务。"(第1款)"当事人违反前款义务,给对方造成损害的,应当承担赔偿责任。"(第2款)另在第30条专门规定保密义务:"在为订立合同而进行磋商的过程中,若一方当事人提供信息时要求保密,则另一方当事人有义务不泄露或者不得不正当地使用这些信息。如违反上述义务,受损害的当事人有权请求损害赔偿。"

在1996年的修改会上,决定将以上两条合并为一条,这就是第三稿第二章第30条:"当事人在订立合同过程中,相互负有协助、保护、通知以及其他依照诚实信用原则和交易惯例所要求的义务。"(第1款)"在订立合同过程中,如果一方当事人提供信息时要求保密的,另一方当事人不得泄露。"(第2款)"当事人违反前两款义务,给对方造成损害的,应当承担赔偿责任。"(第3款)征求意见稿保留了这一制度,但作了改动,将三款合并为两款,这就是征求意见稿第24条:"当事人在订

立合同过程中,因违背诚实信用原则或者交易习惯给对方造成损害的,应当向对方赔偿因此而受到的实际损失。"(第1款)"当事人在订立合同过程中,因泄露或者不正当地使用对方秘密造成损害的,应当承担赔偿责任。"(第2款)

其二,关于后合同义务。

关于后合同义务,建议草案规定在第七章"合同的消灭"中的第112条:"合同消灭后,当事人在必要时应承担保密、协力、通知等义务。"1996年5—6月的修改,着重增加了后合同义务的根据,即合同性质、交易习惯和诚实信用原则。这就是第三稿第六章"合同的终止"中的第68条:"合同终止后,按照合同性质、交易习惯和诚实信用原则,当事人应当承担保密、协助、通知等义务。"征求意见稿保留了这一规定,文字稍有改动,这就是征求意见稿第六章"合同的终止"中的第64条:"合同终止后,根据合同性质、交易习惯或者依照诚实信用的原则,负有通知、协作、保密等义务的,当事人应当继续履行"。

其三,关于附随义务。

关于附随义务,建议草案规定在第四章"合同的履行"中的第65条:"合同双方当事人对于合同的履行有相互协力的义务。"1996年5—6月的修改,将关于附随义务的规定与合同履行原则的规定合并为一条,即第三稿第四章第47条:"当事人应当按照合同的约定,全部履行自己的义务,并应当遵循诚实信用原则,履行协助、保护、通知的义务。"其特色是明文表述附随义务的根据是诚实信用原则。征求意见稿对此作了文字上的改动,这就是征求意见稿第四章"合同的履行"中的第41条:"当事人应当按照合同的约定履行自己的义务。合同虽然没有约定,但依照诚实信用原则或者根据交易习惯,负有通知、协作、保密等义务的,当事人也应当履行"。

(二)关于代理制度的完善

建议草案涉及代理制度的新规定,主要是第三章第37条关于双方代理的规定,第38条关于自己代理的规定,第39条关于表见代理的规定,第41条关于狭义无权代理的规定,第45条关于狭义无权代理情形善意相对人的保护的规定等。1996年5—6月的修改,为求简明,只着重规定了狭义无权代理情形保护善意相对人,以及表见代理制度。这就是第三稿第三章"合同的效力"中的第43条:"无代理权人以他人名义订立的合同,未经本人追认,对本人不生效力。相对人可以在合同成立之日起1个月内催告本人予以追认。本人在收到催告通知之日起15日内不作表示的,视为追认。合同未经追认前,善意相对人有撤销的权利。撤销应当以明示的方式作出。"(第1款)"无权代理时,善意相对人有正当理由认为以他人名义与其订立合同的人有代理权的,该代理行为视为有效。"(第2款)征求意见稿对此未作改动,规定在第三章"合同的效力"的第30条第1款、第2款。

(三)关于法定代表人的越权行为

关于法定代表人超越权限所订立的合同,在《民法通则》颁布后的一个长时期内,司法实践倾向于一律认定为无效,但自进入20世纪90年代以来司法实践采取灵活的态度,认为不应一律无效。建议草案第三章"合同的效力"中的第40条规定法定代表人越权行为:"法人或者其他组织的法定代表人超越法律、章程规定的权限范围订立的合同,对方当事人于合同订立时明知或因重大过失而不知该法定代表人越权的无效。"1996年5—6月的修改,考虑到民法代表制度与代理制度的类似性,及法定代表人的越权行为与表见代理的类似性,将其合并规定在第三稿第三章关于代理问题的第43条,安排在表见代理的规定(第2款)之后,作为第43条的第3款:"法人或者其他组织的法定代表人超越法律、章程规定的权限订立的合同,准用前款规定"。对法定代表人的越权行为"准用"表见代理的规定,当然也有方便适用的考虑。征求意见稿对此作了改动,在第30条第3款规定:"法人或者其他组织的法定代表人超越法律、章程规定的权限订立的合同,除善意相对人有重大过失的以外,该代理行为视为有效。"缺点是将法定代表人的代表行为混同于代理行为。

(四)关于合同效力类型之调整

现行法关于民事行为的效力,分为有效、无效与可撤销三类,漏掉了关于效力未定尤其是关于无权处分的规定,且将欺诈和胁迫作为无效原因亦有不当。因此建议草案对此作了调整,在第三章"合同的效力"的第二节规定无效合同,第三节规定合同效力的补正,第四节规定可撤销合同。1996 年 5—6 月的修改,以建议草案的规定为基础,作了简化和归并。征求意见稿又做了若干改动。

关于无效原因,第三稿第三章第二节第 37 条规定了 4 项合同无效原因:(1)恶意串通,损害国家或者第三人利益的;(2)以合法形式掩盖非法目的的;(3)违反国家指令性计划的;(4)违反法律、行政法规或者社会公共利益的。征求意见稿回到《民法通则》的立场,将欺诈、胁迫作为合同无效原因,这就是征求意见稿第三章第 32 条:"有下列情形之一的,合同无效:(1)受欺诈、胁迫订立的;(2)恶意串通,损害国家、集体或者第三人利益的;(3)以合法的形式掩盖非法目的的;(4)违反国家计划管理或者社会公共利益的;(5)违反法律、行政法规的"。

关于免责条款的无效,第三稿第 38 条规定了三种免责条款无效:(1)免除故意和重大过失的责任的;(2)免除人身伤害的责任的;(3)排除一方基本权利或者免除一方基本义务的。征求意见稿规定免责条款无效的第 33 条,仅保留前两种,删去了第三种。

关于可撤销合同,第三稿第三章第 39 条规定了三种可撤销合同:(1)受欺诈、胁迫而订立的合同,受欺诈或受胁迫的一方可以撤销;(2)有重大误解的,误解的一方可以撤销;(3)一方利用优势或对方没有经验致使双方权利义务显失公平的,另一方可以撤销。其中,重要的修改是对"显失公平"增加了主观要件的限制。值得注意的是,第三稿未采纳建议草案新创的"不当影响"概念。征求意见稿将受欺诈、胁迫恢复为合同无效原因,使合同可撤销原因仍为重大误解和显失公平两种,这就形成了征求意见稿第三章第 35 条:"当事人可以撤销因重大误解订立的合同,但误解是因自己的重大过失造成的,或者对方已经开始履行合同,并且对方没有过错的,不得撤销。"(第 1 款)"当事人订立的合同显失公平的,使一方获得不正当利益的,另一方可以撤销该合同。"(第 2 款)值得注意的是,第三稿为显失公平增加的"一方利用优势或对方没有经验"这一主观要件,被删去了。

关于无权处分行为,建议草案第三章对无处分权人订立的合同作了规定,即第 46 条"以处分他人财产权利为内容的合同,经权利人追认或行为人于订约后取得处分权的,合同自始有效。行为人不能取得处分权,权利人又不追认的,无效。但其无效不得对抗善意第三人"。1996 年 5—6 月的修改,考虑到实践中共有人未经其他共有人同意而处分共有财产的行为与其类似,因此合并规定为一条,并照顾到无权处分与善意取得制度的关系。这就形成了第三稿第三章第 44 条:"无处分权的人处分他人财产而订立的合同,未经权利人追认或行为人于合同成立后未取得处分权的,该合同无效。共有人未经其他共有人同意处分共有财产而订立合同的,该合同无效。"(第 1 款)"无处分权的人处分他人财产或者共有人未经其他共有人同意处分共有财产,善意相对人因交付或者登记已经取得该财产的,受法律保护。"(第 2 款)征求意见稿对此作了文字上的修改和简化,并将两款合并为一款,这就是征求意见稿第三章第 31 条:"无处分权的人处分财产或者共有人未经其他共有人同意处分共有财产,善意相对人因交付或者登记已经取得该财产的,合同视为有效,但该财产对处分权人具有特殊作用的除外。"其中,增加"但该财产对处分权人具有特殊作用的除外"这一"但书"不知是何用意?

(五)关于定式合同的规制

建议草案第三章第六节规定定式合同,共 4 条。这就是第 55 条:"由当事人一方为与不特定多数人订约而预先拟定的,且不允许相对人对其内容作变更的合同条款,为定式合同条款。"第 56 条:"依定式合同条款订立合同时,定式合同条款使用人应以明示方法提请相对人注意定式合同条款,并使其能够以合理方法了解定式合同条款的内容。"第 57 条:"定式合同条款违背诚实信用原则而予相对人不合理的不利益的,无效。""有下列情形之一的,推定其违背诚实信用原则而予相对人不合理的利益:(1)定式合同条款与法律基本原则不相符合或者规避法律强行性规定的;(2)定式合同条款排除或者限制因合同而发生的重要权利或者义务,致使合同目的不能达到的。"第58条:"定式合同应依可能订约的一般人合理的理解予以解释。"(第1款)"解释定式合同,遇有两种或两种以上不同的解释时,应采纳其中最不利于定式合同条款使用人的解释。"(第2款)

1996年5—6月的修改,为求简明,删去关于定式合同定义的规定,将定式合同条款的无效归入关于免责条款的无效(第38条),仅保留一个条文着重规定定式合同文本使用人的义务和定式合同的解释原则。这就是第三稿第二章第29条:"采用定式合同文本订立合同的,制定合同文本的一方应当采取合理的方式提请对方注意其免除责任的条款以及负有主要义务的条款,并应对方的要求对上述条款予以说明。对定式合同条款的理解发生争议的,应当作出有利于对方的解释。"(第1款)"使用行业协会、主管部门或者母公司制定的定式合同文本订立合同的,适用前款规定。"(第2款)

征求意见稿对此作了改动,并将"定式合同"改为"格式合同",这就是征求意见稿第二章的第23条:"采用格式合同文本订立合同的,提供合同文本的一方应当采取合理的方式提请对方注意免除或者限制其责任的条款,并应对方的要求,对该条款予以说明。提供合同文本的一方未尽到提示义务或者拒绝说明的,该条款不发生效力。"(第1款)"对格式合同条款的理解发生争议的,应当作出有利于对方的解释。格式合同条款与非格式合同条款的约定不一致的,应当采用非格式合同条款。"(第2款)"定式合同"一词恐怕比"格式合同"要好。

(六)关于诚实信用原则

建议草案第一章"一般规定"中第6条规定诚实信用原则,包括3款:"双方当事人行使权利履行义务,应当遵循诚实信用原则。"(第1款)"法院于裁判案件时,如对于该待决案件法律未有规定,或者虽有规定而适用该规定所得结果显然违反社会正义时,可直接适用诚实信用原则。"(第2款)"法院直接适用诚实信用原则裁判案件,必须报请最高人民法院予以核准。"(第3款)关于建议草案的上述规定所发生的争论,在于是否认可诚实信用原则有变更现行法的作用,以及在适用程序上面临的难题。因此,1996年5—6月的修改将第2款、第3款删去,仅保留第1款。这就是第三稿第一章第6条:"当事人行使权利、履行义务,应当遵循诚实信用原则。"征求意见稿又进一步将关于诚实信用原则的规定与关于公平原则的规定合并为一条,显然是为了与《民法通则》第4条的规定保持一致,这就形成了征求意见稿第5条:"当事人应当遵循公平、诚实信用的原则,应当恪守诺言,相互协作,不得有欺诈行为。"

(七)关于情事变更原则

建议草案未规定情事变更原则。考虑到近年审判实践中已有适用情事变更原则的事例(最高人民法院1992年第27号函),因此认为有必要规定情事变更原则。这就形成了第三稿第四章第55条:"合同生效后,因当事人以外的原因发生情事变更,致使履行合同将对一方当事人显失公平的,该当事人可以请求人民法院或者仲裁委员会变更或者解除合同。"征求意见稿对此作了改动,这就形成了征求意见稿第四章第52条:"除不可抗力外,因当事人不能预见、不能避免的客观情事发生重大变化,致使履行合同将对一方当事人显失公平的,该当事人可以要求另一方就合同的内容重新协商;协商不成的,可以请求人民法院或者仲裁委员会变更或者解除合同。"其中增加关于重新协商的规定,显系参考了《国际商事合同通则》第6.2.3条关于再交涉义务的规定。

(八)关于同时履行抗辩权

建议草案在第四章第二节第66条规定了同时履行抗辩权:"双务合同规定的相互义务,双方当事人应同时履行。法律另有规定或合同另有约定的除外。"(第1款)"双务合同双方债务均已到履行期,一方当事人在对方未履行或者提出履行之前有权拒绝其履行请求,对方当事人仅履行部分义务或者履行不适当的,则仅得在未履行或不适当履行的范围内拒绝对方的履行请求。"(第2款)第三稿保留了这一规定,仅在文字上作了变动。这就形成了第三稿第四章第51条:"当事人没有约定或者法律没有规定双务合同履行顺序的,当事人应当同时履行双务合同的主要义务。"(第1款)"同时履行双务合同义务的,当事人一方在对方未履行之前有权拒绝其履行请求,在对方部分履行或者履行不适当时,有权相应地拒绝其履行请求。"(第2款)征求意见稿保留了这一条文,仅对其中第1款稍作改动,这就形成了征求意见稿第四章第45条:"当事人对双务合同的履行顺序约定不明确,根据交易习惯又不能确定的,当事人应当同时履行各自的主要义务。"(第1款)第2款未作改动。

(九)关于不安抗辩权

建议草案第四章第67条关于不安抗辩权的规定如下:"依合同约定或合同性质应先为履行的一方当事人,有确切证据证明对方有下列情形之一的,可以暂时中止履行合同:(1)已丧失履行合同债务的能力;(2)没有履行诚意并且可能丧失履行能力;(3)资信状况严重恶化。"(第1款)"中止履行合同的一方应当立即通知对方,当对方恢复履行能力或者对履行合同提供了适当的担保时,应当履行合同。"(第2款)"中止履行后,对方在合同所要求的期限内仍未恢复履行能力或未能提供相应担保的,中止履行方可以解除合同。"(第3款)可见建议草案参考了英美法"预期违约"制度,删去了传统大陆法不安抗辩权要求的"履行期到来"的要件。1996年5—6月的修改,进一步对不安抗辩权的适用事由加以具体化,以期正确适用。这就形成了第三稿第四章第52条:"按照合同约定或者依照法律规定应当首先履行义务的当事人,有证据证明对方有下列情形之一的,可以中止履行:(1)丧失履行债务能力;(2)转移财产,抽逃资金,以逃避债务的;(3)有欺诈行为的;(4)经营状况严重恶化,可能丧失履行债务能力的;(5)合并分立或者变更住所没有通知债务人的。"(第1款)第2、3款与建议草案同。

征求意见稿从建议草案第67条第1款规定的行使不安抗辩权的五种情况中删去第(5)种,并将第(4)种并入第(1)种,并将第2、3款合并,这就形成了征求意见稿第四章第46条:"按照合同约定或者交易习惯应当首先履行债务的当事人,有证据证明对方有下列情形之一的,可以中止履行;(1)丧失或者可能丧失履行债务能力的;(2)转移财产,抽逃资金,以逃避债务的;(3)有欺诈行为的。"(第1款)"当事人中止履行合同时应当立即通知对方,当对方恢复履行能力或者对履行合同提供了适当担保时,应当履行合同。中止履行后,对方在合理的期限内未恢复履行能力或者未能提供适当担保的,中止履行方可以解除合同。当事人违反上述规定中止履行合同的,应当承担违约责任。"(第2款)

(十)关于合同债权人的代位权

建议草案第四章第五节规定"合同履行的保全",其第72条规定合同债权人的代位权:"在债务清偿期届至时,债务人怠于行使对第三人到期债权的,债权人可以自己的名义代位行使债务人对第三人的债权。但依法律规定或者债权性质不能适用代位权的除外。"(第1款)"代位权的行使以保全债权的必要为限。"(第2款)"代位权行使的效果归于债务人。"(第3款)1996年5—6月的修改,对代位权的行使规定了适用条件,即严重损害债权人的到期债权,并明示代位权的行使须以诉讼方式为之。这就形成了第三稿第四章第53条:"因债务人怠于行使对第三人的债权,严重损害债权人到期债权的,债权人可以自己的名义通过诉讼代位行使债务人对第三人的债权,但法律规定或者按照债权性质不能适用代位权的除外。代位权的行使范围以债权为限。"(第1款)"行使代位权取得的财产,归债务人后再清偿债权。"(第2款)征求意见稿对此未作任何改动,规定在第四章第50条。

(十一)关于合同债权人的撤销权

建议草案关于撤销权规定在第73条:"债务人所为之无偿行为损害债权时,债权人可向法院请求撤销该行为。"(第1款)"债务人所为之有偿行为,行为时明知损害债权人权利,受益人于受益时亦明知其情事者,债权人可向法院请求撤销该行为。"(第2款)"债务人行为被撤销,该行为自始无效。"(第3款)另在第74条规定撤销权的行使期间为1年。1996年5—6月的修改,考虑到建议草案未明确债务人放弃债权的行为是否可以撤销,因此将债务人放弃债权的行为也纳入撤销权的范围。关于债务人有偿转让财产的行为,建议草案未限于"低价转让"似对受让人不利,因此需要加以限制,并限于对债权人造成严重损害的。这就形成第三稿第54条:"因债务人放弃对第三人的债权或者有无偿转让财产的行为,严重损害债权人利益的,债权人可以向人民法院请求撤销债务人的行为。债权人的撤销权应当自知道或者应当知道撤销原因之日起1年内行使。"(第1款)"债务人低价转让财产,受让人取得财产时明知债务人的行为严重损害债权人利益的,适用前款规定。"(第2款)征求意见稿将上述两款合并为一款,而将撤销权的除斥期间另作一款,这就形成征求意见稿第51条:"因债务人放弃对第三人的债权或者有无偿转让财产的行为,严重损害债权人利益的,债权人可以向人民法院请求撤销债务人的行为。债务人低价转让财产,并且受让人取得财产时有过错的,债权人也可以向人民法院请求撤销债务人的行为。"(第1款)"债权人的撤销权应当自知道或者应当知道撤销原因之日起1年内行使。"(第2款)

(十二)关于法定解除权

关于合同的解除,建议草案专设一章即第六章,共15个条文。后来修改,将合同的解除并入合同的消灭作为第六章,章名为"合同的终止"。这里仅介绍关于法定解除权的规定。

关于合同的法定解除权,建议草案规定了11个条文,即第96条因履行不能的解除;第97条拒绝履行的解除;第98条非定期债务迟延履行的解除;第99条定期债务的解除;第100条因不完全履行的解除;第101条部分债务不履行与附随义务不履行的解除;第102条解除权的行使;第103条解除的效力——恢复原状;第104条解除的效力——损害赔偿;第105条解除的效力——同时履行;第106条解除权的消灭。1996年5—6月修改时,认为这样规定过于烦琐,决定删繁就简,只着重规定发生法定解除权的事由、解除权的行使和解除的后果。这就形成了第三稿第六章第70条:"有下列情形之一的,当事人一方有权通知另一方解除合同:(1)因不可抗力致使主要债务不能履行的;(2)因另一方违约,以致严重影响订立合同所期望的经济利益的;(3)在履行期届满前另一方明确表示拒绝履行主要债务的;(4)另一方迟延履行债务,经催告后在合理期限内仍未履行的;(5)法律规定可以解除合同的其他情形。"关于解除权的行使方式,规定在第72条:"行使解除权应当以书面形式通知,但当事人另有约定或者法律另有规定的除外。解除合同的通知自到达对方当事人之时起生效。当事人不得撤销解除合同的通知。"关于解除的后果,规定在第73条:"合同解除后,需要恢复原状的,应当恢复原状。因一方违约致使合同解除的,应当承担违约责任。"(第1款)"因解除合同产生的费用,由有过错的一方承担。双方均没有过错的,由双方合理分担。"(第2款)征求意见稿关于法定解除权发生的事由,规定在第66条,仅对第(3)项作了改动,即将第三稿的"另一方明确表示拒绝履行"改为"有证据证明另一方不履行",这就形成征求意见稿第66条之第(3)项"在履行期届满前,有证据证明另一方不履行其主要债务的"。第68条规定解除权的行使,与第三稿第72条比较,删去了"法律另有规定"。第69条规定解除的后果,仅保留第三稿第73条的第1款。

(十三)关于违约责任的调整

建议草案第八章规定违约责任,包括5节,共21个条文。即第一节一般规定,规定违约责任归责原则;因第三人过错造成的违约;免责条件;五种违约形态。第二节违约金,规定违约金的约定;违约金的效力;部分履行和违约金的减少;违约金数额的增减。第三节损害赔偿,规定损害赔偿的方法;损害赔偿的范围;过错相抵;损益抵销。第四节其他责任方式,规定强制实际履行;定金;标的物瑕疵的补正;第三人侵害债权。第五节责任竞合,规定违约责任与侵权责任发生竞合时的选择权。

1996年5—6月的修改作了删节,内容有较大改动,这就形成了第三稿第七章违约责任,不分节,共17个条文。

其一,关于责任原则。

建议草案第138条规定为过错推定:"合同当事人一方不履行合同债务或者其履行不符合法定或者约定条件的,应当承担违约责任。但当事人能够证明自己没有过错的除外"。后来修改考虑违约责任的性质及国际公约的经验,决定改为严格责任,这就形成了第三稿第80条:"当事人不履行债务或者履行债务不符合合同约定或者法律规定的,应当承担违约责任"。并设第2款增加规定了"承担违约责任的方式"包括:(1)支付违约金;(2)赔偿损失;(3)执行定金罚则;(4)实际履行;(5)法律规定的其他方式。征求意见稿第七章第76条的内容与第三稿第80条完全相同。

关于第三人的过错造成违约,建议草案第139条规定:"合同当事人一方因与自己有法律关系的第三人的过错造成违约的,应当向他方当事人承担违约责任。"建议草案企图用"与自己有法律关系"一语,限制"第三人"的范围。1996年5—6月的修改,考虑到"与自己有法律关系"一语,并不能达到限制第三人范围的目的,因此决定删去,修改为第三稿第92条:"当事人一方因第三人的过错造成违约的,应当向对方承担违约责任。"征求意见稿第87条的内容与第三稿第92条完全相同。

其二,关于违约形态。

建议草案规定了拒绝履行(第141条);不能履行(第142条);迟延履行(第143条);债权人迟延(第144条);瑕疵履行(第145条)。第三稿只保留了拒绝履行一种,这就是第91条:"当事人一方明确表示拒绝履行主要债务的,另一方可以在履行期届满前请求其承担违约责任。"但关于责任原则,第80条规定的"不履行债务或者履行债务不符合合同约定或者法律规定",实际上已经包含了"不能履行""迟延履行(不符合约定或者规定的履行期限)"和"瑕疵履行(不符合约定或者规定质量标准)",因此可以说第三稿规定了四种违约形态。征求意见稿完全继承了第三稿的规定,其第86条与第三稿的第91条完全相同。

其三,关于违约金。

统一合同法企图解决违约金的性质,违约金与其他责任形式是否可以并用,以及违约金的增减问题。建议草案第146条规定,违约金由当事人约定;第147条规定:"除当事人另有约定外,违约金视为约定的违约赔偿金。债权人请求债务人支付违约金的,不得同时请求其继续履行合同或者赔偿损失,但如果违约金是专门为迟延履行约定的,不在此限。"第149条规定违约金的增减。1996年5—6月的修改,对条文和文字作了调整,并对约定违约金的增减作了更具体的规定。这就形成了第三稿第 81 条:"当事人可以约定违约金。当事人违约后,应当按照约定支付违约金。"(第 1 款)"违约金视为因违约造成损失的赔偿金。约定的违约金过分高于或者低于因违约造成损失的,当事人可以请求人民法院或者仲裁委员会适当减少或者增加。违约没有造成损失,但按照约定支付违约金明显不合理的,当事人可以请求人民法院或者仲裁委员会适当减少。"(第 2 款)"当事人在合同中约定的损失赔偿额,适用本条规定。"(第 3 款)另外在第 83 条规定:"当事人既约定违约金,又约定赔偿损失额的计算方法的,一方违约后,受害方只能选择一种承担责任的方式。"征求意见稿第 77 条保留了第三稿第 81 条的第 1、2 款,删去第 3 款。第三稿的第 83 条未予保留。

其四,关于赔偿损失。

着重解决的是损害赔偿的标准问题。建议草案第 151 条规定:"合同当事人可以事先约定损害赔偿金或者损害赔偿额的计算方法。"(第 1 款)"当事人未约定时,损害赔偿应包括债权人因对方违约所受的实际损害及所失可得利益,但不得超过违约方在订立合同时依当时已经知道或理应知道的事实和情况,对违反合同预料到或理应预料到的可能损失。"(第 2 款)"法律对损害赔偿范围或赔偿限额有规定的,依其规定。"(第 3 款)

1996 年 5—6 月的修改,将建议草案第 151 条分为两条,即第三稿第 82 条规定当事人约定赔偿金计算方法及其增减问题:"当事人可以约定赔偿损失额的计算方法。按照计算方法得出的赔偿损失额过分高于或者低于因违约造成损失的,当事人可以请求人民法院或者仲裁委员会适当减少或增加。"第 84 条规定当事人既未约定违约金又未约定赔偿损失额计算方法时的赔偿标准:"当事人没有约定违约金或者赔偿损失的计算方法的,赔偿损失的金额应当相当于因违约所造成的实际损失,并可以包括合同履行后可以获得的利益,但不得超过违反合同一方订立合同时应当预见到的损失。"(第 1 款)"赔偿合同履行后可以获得的利益时,不得同时赔偿为获取该利益而支出的费用。"(第 2 款)

征求意见稿第78条相当于第三稿的第82条,仅将第1句改为"当事人可以约定赔偿损失额或者赔偿损失额的计算方法",其他文字相同。与此相应,征求意见稿第79条第1款第1句亦改为"当事人没有约定违约金、赔偿损失额或者赔偿损失额的计算方法的",其他文字与第三稿第84条相同。

其五,关于定金。

建议草案第155条关于定金的规定比较简单:"给付定金一方违约的,无权要求返还定金;接受定金一方违约的,应双倍返还定金。"(第1款)"违约方承担损害赔偿的,定金应计入损害赔偿金额;但定金超过损害赔偿金额的,执行定金。"(第2款)1996年5—6月的修改,考虑到实际生活中有故意约定高额定金以损害对方利益的现象,因此对定金数额及定金罚则的执行规定了限制,这就形成了第三稿第87条:"当事人可以约定定金。定金的数额不得超过合同标的额的20%。当事人一方违约,以致严重影响对方订立合同所期望的经济利益的,给付定金的一方,无权要求返还定金;接受定金的一方,应当双倍返还定金。"(第1款)"因违约给对方造成损失,定金不足赔偿损失的,违约方应当补足赔偿损失的金额;定金超过损失的,应当执行定金罚则。执行定金罚则明显不合理的,当事人可以请求人民法院或者仲裁委员会适当减少。"(第2款)另外在第88条规定:"当事人不得在合同中既约定违约金又约定定金。当事人既约定违约金又约定定金的,一方违约后,受损害方只能选择一种承担责任的方式。"征求意见稿将第三稿第87条的内容分为两条,即将其第1款作为第82条,第2款作为第83条(文字稍有改动)。第三稿的第88条未保留。

其六,关于强制实际履行。

建议草案第154条规定:"债务人违约后,如债务履行仍有可能,债权人可不解除合同,而向法院申请强制实际履行,但下列情形除外:(1)强制债务人实际履行合同费用过巨的;(2)依合同性质不宜强制实际履行的。"1996年5—6月的修改,为了便于适用,改为正面规定,即第三稿第39条:"当事人一方违约后,有下列情形之一的,另一方可以请求人民法院强制实际履行:(1)依照本法第27条订立合同的;(2)标的物为不动产的;(3)标的物在市场上难以购买的;(4)其他确有必要强制实际履行的。"其中第一种是指依照法律规定或者国务院决定而订立的合同。征求意见稿第84条继承了第三稿第89条,只是将"(1)依照本法第27条订立合同的",改为"依照法律或者根据国家计划管理需要订立合同的",并新增第2款:"强制实际履行不影响当事人请求支付违约金或者赔偿损失。"

值得注意的是第三稿违约责任一章进一步强化了对当事人约定的干预。另外,建议草案违约责任一章所建议的其他重要制度,如防止损失扩大规则、过错相抵规则、损益相抵规则、第三人侵害债权规则,以及违约责任与侵权责任的竞合规则,均为第三稿所采纳,只对个别文字稍作修改。这就是第三稿第85条关于防止损失扩大、第94条过错相抵、第86条损益相抵、第95条第三人侵害债权、第96条违约责任与侵权责任的竞合。这些制度均为征求意见稿所保留。

(十四)关于合同解释

建议草案专设一章规定合同的解释规则,即第九章合同的解释,共6个条文:第159条文义解释;第160条整体解释;第161条目的解释;第162条习惯解释;第163条公平解释;第164条诚信解释。1996年5—6月的修改,认为合同解释规则虽有必要规定,但没有必要专设一章。最后决定合并为一个条文,安排在附则一章。这就是第三稿第二十九章第373条:"当事人对合同条款的理解有争议的,应当按照合同所使用的词句、合同的内容、当事人之间的交易习惯或者其他交易习惯以及诚实信用原则,确定该条款的真实意思。该条款可以作两种或者两种以上的解释时,应当以符合合同目的的解释为准。"这一规定保留在征求意见稿第三十章"附则"的第388条,未有任何改动。

四、1997年6月9日至18日研讨会上争论的主要问题

(一)关于《技术合同法》是否纳入统一合同法问题

按照立法方案,统一合同法一经生效,原来的三个合同法将同时废止。对此,存在不同意见。主要是国家科委不同意将《技术合同法》纳入统一合同法。这次在北京市昌平区工商局培训中心召开的征求意见稿讨论会上,就这个问题进行了争论。国家科委政策法规与体制改革司司长段瑞春陈述了科委的意见,主张统一合同法只着重规定合同通则,保留现在的《技术合同法》和技术合同法体系。其主要理由是:其一,现行技术合同法体系是改革开放的成果,具有中国特色,经过多年的实践证明是成功的,已经形成一个完整的体系,符合国家提出的科教兴国和加速科技成果转化的要求。其二,立法应考虑一般与特殊的关系,将一般规则统一起来是必要的,在此基础上应允许技术合同法作为一个独立的体系存在,认为统一合同法与技术合同法的关系,类似于民法财产法与知识产权法的关系。技术合同有区别于一般民事合同的特点,应当使《技术合同法》作为单行法存在。其三,现行技术合同法体系是与技术市场管理制度结合在一起的,所有的省、自治区、直辖市都有管理机关负责指导《技术合同法》的实施,75%的地级市都有技术合同管理机构,50%的县有技术合同管理机构,形成了一个管理队伍,如果《技术合同法》被废止,意味着现行的行政法规体系和管理制度都得推倒,现在的管理机构失去存在依据,管理队伍将被解散。出席会议的学者、法官和其他行政部门的负责人均表示赞同"三法合一",认为技术合同的特殊性可以在统一合同法分则中充分得到反映,并建议由国家科委负责起草分则中的几类技术合同,必要的管理措施可以另行制定实施细则。

(二)关于是否规定合同管理问题

按照立法方案,统一合同法不宜规定合同管理问题和合同管理机关,因此四个草案均未规定合同管理。这次会上国家工商行政管理局法规司司长王学政陈述了国家工商行政管理局的意见,建议增加一章规定合同管理和合同管理机关。主要理由为:其一,中国市场经济与资本主义的市场经济不同,资本主义的市场经济是以私有制为基础,中国的市场经济是以公有制为主导,由公有制性质决定,必须坚持并加强对合同的行政监管;其二,自改革开放以来,国有资产流失问题十分严重,而国有资产流失大部分与合同有关,有的是在签订合同中上当受骗,有的则属于双方恶意串通通过签订合同侵吞国有资产,要防止国有资产流失,必须加强对合同的行政监管;其三,中国市场交易秩序比较混乱,其突出表现是合同履约率低,利用合同进行违法活动严重,坚持并加强对合同的行政监管,是建立和维护正常的市场交易秩序,制止和制裁利用合同的违法行为的迫切要求;其四,坚持并加强对合同的行政监管,可以弥补司法救济的不足,更好地保护当事人的合法权益。希望在统一合同法上明确规定工商行政管理部门监管合同。多数会议参加者认为,对合同的行政管理问题,不宜在统一合同法上规定,应当在有关市场管理的法规中规定。少数人提出折中意见,建议在附则中设一个条文规定管理问题。至于这一条文规定什么内容,有不同方案。谢怀栻教授建议的方案是:"国家对于企业与企业间、企业与个人间的重大合同进行必要管理的办法,由国务院制定";王家福教授建议的方案是:"国家工商行政管理机关依据《反不正当竞争法》和《消费者权益保护法》,对合同进行必要管理";我建议的方案是:"利用合同进行的违法行为,由工商行政管理机关依法查处,构成犯罪的,由人民法院依法追究刑事责任。"

(三)关于如何规定对外贸易中的代理

众所周知,《民法通则》所规定的代理,指代理人以本人名义为法律行为而其法律效果直接归属于本人,即所谓直接代理,属于狭义代理概念。但中国对外贸易中所实行的代理,不仅指直接代理,还包括间接代理,属于广义代理概念。对外经济贸易部《关于对外贸易代理制的暂行规定》(1991年8月29日发布)第1条规定:如代理人以被代理人名义对外签订合同,双方权利义务适用《民法通则》有关规定;如代理人以自己名义对外签订合同,双方权利义务适用本暂行规定。按照大陆法系民法理论,所谓间接代理,即代理人以自己名义为法律行为而其法律效果间接归属于本人,本质上应为行纪,而非代理。因此,学者起草的统一合同法建议草案第二十六章"行纪合同"中专设第二节"对外贸易行纪",包括5个条文,即第398条对外贸易行纪的法律适用,第

399条委托人的义务,第400条受托人的义务,第401条违约责任及免责条件,第402条对外争议解决的相互协助。基本内容采自《关于对外贸易代理制的暂行规定》。但这一节在以后被删去了,因此第二稿、第三稿、征求意见稿均未涉及对外贸易代理问题。在1997年6月9日至18日讨论统一合同法草案征求意见稿的会上,对外贸易经济合作部条约法律司司长张月姣建议规定外贸代理。这就涉及如何协调大陆法系代理与英美法系代理的问题。少数学者表示赞同规定间接代理。认为外贸代理,用行纪合同解决不了,要使本人介入代理人与相对方的关系中,可以适当引进《国际货物销售代理公约》的规定。外贸代理,把本人纳入代理人与相对方的关系中去,值得尝试,就规定一个间接代理。多数学者对此持保留态度,认为中国属于大陆法系,对于英美法上的东西,能够吸收的尽量吸收,但不得破坏大陆法系的基本框架。规定间接代理涉及民法一些根本性理论,如何与《民法通则》上的代理协调,须慎重考虑。

(四)关于违约责任原则

有学者表示不同意将违约责任原则由建议草案所规定的过失推定责任改为严格责任。其主要理由:(1)改为严格责任将导致中国民法体系内部的冲突和不协调,如与侵权责任不统一,与本法所规定的过失相抵制度、当事人为自己一方第三人的过错负责的制度等发生冲突;(2)违约责任以过错为归责事由已经深入人民和企业的法律意识,现在改为严格责任,中国法官和民众难以接受;(3)国际公约的规定不应成为改变统一合同法违约责任原则的理由,因为《联合国国际货物销售合同公约》仅规范一种合同,双方当事人均为商人,其交易能力平等,且公约的价值取向是单向度的,即交易安全和便捷,而民法的价值取向是双向度的,除交易安全和便捷外,还有社会正义;(4)过失责任原则的优点是突出民事责任的道德性,改为严格责任不符合这一传统,且其他大陆法系国家并未改变过失责任原则,中国立法不应轻率从事。多数参加者赞同规定严格责任,其主要理由是:其一,将违约责任改为严格责任非自统一合同法草案始,事实上《民法通则》第111条、《涉外经济合同法》第 18 条和《技术合同法》第 17 条已经将违约责任规定为严格责任,现行三个合同法仅经济合同法规定过失责任。其二,除《联合国国际货物销售合同公约》外,近年公布的《国际商事合同通则》和《欧洲合同法原则》均规定了严格责任,如果说公约是受英美法的影响,则《国际商事合同通则》和《欧洲合同法原则》之采纳严格责任应当是两大法系的权威学者经过充分的斟酌权衡之后所达成的共识,反映了合同法发展的共同趋势。其三,严格责任与过错责任相比有显而易见的优点,在诉讼中原告只需向法庭证明被告不履行合同义务的事实,无须证明被告对于不履行有过错,也不要求被告证明自己无过错,这里的逻辑是有违约即有责任,违约责任的构成仅以不履行为要件,被告对于不履行有无过错与责任无关。免责的唯一可能性在于证明存在免责事由。不履行与免责事由属于客观事实,其存在与否的证明和判断相对容易,而过错属于主观心理状态,其存在与否的证明和判断相对困难。因此实行严格责任可以方便裁判,有利于诉讼经济,有利于加强合同的严肃性,有利于增强当事人的责任心和法律意识。其四,严格责任更符合违约责任的本质,违约责任以存在合法有效的合同关系为基础,合同是双方自由协商签订的,当然完全符合双方的意愿和利益,违约责任是由合同义务转化而来,本质上出于双方约定,不是法律强加的,此与侵权责任不同。因此,违约责任应比侵权责任严格。侵权责任发生在预先不存在密切联系的当事人间,权利冲突的广泛存在使损害的发生难以完全避免,因此法律要求除损害事实之外还要有过错要件,过错等同于可归责性,它使侵权责任具有合理性和说服力。而违约责任本质上是出于当事人自己的约定,这就足够使违约责任具有了充分的合理性和说服力,无须再要求使违约责任具有其他证明其合理性和说服力的理由。

(五)关于欺诈和胁迫

现行《民法通则》将欺诈和胁迫规定为合同无效的原因,统一合同法建议草案改为合同可撤销的原因,第二稿恢复为合同无效原因,第三稿再改为合同可撤销原因,征求意见稿再恢复为合同无效原因。因此,在讨论征求意见稿的会上就这一问题进行了争论。主张欺诈和胁迫应为合同无效原因的主要理由在于现行《民法通则》的规定,并认为规定为合同无效原因有利于受欺诈、受胁迫一方。主张欺诈和胁迫应为合同可撤销原因的主要理由如下:(1)法律政策上的理由。基于法律政策,凡影响合同效力的原因直接损害社会公共利益的,就使合同无效,目的在于维护社会公共利益。凡影响合同效力的原因一般仅损害当事人私益,则使合同可撤销,法律赋予受害一方当事人撤销权,由该受害一方当事人自己决定行使撤销权使合同无效,或者不行使撤销权使合同继续有效。(2)无效与可撤销在法律效力上的差异。法律上所谓无效,是自始、当然、绝对无效,无变为有效的任何可能性。欺诈、胁迫被规定为无效原因,将使因欺诈、胁迫所订立的合同自始、当然、绝对不发生效力,使受欺诈、受胁迫的一方当事人不能保持因该合同所获得的利益。而规定为可撤销原因,则该合同不当然无效,存在有效的可能性,使因种种原因而不打算推翻已成立的合同的受欺诈、受胁迫一方当事人,可以保持因该合同所获得的利益。此时,将欺诈和胁迫规定为无效原因,对受害人一方反而不利。(3)程序上的理由。作为合同无效的原因应当具有客观性,以便于法庭或者仲裁庭在确认合同无效时易于判断无效原因之是否存在。例如,合同违法、违反指令性计划、违反社会公共利益、双方恶意串通损害第三人利益等,法庭或仲裁庭可依合同内容及客观情事作出判断。欺诈和胁迫,属于不自愿的意思表示,是否有欺诈、有胁迫唯当事人自己知道,如果受欺诈、受胁迫一方不予主张,法庭或者仲裁庭不可能从合同内容或客观情事判断欺诈、胁迫之存在。即使《民法通则》将欺诈、胁迫与违法一并规定为合同无效原因,但在审判或仲裁合同纠纷实践中常见法庭或仲裁庭依职权确认合同因违法而无效,罕见依职权确认合同因欺诈或者胁迫而无效。原因正在于此。

(六)关于行政合同

《法制日报》1997年6月9日第1版刊载应松年教授的文章《行政合同不容忽视》,建议在统一合同法上对行政合同作出规定。该文提出判断行政合同的三项标准:(1)合同当事人中居于主导地位的当事人,必须是代表公共利益的行政机关;(2)合同目的在于实现行政管理和公共利益的目标;(3)在合同权利义务的配置上,行政机关保留了某些特别权力,如监督甚至指挥合同的实际履行,单方面变更合同的内容,认定对方违法并予以制裁。作者根据这三项标准,认为中国现实中的粮食、棉花、烟草定购合同,国有土地使用权出让合同,国有企业承包经营合同,国有企业租赁合同,国家订货合同,公共工程承包合同,按照指令性计划签订的合同,以及某些科研合同等,均属于行政合同。在讨论征求意见稿的会上,有的参加者指责起草人混淆了民事合同与行政合同的界限,把本质上属于行政合同性质的合同作为民事合同规定。这一意见理所当然地受到多数人的反对。什么是行政合同?中国现实中有没有行政合同?哪些属于行政合同?这些问题当然有深入研讨的必要。但混淆民事合同和行政合同界限的,不是统一合同法草案,而恰好是上述文章所提出的三项标准。如果说有所谓行政合同的话,只能存在于行政权力作用领域,属于行政法律关系。例如,改革过程中实行的中央财政与地方财政之间的财政包干合同、行政机关与财政之间关于规定罚没款上交、留用比例的合同。按照笔者的理解,所谓行政合同的双方当事人都必须是行政机关或者被授予行政权的团体(如中介机构、行业协会),合同内容必须属于行政权力的行使行为。本质上属于市场交易的行为,即使一方当事人为行政机关(如政府采购合同),即使法律规定实行强制签约(如粮食定购),也仍然属于民事合同,而与所谓行政合同有本质区别。至于上述文章提出的第三项标准,显而易见是混淆了市场交易行为与国家对市场交易的管理行为,国家通过行政机关对某些市场交易行为进行适度干预,并不改变这些市场交易行为的性质,当然不可能使这些市场交易关系变成所谓行政合同关系。

(七)关于情事变更原则

统一合同法草案第三稿和征求意见稿均规定了情事变更原则,但对于应否规定一直存在争论。不同意规定情事变更原则的理由,主要有两个。其一是认为所谓情事变更被不可抗力包含,既然已规定不可抗力,就没有再规定情事变更的必要。其二是认为情事变更原则属于一般条款,没有具体的判断标准,担心在实践中被滥用,影响法律的安定性。其中,第一个理由,显系混淆了不可抗力与情事变更两个不同的概念和制度。两者的区别在于:(1)两者虽均构成履行障碍,但程度不同,不可抗力已构成履行不能,而情事变更未达到履行不能的程度,仍属于可能履行,只是其履行极为困难并导致显失公平。(2)不可抗力属于确定概念,《民法通则》第153条规定了不可抗力的定义,而情事变更属于不确定概念,法律上无法规定其定义。(3)不可抗力属于法定免责事由,当事人只要举证证明因不可抗力导致合同履行不能,即可获得免责,法庭或仲裁庭对于是否免责无裁量余地;情事变更不是法定免责事由,其本质是使当事人享有变更或解除合同的请求权,而同时授予法庭或仲裁公平裁量权。(4)不可抗力的效力系当然发生,情事变更的效力系非当然发生,是否构成情事变更、是否变更或者解除合同及是否免责,须取决于法庭或仲裁庭的裁量。至于第二个理由,鉴于情事变更原则的实质在于授予法庭或仲裁庭自由裁量权,在实践中发生滥用此裁量权的危险显然存在。现在的问题是,是否在法律上不规定情事变更原则,就能够避免这种滥用?实际上在中国审判实践中已经有承认情事变更的判例,统一合同法不规定这一原则并不能阻止法院根据情事变更理论裁判案件。与其如此,还不如由统一合同法对情事变更原则作出明文规定,使法庭或仲裁庭在适用这一原则时有所遵循,减少裁判的任意性,减少滥用的危险。因此,会上多数参加者表示同意规定情事变更原则,认为现在面对的问题不是应否规定,而是应如何规定。

中国合同法起草过程中的争论点[*]

1993年9月2日,全国人民代表大会常务委员会通过了《关于修改〈中华人民共和国经济合同法〉的决定》。此后不久,全国人大常委会法制工作委员会召开了一个专家研讨会,讨论如何实现合同法统一的问题。与会专家学者一致认为制定统一合同法的时机已经成熟,建议由专家学者承担起草工作并委托部分学者先提出一个立法方案。这就产生了由中国政法大学江平、中国人民大学王利明、吉林大学崔建远、烟台大学郭明瑞、最高人民法院李凡、北京市高级人民法院何忻、《法学研究》杂志编辑部张广兴和笔者共同提出的《合同法立法方案》。该方案经过1993年11月4日全国人大常委会法制工作委员会邀请北京部分专家出席的讨论会及1994年1月全国人大常委会法制工作委员会邀请全国十多个单位的专家出席的讨论会征求意见和论证,最后确定下来。由全国人大常委会法制工作委员会委托12个单位的学者分别起草合同法草案。这12个单位是:中国政法大学、北京大学、中国人民大学、中国社会科学院法学研究所、对外经济贸易大学、吉林大学、烟台大学、武汉大学、西南政法学院、中南政法学院、西北政法学院、华东政法学院。1994年11月各单位起草的条文汇总,由全国人大常委会法制工作委员会委托的中国社会科学院法学研究所梁慧星、张广兴、傅静坤三人统稿完成《合同法(建议草案)》,共34章528条,于1995年1月提交全国人大常委会法制工作委员会。1995年4月18日至21

---

[*] 本文原载《法学》1996年第2期。

日,全国人大常委会法制工作委员会就《合同法(建议草案)》召开讨论会。全国人大常委会法制工作委员会主任顾昂然出席,副主任胡康生主持会议。出席会议的学者有江平、徐杰(中国政法大学)、谢怀栻、梁慧星、王保树、张广兴(中国社会科学院法学研究所)、王利明(中国人民大学)、沈达明、冯大同(对外经济贸易大学)等。会上对"建议草案"作了肯定的评价,提出若干修改意见。但也有人批评建议草案照抄外国和我国台湾地区的规定过多,对自己的经验研究不够等。此后产生了1995年5月的全国人大常委会法制工作委员会《合同法(试拟稿)》(第二草案),共41章511条,并印发最高人民法院及一些教学研究机构征求意见。据悉,全国人大常委会法制工作委员会正在建议草案和第二草案基础上拟定新的草案。现将合同法起草过程中的主要争论点概括介绍如下。

一、制定一部21世纪的合同法还是转轨时期的合同法

关于制定合同法的第一个争论点是合同法所应体现的时代性,亦即我们现在制定合同法是应着眼于调整中国当前由计划经济向市场经济转轨过程中的经济生活,还是应着眼于调整21世纪中国建成比较发达的社会主义市场经济后的经济生活。一种意见认为,法律应有一定的稳定性和引导性,在立法时应有预见性。中国目前处在由计划经济向市场经济转轨的过程中,许多问题是过渡性的、暂时性的,不是市场经济的常态,因此制定合同法时虽然对转轨过程中的问题不能完全无视,但不应以此为着眼点,并且对那些暂时性的、非常态的关系和现象不应迁就,更应避免因法律规定而使暂时性的、非常态的关系和现象合法化、固定化。制定合同法应更多地着眼于反映市场经济本质的经济现象和经济关系,使中国合同法不仅在转轨时期可以发挥规范经济生活的作用,而且能够规范中国在21世纪建成比较发达的社会主义市场经济后的经济生活。在讨论《合同法立法方案》时,持这种主张的学者提出,制定合同法的指导思想之一是,应当面向21世纪,制定一部21世纪的合同法。另一种意见认为,在中国现阶段的经济生活中,有大量

的经济关系处于不规范状态,须由合同法调整。例如,农村土地承包关系、城市的企业承包关系、指令性计划合同关系如粮食定购合同,存在许多问题,应由合同法作出规定。因此,强调合同法应着眼于现在的经济生活,到中国基本建成社会主义市场经济之后,还可以修订合同法或者另外制定新的法律,尤其不同意"面向 21 世纪"的提法。

二、关于统一合同法与现行法的关系

合同法无疑应以现行法为根据,凡是现行法成功的、有益的经验和制度,都应该予以采纳和保留。但问题是统一的合同法应不应该、可不可以突破现行法的规定、变更现行法的规定。由于现行三个合同法在统一合同法通过后将被废止,因此最主要的问题是如何处理统一合同法与《民法通则》的关系。换言之,统一合同法可不可以突破或修改《民法通则》的规定。在制定和讨论《合同法立法方案》时,大家对这个问题反复讨论,所达成的认识是:制定统一合同法,不应该受现行《民法通则》的局限,不仅可以规定《民法通则》所未规定的原则和制度,而且完全可以突破《民法通则》的规定,变更《民法通则》的规定。这有两方面的理由:其一,实质理由。《民法通则》是 20 世纪 80 年代中期制定的,当时中国改革的目标尚未被确定为建立社会主义市场经济体制,《民法通则》虽然包含了许多符合市场经济要求和民法发展潮流的原则和制度,但不可避免地保留了许多反映计划经济特征和要求的规定。如果现在起草统一合同法,不突破《民法通则》的局限,不纠正《民法通则》中反映计划经济特征和要求的规定,去掉《民法通则》中过时的、落后的、不符合民法发展潮流的规定,就不可能制定一部真正符合市场经济客观规律的合同法,也就失去了制定统一合同法的必要性。其二,形式上的理由。虽说《民法通则》处于民法典的基本法地位,但《民法通则》既不是民法典,也不是民法典的总则,统一合同法是按照将来民法典的债权编(债权总则、合同总则、各种合同)制定的,待合同法和物权法制定后,即将对《民法通则》进行修订,《民法通则》经修订后将作为民法典的总则编。既然统一合同法是按照民法典债权编制定的,当然

不能受现行《民法通则》的局限。但考虑到这样的理由,合同法中似不便明文表述合同法与《民法通则》的关系。对此,有不同意变更《民法通则》及三个合同法现行规定的意见,也有不赞成将技术合同法纳入统一合同法调整范围的主张。

三、关于合同自由与国家干预

合同自由为民法基本原则。在现代民法,合同自由受到各方面的限制,但其作为民法基本原则的地位并未动摇。中国曾经长期实行计划经济体制,彻底取消了合同自由原则,现在处在向市场经济转轨的过程中,当事人的合同自由日渐扩大并为法律所认可,但现行《民法通则》和三个合同法均未正式规定合同自由原则。而在实际生活中限制、阻碍、剥夺合同当事人的合同自由的现象还严重存在。因此,制定统一合同法,有必要明文规定合同自由原则为基本原则,并在合同法各项制度中切实体现合同自由原则。例如,不规定合同的法定形式,使当事人对合同形式有选择的自由;不规定合同成立和生效的必要条件;以列举方式规定损害社会公益和第三人利益的合同无效,凡不属于所列举范围的,一律有效;将欺诈、胁迫均规定为可撤销原因;等等。简而言之,合同法应将强制性规定限制在十分必要的范围内,尽可能扩大任意性规定的适用范围。国家对合同的干预,应以维护交易安全、维护社会正义、保护弱者(消费者、劳动者)权益为目的。至于国家基于对国民经济的宏观调控和管理,可以通过制定行政法规的方式,不必要也不应该在合同法上规定合同管理机关,使之拥有对合同进行监督检查的权力,不必要也不应该在合同法上规定对当事人追究行政责任,为了防止行政机关通过制定实施条例限制当事人的合同自由,合同法不授权行政机关制定实施条例。另外一种意见认为,现代民法的合同自由原则已经衰落,国家出于社会利益的考虑,对合同进行干预是多数国家的通例。中国在建设社会主义市场经济的过程中,更有必要加强国家干预,建立和维护社会经济秩序。并且,现阶段中国的自然人和法人法律意识不强,法律知识不足,合同法多规定一些强制性条文有利于引导当事人增强法律意识,有利于维护当事人的合法利益。授予行政机关对合同进行监督检查的权力,有利于制裁违法行为,维护社会主义市场经济秩序。基于这样的认识,主张在统一合同法中规定更多的强制性法律条文,规定可以对当事人追究没收非法所得、罚款、吊销营业执照等行政责任,主张恢复在1993年修订《经济合同法》时已经取消的合同管理机关。

四、关于借鉴吸收发达国家和地区的经验

在统一合同法起草过程中,大家对于应从中国改革开放和发展社会主义市场经济的实际出发,广泛借鉴吸收发达国家和地区的立法经验和判例学说的看法,并无分歧。但在如何借鉴吸收、借鉴吸收什么等问题上则有不同意见。一种意见认为,要使中国合同法成为世界上先进的立法,应将借鉴吸收的重点放在英美法系合同法。因为从国际法律统一的趋势看,大陆法系和英美法系正在融合,许多国际公约的内容,更多地采纳英美法的制度和规则。并且,大陆法系民法过分强调体系性和逻辑性,其缺点是僵化和不灵活。中国合同法要避免僵化和不灵活的缺点,当然应着重借鉴吸收英美法的经验。例如,主张完全放弃"履行不能"(包括自始不能和嗣后不能)概念,采纳英美法上的"根本违约"与"非根本违约",完全放弃不安抗辩权制度,采纳英美法上的预期违约制度,等等。有的学者认为,《德国民法典》债务法修正草案已经采纳英美法和《国际货物买卖合同公约》的经验,废止瑕疵担保制度,主张中国合同法也应废止瑕疵担保制度。另一种意见认为,中国从清末实行法制改革以来,就属于大陆法系,与德国、法国、日本的法律框架、法律概念、原则、制度基本相同,因此在大陆法系与英美法系之间,应着重借鉴吸收大陆法系国家如德国、法国和日本的经验,同时适当吸收英美法系的有益的做法和经验。并且,考虑到中国大陆和台湾地区之间密切的经济交往和最终实现统一后的经济发展,制定合同法应特别注意采纳台湾地区"民法"债编关于合同的规定及台湾地区法院判例。当然,主张重点借鉴吸收大陆法系国家和台湾地区的经验,并不拒绝吸收英美法的经验和国际公约、国际惯例，而是在维持大陆法系民法基本架构的基础上尽可能地吸收英美法和国际公约的先进经验。德国的债务法修改能否最后获得通过，尚未可知，其他国家和地区均持观望态度，其将瑕疵担保制度废止后如何设计统一的违约责任制度，仅从现有资料还难以准确把握制度设计的细节。中国现在制定合同法，是否仅依据有关德国的债务法修改的不充分资料，就对瑕疵担保制度和违约责任制度作如此重大的变革，应持慎重态度。

五、关于诚实信用原则的功能

诚实信用原则在《民法通则》上已经被规定为中国民法的基本原则，《合同法(建议草案)》作了更为充分的规定。起草过程中的争议，集中在法院可否直接引用诚实信用原则裁判案件，实际上是对诚实信用原则功能理解的分歧。如日本学者菅野耕毅在对日本法院判例进行整理后，将诚实信用原则的功能概括为四项：第一，法具体化的功能；第二，正义衡平的功能；第三，法修正的功能；第四，法创造的功能。[①] 对于第一、二项功能，学说上并无异议，而对于第三、四项功能，学说上否定的意见占优势，中国学者也是如此。但中国从改革开放以来，合同法领域的立法，几乎是从零开始，迄今虽有《民法通则》和三个合同法，但许多应有的规则和制度，至今仍未制定，因此实务中出现许多缺乏法律规定的案型，甚至习惯规则也没有，于是法院不得已直接引用《民法通则》所规定的基本原则(如诚实信用)进行裁判。又考虑到中国自改革开放以来，社会经济生活发生剧烈变动，许多法律法规是改革开放初期制定的，较多地反映了计划经济的特点和要求，难免与现实经济生活脱节，而修订法律工作进展迟缓，这样就出现了严格适用法律具体规定，其结果违背社会正义的情形。有鉴于此，部分学者和法院人士主张规定诚实信用原则可以直接适用，认可诚实信用原则不仅有补充法律漏洞的功能，并认可诚实信用原则有修正和变更具体法律规定的功能，即

---

① 参见〔日〕菅野耕毅：《民法的争点Ⅰ》，有斐阁，第8页。

《合同法(建议草案)》第 6 条第 2 款:"法院于裁判案件时,如对于该待决案件法律未有规定,或者虽有规定而适用该规定所得结果显然违反社会正义时,可以直接适用诚实信用原则"。同时,为了防止诚实信用原则的滥用,设计了《合同法(建议草案)》第 6 条第 3 款:"法院直接适用诚实信用原则裁判案件,必须报经最高人民法院核准"。持反对意见的学者,主要的理由是,担心诚实信用原则的滥用,损害法律的安定性。他们特别指出,中国法官的素养不足,滥用的危险更大,且第 6 条第 3 款在审判程序上也有难点。

关于中国统一合同法草案第三稿*

1996年5月27日至6月7日,全国人大常委会法制工作委员会在北京西郊龙泉宾馆召开会议,修改统一合同法草案。参加会议的专家学者有:中国社会科学院法学研究所的梁慧星研究员、《法学研究》杂志社张广兴副主编、中国人民大学的王利明教授、中国政法大学的徐杰教授、对外经济贸易大学的王军教授、中国国际贸易促进会的高隼来教授、最高人民法院经济审判庭奚晓明副庭长、最高人民法院民事审判庭李凡副庭长、北京市高级人民法院告申庭何忻庭长、国家工商行政管理局法规司王学政司长。修改工作是以1995年1月的学者建议草案(第一稿)和1995年10月全国人大常委会法制工作委员会民法室的试拟稿(第二稿)为基础,将第一稿和第二稿相互对照,修改形成新的草案即第三稿。全国人大常委会法制工作委员会领导特别指示,此次修改工作应充分尊重专家学者的意见,对于学者建议草案中的新制度,凡是符合中国实际的,要尽可能予以采纳。会议经过两周时间,与会学者对建议草案和第二稿进行逐条对照比较,仔细研究和争论,最后按照预定计划形成了统一合同法草案1996年6月7日试拟稿(第三稿)。

《合同法草案(第三稿)》包括总则7章、分则21章、附则1章,共29章376条。与建议草案比较,第三稿除条文总数减少了152条外,在结构上也与建议草案稍有差异,总则由9章减为7章,即第一章一般规定;第二章合同的订立;第三章合同的效力;第四章合同的履行;第五

---

* 本文原载《法学》1997年第2期。

章合同的变更和转让;第六章合同的终止;第七章违约责任。分则由24章减为21章,即第八章买卖合同;第九章电力自来水热力燃气供应合同;第十章承揽合同;第十一章工程建设合同;第十二章运输合同;第十三章租赁合同;第十四章融资租赁合同;第十五章委托合同;第十六章行纪合同;第十七章居间合同;第十八章保管合同;第十九章仓储合同;第二十章储蓄合同;第二十一章借贷合同;第二十二章借用合同;第二十三章技术开发与技术转让合同;第二十四章咨询合同;第二十五章服务合同;第二十六章赠与合同;第二十七章合伙合同;第二十八章雇佣合同。附则第二十九章。以下仅就第三稿总则部分的重要内容及修改理由作简要介绍。

一、关于合同义务的扩张

其一,关于缔约过失责任。

关于缔约过失责任,建议草案规定在第二章第四节第29条:"当事人在为订立合同而进行磋商的过程中,相互负有协力、保护、通知及其他依诚实信用原则和交易惯例所要求的义务。"(第1款)"当事人违反前款义务,给对方造成损害的,应当承担赔偿责任。"(第2款)另在第30条专门规定保密义务:"在订立合同而进行磋商的过程中,若一方当事人提供信息时要求保密,则另一方当事人有义务不泄露或者不得不正当地使用这些信息。如违反上述义务,受损害的当事人有权请求损害赔偿。"

这次修改时为了精简,将两条合并为一条,这就是第三稿第二章第30条:"当事人在订立合同过程中,相互负有协助、保护和通知以及其他依照诚实信用原则和交易惯例所要求的义务。"(第1款)"在订立合同过程中,如果一方当事人提供信息时要求保密的,另一方当事人不得泄露。"(第2款)"当事人违反前两款义务,给对方造成损害的,应当承担赔偿责任。"(第3款)

其二,关于后合同义务。

关于后合同义务,建议草案规定在第112条:"合同消灭后,当事人在必要时应承担保密、协力、通知等义务。"这次修改,着重增加了后合同义务的根据,即合同性质、交易习惯和诚实信用原则。这就是第三稿第六章第68条:"合同终止后,按照合同性质、交易习惯和诚实信用原则,当事人应当承担保密、协助、通知等义务。"

其三,关于附随义务。

关于附随义务,建议草案规定在第四章第65条:"合同双方当事人对于合同的履行有相互协力的义务。"修改时将关于附随义务的规定与合同履行原则的规定合并为一条,即第三稿第四章第47条:"当事人应当按照合同的约定,全部履行自己的义务,并应当遵循诚实信用原则,履行协助、保护、通知的义务。"其特色是明文表述附随义务的根据是诚实信用原则。

第三稿明定诚实信用原则是所谓前合同义务、附随义务和后合同义务的根据,更加突出了诚实信用原则的地位,使条文的法理逻辑更为严谨,并符合了现代民法扩张合同义务及强调诚实信用原则的地位和作用的发展潮流。

二、关于代理制度的完善

建议草案涉及代理制度的新规定,主要是第三章第37条关于双方代理,第38条关于自己代理,第39条关于表见代理,第41条关于狭义无权代理,第45条关于狭义无权代理情形下善意相对人的保护等的规定。这次修改,为求简明,只着重规定了狭义无权代理情形下保护善意相对人的内容,以及表见代理制度。这就是第三稿第三章第43条:"无代理权人以他人名义订立的合同,未经本人追认,对本人不生效力。相对人可以在合同成立之日起1个月内催告本人予以追认。本人在收到催告通知之日起15日内不作表示的,视为追认。合同未经追认前,善意相对人有撤销的权利。撤销应当以明示的方式作出。"(第1款)"无权代理时,善意相对人有正当理由认为以他人名义与其订立合同的人有代理权的,该代理行为视为有效。"(第2款)

三、关于法定代表人的越权行为

关于法定代表人超越权限所订立的合同,在《民法通则》颁布后的一段时期内,我国法院在实践中倾向于一律认定为无效。但自进入20世纪90年代以来,我国法院在实践中开始采取灵活的态度,认为不应一律认定为无效。建议草案第三章第40条规定:"法人或者其他组织的法定代表人超越法律、章程规定的权限范围订立的合同,对方当事人于合同订立时明知或因重大过失而不知该法定代表人越权的无效。"这次修改时,考虑到民法代表制度与代理制度的类似性,以及法定代表人的越权行为与表见代理的类似性,将其合并规定在第三稿第三章关于代理问题的第43条,安排在表见代理的规定(第2款)之后,作为第43条的第3款:"法人或者其他组织的法定代表人超越法律、章程规定的权限订立的合同,准用前款规定"。对法定代表人的越权行为"准用"表见代理的规定,当然也有方便适用的考虑。

四、关于合同效力类型之调整

现行法律关于民事行为的效力,分为有效、无效与可撤销三类,漏掉了关于效力未定尤其是关于无权处分的规定,且将欺诈和胁迫作为无效原因亦有不当。因此,建议草案对此作了调整。在第三章的第二节规定无效合同,第三节规定合同效力的补正,第四节规定可撤销合同。这次修改以建议草案的规定为基础,对合同效力类型作了简化和归并。

其一,关于无效。

第三稿第二章第二节第37条规定了四项无效原因:(1)恶意串通,损害国家或者第三人利益的。(2)以合法形式掩盖非法目的的。(3)违反国家指令性计划的。(4)违反法律、行政法规或者社会公共利益的。另在第38条规定了三种免责条款的无效:(1)免除故意和重大过失的责任的。(2)免除人身伤害的责任的。(3)排除一方基本权利或者免除一方基本义务的。

其二,关于可撤销。

第三稿第二章第 39 条规定了三种可撤销合同:(1)受欺诈、胁迫而订立的合同,受欺诈或受胁迫的一方可以撤销。(2)有重大误解的,误解的一方可以撤销。(3)一方利用优势或对方没有经验致使双方权利义务显失公平的,另一方可以撤销。其中,重要的修改是对"显失公平"增加了主观要件的限制。值得注意的是,第三稿未采纳建议草案新创的"不当影响"概念。

其三,关于无权处分。

建议草案第三章对无处分权人订立的合同作了规定,即第 46 条:"以处分他人财产权利为内容的合同,经权利人追认或行为人于订约后取得处分权的,合同自始有效。行为人不能取得处分权,权利人又不追认的,无效,但其无效不得对抗善意第三人"。这次修改,考虑到实践中共有人未经其他共有人同意而处分财产的行为与其类似,因此合并规定为一条,并照顾到无权处分与善意取得制度的关系。这就是第三稿第三章第 44 条:"无处分权的人处分他人财产而订立的合同,未经权利人追认或行为人于合同成立后未取得处分权的,该合同无效。共有人未经其他共有人同意处分共有财产而订立合同的,该合同无效。"(第 1 款)"无处分权的人处分他人财产或者共有人未经其他共有人同意处分共有财产,善意相对人因交付或者登记已经取得该财产的,受法律保护。"(第 2 款)

五、关于定式合同的规制

建议草案第三章第六节规定定式合同。包括第 55 条:"由当事人一方为与不特定多数人订约而预先拟定的,且不允许相对人对其内容作变更的合同条款,为定式合同条款。"第 56 条:"依定式合同条款订立合同时,定式合同条款使用人应以明示方法提请相对人注意定式合同条款,并使其能够以合理方法了解定式合同条款的内容。"第 57 条:"定式合同条款违背诚实信用原则而予相对人不合理的不利益的,无效。有下列情形之一的,推定其违背诚实信用原则而予相对人不合理的不利益:(1)定式合同条款与法律基本原则不相符合或者规避法律强行性规定的。(2)定式合同条款排除或者限制因合同而发生的重要权利或者义务,致使合同目的不能达到的。"第 58 条:"定式合同应依可能订约的一般人合理的理解予以解释。"(第 1 款)"解释定式合同,遇有两种或两种以上不同的解释时,应采纳其中最不利于定式合同条款使用人的解释。"(第 2 款)

这次修改,为求简明,删去关于定式合同定义的规定,将定式合同条款的无效归入规定免责条款的无效的第 38 条,而着重规定定式合同文本使用人的义务和定式合同的解释原则。这就是第三稿第二章第 29 条:"采用定式合同文本订立合同的,制定合同文本的一方应当采取合理的方式提请对方注意其免除责任的条款以及负有主要义务的条款,并应对方的要求对上述条款予以说明。对定式合同条款的理解发生争议的,应当作出有利于对方的解释。"(第 1 款)"使用行业协会、主管部门或者母公司制定的定式合同文本订立合同的,适用前款规定。"(第 2 款)

六、关于诚实信用原则和情事变更原则

建议草案第一章一般规定中第 6 条规定诚实信用原则,包括三款:"双方当事人行使权利履行义务,应当遵循诚实信用原则。"(第 1 款)"法院于裁判案件时,如对于该待决案件法律未有规定,或者虽有规定而适用该规定所得结果显然违反社会正义时,可直接适用诚实信用原则。"(第 2 款)"法院直接适用诚实信用原则裁判案件,必须报请最高人民法院核准。"(第 3 款)关于建议草案的上述规定所发生的争论,在于是否认可诚实信用原则有变更现行法的作用,以及在程序上面临的难题。因此,这次修改将第 2、3 款删去,仅保留第 1 款,这就是第三稿第 6 条:"当事人行使权利、履行义务,应当遵循诚实信用原则。"此外,考虑到近年来审判实践中已有适用情事变更原则的判决,因此认为有必要规定情事变更原则。这就是第三稿第四章第 55 条:"合同生效后,因当事人以外的原因发生情事变更,致使履行合同将对一方当事人显

失公平的,该当事人可以请求人民法院或者仲裁委员会变更或者解除合同。"

七、同时履行抗辩权与不安抗辩权

其一,关于同时履行抗辩权。

建议草案在第四章第二节第 66 条规定了同时履行抗辩权:"双务合同规定的相互义务,双方当事人应同时履行。法律另有规定或合同另有约定的除外。"(第 1 款)"双务合同中双方债务均已到履行期,一方当事人在对方未履行或者提出履行之前有权拒绝其履行请求,对方当事人仅履行部分义务或者履行不适当的,则仅得在未履行或不适当履行的范围内拒绝对方的履行请求。"(第 2 款)这次修改保留了这一规定,仅在文字上做了改动。这就是第三稿第四章第 51 条:"当事人没有约定或者法律没有规定双务合同履行顺序的,当事人应当同时履行双务合同的主要义务。"(第 1 款)"同时履行双务合同义务的,当事人一方在对方未履行之前有权拒绝其履行请求,在对方部分履行或者履行不适当时,有权相应地拒绝其履行请求。"(第 2 款)

其二,关于不安抗辩权。

建议草案第四章第 67 条关于不安抗辩权的规定如下:"依合同约定或合同性质应先为履行的一方当事人,有确切证据证明对方有下列情形之一的,可以暂时中止履行合同:(1)已丧失履行合同债务的能力。(2)没有履行诚意并且可能丧失履行能力。(3)资信状况严重恶化。"(第 1 款)"中止履行合同的一方应当立即通知对方,当对方恢复履行能力或者对履行合同提供了适当的担保时,应当履行合同。"(第 2 款)"中止履行后,对方在合同所要求的期限内仍未恢复履行能力或未能提供相应担保的,中止履行方可以解除合同。"(第 3 款)可见,建议草案参考了英美法"预期违约"制度,删去了传统大陆法不安抗辩权要求履行期到来的要件。这次修改进一步对不安抗辩权的适用事由加以具体化,以期正确适用。这就是第三稿第四章第 52 条:"按照合同约定或者依照法律规定应当首先履行义务的当事人,有证据证明对方有下列情形之一的,可以中止履行:(1)丧失履行债务能力。(2)转移财产,抽逃资金,以逃避债务的。(3)有欺诈行为的。(4)经营状况严重恶化,可能丧失履行债务能力的。(5)合并、分立或者变更住所没有通知债务人的。"(第1款)第2、3款与建议草案同。

八、债权人的代位权与撤销权

其一,关于债权人的代位权

建议草案第四章第五节规定"合同履行的保全",其第72条规定代位权:"在债务清偿期届至时,债务人怠于行使对第三人到期债权的,债权人可以自己的名义代位行使债务人对第三人的债权。但依法律规定或者债权性质不能适用代位权的除外。"(第1款)"代位权的行使以保全债权的必要为限。"(第2款)"代位权行使的效果归于债务人。"(第3款)这次修改对代位权的行使规定了限制条件,即严重损害债权人的到期债权,并明示代位权的行使须以诉讼方式为之。这就是第三稿第四章第53条:"因债务人怠于行使对第三人的债权,严重损害债权人到期债权的,债权人可以自己的名义通过诉讼代位行使债务人对第三人的债权,但法律规定或者按照债权性质不能适用代位权的除外。代位权的行使范围以债权为限。"(第1款)"行使代位权取得的财产,归债务人后再清偿债权。"(第2款)

其二,关于债权人撤销权。

建议草案关于撤销权规定在第73条:"债务人所为之无偿行为损害债权时,债权人可向法院请求撤销该行为。"(第1款)"债务人所为之有偿行为,行为时明知损害债权人权利,受益人于受益时亦明知其情事者,债权人可向法院请求撤销该行为。"(第2款)"债务人行为被撤销,该行为自始无效。"(第3款)另在第74条规定撤销权的行使期间为1年。这次修改,考虑到建议草案未明确债务人放弃债权的行为是否可以撤销,因此,将债务人放弃债权的行为也纳入撤销权的范围。关于债务人有偿转让财产的行为,建议草案未限于"低价转让",似对受让人不利,因此,需要加以限制,并限于对债权人造成严重损害的。这就是第三稿第 54 条:"因债务人放弃对第三人的债权或者有无偿转让财产的行为,严重损害债权人利益的,债权人可以向人民法院请求撤销债务人的行为。债权人的撤销权应当自知道或者应当知道撤销原因之日起 1 年内行使。"(第 1 款)"债务人低价转让财产,受让人取得财产时明知债务人的行为严重损害债权人利益的,适用前款规定。"(第 2 款)

九、关于法定解除权

关于合同的解除,建议草案专设一章即第六章,共 15 个条文。这次修改,将合同的解除并入合同的消灭作为第六章,章名为"合同的终止"。这里仅介绍关于法定解除权的规定。

关于合同的法定解除权,建议草案规定了 11 个条文,即第 96 条因履行不能的解除;第 97 条拒绝履行的解除;第 98 条非定期债务迟延履行的解除;第 99 条定期债务的解除;第 100 条因不完全履行的解除;第 101 条部分债务不履行与附随义务不履行的解除;第 102 条解除权的行使;第 103 条解除的效力——恢复原状;第 104 条解除的效力——损害赔偿;第 105 条解除的效力——同时履行;第 106 条解除权的消灭。这次修改时认为这样规定过于烦琐,决定删繁就简,只着重规定发生法定解除权的事由、解除权的行使和解除的后果。这就是第三稿第六章第 70 条:"有下列情形之一的,当事人一方有权通知另一方解除合同:(1)因不可抗力致使主要债务不能履行的。(2)因另一方违约,以致严重影响订立合同所期望的经济利益的。(3)在履行期届满前另一方明确表示拒绝履行主要债务的。(4)另一方迟延履行债务,经催告后在合理期限内仍未履行的。(5)法律规定可以解除合同的其他情形。"关于解除权的行使方式,规定在第 72 条:"行使解除权应当以书面形式通知,但当事人另有约定或者法律另有规定的除外。解除合同的通知自到达对方当事人之时起生效。当事人不得撤销解除合同的通知。"关于解除的后果,规定在第 73 条:"合同解除后,需要恢复原状的,应当恢复原状。因一方违约致使合同解除的,应当承担违约责任。"(第 1 款)

"因解除合同产生的费用,由有过错的一方承担。双方均没有过错的,由双方合理分担。"(第2款)

十、关于违约责任的调整

建议草案第八章规定违约责任,包括5节,共21个条文。即第一节一般规定,规定违约责任原则;因第三人过错造成的违约;免责条件;五种违约形态。第二节违约金,规定违约金的约定;违约金的效力;部分履行和违约金的减少;违约金数额的增减。第三节损害赔偿,规定损害赔偿的方法;损害赔偿的范围;过错相抵;损益同销。第四节其他责任方式,规定强制实际履行;定金;标的物瑕疵的补正;第三人侵害债权。第五节责任竞合,规定违约责任与侵权责任发生竞合时的选择权。

这次修改形成的第三稿第七章违约责任,不分节,减为17个条文。

其一,关于责任原则。

建议草案第138条规定了过错推定原则,"合同当事人一方不履行合同债务或者其履行不符合法定或者约定条件的,应当承担违约责任。但当事人能够证明自己没有过错的除外"。这次修改考虑违约责任的性质及国际公约的经验,决定改为严格责任,这就是第三稿第80条:"当事人不履行债务或者履行债务不符合合同约定或者法律规定的,应当承担违约责任"。此外,还增加规定了"承担违约责任的方式",包括:(1)支付违约金;(2)赔偿损失;(3)执行定金罚则;(4)实际履行;(5)法律规定的其他方式。

关于第三人的过错造成违约,建议草案第139条规定:"合同当事人一方因与自己有法律关系的第三人的过错造成违约的,应当向他方当事人承担违约责任。"建议草案企图用"与自己有法律关系"一语,限制"第三人"的范围。这次修改考虑到"与自己有法律关系"一语,并不能到达限制第三人范围的目的,因此决定删去,修改为第三稿第92条:"当事人一方因第三人的过错造成违约的,应当向对方承担违约责任。"

其二,关于违约形态。

建议草案规定了拒绝履行(第 141 条);不能履行(第 142 条);迟延履行(第 143 条);债权人迟延(第 144 条);瑕疵履行(第 145 条)。第三稿只保留了拒绝履行一种,这就是第 91 条:"当事人一方明确表示拒绝履行主要债务的,另一方可以在履行期届满前请求其承担违约责任"。

其三,关于违约金。

统一合同法企图解决违约金的性质,违约金与其他责任形式是否可以并用,以及违约金的增减问题。建议草案第 146 条规定违约金由当事人约定。建议草案第 147 条规定:"除当事人另有约定外,违约金视为预定的违约赔偿金。债权人请求债务人支付违约金的,不得同时请求其继续履行合同或者赔偿损失,但如果违约金是专门为迟延履行约定的,不在此限。"建议草案第 149 条规定违约金的增减。这次修改对条文和文字作了调整,并对约定违约金的增减作了更具体的规定。这就形成了第三稿第 81 条:"当事人可以约定违约金。当事人违约后,应当按照约定支付违约金。"(第 1 款)"违约金视为因违约造成损失的赔偿金。约定的违约金过分高于或者低于因违约造成损失的,当事人可以请求人民法院或者仲裁委员会适当减少或者增加。违约没有造成损失,但按照约定支付违约金明显不合理的,当事人可以请求人民法院或者仲裁委员会适当减少。"(第 2 款)"当事人在合同中约定的损失赔偿额,适用本条规定。"(第 3 款)另外,在第 83 条规定:"当事人既约定违约金,又约定赔偿损失额的计算方法的,一方违约后,受害方只能选择一种承担责任的方式"。

其四,关于赔偿损失。

应着重解决的是损害赔偿的标准问题。建议草案第 151 条规定:"合同当事人可以事先约定损害赔偿金或者损害赔偿额的计算方法。"(第 1 款)"当事人未约定时,损害赔偿应包括债权人因对方违约所受的实际损害及所失可得利益,但不得超过违约方在订立合同时依当时已经知道或者理应知道的事实和情况,对违反合同预料到或者理应预

料到的可能损失。"(第 2 款)"法律对损害赔偿范围或者赔偿限额有规定的,依其规定。"(第 3 款)

这次修改,将建议草案第 151 条分为两条,即第三稿第 82 条规定当事人约定赔偿金计算方法及其增减问题:"当事人可以约定赔偿损失额的计算方法。按照计算方法得出的赔偿损失额过分高于或者低于因违约造成损失的,当事人可以请求人民法院或者仲裁委员会适当减少或者增加"。第 84 条规定当事人既未约定违约金又未约定计算方法时的赔偿标准:"当事人没有约定违约金或者赔偿损失的计算方法的,赔偿损失的金额应当相当于因违约所造成的实际损失,并可以包括合同履行后可以获得的利益,但不得超过违反合同一方订立合同时应当预见到的损失。"(第 1 款)"赔偿合同履行后可以获得的利益时,不得同时赔偿为获取该利益而支出的费用。"(第 2 款)

其五,关于定金。

建议草案第 155 条关于定金的规定比较简单:"给付定金一方违约的,无权要求返还定金;接受定金一方违约的,应双倍返还定金。"(第 1 款)"违约方承担损害赔偿的,定金应计入损害赔偿金额;但定金超过损害赔偿金额的,执行定金。"(第 2 款)这次修改考虑到实际生活中有故意约定高额定金以损害对方利益的现象,因此,对定金数额及定金罚则的执行进行了限制,这就是第三稿第 87 条:"当事人可以约定定金。定金的数额不得超过合同标的额的 20%。当事人一方违约,以致严重影响对方订立合同所期望的经济利益的,给付定金的一方,无权要求返还定金;接受定金的一方,应当双倍返还定金"。(第 1 款)"因违约给对方造成损失,定金不足赔偿损失的,违约方应当补足赔偿损失的金额;定金超过损失的,应当执行定金罚则。执行定金罚则明显不合理的,当事人可以请求人民法院或者仲裁委员会适当减少。"(第 2 款)另外,第三稿在第 88 条规定:"当事人不得在合同中既约定违约金又约定定金。当事人既约定违约金又约定定金的,一方违约后,受损害方只能选择一种承担责任的方式"。

其六,关于强制实际履行。

建议草案第154条规定:"债务人违约后,如债务履行仍有可能,债权人可不解除合同,而向人民法院申请强制实际履行,但下列情形除外:(1)强制债务人实际履行合同费用过巨的;(2)依合同性质不宜强制实际履行的。"这次修改为了便于适用,改为正面规定,即第三稿第89条:"当事人一方违约后,有下列情形之一的,另一方可以请求人民法院强制实际履行:(1)依照本法第27条订立合同的。(2)标的物为不动产的。(3)标的物在市场上难以购买的。(4)其他确有必要强制实际履行的"。其中,第一种情形是指依照法律规定或者国务院决定而订立的合同。

值得注意的是第三稿违约责任一章进一步强化了对当事人约定的干预。另外,建议草案违约责任一章所建议的其他重要制度,如防止损失扩大规则、过错相抵规则、损益相抵规则、第三人侵害债权规则,以及违约责任与侵权责任的竞合规则,均为第三稿所采纳,只对个别文字稍作修改。这就形成第三稿第85条规定的防止损失扩大、第94条规定的过错相抵、第86条规定的损益相抵、第95条规定的第三人侵害债权、第96条规定的违约责任与侵权责任的竞合。

十一、关于合同解释

建议草案专设一章规定合同的解释规则,即第九章合同的解释,共6个条文:第159条文义解释;第160条整体解释;第161条目的解释;第162条习惯解释;第163条公平解释;第164条诚信解释。这次修改,认为合同解释规则虽有必要规定,但没有必要专设一章。最后决定合并为一个条文,安排在附则一章。这就是第三稿第二十九章第373条:"当事人对合同条款的理解有争议的,应当按照合同所使用的词句、合同的内容、当事人之间的交易习惯或者其他交易习惯以及诚实信用原则,确定该条款的真实意思。该条款可以作两种或者两种以上的解释时,应当以符合合同目的的解释为准。"

十二、结语

限于篇幅,以上仅简述统一合同法草案第三稿总则部分的主要修改情况。应补充说明的是,第三稿还不是最后的正式草案。据悉,立法机关还将在第三稿基础上作进一步的修改,形成更新的草案。

从过错责任到严格责任*

——关于《合同法草案(征求意见稿)》第 76 条第 1 款

《合同法草案(征求意见稿)》第 76 条第 1 款规定:"当事人不履行债务或者履行债务不符合合同约定或者法律规定的,应当承担违约责任。"这是关于违约责任归责原则的规定。条文完全没有提到"过错",因此与现行《经济合同法》的规定不同,也与一般民法教材关于违约责任的论述不同。现行《经济合同法》第 29 条规定的是过错责任原则,现在的一般民法教材在论述违约责任时,也都认为我国民法关于违约责任实行过错责任原则。而《合同法草案(征求意见稿)》第 76 条第 1 款的规定,却属于严格责任。

这里需要说明的是,《合同法立法方案》关于违约责任归责原则,原定为过错推定责任。由全国 12 所法律院系和研究机构的学者依据立法方案起草的合同法建议草案,也规定为过错推定责任。建议草案第 138 条规定:"合同当事人一方不履行合同债务或者其履行不符合法定或者约定条件的,应当承担违约责任。但当事人能够证明自己没有过错的除外。"这是对过错推定责任的表述。之所以明定为过错推定责任,是因为考虑到大陆法系民法虽规定违约责任为过错责任,以违约人有过错为责任要件,即所谓有过错即有责任,无过错即无责任,但在诉讼中追究违约责任时并不要求受害方即原告向法庭举证证明违约方有过错,而是在查明有违约的事实时,即推定违约方有过错,使其承担

---

* 本文原载《民法学说判例与立法研究(二)》,国家行政学院出版社 1999 年版。

违约责任,并允许违约方就自己无过错举证,如果违约方向法庭举证证明自己对于违约没有过错,即可获得免责。此与一般侵权行为的过错责任不同。一般侵权行为的过错责任,须由受害人即原告向法庭举证证明加害人即被告有过错,原告不能举证证明被告有过错时,被告不承担侵权责任。一般侵权行为的过错责任,与实行过错责任原则的违约责任,在以过错为责任构成要件这一点上是相同的,因此都属于过错责任。但在过错的证明上,一般侵权行为过错责任的构成由受害人即原告负担举证责任,而违约过错责任的构成不要求受害人即原告负担举证责任,反过来要求违约方即被告就自己无过错负担举证责任,这就是所谓举证责任倒置。由于违约责任采用了所谓举证责任倒置的法技术,免除了受害人即原告关于违约方有过错的举证责任,对受害方即原告比较有利。因此,违约责任虽名为实行过错责任原则,实际上并不是原来意义上的过错责任,而属于过错推定责任。《合同法立法方案》及《合同法(建议草案)》,正是考虑到违约责任与一般侵权行为的过错责任在过错证明上的差异,决定将违约责任明定为过错推定责任。

在1995年4月全国人大常委会法制工作委员会召开的讨论《合同法(建议草案)》的会议上,会议参加者充分注意到《合同法(建议草案)》明定违约责任为过错推定责任的理由,并考虑到国际公约的经验,建议更进一步,将第138条的第2句"当事人能够证明自己没有过错的除外"删去,将《合同法(建议草案)》关于违约责任原则的规定由过错推定责任改为严格责任。这一修改在1996年5月27日—6月7日修改合同法草案的会议上得到肯定,规定在这次会议形成的《合同法草案(第三稿)》的第80条第1款:"当事人不履行债务或者履行债务不符合合同约定或者法律规定的,应当承担违约责任"。《合同法草案(征求意见稿)》是在第三稿的基础上稍作增删调整后形成的,其第76条第1款与第三稿第80条第1款完全相同。在1997年6月9日—18日讨论合同法草案的会议上,有学者对这一条文提出疑问,认为不宜将违约责任规定为严格责任,此前亦有学者著文针对第三稿第80条第 1 款将违约责任改为严格责任提出批评。下面介绍第三稿和征求意见稿将违约责任归责原则规定为严格责任原则的理由。

其一,《民法通则》《涉外经济合同法》和《技术合同法》已经将违约责任规定为严格责任。

在现行法之中,《涉外经济合同法》率先将违约责任规定为严格责任。这就是该法第 18 条:"当事人一方不履行合同或者履行合同义务不符合约定条件,即违反合同的,另一方有权要求赔偿损失或者采取其他合理的补救措施。采取其他补救措施后,尚不能完全弥补另一方受到的损失的,另一方仍然有权要求赔偿损失。"《民法通则》第 111 条规定:"当事人一方不履行合同义务或者履行合同义务不符合约定条件的,另一方有权要求履行或者采取补救措施,并有权要求赔偿损失。"除文字上的差异外,《民法通则》的规定与《涉外经济合同法》的规定毫无二致。[①] 再看《技术合同法》第 17 条第 1 款的规定:"当事人一方不履行技术合同或者履行合同义务不符合约定条件,即违反合同的,另一方有权要求履行或者采取补救措施,并有权要求赔偿损失。"这一规定显然是以《民法通则》的规定为根据的。现行法中,明文规定违约责任为过错责任的,唯有《经济合同法》。该法第 29 条(即修订前的第 32 条)规定:"由于当事人一方的过错,造成经济合同不能履行或者不能完全履行,由有过错的一方承担违约责任……"可见,将违约责任规定为严格责任非自统一合同法草案始。

其二,严格责任是合同的发展趋势。

大陆法系民法关于违约责任一般采过错责任原则,以违约方对于违约有过错为构成要件。但在英美法中,违约责任不以违约方有过错为构成要件,只要违反合同,就应承担责任,除非有约定或者法定的免责事由,因此属于严格责任。《联合国国际货物销售合同公约》关于违

[①] 学者已经注意到《民法通则》第 106 条第 1 款和第 111 条,却仍然坚持认为我国法律关于违约责任系采过错责任原则。参见崔建远:《合同责任研究》,吉林大学出版社 1992 年版,第 69 页;王利明、崔建远:《合同法新论·总则》,中国政法大学出版社 1996 年版,第 672—674 页。

约责任采纳了英美法的严格责任原则,根据公约第45条关于卖方不履行合同义务时买方的补救方法及第61条关于买方不履行合同义务时卖方的补救方法的规定,"受损一方援用损害赔偿这个救济方法时,无须证明违约一方有过错"②。国际统一私法协会起草的《国际商事合同通则》同样采纳了严格责任原则,其第7.4.1条规定:"任何不履行均使受损害方当事人取得单独的损害赔偿请求权,或是与其他救济手段一并行使的损害赔偿请求权,除非不履行可根据本通则的规定予以免责"。该条的"注释1"指出:"本条重申像其他救济手段一样,损害赔偿的权利产生于不履行这个唯一事实。受损害方当事人仅仅证明不履行,即他没有得到所承诺的履行就足够了。尤其没有必要再去证明不履行是由不履行方当事人的过错引起的。"③让我们再看欧洲合同法委员会起草的《欧洲合同法原则》,其第八章规定不履行和救济,其中,第101条规定:(1)任何一方当事人不履行合同上的义务,且该不履行不能依本章第108条被谅解,则受害方可以采取第四章规定的任何救济手段;(2)如一方当事人的不履行可依本章第108条的规定被谅解,则受损害方可以采取第四章规定的除请求履行和损害赔偿以外的救济手段。按照第108条的规定,不履行一方如果证明其不履行是因他所不能控制的障碍所致,且不能合理期待他在合同成立之时能够预见该障碍,或者能够避免或克服该障碍或其后果,则该不履行应被谅解。如果说《联合国国际货物销售合同公约》采纳严格责任原则是受英美法的影响的话,则《国际商事合同通则》和《欧洲合同法原则》之采纳严格责任,应该被认为是两大法系的权威学者在经过充分的

---

② 姜凤纹:《国际货物买卖中的统一法律问题》,法律出版社1988年版,第5页。
③ 国际统一私法协会:《国际商事合同通则》(汉英对照),对外贸易经济合作部条约法律司编译,法律出版社1996年版,第167—168页。

斟酌权衡之后所达成的共识,反映了合同法发展的共同趋势。④

其三,严格责任具有显而易见的优点。

首先,是在严格责任原则之下,原告只需向法庭证明被告未履行合同义务的事实,即证明被告未履行或者履行不符合合同约定或法律规定。既不要求原告证明被告对于不履行有过错,也不要求被告证明自己对于不履行无过错。这里的逻辑是,只要违约就应当承担违约责任,责任的构成仅以不履行为要件,被告对于不履行是否有过错,与责任无关。被告免责的可能性在于证明有免责事由。由于不履行和免责事由均属于客观存在的事实,其存在与否的证明与判断相对来说比较容易。而过错属于主观的法理状态,其存在与否的证明与判断相对来说比较困难。因此,实行严格责任原则可以方便裁判,促进诉讼经济。其次,在严格责任原则之下,不履行与违约责任直接联系,有违约行为即有违约责任,有利于促使当事人严肃对待合同,有利于合同的严肃性。违约行为发生后,违约责任当然发生,如果没有免责事由,即应承担责任。这可以避免在过错责任原则之下违约方总是企图寻求无过错的理由以期逃脱责任的现象,有利于增强当事人的责任心和法律意识。

其四,严格责任原则更符合违约责任的本质。

违约责任与侵权责任虽同属于民事责任,但二者有本质上的不同。侵权行为一般发生在预先不存在联系的当事人之间。当事人之间预先未有意思联络,更不用说存在什么双方约定的权利义务。法律规定,每一个人都负有不得损害他人人身、财产和其他合法权益的义务,否则即应承担侵权责任,这是出于维护社会秩序的要求。严格来说,在社会生活中,各人都为追求自己的利益而行动,发生权利冲突在所难免。当一

---

④ 其实这一发展趋势在大陆法系国家的国内法中也有反映,例如,在《德国民商法导论》中,作者写道:"过错原则在契约法中得到如此广泛的扩展,以致我们可以说,在很多情况下,它都是采用的客观责任的原则。""很多不属于过错的情况都可能产生责任。""如果换一个角度,我们也可以说,过错原则的逐渐衰微使得德国的法律制度与其他国家的法律制度更加接近了,在这些国家,法律不要求债务人有过错,但是存在着免除责任的可能性。"参见〔德〕罗伯特·霍恩、〔德〕海因·科茨、〔德〕汉斯·G.莱塞:《德国民商法导论》,楚建译,中国大百科全书出版社1996年版,第122—124页。

个人行使自己的权利或者进行其他行为造成他人损害时，一般要求加害人须有过错，如果无论什么情形只要有损害就要加害人承担责任，难免会对人们行使权利或者进行其他追求自己利益的正当行为造成不当限制，不利于社会的发展。因此，一般侵权行为责任要求以加害人有过错为构成要件。这里的逻辑是，既然权利冲突是广泛存在的，损害的发生是难以避免的，法律上要求侵权行为人承担责任就不应仅以损害发生为前提，在损害事实之外还应该另有其理由，这就是可归责性。过错就是可归责性。由于具有过错，追究一般侵权行为责任就具有了合理性和说服力。但违约责任则不同，违约责任发生在预先有密切联系的当事人之间。违约方和受害方预先通过自愿协商，建立了合法有效的合同关系，商定了相互之间的权利义务。此合同关系上的权利义务完全是由当事人自己商定的，当然完全符合当事人双方的意愿和利益。违约责任是由合同义务转化而来，本质上出于当事人双方约定，不是法律强加的，这与侵权责任显然不同。合同相当于当事人双方为自己制定的法律。法律确认合同具有拘束力，在一方不履行时追究其违约责任，不过是执行当事人的意愿和约定而已。因此，违约责任与一般侵权行为责任比较，应该更严格。质言之，违约责任出于当事人自己的约定，这就使违约责任具有了充分的合理性和说服力，此外无须再要求使违约责任具有合理性和说服力的其他理由。

回顾合同法的制定过程*

1993年10月18日—20日在北京市南城花市军转站招待所召开制定《合同法立法方案》的会议，参会人员有江平、梁慧星、王利明、崔建远、郭明瑞、张广兴、李凡、何忻。

1993年11月4日全国人大常委会法工委召开小型会议讨论《合同法立法方案（草案）》。

1994年1月5日至7日全国人大常委会法工委召开12个教学科研单位和最高人民法院的学者专家出席的合同法立法会议，主题讨论通过《合同法立法方案》。采取分头起草方式，由各单位承担一章或者两章的起草，规定6月交稿。承担起草的12个单位是：北京大学（魏振瀛）、中国人民大学（王利明）、中国政法大学（杨振山）、对外经济贸易大学（冯大同）、武汉大学（马俊驹）、吉林大学（崔建远）、烟台大学（郭明瑞）、西南政法学院（李开国）、中南政法学院（覃有土）、华东政法学院（傅鼎生）、西北政法学院（寇志新）、中国社会科学院法学研究所（梁慧星、张广兴、傅静坤）。参加会议的还有：江平、谢怀栻、王家福、李凡、费宗祎、王学政、何忻等。

1994年6月各单位起草完成，交全国人大常委会法工委汇总后，梁慧星受委托负责统稿。梁慧星、张广兴、傅静坤三人对各单位起草的草案进行整理、编辑、修改定稿，于1995年1月完成《中华人民共和国合同法（试拟稿）》，共34章，528条。

---

* 本文写作于1999年6月。

1995年4月18日—21日全国人大常委会法工委在林业部招待所召开合同法草案专家讨论会。法工委副主任胡康生主持会议。法工委主任顾昂然出席会议,在讲话中指责起草人不顾中国国情,盲目照抄、照搬其他国家和地区的条文,梁慧星针锋相对进行反驳。会议针对《合同法草案(试拟稿)》进行了认真讨论。会议决定,由梁慧星结合会上的讨论和修改意见修改草案总则部分;由法工委民法室王胜明负责修改草案分则部分。梁慧星完成修改后将修改后的合同法总则部分草案交法工委。大概在6月,法工委向一些法院和法学院发出一个法工委民法室自己的合同法草案,被最高人民法院的费宗祎等同志批评为"两个凡是"。

1996年5月27日—6月7日法工委在北京西郊龙泉宾馆召开合同法专家讨论会。法工委民法室主任王胜明主持会议。法工委副主任胡康生出席了会议。法工委主任顾昂然没有出席会议。参加会议的有:中国社会科学院法学所梁慧星、张广兴,中国人民大学王利明,中国政法大学徐杰,对外经济贸易大学王军,最高人民法院奚晓明、李凡,国家工商总局王学政,北京市高级人民法院何忻,贸促会高隼来。以法工委1996年5月《合同法(试拟稿)》与学者合同法草案对照进行修改。王胜明在会议开幕时传达法工委主任顾昂然的意见,即凡是学者草案中合理的内容要尽可能吸收。会议分两段:第一段分两个组,总则组和分则组;第二段两组合并讨论修改全稿。修改形成新的合同法草案(1996年6月7日稿)。法工委在1996年6月7日草案的基础上,形成1997年5月14日的《中华人民共和国合同法草案(征求意见稿)》,共30章,390条,并印发各省(区、市)及中央有关部门、法学教学研究单位等征求意见。

1997年6月9日—18日法工委在北京市昌平工商局培训中心召开合同法专家讨论会。法工委副主任胡康生主持会议,法工委主任顾昂然出席并讲话。参加会议的有:王家福、谢怀栻、梁慧星、江平、王利明、崔建远、魏振瀛、费宗祎、黄赤东、李凡,国务院法制局郭日齐、国家工商总局王学政、外经贸部张月姣、国家科委段瑞春等。

1998年7月10日—14日法工委在北京通县电话局培训中心召开合同法专家讨论会,由胡康生主持,顾昂然出席并讲话。会上讨论法工委民法室修改完成的《合同法草案》(1998年7月稿)。参加会议的有民法起草工作小组成员王家福、梁慧星、王保树、江平、魏振瀛、王利明、费宗祎、肖洵、魏耀荣及王学政等。

1998年8月形成《中华人民共和国合同法草案》,共23章,441条,8月24日提交第九届全国人大常委会第四次会议进行第一次审议。1998年9月2日发各省(区、市)和中央有关部门及法律院校征求意见。1998年9月7日在新闻媒体公开征求意见。1998年10月27日第九届全国人大常委会第五次会议第二次审议《合同法草案》。1998年12月23日第九届全国人大常委会第六次会议第三次审议《合同法草案》。

1999年1月7日—11日法工委在北京召开合同法专家讨论会。

1999年1月12日全国人大常委会李鹏委员长主持召开合同法座谈会,听取有关部门、企业事业单位负责人和法律专家对《合同法草案(第三次审议稿)》的意见。主要议题为:"三法合一"还是"二法合一"?情事变更原则与正常商业风险如何区别?由梁慧星发言谈情事变更原则与正常商业风险的区别,尹田发言谈"三法合一"。1999年1月13日李鹏委员长在丰台区人民法院召开合同法座谈会,听取基层法院、法律专家对第三次审议稿的意见,主要议题为应否规定口头合同。

1999年1月29日、30日第九届全国人大常委会第七次会议第四次审议《合同法草案》,以119票赞成、3票反对、3票弃权表决结果,通过将《合同法草案》提交第九届全国人大第二次会议审议的决定。

1999年3月15日第九届全国人大第二次会议以2663票赞成,79票反对,124票弃权的表决结果通过《中华人民共和国合同法》。共23章,428条。

1993年11月4日《合同法立法方案》讨论会纪要

主持人胡康生副主任。

梁慧星说明立法方案。

江平：指导思想，基本框架，各种合同种类。

王家福：我认为很好，总体赞成。《涉外经济合同法》和《技术合同法》不一定废除。调整范围，赞成。分则中：医疗合同是否须规定？对医疗合同和邮政合同，医院、邮局能否执行？另外，旅游、住宿等应规定。雇佣合同，是否改为劳动合同。起草应分给人，而不是单位，由人去组织完成。如何处理与主管部门的关系？建议总则由学者起草，分则指定部门起草。要抓紧，四五个月拿出初稿。

王军：基本路子是英美法，受英美法系影响大，受大陆法系影响小。尽量采用国际共同规则，如预期违约。不如先搞总论。

费宗祎：总的想法，很鼓舞人心。有几个问题：(1)适应21世纪发达的市场经济要求高了一点、远了一点。适应初步建立的市场经济，兼顾过渡中的特点。不可想象20年不变。几个指导思想是可以的，即意思自治、诚实信用、公平、保护弱者。(2)调整范围，不一定强调平等主体。过分强调平等主体，不适当。就单个合同而言是平等的。大量存在的乡镇企业的承包中，一方主体是行政机关。还有国家订货合同，土地使用权出让、转让，还可考虑。规定进来有什么不可以，也不影响总则原则。(3)结构，涉外这块怎么办？未体现涉外合同。问题是，现在本法吸收了多少国际公约的惯例？如何与国际接轨？如抗辩权、英美预期违约。这个将来可考虑。同意大陆法框架体例，内容充分吸收国际通行做法。总则问题不大，关键是分则。首先，是否一齐出笼？还是先出总则，分则部分成熟一个出一个。起草要一起干。(4)分则有些可考虑，如融资租赁，单列一节。乡镇企业、农村承包实质是租赁。融资租赁可单列一章。借贷不区分公民之间、公民与银行之间，我不赞成，二者就是不同。禁止高利贷，禁止得了吗？民间利率不超过银行利率4倍，都有效。医疗合同，很难写，邮政合同更难写。国际邮联都不承担无限责任。另外，应增加出版合同。技术合同，如保留《技术合同法》，就不要写。买卖，是否包括房产买卖？互易，还是要考虑到边贸。赠与有无必要？同意今后不搞细则，但不排除单行法。如技术合同，已明确搞单行法的，这里不写，适用总则。(5)与其他法律的关系，如专利、商标,传统也不认为是商法,其中存在大量国家授权。

郭日齐:仅修改《经济合同法》,跳不出框框。现在这个方案,很令人高兴。具体做法,即赞同江平意见。目前,细的还谈不到。将来会有很大争论。目前第一步发动专家,按国际最新成就,完善立法例,拿出自己认为理想的方案,不要受约束。先把这一部分智慧充分调动。关于结合实际,是第二步。可要求专家就地做必要调查,但不妨碍拿出理想条文,然后再广泛征求各部门意见。如第一步受到约束,不能有好的讨论基础就不能不突破。如房地产法,吵得不可开交。草案倾向细一点。它要实际操作。先不考虑多少条,拿出来后再细讨论,不成熟的再说。想到的类型都写,下一步再考虑。《涉外经济合同法》,经贸部已正式表示,希望并进去。《技术合同法》并进去有难度,但亦不无可能。原则上拿一个完整的合同法出来。有争论的问题,以后再论证。总的意见是大力进行,拿出一个讨论稿。

佟强:很受鼓舞。特点一是全;二是新。第二次世界大战后民法的新发展,有所体现。如缔约过失、责任竞合,与将来民法典可以衔接。将来很容易并进去,不作大修改。有一个与《民法通则》协调的问题,因为明显超出《民法通则》规定了,即撤销。更主要体现学者立法。综合各主要国家和地区经验,并不都是学究气。实际上吸收了实际部门做法。立足点放在学者上,拿出一个完整的稿子,再去讨论。调整范围,调整"合同关系"不太妥。农村承包是否要放进去?企业承包是否放进去?它们是否民事性质?雇佣合同,不应放在此,应在劳动法中。在此不大合适。合同订立,是否规定强制缔约问题。如公共事业,能否反映?是否考虑把债权保全吸收进来。个人认为,期货买卖不应放在买卖中,它不是真正买卖。再有一个,合伙合同,是否可增加隐名合伙作一节。

何山:总的感觉,总则比分则重要。总则容易拿出来,麻烦的是分则。一是种类,如分家;二是和单行法的关系。合同法是基本法,不考虑单行法,别的法是依据它来写,如担保法。不能怕与别的法重复。另外,分则内容不全面。

费宗祎：合同订立中，要把无效与不成立区分开。

江平：总的看法，质量不错。基本原则、框架可取。指导思想方面，能管多少年？范围，同意主要强调债权合同。总则问题不大。关键是担保写不写？总则基本分章没大问题。对分则意见较大。一是包括哪些？经理人、服务合同到底多大？下一步工作，根据今天的意见，稍作修改。一部分，如指导思想，应约束起草人。调整范围及与其他法的关系，都要定。我主张，其他法包括《技术合同法》，都不要。是否一定废止，还可斟酌。如铁路法、保险法，这里写基本的东西。这也是强制的。总则各章范围不能交叉，要明确。因为是分散立法。另外是参考性的，不排除起草人拿出更多的东西，节里划分也允许变更。分工应按人。分则，主张分为九类。一是涉及所有权的如买卖、互易等；二是涉及使用权的租赁、借用、借贷；三是提供劳务、承揽、保管、运送、劳动合同；四是以广义代理为基础的委任、行纪、居间；五是以日常服务为主，旅游、旅店等社会服务合同；六是知识产权、技术、出版、演出、培训合同；七是与金融有关的合同，结算、储蓄、保险也在内；八是与经营有关的合同，如合伙等，现在要搞合伙法，合伙合同还是要起草；九是保证合同。我倾向于总则集中在北京搞。因为涉及原立法基础，与中央部门协调方便。由北京几家单位共同搞。

费宗祎：另一个是与总则的关系，不然把总则的也写上。要交代清楚。

何山：劳动合同单列。

费宗祎：加入合资合同、联营合同、共同开发海洋资源的合同。

何山：与其他法相互交叉，写的时候要兼顾其他法。

郭日齐：法制局现在手上搞的，与合同法有关的非常多。

胡康生：赞成大家的意见。同意江平老师的意见。合伙法、劳动合同法。劳动合同应斟酌。再如承包，农业承包、企业承包。雇佣合同，估计有很大争议，不光一般工人与企业。力量安排，同意江平教授意见。这个会后，在今天基础上，再改一下。再开个会分工落实。

（梁慧星记录）

1994年1月5日至7日合同立法座谈会纪要

由胡康生主持。

1月5日上午：

江平：加强统一性、完整性，加快速度，2年左右可完成。1994年下半年搞出试拟稿。

谢怀栻：求快、求好。三项成果：(1)大体修改方案；(2)起草办法、分工、时间；(3)试拟稿，体例，如条文繁简程度，每一条的理由，必要理论根据、法律根据。

梁慧星：介绍《合同法立法方案》。

1月5日下午：

顾昂然：(1)完善民事立法，立法工作到了新阶段。(2)5年内把合同法、物权法搞出来。合同法比物权法容易，同时并进。(3)改革不断深化，经验不断积累，合同法的制定有必要又有可能。指导思想：(1)借鉴与从中国实际出发，现在是大胆借鉴与从中国实际出发；(2)方向和现实；(3)经验，包括国内外成熟的经验；(4)可操作性，能具体的尽量具体。

江平：(1)如何处理与《民法通则》的关系，如欺诈、胁迫，改为可撤销，如何解决？我的意见，可动可不动的，不要动。当时胁迫、欺诈争论较多，考虑不一定与各主要国家和地区一致。定为无效，考虑不敢提出怎么办，无效比可撤销强度大。有些非改不可，涉及如何改。(2)非平等主体承包，不受本法调整，当时同意，现在有不同想法。涉及企业产权交易，产权能否作为合同客体。产权承包、租赁、买卖，怎么办？(3)与《技术合同法》的关系，《技术合同法》是纳入本法，还是保留《技术合同法》？作为一个单行法，如保险法等，技术、知识产权界希望保留。

寇志新：如非平等主体的行政合同，如何解释？从法律上讲，根本不存在。要承认过去有误区。不要排除，如物权合同。《民法通则》该改就应改。普通法系则是所有涉及合同的总的规定，可以对很多不典型的情形如企业承包,进行调整。如隐名合伙,应概括进来。公私法划分,过去不区分是不适当的。遗赠扶养协议,还有赠与也应规定。

马俊驹:立法思想比较好。第 3 条如何理解,兼顾过渡期的特点,本法就是要适应市场经济的特点,要打破《民法通则》,不然就只能是《经济合同法》那样。制定一个适合市场经济的合同法,促进《民法通则》修改。可不考虑对《民法通则》的前提的影响。重大事由,当然要受到限制,是受到法律限制。重大事由如何理解? 同意采用狭义合同定义,债权合同、物权合同讨论不深。企业承包、租赁经营、委托经营,取得的是不是物权? 不同意限于债权合同。制定合同法后,还会有单行合同法。

吴汉东:第 2 条对意思自由的限制,限制应在法律中规定出来。何谓重大,何谓正当? 调整范围,平等主体,企业内部承包归为非平等主体之间的承包关系可,企业承包不能归于非平等主体间关系。实际生活中,承包合同纠纷很多,应予调整。

郭明瑞:包括农村,果园承包,是平等的。企业承包,是国有企业承包,是过渡中的事物,主管机关与企业,也有指标,但不属于产权转移。我同意产权可成为合同标的,产权转让,应规定。但不宜把现在承包关系作为典型规定下来。不区分几种合同,这是指调整范围,并不是说内容中不区分。立法上应考虑建立以后的要求。将来不搞什么单行合同法。

黄明述:合同自由的限制问题,可能成为行政干预的借口,任何意思表示都要根据法律。面向 21 世纪是不是过高要求?《合同法》起码管 50 年。不应是转轨期合同法,而是社会主义市场经济合同法,应管 100 年。已失误的,要纠正。要考虑到民法典的体系,合同法与债法的衔接。再说《技术合同法》,起码作为一类合同基础的内容,应在本法规定。企业承包,如是经营承包,都应是合同,应加以规定。可作为民事合同。如遗赠扶养协议,可作民事合同,与其人身性质并不矛盾。

谢怀栻:现在是讨论(遗赠扶养协议)规定在合同法好,还是继承法好,并不是不要。

傅鼎生：调整范围，同意寇老师。以不谈平等主体之间为好。物权合同、身份合同，不受本法调整的话，将会出现很多关系没有法律调整，不然将来又会出现物权合同法、身份合同法。我认为可搞大合同法，凡是合同都进行规定。如期货买卖，还有证券交易买卖都可以纳入。

寇志新：关于承包问题，尽可能规定，不能回避这些问题。

马俊驹：关于单行法，大合同法包不全。企业承包行政色彩太重，不能拉进来，应回避它。而委托经营、租赁经营，要规定，给一条出路。关于平等主体，在《民法通则》中是很好的。给合同下定义，可不讲平等主体。人身方面的，不规定在内。

覃有土：从指导思想到框架，很不错。最重要的是第1条，体现三性：统一性、完整性、共同性。不能允许再搞单行合同法。保险、期货不可能规定在其他特别法中。共同性，不应过分强调特色。要超前，要长远考虑。在与《民法通则》关系上，不应受《民法通则》限制。

徐德敏：关于立法指导思想，要兼顾过渡期，根本做不到。能作为指导思想的，只有前一句。调整范围，未始终贯彻。如商标权的转让许可，应规定商标转让使用许可合同。如技术服务也应进行规定。

谢怀栻：要解决几个问题：(1)如何对待已有的法律，定义不敢动《民法通则》。可参考所有的法律，但不可受其束缚，更不能以为根据，否则民法不能发展。将来《民法通则》肯定修改为民法总则。(2)如何对待大陆法与英美法？《经济合同法》是大陆法，以苏联法为根据；《涉外经济合同法》采英美法。方案中如推定金钱救济，是参考了英美法。采大陆法的部分多考虑英美法，采英美法的部分多参考大陆法。(3)新的用语，叫买方、买受人好。再如，是社会公共利益，还是公序良俗？我个人认为社会公共利益这样的概念不应出现在民法中，可出现在《宪法》中。(4)传统与创新的关系，贯彻经典的合同理论是任务，应贯彻经典的民法理论。在创新的同时，坚持优良传统。协议解除，是不是解除？要不要区分解除与终止、终止与消灭？合同转让，在理论上讲不通。如买卖，标的限于有体物，无体物的买卖为准买卖。是否要扩充到无体物、权利？如外汇配额的买卖。互易不能作为双重买卖。(5)与劳动法的关系,对于雇佣合同如何处理？法国交给劳动法,德国规定雇佣合同,劳动法管不了的,由民法调整。

崔建远:指导思想(4),兼顾效率与公正。三中全会决定效率优先兼顾公平,法律上不应每一个制度都把效率置于优先地位。物权合同问题,不赞成引入物权合同。区分引起物权变动的原因与合同。意思不一致的不反映,不行。要充分民主讨论,实在统一不了的,要妥协。

李凡:立法指导思想(3),想兼顾很难,但要有要求。

马俊驹:要避免模棱两可。关于物权合同,我倾向于不要定死。

郭明瑞:同意限于债权合同,并不是要搞物权合同。

寇志新:物权合同。

冯大同:(1)方案起草人做了成功的工作,基本上是可取的。(2)也同意要借鉴,要从中国实际出发。现在要说大陆法与英美法,英美法中好的东西,适应经济发展需要的,应当吸收。一些统一法,应大胆吸收进来,因为英美法、大陆法都统一了,我们可以抄进来,更多吸收统一法的东西。要注意有些新的突破,尽管有些内容还未统一。如书面形式,包括电报传真、电脑数据,联合国建议修改现行法,包括电脑数据。只要是能重现、可见、打出来的、可视的,都叫书面。又如国际统一私法协会正在制定的《国际商事合同通则》,去年完成80%,在违约补救等方面,其在《国际货物销售合同公约》基础上又前进了一步,应供我们参考。联合国规定违约金条款统一规则,应考虑。

费宗祎:(1)继承与发展问题,扬弃与发展,是辩证统一的,要解放思想、转变观念。(2)国际共性与中国特色的关系,总则部分应尽量体现共性,分则有些是中国特色的,总则部分不能强调中国特色。如企业承包,法院处理的是"一脚踢"的承包,没有什么行政性,与租赁有什么区别？不妨写进去。(3)同意冯大同意见,现在体例是大陆法体例,赞成要尽量吸收国际上形成的统一规范。以大陆法为体,内部具体内容能吸收尽量吸收。(4)赞成要求说明。

江平:第一部分分歧不大。第二部分分歧较大,可提供两种方案,供选择。推翻《民法通则》,要讲出理由。有些问题可回避,不会在法律上出现。落足在定义上。作为无名合同,不写不等于不能适用。明天讨论定哪些合同,生活方面的如何定。没有写的,雇佣、承包等,如何定。保证、保险、技术,几个合同如何定?

1月6日上午:

江平:分则只讨论章,节由起草人自决。下午讨论总则,到节。

郭明瑞:生活服务合同,须定。雇佣合同,不能依靠劳动法去解决,如雇保姆、农村雇工。合伙应规定。保证合同应在此规定。《担保法》着重规定物的担保。保险合同,主张在此规定。《技术合同法》主要是实施许可,技术中介、技术培训,能否在居间、培训中解决?另外,商标使用许可没有规定。在附则中加上无名合同的处理。

江平:保险法、担保法计划是今年出。

马俊驹:雇佣合同要规定。过去未规定主要是因为理论障碍,现在劳动力也被承认是商品。从南方情况看,受雇人得不到有效保护,有的合同上规定工伤概不负责。承包合同确有行政色彩,将来会进行转化,可以规定进来,作为民事合同,留个发展方向。邮政通信,能否改为公用服务,包括供水、供电。行纪中,现在商事代理不突出。合伙合同,无论是否制定合伙法,都应规定普通合伙、隐名合伙。合伙法恐怕是从组织角度规定合伙的,要考虑合同法的体系。单行法要在体系中反映。附获奖机会,能否分别放在买卖、储蓄中。

吴汉东:生活服务,倾向于把邮政服务与供电、供暖作为一类,其共同点是都属于公用服务事业,有必要规定,防止格式合同损害相对人。有关著作权合同,郑成思坚持反对写入,我主张应写入。但应注意,版权法的修改可能增著作权许可一章。主张规定著作权转让、许可。另外,还有电影合同、音像制品合同。技术合同,要注意非专利许可转让、技术开发、中介等能否为其他合同包括,如培训、居间。还应包括商品权转让和使用许可。

寇志新:这样订下去可能太多、太大。可分为几大类:(1)移转物权合同,包括互易、赠与、土地使用权转让;(2)使用合同,包括借用、借贷;(3)运送服务合同;(4)完成工作合同;(5)雇佣合同,其具有从属性,劳动法不能代替当事人约定;(6)合伙合同,民事合伙概念很大,合伙法概括不了;(7)储蓄、结算合同;(8)邮政通信合同;(9)知识产权有关合同;(10)保证合同;(11)保险合同。旅游合同算什么合同?它是其他合同的结合,培训合同也是如此。

江平:培训合同是否成熟?

傅鼎生:看合同法地位,反映方式可不同。期货交易,可准用买卖合同。智力成果的转让、使用许可及服务合同可归一类。土地使用权转让,是否包括出让?格式合同,由谁确定格式?

姚辉:感觉分则部分膨胀,工程量太大。了解很少,司法实践经验也不多,能否写好,把握不大。因此主张分两步走。现在看来不行。要一齐搞,仍然成熟的先搞。《美国商法典》只是一个买卖。有一些具体合同,可通过单行法规和法院解释弥补。重点放在总则和分则中的类,只写非常成熟的部分。如期货、融资租赁、培训,还有生活类四个合同。

江流:定哪几种,首先从中国实际出发;其次是发展观点,不拘泥于现实;再次是可行性,能否行得通?外国有的我们没有,原因是什么?寄托,能否用保管取代?至少要与仓储并列。还有广告,消费者大量吃亏,要不要定几点。意向书,算不算预约。生活服务的合同,不错。住宿、饮食、安全等不是主要的。培训合同,能行得通吗?

马俊驹:企业承包,可否定为企业经营权转让?

寇志新:关于企业承包。

黄明述:凡生产经营性承包可以规定。现在是国有资产管理局发包。演出合同,应该规定。旅游合同应规定。

傅鼎生:许多合同可通过单行法来规定。如演出、广告、期货交易、房地产公司。

徐杰:同意指导思想。非基于重大事由,不要写。总则应概括所有合同。分则应包括有形物交换、劳务、工作。知识产权问题不要规定。医疗合同概念,社会上能否接受?可增加管理合同。国际贷款合同。房产买卖是否单列一章?买卖就限于货物买卖。

赵学清:认为医疗合同比较复杂,患者和医院,有时不能约定,要靠单行法。如何达到涉外经济合同统一？现在有中外合作企业、中外合资企业，要列合作合同。技术合同能否写好？雇佣合同应规定。旅游合同德国也有，公用服务合同包括供电、供水、供气。应规定海上石油开发合同。

谢怀栻：传统基本有名合同，要规定好、详细，顶多八种。雇佣合同，改为劳动合同亦可。几种有争议的合同，如保证合同，我们的意见是规定在合同法，与担保法协调，由法工委起草。承包合同，委托主张规定的同志写这一章。土地使用权合同，暂列在内，等到讨论物权法时去解决。各种无名合同，如培训还可扩大为教育，将来会有私立学校。委托几个单位写出样子来。有些合同与行政规定有密切关系，如储蓄合同，国务院有《储蓄管理条例》。供用电、水等，包给几个单位解决。法工委的义务，提供有关资料，如《劳动法（草案）》。

魏振瀛：指导思想，基本同意。是否增加对公民的服务精神，如《捷克民法典》。同意调整对象为债权合同。劳动合同由劳动法调整，合同法不规定，企业承包，不规定。合同种类，规定具有典型性、时代性的合同，有些新的可规定，但首先要具有典型性，如医疗、旅游、住宿、培训等合同。技术合同不是典型合同，服务、开发、转让，体现不出技术合同的典型性。合伙合同要，但不应再定合资、合作。保证在合同法中规定。

李凡：如医疗，一般医疗差错很多，法院应当受理，但无法律规定。我认为社会中有比较普遍的合同关系，尽可能吸收，如培训，应试写。劳务不能只由劳动法规定，如计时工，无法由劳动法规定。承包合同，有的可归入租赁一章，不要单列一类。

费宗祎：分则相当大，可采相同准用，或作专节，如合伙，自然资源合作开发。不赞同写的有医疗、邮电通信（用电、用气、用水可写）。邮电通信，特殊性非常大，仅处理过一起案件，副部长特批仅此一例。国际邮联也是这样规定。储蓄要不要搞？不主张搞。旅游要搞，住宿、饮食放在其中写。培训问题很多，有很多诈骗现象，应规定。劳务合同还是有必要。房产买卖要搞。承包太滥，可只讲企业经营管理合同。《技术合同法》中的几种合同，不是典型合同。但知识产权的转让可单列一章,做原则规定。不排除将来有专门法规。涉及国际的,如技术引进另行规定。

徐杰:期货交易不要搞。

江平:(1)医疗、旅游、住宿服务、邮电通信、培训、储蓄这一类,可开个座谈会,同部门商量,再定。(2)新增雇佣合同,意见基本一致。承包干脆改名,可起草,企业经营权转让。(3)合伙合同。(4)保证、保险、技术,暂不决定。(5)期货不写。(6)买卖与房屋买卖,是否分章,由起草人决定。

1月6日下午2时讨论总则:

第一章

定义,不要平等,采经典定义,公序良俗,或维持社会公益。全用"当事人"。有人提出合法原则。保护当事人,不提"交易"。要考虑到一般民事关系。

寇志新:原则,与民法原则重复是否合适?可表示遵守民法原则,再表述合同原则。

第二章

张广兴:招标投标是否写作一节;公用事业经营者有承诺义务;成立要件似可不要。

覃有土:用订立。因本章包含订立过程。不要成立要件。

魏振瀛:认为成立好;认为悬赏广告,采合同说好。主要条款,改必要条款。成立条件应有,区别生效条件。预约如何对待?

谢怀栻:预约、意向书,不必要规定。"登记、批准"要规定明确。订立未批准之间,是成立未生效。在第三节之间。

第三章

张广兴:生效要件一节可不要。反面规定什么情况下无效。无效与有效条件不周延。可撤销,要明确,谁有权主张撤销。

谢怀栻:同意本章七节。

马俊驹:不当影响,应属胁迫。建议附获奖机会,分别列入。

魏振瀛:合同的成立,与民事行为的成立不同。重大误解,应为错误。

吴汉东：还有一个附负担合同。

谢怀栻：只是赠与。

第四章

要注意哪些应规定在总则，哪些应规定在分则。

谢怀栻：概括条款如何定，概括条款的作用。法院判案时，如找不到条文，如依据已有规定显然不公正，可依据本条判案。依据原则判案时要申请核准。第一节可不要。

魏振瀛：履行原则不要，同意。

江平：第一节改为一般规定。

费宗祎：抗辩权是大陆法，是否采用英美法预期违约？

第五章 合同的转让

谢怀栻：改为合同权利义务的转让、债务承担。

第六章

谢怀栻：改为解除与终止。不定变更，情事变更应在合同的履行，甚至不用规定在基本原则中。合同消灭与解除不一样。解除是非正常情况。而消灭是目的。情事变更放在履行。

第七章改为消灭。

第八章 违反合同的责任

履行中加一节债权人迟延。

费宗祎：是否区分重大违约与一般违约？上级机关的原因（导致违约），可以不写。违约金是否区分，迟延的违约金，不能交货的违约金？与定金的关系。

江平：关于起草，遵守指导思想、范围。总则各章，节一般不动，各条旨。分则，只定章，节自定。立法理由逐条来写；参考比较立法例、我国现行法律法规、判例、实践；几种解决方案，选择的理由。条文，可拟几种方案。大中小三类，大章，条文不太多，款可多搞。

1月7日上午：

江平：小章，10条左右；中章，20条左右；大章，20~30条。买卖可稍多。涉外内容,如有必要可增一节。

分工:

西北政法学院:合伙、雇佣。

西南政法学院:合同的效力、委托、行纪、居间。

中南政法学院:出版、演出、权利义务的转让。

华东政法学院:租赁、融资租赁。

武汉大学:买卖(互易)。

吉林大学:解除、终止、消灭。

烟台大学:土地使用权转让、赠与。

外经贸大学:成立。

人民大学:违约责任、结算、储蓄。

北京大学:履行。

社科院法学所:一般规定、解释、运送、保管。

中国政法大学:借贷、借用、企业经营权转让。

(生活服务合同另定;技术成果转让未定)

6月底完成。3月底了解进度。条文、条文附理由。联系人:段京连、李文阁。

讨论物权法问题。

胡康生宣布散会。

合同法解析

统一合同法：成功与不足[*]

中国改革开放是从开放市场、搞活流通开始的，主要规范市场交易关系的合同立法较早受到重视。1981年、1985年和1987年相继颁布了《经济合同法》《涉外经济合同法》和《技术合同法》。三部合同法对于当事人利益的保护、交易秩序的维持和市场经济的发展，发挥了重大的作用。但在进入20世纪90年代后，三法并存的合同法已经不能够适应社会生活对法律调整的要求。改革开放的深入和市场经济体制的确立，要求统一市场交易规则，要求从法律规则中剔除反映计划经济体制本质特征和旧的民法理论的内容，要求采纳反映现代市场经济客观规律的共同规则，要求采纳市场经济发达国家和地区成功的立法经验和判例学说，要求与国际公约和国际惯例协调一致，要求兼顾经济效率和社会正义、兼顾交易安全和交易便捷，要求实现合同法的统一化、现代化，并尽可能增强可操作性。1993年10月，立法机关适时地将统一合同法的制定提上立法日程，委托学者专家设计了《合同法立法方案》，于1995年1月产生了由学者起草的建议草案，经过6年修改，终于在1999年3月15日的第九届全国人民代表大会第二次全体会议上获得通过。

我们欣喜地看到，中国在颁布第一部合同法的19年之际，在实行改革开放的20余年之后，在即将迎来中华人民共和国成立50周年的时候，终于有了一部统一的、现代化的，既符合中国实际又与国际接轨

---

[*] 本文原载《中国法学》1999年第3期。

的《合同法》！笔者认为，统一合同法基本贯彻了立法方案所确定的指导思想和立法原则，取得了巨大的成功，表现在以下几个方面：

（1）统一合同法，反映建立全国统一的大市场的要求，结束了三法并立的局面，实现了交易规则的统一。三个合同法是改革开放初期由不同的行政部门牵头起草的，分别规范不同的合同关系，相互间缺乏协调一致。关于合同概念，两个法律使用经济合同概念，而《技术合同法》却没有使用经济合同概念，照理它应当叫"技术经济合同法"，这是概念不一致；关于违约责任，《经济合同法》采过错责任原则，《涉外经济合同法》和《技术合同法》采严格责任原则，这是责任原则不一致；关于合同主体，《经济合同法》是法人、其他经济组织、个体工商户、农村承包经营户，《涉外经济合同法》是企业、其他经济组织、外国的个人，《技术合同法》是法人、公民，这是主体不一致；关于基本原则，《经济合同法》和《涉外经济合同法》是"平等互利、协商一致"原则，《技术合同法》是"自愿平等、互利有偿和诚实信用"的原则，这是基本原则不一致；关于合同订立的形式，《经济合同法》至少认可即时清结的合同可以采取口头形式，而《涉外经济合同法》和《技术合同法》根本不认可口头形式，这是合同形式不一致；关于法律结构，《经济合同法》和《技术合同法》是大陆法风格，即采取"总则＋分则"的结构，而《涉外经济合同法》是英美法风格，只有总则没有分则，这是风格不一致。统一合同法抛弃了经济合同概念，不区分国内合同和涉外合同、商事合同和民事合同，包括自然人、法人、非法人组织一切主体，调整范围涵盖一切合同关系，规定严格责任原则，实现了交易规则的统一。

（2）统一合同法，剔除了三个合同法反映计划经济体制的内容，使法律规则符合社会主义市场经济的性质和要求。例如，经济合同概念，是从苏联拉普捷夫的现代经济法学派继受而来，本属于计划经济的产物。20世纪80年代的经济法教科书还讲经济合同的特征，一是主体的特殊性，即经济合同主体只能是所谓"社会主义经济组织"；二是所谓"计划性特征"，即经济合同是严格按照国家计划签订的合同。这一概念正好体现国民计划经济体制的单一公有制和指令性计划的本质特征。但随着改革开放和市场经济的发展,社会经济生活已经发生了根本性变化。现今的中国经济,已经由单一的公有制的计划经济转变为多种所有制形式并存的市场经济,除国有企业外,有合资企业、外资企业、私人企业、合伙企业、个体工商户和个体农户。国家实行指令性计划管理的商品不超过10种,数万种商品的99.9%以上的交易,都完全由当事人自由缔结合同,不受国家计划管制。因此,经济合同概念在立法上已经失去意义。统一合同法抛弃了反映计划经济体制本质特征的经济合同概念,明文规定以保护当事人合法权益为立法目的,规定反映市场经济本质特征的合同自由原则、公平原则和诚实信用原则,不规定合同管理、合同管理机关和合同管理机关对合同的监督,不规定行政制裁措施,符合市场经济的本质特征。国家对市场经济的宏观调控和必要的行政管理,应当在行政性法律法规中规定。

(3)统一合同法,从中国改革开放、发展社会主义市场经济、建立全国统一的大市场和与国际市场接轨的实际出发,广泛参考借鉴发达国家和地区成功的立法经验和判例学说,采纳现代合同法的各项新规则和新制度。例如,规定缔约过失责任和先契约义务(第42条);规定附随义务(第60条);规定后契约义务(第92条);规定同时履行抗辩权(第66条)和不安抗辩权(第68条、第69条);规定表见代理(第49条)和法定代表人的越权行为(第50条);规定无权处分行为(第51条);详细规定了合同成立的要约承诺规则(第13—31条);规定合同的成立以不要式为原则,以要式为例外(第10条);规定合同中的免责条款原则上有效,例外无效(第53条);借鉴英美法上的预期违约制度,规定拒绝履行立即发生解除权[第94条第(2)项]和违约责任(第108条);规定强制实际履行规则(第110条);规定合同的相对性原则(第121条);规定违约责任请求权与侵权责任请求权的竞合(第122条);规定无名合同的法律适用原则(第124条);规定合同解释的方法和规则(第125条);规定买卖合同的风险负担转移原则(第142—149条);规定出卖人的权利瑕疵担保责任(第150条);承揽人的留置权(第264条)和建设工程承包人的法定抵押权(第286条)等制度;规定了各种新的合同,如赠与合同(第十一章)、融资租赁合同(第十四章)、委托合同(第二十一章)、行纪合同(第二十二章)、居间合同(第二十三章)等;规定了法定解除权(第94条)和约定解除权(第93条)。

(4)统一合同法,在价值取向上兼顾经济发展和社会公正,强调对消费者和劳动者的法律保护。既注重有利于提高效率,促进生产力发展,又注重维护社会公益,保护消费者和劳动者权益,维护市场经济的道德秩序,不允许靠损害国家、社会利益、消费者和劳动者的权益牟利。统一合同法规定了对格式合同的管制手段(第39—41条);规定免除人身伤害责任、免除故意和重大过失责任的免责条款无效(第53条);规定买卖不破租赁原则(第229条);规定房屋租赁合同承租人的优先权(第230条);规定房屋租赁合同承租人死亡后共同居住人的租赁权(第234条);规定分期付款买卖合同的买受人迟延支付达到全部价款1/5,出卖人才能行使解除权(第167条);规定具有救灾、扶贫等社会公益或道德义务性质的赠与合同不得撤销,受赠人可以请求强制执行(第186条第2款、第188条)等制度。在设计和拟定法律条文时,凡涉及消费者和劳动者的,均首先考虑保护消费者和劳动者利益,贯彻保护弱者原则。

(5)统一合同法,总结整理改革开放以来的立法经验和司法经验,凡《民法通则》、三个合同法中经实践证明是正确、合理的制度和规则均予以保留,将司法实践中创设的合理的解释性规则和判例规则,上升为法律规定。例如,公平原则、诚实信用原则、合同定义、合同权利义务转让均以《民法通则》的规定为基础;合同法分则以三个合同法及实施条例为基础;规定违约损害赔偿包括可得利益(第113条),是采纳人民法院的司法经验;规定免除人身伤害责任的免责条款无效(第53条),就是采纳天津某法院关于"工伤概不负责"案判决所确立的裁判规则。

(6)统一合同法,针对我国转轨时期的特点和社会生活中出现的各种社会问题,规定各种法律对策。例如,针对"三角债"问题规定债权人的代位权制度(第73条);针对债务人的赖账行为规定债权人撤销权制度(第74条);针对实务中因未办产权过户而认定买卖合同无效的错误做法,规定由出卖人负担移转标的物所有权的义务(第135

条);针对建设工程质量低劣造成人身财产伤害的严重社会问题,规定建设工程合同采用招标投标方式签订(第271条);规定实行监理制(第276条);明文禁止发包人将应由一个承包人完成的建设工程肢解发包(第272条第1款);规定建设工程主体结构必须由承包人自行完成(第272条第3款);规定因承包人的原因致使建设工程在合理使用期限内造成人身和财产损害的,由承包人承担损害赔偿责任(第282条);针对裁判实务中滥用诉讼法关于第三人的规定的倾向,规定合同相对性原则(第121条)等。

(7)统一合同法,在制定过程中虽然广泛参考借鉴发达国家和地区的成功经验,但并不是盲目照搬,而是结合中国社会的实际,进行了比较、鉴别和取舍,并有所创造。例如,第107条规定违约责任实行严格责任原则,虽说参考了《联合国国际货物销售合同公约》和《国际商事合同通则》的规定,但在大陆法系国家的国内法上仍属于首创;第60条第2款规定的附随义务和第92条规定的后契约义务,是发达国家的法院创设的判例规则迄今未在法典上规定;第50条规定的法定代表人的越权行为,系针对实际生活中企业法人超越经营范围问题,在参考发达国家民法学者理论研究的基础上设计的崭新的制度;第282条规定的建筑物严格责任,系参考《法国民法典》新增直接请求权制度设计的,对于建筑物缺陷致损适用严格产品责任,体现了极大的首创精神。

就像世间没有完美无缺的事物一样,统一合同法也不是完美无缺的,存在若干不足和遗憾。首先是许多应当规定的合同,分则没有规定。例如,我们这样的社会主义国家,人口的绝大多数是体力劳动者和脑力劳动者,他们与雇主(包括企事业单位、国家机关)之间的权利义务关系,靠缔结雇佣合同、劳动合同和聘用合同来规定,单靠现行劳动法关于劳动合同的规则是规范不了的,而改革开放以来广大体力劳动者和脑力劳动者的利益未受到应有的保护,各种严重侵害劳动者权益的事件层出不穷,法院受理大量的雇佣合同纠纷案件苦于没有具体法律规定作为裁判基准。建议草案在广泛参考各主要国家和地区保护劳动者的立法经验基础上精心设计和拟定的雇佣合同一章被删除,是最令人惋惜的。被删除的还有合伙合同、储蓄合同、结算合同、旅游合同等分则,使我们在实现市场交易规则的统一和完善上留下太多的遗憾。究其原因,并非立法机关认识不到这些合同分则的重要,而是担心一些行政部门的反对立场。

其次是若干应当规定的制度没有规定。立法方案针对经济生活中存在的重大问题所设计的若干重要法律制度,后来被删去了。例如,针对一些由上级机关或党政领导促成的并非完全自愿的企业联合和合并所设计的"不当影响"制度;针对风行的有奖销售、有奖储蓄、有奖球票等所设计的"附获奖机会的合同"。还有从传统民法和发达国家法院创设的判例规则所借鉴而来的若干重要制度,如"第三人侵害债权""损益相抵"规则和"情事变更"原则,均有其针对性和必要性。按照草案,订立合同时就存在的显失公平,应适用第54条第1款规定的显失公平规则,合同成立后因与双方当事人无关的原因发生的显失公平,应适用情事变更原则。情事变更原则被删去后,合同成立后发生的显失公平失去解决途径,留下法律漏洞。另外,却规定了若干属于不言自明、没有必要规定的所谓无害条文,例如第67条和第109条。

最后是出现了若干不应出现的逻辑混乱和体系违反。例如,关于合同形式欠缺补救措施的第36、37条,草案原来规定"一方已经履行主要义务的",视为合同成立,法律通过时加上"对方接受的",反而造成概念逻辑混乱。因为"履行"概念已经包含了"对方接受"这一含义,如果对方不接受,何以构成"履行"?再如代表与代理,本是两个有区别的概念,企业法定代表人的行为等同于法人自身的行为,直接由法人承担其后果,法定代表人以外的负责人是以法人的代理人身份代理法人订立合同,须通过代理制度的作用而由法人承受行为后果。因此,法定代表人超越经营范围签订合同,应适用第50条法定代表人的越权行为制度,其他负责人超越权限订立合同应适用第49条规定的表见代理制度。在第50条加上"负责人",导致代表制度和代理制度的混淆,增加了法官适用法条的困难。再如关于免责条款的效力,按照第53条的规定,合同免责条款原则上有效,例外无效(免除人身伤害责任的无效、免除故意和重大过失财产损害责任的无效);按照第39条第1款的规定,格式合同中的免责条款,如果履行了提示义务和说明义务就有效。法律通过时在第40条加上"免除其责任"五字,导致依该条免责条款应绝对无效,因而与第39条和第53条的规定矛盾。再如,按照建议草案,第六章标题原是"合同关系消灭",而以"终止"概念表示"合同关系从解除之时向后无效而此前已经履行部分有效","解除"概念则仅表示"溯及于成立之时全部无效"。后来将合同关系"消灭"改为"终止",导致第97条关于解除后果的含混规定。依据该条,对于继续性合同例如合伙合同、租赁合同、雇佣合同等(如供电供水供气及订报刊合同)的中途解除,如何"恢复原状"?如何采取补救措施?法院应当如何判决才能达到公正妥当?其实,按照建议草案的规定,这类继续性合同关系的中途解除,叫"终止",其后果是向后无效,已经履行的有效,法院裁判非常简便而且容易做到公正。再如撤销权的行使期限与解除权的行使期限,属于同样的问题,规定一个法定期间(除斥期间)最为简便,但第75条关于撤销权规定了除斥期间,第95条关于解除权却不规定除斥期间,而规定"经对方催告后在合理期间内不行使的,该权利消灭"(此系建议草案的设计)。如在第94条规定的第三种情形,"当事人一方迟延履行主要债务,经催告后在合理的期限内仍未履行"的,发生对方的法定解除权,不可能有法定或约定的解除权行使期限,岂不要你催告过来我催告过去,导致十分地烦琐,单说法院裁判时两次判断是否在"合理期间"内,就不胜其扰。唯有靠法官在裁判实务中运用法律解释方法消除这些逻辑矛盾和体系违反。

  我深信,统一合同法的实施必将促进社会主义市场经济的发展,有利于建立市场经济健康有序的法治秩序,有利于保护合同当事人的合法权益,有利于保护消费者和劳动者的利益,有利于促进法院依法裁判和司法公正,有利于推动中国走向民主和法治。利益法学派创始人赫克说过,纸上的法律还不等于真正的法律,裁判中实现的法律才是真正的法律。让我们寄厚望于中国法官,在裁判中切实贯彻立法目的、维护法律正义,实现真正的统一合同法!

《中华人民共和国合同法》的立法经验*

新颁布的《中华人民共和国合同法》（以下简称《合同法》）是新中国历史上条款最多的一部法律，共428条，内容非常丰富。短时间内对它作一个冷静客观的评价，指出其成功与不足是有难度的。说句实在话，这部法律从最开始的设计、第一个草案的统稿到各次草案的产生、专家会的讨论等，我都亲自经历、亲自参加。全国人大常委会审议的第四个审议稿，我参加了定稿。但现在看来，《合同法》中的好多条文、概念我自己觉得莫名其妙，觉得没法解释。所以说现在就来评价这部法律的优点和缺点，很难说得那么准确。

一、《合同法》的立法指导思想

从立法指导思想入手，然后分析这部法律，对我们每一个法官、律师、学校教员来说，掌握这部法律可能更深入。立法指导思想是在立法方案中明文规定的。这部《合同法》的制定与别的法律制定不一样。新中国历史上每一部法律的制定基本上都是这样的：由一个行政部门牵头，组织一个班子，大家一来就列提纲、设计章节、拟条文，反反复复地修改。而这部《合同法》的制定却是首先设计立法方案，而立法方案的设计委托给八位专家来完成。八位专家中有两位法官，分别是最高人民法院的李凡副庭长和北京市高级人民法院的何忻，李凡当时是研

---

* 本文系根据作者1999年4月在北京大学法律系"合同法研讨班"上的讲授录音整理而成的。

究室副主任,何忻是告申庭的庭长,两位庭长都是 40 岁刚出头。其他六位同志,年龄最大的是江平教授,他当时 60 多岁。其次就是我,当时 50 岁刚出头。接下来就是三四十岁的,如中国人民大学的王利明教授(最年轻的,三十多岁);吉林大学的崔建远教授;烟台大学的郭明瑞教授;中国社科院法学研究所的《法学研究》副主编张广新研究员。我们不是一开始设计合同法的章节,而是大家先来漫谈合同法发展的情况,即务虚。大家讨论 21 世纪以来合同法有哪些发展趋势,其精神实质发生了哪些变化,有些什么新的制度。在大陆法系国家的德国、法国、日本,英美法系国家的英国、美国等的合同法中以及在国际公约中,比如《联合国国际货物销售合同公约》中有些什么新的制度、新的原则。讨论后先拟定制定本法的指导思想,共五个指导思想。

（一）制定本法要从中国实际出发

什么是中国的实际,经大家讨论斟酌,最后定下来四个要点。第一个要点是改革开放;第二个要点是发展社会主义市场经济;第三个要点是建立全国统一的大市场;第四个要点是与国际市场接轨。只有这四点是中国的实际,其他任何的特征都不是中国的实际。

确定了中国实际以后,紧接着是要总结我们的合同立法和合同司法的经验。这就是要总结我们改革开放以来制定的《民法通则》、三个合同法以及各个合同条例和一系列实施条例中的经验和不足。更重要的就是法院的经验,尤其表现在最高人民法院关于《民法通则》的意见、关于《经济合同法》《技术合同法》《涉外经济合同法》的意见,最高人民法院平时的解答、批复。还有一个最重要的就是《最高人民法院公报》,公报自 1985 年创刊以来,陆续刊登了一些判决,这些判决当中有一些有非常典型的意义,创设了一些新的规则。这些都要进行斟酌、分析,凡是成功的、符合中国实际的、符合法理的,我们都要采纳。

然后还要广泛地参考借鉴发达国家和地区的成功的立法经验和判例、学说,这些发达国家和地区自战后在立法上通过修正法律、修订法律、制定法律创立了很多新的东西形成很多新的经验,一些重要的民法典如《法国民法典》《德国民法典》在战后都有一些修订,还有一些单行立法和法院、法官创设的规则,都需要斟酌借鉴。战后发达国家及地区法院同样面临着社会关系极度动荡、极度复杂、社会环境极度变化的情况,在这种情况下很多新的案件、奇怪的案件在战前没有出现过,在法律上没有相应的规定。而这些发达国家和地区的法官面对法律没有明确规定的案件创设了一些新的规则、新的制度,我们都要尽可能地采纳、吸收。

除了国外先进的立法和司法经验外,不能忽略我国台湾地区的经验。台湾地区后来的经济生活有极大的发展。经济一发展,就产生很多新的问题,因此它的法院和法官也创设了很多新的规则,这些我们当然也要参考借鉴。

借鉴发达国家和地区先进的合同立法和司法经验,要达到的目的,就是使我们的《合同法》成为反映现代市场经济客观规律的共同规则。这是在第一个指导思想当中就提出来的目的。我们的法律不能够关起门来,不能只有我们的学者、立法者、法官看得懂,外国人看不懂。我们的市场需要和国际沟通,我们的法律不仅要我们自己能够理解、能够掌握,也要使国外的企业、企业家、法官、律师能够掌握。如何才能做到这一点?只有我们采纳共同规则才能做到。我们平常说的和国际接轨,它的前提是要法律规则接轨,法律规则不接轨,经济无法接轨。所以在第一个指导思想上我觉得很重要的是要尽量采纳反映现代市场经济客观规律的共同规则,并与国际公约和国际惯例协调一致,这里没有说和国际公约、国际惯例完全一致,说的是协调一致。就是说我们并不是照搬国际公约、国际惯例,因为我们国家对一些国际公约有保留条款,还有些惯例不见得适合我国。所以我们提的是协调一致。这是第一个立法指导思想,是非常重要的。

(二)充分体现当事人的意思自治

在不违反法律的前提下保障当事人享有充分的合同自由。订立合同不过就是两个独立、平等、自由的当事人在一起共同协商决定他们之间的权利义务关系。两个当事人应该是独立的、自由的、平等的,如果他们不平等,一个人隶属于另一个人,合同内容就无法决定,如果他们没有自由,就不能支配自己的行动,不能支配自己的思想,也不可能签订合同。所以说合同自由是现代市场经济最基本的要求,没有合同自由就没有市场经济,这一点非常重要。试想一下,在计划经济条件下,我们的企业是不是平等的、独立的、自由的？不是,我们的企业是处在一个有层次的上下隶属关系当中,从中央经济主管部门,比如一机部、二机部、三机部、四机部,一直到七机部、八机部,然后到省一级经济管理部门,比如机械厅,再到地区一级的经济管理部门,比如机械局,还有县、市区的工业局、机械局,等等,都是行政主管机关,最下面一级才是企业。这样企业处在由上到下的行政隶属关系的最下面一个环节,它上面全是一级一级的行政主管机关,我们叫作多层次的行政管理环节、行政层次或行政机关,企业成为这样一个行政关系中的最低层。这时,它已经不成其为企业了。20世纪80年代初期我们曾经用一些教材、著作介绍苏联的法学,苏联的经济法把企业叫作经济机关,正是针对这种层层行政管理体系而言的,有一定的道理。在计划经济条件下,企业不再是独立的生产者,而是一个垂直关系中的一个环节,它的全部活动是严格按照从上到下的指令性计划,还包括上级机关的字条、电话、批示等,来安排它的生产、交换。

一个消费者在计划经济条件下是不是自由的呢？不是。我们每一个消费者吃的粮食、穿的衣服、用的东西,都是按照指令性计划安排的。我们有购粮本、粮票、布票、糖票、鸡蛋票、肉票等票证,消费生活也完全是按照指令性计划安排的。

我们广大农村的农民是不是自由的呢？也不是。农村的生产我们是以三级所有队为基础,即公社、大队、生产队这样三级上下隶属关系。以三级所有队为基础的人民公社体制是合一的,生产和行政管理是结合在一起的。在这种情况下,农民不见了,那谁是生产单位呢？生产队作为一个生产的组织、基层单位,就像我们的企业一样,按照行政指令性计划来进行生产。农民去劳动的时候,就像工厂的工人一样,是按照生产队的安排去的,上工听钟声、下工听哨声,每天做什么工,全听生产队长指示。

在这种行政隶属关系条件下,就没有独立的、平等的、自由的个人,从工业到农业的经济生活全部按照指令性计划进行,按照指令来运转,有没有合同的地位呢？没有。计划经济体制和市场经济体制是截然相反的经济形态,在市场经济条件下,要尽量砍断这样的隶属关系,要造就独立、自由、平等的生产者、市场参加者。我们的扩权让利,我们企业体制的改革不就是最终使企业从行政隶属关系脱离出来成为独立的主体吗？让企业成为独立的主体参加市场进行生产、交易吗？我们的农村改革中实行的家庭联产承包责任制,归根结底就是让农民摆脱以三级所有队为基础的公社体制,成为独立的生产者,能够自己独立决定自己的劳动。这样看来,我们的改革一开始就是面向市场,全面推行社会主义市场经济的前提是有这些独立的、平等的、自由的市场主体。

这些独立、平等、自由的市场主体怎么进行活动呢？在市场经济下,已经没有严格的国家计划、行政指令把全国的生产、某个行业的生产来安排,而且事实上已经做不到了。马克思主义经济学说告诉我们,市场经济是没有计划的,是靠市场规律在起作用,物价上升大家就生产这个东西,物价下跌大家就生产别的,靠市场机制来指挥运转。在这种情况下,企业不能靠猜测这个市场,要靠签订合同来组织自己的生产、交换,只有签订了合同,才能放心地投产,生产出来的产品才能销售出去。可见在市场经济条件下,合同关系是最基本的关系,可以说市场经济条件下的经济关系都要表现为合同关系,唯有合同关系才是市场经济特征的反映。

独立、平等、自由的当事人自己协商安排其权利义务关系,这样的关系在法律形式上就叫作合同。因此合同中最基本的原则就是自由,合同自由是市场经济本质特征的最基本的表现。自改革开放以来,企业的自由、农民的自由越来越大,但现存的三个合同法上合同自由不够,限制特别多。举例来说,在1981年颁布的《经济合同法》上,专门规定了合同管理机关,而合同管理机关管理合同有各种手段,特别厉害的一招是,合同管理机关可以主动确认合同无效,1993年修改《经济合同法》已经把它删掉了。这些制度严格说是计划经济的反映,限制当事人的合同自由是和市场经济直接抵触的。

我们现在制定《合同法》,最重要的一点是我们的法律能够体现合同自由这个原则,如果做不到这一点,我们的法律就不可能适应市场经济的要求。因此第二个指导思想就是要充分体现当事人的合同自由,只要在不违反法律的前提下,就要保障当事人享有充分的合同自由,不受行政机关和其他组织的干涉。

当然,合同自由并不意味着对当事人一点限制都没有。在合同自由的原则下,合同当事人应当受到两方面的限制:一个是在法律许可的范围内;二是在特殊的情况下,可以对当事人的合同自由做某种限制。后种限制中的特殊情况是说一定要有正当的理由,至于正当的理由是什么,当时讨论过,大家一致认为正当理由包括:为了保护消费者,为了保护劳动者,为了维护社会公共利益和国家利益。只有出于正当的理由,才能在立法条文上限制合同当事人的自由,实质上也是在限制滥用合同自由。

(三)《合同法》要具有一定的超前性或前瞻性

本法制定、实施的时代特点是:在20世纪末制定,在1999年通过,主要在21世纪生效、实施。我们的法律就应该做到有必要的超前性,我们是要面向21世纪,不能够只看见眼前的转轨时期。也就是说,《合同法》应当能够适应我国建成市场经济后对法律调整的要求,估计到2025年、2030年中国的转轨时期已经结束,社会主义市场经济已经基本建成,那个时候我们的市场经济和发达国家的市场经济没有什么差别,到那个时候我们的《合同法》照样能够管用。但这不是说一点也不要修改,或者说不必制定一些新的单行法、某种合同专门制定规则,而是说合同法的基本精神、基本制度、基本规则到那个时候能够管用,能够符合社会生活的要求。这一点在《合同法》制定过程中也有争论,有一种倾向认为我们应该着重考虑目前转轨时期的一些特点。在讨论立法方案时,针对这个问题,大家进行了认真讨论和研究,最后认为,我们确实要面向21世纪,但同时也要兼顾转轨时期的一些特殊问题。

转轨时期有哪些特殊问题呢?由于我们的社会生活中行政干预还

非常严重,侵害当事人利益的行为十分多,还有转轨时期的经济生活有很多混乱,什么"三角债"、赖账、工程建设中收回扣、送红包,造成建设工程质量低劣,造成桥倒屋塌,造成严重的人身、财产损害。对这些严重问题我们在制定《合同法》时不能够置之不顾,一定要有充分的注意,要制定出相当的对策。

这是第三个指导思想,即面向21世纪和怎样兼顾转轨时期的一些特殊问题。还提出一点:对转轨时期的那些落后现象我们不能迁就,比如说红包、回扣在转轨时期非常普遍,但我们不能通过立法把它合法化。

(四)《合同法》的价值取向应该是经济效率和社会正义

法律的价值取向就是法律追求的目标。我们的《合同法》应当既追求经济效率,又追求社会正义。所谓经济效率,拿我们习惯的话说就是有利于生产力的发展和提高,有利于企业的发展,有利于企业的赚钱。所谓社会正义,是在整个社会不同的阶层、人群之间要大体上做到平衡,在一个合同关系当中当事人之间的利害关系要大体平衡。

法律是调整整个社会的,整个社会要有一个基本上的利益平衡。有些人群比如说消费者、劳动者,他们是分散的、弱小的,他们没有办法和企业家、大企业、大公司相抗衡。在这种情况下,我们如果只讲形式上的正义,我们说合同自由吧,你们只要自由协商签订的合同就有效,就予以保护,这里的合同自由就仅仅是形式上的自由。实际上,消费者、劳动者怎么能够对抗大企业?试想一个山区来的孩子进到城里来打工,当他身无分文,吃了上顿没有下顿的时候,他看见了一个招工的广告,他赶紧去求职。这时,他怎么敢和企业主讨价还价,怎么敢去争取自己的什么权利、法律上规定的什么卫生条件、安全条件、文明生产的劳动条件、最低工资条件等?也就是说,他们实际上是弱小的,无法和企业抗衡。这时,法律要起什么作用呢?法律就要支持这些弱小的消费者、劳动者,法律这时不能仅满足于形式上的自由、正义,还要追求实质上的正义。所谓实质上的正义,就是等合同的双方当事人实质上处于不平等状态时,比如当一方是企业而另一方是劳动者的时候,法律规则首先要考虑保护劳动者、消费者,不能够采取不偏不倚的态度。

整个立法过程中对这一点是非常重视的,我们不是片面地追求经济效率。如果是片面追求经济效率,凡是有利于提高生产力、有利于经济发展、有利于企业赚钱的,就合法、就保护、就鼓励、就支持的话,那么假冒伪劣也是可以发展生产的。众所周知,有些地方的快速度发展最初就是靠假冒伪劣,有些人的暴发以至于后来成为大企业家,也是靠搞假冒伪劣商品或服务。难道我们的法律上也要承认假冒伪劣、坑蒙拐骗吗?不行。我们不能丢掉社会的正义,社会的正义与公平是法律追求的一个非常重要的目标,没有社会正义、公平,就不叫法律,就变成了纯粹的技术规则。

任何国家的法律都牢牢抓住社会正义,我们这样的国家更不用说。我们现在正在建设和发展的是社会主义的市场经济,所谓社会主义体现在哪里呢?就体现在我们的法律更加注重社会正义,更加保护劳动者、保护弱者,因此在这个指导思想上提出兼顾经济效率和社会正义。如果当经济效率和社会正义发生冲突,难以兼顾时,哪一个优先呢?当然是社会正义优先。贯彻这个指导思想就要求在拟定法律规则时既要注重有利于提高效率,促进生产力的发展,又要注重维护社会公共利益,保护消费者、劳动者,维护市场道德秩序,决不允许靠损害国家、社会公共利益,损害消费者、劳动者的合法权益发财致富。

(五)《合同法》要具有可操作性

我们的教科书都说,法律就是行为规则。《合同法》首先是当事人签订合同、履行合同的行为规则。但更重要的一点是,法律是裁判规则,亦即法官裁判合同案件时的裁判规则。这就要求这个裁判规则要有可操作性,要求每一个规则、每一个条文要尽可能地有具体的构成要件、法律效果、适用范围,这样法官在裁判时才能有所遵循,最终能够保障不同的地区、不同的法院裁判同样的案件能够得到同样的判决结果,维护裁判的统一性和公正性。

现行的三个合同法可操作性不是很强。有些条文看起来不错,真的要用来裁判案件的时候法官会感到模棱两可,没有具体的可操作性,好些条文像口号一样。我们现在要解决这个问题。这一点非常重要，且不说有什么地方保护主义、行政干预的影响，就是一个完全公正、正直的法官裁判案件，如果法律不具有可操作性，也会造成很大的差异，不能保证裁判的统一性和公正性。

二、《合同法》的成功

《合同法》可以说取得了巨大的成功，主要表现在如下几方面。

（一）《合同法》反映了建立全国统一大市场的要求，实现了交易规则的统一和完善

我们搞社会主义市场经济，要把整个国家建成一个统一的大市场，在这个大市场上当事人签订合同，如果是同类的合同，不管你在什么地方签订、履行，规则应该是一样的；如果同样一个合同发生纠纷，不管在什么地方什么法院起诉，哪个法官裁判，裁判结果也应该是一样的。这就要求交易规则（《合同法》就是交易规则）必须是统一的，只有这样才能做到裁判的公正和统一，才能促进市场经济的正常发展。

原来的三个合同法（意味着三个交易规则）是不统一的，其不统一体现在如下几方面：

（1）三个合同法调整的社会关系不一样。《经济合同法》是规定国内的合同，还不是国内全部的合同，是国内所谓的经济合同。所谓经济合同，是法人、其他经济组织、个体工商户、农村承包经营户相互之间的合同；《技术合同法》是专门规定国内的技术合同，是以技术关系，诸如技术开发、技术转让等这类特殊的合同关系为规范对象的；《涉外经济合同法》规定涉外经济合同关系。

（2）法律主体不统一。《经济合同法》中的合同主体只限于法人、其他经济组织、农村承包经营户和个体工商户，不包括自然人；《技术合同法》的合同主体既包括法人也包括自然人；《涉外经济合同法》的合同主体包括中国的企业和其他经济组织与外国的企业、其他经济组织和外国的个人，在这部合同法中，外国的个人是可以的，中国的个人不可以，并且《涉外经济合同法》中的主体叫企业，不叫法人。

(3)违约责任的归责原则不统一。《经济合同法》规定的是过错责任,因过错违反合同或者不履行合同,或者履行合同不符合条件的,应当承担违约责任,强调的是过错。《技术合同法》和《涉外经济合同法》关于违约责任的规定,法律条文说不履行合同或者履行合同不符合约定的条件,应当承担违约责任,根本不提过错的问题,也就是无过错责任。

(4)合同法的基本原则表述上不一致。《经济合同法》将基本原则表述为平等互利、协商一致;《技术合同法》则表述为自愿平等、互利有偿和诚实信用。

(5)合同形式不一致。《经济合同法》承认口头合同,即时清结的合同可以采取口头形式,不是即时清结的采取书面形式;而《技术合同法》和《涉外经济合同法》要求必须采用书面形式。

(6)结构风格不一致。《经济合同法》是总则加分则,规定了十种典型合同;《技术合同法》也是总则加分则,规定了合同分则;《涉外经济合同法》全是总则,根本没有规定分则。所以说《经济合同法》和《技术合同法》是大陆法的风格,跟德国、日本、法国一样,而《涉外经济合同法》是英美法的风格,和英国、美国一样。

三部合同法除在上述方面不一致外,还有一些缺漏,现实生活中发生的很多合同关系三部合同法都未作规定。

比如说,在市场经济条件下有一类合同关系叫作中介,就是自己不进行商品交换、买卖,是替人家做,即在合同的双方当事人之间活动,如中介公司、代理公司、经纪公司、服务公司、咨询公司,等等。这些公司不是生产者,也不是经销者,既不是出卖人也不是购买人,而是在当事人中间进行斡旋。在我们的现实社会生活中因中介关系所产生的问题非常多,中介关系是发达的市场经济条件下很重要的一类关系,在我们的法律中完全没有规定。

再如,在20世纪80年代我们引进了融资租赁合同,这是一种新的合同形式,三方当事人、两个合同,这种合同对企业的更新改造,技术升级换代、引进资金及技术等方面都发挥了很大的作用。但是在很长时间里我们对这一种合同纠纷案件的裁判没有规则,用《经济合同法》的财产合同的规则去裁判,最后招致了不正确的裁判结果,影响了融资租赁这种形式的发展。到了前两年最高人民法院才颁布了一个关于审理融资租赁案件的一个解释性文件,以司法解释的形式为我们提出了一些裁判的规则。如此重要的合同关系,居然法律没有规定。

法律未作规定的合同还有储蓄合同、结算合同等。现在人们都有了一点钱,不是去炒股票,而是存在银行里。这种储蓄关系无论对银行来讲还是对储户来讲都非常重要,自然需要法律规则。另外,因为企业与银行的储蓄关系,企业对外的买卖及其他交易都通过银行来进行结算,而基于这种结算关系经常发生纠纷,事实上各个法院的民庭、经济庭裁判的银行和企业之间、银行和储户之间的纠纷非常多,但是缺少法律规则。

诸如这些重要的社会关系没有法律规则来调整,这就给我们的裁判造成困难,其结果是给我们经济秩序的维持造成困难。从这个意义上讲,我们的交易规则不统一、不完善,是我们所面临的最重大的问题,通过《合同法》基本解决了。

《合同法》规定了15种合同,虽然合同种类还不多,还有很多重要的合同关系没有规定,但是总则部分相当完善,把一个合同从订立、生效、履行、变更、解除、转让,一直到发生纠纷、违约责任都规定得非常详细,即使某一类合同在法律上毫无规则规定,法院也可以裁判。《合同法》第八章专门规定了这样一个条文(第124条),如果本法的分则和其他法律没有规定的合同,应该适用本法总则的规定,除总则的规定以外,还可以适用分则和其他法律当中最相类似的规定。前一段是说这些《合同法》分则上没有规定的合同,我们适用总则去裁判它、规范它;后一段是说如果分则和其他法律当中有某个规则和这个案件是类似的,我们可以用那个规则去裁判,这叫作类推适用,法律明文规定法官可以采取类推适用来解决法律没有规定的合同纠纷。

举个例子来说,现在旅游合同很重要,旅游业属于第三产业、无烟工业,在我们的经济生活中,国民生产总值中占的比重越来越大,有些省、市旅游业是其最重要的收入来源。对旅游合同本法没有专门规定，如何适用法律呢？首先适用《合同法》总则的规定，合同的成立、生效、变更、履行、违约责任等，都有章可循。旅游合同涉及的内容比较多，包括把游客运送到指定的地点，向游客提供饮食住宿、导游等各方面的服务。假设纠纷是发生在游客和旅游公司之间关于运输的问题，比如说原来约定是软卧，最后旅游公司出于某种原因，给了游客硬卧、硬座，游客不满意，认为不符合合同，起诉到法院，关于旅游合同中的运输问题没有具体的规则，但是法律上关于旅客运输合同有法律规则，和本案当中游客与旅游公司关于运输方式的纠纷案件是类似的。旅游公司当然不是承运人，它负责组织安排交通工具，在特殊的情况下，变更交通工具是否要征得游客的同意，需不需要给予补偿，游客是否可以解除合同，是否可以要求补偿，所有这些问题，虽然没有专门的旅游合同进行规定，但我们就适用旅客运输合同规则，这就叫作类推适用。

因此我们可以说，社会生活中虽然合同种类很多，在《合同法》上没有具体的分则规定，但我们有强行的总则加上法官可以采取类推适用的方法，这就使得社会生活中各种合同关系，都被纳入《合同法》的规范范围，都可以调整。无论发生了什么样的合同案件，法官都可以根据《合同法》作出裁判，都有裁判依据。这是第一个成功，实现了交易规则的统一和完善。

(二)《合同法》剔除了反映计划经济体制的内容，尽可能符合市场经济的本质

原来的合同法将合同称为"经济合同"，这个概念本身就是计划经济体制的反映。经济合同的概念是20世纪40年代的苏联法学家在斯大林计划经济体制的基础上提出的。所谓经济合同，我们原来的教科书上说有两个特征：一个是主体的特殊性，它的主体都是社会主义组织，不包括私有企业、公民个人；一个是计划性，经济合同是严格按照指令性计划签订的，实质上是指令性计划关系加上了一个合同的外表罢了。这两大特征恰好是计划经济体制，单一的公有制，单一的、严格的指令性计划制度的反映。

在改革开放初期,我们制定《经济合同法》《涉外经济合同法》时使用"经济合同"这个概念可以理解,因为当时计划经济体制基本上还原封未动。但进入 20 世纪 90 年代,当我们的市场经济已经相当发达的时候,这样的概念就不能够和社会生活相符合。在 1998 年 7 月民法起草工作小组讨论《合同法(草案)》的会议上,据介绍,1997 年全国的商品当中按照指令性计划管理的是 11 种,到了 1998 年是 10 种以下。试想我们社会生活中的产品、商品何止千万种,其中只有不到 10 种是指令性计划管理的,还能讲什么计划性呢?还有市场主体,国有企业、中外合资企业、合作企业、外资企业、私营企业、个体企业、个体工商户,即使是国家机关的干部、学校的教员下了班后还可以去炒股票,炒股票也是在订合同,合同主体已经多元化了。《宪法修正案》说我们是多种所有制结构并存,在这种情况下如果还使用经济合同的概念,强调主体的特殊性,强调主体都必须是社会主义组织,已经不符合社会实际生活了。

关于前面提到的合同管理制度,在《经济合同法》和《技术合同法》中体现得非常突出,在《涉外经济合同法》就体现得少一点。1981 年《经济合同法》规定的合同管理机关是国家工商行政管理机关,合同管理机关有广泛的权限,具有各种管理手段,如监督、检查、鉴证、调解、仲裁等,最厉害的一个就是有权主动确认合同无效。法院在审理合同纠纷案件时在两种情况下可以确认合同无效:一种是当事人主动提出无效,法院进行审查,审查后如果确实为无效合同便确认无效;另一种是法院发现合同违反法律强制性规定时,也可以主动确认合同无效。这就是说,法院确认合同无效尚有一定限制,但我们的合同管理机关工商行政管理机关在确认合同无效问题上却毫无限制,这样的制度当然是典型的计划经济的产物,与现在的市场经济截然矛盾。因此在修改《经济合同法》时就提出来要删除这些制度,在《合同法》的制定过程中一直有争论。工商行政管理机关从一开始就强烈要求,要恢复合同管理一章,规定合同管理的机关,规定各种合同管理的手段,规定强制措施,如罚款、没收财产等行政制裁措施。它们的主要理由如下:(1)我们是社会主义市场经济,不能够像资本主义市场经济那样搞合同自由;(2)自改革开放以来国有资产流失很严重,流失的主要途径就有国有企业上当受骗、国有企业的经办人和对方恶意串通等;(3)自改革开放以来社会秩序混乱,利用合同的违法行为多发,合同的履约率很低;(4)单靠诉讼和仲裁不可能充分保护合同当事人的利益,诉讼是当事人发生纠纷到法院起诉,法院才能管辖,法院不能主动到企业行使管辖权,仲裁更不用说,而行政监管的手段是主动的,只有主动去管理合同,才能更好地保护当事人的合法权益,弥补诉讼和仲裁的不足。

基于上述理由,在1997年6月的专家讨论会上,它们提出这样的方案,即恢复合同管理一章,明确管理机关的职责和管理的手段,等等。这个方案自然遭到了法官、学者的反对。但是对它们提出的理由,冷静思考一下也不是一点道理也没有。如何处理这个关系,当时提出了若干折中方案,最后采纳了我提出的方案:利用合同的违法行为,由工商行政管理机关依法查处;构成犯罪的由人民法院依法追究刑事责任。后来将这个方案规定在了附则相关的条款中。到了1998年8月提交人大常委会审议的时候又在前面增加了一条,表述为"工商行政管理机关和其他主管机关依照法律和行政法规规定的职权负责对合同进行监督"。增加了监督这一条就厉害了,虽然在胡康生同志就人大常委会审议的说明中,一再强调这种监督是事后的监督,但条文上没有显示是事后的监督,这个监督条文一旦最后被通过的话,对当事人合同自由的限制是非常严重的。因此在1999年1月的讨论会上,学者和法官一致认为这条不行,赋予合同管理机关如此广泛的监督权力,合同管理机关可以随便深入到企业,进行调卷、检查、制裁、罚款,严重违背了市场经济的要求。尽管遭到这样的反对,在1999年1月的讨论会上立法机关并没有改变态度。这样一来,《合同法(草案)》中关于合同管理机关制裁违法行为和对合同实行监督的两个条文,一直保留到人大会正式讨论的法律案中。到了全会讨论最后通过之前,由于与会代表们将讨论的焦点集中在情事变更原则上,认为情事变更原则不删掉,这个法律肯定通不过,在这种情况下,不得已删掉了情事变更原则。正当人们都在注意"情事变更原则"的废存时,具体操作的同志采纳了王家福教授的意见(学者的意见),把合同管理机关对合同管理和监督的条文进行了合并删改并将"监督"两个字移到了对违法行为进行"处理"的前面,变成了现在的第 127 条:"工商行政管理部门和其他有关行政主管部门在各自的职权范围内,依照法律、行政法规的规定,对利用合同危害国家利益、社会公共利益的违法行为,负责监督处理;构成犯罪的,依法追究刑事责任。""监督"两个字摆在这里就不至于造成危害,对违法行为进行监督当然是合理的,这样的改变就使我们的法律彻底地摆脱了计划经济体制的干预,使《合同法》符合了市场经济的要求,在基本精神、基本原则上充分体现了合同自由,保护当事人的合法权益。

在剔除计划经济色彩、排斥行政干预的道路上,还有一个障碍是对技术合同的处理。国家科委从立法开始就一直反对把《技术合同法》纳入统一合同法中,在 1997 年 6 月的专家讨论会上提出了如下理由:(1)技术合同是我国成功的经验,符合科教兴国战略思想;(2)技术合同具有自己的特殊性,建议《合同法》总则部分适用于技术合同,《技术合同法》仍然保留;(3)最本质的理由是,《技术合同法》颁布后,我们从上到下建立了技术管理队伍、技术管理机构,省、自治区、直辖市一级都有技术管理机构、技术管理队伍,地区一级 75% 建立了技术管理队伍,县一级是 50%,假设《技术合同法》没有了,技术管理队伍到哪里去?

当然我们不是说如此多的合同,一点管理的必要也没有,只是说不能像原来那样广泛地管理,因为这种管理方式完全不符合市场经济的要求。结果到第四次审议稿的时候,当它们得知三法合一不能动摇后,又换了一个说法,说我们这个《合同法》最好只要总则,不要分则,因为分则太复杂,也不能起多大作用。这样就可以将《技术合同法》保留下来。这些方案最终都没有能够实现。介绍这些立法背景旨在说明立法过程中,学者、法官和立法机关是要力图贯彻立法目的,剔除反映计划经济的那些东西,使法律和现在的市场经济吻合,符合现代市场经济的共同规则。在这一点上,可以说《合同法》取得了极大的成功,过去没有哪一部法律在这个问题上是如此的彻底。

(三)《合同法》实现了现代化

我们原来的三个合同法是改革开放初期制定的。改革开放一开始的时候,教育刚恢复,理论研究还谈不到,更不用说20世纪80年代前半期民法学界和经济法学界还在进行抢地盘般的大规模论战,没有条件也没有下工夫来研究民法理论本身的发展。再说我们刚刚打开国门,对发达国家和地区的合同法的发展不掌握,因此三个合同法不仅在反映计划经济内容方面显得比较落后,而且在法律理论、法律思想、法律制度上都比较陈旧。比如说讲平等、公平也仅仅停留在形式上,我们当时的法律没有体现保护消费者、劳动者以及其他经济上的弱者的制度以捍卫实质正义,我们没有应付因现代社会生活急剧变化而产生的各种问题的对策。原来的三个合同法可以说是极不完善、残缺不全的。当然三个合同法发挥了很大作用,我们是在承认其发挥很大作用的前提下指出其不足。

与此同时我们看到,自21世纪以来,特别是自第二次世界大战以来,发达国家和地区的合同法理论有非常大的发展。这些发展表现在精神实质上,更加强调实质正义、保护消费者和劳动者等经济上处于弱势的人们的权益。法官在裁判过程中弹性更大,他首先对当事人之间的利害关系进行权衡,看合同双方的经济状况、合同订立的背景、社会环境,尽量谋求一个利害关系上公平的判决,最后作出的判决应当是公平的、合理的、适当的。不像过去,过去的法官说句形象的话,像盲人一样,他看不到也不允许他看当事人的具体情况,在法官眼里只有原告、被告两个符号。如果原告是自然人,是什么样的自然人?男的、女的、老的、少的、穷的、富的,他视而不见,他不必管也不应该管。如果是企业的话,是大企业、小企业,也不能管。法官只面对原告、被告两个符号,按照合同的条文、法律的条文进行裁判,以一定的逻辑推理进行裁判。有的西方国家的法院门口都树一尊法律女神,远远望去,女神手托天平、尊严威仪,近处细看,女神的眼睛是蒙起来的。这就代表了过去的法律思想,法官裁判案件的时候只看法律和案件事实,而不能看当事人的具体情况,更不用说社会环境、经济、政治,等等。这种情况下强调的是形式上的公平、形式上的平等、形式上的正义。

自21世纪以来,整个民法思想、合同法思想都发生了变化,对于实质的正义、实质的公平更为关注。法官裁判案件时,首先要考虑消费者、劳动者,由于他们处于经济上的弱势地位,在法律规则上就要给予他们特殊的照顾、特殊的保护。在裁判案件的时候,法官的灵活性要大一点,不再是机械地抠条文,而要看双方的利害关系、具体环境,最后达到公正合理的裁判结果。法律上也规定了很多弹性条款,给予裁判上很多灵活的方法。我们的《合同法》是在20世纪末制定的,必须在具体的制度体现这些先进的法律思想,以实现法律的现代化。

这部法律中创设了许多新的制度,这里选择几个重要的做一介绍。

1. 合同义务的扩张

《合同法》第42条规定了前合同义务;第60条规定了附随义务;第92条规定了后合同义务。这三个条文,是战后合同法上最新的发展,反映的是理论上所说的合同义务的扩张。合同义务向前面扩张了,合同没有成立就有义务,即前合同义务;向后扩张了,合同关系已经消灭还有义务,即后合同义务;在合同关系存续期间还有当事人没有约定的义务,即附随义务。之所以要创设这样的义务,主要是为了处理社会生活当中某一类损害赔偿的案件。按照传统的合同法,合同没有成立就没有义务,合同已经消灭也不再存在义务,在合同关系存续期间,除当事人约定的合同义务外,就没有其他义务,没有义务也就没有责任,那么在合同的订立过程中或者合同消灭后或者合同关系存续期间造成的损害应该由谁来赔偿呢?应该按照什么规则去解决呢?既然合同没有成立或者已经消灭或者是合同约定以外的行为引致的损失,就不应当按照合同法解决,而应当按照侵权法去解决。但是到侵权法中去寻求解决问题的办法,首先就会遇到侵权责任的成立要件。一般的侵权责任是过错责任,要求侵权人主观上有过错,同时要求受害人证明对方有过错,这是十分困难的。再加上损害赔偿的范围、计算等方面有各种各样的差异,用侵权法去保护受害人不如用合同法去保护来得有利。因此发达国家的法院就变更了原来的制度,在合同法中发明前合同义务、后合同义务和附随义务,违反这些义务,按照合同法的规定即应承担赔偿责任,因此产生了缔约过失责任制度。这样就把本来按照过去的法律和理论,应该由侵权法解决的这些损害赔偿问题纳入了合同法,更加方便了受害人,对受害人的保护更加完善。这是一个非常重大的发展。

2. 对格式合同的规制

对格式合同的规制,《合同法》规定了好几个条文,这种合同的特征是处于垄断地位的一方当事人事先决定了合同的内容,在订立合同时,对方(经常是消费者)不能跟他讨价还价改变合同的内容。比如说,买飞机票、发电报、手机入网等,都不允许当事人自由约定。这种合同的特点就是排斥对方的合同自由,是单方面决定的。既然它是企业单方面决定的,在决定这些问题时企业当然要从自己的利益考虑,必然要损害对方(消费者)的利益。举一个例子来说,火车票退票费原来是5%,现在是50%,理由是倒票的票贩子太厉害,我们增加退票费到50%的话,票贩子拿着一大堆票如果倒不出去就遭受巨大的损失,这样来抑制他,使他不能倒票。这样想不是没有一点道理,但广大消费者也因此而受损。买一张软卧火车票,动辄五六百、七八百甚至上千元,最后由于种种原因不能乘坐了,退票时一下就扣除价格一半的费用。这个格式合同规定的50%的退票费将消费者的经济利益和票贩子的"利益"一起打击了。普通消费者的钱是凭血汗挣来的,铁路部门制定这类格式合同时问过消费者没有呢?这就是格式合同隐含着的对消费者利益的损害。另外,电信部门规定的装机费、上网费等,都属于格式合同,其中也包含着损害消费者利益的内容。在这种情况下,我们能不能说签订的合同是自愿的,谁强迫你买飞机票、火车票、上网?难道没有强迫的话就一定是平等的吗?

针对这种形式上自由,但实质上不平等的格式合同,我们一定要有特殊的制度对之进行规制,以防止其对广大的消费者造成损害。这种制度规定在《合同法》关于合同的成立这一章中,从第39条到第41条。这些条文对格式合同的规制是根据我们现实的国情广泛参考了发达国家和地区立法经验，认真地进行斟酌审查，然后加以归纳制定出来的各种管制手段。包括如下内容：(1)规定格式条款的使用人在决定合同内容的时候应该遵循诚实信用、公平的原则。违反了公平，就构成了显失公平，对方当事人可以要求变更、撤销。(2)规定了格式条款使用人的提示义务。即对格式合同中的免责条款、加重对方义务的条款，使用人必须提示对方，否则，该条款不发生效力。前几年有这样一个案件，某杂志上登了一则广告，说是提供交友热线，只要拨通这个电话，就有一个远方的朋友和你谈天。有一个女中学生无聊，看见广告后就拨通了这个电话，电话中果然有一个人和她亲切地聊天，聊了很长时间。最后父亲去交电话费时，发现需要交好几千元。究其原因，才知道交友热线的广告上在很不显眼的地方，用很小很小的字（一般的老视眼不见得看得见的字）写着"按照国际长途计费"。这就是典型的格式合同中加重对方义务的条款，这样重要的条款应该以大号字体写在格式合同显眼的地方。这里的提示倒不是说每一次都要口头告诉，至少要让人一望而知。如果对方不清楚格式条款的使用还要加以说明。如果没有履行提示的义务，或者对方请求说明而没有说明的话，这样的条款无效。比如刚才说"按照国际长途计费"，应当认为格式条款的使用人违反了提示义务，法院应该判决不按国际长途计费，应按国内长途，甚至是北京市电话费计费，谁知道那个朋友在什么地方？没准就在你的隔壁。(3)直接规定某些条款无效，特别是《合同法》第53条规定的免除人身伤害责任的条款无效，免除故意或者重大过失财产损害责任的条款无效。免除人身伤害责任的条款无效这一规制手段源自天津某法院1989年裁判"工伤概不负责"的那个案件。该案被登在《最高人民法院公报》上，基本案情是，一个工人在施工当中受伤、住院、最后死亡，死者家属向老板要丧葬费、住院费、治疗费以及赔偿金，老板不给，因为合同上有"工伤概不负责"这样的条款。法院在处理这个案件时，对该条款的效力进行了讨论，这个条款究竟有效无效呢？法律没有规定。我们的法律说，合同的内容违反法律的无效，但没有哪个法律说"工伤概不负责"这样的条款违反法律。最后最高人民法院经过解释，法院作出判决,认为这个条款违反了《宪法》。根据《宪法》第 41 条的规定,劳动者有受劳动保护的权利,雇主预先用"工伤概不负责"这种条款剥夺了劳动者受劳动保护的权利,因此构成违法,故而无效。这个裁判有极大的创造性,因此在制定《合同法》时把这个裁判结果(实际上是裁判中创设的规则)概括写在法律草案上,规定为"免除人身伤害责任的条款无效"。现在经过斟酌改成免除对他人造成损害的条款无效。这就是法律直接规定某些条款无效。(4)最后还有一个管制的办法,就是对格式合同某个条款的理解有争议时的处理。原告说是这个含义,被告说是那个含义,最后法官怎么解释呢?我就采纳不利于格式条款使用人的那样一个含义为标准裁判案件。为什么呢?就是格式合同是单方面制定的,格式合同的使用人已经充分考虑到了自己的利益,在这种情况下含义还不清楚,发生两种解释,当然要本着对使用者不利的含义进行裁判,以维护对方(消费者)的权益。这个规则完全体现《合同法》对消费者、劳动者以及经济上的其他弱者的特殊保护,也体现《合同法》对企业的合同自由进行的某种限制,实质上是限制它们滥用合同自由,以维护实质上的正义和公平。

3. 无过错责任的归责原则

《合同法》将违约责任由《经济合同法》中的过错责任改为无过错责任(严格责任),这是一个重大的变革。过去《经济合同法》将违约责任的归责原则定为过错责任原则,虽然《涉外经济合同法》规定了无过错责任,但是国内的法院在审理违约纠纷时大都奉行过错责任。实际上法官裁判案件时并不要求原告证明被告有过错,而是反过来,如果违约方证明自己没有过错,就给你免责。因此,司法实践中奉行的是过错责任中的过错推定。在最初起草的《合同法(草案)》上规定的是过错推定,修改中进一步改为严格责任,把过错要件彻底砍掉了。

之所以规定无过错责任,主要是考虑到裁判的实际。法官裁判案件的时候,违约责任的几个构成要件中,如违约行为、损害、行为和损害之间的因果关系,都是客观方面的,容易举证,法官容易判断。唯独这个过错是主观方面,难以举证,难以判断。因为有了过错,当事人违约以后不是首先想到承担责任,而是千方百计找理由证明自己没有过错,这样不利于及时解决纠纷,有时候也不利于保护非违约方的利益。现在参考了国际的发展趋势,参考了《联合国国际销售合同公约》的经验,参考了《国际商事合同通则》的经验,将违约责任的归责原则一下子改为严格责任。这个变化是符合《合同法》发展潮流的,但是我们《合同法》迈出的这一步在大陆法系国家的国内法上开了先河。现在法国、德国、日本、瑞士民法典中关于违约责任都还是过错责任,实际上是过错推定。迈出这一步,意义是非常重大的。

（四）合同法的创造性

有的同志说《合同法》总是在照搬别人的,没有创造性。实际上,对其他国家和地区先进的制度,我们是科学地参考借鉴,并不是完全照搬。我们不仅学习别人新的制度,对于传统法律上就有的东西,凡是适合我们实际情况的,我们也采纳,比如代位权制度、撤销权制度、表见代理制度等。除参考借鉴其他国家和地区的制度外,我们也有创制,比如法定代表人越权行为的效力认定,就是我们自己发明创造出来的。

这个制度针对的是我们企业法人超越经营范围所为的行为,实践中如何认定该行为的效力问题。对于法定代表人超越经营范围的合同,在20世纪80年代,各级法院都判决无效,到了20世纪90年代以后法院内部发生意见分歧,部分法官认为不能一律无效,有些情况下应该认为其有效,不然不利于保护相对方当事人,不利于经济秩序的稳定。这个问题,在大陆法系国家是共通的,即越权行为不当然无效。特别表现在这样一类案件中,比如说在钢材市场紧俏时大家都去倒钢材,签订钢材合同。进口钢材合同多了,钢材的市场价格就直线往下掉,这时企业手里的钢材卖不出去,原来估计钢材到手自己可以转卖牟利,现在一下子砸在手里卖不出去,占压资金,这个损失不得了。于是企业想了一个办法,即到法院起诉,理由是购买钢材的合同无效。为什么无效?因为违反法律。违反哪一个法律?违反法律关系上的权利能力。《民法通则》说当事人要有权利能力,一个法人超越经营范围不就是没有权利能力吗?既然没有权利能力,所签订的合同自然就无效了。基于此而要求确认合同无效。但是究竟谁违反了法律？谁超越了经营范围呢？不是对方超越经营范围，是买钢材者自己超越经营范围。以自己超越经营范围要求法院确认合同无效的，很长一段时间法院一般满足了其要求。最后其达到了什么目的呢？把自己预测市场失误的风险转嫁给了对方。签订合同时其以为钢材市场会不断地上涨，只要到手就可以转让牟利，这是其预测失误。预测失误的风险按诚实商人的标准当然要由自己承担，决不能转嫁给别人，这是诚实信用原则的要求。这样的案件在英国、美国的法律体制当中是不能够得逞的。英美法上专门有一个规则，我们的一些著作称之为"禁反言"，是说合同当事人在签订合同、履行合同一直到诉讼当中，所作的任何陈述即使是假的，即使是不真实的，自己也不能根据不真实的陈述来要求否定合同的效力，来认定合同无效。这样一个禁反言的规则，很好地解决了问题。

我们在设计《合同法》时在法定代表人越权问题上，注重企业法人，企业法人的权限就是章程和法人执照当中的经营范围。由于考虑到法人不限于企业，还有其他法人，比如社会团体法人等，所以《合同法》没有规定为超越经营范围，而是笼统地规定为超越权限。超越权限的行为是否有效呢？就要看对方是不是知道法人的目的范围。如果对方明知，法律就不予保护，让超越目的范围的行为无效；如果对方不知道或者根本不应当知道法人的目的范围或者误以为在目的范围内而签订了合同，这个合同一定要有效。只有让合同有效，才能有效地保护善意的对方当事人。这个制度是我们自己的法律发明出来的，很有创造性的。

同样具有创造性的是前面说到的后合同义务，即合同消灭以后的义务，在其他国家至今还只是法院在裁判中所创设的规则，立法上还没有哪一个法典直接规定。我们首先将其直接规定为法律上的规则。还有一些有创造性的制度，这里不详细说了。

说到创造性，可以说这部《合同法》是针对我们的现实，吸收各主要国家和地区的经验，有目的的参考借鉴（不是盲目地照搬）和创造发明。关于这一点，从第一稿草案的草拟到历次草案的修改讨论过程都可以体现出来。如前所说,这部法律首先是由 8 位专家(2 位法官、6 位教授)制定立法方案,然后由 12 个单位(11 所大学的法律学系、1 个法学研究所)的专家、学者根据这个立法方案,起草第一个草案。这个草案在 1995 年 4 月的一个讨论会上既受到了高度赞赏,也受到了尖锐批评。学者、法官方面是一片叫好声,给予了高度的评价;但是立法机关的某些同志却给予了非常尖锐的批评。主要批评意见是,起草人不顾中国大陆的实际情况,对我们自己的经验不作研究,不作总结,盲目地抄外国,抄我国台湾地区的。面对这些批评意见,我进行了针锋相对地答辩。我说起草人对我们的经验进行了深入的斟酌研究,参考其他国家和地区的立法经验,是因为它是共同规则。不要简单地看这个条文好像是从台湾地区的"法律"上抄下来的,那个规则是从日本的法律上搬下来的,而需要看这些规则是日本、德国甚至还有英国、美国等国和我国台湾地区都有的规则。既然是共通的,我们怎么不能用呢?

经过长期的讨论、沟通、解释,立法部门的许多同志后来也改变了态度。1996 年 5 月底召开的第三个草案的讨论会上,邀请了年轻的法官、教授们参加。会议召开之前,立法部门通知每一个参加会议的人,说这个会上要充分尊重专家的意见,第一个草案(学者的草案)当中凡是正确的东西要尽可能地采纳。到后来也逐步承认学者起草的第一个草案起了非常大的作用,积累了好的经验,并认为以后起草物权法时也委托学者起草第一稿,等等。这说明我们起草的草案不是一点创造性没有,相反创造性是很大的。

当然还有一种意见很极端地认为,只有专家起草的第一个草案是完美无缺的。这种评价也不客观。学者起草的草案有它的优点,理论比较宽,很多教授懂外语,对其他国家和地区新的东西都看得到、吃得透。但也有缺点,比如对现实生活中好多具体的合同拿不准,所以起草的分则部分与总则比起来就差得多。

(五) 对转轨时期的特殊问题设计了对策

《合同法》不仅体现了面向 21 世纪的合同法律制度对社会经济生活的预见性和前瞻性,同时也充分考虑到我们在向市场经济转轨时期所面临的特殊问题。对于这些特殊问题,分别设计了法律对策,比如对"三角债",我们设计了代位权制度;对赖账,我们设计了撤销权制度等。特别值得一提的是,《合同法》对于建设工程合同中存在的问题进行了特别周全、细致的规定。

建设工程合同中最大的问题就是工程质量,这和一般的合同不一样。一般的合同只损害当事人自己的利益。比如买了一台彩电,因质量不合格,这台彩电在家里爆炸,把房子炸飞了,这只是买受人一家遭殃。但是如果一个大桥,因质量不合格垮塌,50个甚至更多不相干的人就死去了;一个大厦一下子倒塌,所造成的损害将是触目惊心的,不仅会给发包人造成损害,而且会给其他广大人民群众造成损害。这个问题不是现在才发现,前几年设计《合同法》时已经有所预见。面对这种特殊的问题,《合同法》必须采取相对应的策略,而且这个策略还必须是多方面的。

《合同法》对建设工程合同所作的规定,可以概括为如下方面:

(1)规定招标投标的原则(第271条)。招标投标作为建设工程首先面对的程序,是一个操作较为复杂的问题,《合同法》不可能在这里作详细规定,而需要另行制定一个附属的法律专门规定。但《合同法》必须为招标投标设计一个基本准绳,使得招标投标不流于形式。基于《合同法》确立的原则,建立一套与行政管理脱钩的统一的科学的招标投标体制。严格的招标投标不仅可以保障承包人有较高的技术水平,有相应的合理的资质,还能保障造价各方面的优惠。

(2)对发包人和承包人的限制(第272条)。规定发包人不得将一个工程分解和分包;承包人禁止将工程转包或者分包。对发包人来讲,建设工程的质量出问题好像是在损害发包人的利益,其实不然,发包人如果严格按照招标投标的正当程序进行的话就收不到红包和回扣了,因此发包人会想要规避招标投标程序。为了达到规避招标投标的目的,发包人会将工程分解,分解成达不到招标投标标准的许多小工程。所以,法律规定发包人不得将工程分解和分包。对承包人来讲,法律不允许其将承包的全部工程转包,主要是针对现在我们社会中出现一种靠揽工程赚钱的现象。揽工程的人根本不进行施工,甚至他根本没有施工队伍,而是将揽来的工程转手从中渔利。这样的结果,就造成层层转包,一转两转三转直至转到最后的施工人,即使施工队有技术和能力也没有钱,经费被层层卡了,剩下的就不够施工了,施工队只能通过偷工减料以完成工程任务。红包、回扣、层层转包的结果必然是将工程转到了连起码的技术都没有的施工队手中去了。法律必须明确禁止转包。此外,第272条第3款还规定建设工程的主体结构必须由承包人自己完成。

(3) 推行监理制度(第276条)。监理就是技术水平很高的、在施工现场随时监督建设承包工程承包人的施工过程的工程师。监理在施工现场对偷工减料、粗制滥造等行为随时提出纠正,如果施工人不纠正,在工程验收时监理可以不签字,施工队的费用、报酬就得不到或者下一期的工程款就不会再拨给这个施工队。如果严格按照监理制度来对工程进行如此严格的监督,就可以保障有技术的施工队严格按照技术、设计来施工。但如何保障监理能够真正履行监理的职责?这是我们现在面临的一个重要问题。宁波大桥的主桥为什么断裂?不是没有监理,而是因为监理单位和施工单位是兄弟单位,是一个总公司下面的两个公司,兄弟之间怎么监督?监理工程师怎么可能发挥其监督的职能?所以,关于监理这一条有待于我们建立科学的监理制度,不能让有利害关系的单位来当监理人。

(4) 明确承包人的赔偿责任(第282条)。《合同法》第282条讲的是因为承包人的原因致使建设工程在合理的期限内造成人身和财产损害的,承包人应当承担损害赔偿责任。这条是起草人设计的,借鉴了法国的制度。但当时设计时没有现在这么厉害,当时叫作直接请求权。建筑队把房子盖起来,开发商卖给了用户,如果用户在使用期间发生了质量问题,发生了人身、财产伤害,按照原来的制度只能找开发商(出卖人),这就是我们买卖合同上的瑕疵担保责任。我们在开始设计合同法时鉴于建设工程的特殊问题,规定因建设工程质量问题给他人造成人身或财产损害,受害人可以直接找建筑公司、施工队、承包人,这就叫直接请求权。即便中间有很多环节，比如开发商卖给中间商，中间商又卖给了用户，用户又卖给了别的用户，只要是在一定期限（保修期2年）内发生质量问题，最后的使用人也可以直接找施工队、建筑公司来赔偿。这是个创造，很大的创造。但只有这一点还不够，尤其期限较短，比如说保修期2年，这是远远不够的。后来在修改《合同法》的过程中把2年期限删掉了，改成合理使用期限。砖木结构的房屋合理使用期限大概要有50年吧，50年之内凡是发生人身、财产损害，如果最后查明是承包人的原因，是设计、施工的原因，那么相关责任人谁都逃脱不了责任。一个大桥合理使用期限达百八十年，这样如此长的时间当中，也是如此。这样的条文是现在各国法律当中最先进的，弥补了现在我们产品责任制度的不足。《产品质量法》第四章规定的损害赔偿，其中第29条到第34条规定产品责任，认为产品有缺陷造成他人人身财产损害的由生产者承担责任，缺陷是指产品具有对他人人身和财产造成危害的不合理危险。问题是产品责任制度说的是"产品"，什么是"产品"？法律上说是加工制作用于销售的产品。是否包括不动产（比如建筑物）？不清楚。我们的产品责任制度是学了美国、欧共体的制度，欧共体的产品责任制度规定的产品仅指动产，明确不包括不动产。依此解释我们的《产品质量法》也只管动产，建筑物就管不着。直到现在，各地法院受理的因建筑物有质量问题而发生的纠纷中，直接告承包人，由承包人承担责任的判决还没有作出过，基本上都是让开发商承担责任。因此产品责任这样的严格责任（无过错责任）比较优越的适于保护消费者、买受人的制度，却保护不了房屋的买受人。关于不动产怎么办呢？其他国家也没有解决，就用过错责任和买卖合同上的瑕疵担保制度，出了问题只能去找合同的直接当事人即出卖人，一层一层这样进行。而我们的《合同法》第282条规定可以直接找承包人、设计者、施工者，并将发生质量问题的期限定为合理的使用期限，这个条文现在是最先进的，不仅保护买受人，还保护广大人民群众的生命财产的安全。我估计这个条文将对建筑单位、施工单位、设计人造成很大的压力，促使他们精心地设计，严格地施工，将来有希望靠这样的制度在可以预见的时间内基本解决建设工程中的那些重大豆腐渣工程问题、减少因工程质量问题造成的人身伤亡事故。到现在我还没有看到别的国家和地区法律中有类似的规定，这是我们《合同法》一个了不起的创造。

有人说这部《合同法》是亦步亦趋地盲目照搬外国的，但是我们可以举出很多我们自己的创造，值得其他国家和地区学习的东西。

再比如，这部《合同法》在强调社会公正方面也非常突出。前面说到《合同法》的指导思想之一就是兼顾经济效率和社会公正，这个指导思想贯穿于整个法律的起草审议的过程。凡是法律规则涉及的双方都是企业的，签订的合同只要是真实的意思表示，就让它有效；凡是规则涉及一方是消费者、劳动者，就要考虑优先保护消费者、劳动者的利益。具体的例子如前面讲到的对格式合同的规制，分则当中也有体现。加上法律当中很多关于公平、合理、诚信等原则的规定，赋予了法律很强烈的道德色彩。但这并不是说把法律变成道德规则，而是说法律所追求的社会正义、公平合理精神应该在法律中体现出来。因此《合同法》一方面要反映现代市场经济已不是过去落后的市场经济，另一方面也要反映社会主义的市场经济的要求。故而《合同法》对经济效率和社会正义的追求作出了十分妥当的安排。我在日本访问时有一位日本教授曾问我：你们讲的社会主义市场经济与资本主义市场经济的差别究竟在什么地方？你们的特点在什么地方？什么叫社会主义市场经济？按照我的理解，所谓社会主义市场经济最典型的表现是，特别强调、首先强调社会正义和公平合理。

总之，《合同法》充分考虑了我国的实际情况、吸取了我国长期司法和立法实践中的经验、慎重斟酌借鉴了其他国家和地区成熟先进的制度，如果这部法律能够得到正确、充分地实施，那么我们就可以肯定地说，这部《合同法》会产生很可观的效果。

审理合同纠纷案件的若干问题[*]

一、关于"宅基地买卖"案件

所谓"宅基地买卖"案件是指出卖人以违反禁止宅基地买卖的法律法规为由,请求法院确认房屋买卖合同无效。这类案件的实质,是城市郊区附近的农村为规避土地征收制度,以"宅基地"的名义将土地分配给农户建房,并以低于商品房的价格出售给城市工薪阶层。因近几年房地产市场价格猛涨,出卖人反悔,于是以违反禁止宅基地买卖的法律法规为由,诉请法院确认房屋买卖合同无效。开始时,相当数量的法院死守法律规定,支持了出卖人的请求,认定买卖合同无效,判决双方退房、退款。后来许多法官注意到这样判决不公正。因为购房人往往是城市低收入阶层,几年前按照市场价格购买了房屋,已经付款并入住。之前购房时每平方米1000多元,现在房价涨到每平方米3000~4000元,法院判决退房、退款对买受人非常不利,使其无端遭受重大损失。并且这样判决支持了出卖人背信弃义的行为,也与《合同法》诚信原则相违背。于是改变裁判方案,判决认定买卖合同有效。

认定买卖合同有效,有没有理由?当然可以找到理由。一是采取目的性限缩解释方法,法律法规禁止买卖的"宅基地",是指农户现在居住的房屋的宅基地,并不包括以"宅基地"名义分配给农户建房出售的土地。二是通过解释当事人之间的合同性质,此种合同属于"房屋买卖合同",未涉及"土地使用权问题",不是宅基地买卖合同,当然不

---

[*] 本文原载《法律适用》2012年第12期。

违反禁止宅基地买卖的法律法规。于是判决认定这类房屋买卖合同有效,避免产生不公正的结果。退一步说,即使认定合同无效,也还可以通过适用《合同法》关于合同无效的规则,判决由具有过错的出卖人承担买受人遭受的损失,实现个案的公正。因为法院判决确认买卖合同无效,使违背诚信的出卖人获得不当利益,诱使许多出卖人仿效,纷纷向法院起诉,其社会效果当然是不好的。现在法院改变裁判方案,判决驳回出卖人的起诉,维护房屋买卖合同的效力,打消了其他出卖人通过玩弄法律、获得不当利益的侥幸心理,维护了当事人之间的公平正义,维护了法律秩序,得到了好的社会效果。

二、关于第三人承诺或与债权人协议替债务人还债

（一）合同双方约定由第三人履行

《合同法》第65条规定:"当事人约定由第三人向债权人履行债务,第三人不履行债务或者履行债务不符合约定,债务人应当向债权人承担违约责任。"按照该条,双方约定由第三人履行,如第三人实际履行,则债务人免责;第三人不履行,则债务人不免责。例如"赵薇案",电影学院与制片人订立合同,约定赵薇演出。赵薇未去演出,判决电影学院对制片人承担责任。

（二）债务承担:第三人取代原债务人成为新债务人

《合同法》第84条规定:"债务人将合同的义务全部或者部分转移给第三人的,应当经债权人同意。"按照该条,债务承担,须经债权人同意,该第三人代替原债务人成为新债务人,原债务人退出债权债务关系,如果新债务人（第三人）不履行债务,与原债务人无关。例如乙欠甲债务,乙、丙、甲三方达成协议,约定由丙承担乙对甲的全部债务;后丙未履行,甲起诉乙,法院判决驳回甲请求。

（三）债务加入:第三人自愿承诺替代债务人履行债务

第三人自愿承诺替代债务人履行债务,称为债务加入。第三人自愿加入,未经债权人同意,不构成债务承担,具体规定在《合同法》第84条,原债务人的债务并不免除,而由自愿加入的第三人与原债务人,成

为共同连带债务人。该第三人实际履行,原债务人免责;第三人不履行,债务人不免责。债权人有权单独起诉该第三人履行债务,也有权单独起诉原债务人履行债务,还可以将该第三人和原债务人作为共同被告,在起诉该第三人不能得到清偿或者清偿不足之后,还可以再起诉原债务人。因诉讼时效起算时点不同,债权人先起诉该第三人未获得清偿,再起诉原债务人时债务人可能因诉讼时效已过而免责。第三人自愿承诺替代债务人履行债务,如经原债务人委托(同意),其履行债务后当然可以向原债务人追偿;未经原债务人委托(同意),属于无因管理。无论属于何种情形,第三人履行债务之后,均有权向原债务人追偿。[1]

三、关于合同解除

有三种合同解除方式。其一,协议解除合同。《合同法》第 93 条 1 款规定:"当事人协商一致,可以解除合同。"其二,约定解除。《合同法》第 93 条 2 款规定:"当事人可以约定一方解除合同的条件。解除合同的条件成就时,解除权人可以解除合同。"其三,法定解除。《合同法》第 94 条作出了规定。

根据《合同法》第 96 条的规定,当事人一方依照本法第 93 条第 2 款、第 94 条的规定主张解除合同的,应当通知对方。合同自通知到达对方时解除。对方有异议的,可以请求人民法院或者仲裁机构确认解除合同的效力。依此规定,解除权(约定、法定)之行使,采通知(意思通知)方式,不采诉讼方式,通知到达对方时发生合同解除的效力。对方不同意解除,可以向人民法院提起确认之诉(确认解除的效力),法院审查其是否有解除权及行使方式。如果审查结果是肯定的,即判决确认合同自通知到达之时已经解除。反之,则判决认定合同并未解除。依规定通知到达时发生合同解除的效力,但因对方依法提起确认之诉,属于双方对于合同是否解除发生争议,应当认为自法院受理案件之时

---

[1] 具体规定参见《民法通则》第 93 条。

起,至法院作出判决这段期间,合同处于是否解除未定状态。一旦判决确认已解除,其解除溯及于通知到达之时;判决未解除,则自始不发生解除的效力。

关于解除权行使方式,虽然规定为通知方式,但并不是不可以采诉讼方式。未履行,采通知方式有利;已履行须解决返还、赔偿等问题,采诉讼方式有利。解除权人采取起诉方式行使解除权,当然可以,对方收到起诉状副本未表示异议,则法庭应认定起诉状副本送达,发生解除的效力,这种情形法庭仅依据《合同法》第97条就恢复原状及损害赔偿作出判决。对方表示异议的,经审查原告有解除权,则判决解除合同并依《合同法》第97条判决恢复原状及赔偿损失。关于解除权的期限,《合同法》第95条第2款规定无约定期限的,由对方催告后在一个"合理期限"内不行使的,解除权消灭。值得注意的是,《最高人民法院公报》刊登的青民二商终字第562号(2010年)判决确定了权利失效规则。该判决认定,无约定、法定期限,时隔5年之后,使相对人及第三人有正当理由信赖解除权人不再行使解除权的,根据诚信原则,不得再行使解除权。如果有解除权人接受对方继续履行的,当然应视为放弃解除权。关于对方异议的期限,最高人民法院《关于适用〈中华人民共和国合同法〉若干问题的解释(二)》第24条规定:"……当事人没有约定异议期间,在解除合同或者债务抵销通知到达之日起三个月以后才向人民法院起诉的,人民法院不予支持"。

关于解除的效果。《合同法》第97条规定:"合同解除后,尚未履行的,终止履行;已经履行的,根据履行情况和合同性质,当事人可以要求恢复原状、采取其他补救措施,并有权要求赔偿损失。"无论判决解除合同或者确认合同已经解除,均应一并判决恢复原状(退货退款)和损失赔偿,不能死抠条文,不得要求反诉或另诉。这里有一个问题:合同解除的损失赔偿,可否适用约定的违约金条款?违约金条款不属于《合同法》第57条所谓独立存在的解决争议条款(仲裁条款),因合同解除而丧失效力。因此,合同解除的损失赔偿,须由当事人主张损失、证明损失。在审判中建议考虑以下问题,第一,合同解除的损失难以计算的情形下,是否可以将违约金作为计算损失的参考？第二,原合同当事人有如不能履行、无效等均应支付一定金额的违约金的意思,违约金条款是否应有效？第三,区分违约责任赔偿可得利益与合同解除赔偿机会损失(实际损失),在商事合同(如独立经销合同)中有重要意义,在一般民事合同如房屋买卖合同中并没有实质影响。

四、关于预约

2012年5月最高人民法院发布了《关于审理买卖合同纠纷案件适用法律问题的解释》(以下简称《买卖合同解释》),《买卖合同解释》第2条规定:"当事人签订认购书、订购书、预订书、意向书、备忘录等预约合同,约定在将来一定期限内订立买卖合同,一方不履行订立买卖合同的义务,对方请求其承担预约合同违约责任或者要求解除预约合同并主张损害赔偿的,人民法院应予支持"。该条解释的意义在于,鉴于《合同法》未规定预约,我国实际生活中的预约的法律地位不明,对于裁判中应否认可预约的效力的问题,该条解释填补了这一法律漏洞,为裁判实践提供了判断标准。

(一)什么是预约

契约有预约与本约之分,两者性质与效力相异。预约是双方关于订立本约(买卖合同)的合意,预约一经生效,双方即负有订立特定的买卖合同的义务。预约当事人的权利,是请求对方履行订立合同的义务,而非请求对方履行交货或者付款的义务。买卖预约,通常约定所要订立买卖合同的标的物及价金的计算标准,以作为将来订立买卖合同的依据,但不能因此认为已经成立买卖合同。简而言之,买卖预约,是双方约定在将来一定期限内订立买卖合同的合同。

(二)区分买卖预约与买卖本约

1. 判断标准之一:是否须另外订立买卖合同

当事人所订立的合同,究竟是买卖合同,还是买卖预约,应依当事人的意思决定。如果当事人的意思不明,则应通观合同全部内容决定。如买卖合同全部要素均已达成合意,据此双方均可履行各自义务,实现缔约目的(一方获得标的物所有权、他方获得价金),而无须另外订立合同的,即应认定为本约(买卖合同)。反之,必须另行订立合同,才能实现各自的缔约目的,则应属于预约。无须另外订立合同的,为本约;反之,为预约。②

2. 判断标准之二:交货付款义务是否直接发生

预约与本约的区别在于,依合同"直接发生"各自交货付款的权利义务的是买卖合同本约;"非直接发生"各自交货付款的权利义务,必须通过一个中间环节(签订正式合同)的,应为预约。

3. 判断标准之三:违约时对方作何请求

违反买卖预约,拒绝订立买卖合同,构成根本违约。对方可依《合同法》第107条追究违约责任,亦可依据《合同法》第94条行使法定解除权。《买卖合同解释》第2条明示预约的两种救济手段及非违约方的选择权。据此,可以合同违反后当事人作何请求,作为判断预约与本约的补充标准:请求违约方履行订立合同的义务,然后再要求依所订立的合同履行(交货、付款)的,为预约;请求违约方履行(交货、付款)合同义务,或请求追究违约责任,或解除合同的,为本约。

4. 区分买卖预约与附条件(期限)买卖合同

"非终局的直接发生"各自交货付款的权利义务,但须待一定条件成就或者某个期限到来,买卖合同生效,属于附条件(期限)买卖合同本约。例如,合同须经批准,须待房屋腾空,须待出卖人取得房屋所有权。合同内容有"订立正式合同"文句的,为预约;合同内容有关于"生效"约定的,为附生效条件(期限)买卖合同,为本约。

(三)预约与定金

1. 不能以定金收受作为判断标准

当事人由他方受有定金者,应属于已成立之契约,但究为本约抑或预约,应依其情事,解释当事人之意思定之,不得谓凡有定金授予者,概

---

② 参见1976年台上字第1178号判决。

视为已成立本约。③

2. 定金之种类

成约定金,交付定金作为成立条件(今日已无);证约定金,交付定金作为契约成立之证据(德国、瑞士);解约定金,作为解除契约之代价(法国、日本);违约定金,违约损害赔偿之预定,相当于违约金。交付方违约,丧失定金;收受方违约,应双倍返还定金。且定金之交付,有证明合同成立的功能。因此,违约定金,兼有证约定金的作用。我国台湾地区"民法"的定金,为违约定金。

3. 我国《合同法》上的定金

《合同法》第115条规定,定金作为债权的担保,债务人履行后,定金应当返还或者抵作价款。给付定金一方违约,无权要求返还定金;收受定金一方违约,应双倍返还定金。可见,《合同法》上的定金,是参考我国台湾地区的定金,性质上属于违约定金,兼有证约定金的功能。此为一般原则,如有特别约定,交付定金一方可抛弃定金而解除合同,收受定金一方可双倍返还定金而解除合同,则属于解约定金,是为例外。值得注意的是,依民法原理,违约定金为损害赔偿之预定,性质上等同于违约金,因此定金与损害赔偿不得并用。但最高人民法院对此有不同解释,即《买卖合同解释》第28条"买卖合同约定的定金不足以弥补一方违约造成的损失,对方请求赔偿超过定金部分的损失的,人民法院可以并处,但定金和损失赔偿的数额总和不应高于因违约造成的损失"的规定。

4. 交付定金情形下如何区分预约与本约

不能仅根据有定金的收受而认定属于本约,预约亦可有定金。定金之收受,可以作为成立本约的证据,亦可作为成立预约的证据。区分的关键在于定金条款的内容。约定交付定金一方"不订立"买卖合同(本约),即丧失定金,收受一方"不订立"买卖合同(本约)应双倍返还定金,则属于预约;如约定交付方"不履行合同"则丧失定金,收受方

---

③ 参见1981年台上字第1474号判决。

"不履行合同"应双倍返还定金,则属于本约。

5. 定金收受是证明合同(预约或者本约)成立的证据

判断是否成立预约,仍然应当依据要约、承诺规则,关键看受要约方的意思表示是否构成承诺,包含愿受合同约束的意思的,应为承诺(实盘),没有愿受约束的意思的,则为虚盘。虚盘不是有效承诺,而属于新的要约。作出有效承诺才成立合同。定金交付是合同成立的证明,约定违约金也是合同成立的证明,定金交付与约定违约金,均为认定合同成立的判断标准。再看适用定金罚则或违约金的条件,以"不订立合同"为适用定金罚则的条件的,是预约;以"不履行(交货或付款)义务"为适用定金罚则的条件的,是本约。同样,以"不订立合同"为适用违约金的条件的,是预约;以"不履行(交货或付款)义务"为适用违约金的条件的,是本约。没有"愿受合同约束的意思"(既没有定金交付也没有约定违约金)的,是虚盘,不构成预约。

6. 不能仅凭书面文件的名称而认定预约

预约系约定将来订立一定契约(本约)之契约。如将来系依所订立契约履行而无须另定本约者,纵名为预约,仍非预约。④

五、对《合同法》第132条的反面解释、将来财产买卖的效力规则

《买卖合同解释》第3条规定:"当事人一方以出卖人在缔约时对标的物没有所有权或者处分权为由主张合同无效的,人民法院不予支持。出卖人因未取得所有权或者处分权致使标的物所有权不能转移,买受人要求出卖人承担违约责任或者要求解除合同并主张损害赔偿的,人民法院应予支持。"本条是对《合同法》第132条的反面解释并新创将来财产买卖效力规则。

(一)《合同法》第132条的反面解释

《合同法》第132条第1款规定:"出卖的标的物,应当属于出卖人所有或者出卖人有权处分。"《买卖合同解释》第3条是对其进行的反

---

④ 参见1975年台上字第1567号判决。

面解释。具体包括:(1)国家机关或者国家举办的事业单位处分"直接支配的不动产和动产",不符合"法律和国务院的有关规定"(《物权法》第 53、54 条);(2)抵押人出卖抵押物未经抵押权人同意(《物权法》第 191 条 2 款);(3)融资租赁承租人出卖租赁设备(《合同法》第 242 条);(4)保留所有权买卖合同的买受人在付清全款之前转卖标的物(《合同法》134 条);(5)出卖他人之物,包括恶意出卖他人之物,及误认为自己之物而出卖。其中,出卖他人之物,已规定在《合同法》总则部分第 51 条无权处分规则(包括出卖他人之物合同、赠与他人之物合同)⑤,因此《买卖合同解释》第 3 条解释的是前四种情形。

(二)将来财产买卖合同效力规则

现行《合同法》起草于中国由计划经济向市场经济转轨之初,当时将来财产的买卖还不普遍,起草人无法预见到此种买卖是市场经济条件下重要的买卖合同形式,故《合同法》未设相应规则,致形成法律漏洞。此种买卖的特征在于,经销商与零售商或终端购买人签订销售合同之后,经销商自己再与上端出卖人(生产商、进口商、批发商)订立购买合同,因此经销商与终端买受人之间的买卖合同签订之时,出卖人并无标的物的所有权或者处分权。因为符合"出卖他人之物"的文义,为《合同法》第 51 条的适用范围所涵括,属于"隐含漏洞"。换言之,仅从《合同法》第 51 条的文义看,将来财产买卖合同应在《合同法》第 51 条适用范围之内;但《合同法》第 51 条的立法本意,并不包括将来财产买卖合同。由此可知,《买卖合同解释》第 3 条系新创规则,而非对《合同法》第 51 条的解释,更谈不到对《合同法》第 51 条无权处分规则的修改。

六、关于违约金调整的释明

《买卖合同解释》第 27 条第 1 款规定:"买卖合同当事人一方以对

---

⑤ 抛弃他人之物,本属于无权处分行为,但因我国民法不承认物权行为,因此抛弃他人之物,性质上属于事实行为而非合同。故《合同法》第 51 条不包括抛弃他人之物。

方违约为由主张支付违约金,对方以合同不成立、合同未生效、合同无效或者不构成违约等为由进行免责抗辩而未主张调整过高的违约金的,人民法院应当就法院若不支持免责抗辩,当事人是否需要主张调整违约金进行释明。"如果一审法院认为免责抗辩成立且未予释明,二审法院认为应当判决支付违约金的,可以直接释明并改判。

此项解释规则,来源于最高人民法院《关于当前形势下审理民商事合同纠纷案件若干问题的指导意见》(法发〔2009〕40号)的以下规定:现阶段由于国内宏观经济环境的变化和影响,民商事合同履行过程中违约现象比较突出。对于双方当事人在合同中所约定的过分高于违约造成损失的违约金或者极具惩罚性的违约金条款,人民法院应根据《合同法》第一百一十四条第二款和最高人民法院《关于适用〈中华人民共和国合同法〉若干问题的解释(二)》[以下简称《合同法解释(二)》]第二十九条等关于调整过高违约金的规定内容和精神,合理调整违约金数额,公平解决违约责任问题。在当前企业经营状况普遍较为困难的情况下,对于违约金数额过分高于违约造成损失的,应当根据合同法规定的诚实信用原则、公平原则,坚持以补偿性为主、以惩罚性为辅的违约金性质,合理调整裁量幅度,切实防止以意思自治为由而完全放任当事人约定过高的违约金。为减轻当事人诉累,妥当解决违约金纠纷,违约方以合同不成立、合同未生效、合同无效或者不构成违约进行免责抗辩而未提出违约金调整请求的,人民法院可以就当事人是否需要主张违约金过高问题进行释明。将本属于当事人处分权范围内的事项,即法律规定的实体权利之是否行使,纳入法庭释明权行使的范围,反映了人民法院在当前形势下,坚持实质正义,确保公正裁判,维护企业合法权益的指导思想,在司法政策上值得肯定。但是否因此动摇法院裁判的中立性原则,不无疑义。

特别值得注意的是,上述指导意见非常谨慎地采用了赋权性措辞"可以",据此,法庭是否进行释明,属于法庭的"职权",而非法庭的"义务"。这一点很重要,既然是法庭的职权,法庭对于是否进行释明,有充分的裁量自由:当法庭认为本案违约金约定"显然过高、过低"时,当然有权对当事人释明；反之，法庭当然有权不予释明；法庭未予释明，即使事后二审法庭认为本案违约金约定"显然过高、过低"，也不得因此认定一审判决错误。假如二审法庭认为，一审法庭未就违约金调整进行释明，导致一审判决显失公正，可以采取两种方法予以纠正：一是发回重审，二是直接改判。理由是合同关于违约金的约定违反《合同法》第6条关于诚信原则的规定。

而《买卖合同解释》本条规定为"应当""进行释明"，释明成为法庭的"义务"，与上述指导意见截然相反。既然属于法庭"义务"而法庭未予释明，当然构成一审程序错误。

七、关于抗辩和抗辩权

下面对被告可能主张的抗辩作一个分类，并介绍其大致的顺序。

首先，应当考虑"适用范围抗辩"，即主张本案事实不符合原告方援引的"法律规范"的"适用范围"。例如，针对原告以《合同法》第107条为请求权基础的违约责任赔偿诉讼，主张合同不成立、合同未生效、合同无效均属于"适用范围抗辩"；再如，针对原告以《消费者权益保护法》第49条为请求权基础的双倍赔偿的消费者诉讼，主张原告购买商品不是为了"生活消费的需要"；再如，针对原告以《产品质量法》第41条为请求权基础的产品责任诉讼，主张"不属于产品"，亦属于"适用范围抗辩"。如果抗辩成功，法庭将驳回原告方的诉讼请求。

其次，应考虑"构成要件抗辩"，即主张本案事实不符合该"法律规范"的"构成要件"。例如，在违约责任诉讼中主张不构成违约；在瑕疵担保责任诉讼中主张标的物质量合格（无瑕疵），主张买受人未在约定的或者合理的检验期间内发出异议通知；在过错侵权诉讼中主张"无过错"，主张"不存在因果关系"；在侵犯名誉权诉讼中，主张所传播的事实为"基本真实"，主张"未造成原告社会评价降低"；在请求双倍赔偿的诉讼中，主张"不构成欺诈行为"；在产品责任诉讼中，主张"产品无缺陷"等，均属于"构成要件抗辩"。如经审查认为抗辩理由成立，法庭将认定本案事实不符合"法律规范"的构成要件，并作出原告败诉、被告胜诉的判决。

再次,应考虑"免责抗辩",即主张被告有"免除责任"的正当理由。例如,主张"诉讼时效经过",主张"不可抗力免责",主张合同有"免责条款",以及主张有"法定免责事由"等,属于"免责抗辩"。如果抗辩成功,法庭将判决被告不承担责任。

最后,还应当考虑"减轻责任的抗辩",即主张被告有减轻责任的正当理由。例如,主张"受害人有过失""监护人有过失",主张合同约定的"违约金过高",主张原告未及时采取措施避免"损失扩大",在违约责任诉讼中主张"不可预见规则"等,属于"减轻责任抗辩"。如果抗辩成功,法庭将判决减轻被告的赔偿责任。

需特别说明的是,主张"适用范围抗辩"和"构成要件抗辩",是以"事实"作为"抗辩理由",法庭有主动审查的义务,即使被告未主张"适用范围抗辩""构成要件抗辩",法庭亦应主动审查本案是否符合该法律规范的适用范围,是否具备该法律规范的构成要件。如果法庭疏于审查,将构成适用法律错误,是上诉审理或者再审撤销原判的理由。有鉴于此,法庭为了查明有关适用范围和构成要件的事项,可以对当事人进行"释明",例如违约责任案件,提示当事人就违约或者不违约举证;侵权责任案件,提示当事人就是否存在因果关系、过错举证。

请注意,笔者所谓的"适用范围抗辩",王泽鉴先生称为"权利障碍的抗辩";笔者所谓的"构成要件抗辩",王泽鉴先生称为"权利毁灭的抗辩"。王泽鉴先生指出,权利障碍的抗辩和权利毁灭的抗辩,属于诉讼上的抗辩,效力在于使原告的请求权归于消灭,在诉讼进行中当事人纵未提出,法庭亦应进行审查,如认为有抗辩事由存在,应依职权作出有利于被告之裁判。⑥

而主张"免责抗辩"和"减责抗辩",则是用另一个"法律规范"作为"抗辩理由",法庭无主动审查义务,如被告未予主张,法庭将视为

---

⑥ 参见王泽鉴:《民法思维:请求权基础理论体系》,北京大学出版社2009年版,第135页。

"放弃权利"而不予审查。请注意,笔者所谓的"免责抗辩"和"减责抗辩",王泽鉴先生称为"实体法上的抗辩权",效力在于对抗原告已经发生的请求权,既为权利则权利人是否主张有其自由,被告放弃抗辩权,法庭不得依职权审查,唯被告主张时,法庭才有审查义务。⑦

下面介绍一下德国法上的抗辩与抗辩权。如果一个对抗条款使某个权利不存在,此即抗辩。换言之,一个权利因为该条款根本未成立或者虽然成立但嗣后消灭。如果权利根本未成立,即称为阻止权利成立的抗辩;如果已成立的权利后来消灭,则称为使权利消灭的抗辩。与此相反,抗辩权并不影响权利的存在,而是阻止或限制权利的可执行性。附有抗辩权的权利虽然是存在的,但是不能实现或者不能完全实现。抗辩权的后果分为暂时的和永久的,即权利永久不能得以实现,或暂时阻止或限制权利的实现。抗辩和抗辩权的另一个区分方法是,要使对抗条款的法律后果得以发生,是否需要援引该条款。抗辩条款无须援引,而抗辩权则必须援引。抗辩的法律后果依法产生,即法官应当依职权考虑抗辩。⑧

有免责事由或者减责事由,被告在一审未主张免责抗辩或减责抗辩,一审判决被告承担全部责任,不构成适用法律错误。一审未主张免责抗辩或减责抗辩,将被视为放弃权利,此后在上诉审理和再审将不得再行主张。免责抗辩和减责抗辩,实质是法律赋予当事人的某种实体权利,其是否主张,属于当事人处分范围,法庭不得进行所谓"释明",否则构成对"中立原则"和"处分原则"的违反。

鉴于上述原因,《买卖合同解释》第 27 条第 1 款规定:"买卖合同当事人一方以对方违约为由主张支付违约金,对方以合同不成立、合同未生效、合同无效或者不构成违约等为由进行免责抗辩而未主张调整过高的违约金的,人民法院应当就法院若不支持免责抗辩,当事人是否需要主张调整违约金进行释明。"这样规定是否适当,值得研究。

---

⑦ 参见王泽鉴:《民法思维:请求权基础理论体系》,北京大学出版社 2009 年版,第 135 页。

⑧ 参见〔德〕彼得·格莱施勒:《抗辩和抗辩权的效力形式及援引问题》,郝丽燕译,载梁慧星主编:《民商法论丛》(第 50 卷),法律出版社 2012 年版。

如何理解《合同法》第51条[*]

《合同法》通过后,关于第51条规定的无权处分制度,在解释上出现分歧。讨论第51条规定的无权处分制度,须从《合同法》关于买卖合同的定义说起。《合同法》第130条规定:"买卖合同是出卖人转移标的物所有权于买受人,买受人支付价款的合同。"此与我国台湾地区"民法"第345条关于买卖合同的定义,有重大区别。该条规定:"称买卖者,谓当事人约定一方移转财产权于他方,他方支付价金之契约。"区别在于:我国台湾地区"民法"将买卖合同定义在"约定",即学说上所谓"负担行为"。负担行为指发生债权债务的行为,即债权行为。与之相对的是"处分行为",指直接发生权利变动的行为,即所谓物权行为和准物权行为。按照我国台湾地区学者的解释,该条系采德国民法严格区分债权行为与物权行为的理论,买卖合同性质上属于债权行为,仅发生当事人间的债权债务,要发生标的物所有权移转,另须由双方就所有权移转达成物权合意,即区别于买卖合同的物权合同。

鉴于我国大陆学者通说不采德国民法关于物权行为的理论,及《民法通则》第72条将所有权变动作为合同的直接效力,因此《合同法》第130条关于买卖合同的定义,对负担行为与处分行为一体把握,将处分行为纳入债权行为之中,视标的物所有权变动为买卖合同直接发生的效果。

此与《法国民法典》和《日本民法典》的立法思想是一致的。与买

---

[*] 本文写作于2000年2月。

卖合同的定义相对应,《合同法》第135条规定移转标的物所有权是出卖人的义务。依据该条,买卖合同不仅产生出卖人交付标的物的义务,还产生移转标的物所有权的义务。移转所有权,直接依据买卖合同,而无须在买卖合同之外,再有什么关于所有权移转的合意即物权行为。

既然买卖合同的效力包括标的物所有权移转,则当然要求出卖人对出卖之物有处分权。因此,《合同法》第132条规定:"出卖的标的物,应当属于出卖人所有或者出卖人有权处分。"不属于出卖人所有且出卖人无处分权的物,不构成买卖合同的标的物。换言之,《合同法》立法思想,不承认出卖他人之物的合同的效力,这与《拍卖法》第6条的规定是一致的。该条规定:"拍卖标的应当是委托人所有或者依法可以处分的物品或者财产权利。"法律不允许出卖他人之物,是为了维护财产的静的安全。此与《法国民法典》第1599条的规定相同。该条规定:"就他人之物所成立的买卖,无效。"违反《合同法》第132条,即属于无权处分行为。如果对132条作反对解释,无权处分行为本应无效,似无专设规定的必要。但考虑到经济生活本身的复杂性,虽然属于无权处分,如果权利人追认或处分人事后取得处分权,没有理由强使其无效。故设第51条规定无权处分制度。

《合同法》第51条之拟定,也曾参考《德国民法典》和我国台湾地区"民法"的规定。《德国民法典》第185条规定:"(1)非权利人对标的物所为之处分,经权利人事先允许者,也为有效。(2)前项处分如经权利人事后追认,或因处分人取得标的物时,或权利人成为处分人的继承人而对其遗产负无限责任时,为有效。"我国台湾地区"民法"第118条规定:"(1)无权利人就权利标的物所为之处分,经有权利人之承认始生效力。(2)无权利人就权利标的物为处分后,取得其权利者,其处分自始有效。"《德国民法典》和我国台湾地区"民法"的上述条文,通常被解释为"处分行为有效",以区别于"买卖合同有效",在权利人未追认的情形,仅"处分行为无效",而"买卖合同"的效力不受影响。这是以严格区分债权行为与物权行为的民法理论为根据的。如前所述,合同法不采该民法理论,而对买卖合同一体把握,将处分行为包含在债权合同之中，因此第 51 条不称"处分行为有效"，而规定为"合同有效"。

依《合同法》第 51 条的规定，出卖他人之物，权利人追认或者处分人事后取得处分权的，合同有效；反之，权利人不追认并且处分人事后也未取得处分权的，合同无效。这里说的无效，不是处分行为无效，而是无权处分的合同无效，即买卖合同无效。不能解释为买卖合同有效，仅处分行为无效。有的学者作这样解释，实际上是以债权合同与物权行为、负担行为与处分行为的区分为根据的，与《合同法》立法思想不符。

这里牵涉物权所规定的物权变动与其原因行为的区分原则。该原则所说原因行为，当然是指债权行为，如买卖合同；所说物权变动，是指物权变动的事实，非指物权变动的合意或物权行为。《物权法》的立法思想，不采德国民法关于物权行为独立性与无因性的理论，将物权变动作为债权行为的法律效果。因此，所谓区分原则，只是在此前提之下，对作为原因行为的债权合同的生效条件及生效时间，与作为债权合同法律效果的物权变动事实的发生条件与发生时间，加以区分。按照区分原则，买卖合同的生效，与买卖合同生效后所发生效果的标的物所有权移转，应予区分并依不同规则：买卖合同自成立生效，标的物所有权的变动依不同的公示方法生效，动产依交付移转，不动产依登记移转。这与《合同法》第 133 条关于买卖合同标的物所有权移转的基本规则，是一致的。该条规定："标的物所有权自标的物交付时起转移，但法律另有规定或者当事人另有约定的除外。"其中，所谓法律另有规定，指不动产所有权依登记移转。所谓当事人另有约定，指保留所有权的买卖合同。

与无权处分制度有关的一个重要制度，是善意买受人的保护，即善意取得制度。无权处分制度规定在合同法，仅解决无权处分合同有效无效的判断问题，善意取得制度将规定在物权法，解决善意买受人的保护问题。《合同法(建议草案)》曾经将两种制度联系起来，关于无权处分，草案规定："权利人不追认，处分人事后也未取得处分权的，合同无效。但其无效不得对抗善意第三人。"修改中考虑到善意买受人的保护,即善意取得制度,属于物权法制度,应当在物权法上作完整规定。因此将无权处分条文的但书删除。物权法中应当规定善意取得的一般规则:基于法律行为有偿受让动产且已占有该动产的善意受让人,即使让与人无处分权,仍取得该动产的所有权。受让人在受让动产时不知让与人无处分权且无重大过失,为善意。所称动产,以法律许可者为限。占有脱离物的特别规则:受让的动产若系被窃、遗失或其他违反本意而丧失占有者,所有人、遗失人或其他有受领权之人有权在丧失占有之日起1年内向受让动产的人请求返还。但前述动产若系由拍卖、公共市场或经营同类物品的商人处购得,非偿还受让人支付的价金,不得请求返还。前述所称动产若系货币或无记名有价证券时,不得请求返还。因此,判断无权处分合同之是否有效,应当依据《合同法》第51条的规定;在无权处分合同无效的情形,判断权利人可否从买受人处取回标的物,应当依据善意取得制度。

与此有关的另一个问题是:《合同法》第51条无权处分制度如何与第150条关于权利瑕疵担保的规定相协调?第150条规定:"出卖人就交付的标的物,负有保证第三人不得向买受人主张任何权利的义务,但法律另有规定的除外。"可能出现第三人向买受人主张权利的情形,大概有四种:其一,出卖他人之物;其二,未得其他共有人同意而出卖共有物;其三,出卖抵押物;其四,出卖租赁物。

在第一种情形,出卖他人之物,属于《合同法》第51条所规定的无权处分行为。依照该条规定,买卖合同成立后,如果权利人追认或者处分人取得处分权的,买卖合同自始有效,不发生权利人(第三人)向买受人主张权利的问题;如果权利人未追认且处分人事后也未取得处分权,则买卖合同无效,可能发生权利人(第三人)向买受人主张权利的情形。这种情形,应当适用善意取得制度,如果买受人属于善意,则自交付时已经取得标的物所有权,原权利人已经丧失权利,自无适用《合同法》第150条权利瑕疵担保规定的余地。如果买受人属于恶意,则不能取得标的物所有权,而权利人可依对标的物的所有权行使取回权,从买受人处取回标的物。鉴于买受人属于恶意,即订立买卖合同时已知出卖人无处分权(存在权利瑕疵),因此买受人也不享有《合同法》第150条规定的权利瑕疵担保请求权。可见,出卖他人之物,属于《合同法》第150条但书"法律另有规定的除外"情形。

在第二种情形,未得其他共有人同意而出卖共有物,出卖人为共有人之一,不属于无权处分,不适用《合同法》第51条的规定,买卖合同应当有效。只是因为存在权利瑕疵,当其他共有人向买受人主张权利时,出卖人应当依据《合同法》第150条的规定对买受人承担权利瑕疵担保责任。值得注意的是,《合同法(草案)》第三稿,曾经将未得其他共有人同意而出卖共有物与无权处分行为一并规定,而后面的草案将其删去,说明立法思想有所修正,认为共有人未得其他共有人同意而出卖共有物,不属于无权处分。因此,未得其他共有人同意而出卖共有物,属于存在权利瑕疵,应当适用权利瑕疵担保制度。

第三种情形,出卖抵押物,抵押权人可能行使抵押权,扣押、拍卖标的物,显然应当适用《合同法》第150条,由出卖人对买受人承担权利瑕疵担保责任。

第四种情形,出卖租赁物,依据《合同法》第229条买卖不破租赁的规则,租赁合同继续有效,买受人不得以所有权对抗承租人的权利。如果买受人于订立合同时属于善意,即不知标的物已经出租,当然可以依据第150条向出卖人主张权利瑕疵担保责任。由此可见,第51条关于无权处分的规定,与第150条关于权利瑕疵担保责任的规定,并无冲突。

合同解释方法与所谓"最终解释权"[*]

近来经常在合同文本、商品广告、优惠券、赠券及店堂告示中看到这样的规定:本公司/本店保留最终解释权。什么是解释权?所谓保留最终解释权的规定是否有效?须从合同解释说起。

合同之所以需要解释,是因为语言文字有多义性。合同所使用的文字词句可能有不同的含义,不经解释不能判明其真实意思。当事人法律知识欠缺也往往造成合同中的用词不当。还可能有当事人出于不正当目的,故意使用不适当的文字词句,掩盖其真实意思。因此,法院在审理案件时,往往需要先对合同的内容进行解释。在诉讼中,虽然当事人双方往往提出各自不同的解释意见,但当事人的解释意见,至多只能供法官参考,最终作为判决的事实依据的,是法院对合同的解释。因此,唯法院拥有合同的最终解释权,而经营者所谓保留最终解释权,是不能算数的。

《合同法》第125条规定了合同解释方法,即所谓文义解释、整体解释、目的解释、习惯解释和诚信解释。《合同法》第41条还规定了关于格式合同的特殊解释规则。在解释合同文本、店堂告示、商品广告、优惠券、赠券内容和含义时,首先应采用《合同法》第125条规定的各种解释方法。如果经解释仍然有两种不同的解释意见,则应进一步采用《合同法》第41条规定的特殊解释方法。

所谓文义解释,指通过解释合同所使用的文字词句的文义,以确定

---

[*] 本文原载《北京日报》2001年4月23日,第15版。

合同条款的真实意思。考虑到当事人可能文化程度不高、法律知识不足,难免使用不准确、不适当的词句,甚至可能有的当事人故意用不当词句隐蔽其真实意思。因此进行文义解释,应探求合同当事人共同的真实意思,不得拘泥于合同所使用的不适当的词句。

所谓整体解释,指对合同各个条款作相互解释,以确定各个条款在整个合同中所具有的正确意思。一个合同都是一个整体,各个条款之间存在密切关联。如果将某个条款单独解释,或许存在不同的意思,但只要将该条款与其他条款相联系,相互解释,相互补充,即不难确定当事人的真实意思。例如质量条款约定不明,解释时应当参考价格条款,如果约定的是上等价格,则应当解释为上等质量;约定的是中等价格,则应当解释为中等质量。同样,如果价格条款约定不明,也应当参考质量条款解释。

所谓目的解释,指合同所使用的文字或某个条款可能作两种解释时,应采取其中最适合于合同目的的解释。如果两种解释中,一种解释使合同无效,另一种解释使合同有效,则应采纳使合同有效的那一种解释。因为使合同有效的解释,才符合双方当事人的目的。

所谓习惯解释,指合同所使用的文字词句有疑义时,应参照当事人的习惯解释。各地有各地的习惯,各行业有各行业的习惯,如不违反法律强行性规定,可以作为解释合同的依据。例如,在合同内容有歧义时,应依据习惯予以明确;在合同约定不完全致使权利义务难以确定时,应依据习惯予以补充。此为主要国家及地区法律及国际公约所共认的解释方法。采为解释依据的习惯,应是当事人双方共同遵守的习惯。习惯之是否存在,属于事实问题,应由主张一方负举证责任。

所谓诚信解释,指解释合同应遵循诚实信用的原则。诚实信用原则要求一切市场参加者遵循"诚实商人"和"诚实劳动者"的道德标准,靠自己的资金和诚实劳动获取利益,不得损害对方当事人利益和社会公益。诚实信用原则是指导当事人行使权利、履行义务的基本原则,也是解释合同的基本原则。合同所使用文字词句有疑义时,应依诚实信用原则确定其正确意思。合同存在两种解释而无法判断哪一种解释正确时,应先假定采第一种解释并据以作出判决,再假定采第二种解释并据以作出判决,然后比较两种判决的结果,以所得出判决结果使双方当事人之间的利害关系大体平衡的解释,为符合诚实信用原则的正确解释。无论采何种解释方法,最后所得解释结果均不得违反诚实信用原则。如果合同内容经解释仍不能与诚实信用原则相协调,则应认定合同无效。

《合同法》第 41 条专门规定了格式合同的解释方法:对格式条款的理解发生争议的,应当按照通常理解予以解释。对格式条款有两种以上解释的,应当作出不利于提供格式条款一方的解释。前一句所谓"通常理解",是指社会上一般人的理解。后一句是格式合同的特殊解释方法,又称为"不利解释规则"。因为格式合同条款是经营者一方单方面制定的,事先未征求消费者的意见。法律要求经营者在决定格式合同条款时应当遵循公平原则,并尽量使含义明确。如果格式合同条款含义不明确,存在两种以上的解释,则应当采纳其中对经营者不利的解释,以确保消费者一方的利益。前述合同文本、商品广告、优惠券、赠券及店堂告示,属于格式合同条款,如果存在两种以上的解释,法院即应采纳其中不利于经营者一方的解释。需特别指出的是,第 41 条关于格式合同的特殊解释规则,属于强制性规定,不允许当事人以约定排除其适用。因此,经营者在合同文本、商品广告、优惠券、赠券及店堂告示中所谓保留最终解释权的规定,因违反强制性规定,是无效的。

"不良债权"受让人不能起诉银行[*]

根据国家关于剥离"不良债权"的政策,各大银行按照《合同法》关于债权转让的规定,将"不良债权"剥离出来,转让给资产管理公司。资产管理公司根据国家关于处理"不良债权"的政策,按照《合同法》关于债权转让的规定,再将该"不良债权"以极低的对价转让(出卖)给受让人。近年来,各地均有一些"不良债权"的受让人,以种种借口起诉当初剥离"不良债权"的银行,要求人民法院判决银行承担赔偿责任。多数法院能够正确把握债权转让的本质,未被某些错误观点误导,依法驳回原告起诉,维护了当初剥离"不良债权"的银行(和广大存款人)的合法权益。但也有个别法院作出了错误判决,使"不良债权"受让人的目的得逞,使银行(和广大存款人)合法权益遭受重大损害。特撰本文,为审理此类案件的法官提供参考。

案例:甲公司1997年4月17日向农行借款170万元,逾期后仅还30万元;1999年9月7日签订新借款150万元的借款合同,借新还旧,甲公司出具150万元借据,农行出具已归还140万元本金和10万元利息的"还款凭证"。2000年5月农行向长城资产管理公司(以下简称"长城公司")申请剥离不良贷款,因1999年的新借款合同未到期,与甲公司商定恢复1997年借款合同,废除1999年新借款合同(但甲公司未向农行返还"还款凭证"),重新签订140万元借款借据,以此作为剥离不良贷款的债权凭证。然后农行、长城公司和债务人甲公司三方分

---

[*] 本文写作于2006年4月9日。

别在《债权转让确认通知书》和《债权转让确认通知书回执》上签章,共同确认转让 1997 年借款合同 140 万元债权,农行将 2000 年甲公司重新出具的 1997 年借款合同的 140 万元借款借据,移交长城公司。此后长城公司将该债权以 26 万元代价转让给原告。原告起诉甲公司要求清偿 140 万元债务时,甲公司出示(已作废的)1999 年农行出具的"还款凭证",声称该笔贷款已经归还。原告即以农行的行为导致其受让的 140 万元债权不能实现为由起诉农行,一审法院判决农行向原告支付 140 万元及利息。

本案存在两次债权转让。第一次债权转让,发生在农行与长城公司之间。农行根据国家关于剥离不良债权的政策,并按照《合同法》关于债权转让的规定,将自己对甲公司的 140 万元"不良债权"转让给长城公司。此次债权转让一经生效,长城公司即取代农行而成为该 140 万元"不良债权"的新债权人,而农行即从该 140 万元"不良债权"关系中脱离出去。第二次债权转让,发生在长城公司与原告之间。长城公司将自己从农行受让的对甲公司的 140 万元"不良债权",以收取 26 万元价款的对价再转让给了原告。此次债权转让一经生效,受让人原告即取代长城公司成为对甲公司的 140 万元"不良债权"的新债权人,而长城公司亦从该 140 万元"不良债权"关系中脱离出去。

显而易见,此项 140 万元"不良债权"经过两次转让之后,其债务人仍然是甲公司,其债权人已经由农行变更为受让人原告。原告当然有权向人民法院起诉债务人甲公司,要求清偿该 140 万元"不良债权"。受让人原告既然以 26 万元对价受让该 140 万元"不良债权",当然明知即使人民法院作出自己胜诉的判决,该项"不良债权"也不太可能获得清偿或者获得全部清偿。如果该受让人是一个诚实商人,根据诚实信用原则,理当自己承担一开始就明知的该项"不良债权"不能获得清偿的风险。

按照《合同法》关于债权转让的规定及合同相对性原则,原告受让而来的此项对债务人甲公司的 140 万元"不良债权",权利性质属于"相对权",仅在原告自己与债务人甲公司之间具有拘束力,而对于此外的任何人,包括农行和长城公司,均无拘束力。因此,无论原告能否实现对甲公司的该项140万元"不良债权",均与农行和长城公司无关。换言之,农行和长城公司对于该项"不良债权"之不能获得清偿,不应承担任何民事责任。

即使在该140万元"不良债权"的第一次转让,即农行向长城公司剥离该140万元"不良债权"中,存在足以导致债权转让无效的"瑕疵",亦仅发生"债权转让无效"的效果。即农行与长城公司之间的第一次债权转让无效,长城公司与原告之间的第二次债权转让也因而无效。原告可按照《合同法》第52条关于合同无效的规定,向人民法院起诉,请求确认自己与长城公司之间的第二次"债权转让无效",并将该项对甲公司的140万元"不良债权"返还长城公司,请求长城公司退还自己支付的26万元价款。这种情形,原告也只能起诉长城公司,绝无起诉农行之理。

债权转让与买卖合同的相同之处,在于有偿转让"权利",只不过买卖合同有偿转让的是"所有权",而债权转让所转让的是"债权"。因此,当债权转让的标的物"债权"存在"瑕疵"时,根据《合同法》第174条的规定,可"准用"关于"瑕疵担保责任"的规定。按照《合同法》第111条的规定,"标的物质量不合格",出卖人应当承担"修理、更换、重作、退货、减少价款或者报酬等违约责任"。鉴于债权转让"标的物"的特殊性,"修理、更换、重作"等责任形式均不能"准用",唯有"退货、减少价款"可以"准用"。因此,如果原告认为该项140万元"不良债权"存在"瑕疵",而向转让人长城公司主张瑕疵担保责任,可以选择请求"退货",即将该项140万元"不良债权"退还长城公司,要求长城公司"退还"自己支付的26万元价款;也可以选择请求"减少价款",要求长城公司"退还"自己支付的26万元"价款"之一部分。无论如何,原告主张瑕疵担保责任,也只能起诉长城公司,而绝无起诉农行之理。

按照民法原理,民事权利以是否具有"排他性"为标准,可以分为两类:具有排他性的民事权利与不具有排他性的民事权利。"物权""人格权"和"知识产权"属于具有排他性的民事权利;"债权"属于不具有排他性的民事权利。具有排他性的民事权利遭受侵犯,法律用"刑事责任"和"侵权责任"予以救济;不具有排他性的民事权利遭受侵犯,法律只用"违约责任"予以救济。换言之,侵犯具有排他性的民事权利,如"物权""人格权"和"知识产权",可以构成"犯罪行为"和"侵权行为";侵犯不具有排他性的民事权利,如"债权",仅可构成"违约行为"。教科书所谓"第三人侵害债权",属于例外。

所谓"第三人侵害债权",是指第三人通过引诱、胁迫、欺诈等方式,诱使(迫使)合同一方当事人不履行与他方订立的合同,从而导致他方的经济损失,该第三人应当对受害人承担赔偿责任。按照合同的相对性原理,合同的效力仅及于当事人双方,即使因第三人的原因导致合同一方违约,仍应由违约方承担违约责任。例如,因第三人丙提出更优惠的缔约条件导致甲违反与乙的买卖合同,这种情形乙只能对甲追究违约责任,而不能追究第三人丙的侵权责任。但如第三人丙故意要损害合同当事人乙,并采用引诱、胁迫、欺诈等方式使甲违反合同,致乙遭受损害,则乙有权追究第三人丙的侵权责任。

法律承认"第三人侵害债权"的政策目的,是要维护市场经济的道德秩序。在外国立法例上,多称为"违反善良风俗的故意损害"。例如,《德国民法典》第826条规定:"以违反善良风俗的方式对他人故意施加损害的人,对受害人负有赔偿责任。"第三人侵害债权的构成要件十分严格:(1)必须是该第三人采用了"违反善良风俗的方式",通常指采用"引诱""胁迫"或"欺诈行为",导致合同一方当事人违约;(2)该第三人具有"故意",亦即该第三人采用"违反善良风俗"的手段诱使(迫使)合同一方当事人违约,其目的是要损害另一方当事人的利益;(3)损害赔偿的数额能够确定。

按照本案事实,农行将对甲公司的140万元债权作为"不良债权"予以剥离恐有不当。农行在废除1999年的"借新还旧"合同之后,因疏忽大意未从债务人甲公司索回已经作废的"还款凭证",致债务人甲公司在原告向其主张债权时用该"还款凭证"进行抵赖。此与第三人侵害债权构成要件中的"违背善良风俗"和"故意"判若天壤。本案受理法院既未正确把握债权转让的本质,亦未理解什么是第三人侵害债权,为错误观点所误导,最终作出完全错误的判决。其深刻教训,值得记取。

概而言之,"不良债权"的受让人难以从债务人获得清偿,是由"不良债权"性质决定的,是受让人自己明知并自愿承受的风险。如果认为当初剥离"不良债权"存有"瑕疵",受让人可以主张自己与资产管理公司之间的债权转让无效,或者追究资产管理公司的"瑕疵担保责任"。受让人无论是主张债权转让无效,还是主张"瑕疵担保责任",均只能以资产管理公司为被告。银行剥离"不良债权"纵有不当,也绝无"采用违背善良风俗"的手段,"故意"损害第二次债权转让之受让人的任何可能性。因此,对于"不良债权"受让人起诉当初剥离该"不良债权"银行的案件,建议受理法院以不存在实体请求权为由,断然予以驳回!

对买卖合同解释的解读和评论[*]

《合同法》于1999年颁布生效,十多年的司法实践经验已经证明《合同法》的立法指导思想、价值取向、逻辑结构、各项制度设计是成功的,为中国经济的高速发展提供了法治基础和制度保障。十多年来,学术界和实务界为保障《合同法》的正确实施做了很大的贡献。

各地各级人民法院在适用《合同法》裁判合同纠纷案件的实践中,创设了若干新的裁判规则。这些判例规则,弥补了《合同法》的不足,丰富和发展了合同法理论,值得学术界和立法机关特别重视。

这里不讨论裁判实践所创设的判例规则,而是要对最高人民法院关于适用合同法的司法解释作一个述评,指出其成绩和不足之处。

《合同法》颁布以来,最高人民法院先后制定了三个司法解释文件,即最高人民法院《关于适用〈中华人民共和国合同法〉若干问题的解释(一)》[法释〔1999〕19号,以下简称《合同法解释(一)》],最高人民法院《关于适用〈中华人民共和国合同法〉若干问题的解释(二)》[法释〔2009〕5号,以下简称《合同法解释(二)》]和最高人民法院《关于审理买卖合同纠纷案件适用法律问题的解释》(法释〔2012〕8号,以下简称《买卖合同解释》)。先对前两个解释作一个概述,然后着重分析第三个解释。

《合同法解释(一)》,主要是解决《合同法》与旧法衔接、程序、时效问题,最重要的是对《合同法》第73条规定的代位权制度如何适用

---

[*] 本文根据作者于2013年5月27日在北京师范大学的讲座整理而成。

的解释。该项解释,抛弃了关于代位权行使的效果先归属于债务人的传统理论,采纳了由行使代位权的债权人优先取得的新理论,极具创造性。①

《合同法解释(二)》,着重于对合同法若干制度的解释,如第7条解释什么是"交易习惯";第8条解释有义务办理申请批准或者申请登记等手续的一方无故未办理有关手续的,属于"违背诚实信用原则的行为",人民法院可以判决相对人自己办理有关手续;第14条将"强制性规定",区分为"效力性强制性规定"与"管理性强制性规定";第15条解释多重买卖的效力;第19条解释《合同法》第74条债权人撤销权;第20、21条解释债务清偿顺序;第22条是关于违反后契约义务的责任的解释;第23条是关于抵销权的解释;第24条为解除权行使和抵销权行使增设3个月异议期间;第27—29条是关于违约金调整的解释。特别值得注意的是,《合同法解释(二)》为填补《合同法》的立法漏洞,新创两项规则:这就是第3条悬赏广告和第26条情事变更原则。

下面着重评述《买卖合同解释》。最高人民法院在此项解释文件中,不仅对买卖合同的生效、标的物交付和所有权转移、标的物风险负担、标的物检验、违约责任、所有权保留等重要合同制度,作一般性的解释和释义,而且大胆运用附属于最高审判权的司法解释权,总结合同法实施十多年来的民事裁判实践经验,并参考民法理论研究成果,新创了若干规则。例如,第2条买卖预约规则,第3条买卖合同特别效力规则,第9、10条动产多重买卖的履行顺序规则,第30条违约责任的过失相抵规则,第31条损益相抵规则等。这些新创的解释规则,最能体现最高人民法院司法解释的创造性,具有重大实践意义和理论意义,值得实务界和理论界特别重视。

一、关于《买卖合同解释》第2条

《买卖合同解释》第2条规定:"当事人签订认购书、订购书、预订

---

① 由次债务人向债权人履行清偿义务,债权人与债务人、债务人与次债务人之间相应的债权债务关系即予消灭。

书、意向书、备忘录等预约合同,约定在将来一定期限内订立买卖合同,一方不履行订立买卖合同的义务,对方请求其承担预约合同违约责任或者要求解除预约合同并主张损害赔偿的,人民法院应予支持。"

鉴于现行《合同法》未规定预约合同,致我国经济生活中预约的法律地位不明,裁判实践中产生应否认可预约有效的疑问。本条解释,创设关于买卖合同预约的判断规则,为裁判实践中判断买卖合同预约及认定买卖合同预约的效力提供了判断标准,弥补了《合同法》的不足,具有重要理论和实践意义。

(一)什么是预约

按照民法原理,合同(契约)有预约与本约之分,二者异其性质与效力。当事人订立本约的目的,是要通过本约的履行,满足各自生活目的;而订立预约的目的,则是为了在一定期间内订立本约。可见,预约是与本约相对应的概念,预约亦可称为预备合同,本约亦可称为正式合同。质言之,所谓预约,是使当事人间产生将来订立本约(正式合同)之债权债务的合同。[②]

从民法发展史上看,之所以在买卖合同本约之外订立买卖预约,是因为早期的买卖合同属于要物合同(实践合同),须以标的物的实际交付作为合同成立条件,不具有将来交货、付款之约束的含义。假设当事人双方约定将来某个时间交货、付款,这样的约定将不具有法律拘束力。因此,发明了买卖预约,即在将来某个时间订立买卖合同的合同。

随着社会的发展和法律的进步,合同形式自由的观念逐渐得到承认,买卖合同由要物合同逐渐向诺成合同演变。合同自由原则最终确立之后,买卖合同成为典型的诺成合同,因当事人双方一方愿买、一方愿卖的合意而成立。双方达成将来买卖的合意,不再是所谓买卖预约,而是买卖合同自身。没有必要再像早期那样,先订立买卖预约,然后再

[②] 在《我妻荣民法讲义债权各论:中·卷一》(徐进、李又又译,中国法制出版社2008年版)第36页中,我妻荣指出:"预约是相对于正式契约的概念,是使当事人间产生将来订立正式契约的约束(债务)的契约"。

根据买卖预约订立买卖合同本约。③

从近现代社会生活实践看,在绝大多数情形下,当事人都是直接订立买卖合同本约,通过履行买卖合同本约,实现各自的生活目的,无须订立买卖预约。须先订立预约,再通过履行预约而订立本约,最终通过履行本约以实现目的,应有其特殊原因:例如买卖合同标的物尚未处于可以立即交付并移转所有权的状态,履行本约的某种条件尚未具备,履行本约的时间尚未到来。

但是,即便有这些特殊原因,也不是非先订立预约不可,可以订立附生效条件或者附生效期限的买卖合同本约,或者为当事人履行交货或付款义务规定期限(如商品房预售合同),而无须订立预约。有鉴于此,近现代民法,规定预约的立法例殊少。

据手边的资料,规定预约的民法典有:《法国民法典》(第 1588—1590 条)、《日本民法典》(第 556 条)、《瑞士债法典》(第 22 条)、《意大利民法典》(第 79、1337、1351、1352、2932 条)、《墨西哥民法典》(第 2243—2247 条)、《智利民法典》(第 1553、1554 条)、《秘鲁民法典》(第 1414—1425 条)。④

但须说明一点,民法典未规定预约,并不等于裁判实务中不承认预约。例如我国台湾地区"民法"未规定预约,裁判实务中亦承认买卖预约的效力,且我国台湾地区"最高法院"对买卖预约著有若干判例。⑤

(二) 单方预约与双方预约

值得注意的是,就规定预约的立法例而言,《法国民法典》第 1589

---

③ 以上参见〔日〕近江幸治:《民法讲义:契约法》,成文堂 1998 年版,第 123 页。

④ 此处提及《意大利民法典》《墨西哥民法典》《智利民法典》和《秘鲁民法典》,系参考吴颂明:《预约合同研究》,载梁慧星主编:《民商法论丛》(总第 17 卷),金桥文化出版(香港)有限公司,第 509 页。

⑤ 黄茂荣在《买卖法》(增订 4 版),植根法学丛书编辑室 1992 年版,第 200—203 页中所录台湾地区"最高法院"关于买卖预约的判例有:1975 年台上字第 1567 号判例、1972 年台上字第 964 号判例、1956 年台上字第 414 号民事判决、1976 年台上字第 1178 号民事判决、1957 年台上字第 1500 号民事判决。

条⑥、《日本民法典》第556条⑦仅规定买卖预约,《瑞士债法典》第22条⑧规定"预约合同",而不限于买卖;《日本民法典》第556条明定为"买卖单方预约",《法国民法典》第1589条虽称"买卖预约",亦应属于"单方预约"⑨;《瑞士债法典》第22条规定的"预约合同"属于双方当事人就将来订立合同达成的合意,可以称为"双方预约",而非所谓"单方预约"。

由此可知,预约有单方预约与双方预约之别。在单方预约,仅一方享有预约权,有预约权一方一经表示订立买卖合同本约的意思,相对方必须对此承诺而成立买卖合同本约。⑩ 在双方预约,双方均有要求对方履行订立买卖合同本约义务的权利,亦均负有应对方的要求订立买卖合同本约的义务。单方预约,仅一方当事人负担义务,属于片务预约;双方预约,当事人双方均负担义务,属于双务预约。⑪

(三)本条解释对买卖预约的定性

依据《买卖合同解释》第2条的规定,双方当事人约定在将来订立买卖合同(本约)的协议,称为"预约合同",预约合同的双方当事人,均

---

⑥ 《法国民法典》第1589条第1款:"买卖预约,在双方当事人对标的物与价金已相互同意时,即等于买卖。"转引自《法国民法典》,罗结珍译,中国法制出版社1999年版,第370页。

⑦ 《日本民法典》第556条(买卖的单方预约):"(1)买卖一方的预约,自相对人表示完成买卖的意思时起,发生效力。(2)前项的意思表示未确定期间时,预约人可以确定相当的期间,催告相对人就所指定期间内是否完成买卖做出确切回答。如果相对人在该期间内没有确切答复时,买卖一方的预约丧失其效力。"转引自《最新日本民法》,渠涛编译,法律出版社2006年版,第122页。

⑧ 《瑞士债法典》第22条[预约合同]:"双方当事人可以通过合同形式约定在将来订立合同。法律为保护当事人而规定将来订立的合同采用特定形式始得生效的,预约合同也应当采用该种形式订立。"转引自《瑞士债法典》,吴兆祥、石佳友、孙淑妍译,法律出版社2002年版,第5页。

⑨ 《法国民法典》第1589条"买卖预约"原文为promesse de vente,意为"出卖人对出卖某物的许诺",参见《法国民法典》,罗结珍译,中国法制出版社1999年版,第370页"译者注"。

⑩ 此所谓"预约权",在日本民法著作中,称为"预约完结权",参见[日]近江幸治:《民法讲义·契约法》,成文堂1998年版,第123页;另见[日]铃木禄弥:《债权法讲义》(四订版),创文社1980年版,第139页。

⑪ 参见[日]近江幸治:《民法讲义·契约法》,成文堂1998年版,第123页。

负有在约定期间订立买卖合同(本约)的义务。显而易见,本条解释所谓"预约合同",非指一般的预约,仅指"买卖预约",且属于"双方预约""双务预约"。因此,既与《瑞士债法典》规定的一般"预约合同"有别,亦与《法国民法典》《日本民法典》规定的"买卖单方预约"不同。[12]

依据本条解释,预约合同双方当事人的权利,是请求对方履行订立买卖合同(本约)的义务,而非请求对方履行买卖合同本约之交货或者付款义务。预约合同,通常约定所要订立买卖合同(本约)的标的物及价金的计算标准,以作为将来订立买卖合同的依据。简而言之,买卖预约,是双方"约定在将来一定期限内订立买卖合同"的合同。

(四)买卖预约的效力

(1)买卖预约双方均享有请求对方履行订立买卖合同本约的义务,而不得径依预约合同所预定之本约内容请求履行(交货或付款)。[13]

但须注意,此与日本民法上的买卖预约不同。按照日本的判例,如果预约义务人对于预约完结权人完成买卖的意思表示没有回应,预约完结权人可向法院请求履行正式的买卖合同,如仅请求预约义务人承诺订立买卖合同,将被认为不具有法律上的利益而不予受理。[14]

(2)买卖预约双方所享有的此种权利,称为"预约权",性质上属于债权,仅在预约当事人之间有效,不具有对抗第三人的效力。如买卖预约之出卖人将预约标的物出卖给第三人,预约买受人不得主张该买卖合同无效。[15]

---

[12] 须补充说明,虽《法国民法典》《日本民法典》规定的是单方买卖预约,但不等于不可以订立双方买卖预约。参见〔日〕铃木禄弥:《债权法讲义》(四订版),创文社1980年版,第140页。

[13] 我国台湾地区"最高法院"1972年台上字第964号判决:"契约有预约与本约之分,两者异其性质及效力,预约权利人仅得请求对方履行订立本约之义务,不得径依预定之本约内容请求履行。"

[14] 参见〔日〕我妻荣:《我妻荣民法讲义债权各论:中·卷一》,徐进、李又又译,中国法制出版社2008年版,第39页。

[15] 我国台湾地区"最高法院"1957年台上字第1500号民事判决:"不动产买卖预约虽已成立,而买主之物权尚未移转,仅发生一种请求订立正式契约之债权关系。倘预约之卖主将预约标的之不动产另卖与第三人时,该预约之买主,除得对于预约之卖主请求赔偿其损失外,不能对于该第三人主张其已成立之买卖契约为无效。"

但须注意,日本民法买卖预约中的权利,称为"预约完结权",性质上属于"形成权",其效力是:因预约完结权人行使权利的单方意思,即在预约双方当事人之间成立买卖契约关系。此预约完结权具有财产权的性质,可以转让,可以成为扣押的对象,经办理假登记(预登记),即具有对抗第三人的物权效力。⑯

(3)买卖预约一方当事人不履行订立买卖合同本约之义务,构成违约,但对方当事人不得依据《合同法》第110条关于强制实际履行的规定,请求人民法院强制违约方当事人订立买卖合同。

本条解释未赋予预约权利人请求强制预约义务人履行订立本约之权,是因为:依据《合同法》关于合同自由原则的规定,当事人对于是否订立合同有完全的自由,不受他人和组织的强制。如法院强制当事人订立买卖合同,将剥夺当事人的意思自由,而与合同自由原则相悖。因此,强制订立本约,属于《合同法》第110条第(1)项所谓的"法律上不能履行"。

但须注意,我国台湾地区裁判实务的做法与此不同:预约债务人负有订立本约的义务,权利人得诉请履行,法院应命债务人为订立本约的意思表示,债务人不为意思表示者,视同自判决确定时已为意思表示。本约成立后,债权人即有请求给付的权利,基于诉讼经济原理,债权人得合并请求订立本约及履行本约。⑰

(4)买卖预约一方当事人不履行订立买卖合同本约之义务,构成根本违约,对方当事人可依《合同法》第107条关于违约责任的规定,追究违约方之违约责任;亦可依据《合同法》第94条的规定,行使法定解除权,解除预约合同并主张损害赔偿。

但须注意,由预约合同之本质决定,无论追究违约责任的损害赔偿,或者解除预约合同后的损害赔偿,均仅限于赔偿机会损失(信赖损

---

⑯ 参见〔日〕我妻荣:《我妻荣民法讲义债权各论:中·卷一》,徐进、李又又译,中国法制出版社2008年版,第39—40页;〔日〕铃木禄弥:《债权法讲义》(四订版),创文社1980年版,第140—141页。

⑰ 参见王泽鉴:《债法原理》,北京大学出版社2009年版,第117—118页。

失），而不包括可得利益（履行利益）。

（5）有定金收受的预约合同发生违约，仅应依据《合同法》第115条的规定执行定金罚则：交付定金一方不履行订立买卖合同本约义务的，丧失定金；收受定金一方不履行订立买卖合同本约义务的，双倍返还定金。

（五）如何区分预约与本约

（1）判断标准之一：是否须另外订立买卖合同

当事人所订立的合同，究竟是买卖合同本约，抑或买卖预约？应依当事人的意思决定。如果当事人的意思不明，则应通观合同全部内容决定之。

双方对买卖合同全部要素均已达成合意，据此双方均可履行各自义务，实现缔约目的（一方获得标的物所有权、他方获得价金），而无须另外订立合同的，即使名为预约，亦应认定为买卖合同本约。反之，必须另行订立合同，才能实现各自的缔约目的的，则应属于买卖预约。简而言之，无须另外订立合同的，为本约；反之，为预约。⑱

（2）判断标准之二：交货付款义务是否直接发生

与判断标准之一，角度稍有不同，可以交货付款义务之是否直接发生，作为判断预约与本约的标准：依合同"直接发生"各自交货付款的义务的，为买卖合同本约；"非直接发生"各自交货付款的权利义务，必须通过一个中间环节（签订正式合同）的，则为买卖预约。

（3）判断标准之三：违约时对方作何请求

违反买卖预约，拒绝订立买卖合同，构成根本违约。对方可依《合同法》第107条追究违约责任，亦可依据《合同法》第94条行使法定解除权。本条解释明示预约的两种救济手段及非违约方的选择权。据

---

⑱ 我国台湾地区"最高法院"1975年台上字第1567号判决："预约系约定将来订立一定契约（本约）之契约。倘将来系依所订之契约履行而无须另订本约者，纵名为预约，仍非预约。本件两造所订契约，虽名为《土地买卖预约书》，但买卖坪数、价金、缴纳价款、移转登记期限等均经明确约定，非但并无将来订立买卖本约之约定，且自第3条以下，均为双方照所订契约履行之约定，自属本约而非预约。"

此,可以合同违反后对方当事人作何请求,作为区分预约与本约的补充标准:请求违约方履行订立合同的义务(然后再要求依所订立的合同履行交货/付款义务),为买卖预约;请求违约方履行交货/付款的合同义务,或者以不履行交货/付款义务为由追究违约责任或者解除合同,为买卖合同本约。

(4)区分买卖预约与买卖合同附条件(期限)

须待一定条件成就或一定期日到来,买卖合同才生效,才"终局地直接发生"各自交货付款的权利义务的,属于买卖合同附生效条件(《合同法》第45条)、买卖合同附生效期限(《合同法》第46条)。

但须注意,不仅买卖合同本约可以附生效条件、生效期限,买卖合同预约也可以附生效条件、生效期限。因此,应当区别买卖合同附条件/附期限与买卖预约附条件/附期限。

例如,合同内容有合同须经批准,须待房屋腾空,须待出卖人取得房屋所有权等条件的约定,不能轻率认定为附条件买卖合同本约,或者附条件买卖预约。区别的关键,在合同内容中与所附条件(或期限)相匹配的"标志性文句":有"订立正式合同"文句的,为附生效条件(生效期限)的买卖合同预约;有"合同生效"文句的,为附生效条件(生效期限)的买卖合同本约。

(六)预约与定金

现今民法上的定金,依据其效力不同分类:证约定金,即以定金之交付作为合同成立之证据,德国、瑞士民法上的定金,属于证约定金;解约定金,即以定金作为解除契约之代价,法国、日本民法上的定金,属于解约定金;违约定金,即以定金作为违约损害赔偿之预定,交付定金一方违约,丧失定金,收受定金一方违约,应双倍返还定金。且定金之交付,有证明合同成立的功能,故违约定金兼有证约定金的作用。我国台湾地区"民法"上的定金,即违约定金。

根据现行《合同法》第115条的规定,定金作为债权的担保,债务人履行后,定金应当返还或者抵作价款。给付定金一方违约,无权要求返还定金;收受定金一方违约,应双倍返还定金。可见,《合同法》上的定金,性质上属于违约定金,兼有证约定金的功能。[19] 此与我国台湾地区"民法"上的定金,同其性质。

依民法原理,违约定金为损害赔偿之预定,性质上同于违约金,因此定金与损害赔偿不得并用。但最高人民法院对此有不同解释,即《买卖合同解释》第 28 条:"买卖合同约定的定金不足以弥补一方违约造成的损失,对方请求赔偿超过定金部分的损失的,人民法院可以并处,但定金和损失赔偿的数额总和不应高于因违约造成的损失。"此项解释是否适当,非无可议,此处不作深论。

显而易见,买卖合同本约可以有定金,买卖预约亦可有定金。定金之收受,可以作为成立买卖合同本约之证据,亦可作为成立买卖预约之证据。当然不得仅根据有定金之交付,而轻率认定为买卖合同本约,或轻率认定为买卖预约。

于存在定金收受情形,所成立之合同,究竟属于买卖合同本约,抑或买卖预约,区分的关键,在定金条款的内容:如约定交付定金一方"不订立"买卖合同,即丧失定金,收受一方"不订立"买卖合同,应双倍返还定金的,则属于买卖预约;如约定交付定金一方不履行合同义务(交货或付款)则丧失定金,收受定金一方不履行合同义务(交货或付款)应双倍返还定金的,则属于买卖合同本约。

(七)小结

最后须强调一点,切不可因本条解释谓"认购书、订购书、预订书、意向书、备忘录等预约合同",而误认为,凡书面文件以"认购书、订购书、预订书、意向书、备忘录"为名的,即属于买卖预约。

判断是否成立买卖预约,与判断是否成立买卖合同本约相同,仍应依据关于合同成立的"要约、承诺"规则。关键看受要约方的意思表示是否构成承诺。包含愿受合同约束的意思的(实盘),即为承诺;没有愿受约束的意思的(虚盘),不是承诺。虚盘不是承诺,而属于新的要

---

[19] 此为一般原则,如特别约定:"交付定金一方可抛弃定金而解除合同,收受定金一方可双倍返还定金而解除合同",则属于解约定金,是为例外。

约,绝无合同(预约或者本约)成立之可能。至于合同(预约或者本约)成立之前,如当事人之间发生损害,则有适用缔约过失责任(《合同法》第42、43条)之可能,自不待言。

《买卖合同解释》第3条规定,当事人一方以出卖人在缔约时对标的物没有所有权或者处分权为由主张合同无效的,人民法院不予支持。出卖人因未取得所有权或者处分权致使标的物所有权不能转移,买受人要求出卖人承担违约责任或者要求解除合同并主张损害赔偿的,人民法院应予支持。

二、关于《买卖合同解释》第3条

(一)对《合同法》第132条的反面解释

《合同法》第132条第1款规定:"出卖的标的物,应当属于出卖人所有或者出卖人有权处分。"

本条之反面,包含四种案型:

(1)国家机关或者国家举办的事业单位处分"直接支配的不动产和动产",不符合"法律和国务院的有关规定"(《物权法》第53、54条);

(2)抵押人出卖抵押物未经抵押权人同意(《物权法》第191条第2款);

(3)融资租赁承租人付清全部租金之前出卖租赁设备(《合同法》第242条);

(4)保留所有权买卖合同的买受人在付清全款之前转卖标的物(《合同法》第134条)。

严格言之,《合同法》第132条之反面,还可以包括恶意及误认出卖他人之物。但在合同法制定时,起草人将恶意及误认出卖他人之物,与恶意及误认无偿转让他人之物合二为一,设立"无权处分(他人财产)合同"规则,规定在总则第三章第51条。[20] 因此,对《合同法》第

---

[20] 《合同法》第51条不包括恶意及误认抛弃他人之物,因"抛弃"属于事实行为,而非合同。

132 条作反面解释,仅包括上述四种案型。

依据《合同法》起草人创设"无权处分(他人财产)合同"规则之政策判断,对《合同法》第 132 条反面解释所包括的上述四种案型,属于"所有权或者处分权受到限制的所有人处分自己的财产",并非"恶意及误认处分他人财产",显而易见不在《合同法》第 51 条适用范围之内,当然不能仅"因出卖人在缔约时对标的物没有所有权或者处分权"而认定合同无效。于是产生《买卖合同解释(7 月修改稿)》(以下简称《7 月修改稿》)第 4 条。

《7 月修改稿》第 4 条:(买卖合同的效力)

当事人一方仅以出卖人在缔约时对标的物没有所有权或者处分权为由主张合同无效的,人民法院不予支持。

前款情形中出卖人因不能取得标的物的所有权或者处分权致使标的物所有权不能转移,买受人要求出卖人承担违约责任或者要求解除合同并主张损害赔偿的,人民法院应予支持。

鉴于 2011 年 5 月在北京郊区举行的专家讨论会上,曾讨论本条解释规则与《合同法》第 51 条无权处分合同规则的关系,起草人特意在《7 月修改稿》第 4 条添加了两个脚注。第 1 款"脚注"原文:"该条款系对《合同法》第 132 条的反面解释。"第 2 款"脚注"原文:"违约责任能否包括解除合同并赔偿损失,也是一个问题。"

第 1 款"脚注",明示创设本条解释规则的目的,是"对《合同法》第 132 条的反面解释",并非解释《合同法》第 51 条无权处分合同规则,澄清了 2011 年 5 月专家讨论会上个别人对本条解释与无权处分合同规则的混淆。

第 2 款"脚注"表明,起草人还没有注意到,根据第 1 款解释规则,"出卖人因不能取得标的物的所有权或者处分权致使标的物所有权不能转移",将构成根本违约,应发生违约责任(第 107 条)与法定解除权(第 94 条)的竞合,因而对第 2 款规定买受人可以"要求出卖人承担违约责任或者要求解除合同并主张损害赔偿",心存疑虑。

(二)创设"将来财产买卖合同"效力规则

所谓"将来财产买卖",俗称"未来货物买卖",属于典型商事买卖合同。此种买卖的特征在于,经销商与终端购买人签订货物买卖合同之后,经销商自己才与上端供应商(生产商、进口商、批发商)订立买卖合同,购进已经销售给终端买受人的货物。经销商与终端买受人之间的买卖合同签订之时,所出卖货物还在上端供应商(生产商、进口商、批发商)的占有之下或者还没有被生产出来,出卖人(经销商)还不享有对所出卖标的物的所有权或者处分权。特别是在现代市场经济条件下,经销商为了节约成本,实行所谓"零库存"经销方式,致所谓"将来财产买卖",或"未来货物买卖",成为最常见、最重要的商事买卖合同形式。

《合同法》起草于中国由计划经济向市场经济转轨之初,起草人无法预见到将来财产买卖是市场经济条件下重要的买卖合同形式,故合同法未设相应规则。因此,转轨到市场经济之后,将来财产买卖这种最常见、最重要的商事买卖合同形式,在现行法上没有相应的法律规则,构成立法漏洞。

鉴于将来财产买卖合同订立之时,出卖人(经销商)尚未占有所出卖的标的物,当然不可能享有所出卖标的物的所有权或者处分权,因而容易与"无处分权的人处分他人财产"混淆,被误认为属于《合同法》第51条无权处分合同规则的适用范围。而根据《合同法》起草人之立法本意,《合同法》第51条无权处分合同规则的适用范围,并不包括将来财产买卖合同。为了纠正裁判实践中误用《合同法》第51条无权处分合同规则,裁判将来财产买卖合同纠纷案型的错误,最高人民法院制定买卖合同解释时,预定计划创设将来财产买卖合同解释规则。这就形成《7月修改稿》第5条,起草人以"将来财产买卖合同的效力",作为这一规则的名称。

《7月修改稿》第5条:(将来财产买卖合同的效力)

以将来可能取得所有权或者处分权的财产为标的物的合同当事人,以出卖人未取得所有权或者处分权为由主张合同无效的,人民法院不予支持。出卖人在合同履行期限届至时仍未能取得标的物所有权或者处分权致使标的物所有权不能转移的,应当承担违约责任。[21]

将来财产买卖合同,是现代化市场经济条件下最常见、最重要的商事买卖合同,其本身属于合法行为,当然不得仅"以出卖人未取得所有权或者处分权为由",认定合同无效。[22] 如果出卖人在合同履行期届至时仍不能取得标的物所有权或者处分权,理当构成根本违约,依据《合同法》第 107 条的规定,应由出卖人承担违约责任。另外,依据《合同法》第 94 条的规定,还将发生买受人法定解除权。但在此时,起草人尚未注意到,将发生违约责任与法定解除权的竞合。

特别值得注意的是,解释起草人对《7 月修改稿》第 5 条"将来财产买卖合同的效力"规则,特别加上了一个"脚注":"如果第四条可以成立,那么第五条的情形可否并入第四条之中?"

这说明解释起草人,在按照制订本解释之预定计划,草拟了《合同法》第 132 条反面解释规则(第 4 条)和新创了将来财产买卖合同效力规则(第 5 条)之后,已经注意到两个解释规则完全相同。既然如此,为什么不可以将两个解释规则合二为一呢?于是,就此问题征求参与本解释草案讨论的民法专家的意见。

鉴于《合同法》第 132 条反面解释规则(《7 月修改稿》第 4 条),与新创将来财产买卖合同效力规则(《7 月修改稿》第 5 条)完全相同,起草人在征得参与讨论的民法专家同意之后,遂将两项规则加以合并,成为《买卖合同解释(8 月稿)》第 4 条,亦即最后正式公布的《买卖合同

---

[21] 2011 年 5 月专家论证修改稿本条(第 5 条)名称仍为"买卖合同的效力",与第 4 条的名称相同。《7 月修改稿》本条名称变更为"将来财产买卖合同的效力",第 4 条名称仍为"买卖合同的效力",但起草人为第 4 条加了一个"脚注",即本条是对第 132 条的反面解释。意在明示两条解释不同的解释标的(对象)。

[22] 《国际商事合同通则》第 3.3 条(自始不能)第 2 款规定:"合同订立时一方当事人无权处置与该合同相关联财产的事实本身不影响合同的效力。"该款注释:"本条第 2 款所要解决的问题是,允诺转让或交付财产的当事人无权处置这些财产,因为在合同订立时他没有合法的所有权或没有处分权。""本条第 2 款认为这种合同有效。实际上,签约人的确经常在合同订立之后获得对财产的合法权利或处分权。若签约人事后未获得这些权利,则可适用有关不履行的规则。"参见对外贸易经济合作部条约法律司编译:《国际统一私法协会国际商事合同通则》,法律出版社 1996 年版,第 54 页。

解释》第 3 条。

（三）《买卖合同解释》第 3 条：理论意义和实践意义

以上对本条解释起草、讨论、修改过程的回顾，已充分表明《买卖合同解释》第 3 条，是由《合同法》第 132 条反面解释规则和新创的将来财产买卖合同效力规则合并而成的，是最高人民法院运用附属于最高裁判权的解释权新创的一项规则。

此项解释规则的适用范围，包括五种案型：

（1）国家机关或者国家举办的事业单位处分"直接支配的不动产和动产"，不符合"法律和国务院的有关规定"（《物权法》第 53、54 条）；

（2）抵押人出卖抵押物未经抵押权人同意（《物权法》第 191 条第 2 款）；

（3）融资租赁承租人付清全部租金之前出卖租赁设备（《合同法》第 242 条）；

（4）保留所有权买卖合同的买受人在付清全款之前转卖标的物（《合同法》第 134 条）；

（5）将来财产的买卖。

前四种案型属于"处分权受到限制的所有人出卖自己之物"[23]，第五种案型属于所有人出卖尚未取得所有权之物，相对于《合同法》第 132 条规定的出卖人有所有权或者处分权的通常买卖合同而言，属于买卖合同的特殊情形。因此，本条解释规则，应称为"买卖合同特别效力规则"。

最高人民法院《买卖合同解释》，创设第 3 条"买卖合同特别效力规则"，填补了《合同法》两个法律漏洞：一是属于《合同法》第 132 条反面的前述四种案型，其买卖合同效力（有效抑或无效）缺乏判断标准；二是"将来财产买卖合同"效力（有效抑或无效），缺乏判断标准。

---

[23] 第（3）（4）两种案型，亦属于"所有人出卖自己的财产"，因为出租人享有的设备"所有权"、前出卖人保留售出货物的"所有权"，仅作为所欠租金、价金的担保，属于"担保权人"，不是真正的所有权人。

此项规则之创设,使法院裁判获得明确无误的指引:处分权受到限制的出卖人"处分自己财产"的案型及将来财产买卖案型,应当适用《买卖合同解释》第3条"买卖合同特别效力规则";无处分权的人(恶意或误认)"处分他人财产"案型,应当适用《合同法》第51条无权处分合同规则。于是,可以纠正此前裁判实践中,处分权受到限制的出卖人"处分自己财产"的案型及将来财产买卖案型误用《合同法》第51条无权处分合同规则的错误。㉔

显而易见,最高人民法院《买卖合同解释》第3条,创设"买卖合同特别效力规则",具有重大的理论意义和实践意义,表明最高人民法院从事法律解释工作,达到前所未有的水准,值得赞佩。

但此项规则公布之后,未能及时向法院系统进而向整个法律界,准确阐发此项解释规则的解释标的(对象)、适用范围、规范意旨及与其他法律规则之间的界分,以发挥此项规则的规范功能,反而因自己的不当释义,招致法律界对本条具有重大理论意义和实践意义的规则的误解!被误解为对《合同法》第51条无权处分合同规则的修改!引起法律界思想混乱!不能不令人惋惜。

(四)如何看待《合同法》第51条

《合同法》实施以来,有关《合同法》第51条的争论一直没有停息。略加分析可以发现,民法学界多数学者和实务界对该条持肯定态度,批评第51条、认为该条立法错误的,只有少数学者。对第51条的主要批评有三:(1)与"共同规则"不一致;(2)片面保护财产静的安全对买受人不利;(3)起草人故意标新立异。下面作简单回应。

对第(1)项批评:《合同法》第51条规定无权处分他人财产的合同,须以权利人追认或者处分人事后取得处分权为有效条件,权利人不

㉔ 《合同法》第51条的适用范围:无处分权的人因恶意或误认处分他人财产。其中,所谓"财产",仅指有形财产(动产、不动产),不包括无形财产(债权、知识产权、股权);所谓"处分",仅指有偿转让(出卖)及无偿转让(赠与),不包括设立担保权、使用权。裁判实践中常见误用《合同法》第51条的错误,除这里指出的误用于处分权受到限制的出卖人"处分自己财产"的案型及将来财产买卖案型之外,还有误用于共有人处分共有物案型、非持股人转让股权案型、非所有人设立担保权/使用权案型。

追认、处分人事后也未取得处分权的,无权处分合同无效。并非起草人不了解所谓共同规则,而是起草人有意与所谓共同规则不一致。因此,仅指出本条规定与所谓共同规则不一致,尚不足以构成批评本条的正当理由。

对第(2)项批评:无权处分他人财产的合同,因权利人不追认,处分人事后也未取得处分权而致合同无效情形,买受人如属于善意,依《物权法》第106条关于善意取得制度的规定,仍可获得标的物所有权;买受人非属于善意,则依《合同法》第58条关于合同无效的效果之规定,可要求出卖人如数返还买卖价金,如果因此受有损失,还可以要求有过错的出卖人予以赔偿。可见,《合同法》第51条无权处分合同规则,并非对买受人不利。所谓片面保护财产静的安全、对买受人不利的批评,实难谓公允。

对第(3)项批评:毋庸讳言,包括《合同法》在内的中国民法,属于所谓继受法。中国继受外国法属于主动继受,尤其改革开放以来的民事立法,在广泛参考借鉴发达国家和地区成功的立法经验和判例学说之时,总是结合本国国情有所选择、有所变更、有所创新。在《合同法》《物权法》《侵权责任法》上这样的实例不少。《合同法》第51条只是其中一例。

简而言之,合同法起草人在设计和拟定《合同法》第51条无权处分合同规则、第130条买卖合同定义、第132条要求出卖人对所出卖之物应有所有权或者处分权,未遵从所谓共同规则,既非有意追求所谓的特色,也非有意要标新立异,只不过是在看到所谓共同规则与社会生活经验不一致之后,自觉选择了遵从社会生活经验罢了。

按照人们无数次的交易实践所积累的社会生活经验,买卖合同与现实交易行为,是一一对应的,例如购买一只茶杯,只是一个交易行为,亦即一个买卖合同。但按照所谓共同规则,必须把购买一只茶杯的交易理解为三个法律行为:(1)与出卖人购买茶杯讨价还价达成合意,成立一个买卖合同,属于债权行为。根据此债权行为,享有请求出卖人交付所选定的那只茶杯的债权,当然也因此负有按照出卖人的要求支付价款的义务。但与出卖人订立的买卖合同,尚不足以使我们得到所选定的那只茶杯的所有权。(2)要得到那只茶杯的所有权,还必须与出卖人缔结另一个法律行为,将所购买的那只茶杯的所有权移转到我们的名下,此项法律行为以发生物权变动为目的,属于物权行为。(3)还须与出卖人协商缔结第三个法律行为(物权行为),将购买茶杯的价款若干元人民币的所有权移转给出卖人。

按照所谓共同规则㉕,与出卖人订立的买卖合同,只是使双方负担交货付款的债务,性质上属于债权行为(负担行为),与所购买的那只茶杯的所有权移转无关。因此,买卖合同,不应包含标的物所有权移转的效力,也不应要求出卖人对于所出卖的标的物,应有所有权或者处分权;无处分权的人(因恶意或者误认)出卖他人之物,即使权利人不予追认、处分人事后也没有得到处分权,买卖合同仍然应当有效。

中华民族尚属于擅长抽象思维的民族,但无论如何也难以想象,我们的十多亿普通人民,能够把哪怕是购买一只茶杯的交易,理解为缔结了三个法律行为?能够理解《合同法》何以不要求出卖人对所出卖之物有所有权或者处分权?能够理解一个人因恶意或者误认把别人的东西卖了,《合同法》居然规定买卖合同有效?

《合同法》制定中确曾讨论过这样的设例:假如有人把天安门城楼出卖给某个外国人,能否设想最高人民法院或者北京市高级人民法院依据中国的合同法宣告买卖合同有效?

一只猫就是一只猫,你不能硬说成三只猫!买卖合同不仅发生交货付款的债权债务,当然还发生标的物和价金所有权的移转。出卖人须对所出卖之物有所有权或者处分权。无处分权的人因恶意或误认出卖他人财产,权利人不追认、处分人事后也未取得处分权的,买卖合同当然无效。《合同法》第51条、第130条、第132条之所以不同于所谓共同规则,不过是起草人遵从社会生活经验的结果。

(五)谁有权修改法律?

就算退一万步,承认《合同法》第51条无权处分合同规则错误,也

㉕ 所谓共同规则,并非真正的共同规则,实际采用此项规则的立法例很少。

不能由最高人民法院通过制定司法解释予以修改!理由很简单:最高人民法院无权修改法律。

谁有权修改法律?唯有立法者有权修改法律。最高人民法院无权修改法律。即使是依据该国宪法拥有法律审查权的最高法院(或者宪法法院),也只是在审理违宪案件时,有权判断涉案法律(法规)是否违反宪法,有权作出涉案法律(法规)违宪与否的宣告,绝对不能对被宣告违宪的法律(法规)擅做修改。法院包括最高法院无权修改法律,这是法治发达国家和地区一体遵循的铁则。

尊重法律、维护法律,是法官和法院的神圣职责,绝对不能借口行使裁判权、解释权修改法律。法律有威信,法院、法官才有威信;法律有尊严,法院、法官才有尊严。法院、法官自己不尊重法律,不维护法律,把法律当成可以执行、可以不执行、可以随意修改的东西,也就否定了法院和法官自己。

三、关于《买卖合同解释》第 27 条

《买卖合同解释》第 27 条规定:买卖合同当事人一方以对方违约为由主张支付违约金,对方以合同不成立、合同未生效、合同无效或者不构成违约等为由进行免责抗辩而未主张调整过高的违约金的,人民法院应当就法院若不支持免责抗辩,当事人是否需要主张调整违约金进行释明。一审法院认为免责抗辩成立且未予释明,二审法院认为应当判决支付违约金的,可以直接释明并改判。

解读和评论本条解释,须先介绍发达国家和地区关于违约金调整之立法例。以是否须债务人申请为标准,关于违约金调整的立法例分为两种:

第一种立法例,无须债务人申请的立法例,以瑞士、意大利为代表。《瑞士债法典》第 163 条第(3)项规定:"法官得依其裁量,酌减过高之违约金。"《意大利民法典》第 1384 条规定:"主债务已被部分履行或者违约金的数额明显过大的,法官可以权衡债权人因履行所获利益而公平地减少违约金。"依瑞士、意大利立法,法院得依职权调整违约金,而

无须以债务人申请为前提条件。

瑞士司法实务之见解是，虽不须债务人明示声请或要求，但至少须债务人提出酌减理由之事实而争执或指责违约金之数额，才可视为已要求酌减，而得由法院酌减过高之违约金。[26] 意大利1990年之判决采取须经债务人明示请求才可酌减之见解，然而2003年之较新判决已推翻旧有见解而改采法院得依职权酌减违约金，但债务人须就违约金金额与契约给付之显不相当加以举证。[27]

我国台湾地区"民法"第252条关于违约金过高之酌减，参考瑞士、意大利立法例，未明文规定以债务人声请为条件。解释上，认为立法者是有意采取不须经债务人声请，法院得依职权酌减违约金之规定。

我国台湾地区"最高法院"大多数判决采取法院得依职权酌减违约金的立场。但有少数判决认为，须债务人抗辩，而且违约金过高之利己事实应由债务人主张及举证，法院始得酌减违约金。[28]

第二种立法例，即须债务人声请的立法例，以德国为代表。《德国民法典》第343条规定："（1）违约金之金额过高者，在债务人提出申请时，得以判决减至适当之金额。违约金是否适当之判决，应考虑债权人之一切正当利益，不仅是考虑财产上之利益。已支付违约金者，不得请求减少……"

依此规定，法院酌减违约金，须以债务人声请为条件，即使原告诉讼上提出之事实资料已显示违约金过高，但如诉讼上未经被告抗辩违约金过高且表示无意受拘束之意思，法院仍不得酌减违约金。[29]

《合同法》第114条第2款，关于违约金的增减，明定"当事人可以

---

[26] 参见杨芳贤：《民法违约金酌减规定之若干问题》，载《台大法学论丛》2011年第4期，第2147页。

[27] 参见杨芳贤：《民法违约金酌减规定之若干问题》，载《台大法学论丛》2011年第4期，第2148页。

[28] 参见杨芳贤：《民法违约金酌减规定之若干问题》，载《台大法学论丛》2011年第4期，第2176页、第2157页。

[29] 参见杨芳贤：《民法违约金酌减规定之若干问题》，载《台大法学论丛》2011年第4期，第2143页。

请求"人民法院或者仲裁机构予以增减,是采纳德国立法例。此种立法的特色,在于明定违约金调整属于债务人的权利,只在债务人提出减少违约金的申请时,法院才对约定违约金是否过高予以审查;债务人不提出减少违约金的申请,应视为债务人放弃权利,法院不得以职权审查。

请注意《合同法解释(二)》第27条的规定:"当事人通过反诉或者抗辩的方式,请求人民法院依照合同法第一百一十四条第二款的规定调整违约金的,人民法院应予支持。"

此项解释解决了两个问题:第一,人民法院适用《合同法》第114条第2款的规定,对约定过高或过低的违约金进行调整,须以债务人请求为前提条件,债务人未要求的,人民法院不得依职权调整违约金;第二,债务人要求调整违约金,须采取反诉或者抗辩的方式,换言之,调整违约金属于债务人的实体权利,此项权利之行使,必须在诉讼中采取反诉(处分原则)或者抗辩(辩论原则)的方式。

但须补充一点,对"通过反诉或者抗辩的方式"的解释不能死抠,债务人于答辩状明确请求依据《合同法》第114条第2款减少或者增加违约金的,应认为债务人以反诉方式行使权利,自无异议;此外,凡债务人在答辩状和辩论中有表示约定"违约金数额过高、过低"之意思的,无论其是否提及《合同法》第114条第2款,是否有要求减少、增加之语句,均应认为债务人以"抗辩的方式"要求调整违约金。

依据最高人民法院上述解释,调整违约金,属于债务人的权利,债务人于诉讼中未提出调整违约金的反诉或抗辩的,视为当事人放弃权利,法庭不得依职权审查违约金是否过高过低,而应判决债务人支付约定的违约金。此后,债务人在上诉审或者再审,不得再行主张约定违约金过高、过低而要求调整。

但《买卖合同解释》第27条要求法庭对被告是否要求调整违约金进行释明,这就涉及"释明"与"抗辩"的关系问题,换言之,依《合同法解释(二)》,当事人必须采取"反诉"或者"抗辩"方式要求调整违约金,是否属于法庭"释明"的范围。

这里须介绍什么是"释明"及哪些事项可以"释明"、哪些事项不能"释明"。

所谓释明,是指法官于庭审中,认为当事人的诉讼请求、事实陈述、证据资料和法律观点存在模糊、瑕疵和疏漏时,通过发问或告知以提示当事人予以澄清或补充的诉讼行为。

关于法官释明的性质,有三种观点:第一,"释明权利说",认为释明是法官的诉讼权利,法官可以自由决定是否释明。第二,"释明义务说",认为释明是法官的诉讼义务,如法官对于应当释明的事项而不予释明,将构成违法,应当承担相应的法律责任。第三,"权利义务说",认为释明既是法官的诉讼权利,也是法官的诉讼义务。我国多数学者倾向于第三种观点。

发达国家和地区的民事诉讼法大多对法官释明有明文规定:

《德国民事诉讼法》第139条规定:"1.审判长应该使当事人就一切重要的事实作充分的说明,并且提出有利的申请,特别在对方所提事实说明不够时要加以补充,还要表明证据方法。为达此目的,在必要时,审判长应与当事人共同从事实上和法律上两方面对于事实关系和法律关系进行阐明,并且提出发问。2.审判长对于应依职权调查的事项中存在的可疑之处,应予注意。3.审判长在法院的其他成员要求时,应许其发问。"

《日本民事诉讼法》第149条规定:"审判长为了明了诉讼关系,在口头辩论的期日或期日之外,就有关事实及法律上的事项对当事人进行发问,并且催促其进行证明。"

《法国民事诉讼法》第8条规定:"法官得要求诸当事人提供其认为解决争议所必要的事实上的说明。"《法国民事诉讼法》第13条规定:"法官得要求当事人提供其认为解决争议所必要的法律上的说明。"

我国台湾地区"民事诉讼法"第199条规定:"审判长应注意令当事人就诉讼关系之事实及法律为适当完全之辩论;审判长应向当事人发问或晓谕,令其为事实上及法律上陈述、声明证据或为其他必要之声明及陈述;其所声明或陈述有不明了或不完足者,应令其叙明或补充之;陪席法官告明审判长后,得向当事人发问或晓谕。"

根据上述规定可见,法官行使释明权的范围,限于"诉讼关系之事实方面和法律方面",具体言之,主要包括以下方面:

第一,当事人主张事实或陈述有含义模糊和不明确之处,法官应通过释明提示当事人予以明确。

第二,当事人主张事实或陈述有不当之处,包括诉讼请求不当和诉讼当事人不当,法官应通过释明促使当事人纠正、变更诉讼请求或增列、变更诉讼当事人。[30]

第三,当事人就自己主张事实所提供证据资料不充分时,法官应通过释明提示当事人补充证据资料,并指定补充证据资料的时限。

第四,当事人认为不重要而忽略或未提出某项法律见解,如法官认为该项法律见解与当事人利害关系重大时,应通过释明给予当事人陈述意见的机会,使双方当事人就法律适用范围、构成要件等进行充分讨论。

下面介绍浙江省高级人民法院关于规范法官释明的规定[31]:

1. 释明的三项基本原则

(1)释明应当遵循合法、公开、中立、适度、有利于诉讼的原则。(第1条)

(2)释明的内容一般限于阐释法律规定、告知诉讼风险及诉讼相关的事项,但不得违反辩论原则、处分原则。(第2条)

(3)法官不得帮助当事人提出权利抗辩事由和辩论理由。(第5条)

2. 释明的分类

(1)程序事项的释明。如告知当事人可能存在的诉讼风险、享有

---

[30] 最高人民法院《关于民事诉讼证据的若干规定》第35条规定了人民法院对当事人变更诉讼请求进行释明。

[31] 参见浙江省高级人民法院《关于规范民商事案件中法官释明的若干规定(试行)》(浙江省高级人民法院审判委员会2009年12月1日第2161次会议讨论通过)。

的诉讼权利及应履行的诉讼义务。(第 7 条)

(2)诉讼请求及法律问题的释明。

(3)事实和证据问题的释明。如释明案件的举证责任分配原则(第 20 条)。

(4)裁判的释明。如一审案件宣告判决时,应告知当事人上诉权利、上诉期限和上诉法院,以及逾期提出上诉和逾期预交二审案件受理费的法律后果。(第 32 条)

请注意,上述第(1)类"程序事项的释明"和第(4)类"裁判的释明",为法官必须履行的程序义务,属于题中应有之义,与所谓"法官释明"无关。唯其中(2)(3)两类,才属于本来意义上的"法官释明"。这里特别介绍"诉讼请求及法律问题的释明",包括以下六项:

①对当事人提出的诉讼请求不明确、不充分、不正确的,法官可以要求当事人就诉讼请求的具体内容进行说明。(第 14 条)

②当事人主张的法律关系性质或民事行为的效力与法院根据案件事实作出的认定不一致的,法官应当告知当事人可以变更诉讼请求。(第 15 条)

③当事人主张的法律关系性质或民事行为效力明显有误的,法官可以视情况即时释明。(第 16 条)

④当事人的请求权基础不明确或存在竞合情形的,法官应当告知当事人予以明确或者作出选择。(第 17 条)

⑤当事人的诉辩意见不明确或自相矛盾,法官可以要求当事人陈述清楚,或经法官归纳、总结后,由当事人确认或补充。对双方当事人均未涉及但存在疑点且构成裁判基础的事项,法官应当进行释明。(第 18 条)

⑥当事人对法律用语、法律概念以及其他相关法律事项不能理解或者表示疑惑的,法官应当随时进行释明。(第 19 条)

我认为,浙江省高级人民法院关于法官释明事项和释明应遵循原则的规定,是完全正确的,值得重视。遗憾的是,最高人民法院的司法解释要求法官对于本不属于法官释明事项范围的"违约金调整"进行释明,违背了法官释明应遵循的基本原则。

请先看最高人民法院《关于当前形势下审理民商事合同纠纷案件若干问题的指导意见》(法发〔2009〕40号),该指导意见指出:

现阶段由于国内宏观经济环境的变化和影响,民商事合同履行过程中违约现象比较突出。对于双方当事人在合同中所约定的过分高于违约造成损失的违约金或者极具惩罚性的违约金条款,人民法院应根据合同法第一百一十四条第二款和最高人民法院《关于适用中华人民共和国合同法若干问题的解释(二)》(以下简称《合同法解释(二)》)第二十九条等关于调整过高违约金的规定内容和精神,合理调整违约金数额,公平解决违约责任问题。

在当前企业经营状况普遍较为困难的情况下,对于违约金数额过分高于违约造成损失的,应当根据合同法规定的诚实信用原则、公平原则,坚持以补偿性为主、以惩罚性为辅的违约金性质,合理调整裁量幅度,切实防止以意思自治为由而完全放任当事人约定过高的违约金。

为减轻当事人诉累,妥当解决违约金纠纷,违约方以合同不成立、合同未生效、合同无效或者不构成违约进行免责抗辩而未提出违约金调整请求的,人民法院可以就当事人是否需要主张违约金过高问题进行释明。

该指导意见提到《合同法解释(二)》,却无视《合同法解释(二)》关于违约金调整必须采用"反诉或抗辩方式"的规定,而将本属于当事人处分权范围内的事项,纳入法庭释明权行使的范围。人民法院在当前形势下,坚持实质正义,确保公正裁判,维护企业合法权益的指导思想,在司法政策上虽然并非没有道理,但因此突破法官释明的科学界限,动摇法院裁判的中立性原则,违背了"法官不得帮助当事人提出权利抗辩事由和辩论理由"原则,其正当性不无疑义。

特别值得注意的是,上述指导意见非常谨慎地采用了赋权性措辞"可以",据此,法庭是否进行释明,属于法庭的"职权",而非法庭的"义务"。可以推知,指导意见对于法官释明的性质,是采"释明权利说"。这一点很重要。既然是法庭的职权,法庭对于是否进行释明,有充分的裁量自由:当法庭认为本案违约金约定"显然过高或过低"时,当然有权对当事人释明;反之,法庭当然有权不予释明;法庭未予释明,即使事后二审法庭认为本案违约金约定"显然过高或过低",也不得因此认定一审判决错误。

值得注意的是,《买卖合同解释》第 27 条明确规定为"应当"进行"释明",此项"释明",成为法庭的"义务",与上述指导意见截然相反。既然属于法庭"义务",法庭就没有任何自由裁量的余地,无论法庭是否认为违约金约定过高,都必须进行"释明"。可以推知,《买卖合同解释》关于释明的性质,是采"释明义务说"。按照"释明义务说",释明为法官的义务而非权利,法官对于应予释明的事项而未予释明的,将构成程序错误,仅此一点即可成为"上诉理由",且法官构成"违法"应承担法律责任。

《买卖合同解释》第 27 条规定法庭对于违约金调整"应当释明",而此前的指导意见规定的是"可以释明",严格按照《合同法解释(二)》的规定则是"不能释明"。

此外,以司法解释政策判断论,违约金调整,只是减轻被告的责任,法庭尚且应当予以释明,则能够使被告完全免责的"诉讼时效是否经过""有无法定免责事由""合同是否有免责条款"等,法庭更应当"释明"。否则,在司法政策上,将导致显失均衡。

建议最高人民法院对于"违约金调整",应当回到《合同法解释(二)》的正确立场,当事人未以反诉或抗辩方式要求调整违约金的,法庭不得进行释明。这种情形,如果法庭审理中查明并认为合同约定违约金显然过高或过低,不予调整将导致判决显失公平,可以直接适用《合同法》第 6 条关于诚信原则的规定,如属于格式合同则可依据《合同法》第 40 条关于格式合同条款的规定,认定合同违约金条款无效,而改为按照《合同法》第 107 条的规定判决损害赔偿金。

四、关于《买卖合同解释》第 30 条

《买卖合同解释》第 30 条规定:"买卖合同当事人一方违约造成对

方损失,对方对损失的发生也有过错,违约方主张扣减相应的损失赔偿额的,人民法院应予支持。"

要评论此项解释规则,须先考察发达国家和地区立法及国际公约惯例如何对待违约责任的过失相抵问题。《法国民法典》和《瑞士债法典》未有规定。德国、意大利、日本、荷兰的民法典及我国台湾地区"民法"规定违约责任的过失相抵,但所规定过失相抵的适用范围有所不同。[32]

英美法上的过失相抵规则,仅适用于侵权责任,而不适用于违约责任。英美法不承认违约责任的过失相抵,其理论根据在于,英美法认为违约与过失无关,认为当事人有订立合同的自由,也当然有违约的自由。美国权威合同法专家范斯沃思在《美国合同法》一书中,对于违约的自由有专门论述。他先引用了上一辈权威学者霍姆斯的话。霍姆斯说:"合同与当事人的主观意志毫无关系,我们只能通过当事人的外部行为来判断合同的约束力问题。""合同当事人只是或者履行合同,或者支付由此造成的损失,因此他选择由此造成的损失,他就没有过错。他只是在两种方式中选择一种来履行他的义务。"[33]然后范斯沃思作出

---

[32] 第一种立法例,仅规定受害人过失(原因)助成债务人违约,亦即受害人对于违约方的违约行为(债务不履行)与有过失。如《日本民法典》第418条:"关于债务不履行,在债权人与有过失时,对于定其损害赔偿的责任及其金额,由法院斟酌之。"

第二种立法例,仅规定受害人过失助成损害发生,亦即受害人对于损害的发生与有过失。如《德国民法典》第254条规定:"(1)被害人对损害的发生有共同过错的,应根据情况,特别是根据损害在多大程度上是由当事人的一方或者另一方造成的,确定赔偿义务和赔偿范围……"

《意大利民法典》第1227条规定:"因债权人的过失致使损害发生的,根据过失的程度及其所致后果的严重程度减少赔偿额。债权人只要尽勤勉注意即可避免的损失,不予赔偿。"

《荷兰民法典》第6:101条规定:"1.损失亦因可归责于受害人的原因造成的,应当根据受害人和赔偿义务人在造成损失中的可归责情形在双方之间分担应赔偿的损失,从而减轻赔偿义务人的赔偿义务。根据案件中的过错严重程度和其他情形,公平原则有此要求的,分担比例可以有所不同,或者赔偿义务可以全部消灭或者全部不被分担……"

第三种规定受害人过失助成损害发生或者扩大,亦即受害人对于损害的发生或者扩大与有过失。如我国台湾地区"民法"第217条:"损害之发生或扩大,被害人与有过失者,法院得减轻赔偿金额,或免除之。"

[33] O. W. Holmes, The Path of Law, 10 Harvard Law Review 457(1897).

论断:"无论如何,与著名的订约自由一样,也应当有相当程度的违约自由。"㉞

由此可见,按照英美合同法原理,既然当事人不仅有订约的自由,也有违约的自由,因此违约与过失无关,此区别于侵权行为。侵权行为人通常具有过失,因此可以适用过失相抵规则,以限制侵权人承担的赔偿责任,使其不至于承担过重的赔偿责任,平衡侵权人与受害人之间的利益关系;既然违约与过失无关,当然不能通过适用过失相抵规则,要限制违约方的赔偿责任,协调违约方与受害人之间的利益关系,只好采用别的方法,这就是减损规则和不可预见规则。

中国曾长期实行计划经济体制,无所谓合同法和合同法理论。1978 年实行改革开放,开始向市场经济转轨,将合同立法提上日程。根据 1981 年制定的《经济合同法》第 32 条第 2 句的规定,如属双方的过错,造成经济合同不能履行或者不能完全履行,应"根据实际情况,由双方分别承担各自应负的违约责任"㉟,与过失相抵规则处理的是同一问题,但与过失相抵规则赋予违约方主张减轻赔偿责任的抗辩权不同。

1985 年制定《涉外经济合同法》。《涉外经济合同法》由当时的对外经济贸易部负责起草,《联合国国际货物销售合同公约》㊱(以下简称《维也纳公约》),理所当然成为起草《涉外经济合同法》的主要制度依据。《涉外经济合同法》多数制度和条文均可从《维也纳公约》找到其渊源。

如前所述,《维也纳公约》不承认过失相抵规则,而规定减损规则

㉞ 〔美〕E. 艾伦·范斯沃思:《美国合同法》,葛云松、丁春艳译,中国政法大学出版社 2004 年版,第 750 页。

㉟ 《经济合同法》第 32 条第 1 款规定:"由于当事人一方的过错,造成经济合同不能履行或者不能完全履行,由有过错的一方承担违约责任;如属双方的过错,根据实际情况,由双方分别承担各自应负的违约责任。"

㊱ 《联合国国际货物销售合同公约》是联合国国际贸易法委员会(UNCIT RAL)于 1980 年 4 月 11 日在维也纳召开的外交会议上通过的。该公约于 1988 年 1 月 1 日生效。1981 年 9 月 30 日中华人民共和国政府代表签署该公约,1986 年 12 月 11 日交存核准书。核准书中载明,中国不受公约第 1 条第(1)款(D)、第 11 条及与第 11 条内容有关的规定的约束。

(第77条)和不可预见规则(第74条第2句)。

《维也纳公约》第77条规定:"声称另一方违反合同的一方,必须按情况采取合理措施,减轻由于该另一方违反合同而引起的损失,包括利润方面的损失。如果他不采取这种措施,违反合同一方可以要求从损害赔偿中扣除原可以减轻的损失数额。"

《维也纳公约》第74条第2句:"这种损害赔偿不得超过违反合同一方在订立合同时,依照他当时已知道或理应知道的事实和情况,对违反合同预料到或理应预料到的可能损失。"

《维也纳公约》第77条的特色是,先规定他方违约情形受害人负有减损义务,然后规定受害人不履行减损义务致使损失扩大时,违约方可要求从损害赔偿中扣除该扩大的损失。扣减损害赔偿的前提,是受害人"违反减损义务",而不是所谓受害人"与有过失",因此与所谓过失相抵规则不同。质言之,公约拒绝采纳大陆法系所谓过失相抵规则,而采纳了英美法系契约法的"减损规则"。

《涉外经济合同法》第22条,以《维也纳公约》第77条作为自己的立法基础。该法第22条规定:"当事人一方因另一方违反合同而受到损失的,应当及时采取适当措施防止损失的扩大;没有及时采取适当措施致使损失扩大的,无权就扩大的损失要求赔偿。"应当肯定,涉外经济合同法规定减损规则,拒绝传统过失相抵规则,严格遵循了《维也纳公约》的立场。[37]

1986年我国制定并颁布《民法通则》。《民法通则》起草人将违约责任和侵权责任合称民事责任,设第六章规定民事责任,下设3节:第1节规定民事责任的一般原则,第2节规定违约责任,第3节规定侵权责任。

假如立法者承认违约责任的过失相抵规则,可以有两种方案:一是在第1节规定过失相抵规则,使之同时适用于违约责任和侵权责任;二

---

[37] 《涉外经济合同法》也规定了不可预见规则,其第19条规定:"当事人一方违反合同的赔偿责任,应当相当于另一方因此所受到的损失,但是不得超过违反合同一方订立合同时应当预见到的因违反合同可能造成的损失。"

是在第 2 节和第 3 节分别规定过失相抵规则(缺点是重复)。但结果是,这两种方案,均未被采纳。

我们看到,第六章民事责任,其第 1 节"一般规定",未规定过失相抵规则;第 2 节"违反合同的民事责任",也未规定过失相抵规则,却规定了减损规则(第 114 条);第 3 节"侵权的民事责任",明文规定了过失相抵规则(第 131 条)。显而易见,《民法通则》只规定侵权责任的过失相抵规则,拒绝规定违约责任的过失相抵规则,坚持了《维也纳公约》和《涉外经济合同法》的立场。㊳

值得注意的是,《涉外经济合同法》和《民法通则》否定违约责任的过失相抵的立场,并未获得民法学界的认同。㊴ 1993 年开始制定统一合同法,由六位学者和两位法官共同设计《合同法立法方案》,建议并行规定减损规则和过失相抵规则㊵。

但最后由 12 个单位学者根据立法方案起草的《合同法草案(试拟稿)》,在"第 8 章违约责任"的"第 3 节损害赔偿责任",规定了过失相抵规则(第 152 条),却未规定减损规则。

《合同法草案(试拟稿)》第 152 条[过错相抵]:"对于损害的发生或扩大,受害方也有过错的,可以减轻或者免除违约方的赔偿责任。"㊶

民法学者起草的《合同法草案(试拟稿)》,废弃《民法通则》和《涉

㊳ 1987 年颁布的《技术合同法》亦采取同样立场,仅规定减损规则(第 17 条)而不规定过失相抵规则。其第 17 条第 4 款规定:"因另一方违反合同受到损失的当事人,应当及时采取适当措施防止损失的扩大;没有及时采取适当措施致使损失扩大的,无权就扩大的损失要求赔偿。"

㊴ 朱卫国认为:"《民法通则》第 131 条虽规定于侵权责任中,但学说对于它在过错引起的债务不履行场合的适用一般并无异议。"朱卫国:《过失相抵论》,载梁慧星主编:《民商法论丛(第 4 卷)》,法律出版社 1996 年版,第 411 页;韩世远认为:"与有过失规则,适用于所有的损害赔偿请求权,不论是基于违约的损害赔偿还是基于侵权行为的损害赔偿"。参见韩世远:《合同法总论》(第 3 版),法律出版社 2011 年版,第 634 页;崔建远主编:《合同法》(第 3 版),法律出版社 2003 年版,第 268—271 页。

㊵ 《合同法立法方案》第八章违约责任,第 3 节损害赔偿:"并应规定扩大损失规则;过失相抵规则"。前者所谓"扩大损失规则",即减损规则。

㊶ 所参考的是我国台湾地区"民法"第 217 条的规定:"损害之发生或扩大,被害人与有过失者,法院得减轻赔偿金额,或免除之。"

外经济合同法》的"减损规则",规定违约责任的过失相抵规则,这对于立法机关来说是难以接受的。恰好这个时候,《国际商事合同通则》为中国立法机关提供了一个解决方案:就"损失扩大"规定减损规则,就"损失发生"规定过失相抵规则。㊷

我们看到,1997 年 4 月 1 日的《合同法草案(征求意见稿)》就采取了这一"并行规定"的方案:

第 79 条　当事人一方因另一方违约受到损失的,应当及时采取措施防止损失的扩大;没有及时采取措施致使损失扩大的,无权就扩大的损失要求赔偿。

第 88 条　受害人对于损失的发生也有过错的,可以减轻或者免除违约方的责任。

此后的两个草案均坚持了"并行规定"方案,即 1997 年 5 月 14 日的《合同法草案(征求意见稿)》,第 80 条规定减损规则,第 89 条规定过错相抵规则;1997 年 9 月 24 日的《合同法草案(征求意见稿)》,第 104 条规定减损规则,第 105 条规定过错相抵规则。

但是,到了 1998 年,情况发生了变化,立法机关从合同法草案中删去了规定过失相抵规则的条文。1998 年 6 月 16 日的《合同法(草案)》,删去了过失相抵规则,仅保留减损规则(第 119 条);同年 8 月 24 日,提交第九届全国人大常委会第四次会议第一次审议的《合同法(草案)》,亦仅规定减损规则(第 122 条),未规定过失相抵规则。

此后的第二次审议稿、第三次审议稿,直至 1999 年 3 月提交第九届全国人大第二次会议审议的法律案,均仅规定减损规则,未规定过失相抵规则。最终通过颁行的《合同法》,第 118 条规定减损规则,第 113 条末句规定不可预见规则。

㊷ 《国际商事合同通则》第 7.4.7 条(部分归咎于受损害方当事人的损害)规定:"如果损害部分归咎于受损害方当事人的作为或不作为,是由该方当事人承担风险的其他事件所导致,在考虑到每方当事人的行为的情况下,损害赔偿的金额应扣除因上述因素导致的损害部分。"第 7.4.8 条(损害的减轻)规定:"1. 不履行方当事人对于受损害方当事人所蒙受的本来可以采取合理措施减少的那部分损害,不承担责任。2. 受损害方当事人有权对试图减少损害而发生的一切合理费用要求赔偿。"

回顾《合同法(草案)》的起草、修改、审议的全过程,我们可以看到,中国立法机关关于违约责任是否规定过失相抵规则,经历了一个"否定—肯定—否定"的历程。《涉外经济合同法》《民法通则》采纳了《维也纳公约》否定过失相抵规则(仅规定减损规则)的立场,《合同法(草案)》修改讨论过程中,面对民法学者规定过失相抵规则(删除减损规则)的建议,试图采纳《国际商事合同通则》的方案,"并行规定"减损规则和过失相抵规则,但最终放弃了这一"并行规定"方案,回到《涉外经济合同法》《民法通则》和《维也纳公约》的立场:否定过失相抵规则(规定减损规则和不可预见规则)。

须回答的一个问题是,现行《合同法》(特别是总则部分)参考借鉴《国际商事合同通则》之处甚多,何以在违约责任的过失相抵问题上,不采《国际商事合同通则》并行规定减损规则和过失相抵规则的经验?下面是可能的理由:

其一,从违约形态分析,不宜规定违约责任的过失相抵规则。违约形态通常分为债务不履行、迟延履行和瑕疵履行。其中,迟延履行和不履行债务,给受害方造成的损失,不发生受害人与有过失问题;瑕疵履行给受害方造成的损失,通常是瑕疵标的物本身价值的减损,也不发生受害人与有过失问题;唯在瑕疵标的物造成受害人人身、财产损害情形,才有发生受害人与有过失的可能。

但在瑕疵标的物造成受害人人身、财产损害情形,如果适用过失相抵规则减轻违约方的赔偿责任,与民法公平原则和社会生活经验显然违背。例如,受害人由于过失驾驶致汽车撞到路旁石墙,因汽车安全气囊未启动,造成受害人人身损害的案件,可以认为"受害人对于损失的发生也有过错",但公平原则和社会生活经验不允许减轻违约方的赔偿责任。

其二,《国际商事合同通则》第 7.4.7 条"注释"的两个例子[43],按照

---

[43] 参见对外贸易经济合作部条约法律司编译:《国际统一私法协会国际商事合同通则》,法律出版社 1996 年版,第 177—178 页。

中国合同法,均不应适用过失相抵。

例1:特许经营连锁店合同限定 A 只能从 B 处进货,并规定可以在 90 天内付款,但 B 却要求 A 立即付款,A 无法办到,只得从 C 处进货。于是 B 要求 A 支付违反排他条款的罚金。但 B 只能得到部分罚金,因为是他的行为导致了 A 的不履行。

例2:豪华班轮的吊机没有按要求停落在甲板上,造成乘客 A 被砸伤。船主 B 对 A 被伤害的后果负有责任,B 从该船起航前检修吊机的公司 C 处寻求补偿。然而事实证明,如果吊机较好地停落在甲板上,事故是可以避免的。既然这是 B 的责任,B 不能从 C 那儿得到完全赔偿。

按照中国合同法,例1 中 B 的行为导致 A 违约(不能遵守排他条款),应当认定 A 不构成违约。此在《维也纳公约》第80条设有明文规定。㊹ 例2 中,(船员)不按要求停落吊机造成乘客 A 受伤,属于船主 B 的责任,与检修该船的 C 无关,应当肯定 C 不构成违约。

《国际商事合同通则》就过失相抵规则所举两例均不适当,不能不令人深思。至少说明,很难就违约责任适用过失相抵规则举出适当的案例。因此,我们有理由怀疑违约责任中适用过失相抵的正当性,如《合同法》贸然加以规定,将难免导致裁判实务之滥用。

其三,不规定过失相抵规则,并不造成违约方与受害方之间利益关系的失衡。大陆法系民法认可违约责任的过失相抵规则,其立法目的,在谋求违约方与受害方之间的公平。我国《合同法》违约责任制度,以《涉外经济合同法》和《民法通则》关于违约责任的规定为基础,坚持《维也纳公约》不承认过失相抵规则,而以减损规则(第119条)和不可预见规则(第113条末句),协调违约方与受害方之间的利益关系,足以实现当事人之间的公平。且因减损规则和不可预见规则,采取客观化判断方法,回避了判断主观过错的困难,具有方便操作的优点,易于

㊹ 《维也纳公约》第80条:"一方当事人因其行为或不行为而使得另一方当事人不履行义务时,不得声称该另一方当事人不履行义务。"

使法院裁判实现这一立法目的。

由上可知,现行《合同法》制定时,就谋求实现违约方与受害方之间的公平这一立法目的,在认可过失相抵规则与否定过失相抵规则两个立法方案之间,经过再三斟酌之后,既未采纳学者建议采纳过失相抵规则(删除减损规则)的方案,也未采纳《国际商事合同通则》并行规定过失相抵规则和减损规则的方案,坚持《涉外经济合同法》《民法通则》和《维也纳公约》的立场,其否定过失相抵规则的立法意图十分明显,并未为适用过失相抵规则留下任何解释余地。《买卖合同解释》第30条创设违约责任的过失相抵规则,实难谓正当。

最后应当指出,《买卖合同解释》,将现行合同法否定过失相抵规则,误解为立法漏洞,也是受了民法学者的影响。

如何看待承租人优先购买权[*]

1986年《民法通则》第90条规定："合法的借贷关系受法律保护。"最高人民法院对这一条文进行解释，创设房屋租赁合同的承租人优先购买权，并赋予此项承租人优先购买权物权效力。即最高人民法院《关于贯彻执行〈中华人民共和国民法通则〉若干问题的意见（试行）》第118条："出租人出卖出租房屋，应提前三个月通知承租人，承租人在同等条件下，享有优先购买权；出租人未按此规定出卖房屋的，承租人可以请求人民法院宣告该房屋买卖无效。"此项司法解释的理由是，在当时特定历史条件下，存在城镇住房短缺、住房紧张的严重社会问题，出租人一旦出卖出租房屋，承租人将很难再租到房屋，特创设此项承租人优先购买权，对承租人予以特殊保护。可见，最高人民法院此项解释，在当时特定历史条件之下具有正当性。

1993年起草统一合同法时，《宪法》虽已规定实行社会主义市场经济，但由单一公有制的计划经济向社会主义市场经济的转轨刚刚开始，住宅商品化政策刚开始实行，公房制度还未废止，城镇住房短缺、住房紧张的局面并未改变。出于保护承租人的政策目的，《合同法》在第229条规定了买卖不破租赁规则，在第230条规定了房屋承租人的优先购买权。依据买卖不破租赁规则，租赁合同具有对抗租赁标的物受让人的效力，须待租赁合同期满，受让人才能收回标的物，在租赁合同期满前受让人享受出租人的权利，承担出租人的义务。依据承租人优

---

[*] 本文原载《人民法院案例选》2009年第4辑。

先购买权制度,出租人出卖租赁房屋应先通知承租人,承租人有以同等条件优先购买的权利。此项承租人优先购买权,是否具有对抗租赁房屋买受人的效力,则取决于此项优先购买权的权利性质,亦即究竟是债权还是物权?对此,《合同法》没有规定也不应当规定,而是留给将来的《物权法》解决。如果将来《物权法》规定了作为一种物权类型的优先购买权,则《合同法》上的房屋承租人优先购买权就是物权,将具有对抗租赁房屋买受人的效力;如果《物权法》不规定优先购买权,则《合同法》上的房屋承租人优先购买权就只能是一种法定债权,不具有对抗租赁房屋买受人的效力。

《物权法》的起草始于 1998 年。当时,我国已经基本实现从单一公有制的计划经济体制向社会主义市场经济体制的转轨,社会主义市场经济已经有一定程度的发展。《物权法》起草人认为,在社会主义市场经济条件之下,财产所有权上的限制应当愈少愈好。所谓"优先购买权",实际上是对财产所有权的限制。如果财产所有权上的限制太多,这个人有优先购买权,那个人有优先购买权,就会限制市场交易、妨害交易安全。起草人特别注意到,长期实行的公房制度已经废止,国家推行住宅商品化政策已经取得很大成效,城镇住房短缺、住房紧张的现象已不存在,《合同法》第 229 条规定的买卖不破租赁规则已足以保护承租人,《物权法》没有必要规定物权性的优先购买权。

现在《物权法》已经生效,由于《物权法》未规定优先购买权,不承认物权性的优先购买权,最高人民法院《关于贯彻执行〈中华人民共和国民法通则〉若干问题的意见(试行)》的第 118 条因与《物权法》抵触,已经丧失其效力。于是,《合同法》第 230 条规定的房屋承租人优先购买权,只能是一种法定债权,不具有对抗租赁房屋买受人的效力。如果出租人未通知承租人而将租赁房屋卖给了别人并已办理产权过户,承租人以出租人侵害承租人优先购买权为由向法院起诉,则法院只能根据《合同法》的规定追究出租人的违约责任,而不能判决出租人与买受人之间的买卖合同无效,把房子收回来再卖给承租人。

顺便指出,《合同法》规定的承租人优先购买权,与《合同法》第

264条规定的承揽人留置权和第286条规定的承包人优先受偿权,完全不同。《物权法》规定了作为物权类型的留置权和抵押权,因此《合同法》规定的承揽人留置权和承包人优先受偿权(法定抵押权),当然属于物权,具有物权的效力。

《合同法》第286条的权利性质及其适用[*]

《合同法》第286条规定:"发包人未按照约定支付价款的,承包人可以催告发包人在合理期限内支付价款。发包人逾期不支付的,除按照建设工程的性质不宜折价、拍卖的以外,承包人可以与发包人协议将该工程折价,也可以申请人民法院将该工程依法拍卖。建设工程的价款就该工程折价或者拍卖的价款优先受偿。"要正确适用本条,关键在于正确解释本条规定的权利的性质。

对于本条规定的权利的性质,迄今发表的文章,有的解释为留置权,有的解释为优先权,有的解释为法定抵押权。按照民法原理,留置权的对象仅限于动产,《担保法》第82条对此有明文规定。本条规定的权利客体是建设工程,属于不动产,因此,将本条权利解释为留置权是错误的。而要判断本条权利究竟属于优先权还是法定抵押权,则必须考察本条的立法背景和过程。

《合同法》起草始于1993年。当年10月,立法机关委托包括笔者在内的8位民法学者拟定的《合同法立法方案》,针对社会上严重存在的拖欠承包费问题,规定:"为保护承包人利益,可规定承包人对建设工程有法定抵押权。"据此,由12个单位的学者起草的《合同法(建议草案)》第306条规定:"建设工程完工后,发包人未按合同约定支付建设费用和报酬的,承包人对建设工程有法定抵押权。"由全国人大常委会法制工作委员会在该建议草案基础上提出的《合同法草案(1995年

---

[*] 本文原载《山西大学学报(哲学社会科学版)》2001年第3期。

10月试拟稿)》也在第177条规定:"承建人对其所完成的建设工程享有抵押权。"1996年5月27日至6月7日,在北京西郊召开的合同法修改工作会议上,与会专家一致同意保留承包人法定抵押权。在后来的修改中,考虑到法律条文仅规定承包人享有法定抵押权,而该法定抵押权的内容、效力如何实现仍有待解释,不如直接规定其内容、效力和实现方式,更有利于法律适用。因此,1997年5月14日的《合同法草案(征求意见稿)》采取了直接规定其内容、效力及实现方式的条文表述,其第161条规定:"建设工程完成后,建设人未按照约定支付价款的,承建人应当催告建设人支付价款,催告的期限不得少于两个月。建设人逾期不支付的,承建人可以与建设人协议将该工程折价,也可以将该工程依法拍卖。承建人就该工程折价或者拍卖的价款优先受偿。"这是按照法定抵押权的内容所作的规定。1997年6月9日至18日,在北京昌平召开的专家讨论会上,与会专家对本条未有任何异议。1998年7月10日至14日,在北京通县召开的民法起草工作小组会议上,笔者发言指出这一条即"法定抵押权"时,亦未有任何人表示异议。可见,在这两次重要的专家会议上,对本条法定抵押权性质的认识未有分歧。

1998年8月提交人大常委会第四次会议审议的《合同法草案(第一次审议稿)》第285条,只是将"完成"改为"竣工",将"承建人"改为"承包人",并用"合理期限"代替"不得少于两个月"的"催告期"。同年12月提交人大常委会第六次会议审议的《合同法草案(第三次审议稿)》第280条,所作唯一修改是,规定承包人必须"申请人民法院依法拍卖",这一修改具有重大意义。1999年1月7日至11日在北京召开的合同法专家讨论会上,注意到有的建设工程不适于折价和拍卖,建议增设除外规定。因此,1999年1月29日提交人大常委会第七次会议审议的《合同法草案(第四次审议稿)》第287条规定:"发包人未按照约定支付价款的,承包人可以催告发包人在合理期限内支付价款。发包人逾期不支付的,除按照建设工程的性质不宜折价、拍卖的以外,承包人可以与发包人协议将该工程折价,也可以申请人民法院将该工程依法拍卖。建设工程的价款就该工程折价或者拍卖的价款优先受偿。"此即现行的《合同法》第286条。

从以上立法过程可知,《合同法》第286条从设计、起草、讨论、修改、审议直至正式通过,始终是指法定抵押权。在历次专家讨论会上,未有任何人对此表示异议,未有任何人提出过规定承包人优先权的建议。所谓在立法过程中曾发生激烈争论,形成三种不同观点,最后采纳了优先权主张的说法,是完全不符合事实的臆测。《合同法》第286条所规定的既然是法定抵押权,当然其成立直接根据法律规定,不需要当事人间订立抵押合同,也不需要办理抵押权登记。其成立条件是:(1)建设工程已竣工。建设工程若未竣工,则不发生法定抵押权。建设工程未竣工而中途解除建设工程合同的情形,亦不发生法定抵押权。(2)须是建设工程承包合同所生债权。这里所谓建设工程合同,应当作狭义解释,仅指《合同法》第269条第2款中的施工合同,勘察合同和设计合同不包括在内。订立总承包合同后,再由总承包人订立分承包合同、转承包合同,仅总承包人享有法定抵押权,分承包人、转承包人无此权利。(3)其债权为依建设工程合同所应支付的价款。此所谓"价款"非指市场交易中的商品价款,而是发包人依建设工程合同约定应支付给承包人的承包费。包括承包人施工所付出劳动的报酬、所投入的材料和因施工所垫付的其他费用,及依合同发生的损害赔偿,亦即,报酬请求权、垫付款项请求权及损害赔偿请求权。(4)法定抵押权的标的物为承包人施工所完成的,属于发包人所有的建设工程(不动产)及其基地使用权,包括组装或固定在不动产上的动产,不包括建设工程中配套使用但并未组装成固定在不动产上的动产。(5)须不属于"不宜折价、拍卖的"建设工程。此所谓"不宜折价、拍卖的"建设工程,应当解释为法律禁止流通物,包括公有物,如国家机关办公的房屋建筑物及军事设施;公用物,如公共道路、桥梁、机场、港口,以及公共图书馆、公共博物馆等。但国家机关的员工宿舍不属于公有物。法定抵押权的行使条件是:承包人向发包人发出催告通知后经过一个合理期限,而发包人仍未支付。此合理期限,应当从发包人收到催告通知之日起算。此催告通知应当采用书面形式。至于合理期限究竟是多少天,应由法院按照建筑行业习惯及建筑工程具体情形判断。

在发生法定抵押权与约定抵押权并存的情形时,无论约定抵押权发生在前还是在后,法定抵押权均应优先于约定抵押权行使。主要理由是:第一,法定权利应当优先于约定权利;第二,从法律政策上考虑,法定抵押权所担保的债权中相当部分是建筑工人的劳动工资,应予优先确保;第三,建设工程是靠承包人付出劳动和垫付资金完成的,如果允许约定抵押权优先行使,则无异于以承包人的资金清偿发包人的债务,等于发包人将自己的欠债转嫁给属于第三人之承包人,违背公平及诚实信用原则;第四,承包人法定抵押权,是法律为保护承包人的利益而特别赋予的权利,具有保护劳动者利益和鼓励建筑、创造社会财富的政策目的。

如果建设工程为商品房,且在竣工之前发包人(开发商)已经分别与消费者订立房屋买卖合同,在发包人拖欠承包费用时,即可能发生承包人法定抵押权与消费者权利的冲突。在已经办理产权过户登记的情形下,消费者已经取得房屋所有权,就该房屋而言,法定抵押权已归于消灭,自不待言。在开发商尚未交房或虽交房但尚未办理产权过户的情形下,该房屋仍属于开发商所有,仍在法定抵押权的标的物范围内。但考虑到,如果允许承包人行使法定抵押权,无异于用消费者的资金清偿开发商的债务,等于开发商将自己的债务转嫁给广大消费者,严重违背特殊保护消费者的法律政策,因此应不允许承包人行使法定抵押权。其实质是承包人利益与消费者利益比较,消费者的利益属于生存利益,应当优先,承包人的利益属于经营利益,应退居其次。

法定抵押权的行使方式:一是由发包人与承包人协议折价;二是承包人申请人民法院拍卖。此与《担保法》第53条规定的抵押权行使方式不同。该条规定,债务履行期届满抵押权人未受清偿的,可以与抵押人协议以抵押物折价或者以拍卖、变卖该抵押物所得的价款受偿;协议不成的,抵押权人可以向人民法院提起诉讼。此诉讼的性质,属于对人诉讼,应以抵押人为被告,是抵押权人与抵押人之间关于抵押权行使的争议,当然适用诉讼程序。而按照《合同法》第286条的规定,承包人既可以与发包人协议将该工程折价,也可以直接申请人民法院将该工程依法拍卖。这里规定的不是"提起诉讼",而是"申请人民法院将该工程依法拍卖"。立法意图是要改变《担保法》规定的抵押权行使方式,由"对人诉讼"改为"对物诉讼",即向法院申请执行抵押权。在《民事诉讼法》专门规定此种抵押权执行程序之前,应当准用《民事诉讼法》第三编规定的执行程序。法定抵押权人向法院申请,须提出证明法定抵押权存在及法定抵押权具备执行条件的证据。法院受理申请后,应当通知发包人。发包人就法定抵押权是否成立及是否符合执行条件提出异议的,应当终止执行程序,驳回承包人之申请。此种情形,应由承包人另外提起确认之诉,以确认法定抵押权之成立,待获得生效胜诉判决后,始能申请法院依法拍卖。

合同法专题研究

论我国民法合同概念[*]

合同是现代民法最重要的法律概念之一。除民法以外,其他法律部门也有合同概念。合同概念的运用甚至超出了法律和法学领域。资产阶级进步思想家为了同封建主义作斗争,曾经把合同概念搬到政治学领域,用来解释政治现象和社会现象。最典型的例子,是卢梭提出的"社会契约论",即国家起源于人民与君主所缔结的合同的学说。这一学说迄今仍被奉为资产阶级国家学说的奠基石。

即使在民法领域,合同概念也有种种歧义。例如,有所谓债权合同、物权合同以及身份上的合同。日常生活中的买卖合同、租赁合同、运送合同、加工承揽合同等,属于债权合同。在有的国家,将婚约、结婚、收养等,称为身份上的合同。物权合同,是大陆法系中的德国民法及受德国民法影响的少数民法特有的概念。大陆法系中的其他民法如法国民法、奥地利民法等,英美法系民法及社会主义国家民法,无所谓物权合同概念。

大陆法系合同定义来源于罗马法。依罗马法合同定义,合同为双方当事人间发生债权债务的合意。[①] 罗马法上"合同"(contractus)一语,由 con 和 tractus 组合而成。con 由 cum 转化而来,有"共"字的意义;tractus 有交易的意义。二者合而为共相交易。中文译为合同、契

---

[*] 本文原载《中国法学》1992 年第 3 期。
[①] 参见陈允、应时:《罗马法》,商务印书馆 1933 年版,第 242 页。

约。② 《法国民法典》所规定的合同定义，即从罗马法定义演变而来："合同为一种合意，依此合意，一人或数人对于其他一人或数人负担给付、作为或不作为的债务。"（第1101条）这一定义遂成为大陆法系民法的经典合同定义。这一定义包含三个要素：其一，合同为双方行为；其二，合同为双方的合意；其三，合同为发生债的原因。其他大陆法系民法及社会主义国家民法大抵对合同定义不作规定，理论上均依《法国民法典》的合同定义进行解释。

英美法系民法最广为流行的合同定义是：合同是由法律保障其执行的一个允诺或一系列允诺。③ 美国法律研究所的《合同法重述》所下的合同定义是：合同是一个允诺或一系列允诺，违反该允诺将由法律给予救济，履行该允诺是法律所确认的义务。④

我们看到，大陆法系民法合同定义，与英美法系民法合同定义，有较大的差异。依大陆法系民法，合同是一种双方的法律行为，是双方当事人的合意。但上述英美法合同定义，则认为合同是一个或一系列允诺（a promise or a set of promises），将合同归结为当事人承担债务的单方意思表示。这与大陆法合同定义有实质上的区别。

这源于英国的法律理论和实践，根据历史习惯和诉讼程序方面的理由，英国将一些并非基于双方当事人合意所产生的债务看作合同债，例如，所谓"记录合同""盖印合同""默示合同"。所谓记录合同（contract of record）实际上是法庭使当事人承担债务的判决，或者是由记录法庭所确认的各种义务。之所以被称为合同，仅仅因为在古老的普通法诉讼中，它们是采用与真正的合同案件同样的诉讼程序来进行的。所谓盖印合同（contract under seal）与真正的合同几乎没有什么相似之处，实际上是通过签名盖章及交付等手续而生效的书面允诺，即一种要式的单方意思表示。所谓默示合同（implied contract）又分为事实

---

② 参见黄右昌：《罗马法与现代》，京华印书局1930年版，第408页。在中文中，合同与契约同义。民国时期制定的民法典称"契约"，我国现行法如《民法通则》等称"合同"。

③ See Wald's pllock, *Contracts*(3d Ed), p. 2; Corbin, *Contracts* 1 vol ,Ed, p.20.

④ See American Law Institute, *Restatement of the Law Second*, *Contracts* 2d, §1.

的默示合同和法定的默示合同。法定的默示合同又称为准合同（quasi contract），相当于大陆法系民法所谓不当得利和无因管理等关系，与合同有质的区别：其债务出于法律的直接规定。

在介绍英美法关于合同的定义时，有必要指出英国法和美国法关于即时现金买卖上的分歧。商店和集市上的即时现金买卖，我国法律称为即时清结合同，在英美法上称为即时交易。按照美国法，即时交易不属于合同，而属于特殊法律行为。其理由是：第一，合同由允诺（promise）构成，而即时交易无须任何允诺；第二，合同产生对人权（right in personam），而即时交易产生对物权（right in rem）。⑤ 但这种观点对英国几乎没有什么影响。在英国法律中，即时交易属于合同。⑥ 英美的一些学者已经注意到上述英美法合同定义的缺陷。⑦ 这些学者力图将大陆法系合同概念移植到英美法系合同法中，把合同看作产生债的双方当事人合意，而将诸如记录合同、盖印合同、法定默示合同或准合同等，从合同定义中排除出去。例如特雷特尔的《合同法》一书的合同定义："合同是产生由法律强制执行或者认可的债务之合意。"⑧其他如安森的《合同法》、史密斯和吉兰的《商法》等著作，以及《布莱克法律辞典》《牛津法律大辞典》的合同定义，均与此相似。这些定义所强调的重点，已不是什么当事人一方的允诺，而是双方当事人之间的合意。这就划清了合同债与其他非合同债的界限。⑨ 从这里我们看到，大陆法系的合同概念和英美法系的合同概念，正趋向于统一。

值得注意的是，在日常生活中，合同一语除表示一种法律行为

---

⑤ See L. Corbin, *Corbin on Contracts*, West Publishing Company, 1952, pp. 7 – 8.
⑥ 参见〔英〕P. S. 阿蒂亚：《合同法概论》，程正康、周忠海、刘振民译，法律出版社 1982 年版，第 28 页。
⑦ 参见〔英〕P. S. 阿蒂亚：《合同法概论》，程正康、周忠海、刘振民译，法律出版社 1982 年版，第 29 页；A. W. B. Simpson, *A History of the Common Law of Contract: The Rise of the Action of Assumpsit*, Clarendon Press, 1975, p. 6。
⑧ G. H. Treitel, *The Law of Contract*, Stevens & Sons, 1983, p. 7.
⑨ 参见 Kenneth Smith and Denis Keenan, *Mercantile Law*, Pitman Pub, 1988, p. 1；Henry C. Black, *Black's Law Dictionary*, Lawbook Exchange Ltd. , 1891, p. 291；《牛津法律大辞典》（中译本），光明日报出版社 1988 年版，第 205 页。

(act)外,还用于表示由这种法律行为所产生的法律关系。⑩ 上述大陆法和英美法的合同定义,无论是基于双方合意,抑或基于单方允诺,均着重于一种法律行为。霍兰德甚至断言,合同一语仅指这种法律行为,因合同所产生的法律关系则是完全不同的另一回事。⑪ 我们看到《美国统一商法典》的合同定义与众不同,它不是指这种双方的或单方的法律行为,而是指这种行为所产生的法律关系。《美国统一商法典》的定义如下:合同指当事人依本法及其他法律规则达成的合意所生全部合法债务。⑫

社会主义国家的合同法理论,是在借鉴大陆法系合同法理论的基础上建立起来的。因此,了解大陆法系与英美法系的合同定义,对于正确掌握我国民法合同定义是有益的。但要阐明我国民法合同概念,须涉及其他民法概念。

一、合同是引起民事法律关系发生、变更、消灭的法律事实之一种

民事法律关系的发生、变更、消灭,有赖于法律所认许的某种事实的存在。在民法上,凡能够引起民事法律关系发生、变更、消灭的事实,统称为法律事实。法律事实,可以理解为具有法律效力的事实。其法律效力,即能引起民事法律关系的发生、变更、消灭。法律事实以外的其他事实,不具有此法律效力,可称为非法律事实。

二、在法律事实中,合同属于人的行为

法律事实包罗甚广,以其与人的意志是否有关,分为自然事实和人的行为。自然事实,指与人的意志无关的法律事实,如人的出生和死亡、生死不明之状态、权利长期不行使之状态、不可抗力等。法律上所称人的行为,指人的有意识的活动。无行为能力人如幼童及精神病患者,因其无意识能力,他们的活动不构成行为。精神正常的成年人,具

---

⑩ See L. Corbin, *Corbin on Contracts*, West Publishing Company, 1952, p. 4.
⑪ See Holland, *Jurisprudence* (10th Ed), p. 251.
⑫ See Uniform Commercial Code, §1-201.

有意识能力,法律上称为完全行为能力人,但在熟睡或昏迷状态中所为举动,及由他人暴力强迫所为机械的动作,亦不构成行为。此所谓人的行为,指具有法律效力的行为。合同是有行为能力的人在自己意识支配下的活动,具有法律上的效力,在法律事实中属于人的行为。

三、在人的行为中,合同属于合法行为

人的行为,以其是否符合法律的规定,划分为合法行为与非法行为。非法行为,是违反法律禁止性规定的行为,包括民事违法行为(侵权行为及违反合同)、行政违法行为和犯罪行为。以往的著作在论述法律事实中的非法行为时,单指民事违法行为,未提及行政违法行为和犯罪行为。但依我国《治安管理处罚条例》和《民事诉讼法》的有关规定,行政违法行为和犯罪行为亦可成为引起民事损害赔偿关系的法律事实。合法行为,指符合法律规定或不违反法律规定的行为。非法行为和合法行为均能引起民事法律关系的变化,但非法行为之引起民事法律关系发生,是出于法律直接规定,并且,其法律后果与行为人意愿相反。合法行为之引起民事法律关系的变化,是出于行为人的意愿。合同属于合法行为,它是由行为人按照法律的规定进行的行为,其法律后果符合于行为人的意愿。

四、在合法行为中,合同属于民事法律行为

民法上的合法行为可称为民事合法行为。民事合法行为,包括:民事法律行为、表示行为或准民事法律行为、事实行为。所谓事实行为,指基于事实之状态发生法律上效力的行为。例如,先占、加工、遗失物之拾得、埋藏物的发现、标的物或样品的交付、标的物的检验等。所谓表示行为,指心理状态的外部表示而发生法律上效力的行为,如债务的承认、债权让与通知、标的物瑕疵异议、要约之拒绝、承诺迟到的通知、履行催告、合同解除通知等。表示行为又称为准法律行为。

《民法通则》第 54 条规定:"民事法律行为是公民或者法人设立、变更、终止民事权利和民事义务的合法行为。"我们看到,民事合法行

为非仅民事法律行为一种,此外还包括表示行为和事实行为。而表示行为,例如标的物瑕疵异议、合同解除权行使之通知、不可抗力之通知等,以及事实行为,例如遗失物之拾得、标的物之交付等,均能引起民事法律关系的变化,在当事人间发生设立、变更、终止民事权利和民事义务的效果。可见,《民法通则》第54条为民事法律行为所下定义,未能正确揭示民事法律行为的本质及其内涵和外延。

民事法律行为与其他民事合法行为的根本区别在于,民事法律行为在本质上是具有法律效力的意思表示。意思表示(expression of intention),指通过语言、文字或其他方式表达于外部的当事人希望发生某种法律效力的意思,是构成民事法律行为的要件。民事法律行为,是由一个或数个意思表示所构成。在某些情形,除意思表示外,还须有其他要件,例如须具备某种法定形式,或须有对价(consideration)或原因(causa)。但是,意思表示是民事法律行为所不可缺少的要件。无意思表示,也就没有民事法律行为。

同时,民事法律行为所具有的法律效力,取决于意思表示的内容。一切法律事实之具有法律效力,均由法律所赋予。民事法律行为也是如此。但其他法律事实之具有法律效力,纯粹由法律规定。而在民事法律行为,必先有当事人欲发生某种法律效力的意思表示,法律为使当事人实现其所欲,特赋予民事法律行为与其意思表示相当的法律效力,充分体现了法律对当事人意思自由的尊重。因此,民事法律行为因意思表示而生法律效力,这与其他民事合法行为是完全不同的。

五、在民事法律行为中,合同属于双方的行为

民事法律行为,根据其意思表示的多寡可以分为:单方行为、双方行为及多方行为。所谓单方行为,指仅由一个意思表示所构成的民事法律行为,例如遗嘱、遗赠。所谓多方行为,指由两个以上方向一致的意思表示所构成的民事法律行为,或称共同行为,例如公司的设立行为。所谓双方行为,指由两个相对的意思表示所构成的民事法律行为。鉴于合同有广义与狭义之分,在采狭义概念的法律中,合同只是双方行

为之一种,而在采广义概念的法律中,合同与双方行为同义,一切双方行为均为合同。

合同为双方的民事法律行为。必须有双方当事人(每一方可为一人或数人),双方当事人立于彼此利害相对地位,互为意思表示。前一意思表示称为要约(offer),后一意思表示称为承诺(acceptance)。要约与承诺达成一致,即成立合意(mutual assent)。合意,即两个意思表示一致。达成合意后如具备其他要件(形式或原因、对价),或者法律不要求其他要件,合同于是成立。

中文著作关于合同定义,部分学者用"合意"一词表达双方意思表示的一致,例如黄右昌先生在《罗马法与现代》中所下定义:"当事者双方间所生债务关系之合意也。"⑬李浩培等先生所译《法国民法典》及马育民先生所译《法国民法典》,均使用"合意"一词。⑭ 另外的学者则不用"合意",而直接使用"意思表示一致"或"意思表示合致"一语,如李宜琛先生的《民法总则》,史尚宽先生的《民法总论》,郑玉波先生的《民法总则》,佟柔先生主编的《民法原理》。⑮ 值得注意的是,我国《民法通则》第 85 条所规定的合同定义及《经济合同法》第 2 条所规定的经济合同定义,既不用"合意",也不用"意思表示一致",而采用了"协议"一词。

"协议"一词在中文中有两种用法,即动词用法和名词用法。作动词用时,其义同"协商",相当于英美法上的交易磋商、订约谈判(Negotiate/Bargain)。作名词用时,有两种含义:其一,等同于"合意";其二,为"合同"之同义语"协议"作名词用时,相当于英美法上的 Agreement。Agreement 亦有两种含义,其一为合意;其二为合同(contract)之同义语。但其严格意义应为"合意",前面提到过的英美法

---

⑬ 黄右昌:《罗马法与现代》,京华印书局 1930 年版,第 408 页。
⑭ 参见李浩培等译:《法国民法典》,商务印书馆 1979 年版,第 148 页;马育民译:《法国民法典》,北京大学出版社 1982 年版,第 221 页。
⑮ 参见史尚宽:《民法总论》,正大印书馆 1970 年版,第 278 页;郑玉波:《民法总则》,中国政法大学出版社 2003 年版,第 214 页;法学教材编辑部《民法原理》编写组:《民法原理》,法律出版社 1983 年版,第 243 页。

著作及《美国统一商法典》的合同定义，正是在此严格意义上使用Agreement 一词的。⑯ 因此，《民法通则》和《经济合同法》合同定义中所使用的"协议"一词，也应解释为"合意"。

六、合同为发生债权债务关系的合意

作为法律概念的合同，有广义与狭义之分。狭义合同概念，专指以发生债权债务为内容之合意。而广义合同概念，则凡以发生私法上效果为目的之合意皆属之。⑰ 罗马法、英美法及法国、奥地利、日本、瑞士等国民法合同概念，概从狭义。德国学者萨维尼在其巨著《现代罗马法体系》一书中提出，合同不以债权合同为限，还有发生物权变动效果之物权合同。《德国民法典》采纳此理论，在总则编特设关于合同之规定，以适用于民法上的一切双方行为（第145—157条），属于广义合同概念。社会主义国家民法如《苏俄民法典》（第158条第2款）、《匈牙利民法典》（第198条第1款），明定合同为债之发生原因，毫无疑问属于狭义合同概念。问题在于我国现行法所谓合同，究竟属于狭义还是广义概念？

根据《民法通则》第85条的规定，合同是当事人之间设立、变更、终止民事关系的协议。关键在于对此所谓"民事关系"如何解释。如果解释为包括一切民事关系，则此合同概念应为广义概念，反之若解释为仅指债权债务关系，则应属狭义概念。依我的见解，我国民法中的合同概念，应为狭义概念。其主要理由如下：

其一，我国民法不承认有所谓物权合同。我国民法理论中关于应否承认物权行为概念，有肯定与否定二说。肯定说以牛振亚先生为代表。牛先生在《物权行为初探》一文中，以物权制度存在之必要性，作为民法应承认物权行为的根据，并认为"若不承认物权行为的存在，完

---

⑯ 参见 L. Corbin, *Corbin on Contracts*, West Publishing Company, 1952, p.4；张锦源：《英文贸易契约实务》，三民书局1977年版，第19—21页。

⑰ 参见胡长清：《契约法论》，商务印书馆1931年版，第1页；史尚宽：《债法总论》，荣泰印书馆股份有限公司1954年版，第7页。

善民法物权制度也就成为空话"[18]。牛先生的失误在于,误以为有物权制度必须有物权行为。事实是,物权与物权行为之间并无必然联系。现代主要国家及地区均有物权制度,但仅有极少数国家承认所谓物权行为。大多数国家如法国、日本、奥地利以及捷克、匈牙利等,均不承认物权行为,其民法物权制度未受丝毫影响。可见民法物权制度并不以物权行为为基础。即便是持肯定说的牛振亚先生,也毫不否认下述事实:我国民事立法和司法实践"不承认物权契约的存在,这事实上否认了物权行为独立存在的可能性"[19]。

其二,按照我国民事立法,非发生债权债务关系的合意,均不属于合同。例如,《婚姻法》第4条规定的结婚,第24条规定的双方自愿离婚,第20条规定的收养,以及《继承法》第31条规定的遗赠扶养协议,都是双方当事人的合意。[20] 其效力在于,引起身份关系和继承关系的发生和变更。身份关系和继承关系虽属于民事关系,但非债权债务关系。因此,立法将结婚、自愿离婚、收养及遗赠扶养协议,置于合同概念之外。

其三,我国民法规定合同为发生债权债务关系的根据。根据《民法通则》第84条的规定,债是按照合同的约定或者依照法律的规定,在当事人之间产生的特定的权利和义务关系。依此规定,合同为发生债权债务关系的法律事实,债权债务关系为合同发生法律效力的后果,所称合同毫无疑问只能是债权合同。立法者将合同定义作为第85条安排在第84条关于债的定义之后,其中所用"民事关系"一语,只能作限制解释,解为债权债务关系。

基于上述理由,我国民法中的合同概念,属于狭义概念。其定义应为,当事人之间设立、变更、终止债权债务关系的合意。

---

[18] 牛振亚:《物权行为初探》,载《法学研究》1989年第6期。

[19] 牛振亚:《物权行为初探》。关于物权行为否定说,参见本书第三卷《我国民法是否承认物权行为》一文。

[20] 对于无意思能力的未成年人的收养是否为合意,学说上有不同解释。一般认为,由法定代理人代理被收养人为意思表示,因而收养亦为合意;但另有学者认为属于单独行为(如史尚宽先生)或身份处分行为(如陈棋炎先生)。参见王泽鉴:《断嗣与收养之效》,载《民法学说与判例研究》(第2册),第337—340页。

资产阶级民法中的合同自由[*]

（一）

资产阶级取得了国家政权以后，立即着手建立现代合同法律制度，通过法律确认和保护现存的资本主义经济关系。这种确认在主要国家及地区采取的形式不尽相同，有的是把封建的法律形式大部分保存下来，赋予资产阶级的内容，有的是给封建的名称加上资产阶级的含义，英国合同法就是如此。在西欧大陆如法国，其合同制度则是以罗马法为基础的。

拿破仑主持制定的《法国民法典》，这部包含2281条的鸿篇巨制，竟用了近一半的篇幅规定合同法律制度。《法国民法典》给合同下了一个概括性的定义："合同为一种合意，依此合意，一人或数人对于其他一人或数人负担给付、作为或不作为的债务。"（第1101条）这一条文长期以来被资产阶级法学家奉为经典合同定义。《法国民法典》规定，合同在当事人间具有相当于法律的效力（第1134条）。整个《法国民法典》充分地体现了合同自由原则。这一原则也贯穿了全部英国合同法，被称为"合同自由"理论。根据这个理论，只要不违背法律、道德和公共秩序，每个人都享有订立合同的充分自由。他不仅可以自由决定是否缔结合同，还可以就合同的全部条款进行讨价还价。合同一经订立，当事人就绝对地受合同约束。合同所规定的当事人的义务，在任何情况下均不许免除。

---

[*] 本文原载《学习与思考》1981年第6期。

资本主义商品经济是在封建社会简单商品生产的基础上发展起来的。资本主义商品经济的发展,要求彻底打破封建宗法关系和行会的束缚,打破地域和等级的限制,开展自由贸易。自由买卖和自由雇佣劳动力,正是资本主义生产方式赖以存在和发展的前提条件。资本家通过自由订立合同,获得劳动力、设备和原材料,然后再通过自由订立合同销售产品,实现价值。可见,合同自由反映了资本主义商品经济的根本要求。资产阶级为了获得和扩大这种自由,进行了长期的斗争。如果说在资本主义以前,古代合同法律制度的发展主要表现在逐步摆脱烦琐的手续和仪式,最后达到合同自由原则的确立,那么,我们在下面将要看到资产阶级合同法律制度的发展,首先表现为历史趋势的继续,即法律尽力保护和扩大这种合同自由。

以雇佣合同为例。虽然雇佣合同在古代就有了,但直到19世纪以前,雇佣合同的缔结却受到种种限制。各类工资标准由法律、法令强行规定,雇佣合同条件则由行会统一规定。属于行会的工匠不能与未加入该行会的人订立雇佣合同,地域之间的重重壁垒限制了工人的流动。农奴制度中的依附关系限制了农村居民到城市出卖劳动力。这种状况严重束缚了雇佣关系,阻碍了商品经济的进一步发展。1807年10月9日,普鲁士首先颁布了有名的废除农奴制敕令,宣布普鲁士各邦以1810年圣马丁节为限,"一切农奴身份不许存在",此后只有自由人。1810年颁布的《营业条例》,进一步解除了对雇佣合同的一切限制,规定"工资、伙食费、膳宿费,一律任其自由商定"。此后欧洲各国相继废除对雇佣合同的一切限制,普遍采用合同自由原则。如《北德意志联邦营业条例》的"劳工"一章中规定,经营者与劳工之关系,得自由协定之。

再以金钱借贷合同为例。中世纪以来,受宗教教义的影响,宗教徒不准放债取息,各国法律均对金钱借贷合同规定了限制。法国1789年制宪会议规定,商人借贷合同的最高利率为5%。1793年国民议会宣布所有对利息的限制一概废除。《法国民法典》规定金钱、商品或其他动产之借贷合同"得为支付利息的约定"(第1905条),但同时又规定,约定利息超过法定利息仅以法律未禁止者为限(第1907条)。1807年以特别法恢复了对最高利息率的限制。直到1879年才在商事范围内最后废除了最高利率。可见,在法国废除最高利率就反复斗争了九十余年。至19世纪后半叶,利息自由已先后为各国合同法律制度所承认。奥地利1868年6月14日的法令规定,凡对于依合同商定之利息欲加以限制者,均无效。普鲁士普通法时代就规定,对批发商贷与金钱者,其利率任凭利害关系人商定之。以后逐渐扩大适用范围,不以商事为限。至1867年,整个德意志联邦均取消对利息的限制,凡私法及刑法与此精神抵触之条文,均予废止。

再以所谓重大损害制度为例。罗马法对买卖合同规定了重大损害制度,按照这个制度,凡买主支付之价金不及商品价格之半者,卖方有解除合同并取回已交付的商品之权利。该制度在中世纪通行于欧陆各国,《法国民法典》也继承了这一制度。《法国民法典》规定:"如出卖人因买卖有失公平所受低价损失超过不动产价金十二分之七时,即有取消买卖的请求权。"(第1674条)这一罗马法制度本意是出于道德上公平原则的考虑,企图在市场上保护弱者限制强者。在资本主义社会中,这一制度限制了资本家牟取暴利的贪欲,而法庭享有以重大损失为理由撤销合同的权力也有悖于合同自由这一基本原则。因此,1881年《瑞士债务法》率先废除重大损害制度。但由于债务法只适用于动产买卖,而不动产买卖合同适用各州地方法,以至于以不动产为目标的买卖合同得以继续保留重大损害制度。直到1907年《瑞士民法典》颁行,才彻底废除了这一制度。德国则在1900年的民法典中抛弃了这一传统的罗马法制度。

(二)

到19世纪末20世纪初,对于雇佣合同、借贷合同和买卖合同的各种限制均相继被打破和废止,合同自由原则得到彻底的贯彻。这不能不说是资产阶级合同法律制度的发展所取得的巨大成就。资产阶级法学家对合同自由原则赞颂有加,把它说成个人意志自由之最高表现。黑格尔在他的《法哲学原理》中说:"我不仅可以通过实物和我的主观意志占有财产,而且同样可以通过他人的意志,也就是在共同意志范围内占有财产。"①借助于合同自由去占有财产,去满足资产者对金钱和财富的欲望,这就是合同自由受到资产阶级法学家的无比尊崇,被奉为民法三大基本原则之一的原因。

既然整个资产阶级合同法律制度不过是资本主义商品交换的法律工具。合同自由原则所体现的当事人的平等和意志自由只存在于商品流通领域,而生产领域则被看作资本家的私人事务范围,那么,资本主义生产关系的本质即资本如何残酷地榨取剩余价值,就被合同自由原则掩盖起来了。马克思在《资本论》中对这一原则进行了深刻的揭露,他写道:"劳动力的买和卖是在流通领域或商品交换领域的界限以内进行的,这个领域确实是天赋人权的真正乐园。那里占统治地位的只是自由、平等、所有权和边沁。自由!因为商品例如劳动力的买者和卖者,只取决于自己的意志。他们是作为自由的、在法律上平等的人缔结契约的。契约是他们的意志借以得到共同的法律表现的最后结果。平等!因为他们彼此只是作为商品所有者发生关系,用等价物交换等价物。所有权!因为他们都只支配自己的东西。边沁!因为双方都只顾自己。""一离开这个简单的流通领域或商品的交换领域——庸俗的自由贸易论者用来判断资本和雇佣劳动的社会的那些观点、概念和标准就是从这个领域得出的——就会看到,我们的剧中人的面貌已经起了某些变化。原来的货币所有者成了资本家,昂首前行;劳动力所有者成了他的工人,尾随于后。一个笑容满面,雄心勃勃;一个战战兢兢,畏缩不前,像在市场上出卖了自己的皮一样,只有一个前途——让人家来鞣。"②

由此看来,为资产阶级法学家所推崇备至的合同自由原则,不过是资产阶级财产所有权的另一面,即取得财产和处理财产的自由。它反映了资本主义商品生产和交换的一般条件,同时又为资本榨取剩余价

---

① 〔德〕黑格尔:《法哲学原理》,范扬、张企泰译,商务印书馆1961年版,第80页。
② 〔德〕马克思:《资本论》(第1卷),中共中央马克思恩格斯列宁斯大林著作编译局译,人民出版社1975年版,第199—200页。

值提供法律工具。

（三）

　　进入20世纪以来，现代合同法律制度出现了新的变化，在资产阶级合同法律制度之外产生了公有制国家的合同法律制度。仅就资产阶级合同法律制度而论，变化也是显然可见的。如前所述，19世纪资产阶级合同法律制度的发展主要表现在不断扩大合同自由，与此相反，逐步限制和缩小这种自由却正是20世纪以来资产阶级合同法律制度的重要特征。正如英国法学家菲立普斯和赫德逊在他们合著的《英国法基础》一书中所指出的，在现代社会条件下，合同自由正在变得从各个方面受到愈来愈大的限制。③

　　这种对合同自由的限制，首先表现在国家通过立法实行干预。大陆法系国家的民法典规定了"诚实信用"原则。《瑞士民法典》将这一原则置于法典之首，根据诚实信用原则，法官享有判决合同无效的自由裁量权。《德国民法典》还规定了所谓显失均衡条款。瑞士新债务法也加上了这个条款。由于轻率、无经验或因急迫而误订合同，以致给付与对待给付显失均衡者，得于一年之内解除合同、拒绝给付或追还已给付之物（《德国民法典》第138条）。显失均衡条款立法之用意，在于保护经济上处于劣势的当事人的利益。英美法系国家，则颁布一系列法令，强制规定某些合同的法定形式，规定某些种类合同必须订立某种条款，甚至强迫订立某些合同，或者通过司法加强对合同的监督与控制。英国属于这种类型的立法有：1927年的《金钱借贷法》、1956年的《限制贸易行为法》、1964年的《再出售价格法》、1965年的《分期付款购买法》、1972年的《雇佣合同法》《公路交通法》、1974年的《分期付款信用法》、1976年的《商业限制行为法》和《转卖价格法》等。大陆法系国家在民法典之外也采取颁布单行法规的办法加强对合同自由的限制。例如联邦德国1950年颁布的一个法律规定每年只准两次削价处理消费品；1974年颁布的《分期付款买卖法》规定，消费者在签订合同后的一

---

　　③　参见〔英〕菲立普斯、赫德逊：《英国法基础》，第348页。

周之内,如果认为所购物品不够称心,有撤销合同的权利。

让我们以各国对雇佣合同的干预为例。《德国民法典》首先对雇佣期限予以限制,规定"雇佣约定以一人的终身为期或五年以上的期限者,满五年后受雇人得告知终止雇佣"(第624条),这一条文也为其他国家民法典所仿效。英国的法律保证雇员享有"如无正当理由不得被解雇"的权利。例如,凡连续工作两年或更长时间的雇员,因人员多余而被解雇,应由雇主给予补助,其金额视服务时间的长短而定。在瑞士,特别法令规定,如雇佣合同不到1年,双方中任何一方,可以经至少1个月的事先通知终止合同,但如果合同在12个月以上,则必须给予2个月的事先通知。而在挪威,一般须有3个月的事先通知,在某些情况下甚至须有长达6个月的事先通知。在拉丁美洲、埃及、阿拉伯国家,为保护民族利益,法律规定外国公司在当地开设企业,必须雇用一定比例的当地雇员。如巴西1943年的《劳动法》规定,当地人必须在雇员总人数和工资总额中都占2/3。

其次,对合同自由的限制还表现在由于大型垄断组织出现而愈来愈广泛使用的"标准合同"。对于这种标准合同,消费者和顾客不能对其内容发表任何意见,而只可以在下面两种情形中"自由"选择——要么全盘接受既定的条款而订立合同,要么拒绝整个合同。这种标准合同反映了现代经济生活条件的要求,因为大型服务业如铁路运输、电力公司、煤气公司等确实难以就每一个合同的所有条款同消费者和顾客协商。但不能不看到,这种方式剥夺了消费者和顾客的自由权利,为垄断组织任意决定垄断价格榨取超额利润提供了方便。并且,垄断组织还往往在标准合同格式中预先规定不公平的"免责条款",使消费者和顾客在受到损害时不能通过诉讼取得赔偿。

在国际贸易领域,对合同自由的限制包括关税壁垒、非关税壁垒和限制性商业惯例三类办法。在过去的25年内,关税已经大大减少,不过全世界尚有50%的商品在到达发达国家时遇到关税壁垒的限制。在非关税壁垒中最主要的是配额制。美国和西欧共同体在从发展中国家进口纺织品、多种纤维、毛料、呢料等商品方面都实行配额制。首先,近年来由于欧美经济发展较慢,配额限制更紧。其次,是由政府颁发进口许可证,例如瑞士在苹果丰收时就不发进口苹果的许可证。除配额和许可证制之外,各国还采取其他办法限制进口,如英国常借卫生、健康方面的理由,禁止某些商品进口。法国政府规定跨国公司的石油进口量不得超过法国需要量的50%,并且这些石油的3/4要由法国航运业承运。美国政府一向奉行保护主义政策,除采用关税壁垒及非关税壁垒外,还采取所谓"反扰乱市场"和"反倾销"措施,以达到限制进口的目的。此外,还有各种间接限制办法,如非官方的自愿限制某种商品的协议。美国和日本达成的一项协议规定,在某一时期内日本自愿限制对美国出口鞋类。这类所谓自愿限制办法,现在很流行。如西欧共同市场在钢铁和钢铁制品方面,英国在食品、车辆方面,都要求别的国家自愿限制出口。

在国际贸易中广泛盛行的所谓"限制性商业惯例",是发达国家的垄断性企业所采取的限制手段,它包括直接的、间接的、公开的和隐蔽的种种形式,名目繁多,不胜枚举。尤其常见的是跨国公司通过它们在国际范围内的垂直关系划分销售地盘,决定垄断价格。跨国公司往往在它们有垄断力的地区宣布最高价格,而在有竞争对手的地区宣布较低的价格,以达到排挤其他公司的目的。例如重电力设备,美国总公司命令欧洲子公司提高价格,结果沙特阿拉伯在欧洲招标购买重电力设备时,多付了两倍半的价钱。可见,跨国公司实行的"限制性商业惯例"不仅限制了合同自由,而且妨碍了国际贸易的顺利进行,特别不利于发展中国家的出口贸易和经济发展。这个问题近年来已经引起国际的注意,并为此专门召开了国际会议,企图寻求控制的办法。

我们还应看到,在资产阶级国家颁布的法律中有一类反对垄断和不正当竞争的法律,如美国的反托拉斯法、联邦德国的卡特尔法,虽然也限制了垄断组织的合同自由,但其目的却是要保证国内市场上合同自由和竞争的必要条件。《欧洲共同体条约》第85条、第86条以及以这两条为基础形成的欧洲竞争法体系,其作用也是如此。

从上面几个方面的例子,我们已经看到20世纪以来合同法律制度发生了深刻的变化。这种变化之所以发生,是资本主义社会各种经济和政治因素发生作用的结果。首先是垄断的发展,垄断资本家集团之间的相互争夺和斗争。其次是资产阶级依据凯恩斯经济学说,实行所谓"计划化",加强对经济生活的干预,企图弥补合同自由所带来的盲目性,协调资本家集团之间的利害冲突,以缓和经济危机。最后是阶级关系变化,资产阶级政府为了缓和阶级斗争,被迫对雇佣合同实行干预。

在自由资本主义时代,合同至少在形式上体现了当事人之间的平等和自由。但是在现代,各种各样的干预和限制措施,使资产阶级合同制度在形式上的平等和自由也被剥夺殆尽。资产阶级合同制度作为剥削和压迫的工具,作为经济上强大的一方对经济上较弱的一方实行强制的工具的本质,已经赤裸裸地显露出来了。因此,就是在资产阶级的法学著作中,现在对于合同自由原则也不再大肆吹嘘了。

论我国合同法律制度的计划原则与合同自由原则[*]

我国《经济合同法》第 11 条规定:"属于国家指令性计划产品和项目的经济往来,必须按国家下达的指标签订经济合同;如果在签订时不能达成一致意见,由双方上级计划主管机关处理。属于国家指导性计划产品和项目的经济往来,参照国家下达的指标,结合本单位的实际情况签订经济合同。"同法第 17 条中规定,产品数量,按国家和上级主管部门批准的计划签订;没有国家和主管部门批准计划的,由供需双方协商签订。这就从国家立法的角度,正式肯定了我国合同法律制度必须以计划原则为主,同时,在计划原则为主的前提下,也承认一定程度上的合同自由原则。

马克思主义的法学和经济学向我们指明,计划原则的真正基础是生产资料的公有制。只有建立在生产资料公有制基础之上的社会主义经济才有可能真正贯彻计划原则,实现全社会的综合平衡,使社会主义经济保持有计划按比例的高速度发展。在社会主义社会中,计划不仅作为组织和管理经济、促进生产力发展的强有力杠杆发生作用,而且直接成为社会主义合同法律制度的一个基本原则。这是资本主义社会的所谓计划原则所不可比拟的。

我国自中华人民共和国成立之初就建立了计划经济体制,并用法律规定计划原则为我国经济生活的基本原则。1950 年中央人民政府

---

[*] 本文原载《法学研究》1982 年第 4 期。

贸易部《关于认真订立与严格执行合同的决定》规定,合同双方当事人在订立合同前,必须认真考虑所订合同是否"同计划吻合",如果超出计划,必须向上级提出专题报告,并取得批准后始可订立(第1条)。这就在我国合同法律制度史上第一次确立了计划原则的地位。

1951年政务院财经委员会颁布了《关于统购棉纱的决定》,凡公私纱厂生产的棉纱、棉布,停止在市场出售,一律由国营花纱布公司统购。1953年政务院发布《关于实行粮食的计划收购和计划供应的命令》,在全国范围内实行粮食的计划收购和计划供应制度。1954年政务院发布《关于实行棉花计划收购的命令》及《关于实行棉布计划收购和计划供应的命令》,规定从1954年秋季新棉上市时起,在全国范围内实行棉花的计划收购。同年9月15日开始,在全国范围内实行棉布的计划收购和计划供应。所有国营、合作社、公私合营企业和手工业生产的棉布一律由花纱布公司统购统销,不准自行销售。棉布及其复制品不论花色、品种、质量,在全国范围内一律采取分区、定量、凭证供应办法,实行严格的计划供应。

社会主义改造基本完成以后,国家对所有轻、重工业产品,不论生产资料还是消费品,一律实行统一计划调拨和统购包销办法。1963年国家经委颁布《关于工矿产品订货合同基本条款的暂行规定》,要求"供需双方必须根据国家计划"签订合同(第4条)。合同中产品数量应"按国家计划的规定执行",只有当国家计划没有具体规定数量时,才允许合同双方协商确定(第6条)。产品价格,应严格执行国家统一订价、主管部门订价和地方订价,在没有上述订价时,可由双方"按照上述订价产品的合理比价议价"(第10条)。1979年国家经委和国家物资总局联合发布的《关于抓好签订和执行一九七九年订货合同的通知》重申:"供需双方都要按照国家计划的安排签订供货合同。"(第1条)由此可见,计划原则一直是我国合同法律制度的基本原则。

我国合同法律制度确立以计划原则为主,是符合社会主义经济和社会主义法治发展方向的。这一原则,反映了社会主义计划经济的本质特征和社会化生产按比例发展的客观要求。但是,社会主义经济同时又是商品经济，要求按商品经济的客观规律组织生产和流通。社会主义企业是具有相对独立经济利益的商品生产者或商品所有者，这就从客观上决定它们之间的经济联系包括产品的转让和劳务的提供，需要充分发挥它们本身的积极性、创造性，要求在计划允许的范围内按照一定程度的合同自由原则进行。完全否认合同自由原则，就实际上抹杀了社会主义企业作为商品生产者或所有者的相对独立经济地位和经济利益，使社会主义经济失去内部所固有的动力，在当前生产力水平上势必把社会主义经济变成宗法式自然经济。

我国在"第一个五年计划"期间，由于存在多种经济成分和多种流通渠道，那些尚未包销或尚未完全包销的产品，允许企业自行推销，企业在国家计划指导下具有一定程度的合同自由权利。以1957年为例，由国家统一分配的产品占70%，按合同自由原则购销的产品占30%。[①] 对私有制改造完成后，逐渐实行高度集中的经济体制，实行统一计划调拨和统购包销制度，企业在生产和销售上没有决策权，完全否定了合同自由原则。这就使我国社会主义经济流转的主流，即社会主义组织之间的产品转让实际上变成了计划调拨关系，合同制变成了供给制。经济流转的另一重要组成部分，即社会主义组织向公民提供消费品的关系，由于国家长期对主要消费品实行计划、定量、限额和凭证供应办法，实际上变成了计划分配关系。真正的合同关系只存在于计划调拨关系与计划分配关系的缝隙之间，这主要指两类关系：其一，公民之间的交换关系（自由市场）；其二，社会主义企业之间私下进行的余缺调剂（非法的生产资料市场）。前一类关系曾经被指为"资本主义尾巴"而几经取缔，后一类关系直到1979年以前长期为法律所禁止。

完全否认合同自由原则和把计划原则绝对化，给我国经济生活造成如下恶果：第一，抹杀了社会主义企业独立的经济地位和经济利益，使作为社会生产力基本单位的企业失去内在动力，挫伤人民群众的生产积极性和劳动热情，不能真正发挥社会主义公有制经济的巨大优越

---

① 参见《姚依林同志谈调整与改革的关系》，载《工商行政管理》1981年第8期。

性。第二,用计划调拨和计划分配关系取代商品交换关系,各行业为完成计划而生产,割断生产与市场的联系,造成产需脱节、比例失调、流转呆滞,造成社会资金大批积压和社会劳动的惊人浪费。第三,全国35万个国有企业、150多万个集体企业,产品达数十万种,单靠计划机关规定指令性计划指标根本无法实现综合平衡。我国过去经济体制的主要弊端,在管理方面是权力过分集中、政企不分,在分配方面是吃大锅饭、平均主义。在我国合同法律制度上,完全否定企业作为相对独立的商品生产者或所应具有的一定程度的合同自由,同时将计划原则为主变成计划决定一切,正是权力过分集中的经济体制在法律上的集中反映。

我国从1978年年底开始在部分地区和企业进行经济体制改革的试点,逐步扩大企业自主权,其中包括赋予企业一定的合同自由权利,允许试点企业自己采购部分原料、设备和自销部分产品。1979年以来开放了一些生产资料市场,像钢材这样一直是计划调拨的一类物资,现在也有一部分进入了市场,可由企业自由订立合同,不受计划限制。1979年由于贯彻调整方针,我国机电行业和纺织行业生产任务不足,产品积压,不少企业停工减产。正是由于允许企业享有一定的合同自由权利,自由签订合同"找米下锅",才使停产减产现象得以缓和。其中大多数扩权试点企业由于享有较大的合同自由,生产有较大发展。据统计,一机系统1979年通过企业在市场上自由签订合同,增产了近50亿元的机电产品,更好地满足了各方面的需要。② 1980年上半年,全国工业总产值中,通过企业之间自由订立合同实现的产值已占15%。③ 从上海市的情况看,1980年和1981年上半年,企业自由签订合同购销的物资占物资流转总额的30%左右。④ 据24个省市自治区

---

② 参见《机电产品进入市场以后》,载《人民日报》1980年9月19日,第2版。
③ 参见刘国光:《略论计划调节与市场调节的几个问题》,载《经济研究》1980年第10期。
④ 参见赵一新:《华东地区召开物资经济理论讨论会》,载《经济学动态》1982年第1期。

二轻部门的调查统计,1981年企业自由订立合同销售的产品,占该系统全年销售额的30%~40%。⑤可见,我国经济生活当中,在坚持计划原则为主的前提下,重新确立了合同自由原则的适当地位。这种在国家计划指导下的合同自由原则,对于我国社会主义经济的发展已经起了良好的作用。

1979年国务院《关于扩大国营工业企业经营管理自主权的若干规定》,允许企业在完成国家计划的前提下,拥有一定的自销权。这一规范性文件,正式确认了企业在国家计划指导下享有一定程度的合同自由权利。同年12月21日国家物资总局颁布《关于修订物资协作管理办法的通知》,赋予企业一定的物资协作权,允许企业就准许自销的产品及多余积压物资,自由签订协作合同。1980年11月11日国家计委等部门颁布的《关于继续认真贯彻执行机电产品按合同组织生产的通知》,敦促生产企业在完成国家指令性任务的前提下,根据社会需要积极与用户商谈,直接承接社会各方面的任务,以争取签订更多的订货合同。1981年3月6日,国家经委颁布了《工矿产品合同试行条例》。该条例规定,企业在党和国家的政策和法律规定的范围内,可以根据"市场需要"签订合同(第2条)。产品数量,按国家和上级主管部门批准的计划签订。没有国家和主管部门批准计划的,"由供需双方协商签订"(第7条)。以上所引国务院及国务院各部委关于企业在保证完成国家计划的前提下享有一定合同自由权利的规定,由国家最高立法机关加以整理,使之规范化和条文化,最后经过立法程序,固定在《经济合同法》第11条及有关条文当中,作为我国合同法律制度的重要法律原则之一。我国合同法律制度在坚持计划原则为主的前提下,承认一定的合同自由原则,及时反映并肯定了我国经济流转的实际情况和我国经济体制初步改革的成果,是完全符合我国社会主义计划商品经济的性质和客观经济规律的要求的。

应当怎样理解我国合同法律制度的合同自由原则呢?首先,我们

---

⑤ 参见青言:《1981年轻工业在经济调整中持续增长》,载《经济管理》1982年第2期。

所谓的合同自由是在以计划原则为主的前提下的一定程度的合同自由,它是在计划原则的指导下发挥作用的,如果离开国家对经济生活的计划指导,也就没有我们所说的合同自由原则。合同自由也是合同当事人充分发挥主动性、创造性,使国家计划进一步具体化,完全适应双方的生产条件和市场需要,取得最佳经济效益的重要途径。如果不能根据合同按照双方当事人的意志把国家计划具体加以落实,也就无法有效地实现计划原则。其次,这种合同自由原则只适用于国家通过法律、政策和计划所限定的范围之内。例如,哪些产品可以按照合同自由原则订立合同,哪些产品必须严格依照指令性计划生产和销售,均由国家预先规定。而不同的企业,依据其在国计民生中的地位和实行的管理方法的不同,所具有的合同自由权利的大小和适用范围也是不同的。最后,合同自由权利的行使必须服从国家整体利益和国民经济计划。不允许滥用合同自由权利去冲击国家计划,损害国家利益和社会公共利益。国家通过司法、行政等各种手段对企业行使合同自由实施严格的监督和管理。任何滥用合同自由权利的行为,都是违法行为,应受到法律制裁。总之,我国合同法律制度的合同自由原则,只是在服从国家利益和国家计划的前提下的相对的自由,不是无限制、无原则的自由,更不是自由放任主义。

社会主义合同法律制度的计划原则和合同自由原则,反映了社会主义商品经济的本质特征,反映了有计划按比例发展规律和价值规律的要求。实践证明,这两个原则对于社会主义商品经济的发展不可或缺,是并行不悖的。但是应该看到,两个原则对于社会主义经济生活发生作用的侧重点和角度却有所不同。计划原则的客观依据,在于生产资料公有制基础之上人与人之间、企业与企业之间物质利益的一致性。合同自由原则的客观依据,在于社会主义商品生产中人与人之间、企业与企业之间物质利益的差异性。国家计划侧重于从整个社会利益的全局考虑问题,而企业依据合同自由原则却往往从一个商品生产者角度权衡得失;国家计划能够统观全局,指引经济发展方向,而企业的决策却易为市场局部的变化所左右。因此,企业依据合同自由原则进行经济活动,易于使微观经济获得最大的经济效果,但并不是每一个决策都符合社会经济发展的总体要求和全局利益。我们不应片面强调计划原则而否定合同自由原则,同样也不能片面强调合同自由原则而否定计划原则,两种片面性都必然会给社会主义经济造成严重危害。

我认为,社会主义合同法律制度中的计划原则和合同自由原则之间,是一种既统一又矛盾的关系,实际上反映了我国社会主义经济生活中,国家、集体和个人之间在物质利益上既统一又矛盾的关系。显而易见,计划原则对于合同自由原则不能不居于一种指导地位。因此整个合同法律制度应该保证在计划原则指导之下发挥合同自由原则的作用。这应当是我国合同法律制度变革和发展的出发点和归宿。

实践已经证明,如果不根本改变过去那种计划统制办法,就谈不上计划原则和合同自由原则共同发挥作用。因此,坚持在计划原则指导下发挥合同自由原则的作用,首先要求计划本身的科学化。我们可以借鉴某些国家制定中长期计划的经验,着重规划经济发展的宏观目标,集中解决国民经济发展方向、增长速度、消费和积累比例、投资规模和主要分配方向、主要产业结构及财政、信贷、物资和外汇收支平衡等重要问题。对于带全局性的、关系国计民生的经济活动,要加强国家的集中统一领导。国家在制订计划时,也要充分考虑和运用价值规律。对于不同企业的经济活动,要给予不同程度的合同自由权利。尽量把属于微观经济的决策权交给企业。凡属企业之间的生产和销售、劳动协作、合资经营等,在保证完成国家指令性计划的前提下,让企业自由协商建立合同关系。为保证计划原则发挥指导作用,国家还要广泛运用经济政策,并通过经济法规、经济司法、合同鉴证管理、合同争议仲裁等法律手段和准法律手段,对企业的经济活动和企业之间的合同法律关系实施监督和节制。

我们可以根据企业在国计民生中所占地位的不同,企业所有制的不同,企业产品的重要性和种类、规格的不同,分别实行不同的管理方法。管理方法大体上有四种类型:第一类是企业严格按照国家指令性计划进行生产,这针对关系国家经济命脉的骨干企业或生产关系国计民生的主要产品的企业,这一类产品的品种不多,但产值占工业、农业总产值的大部分;第二类是大部分按国家计划组织生产,少部分由企业自行组织生产;第三类是小部分按国家计划进行生产,大部分由企业按照市场变化组织生产;第四类是由企业按照市场变化在国家计划许可的范围内组织生产,这针对生产品种繁多的小商品的企业,其不可能也不便于统一计划管理,它们的产值在工、农业总产值中所占比重较小。

这样看来,计划原则的指导作用将通过两种不同方式来实现。第一种方式,对于国家实行指令性计划的产品,计划原则的作用是通过国家发布指令性文件,直接强制企业订立合同的方式实现的。在目前阶段这还是贯彻计划原则的主要方式。随着经济体制改革的进展,国家下达指令性计划的产品品种会适当减少。第二种方式,对于不下达指令性计划的产品,企业在国家计划和政策允许的范围内,按合同自由原则订立合同。在这个范围内,企业按照自己的法人意志寻找合适的合同伙伴,经过充分协商订立合同,不受非法干预。但这里所谓的法人意志,并非仅仅是企业自己的经济利益的反映,而是国家利益、集体利益和个人利益的正确结合的反映。不允许损害国家利益和社会公共利益。国家还通过各种经济手段来引导企业的经济活动。企业基于自身物质利益增长的考虑,必然会自觉地作出符合国家计划的决策。可见,计划原则发生作用的第二种方式,是通过间接影响企业合同意志来实现的。

我认为,弄清楚合同法律制度中计划原则与合同自由原则的关系,民法理论上长期争论的所谓计划与合同之间究竟谁为基础的问题也就迎刃而解了。相反,如果我们不先了解计划原则与合同自由原则的相互关系,而泛泛地谈论问题,则不论认为计划是合同的基础,或是认为合同是计划的基础,都无异于缘木求鱼,不得其解。其实,从法与经济的根本关系来看,不论计划还是合同,它们都只是社会主义商品生产条件下组织和实现经济流转所不可缺少的法律工具而已。它们所担负的职能是共同的,即尽量使社会生产符合于社会需求,保证社会主义商品经济开源而流畅、不呆不滞、周转迅速。只有社会需求才可以说得上是计划和合同两者共同的基础。如果我们把商品生产和社会需求、计划原则和合同自由原则这些重要的范畴统统抛开不论,硬要在计划和合同二者之间认定谁比谁更基础,将陷入法学形而上学的迷宫,不会有令人满意的结果。

　　计划与合同的关系问题,最早是由苏联民法学者阿加尔柯夫提出来的,此后在苏联民法界长期被讨论。《苏维埃民法教程——债权法分论》一书的作者在谈到这个问题时认为,提出计划与合同的相互关系问题本身就是对民法理论的伟大贡献⑥。但是阿加尔柯夫并没有一般地讨论计划与合同,而是就具体的供应合同讨论该合同形式与确定该供应任务的计划文件之间的关系。其余的论著也大抵如此。这场讨论假使不是仅局限于依计划文件而订立的供应合同这一特殊合同形式,能从理论上研究同为社会主义经济流转法律形式的计划与合同二者之相互关系,并进而引出关于计划原则与合同自由原则关系问题的讨论,是可能对社会主义合同法律制度和合同法律理论的发展产生重大的积极影响的。在本应大踏步前进的地方却驻足不前,使这场讨论失去应有的意义。

　　在苏联民法理论中,计划与合同关系问题又同供应合同的性质问题密切相关。有一段时间民法理论倾向于认为供应合同是买卖合同的特殊类型,后来这种观点受到严厉的批判。大多数学者指出,供应合同与买卖合同在法律本质上是完全不同的。例如,著名的民法学家布拉图斯指出,供应合同是在社会主义经济组织之间有计划地分配产品的法律形式。⑦ 这一论断,对于中央集权型计划经济体制下的供应合同来说,无疑是有道理的。但是,我们所进行的改革是要按照社会主义经济的客观规律,以计划经济为主,以市场调节为辅。因此,我们不能满足于套用 20 世纪 50 年代从苏联介绍过来的合同法律理论,关于供应

---

　　⑥　参见〔苏〕克·阿·格拉维、〔苏〕依·伯·诺维茨基主编:《苏维埃民法教程——债权法分论(关于几种债的研究)》,中国人民大学出版社 1957 年版,第 31 页。
　　⑦　参见〔苏〕布拉图斯:《经济合同是国家在企业间分配产品的民法形式》,载全国人大常委会办公厅编译:《苏联经济合同论文集》,1955 年版,第 5 页。

合同的理论尤其是这样。

我认为,可以把社会主义组织之间转让产品的合同形式划分为两类:一般供应合同和计划供应合同。划分的依据是:一般供应合同不受国家发布的指令性计划的约束,而计划供应合同则以这种指令性计划文件为前提。这种划分与 20 世纪 40 年代苏联民法学者施坤金的划分颇相类似。施坤金曾经在一篇论文中尝试将供应合同划分为计划合同与调整合同。[⑧] 在集权型计划经济体制之下,这一有益的尝试注定无法得到应有的结果。把供应合同划分为一般供应合同与计划供应合同,这与我在上面谈到的计划原则发生作用的两种方式,是完全吻合的。

一般供应合同,是社会主义经济组织之间在国家制订的宏观经济计划指导下,按照合同自由原则自由协商所建立的合同关系。决定合同关系的,只是合同双方意志的一致。合同一方当事人的年度计划只对自己一方的意志发生影响,而不能对另一方当事人的意志发生影响。因此,除非双方当事人在平等互利的基础上充分协商取得意志的一致,否则就不能产生合同关系。同样,一方当事人的计划发生变动,不能作为要求修改或废除合同关系而免负赔偿责任的理由。由于我国生产资料已作为商品进入市场,生产资料和消费品同样可以作为一般供应合同的标的物。因此,一般供应合同只是表现了社会主义企业之间最简单明了的商品交换关系,本质上是一种买卖合同。

再看计划供应合同。它与一般供应合同的区别在于,合同伙伴的确定、合同形式的选择和合同主要内容,均事先由国家发布的指令性计划文件予以规定。与其说是合同产生债务,不如说是计划产生债务。计划供应合同本质上是社会主义组织之间的计划调拨关系和计划分配关系,国家作为第三方参与其中。在这里起决定作用的是通过指令性计划文件所表现出来的国家意志。合同双方均应无条件地对这一国家

---

⑧ 参见〔苏〕克·阿·格拉维、〔苏〕依·伯·诺维茨基主编:《苏维埃民法教程——债权法分论(关于几种债的研究)》,中国人民大学出版社 1957 年版,第 28 页。

意志绝对服从。作为合同当事人的企业与作为第三方的国家之间的关系,是基于行政权力的隶属关系。作为合同当事人的企业相互间订立合同,是企业对国家的义务。只在合同内容中比较次要的条款上,可以由当事人双方的法人意志决定。并且,合同所依据的指令性计划的修改和撤销,必然导致合同的修改和撤销,而合同双方对这种修改和撤销均不应负责。从形式上看,计划供应合同与一般供应合同的区别在于,计划供应合同是一种强制的买卖,而一般供应合同则是自愿的买卖。我认为正确认识供应合同的买卖合同性质,对于维护企业作为相对独立的商品生产者或所有者的经济地位和经济利益,对于正确运用价值规律,具有重要意义。

我们正确认识和处理合同法律制度中计划与合同的相互关系,坚持在计划原则为主的前提下发挥合同自由原则的作用,将有利于按照社会主义商品经济的客观规律组织经济流转,保证我国社会主义经济有计划按比例地发展。

合同法与公平观念[*]

在我国原来的经济体制下,国家对企业管得过多"过死",忽视商品生产规律、价值规律和市场的作用,严格按照指令性计划和国家固定价格签订合同,因此,在经济组织相互之间以及经济组织与公民之间的合同关系上,无所谓公平或不公平的问题。只是在公民之间的合同关系上,似乎还存在公平问题。但是,由于曾经长期存在消费资料不足,自由市场又被斥为"资本主义",而几经取缔。即使在公民之间的合同关系上,公平问题也未能引起人们的重视。党的十一届三中全会以来,执行了对外开放和对内搞活经济等正确的经济政策,对旧的经济管理体制进行改革,扩大企业自主权,实行较为灵活的计划制度和价格制度,鼓励并保护社会主义竞争,国家计划指导下的社会主义统一市场已经形成,使我国经济生活发生了极其深刻的变化。无论是经济组织之间、经济组织与公民之间还是公民相互之间的合同关系中,公平问题已开始受到合同双方当事人以及社会各方面越来越多的关注。

我国民法正在制定中,现行《经济合同法》及其实施条例不是我国合同法的全部。我们看到,《经济合同法》及其他条例的若干规定,已经涉及社会主义市场活动中的公平问题。例如《经济合同法》第7条关于采取欺诈、胁迫手段所签订的合同无效的规定,关于代理人以被代理人名义同自己或者同自己所代理的其他人签订的合同无效的规定,

---

[*] 本文写于1984年10月,曾提交至1985年5月在苏州召开的中国民法经济法研究会第一届年会。

关于违反国家利益和社会公共利益的合同无效的规定。《农副产品购销合同条例》第 17 条关于掺杂使假、以次顶好应偿付加重违约金的规定。其立法要旨,均源自社会主义公平观念。其他经济行政立法中也有涉及公平问题的。《城市私有房屋管理条例》关于房屋租赁合同就正面规定了"公平合理原则"。该条例第 16 条规定,房屋租金,由租赁双方按照房屋所在地人民政府规定的私有房屋租金标准,协商议定;没有规定标准的,由租赁双方根据公平合理的原则,参照房屋所在地租金的实际水平协商议定,不得任意抬高。在我国合同实践中,素来有"公平合理""买卖公平,诚实不欺""重合同,守信用"等习惯规则存在。这类习惯规则,在或大或小的范围内作为成文的合同法规则的补充而发挥着作用。中国人民保险公司《火灾保险条款》规定,被保险人与本公司发生争议,"应本着实事求是,公平合理的原则协商解决"(第 6 条第 2 款)。我国人民法院和仲裁机构在审理合同纠纷案件中,在不违背法律的前提下,常根据公平原则作出裁判,以求妥善保护双方当事人合法利益。

为了借鉴其他国家合同立法经验,完善我国合同法律制度,本文拟对各国合同法关于公平的法律规定作一点初浅的分析。

合同法关于公平问题的规定由来已久。其最著名的例证,是关于因有失公平而解除合同的特别规定。在罗马法上,称为"非常损失规则"。按照规定,出卖人以半价之额以下出售其货物时,对于买受人有合同解除权。盖因立法者认为,买卖合同应符合道德上的公平观念。出卖人迫于急需或者其他不得已的原因,贱价出售其所有物,所获价金与该物当时的实际价值相差悬殊,纵然合同的订立出于双方自愿,但仍有悖于道德上的公平观念。《法国民法典》继承了罗马法传统,类似条文规定在《法国民法典》第 1674 条,称为"显失公平合同"。《德国民法典》规定在第 138 条,称为"暴利行为"。《瑞士债务法》第 21 条的规定,及国民党政府 1929—1930 年制定的《中华民国民法》第 74 条的规定,与《德国民法典》相同。《日本民法典》对此无明文规定,但学说上也承认有类似规则。1922 年《苏俄民法典》第 33 条,1964 年《苏俄民法典》第 58 条,《捷克斯洛伐克民法典》第 49 条,均有明文规定,称为"显然不利合同"。当代合同法关于公平问题的其他规定,后文将专门论述。下面我们着重分析几个有代表性的国家的合同法。

法国合同法关于公平问题的规定,首先是上文提到的对显失公平合同的规定。《法国民法典》第 1674 条规定,如出卖人因买卖有失公平所受低价损失超过不动产价金 7/12 时,即有取消买卖的请求权。从法典的规定来看,这种显失公平合同的解除权,仅不动产买卖合同的出卖人享有。《法国民法典》第 1683 条明文规定,买受人不得以买卖有失公平遭受高价损失的理由而请求取消合同。《法国民法典》第 1118 条规定,当事人因合同有失公平使一方遭受损失的事实,仅关于一定的合同和对于一定的当事人,才构成取消合同的原因。可见,显失公平规则被立法者作极其严格的限制,仅适用于未解除亲权的未成年人(对于一切合同)及成年人间的不动产买卖合同的出卖人。即使与罗马法的规定相比较,也不能不被看作一种大的退步。除了显失公平规则,《法国民法典》还有几个条文的规定涉及公平问题。其第 1135 条规定,以公平原则作为合同义务的发生根据之一,即合同不仅依其明示发生义务,并按照合同的性质,发生公平原则、习惯或法律所赋予的义务。第 1162 条规定,合同有疑义时,应作不利于债权人而有利于债务人的解释。这一条文显然出于公平原则的考虑,因为债权人的经济地位一般较债务人优越,往往在合同中较多地照顾自己一方的利益。

与《法国民法典》比较,《德国民法典》关于公平问题的规定有较大的发展。首先,《德国民法典》极大地扩展了显失公平即暴利行为规则的适用范围,不限于未成年人及不动产买卖合同的出卖人,对于一切合同及其他法律行为的当事人均可适用;《德国民法典》第 138 条第 2 款规定,法律行为如甲方乘乙方的穷迫、轻率或无经验,使乙方取得甲方的给付而对于甲方或第三人为财产上利益的提供或为此种提供的约定时,如乙方应提供的财产上利益超过甲方的给付价值,依照当时情形显失平衡者,该法律行为无效。其次,《德国民法典》在上述暴利行为规则之外,对由当事人一方或第三人确定给付的合同作了专门规定(第

315—319条)。例如第315条规定,由合同当事人一方确定给付者,在有疑义时,应依公平的方法确定之。依公平的方法确定给付者,其确定只于适合公平时始得对他方当事人发生拘束力。第319条规定,给付由第三人依公平方法确定者,如其确定显系不公平时,对于合同当事人不发生拘束力。最后,《德国民法典》又将与公平观念密切相联系的另一个道德观念,即诚实与信用,引入合同法领域,规定在法典第242条及第157条,作为合同法基本原则。《德国民法典》第242条规定,债务人须依诚实信用,并照顾交易惯例,履行其给付;《德国民法典》第157条规定,合同应依诚实信用的原则及一般交易上的习惯解释之。第一次世界大战以后,面临社会经济生活极大变化,德国法院又从上述《德国民法典》第242条及第157条关于诚信原则的规定,引申出情势变更原则。

苏联合同法关于公平问题的规定非常有限。在《苏俄民法典》上,除关于诈欺及恶意代理的无效规定(1922年《苏俄民法典》第32条、1964年《苏俄民法典》第58条)外,主要是关于显然不利合同的规定。1922年《苏俄民法典》第33条规定,因处于极端需要之情形,所为于其本身显然不利之法律行为者,法院依受害一方,或国家机关与公共团体之请求,得宣告其无效,或废止其将来之效力。而1964年《苏俄民法典》则进一步缩小其适用范围,规定显然不利之法律行为规则仅能对于公民适用。根据该法典第58条的规定,公民在困难情况下被迫实施对自己极为不利的法律行为,可以根据受害者的起诉或国家组织、合作社组织、社会团体的起诉宣布无效。这样,国家机关、国营经济组织、集体经济组织及社会团体等民事主体完全被排除在外。

《南斯拉夫债法》与苏联的情况恰好相反。法典显著地增加了关于公平的规定。《南斯拉夫债法》不仅仿《德国民法典》规定了暴利合同规则,还另外规定了重大损失规则。按照《南斯拉夫债法》第139条的规定,所谓重大损失,指合同关系中双方当事人的义务明显地不成比例,而使一方遭受重大损失,当事人有解除合同的权利。按照《南斯拉夫债法》第141条的规定,所谓暴利合同,指一方利用了他方的急需、物质上的困难、缺乏经验、轻率或者从属关系。重大损失与暴利合同,在合同双方义务明显地不成比例这一点上是共同的,其实质均在于违反了公平原则。《南斯拉夫债法》第 133 条规定了情势变更原则,第 12 条规定了诚实信用原则。另外,《南斯拉夫债法》还在许多条文中规定,在一定情况下直接采用公平原则,以作为法律的补充。例如《南斯拉夫债法》第 101 条规定,对无偿合同含义不清的条款,应按对债务人义务较轻的含义解释,有偿合同则应按对双方均公平的含义解释。《南斯拉夫债法》第 638 条规定,发包方废除建筑合同,应对已完成部分的工程价款及花费进行公平补偿。再如《南斯拉夫债法》第 231 条关于悬赏征求规定,如果数人同时实施了行为,而公平原则没有指明其他的分赏方法,则每个人应得悬赏的一份。实际上,《南斯拉夫债法》关于公平的法律规定,不仅超过了苏联及东欧其他国家,而且也超过了法国、德国、瑞士等国合同法的规定。

《法国民法典》《德国民法典》《苏俄民法典》及《南斯拉夫债法》关于公平的规定,大致代表了从 19 世纪初到现在 170 余年间,合同法关于公平的法律规定的发展演变情形。我们看到合同法和作为道德内容之一的公平观念,如何反映经济基础的要求,互相影响和渗透,并因此对经济基础发生反作用。法国资产阶级刚刚取得政权的时候,自由资本主义正在上升时期,刚刚挣脱了各种封建羁绊的资本主义生产关系,要求不受任何约束地、毫无限制地攫取利润和榨取剩余价值。所谓自由放任主义和合同自由原则正是这一要求的体现,并使之合法化。过去在同封建阶级斗争时曾经高唱入云的所谓"公平""博爱""正义"成了一幅可笑的讽刺画。立法者对于曾经被奉为"人类之至德"的公平观念表现得如此冷漠,除不动产出卖人和未解除亲权的未成年人以外,宁愿让其他由于急迫、困窘、轻率或无经验而签订合同的当事人,去承受显然不公平的财产损失,而不愿对资产者追逐利润的贪欲哪怕稍微作一点限制。但到 19 世纪后期,资本主义已经由自由竞争阶段进入垄断阶段。毫无限制的合同自由和放任主义造成种种弊端,各种社会矛盾激化,经济危机频繁出现,社会经济生活极度动荡;协调资产阶级内部大垄断集团与中小资本家之间的利害冲突,调和资产阶级与无产阶级及广大劳动者之间日益尖锐的阶级矛盾,调节被经济危机和社会动乱搞得混乱不堪的经济关系,这些正是制定《德国民法典》时立法者所面临的任务。为此,立法者不得不更注重道德调节和法律调节的结合运用。传统的显失公平规则及其他一些零星的特别规定,已经不能满足要求,立法者进而规定了一些伸缩性很大因而适应性更强的原则条款,例如诚实信用等,使法官有较大的"公平裁量权",可以更好地协调各种矛盾和调节社会经济关系。

《苏俄民法典》不重视公平问题,主要是基于经济体制和意识形态方面的原因。在1922年从战时共产主义转向新经济政策的转折时刻所制定的《苏俄民法典》,鉴于多种经济成分和市场的存在,规定了第33条。该条规定实际上是借鉴了《德国民法典》第138条第2款的规定。但由于意识形态上把社会主义社会看成完全没有矛盾的和谐一致的社会,并把公平观念斥为资产阶级的观念,因此,立法者采用了"于其本身显然不利"这样的措辞以代替"显失公平"的传统用语。20世纪30年代后期,苏联确立了高度集中并主要采用行政手段的经济管理体制,实行单一指令性计划制度和固定价格制度,并认为生产资料不再是商品,经济组织之间的合同必须严格按照指令性计划指标和国家统一价格签订,也就不存在公平与否的问题。这正是1964年《苏俄民法典》限制显然不利合同规则适用范围的原因。我们知道,南斯拉夫从20世纪50年代初就开始进行经济改革,取消了指令性计划制度和固定价格制度,逐步过渡到了完全的自由贸易,自由签订的合同是企业进行购销活动的唯一法律形式。合同自由被规定为合同法基本原则。在社会主义公有制经济基础上,国家利益、企业利益和个人利益在根本上是一致的,但在局部利益与整体利益、眼前利益与长远利益上却难免会有矛盾。这种矛盾必然会在合同关系上表现出来。立法者为了解决这种矛盾,维护社会经济流转正常秩序和国民经济整体利益,有意识地发挥诸如公平、诚实信用等道德规范的调节功能。《南斯拉夫债法》关于公平原则、诚实信用原则及情势变更规则等的规定,大大加强了社会主义的道德准则在合同法上的比重。《南斯拉夫债法》使历史唯物主义基本原理与南斯拉夫具体国情相结合，丰富和发展了社会主义的合同法理论。

我们已经看到，合同法关于公平的法律规定，与市场活动即商品交换密切相关。只要存在市场活动即商品交换，就不可避免地要存在公平或不公平的道德评价。可以说，公平是市场活动的道德规范，它为人们在市场活动中的行为树立了一个道德尺度。即凡符合这一道德尺度，便为公平，反之为不公平。被马克思誉为"古代最伟大的思想家"的亚里士多德，在他的《伦理学》中指出，公平是一种道德情态，实际上反映了人与人之间的一种利益关系。所谓公平，是指"于利益不自取太多而与人过少，于损害亦不自取过少而与人太多"（卷五第九章）。其中隐约地反映出商品交换的客观经济规律的要求。历史唯物主义告诉我们，"人们自觉地或不自觉地，归根到底总是从他们阶级地位所依据的实际关系——就是说从生产和交换所依以进行的经济关系中，吸取自己的道德观念"（《反杜林论》第99页）。社会主义经济，是在公有制基础上的有计划的商品经济，要求大力发展社会主义的商品生产和商品交换，因此存在社会主义的市场，理所当然地要有与社会主义的市场活动相适应的公平观念。这一公平观念无疑在社会主义道德规范体系中占有重要地位。社会主义合同法规定以公平观念为内容的法律条文，也是顺理成章的事情。

让我们再来分析当代合同法关于公平的法律规定。为了论述方便我将它们归纳为以下四类。

一、指导性规定

公平原则，或称公平合理原则，为当事人缔结合同关系时所应遵循的原则。初见于《法国民法典》第1135条：合同不仅依其明示发生义务，并按照合同的性质，发生公平原则、习惯或法律所赋予的义务。当事人在合同中虽无约定，亦可发生按照公平原则所应有的义务。《德国民法典》第315—319条规定，关于由合同当事人一方或第三方确定给付者，应依公平的方法确定，否则对他方或双方不发生拘束力。我国《城市私有房屋管理条例》第 16 条规定，房屋租赁合同签订时如无规定的租金标准，双方应根据公平合理的原则协商议定。公平原则不仅适用于国内合同关系，而且已经成为国际经济关系（包括合同关系）的原则。1974 年 12 月 12 日联合国大会通过的《各国经济权利和义务宪章》规定，公平互利为国际经济关系的基本原则。法学试用教材《国际法》写道，"公平概念是新的国际经济秩序的主要概念之一"。

在对合同条款进行解释时，也应遵循公平原则。前面曾经提到《法国民法典》第 1162 条的规定，即在合同有疑义时，应作不利于债权人而有利于债务人的解释。这一原则适用于由一方制定的标准格式合同，如保险合同，这是考虑到双方经济地位悬殊。这一解释原则，虽然系出于公平原则，但是并不能照搬到社会主义的合同法上来。因为社会主义国家大的国营公司与合同对方当事人在经济利益上是一致的，不存在根本的利害冲突。因此，《南斯拉夫债法》规定，解释合同应符合公平原则。如属无偿合同，应按对债务人较轻的含义解释；如属有偿合同，则应按对双方均公平的含义解释（第 101 条）。

诚实信用原则，为指导合同当事人双方行使权利和履行义务的基本原则。何谓诚实信用，理论上有多种学说。而通说以为，诚实信用即指双方当事人在行使权利和履行义务时，应公平衡量并兼顾双方利益及社会利益。因此，诚实信用实际上以符合公平为其目的。《法国民法典》第 1134 条规定，合同应以善意履行之。其含义与诚实信用相近。《德国民法典》第 242 条规定，债务人须依诚实信用，并照顾交易惯例，履行其给付，这是针对债务人而言。《瑞士民法典》将诚实信用原则的适用范围扩大到一切权利的行使者及一切义务的履行者。凡参加民事法律关系之人，均应遵循。该法典第 2 条规定，无论何人，行使权利，履行义务，均应依诚信为之。民国时期制定的《中华民国民法》，参酌德国、瑞士上述条文，而予以折中。其第 219 条规定，行使债权，履行债务，应依诚实信用方法。《南斯拉夫债法》亦曾参考德国、瑞士立法例。其第 12 条规定，当事人在建立合同关系及行使合同权利和履行合同义务时,应遵循诚实及信用原则。由此可见,诚实信用原则不仅是指导当事人行使权利、履行义务的原则,而且是指导当事人订立合同的原则。除上述诚实信用原则的一般性规定外,《南斯拉夫债法》还在许多地方作了具体规定。例如按照该法第 264 条的规定,由合同一方当事人所规定的免责条款,如果违背诚实信用原则,应无效。其第 136 条规定当事人可以约定放弃援引情势变更规则,但违背诚实信用原则的除外。其第 816 条规定,居间合同的经纪人只在不违背诚实信用原则的情况下,才能辞去委托。另外,按照《南斯拉夫债法》的规定,诚实信用原则也是指导法院审判工作的原则。例如,该法第 135 条规定,因情势变更就废除或变更合同作决定时,法院应遵循交易中的诚实信用原则。

二、纠正不公平后果的规定

显失公平规则。违背公平原则的结果,即为显失公平。公平与不公平,为公平观念的正面和反面。法律从正面规定公平原则,以指导当事人的行为,同时,还从反面规定显失公平规则,以纠正违反公平原则所出现的不公平后果。前面已经谈到《法国民法典》关于显失公平规则,其适用范围非常狭窄,仅限于不动产买卖合同之出卖人及未成年人。《德国民法典》第 138 条第 2 款则将适用范围扩及于一切法律行为之当事人。《瑞士债务法》第 21 条复限于合同。民国时期制定的《中华民国民法》第 74 条仿《德国民法典》第 138 条,及于一切法律行为。1964 年《苏俄民法典》第 58 条限于一切公民所为的法律行为。《捷克斯洛伐克民法典》第 49 条第 3 款,《匈牙利民法典》第 202 条,《南斯拉夫债法》第 139 条,均限于合同。除《法国民法典》第 1674 条外,上述德国、瑞士、苏俄、捷克斯洛伐克、匈牙利等规定均着重强调在订立合同时,一方利用了另一方的急需、窘迫、轻率等情势。可见,《法国民法典》所规定的显失公平合同,与《德国民法典》等规定的暴利行为或暴利合同,其立法的着眼点是不同的。有鉴于此,《南斯拉夫债法》在第 139 条和第 141 条,分别规定了重大损失(显失公平)规则和暴利合同规则。《南斯拉夫债法》这样规定,似较前述各法典的规定更为妥当。

何谓显失公平,各国法典规定不尽相同。按照《法国民法典》第1674条和第1675条的规定,所谓显失公平,指"出卖人所受低价损失超过不动产价金7/12"。系继承罗马法所谓"半价之额以下"的规定。《南斯拉夫债法》第139条不采取上述确定显失公平的传统做法,而代之以更为灵活的规定,即"当事人之间的义务明显地不成比例"。其余各国法典大抵仿照《德国民法典》第138条规定,即一方所提供财产上利益超过对方所付价值,"依照当时情形显失公平",而未作进一步规定,完全由法庭判断其是否有失公平。关于显失公平(包括暴利行为)规则的法律效力,约有三种规定:第一种,规定为无效。如《德国民法典》《匈牙利民法典》。第二种,规定受害人有撤销合同请求权。如《法国民法典》《苏俄民法典》。第三种,规定受害人有权解除合同、拒绝给付或追还已给付之物。关于请求权的享有,一般规定限于受害人,如《法国民法典》等。唯《苏俄民法典》及《南斯拉夫债法》不同。《苏俄民法典》规定,除受害人之外,国家组织、合作社组织及社会团体均得诉请法院宣布该合同无效。《南斯拉夫债法》规定联合劳动组织的上级主管部门也有权请求解除合同。须加补充说明的是,在资产阶级国家合同法,显失公平规则仅对于民事合同适用,而不适用于商事合同。而按照《匈牙利民法典》《南斯拉夫债法》的规定,显失公平规则(重大损失、暴利合同)不分民事合同或经济合同均一律适用。

情势变更规则。这一规则的实质同样在于消除合同所产生的不公平后果。但这种不公平不是合同订立时造成的,而是在合同订立之后,由于发生了不可预知的情势变更的结果。其理论上的根据是产生于13世纪的"不可预知情况学说",即每一合同均假定附有订约时作为合同基础的情况继续存在的默示条件。该学说通行于14—17世纪,至18世纪以后已湮灭无闻。法国、德国等国的民法典均未规定情势变更规则。第一次世界大战以后,由于交通运输被破坏、物价飞涨、货币贬值,市场状况发生了剧烈变化。德国法院为应付所面临的困难,对《德国民法典》第242条和第157条加以引申,发展为情势变更规则。各国立法亦相继予以规定。如《意大利民法典》第 1467 条规定,如果长期履行、定期履行或分期履行的合同因为某种非常的不可预知情况的出现而致使一方当事人难以履行,则义务人可以终止合同。国民党政府抗战后颁布的《复员后办理民事诉讼补充条例》第 12 条规定,法律行为成立后,因不可归责于当事人之事由致情势变更,非当时所得预料,而依其原有效果显失公平者,法院应公平裁量,为增减给付或变更其原有效果之判决。《匈牙利民法典》第 241 条规定,长期的法律关系中,因合同签订以后所发生的情况使一方当事人的实质性合法利益受到损害,以致影响双方之间的持久的法律关系,法院可以修改合同。《南斯拉夫债法》第 133 条规定,因情况发生变化致使合同目的无法实现,或合同已显然不再符合当事人愿望,按照一般人的看法认为在变化了的情况下维持合同的效力是不公平的时,可以废除或变更合同。情势变更规则的效力为法院依当事人申请作废除或变更合同的判决。构成情势变更的要件有:(1)须有情势变更。所谓情势指合同成立当时的社会环境或作为合同基础的一切情况。而构成情势变更的情势应指当事人所不能预料的情势。(2)情势变更应发生在合同成立后,合同关系消灭前。(3)情势之变更因不可归责于双方当事人之事由。(4)情势变更应达到一定程度,在一般人看来如果维持合同原有效力显然有失公平。

情势变更规则是大陆法系国家合同法的规定。英美法系国家合同法上与之类似的规则为"合同落空规则"。按照这一规则,如果在合同签订以后,出现了双方当事人事先无法预料的意外事故,致使合同无法履行,则合同当事人可以因此解除合同义务并免予承担责任。下述四种情况的发生,均可成为合同落空的理由:(1)非因当事人双方的过错而致标的物灭失;(2)战争状态;(3)政府发布禁令;(4)情况发生根本性变化。

三、禁止性规定

禁止权利滥用原则。法律针对公平原则之违反,设有显失公平规则及情势变更规则,针对诚实信用原则之违反,设有禁止权利滥用原则。禁止权利滥用,不仅存在于合同法,更为民法基本原则。禁止滥用之权利,泛指一切权利,合同权利自然包括在内。这一原则出现较晚。罗马法时代本无所谓禁止权利滥用。18—19世纪风行自由放任主义及所有权绝对原则,对于权利之行使,几乎毫无限制。纵然因行使权利的行为造成他人损害,亦不负任何责任。因此,《法国民法典》无此原则。《德国民法典》第一、二次草案亦未对禁止权利滥用作一般规定。至第三次草案始规定,所有权之行使,不得专以损害他人为目的。国会审议时,扩及一切权利,规定在《德国民法典》第226条,成为概括性原则条文。《瑞士民法典》第2条规定,权利之显然滥用,不受法律保护。民国时期制定的《中华民国民法》第148条规定,权利之行使不得以损害他人为主要目的。《日本民法典》第1条规定,禁止权利之滥用。1922年《苏俄民法典》第1条规定,民事权利之行使违背社会经济之使命者,不受法律保护。《匈牙利民法典》第5条规定,本法禁止权利之滥用。《捷克斯洛伐克民法典》在民事法律关系的原则中规定:任何人不得滥用自己的权利以损害社会或公民的利益,任何人也不得通过这种途径获利。《南斯拉夫债法》第13条对权利滥用亦有禁止规定。关于权利滥用的认定,上述立法分为两种。第一种,采取主观标准,如《德国民法典》及民国时期制定的《中华民国民法》,以权利人以加害他人为主要目的,作为权利滥用的要件。第二种,采取客观标准,如《瑞士民法典》《苏俄民法典》《匈牙利民法典》及《南斯拉夫债法》,不以权利人有加害目的为要件,而就具体情形,客观地考虑其行使权利是否违反权利之本质,是否损害其他人或社会的利益。按照《匈牙利民法典》第5条第2款的规定,凡是行使权利时所抱的目的违背该权利的社会宗旨,特别是行使权利会损害国民经济,造成公民不安及损害其权利和合法利益,或方便自己谋取不正当利益,均为权利滥用。按照《南斯拉夫债法》第13条的规定,如果权利的行使违反法律规定及承认该权利的目的时,即构成权利滥用。对于权利滥用在法律上的效力,各国立法比较一致,即构成民事侵权行为,行为人应负损害赔偿责任。

四、关于合同无效的规定

合同法上还有一类条文,属于具体的法律规定。例如,关于采用欺诈、胁迫等手段签订合同的规定;关于一方或双方在发生重大误解情况下所签订合同的规定;关于代理人以被代理人名义同自己或自己所代理的第三人所签订的合同的规定;等等。这一类规定,有一个特点,即由立法直接规定合同无效,而不问其在实际上是否公平。因此,不存在公平裁量问题。

当代合同法关于公平的法律规定,主要有以上四类,我们知道,合同法上的大多数规范属于任意性规范,当事人可以排除适用。但是,上述四类规定则相反。它们属于强行性规范,当事人不得以约定排除其适用。20世纪以来,这一类规范在合同法上表现出逐渐增加的趋势。法学理论上所谓"民法公法化",就是指这种趋势。除第四类具体的规定外,合同法关于公平的规定大多属于原则性条文,其共同特征在于,法律对于合同之是否公平,委诸法庭依当时具体情形,并权衡当事人双方利益及社会公共利益予以判断,称为法庭的"公平裁量权",其结果无疑是使法律更富于"弹性"。当然,所谓法庭的公平裁量,并不意味着可以任凭法庭随心所欲。法庭在作出是否公平的判断时,除依照当时具体情形,权衡当事人双方利益及社会公共利益外,还应综合考虑合同法各项基本原则,尤其是等价交换原则。这样,法庭通过行使法律所赋予的公平裁量权,可以使合同法适应社会经济形势的变化,达到更好地协调各种利益冲突,调节各种经济关系的目的。我们看到,上述四类法律规定,尽管侧重点和规定的方面各不相同,但它们相互配合,相互补充,围绕公平这个中心,使公平观念具有的道德调节功能与合同法规范所具有的法律调节功能,紧密地结合在一起,构成一个协调和调节市场活动中各种利益关系的较为灵活的"道德—法律机制"。

我们在前面已经谈到,之所以资本主义国家合同法和社会主义国家合同法,均有关于公平问题的类似规定,其根本原因在于两种不同的社会制度条件下,都存在商品生产和商品交换,都存在市场活动。但是,我们必须看到,资本主义国家合同法上的公平,与社会主义国家合同法上的公平,具有完全不同的本质。资本主义国家的商品生产和商品交换所通行的原则是"等量资本获取等量利润"。因此,资本主义国家合同法上的公平,实质上是资产阶级按照各个资本家或资本家集团所拥有资本的比例,公平地瓜分利润,即瓜分从无产阶级榨取的剩余价值。同时,在阶级矛盾和斗争空前尖锐的情况下,资本主义国家合同法上的公平还意味着对个别资本家追求暴利的贪欲稍稍作一点限制,企图借此缓和阶级斗争,维护资产阶级整体利益和整个资本主义制度。资本主义的商品生产和商品交换是在资本主义的私有制和雇佣劳动的基础上进行的,而资本主义制度本身正是人类社会不道德和不公平的总根源。因此,对无产阶级和其他劳动人民来说,资本主义国家合同法上的公平,当然是完全虚伪的。即使在资产阶级内部,由于大垄断集团与中小资本家之间在经济利益上的尖锐冲突,由于资本无限制地追逐利润的本性,由于资本主义国家及整个法律机器不过是大垄断资本集团的工具,必然使资本主义国家合同法上关于公平的规定,在实际上有利于大垄断集团而不利于中小资本家。

我们是社会主义国家,实行生产资料的社会主义公有制,消灭了人剥削人的制度,社会生产是为了不断满足全体人民日益增长的物质生活和文化生活的需要,国家、企业和个人三者在根本利益和长远利益上是完全一致的。社会主义商品生产和商品交换所通行的原则,是"等量劳动相交换"。因此,作为社会主义道德规范之一的公平,本质上是社会主义的劳动者按照社会必要劳动时间平等地交换劳动,正确地处理国家、企业和个人三者之间的利益关系。在社会主义市场活动中所缔结的合同关系,除商品交换的性质以外,还有不同企业相互协作共同完成国民经济计划的性质。社会主义企业与公民之间的合同关系,实际上是满足人民群众物质文化生活需要的一种服务关系。即使是公民之间的合同关系,也还具有"同志式"的相互帮助的性质。因此,在社会主义的市场活动中,决不容许损害他人利益和损害国家、社会利益的行为。我认为,在当前社会主义商品生产和商品交换日益发展,社会主义市场日益扩大的情况下,强调社会主义的公平观念具有重大意义。在我国合同法上增加有关公平的法律规定,特别是规定一些原则性条文,诸如公平、诚实信用、禁止权利滥用等,有利于更好地协调国家、企业和个人利益,有利于同损害他人利益、损害国家和社会公共利益的行为作斗争,有利于抵制资产阶级及其他剥削阶级的腐朽思想的侵蚀,进一步发挥合同法在促进社会主义现代化经济建设和社会主义精神文明建设中的重大作用。

经济合同的法律效力[*]

经济合同这种法律形式与其他法律形式(例如计划指标、调拨单)的根本区别在于:经济合同是由双方当事人自己对他们之间的经济关系进行调整。国家通过立法,赋予经济合同这种形式以法律上的效力或称法律上的约束力,发挥经济合同在社会经济生活中的重大作用。我国《经济合同法》第6条明确规定,经济合同依法成立,即具有法律约束力。这个条文是经济合同法律效力的立法依据。

经济合同法律效力主要表现为对内约束、对外约束和违约的法律责任。这三方面是相互联系的,不能截然分开。对内约束,指对合同双方当事人而产生的效力。合同依法成立,在当事人之间相当于法律。合同规定的权利义务相当于法律直接规定的权利义务。当事人必须正确地行使其权利,正确地履行其义务。合同当事人之间这种由合同确定下来的权利义务关系,按民法理论称为债权债务关系,或称为"债"。"债"是一种借喻,意即"法锁"。合同一经成立,法律就在当事人双方身上套上法律的锁链,只有当事人正确履行义务才能将这"锁链"解脱,除此之外,只在发生法律规定的特别情况时,法律才允许变更或解除合同(《经济合同法》第27条)。拒绝履行或不正确履行合同规定的义务,被法律视为违法行为。

经济合同的对外约束,指对双方当事人以外的第三人的效力。这里的第三人包括国家在内。在民法理论上由合同所产生的权利称为债

---

[*] 本文原载《法学评论》1984年第3期。

权,为相对权。对于债权是否具有对外的效力是有争论的。我认为,合同一经成立即不仅具有对内的效力,也具有对外的效力,这是毋庸置疑的。任何第三人包括国家在内,均不得对依法成立的合同关系进行非法干预和侵害。《经济合同法》第5条规定任何单位和个人不得非法干预,就从立法上肯定了经济合同的这种对外的效力。任何第三人对合同的非法干预,即构成违法行为。近年来在各地推行经济合同制当中,曾多次发生个别领导人或上级机关对合同关系进行非法干预的事例,如非法阻挠合同的履行,用行政手段宣布合同作废等,应坚决制止这类违法行为,对于情节严重,后果重大的,应追究法律责任。不如此不能维护经济合同的法律效力。但必须注意划清非法干预同依法干预的界限。国家授权的合同管理机关、业务主管机关、中国人民银行等依照法律规定对合同当事人所实施的行政干预及其他干预,对于发挥经济合同的作用,维护经济流转的正常秩序,是完全必要的,是合法行为,不能被错误地当作违法行为对待。上述机关或部门在依法对合同关系进行干预时,必须严格按照授权和法律规定,不得超越授权和法律规定而滥施干预,同时也不能缩手缩脚,自己把自己束缚起来,而对利用合同形式进行的损害国家和人民利益的活动采取放任主义。

经济合同法律效力表现的第三个方面,即违约的法律责任,这是违约行为产生的消极的法律后果,也就是法律对违反合同的行为所规定的制裁和补救手段。法律视违反合同的行为为违法行为,使行为人处于受制裁之法律地位,使之承担法律责任。同时,法律为切实保护当事人合法利益,使违约人赔偿对方当事人的实际损失,以资补救。《经济合同法》第四章集中规定了违反合同的责任,一方面是对违约人的法律制裁,另一方面也是对受害方的补救。如我国《经济合同法》规定的损害赔偿就是最重要的补救措施,目的在于填补当事人因对方违反合同所受到的经济损失。但由于损害赔偿金是由违反合同一方支付,因此也同时是对违反合同的制裁手段。而违约金则主要是一种制裁手段,但也不能忽视它对于赔偿受害人所受损失的重要作用。法律规定的制裁和补救不限于违约金及损害赔偿。例如,《经济合同法》第32

条第2款有关对直接责任人追究责任的规定,第14条规定给付定金一方违反合同时,无权请求返还定金,接受定金一方违反合同时应双倍返还定金。

但是,并非一切经济合同都具有这样的法律效力。只有那些符合法律规定条件的经济合同才具有法律效力,不符合法律规定条件的经济合同不具有法律效力,或不具有完全的法律效力。这种条件称为经济合同的有效要件。依据我国法律、法令、条例的规定,经济合同有效要件可概括如下:

1. 合同当事人必须具备法律资格

依据《经济合同法》第2条、第54条的规定,经济合同的当事人应双方都是法人,或者一方是法人,而另一方是个体经营户或者农村社员。法人签订经济合同,以它的生产行政负责人为代表。《工矿产品购销合同试行条例》第4条规定,签订合同应由双方法定代表(厂长、经理等主要生产行政负责人)签字。签订经济合同,也可以委托代理人。《经济合同法》第10条规定,代订经济合同必须取得委托证明,并根据授权范围以委托单位名义签订。

2. 合同当事人必须具备相应的合同能力

合同能力指由法律所赋予的参加合同关系的法律资格。我们说经济合同的主体必须是法人,但并非只要取得法人资格就可以签订各种经济合同。法人只在其经营范围内具有合同能力。例如,工业企业只能签订出售自己生产的产品的经济合同及购买自己所需原料、设备的经济合同。商业企业只在自己划定的经营品种范围内具有合同能力。供电部门具有订立供电合同的能力,建筑公司具有订立基本建设承包合同的能力,运输单位具有订立运输合同的能力。农村社员只具有订立出售自己生产或正当经营的农副产品和购买所需生产资料以及生活资料的经济合同的能力。按照工商总局、海关总署《关于打击走私、投机倒卖进出口物品的通告》,只有国家指定的单位才可以经营个人进口物品。根据国家医药管理总局、卫生部、工商总局1981年1月31日的通知,所有贵重药材,均由药材公司收购、销售和进口。国产药材除受委托的供销社可以代购外,其他单位一律不得插手。这种由规范性文件专门指定由某些单位享有的合同能力,可以称为特殊合同能力。

3. 合同内容必须合法

这就是通常所说的经济合同的合法性。《经济合同法》第4条规定,订立经济合同,必须遵守国家的法律,必须符合国家政策和计划的要求。任何单位和个人不得利用合同进行违法活动,扰乱经济秩序,破坏国家计划,损害国家利益和社会公共利益,牟取非法收入。同法第7条更明确规定,违反法律和国家政策、计划的合同无效;违反国家利益或社会公共利益的合同无效。第11条还专门对经济合同必须符合国家计划作了明确的规定。

4. 合同双方必须平等自愿

依据《经济合同法》第5条的规定,订立经济合同,必须贯彻平等互利、协商一致、等价有偿原则。任何一方不得把自己的意志强加给对方,任何单位和个人不得非法干预。可见,平等自愿是我国《经济合同法》的基本原则,也是经济合同的有效要件。

5. 经济合同必须条款齐备,责任清楚

《经济合同法》第9条规定,当事人双方须就经济合同的主要条款协商一致,经济合同方能成立。不用说合同条款是否齐备是关系到经济合同法律效力的要件。合同主要条款不齐,责任不清,使合同无法正确履行,容易发生纠纷,并且给管理机关或司法机关及时解决合同纠纷带来困难。因此,合同管理机关在鉴证合同时,对于合同主要条款不齐,责任不清的合同不予鉴证,责成双方协商修改。《经济合同法》对什么是经济合同的主要条款作了规定,有以下五项:①标的;②数量和质量;③价款或者酬金;④履行的期限、地点和方式;⑤违约责任。除这五项以外,根据法律的规定或按经济合同性质必须具备的条款,以及当事人要求必须规定的条款,也是经济合同的主要条款。

6. 经济合同必须符合有关形式和手续的要求

《经济合同法》第3条规定,经济合同,除即时清结者外,应当采用书面形式。应采用书面形式而采用口头形式订立的经济合同,不具有法律效力。有关合同管理法规或有关合同管理机关规定,或当事人双方约定须经鉴证的经济合同,鉴证也是生效要件。当事人双方约定须经公证机关公证的,公证也是生效要件。

7. 经济合同标的必须可能,即平常所说合同的可能性

如果合同签订之时当事人就已知道合同不可能履行,这一合同无论条款如何完备,内容如何合法,终归毫无意义。现实中确有一些坏人到处签订根本不能履行的合同,借以诈骗钱财。因此,合同标的必须可能,这是合同生效的必备条件。

如果我们以经济合同是否具有法律效力作为分类标准,可以将经济合同区分为以下几种类型:

第一类,有效的经济合同。有效的经济合同,在全部经济合同中占绝大多数。但是,它们在法律效力的大小或程度上又是不完全相同的。因此,在有效的经济合同中,如果我们考虑到法律效力程度上的差别,还可以进一步分为下列几种:(1)具有完全的法律效力的经济合同。指符合全部法定有效要件的经济合同,具有完全的、不容置疑的法律效力。(2)只具有部分法律效力的经济合同。《经济合同法》第7条规定,确认经济合同部分无效的,如果不影响其余部分的效力,其余部分仍然有效。(3)条款不齐备,责任不清楚的经济合同。现实当中,属于条款不齐备、责任不清楚的合同不在少数,由于容易发生纠纷,被称为"扯皮合同"。这类合同如果经过鉴证,合同管理机关应责令双方协商修改,条款齐备,责任清楚的方予鉴证。但并非所有经济合同都需要鉴证,这类合同如果双方依约履行,自然应属有效,即使在履行中发生纠纷,管理机关或法院也大抵在承认合同具有效力的前提下予以解决。因此不能简单地将条款不齐,责任不清的合同归入无效合同,而应承认其具有法律效力,但可认为法律效力不完全。(4)要求应鉴证而未经鉴证的合同,除未履行鉴证手续外,其余各项生效要件均符合要求,已基本上具备了履行基础。如果双方依约履行,其法律效力毋庸置疑。如果执行中发生纠纷,管理机关和人民法院可依具体情况采取两种办法处理:在确认合同有效的前提下追究违约责任,或者在确认合同无效

的前提下，责令恢复原状，追究损害赔偿责任。此外，有的合同管理机关对这类合同所发生的纠纷不予受理，似不甚妥当。总之，不应将这一类合同视为全然无效，可承认其具有不完全的法律效力。

第二类，无效的经济合同。这一类经济合同，在完全不具有法律效力这一点上是相同的，但究其导致合同无效的原因，却又有不同的情形，大致包括以下几种：(1)因一方或双方当事人无法律资格而无效。例如，不具有法人资格的企业，企业内部组织(如车间、科室等)，除个体经营户及农村社员以外的公民(如国家干部、军人、教师等)所签订的经济合同，可因当事人无法律资格而无效。(2)因一方或双方当事人无合同能力而无效。依照民法理论，公民和法人均具有合同能力。但是，公民或法人并不具有签订一切合同的能力。签订某一种经济合同，要求当事人具有签订该类合同的能力。例如法人或个体经营户，只在其经营范围内具有合同能力。超出经营范围的经济合同，可因不具备相应的合同能力而无效。(3)因内容违法而无效。指合同内容直接违反国家现行法律、法令、条例的禁止性规定，以及违反国家现行政策及指令性计划。《经济合同法》第7条明确规定这类合同无效。现实生活中的违法合同包括：①以法律禁止流通物为标的物的合同，如买卖黄金、白银、香烟、毒品、淫秽物品、走私物品的合同；②转手倒卖合同；③转包渔利合同；④买空卖空合同；⑤违反国家指令性计划的合同。(4)代理人以被代理人的名义同自己或者同自己所代理的其他人签订的经济合同，因违反法律的规定而致无效。(5)因合同标的自始不能而无效。当事人虽有法律资格，也具有相应的合同能力，但由于各种客观原因如缺乏主要原材料、缺乏技术条件、无足够生产能力，或因国家指令关、停、并、转，使经济合同在签订之时就注定无法履行，当然不具有法律效力。(6)假经济合同。近年来，一些坏人甚至少数单位借签订经济合同骗取定金、预付货款、手续费、提成费等，所签经济合同是诈骗的手段，并非真正的经济合同。为进行比较，也列入无效合同之中。(7)因违反国家利益或社会公共利益而无效。《经济合同法》第7条第1款第4项的规定，是指一种原则性条文。这种情形不同于上面谈到的违法合同。各种违法合同是直接违反现行法律的具体规定,例如国务院《关于加强市场管理、打击投机倒把和走私活动的指示》,对转手倒卖、走私、转包渔利、抢购、套购计划物资等作了禁止规定。这些违法合同,当然是违反国家利益和社会公共利益的。《经济合同法》第7条第1款第4项的规定,是指那些违反国家和社会利益,但又没有具体的法律禁止规定的合同。这种原则规定,在现代各国民法中都有,称为"公共利益"条款。目的在于弥补现行法律禁止规定之不足。当合同管理机关或人民法院认为合同违反国家利益或社会公共利益,而在现行法律、法令、条例中找不到相应的禁止规定时,就可以引用"公共利益"条款。宣布合同无效,究竟什么情况应该引用公共利益条款,由合同管理机关或人民法院判断。

第三类,可撤销的经济合同。除上述有效合同和无效合同两大类外,还有另一类合同,它们既不属于有效合同,也不能归入无效合同。这一类合同的共同之处在于,都存在一个追认或者撤销的问题。在被追认或被撤销之前,既不是有效,也不是无效,而是处在一种法律效力上的不确定状态。实际生活中的可撤销合同,包括以下几种:(1)超越代理权的经济合同。《经济合同法》第10条规定,代订经济合同,必须事先取得委托单位的委托证明,并根据授权范围以委托单位的名义签订。代理人超越代理权所签订的合同,依据民法理论,应允许被代理人追认或否认。被代理人予以追认,合同即变为有效合同。被代理人予以否认,合同即被撤销而归于无效,但在被代理人予以追认或否认之前,合同既非有效,亦非无效,属于效力未定。法律应为这类合同设立追认期间,在该期间内被代理人予以追认,合同有效。期间届满未予追认,即应视为否认而撤销。代理人应承担责任。(2)因重大误解而订立的经济合同。对于因重大误解而订立的经济合同,各国法律皆有撤销权的规定。《经济合同法》未有规定。因重大误解而订立的经济合同,误解的一方或双方有权撤销,但应在发觉误解后及时提出。如果合同已经履行或部分履行,双方应按合同被确认无效的规定协商解决,协商不成时由合同管理机关或人民法院处理,按民法理论,误解仅于涉及合同标的物的本质时,构成重大误解。(3)采取欺诈、胁迫等手段签订的合同。《经济合同法》第 7 条规定,采取欺诈、胁迫等手段所签订的经济合同无效。但这种合同应由受害一方当事人申请而经合同管理机关或人民法院宣布无效。如果没有受害一方当事人的申请,管理机关或法院也不必强使其无效,因为没有受害一方当事人的申请,管理机关或法院无从断定其是否采取欺诈、胁迫等手段。(4)附认可期合同。合同当事人双方有时在合同中规定了一个认可期,在期间内双方可以提出撤销合同,期间届满未提出撤销,合同即生效力。期间届满前,合同效力未定。例如,1981 年 9 月南京市经委组织的工业产品展销订货会由南京市工商行政管理局在现场鉴证,规定会议上签订的合同可以附 15 天认可期,双方同意也可不要认可期。

这里还有必要谈一谈无效经济合同的确认问题。《经济合同法》第 7 条规定,无效经济合同的确认权,归合同管理机关和人民法院。这就是说,国家授权合同管理机关和人民法院行使无效经济合同的确认权。除合同管理机关和人民法院以外的其他任何机关或个人,均不拥有确认经济合同无效的权力。合同管理机关和人民法院以外的其他机关或个人擅自决定所属单位签订的经济合同作废,或强令所属单位撕毁经济合同的,都是违法行为。但是,必须指出,某些经济管理机关如经委、计委、建委等,在其职权范围内并依照法律的规定可以责令经济合同的当事人停止执行合同或不准执行合同。如本文开头所说,经济管理机关的这种决定,属于合法干预,是合法行为。这种决定可以阻止当事人执行合同,并不决定合同是否无效。合同最终是否无效,应由合同管理机关或人民法院依法予以确认。

《经济合同法》第 7 条还规定,无效的经济合同,从订立的时候起,就没有法律约束力。由此可见,确认无效在法律上的后果溯及于该合同订立之时。这一点与经济合同的解除不同。在实践中,经济合同被确认无效,容易与经济合同的解除混淆。按照《经济合同法》第 27 条规定的精神,合同在依法解除之前是有效的,解除只能终止其效力,即从解除之时起归于无效。经济合同的解除产生如下后果:①停止继续履行;②从解除之时起合同无效;③解除之前已履行的部分有效,不能适用恢复原状的原则;④因合同的解除使一方遭受损害的,除依法可以免除责任的外,应由责任方赔偿损害。经济合同被确认无效产生如下后果:①停止继续履行;②合同从订立之时起不具有法律效力;③对合同已经履行的部分应适用恢复原状的原则;④如已造成损害,则由有过错一方负赔偿责任,若双方均有过错,则各自承担相应的责任。

需要特别注意的是,法律为了更好地保护国家利益和社会公共利益,对于违反国家利益或社会公共利益的合同,专门规定了特殊的法律后果。这里所谓违反国家利益和社会公共利益的合同,包括本文所说的违法合同及假合同。而本文所说当事人无法律资格及无合同能力的合同,如果合同内容并不违反法律禁止规定,并不违反国家利益及社会公共利益,则不应适用《经济合同法》第16条第2款关于特殊后果的规定。该款所规定的特殊后果是,对具有违反国家利益或社会公共利益的故意的一方,适用没收财产制裁。如果双方均系故意,没收双方已经取得或约定取得的财产。如果只是一方故意,则故意一方将从对方取得的财产返还对方;非故意一方从对方取得或约定取得的财产予以没收。除此以外,依据《经济合同法》第53条的规定,还可以根据情况,追究其他行政责任及刑事责任。

《经济合同法》对于确认权的行使,未规定时间上的限制。经济合同从订立之时起,一直到履行完毕以后,合同管理机关和人民法院均可依法行使确认该经济合同无效的权力。这就产生了另外一个问题,即应如何看待经过合同管理机关鉴证的合同在法律上的效力。我认为在这里有必要使用推定有效这个概念。也就是说,凡依法经过鉴证的合同,无论管理机关或人民法院均应承认其有效,在发生纠纷时,应在承认合同效力之基础上处理。但是,当管理机关或人民法院掌握相反的证据,或当事人提出相反的证据时,管理机关或人民法院应依法确认该合同无效。对于依法经过鉴证的经济合同,无论管理机关还是人民法院均不应无端怀疑其有效性,但一旦有根据证明合同无效时,即应对合同进行再审查和再确认,不受鉴证的约束。这在法律上叫作推定有效。

适用推定有效,既可使管理机关或人民法院处于主动地位,又不致损害合同鉴证程序的严肃性,那种认为合同一经鉴证,其有效性就不能怀疑、其效力就一律不得推翻的观点,必然束缚管理机关和人民法院的手脚,不利于打击和制裁以经济合同形式进行的违法经济活动,不利于维护经济流转的正常秩序。

论可撤销合同^{*}

——兼答曹瑞林同志

《法律学习与研究》1987年第6期发表曹瑞林同志与拙文①商榷的文章《关于民事违法行为的两个问题》,其中涉及若干重要的理论问题,诸如什么是民事违法行为,民事违法行为应否限于依法应追究民事责任者;什么是无效的民事行为,能否将无效的民事行为归入民事违法行为;什么是可撤销的民事行为,能否将可撤销的民事行为归入民事违法行为;民事违法行为应否以行为人有民事责任能力为"构成要件"及可否为民事违法行为规定各"构成要件"等。这些问题都不是单纯的理论问题,都与民法实践密切相关。这里先谈可撤销的民事行为,其他问题暂不涉及。鉴于可撤销的民事行为中最主要和最具代表性的是可撤销合同,因此本文限于论述可撤销民事行为中的可撤销合同,不涉及可撤销合同外的可撤销民事行为。对可撤销合同有了正确的了解,可撤销民事行为非民事违法行为也就不言而喻了。

"撤销"一词在民法上较为常用,在不同地方具有不同含义。例如,法人之撤销、监护人之撤销,其含义是使某种法律资格归于消灭,失踪宣告之撤销,死亡宣告之撤销,其含义是取消某种决定。这两种撤销,撤销权均归授予法律资格或作出决定的国家机关,其实质属于行使

---

* 本文原载《法律学习与研究》1988年第4期。
① 参见本书第二卷《关于民事责任的若干问题》一文;以及《关于民事责任的若干问题(续)》一文。

司法权力或行政权力的活动。本文所谓可撤销的民事行为,则与上述撤销之含义不同,乃指民事主体行使依法享有的撤销权,消灭该行为的法律效力,其撤销权为民事权利,所撤销的对象为民事法律行为。

可撤销合同,属于可撤销民事法律行为。我国《经济合同法》对可撤销合同未作规定,《民法通则》第59条规定了可撤销的民事行为,应主要指可撤销合同。可撤销合同之区别于有效合同,在于法律赋予当事人一方以撤销权,该当事人有权请求人民法院或者仲裁机关变更合同的内容或者撤销合同。该合同一旦撤销将归于完全无效。可撤销合同与无效合同的区别,在于其存在变为有效合同的可能。如果有撤销权一方不要求撤销而仅要求变更合同内容,即因变更决定而成为完全有效;有撤销权一方抛弃撤销权,可撤销合同即因此成为完全有效的合同。无效合同系从成立时起确定当然无效,无论何种原因均不能使之成为有效。

可见,可撤销合同既不同于有效合同,也不同于无效合同,却又既有成为有效合同的可能,也有成为无效合同的可能,处于有效无效尚不确定的状态,性质上属于效力未定。须加说明的是,关于可撤销合同之性质是否为效力未定,在传统民法理论上有肯定说与否定说二种主张。持否定说的学者认为,可撤销合同自成立时起因具备生效条件效力即已确定,与完全有效合同并无区别,仅因其意思表示具有瑕疵,因此法律使一方享有撤销权。按照这种观点,可撤销合同实际上是附撤销权的有效合同,与效力未定是完全不同的。我认为这种观点的错误在于未正确解释撤销权的实质。法律因合同之意思表示有瑕疵或其他原因,赋予合同一方当事人以撤销权,撤销权的存在当然阻碍了法律效力的产生。有撤销权的一方并不受合同的约束,他有权请求法院或仲裁机关变更合同内容或撤销合同,也可放弃撤销权而使合同产生完全的法律效力。实际上,可撤销合同仅对另一方当事人有约束力,谓之为具有完全的法律效力而否认其处于效力不确定状态,在理论上难称妥当。我国《民法通则》将民事行为区别为有效、无效和可撤销三类,将可撤销合同解释为具有完全效力,显然与法律规定相悖。

可撤销合同之撤销与合同的解除不同。我国法律中对撤销和解除两个概念是严格加以区分的。《经济合同法》第三章和《涉外经济合同法》第五章,均对合同的解除设有专门规定,《民法通则》亦涉及民事法律行为的解除问题。《民法通则》第57条规定:"民事法律行为从成立时起具有法律约束力。行为人非依法律规定或者取得对方同意,不得擅自变更或者解除。"依法律规定之精神,所谓解除,其本质在于使具有完全法律效力的民事法律行为归于消灭。合同的解除,在于使完全生效的合同归于消灭。解除即取消其法律约束力使之归于消灭之意。因此解除乃对完全有效的合同适用,而对于无效合同或效力未定合同均不适用。与解除不同,撤销乃针对未有完全法律效力的民事行为而言。当然对于已确定无效或尚未发生效力的行为,也不能适用撤销。我国法律对于无效合同有予以确认的制度,不发生撤销、解除等问题。而对于尚未发生法律效力的行为则有所谓撤回,例如意思表示(要约)之撤回。从法理上言之,撤销之本质在于使效力未定之民事行为归于无效。

在传统民法上,可撤销合同主要有三种,即因受胁迫或诈欺所订合同、因重大误解所订合同及显失公平合同。此外,限制行为能力人所订合同、无权代理人以本人名义所订合同、无处分权人所订合同虽未归入可撤销合同,却也认为法定代理人、本人及有处分权人享有撤销权,因此在实际上亦属于可撤销合同。但在我国法律中,按照《民法通则》第58条的规定,限制行为能力人不能独立签订的合同属于无效合同;采用胁迫、欺诈等手段签订的合同,亦被明定为无效合同。至于无处分权人所订合同,例如保管人出卖他人交付其保管的财产,法律无规定,但我国民法思想及实践以无权处分不动产为无效,而对于无权处分动产则主张适用善意取得制度,因而无权处分合同也不应属于可撤销合同。可见,我国法律中可撤销合同的范围较狭窄。按照《民法通则》第59条的规定,仅指重大误解合同和显失公平合同。另外,按照《民法通则》第66条的规定,无代理权人以本人名义所订合同应由本人追认方能生效。所谓追认,在法理上解为抛弃撤销权,且在本人追认前应准许善意之相对人撤销合同。故无权代理合同亦属于可撤销合同。下面仅按照《民法通则》第 59 条的规定,对重大误解合同和显失公平合同略作分析。

传统民法严格区分错误和误解两个概念。所谓错误,指无过失的表示与意思不符,例如本欲将房屋出租,却误作出卖之要约;所谓误解,指相对人对于意思表示内容理解之错误,例如相对人误将出卖之要约认为出租而为承诺。在传统民法,为保护无过失之要约人,而使之有撤销合同的权利,因而重大错误合同属于可撤销合同。至于误解,则由于传统民法大抵采取意思表示到达生效原则,不以了解为必要,因而不认为误解一方有撤销权。按照我国民法思想,在保护双方当事人利益上务求平衡,若仅允许无过失表意人因重大错误有撤销权,而不允许无过失之相对人因重大误解有撤销权,显然有悖于我国民法一贯思想及公平原则。依我的见解,我国《民法通则》第 59 条所谓"行为人对行为内容有重大误解",非仅指表意人之无过失的表示与意思不符,或相对人之了解与意思表示不符,而是将两者皆包括在内。因此,我国法律所谓误解,包括传统民法之错误和误解。

依法律规定,唯在构成重大误解时方能成立撤销权。但什么情形始成立重大误解,法律未作规定。根据民法理论及实践,一方当事人在订立合同时,对于合同标的物有误解,例如将一种商品误当作另一种商品,将复制品误当作原物;对于合同关系性质有误解,例如把出租当作典当,把租赁当作借用;或对于对方当事人有误解,例如把张三当作李四,把甲公司当作乙公司,均可以认定为构成重大误解。撤销权唯误解一方当事人享有,其对方当事人无撤销权,但法律为保护双方利益,在一方因重大误解而撤销合同时,允许对方当事人对因此所受损害请求赔偿,但对方当事人明知他方误解的,不得请求损害赔偿。

显失公平合同之允许撤销,渊源于罗马法之非常损失规则。依此规则,出卖人以半价以下的价格出卖货物,对于买受人有合同解除权,这显然出于道德上公平观念。《法国民法典》继承罗马法,规定在第 1674 条,称显失公平合同,唯限于不动产买卖合同之出卖人有撤销权。

《德国民法典》第 138 条对暴利行为的规定,已不限于不动产买卖,而扩及一切合同及其他法律行为,但着重于强调一方利用他方急迫、轻率、无经验等不利条件,且规定后果为无效。实际上《德国民法典》之暴利行为,已不属于可撤销行为。《瑞士债务法》第 21 条、我国民国时期制定的《中华民国民法》第 74 条、1964 年《苏俄民法典》第 58 条、《捷克斯洛伐克民法典》第 49 条、《匈牙利民法典》第 202 条、《南斯拉夫债法》第 139 条均对显失公平合同(民事行为)作出规定。

  上述法典的有关规定,除《法国民法典》第 1674 条外,德国、瑞士、苏俄、捷克斯洛伐克、匈牙利等规定均着重于订立合同时,一方利用了另一方急迫、轻率等情势。其立法着眼点与《法国民法典》不同。有鉴于此,《南斯拉夫债法》采取新的做法,将传统显失公平合同分为两种情形,并分别予以规定。在该法典第 139 条规定重大损失(显失公平)合同,另在第 141 条规定暴利合同。前者着重于合同内容显失公平使一方遭受损害,后者着重于一方利用了他方急迫、轻率、无经验等不利情势。依我之见,《南斯拉夫债法》的规定较其他各法典为优。我国民法理论本受《德国民法典》及《苏俄民法典》的影响,对于显失公平合同亦着重于一方利用他方之不利情势。我国《民法通则(草案)》原规定为"乘人危难显失公平",后来考虑到"乘人危难"使对方接受显失公平的合同条款,其性质与欺诈、胁迫并无二致,若仍沿袭旧说定为可撤销,显然与我国社会主义精神文明准则相悖,且胁迫、欺诈为无效而乘人危难仅为可撤销,在立法技术上看也不相均衡。因此,正式通过的《民法通则》第 59 条将"乘人危难"删去,而将"乘人之危"并入第 58 条,与欺诈、胁迫同为无效之原因。该条规定,"一方以欺诈、胁迫的手段或者乘人之危,使对方在违背真实意思的情况下所为的"民事行为无效。如此规定,与《南斯拉夫债法》相似,在法理上更觉妥洽。

  按照《民法通则》规定的精神,所谓"乘人之危"应有利用合同对方急需、窘迫、轻率、无经验等不利情势之故意。凡不具有此故意者,不得谓为乘人之危。这是在实践中正确区分乘人之危合同与显失公平合同的关键。凡具有利用他方不利情势之故意而订立的显失公平合同,应依《民法通则》第 58 条规定,属于自始确定无效合同,不得适用可撤销合同的规定。所成立之合同显失公平而不能断定一方有乘人之危之故意者,属于可撤销之显失公平合同,应适用《民法通则》第 59 条的规定。

　　法律允许撤销的不是一般的不公平合同,而是显失公平的合同。而何谓显失公平,在实践中应如何断定？按照《法国民法典》第 1674、1675 条的规定,所谓显失公平,指"出卖人所受低价损失超过不动产价金十二分之七",系采用罗马法所谓"半价之额以下"的规定。按照《南斯拉夫债法》第 139 条的规定,所谓显失公平,即"当事人之间的义务明显地不成比例"。其余各国法典大抵仿《德国民法典》第 138 条的规定,即一方所提供财产上利益超过对方所给付价值,"依照当时情形显失公平",未作进一步规定,而由法庭依职权进行公平裁量。我国法律既未规定标准,亦应由法庭或仲裁庭进行公平裁量。

　　按照民法理论,可撤销合同之撤销权为形成权,其产生系由于法律直接规定,与当事人意思无关,因此在合同成立时约定抛弃撤销权者,其约定无效。关于撤销的方法,即撤销权的行使方法,依《法国民法典》第 1117 条的规定,应以诉讼方法为之。但依《德国民法典》第 143 条的规定,撤销以意思表示向相对人即合同对方当事人为之,并不以诉讼方法为必要。《苏俄民法典》第 57 条亦规定应采诉讼方法。我国《民法通则》第 59 条规定,一方有权请求人民法院或者仲裁机关予以变更或者撤销。可见我国立法系仿《法国民法典》和《苏俄民法典》,所谓撤销权实质为法律所赋予的一种诉权。依此解释,撤销权不以诉讼(包括申请仲裁)的方法行使者,不能发生撤销的效力。依我国《民法通则》的规定,所谓可撤销合同,不仅可请求撤销,亦可请求变更。这也是与传统民法相异之点。其所谓变更,当指合同内容之变更,不包括当事人之变更,因此,因对合同对方当事人有重大误解所订合同,依法仅得请求撤销,而不能要求变更合同对方当事人。

　　撤销从人民法院或者仲裁机关作出撤销合同的判决或裁决之时起发生效力。其效力为使可撤销合同溯及于成立之时归于无效。撤销权,既为民事权利,当然允许当事人抛弃。抛弃撤销权的效力,在于使可撤销合同溯及于成立之时为有效。为求法律关系的稳定及保护相对人利益,撤销权人应从知有可撤销原因时及时行使其撤销权,并受诉讼时效之限制。从合同成立时起经过两年的,不得再诉请法院或仲裁机关变更或撤销。

论合同解释[*]

合同解释,专指受理案件的法庭或仲裁庭依其职权对合同条文或所用文句的含义所作的解释。合同解释为合同法上的一个重要问题,合同立法、合同司法、合同管理及法学教育与研究等方面,均不应忽视合同解释。

当事人在订立合同时,或因所使用的文字词句不当,未能将真实意思表达明白,或因欠缺法律知识,未将合同权利义务关系规定清楚,使得合同难以正确履行,产生纠纷。在实践中,有相当一部分的合同纠纷,就是因为双方当事人对合同书中某一条文或其中某个词句的含义理解不同而引起的。受理案件的法庭或仲裁庭就必须对所争执的条文或词句作出符合当事人真实意思的解释,进而判明孰是孰非,作出裁决,解决纠纷。由此可见,合同解释对于消弭合同纠纷,维护经济流转正常秩序,切实保护当事人合法权益具有重要意义。

但合同解释受到立法、司法方面的重视,是 18 世纪以后的事。在此之前的立法,极端注重法律行为之法定方式,单纯意思表示不生法律效力,在立法、司法及法学理论上均不存在合同解释问题。至 18 世纪,自然法思想盛行,主张尊重个人意思。以自然法思想为指导的资本主义立法,遂将个人意思置于一切法律制度之中心。合同的内容及其效力,完全以当事人意思为准。因此,解释当事人的意思成为司法上一个重要课题。立法者也在民法典上规定若干原则,以便法官在对具体的

---

* 本文原载《现代法学》1986 年第 1 期。

合同进行解释时有所遵循。

立法对合同解释作出规定，从《法国民法典》开始。该法典在"契约或合意之债的一般规定"中专设一节，计9个条文，称"契约的解释"，其不仅规定了解释的基本原则，甚至规定了具体的解释方法。其第1156条规定，"解释契约时应探究缔约当事人的意思，而不拘于文字的字面意思"。这一条文成为解释合同的最主要的准则，并为各国法典所仿效。但由于合同解释不仅直接关系当事人双方重大经济利益，而且往往影响社会公共利益，如果过分强调当事人内心的意思，必致损害他方利益及社会公益，因此，不能不予以一定的限制。

我国从1979年以来，逐步进行经济管理体制的改革，大力发展社会主义商品生产和商品交换，合同法律制度正在发挥日渐重要的作用。合同已成为企业从事经济活动，实现经营目标，进行合法竞争的重要法律形式。但我国现行立法对合同解释尚无规定。现根据实践中一些典型案例，参酌法理及各国立法经验，试述我国合同解释所应遵循的主要原则：

第一，解释合同应寻求当事人真意，不可拘泥于所使用之文字。解释合同的目的，在于把握合同所表达出来的当事人真实意思，以确定双方权利义务关系。因此，对于合同所使用不适当的文字、词句，不应拘守。尤应注意有的当事人因种种原因故意使用与实际不相符合的文字、词句。例如，约定购买合格产品，却写作"次品"；实际为买卖合同，却在文契上写作"赠与"。法庭或仲裁庭在解释时，则不能拘泥于不当文句，而应按真实意思解释，即将"次品"解释为"合格产品"；将"赠与"解释为"买卖"。当事人借合同形式进行违法犯罪活动时，则往往隐蔽其真意，例如将走私手表写作"尼龙蚊帐"。正确解释合同有利于揭露这类违法犯罪活动。

第二，解释合同应符合合同的目的。当事人签订合同所欲达到的目的，是整个合同的出发点，也是进行合同解释的一个重要根据。合同所用文字、词句有不同含义时，应按照其中符合于合同目的的含义解释。例如，在供应"合成味精合同"一案中，裁判的关键在于"合成"一词的解释。汉语中"合成"一词,通常有"将两种以上不同成分混合掺和在一起"及"采用化学合成法制造"两种含义。而用于产品名称时,通常属后一种含义。因此,应将"合成味精"解释为采用化学合成法生产的味精,而不能解释为不同成分(味精、淀粉、面粉、食盐等)混合而成的味精。再如"购买小径圆木合同"一案,裁判的关键在于对合同书质量条款中"腐朽、裂纹较大不发"一句的解释。考虑到签订合同目的是购买建筑用木材,应解释为只要是腐朽的木材,就不符合合同要求,而不问腐朽是否达到"较大"程度;对于有裂纹的圆木,只要裂纹未达到"较大"的程度,则符合合同的要求。

第三,解释合同应参照合同签订地的地方习惯及当事人共同的行业习惯。例如合同书写标的物为"三鸟",如合同在广东省签订,则应解释为"鸡、鸭、鹅"三种家禽,而不能解释为"三种鸟"。合同标的物写明为"地瓜",如合同签订地在山东省,则应解释为"白薯";如合同签订地在四川省,解释为"白薯"那就是错误的。至于行业习惯,应当是合同当事人共同的行业习惯。假如只是一方的行业习惯,除非签约时已将此习惯告知对方并取得对方认可,否则不应作为解释的依据。例如在"购买竹签合同"一案中,标的物以"件"为单位,购方为某机电厂,按机电行业习惯,十根竹签称为一件,而卖方为建材公司,按建材行业包装习惯,以一百根竹签为一件。因此不能依任何一方的习惯作解释,应判断为双方对计量单位的"件"发生误解。需要补充的是,无论地方习惯或行业习惯,均涉及事实,法庭或仲裁庭在作解释时,应使当事人负举证责任,证明该习惯的确实存在。

第四,解释合同应符合法律。法律规范有强行性与任意性之分。其中强行性规范不能由当事人约定排除其适用。任意性规范只起补充当事人意思的作用,允许当事人以约定排除其适用。例如《工矿产品购销合同条例》规定质量异议期限为10天,但同时允许当事人另行约定,如约定8天、20天、2个月等。但假如合同约定异议期限过短,实际上等于剥夺购货方提出异议的权利,或约定期限过长,使销货方权利未得保障,则违反法律设立异议制度的宗旨和精神。解释合同应符合法律的含义是：其一，解释不得违反法律强行性规范；其二，解释允许排除任意性规范的适用，但不应违反法律规定的精神。例如，在一个房屋买卖合同中，合同书写道："所发生的争执由双方协商解决，不得向法院起诉"。应对当事人意思解释为，发生争执时应先相互协商，尽量争取达成和解协议，经协商不能达成协议时，任何一方均可向法院起诉。因为法院管辖权属强行性规定，当事人不得排除其适用。

第五，解释合同应符合公平原则。只要存在市场活动，即商品交换，就不可避免地存在公平或不公平的道德评价。可以说公平是市场活动最起码的道德规范。这一原则要求解释合同应同时兼顾当事人双方的利益，务求合乎社会主义的公平观念。当合同所用文字、词句可以有两种以上解释时，如果属于无偿合同，应当按照对债务人义务较轻的含义解释；如果属于有偿合同，则应按照对双方当事人均较公平的含义解释。例如，在一个承包打井的合同案件中，合同书规定，打井深"30米以上出水，用两个水桶连续3小时打不干为合格"。承包方打井至27米时出水，用两只桶连续4小时也舀不干，认为合乎合同的规定。发包方以井深未超过30米，认为承包方违约并拒付承包金。双方的争执集中在如何解释井深"30米以上"一句。发包方坚持所谓30米以上系指超过30米，例如31米、32米。承包方认为井深30米以上，指不足30米。笔者认为，从测量井深这一特定情况来说，上述两种解释似均无不可。但考虑到打井目的在于得水，既然打井至27米出水已很丰富，超出合同关于出水量的要求，目的已经达到。如果强使承包方继续打井超过30米，必然使承包方白白耗费许多人力、物力。这样做，显然有损承包方利益，违背公平原则。因此，应将井深至"30米以上"解释为"不足30米"。

关于实际履行原则的研究[*]

有的论著认为,实际履行原则是我国合同法的基本原则。例如黄欣同志在《关于经济合同的履行问题》一文中指出,实际履行原则是"我国经济合同履行的第一项基本原则"[①]。王卫国同志在《论合同的强制实际履行》一文中断言:"债的实际履行原则,是贯穿于我国社会主义合同法的一个基本原则。"[②]我在《论合同责任》一文中曾表示过相反的意见。[③]我国合同法是否以实际履行原则为基本原则,关系到对现行立法的正确解释和适用,关系到我国合同法理论的发展,具有重要的理论和实践意义。因此,有必要联系到实际履行原则的产生背景、其效力和根据及在各社会主义国家合同法的实际贯彻情形,作进一步的研究。

20世纪20年代末至30年代初,苏联在执行新经济政策获得巨大成就的基础之上,实现了工业化和农业集体化,多种所有制形式并存的结构已发生了根本变化,"新经济政策的俄罗斯已变成了社会主义的俄罗斯"[④]。宗法式经济、私人资本主义和国家资本主义经济已不存在,个体经济已被排挤到次要地位,在整个国民经济中社会主义公有制经济独占统治地位。1932年为了进一步加强对经济的集中管理,将最

---

[*] 本文原载《法学研究》1987年第2期。由于发表年代久远,文献无法一一核查。——编者注
[①] 黄欣:《关于经济合同的履行问题》,载《北京政法学院学报》1982年第2期。
[②] 王卫国:《论合同的强制实际履行》,载《法学研究》1984年第3期。
[③] 参见本卷《论合同责任》一文。
[④] 1935年1月召开的第七次苏维埃代表大会上,莫洛托夫的《总结报告》。

高国民经济委员会分为三个工业部。在各部建立总管理局,负责从计划、技术、经营和组织方面直接领导各部所属的企业。与此相应,整个计划工作水平显著提高,计划指标体系日臻完善,其指令性日益增强。从 1931 年起由计划控制数字正式改称国民经济计划。在工业发展年度计划中,首次规定了详细的技术生产指标,以及组织、改造和合理化措施,规定了基本建设的工程项目指标和关于新建和改建企业的详细指标,规定了国营农场、集体农庄和拖拉机站的具体生产计划;首次规定了招收、分配劳动力和培养干部年度计划。在这种情况下,合同制度成为实现国民经济计划的工具,双方当事人签订合同只是为了使计划任务具体化并保证其实现。因此,合同能否实际履行,将决定计划任务能否完成。1933 年 12 月 19 日苏联人民委员会颁布《关于订立 1934 年合同的决议》,第一次规定了实际履行原则。

按照《关于订立 1934 年合同的决议》第 19 条的规定,在合同被违反时,偿付罚则所规定的付款(违约金、逾期罚款、损害赔偿金)并不能免除当事人实际履行合同的义务,并强调指出,合同所规定的罚则应当注重保证使当事人适时而确当地履行合同,而不是以金钱等价物来代替实际履行。此后,这一实际履行原则被多次重复规定在各种有关产品供应的规范性文件之中,并在法学著述中被反复论证。

实际履行原则一直在苏联合同法理论中占有重要地位。坚金和布拉图斯主编的《苏维埃民法》强调指出:"作为苏维埃债权法中一般原理之一的实际履行的原则,在社会主义组织间的关系范围内,是有特别重大意义的。"⑤ 格里巴诺夫和科尔涅耶夫主编的《苏联民法》写道:"以实物履行债在建立共产主义物质技术基础的事业中,在创造为满足公民日益增长的需要所必需的相应的物质和精神财富的事业中,具有重要的意义。"⑥ 实际履行原则在法律上的效力,包括下述两方面。

---

⑤ 〔苏〕坚金、〔苏〕布拉图斯主编:《苏维埃民法》(第 2 册),中国人民大学民法教研室译,法律出版社 1957 年版,第 195 页。

⑥ 〔苏〕格里巴诺夫、〔苏〕科尔涅耶夫主编:《苏联民法》(上册),中国社会科学院法学研究所民法经济法研究室译,法律出版社 1984 年版,第 467 页。

其一,实际履行原则同时约束合同当事人双方,使双方当事人都负有必须实际履行合同的法律义务。

众所周知,在传统合同法中,合同一经有效成立即产生法律约束力,法律要求双方当事人正确履行各自所承担的义务。法律不允许单方变更或解除合同,却不禁止双方当事人协商变更或解除合同。一般来说,协商变更或解除合同属于当事人的正当权利,受法律保护。但是,按照实际履行原则,合同一经有效成立,除依合同规定产生双方的债权债务关系外,还依实际履行原则直接产生双方对国家的义务,即双方必须实际履行合同。不仅禁止单方变更或解除合同,也不允许双方协商变更或解除合同。易言之,实际履行原则剥夺了合同当事人协商变更和解除合同的权利。

约菲在《苏联的经验》一文中写道,按照实际履行原则,"直至合同被违反之前,债务人负有实际履行的义务,债权人负有接受实际履行的义务"[7]。布拉图斯在《苏维埃民法发展的特点》一文中写到,按照实际履行原则,供应合同的"定货人必须按照计划任务接受合同中所规定的产品,甚至在定货人由于情况变化而不再需要的场合,也必须这样做。唯有计划主管机关才可以通过改变或者废除计划文件免除其义务"[8]。约菲在《苏联的经济和法律》一文中谈到,已经安装了暖气设备的定货人有义务接受按照计划合同供给的烤火用木柴。只要分配计划未被取消,当事人就必须接受硬塞给他的稀有有色金属,尽管该企业生产计划已经改变,根本不再需要这种材料。买方不得拒绝接受不需要的多余商品,即使是该种商品的短缺至今仍使整个经济陷于困境。[9]

其二,在合同被违反后,实际履行原则仍约束合同当事人双方,要求双方必须实际履行合同,不允许以支付违约金或损害赔偿金代替实际履行。

按照传统合同法,在合同被违反的情形,可以采取多种法律补救措

---

[7] 〔美〕约菲:《苏联的经验》,载《国际比较法百科全书》第7卷第5章。
[8] 〔苏〕布拉图斯:《苏维埃民法发展的特点》,载《国家与法》1957年第11期。
[9] 参见〔美〕约菲:《苏联的经济和法律》,载《哈佛法律评论》1982年第97卷第7号。

施。实际履行只是补救措施之一,即债权人向法院提起实际履行之诉,法院判决违反合同的债务人按照合同约定履行债务,被称为强制实际履行,或者强制依约履行。其他法律补救措施有:解除合同、请求支付违约金或损害赔偿金。而究竟采取何种补救措施,属于债权人的权利。在资本主义国家合同法中,最通行的补救措施是请求损害赔偿并解除合同,而强制实际履行适用范围较窄,一般只用于标的为不动产的合同。按照实际履行的原则,除计划已经作废或合同在实际上已不能履行外,必须采用的补救措施是强制实际履行,债权人必须向法院或公断机关提起强制实际履行之诉,他无权解除合同。即使他已经请求债务人支付违约金或损害赔偿金,也不免除他接受实际履行的义务和债务人实际履行的义务。实际履行原则剥夺了债权人在对方违反合同情况下解除合同的权利,不允许采取保护性购买和保护性销售等补救措施。

《苏联民法》写道,按照实际履行原则,"在违反根据计划任务产生的债时,债务人不仅必须实际履行债,而且债权人必须要求实际履行"[⑩]。约菲指出:"对于经济合同来说,实际履行原则具有不同的法律效力,直至合同被违反后,它仍然约束双方当事人。尽管合同已被违反,违反合同一方当事人和受到损害的对方当事人都必须实际履行合同。"[⑪]

匈牙利民法学家居拉·约尔斯在《社会主义的经济合同》一文中,对实际履行原则的上述两方面的法律效力作了十分简洁的概括。他写道:"强制实际履行原则意味着:(1)禁止合同当事人在合同履行期限到来之前终止合同;(2)在债务人违约时,则禁止债权人约定或接受赔偿金以代替实际履行。"[⑫]可见,实际履行原则将合同双方当事人牢牢地束缚在一起,无丝毫自主性和主动性可言,其实质在于强制双方完成

---

⑩ 〔苏〕格里巴诺夫、〔苏〕科尔涅耶夫:《苏联民法》(上册),中国社会科学院法学研究所民法经济法研究室译,法律出版社1984年版,第466页。

⑪ 〔美〕约菲:《苏联的经验》,载《国际比较法百科全书》第7卷第5章。

⑫ 〔匈〕居拉·约尔斯:《社会主义的经济合同》,载《国际比较法百科全书》第7卷第5章。

指令性计划指标。

　　实际履行原则的经济体制上的根据,是单一的指令性计划制度。这是社会主义国家曾经实行或仍在实行的集中型经济体制的共同特征。计划被赋予法律拘束力,计划就是法律。由于不存在市场,指令性计划是国家用来组织生产和分配的几乎可以说是唯一的手段。经济合同必须严格按照指令性计划签订,合同的作用被归结为使计划任务落实并确保其实现,实际上是指令性计划决定一切。在这种情况下,所谓合同关系实质上是披着合同这一民法外衣的行政法律关系。实际履行原则正反映了这种法律关系的本质要求。合同双方当事人的权利义务,既然是上级计划机关的意志(其具体形式是指令性计划文件)单方面设定的,理所当然地要求双方必须实际履行合同,以切实保障这一意志的最终实现。因此,法学家们在论证实际履行原则时,无不以指令性计划制度作为最主要的论据。布拉图斯写道:"由于计划作用的增大和经济核算制的巩固,在20世纪30年代,合同渐渐成为有计划地组织社会主义经济的极其重要的工具。""要求实际履行根据计划文件签订的合同是来自上述原则的逻辑结论。不然的话,即使在依照公断程序许可解除合同并以赔偿不履行所造成的损失来代替实际履行的场合,也没有达到合同的目的——完成产品的生产和分配的计划。"[13]居拉·约尔斯指出:"实现国民经济计划和满足计划所确认的需要,是决定强制实际履行原则的原因和主要理由。"[14]

　　社会主义经济曾经长期被视为某种自给自足的自然经济,片面强调产品的使用价值而忽视其交换价值,计划经济与商品经济被看作两种完全不相容的事物。按照这种经济理论,社会主义经济的目的被说成是"直接"(而不是通过市场)满足需要,产品的转让和劳务提供被说成"直接的"社会关系。市场和商品货币关系或者是不被承认,或者是被限制在公民参加的关系范围内。这就构成了实际履行原则的理论上

---

[13] 〔苏〕布拉图斯:《苏维埃民法发展的特点》。
[14] 〔匈〕居拉·约尔斯:《社会主义的经济合同》,载《国际比较法百科全书》第7卷第5章。

的根据。《苏联民法》一书写道:"要知道,用任何金钱补偿来代替实际履行供应的债、收购农副产品的债、基本建设包工的债、买卖的债、住宅租赁的债及其他债,都不能替代原来设定债所要达到的经济的、文化生活上的和其他的结果。"⑮作者进一步同资本主义社会做对比,"按照资产阶级的法律,请求实物履行债是债权人的权利,而不是债权人的义务。这是理所当然的,因为对资本家说来,是以赔偿不适当履行债给他造成的损失的形式直接获得利润,还是以实际得到履行标的的形式而获得利润,是全然没有区别的。他所看重的是什么东西对他更有利"⑯。居拉·约尔斯指出:"在社会主义经济中,生产的直接目的是满足社会需要,而社会需要又和一定时期的国家经济计划联系着的。实现这一目标,几乎总是有赖于合同的强制履行"⑰。

  实际履行原则的产生和存在,还取决于物质资料的供应状况。无论如何,在一个物质资料极为丰富的社会中,合同的实际履行原则将丧失其大部分重要意义。因为在合同债务人违约时,债权人能够从市场上及时获取自己所需的产品,即通过保护性购买来满足自己的需要。反之,在产品匮乏、物质资料供应长期不足的社会中,通过实行实际履行原则,可以保证实现国家计划和满足人民的基本生活需要。这种情况下,实际履行原则的必要性和重要性是不言而喻的。考虑到各社会主义国家几乎无一例外地都曾经存在过物质资料供应长期不足的现象,我认为,实际履行原则曾经是社会主义国家为保证实现国家计划和满足人民基本生活需要,用以对付产品供应不足这一社会现象的法律手段。居拉·约尔斯在比较了西方国家注重损害赔偿而社会主义国家注重实际履行之后,特别指出:"这种差别的产生并非完全取决于不同法律的规定,而是取决于社会主义国家缺乏足够的商品和西方国家拥有丰富的商品这一事实。其实,在西方法律制度中,商品的可用性并非

---

⑮ 《苏联法》(上册),第467、468页。
⑯ 《苏联法》(上册),第467、468页。
⑰ 〔匈〕居拉·约尔斯:《社会主义法制中的合同补救方法》,载《国际比较法百科全书》第7卷第16章。

不具有重要意义,英美法院正是基于合同标的物是市场短缺的商品这一事实而常常命令强制履行哪怕是纯属一般商品的买卖合同。"⑱ 布拉图斯虽未明言物质资料供应不足是实际履行原则的主要依据,但他显然早已认识到这一点。还在 1957 年,布拉图斯就作出预言,随着社会主义生产的进一步扩大和产品达到丰富的水平,实际履行原则将逐渐失去其尖锐性。⑲ 我们在后面将要看到,这一预言已被各社会主义国家的实践证实。

按照实际履行原则,合同当事人被剥夺了协商变更或解除合同的权利和在发生违约时通过赔偿金的支付以解除合同的权利,势必严重束缚合同当事人(主要是社会主义经济组织)的自主性和积极性。历史经验已经表明,经济组织的自主性和积极性愈受束缚,愈是影响社会生产力的发展,物资匮乏的现象愈是难以克服。实行实际履行原则之初衷,本来是为了对付物资匮乏现象,其结果恰与目的相反。我认为,这正是实际履行原则所包含的矛盾。正因如此,就是在集中型经济体制下,实际履行原则也未能得到切实贯彻。布拉图斯在回顾自实际履行原则产生以来的历程时,不无感慨地写道:"正如近二十五年的实践所证明的,由于经济机关的关于产品供应合同的债的实际履行原则,双方当事人都没有能够得到民法上财产责任结构的充分保障。由于合同客体、拨款程序和支付工作程序的特殊性质,这个原则基本上只在基本建设承揽合同中实现了。而关于供应合同的情形,则有些不同。有过错的一方当事人对债权人支付合同所规定的违约金,赔偿经证实的损失,但是不能强制根据公断处的决定实际履行。"⑳

布拉图斯预言实际履行原则将逐渐失去其尖锐性是在 1957 年,当时赫鲁晓夫领导的经济改革尚未正式开始。此后的近 30 年间,各社会主义国家相继进行了经济体制改革。虽然各国改革的深度和范围差异

---

⑱ 〔匈〕居拉·约尔斯:《社会主义法制中的合同补救方法》,载《国际比较法百科全书》第 7 卷第 16 章。

⑲ 参见〔匈〕布拉图斯:《苏维埃民法发展的特点》。

⑳ 参见〔匈〕布拉图斯:《苏维埃民法发展的特点》。

很大，但都在不同程度上变革了计划管理制度，扩大了企业的自主性和经营自主权，注意发挥市场和价值规律的作用。这些反映在法律上，就是承认企业享有一定的合同自由，其中包括协商变更、解除合同的自由，以及在对方违约时选择补救方法的自由。实践已使实际履行原则的地位发生了重大变化。

在南斯拉夫，由于取消了指令性计划制度，代之以社会主义市场制度，实际履行原则早已被摒弃。按照《1954年统一商业惯例》第154条的规定，买卖合同在瑕疵履行的情况下，买方享有下述权利："（一）拒绝收货并解除合同；（二）拒绝收货并请求强制实际履行；（三）请求减少价金；（四）请求消除缺陷。"居拉·约尔斯指出，在南斯拉夫现行法律中，强制实际履行规则可以随时通过解除合同而弃置不用。[21] 匈牙利经济体制改革的结果是，国家不再下达指令性计划，实际履行原则因而被抛弃。1977年重新修订颁布的《匈牙利民法典》取消了原法典的计划合同一章，并赋予合同当事人相当广泛的合同自由。例如，按照修订后的法典第204条第1款的规定，合同当事人可以变更合同。按照该法典第300条第1款的规定，在债务人违反合同时，债权人可以请求实际履行合同，假使实际履行对他不再有利，他可以解除合同。按照该法典第381条第1款的规定，供应合同的订货人可以随时解除合同，但他必须赔偿因此给合同对方所造成的损失。可见，在南斯拉夫和匈牙利，实际履行原则已不存在，强制实际履行仅仅是债权人可以自由选择的违约补救措施之一。

在其他国家，虽然经济体制改革步子不如南斯拉夫、匈牙利两国那样大，实际履行原则的地位亦已发生动摇，在合同实践中并未切实贯彻执行。例如，按照《民主德国合同法》第90条和第101条的规定，对于经济合同的不完全履行和严重瑕疵，债权人有权拒绝接受实际履行。按照1969年的《罗马尼亚经济合同法》第14条和1970年《商品转让和

---

[21] 参见〔匈〕居拉·约尔斯：《社会主义法制中的合同补救方法》，载《国际比较法百科全书》第7卷第16章。

质量检验法》的有关规定,供应合同履行中的任何瑕疵,都将导致买方无条件地拒绝接受实际履行。按照《波兰民法典》第 560、561、563 条及有关条例的规定,买卖、供应、承揽合同及基本建设承包合同在发生瑕疵履行的情形,债权人均有权拒绝实际履行并解除合同。该法典第 153 条更明确规定,在债务人不为一般商品之给付的情形,债权人可以采取保护性购买的补救办法。

即使在苏联,由于经济改革的要求,其民法从 20 世纪 60 年代开始就已经具有了较大的灵活性。1964 年颁布的《苏俄民法典》在第 191 条和第 221 条明文规定了实际履行原则,即支付违约金或损害赔偿金,并不解除债务人实物履行债的义务。但按照该法典第 225 条的规定,社会主义组织之间的合同,双方可以在合同中规定债权人有权拒绝接受逾期后的实际履行。按照该法典第 246 条的规定,买卖合同的买方总是有权选择解除合同,实际履行原则并不适用。根据约菲的记载,在供应合同实践中,"双方当事人可以根据合意,修改甚至终止已生效的供应合同。如果双方达不成协议,买方可以提出自己需求已经变化的证据,由仲裁署作出修改或撤销合同的决定"㉒。"无论是计划供应合同或非计划供应合同,在交货期限届满后,买方均有权拒绝接受逾期后的交货。"㉓

对于东欧各国合同法的现状,居拉·约尔斯写下了自己的结论性意见:"由于社会主义国家商品和劳务的供应日益增多,实际履行原则正在渐渐削弱。"毫无疑义,这是各国经济体制改革促进生产力发展的结果,也是经济体制改革对合同法律制度的必然要求。

我国在中华人民共和国成立后的经济恢复和"第一个五年计划"时期,由于还存在多种所有制经济形式,许多产品尚未纳入指令性计划管理范围,合同当事人还享有一定的自主性。例如,1956 年 6 月 1 日起实行的《中国百货公司供应合同共同条件》,仍保留了合同当事人变

㉒ 〔美〕约菲:《苏联的经济和法制》。
㉓ 〔美〕约菲:《苏联的经验》。

更或解除合同的权利,以及在对方迟延交货时拒绝接受履行的权利。按照其第 5 条的规定,如遇原料供应发生困难,生产临时发生故障,订货方所在地市场发生突然变化等情况,均可变更或解除合同。按照其第 14 条第 2 款第(2)项的规定,商品延期供应超过 5 日以上者,如尚可继续供应,供方须及时联系征得需方同意。[24] 众所周知,到 1956 年随着生产资料私有制社会主义改造的完成,经济体制上统得过多过死的弊病进一步发展,实行了统一的指令性计划调拨制度和统购包销制度,加之受苏联民法理论的影响,在合同关系中要求贯彻实际履行原则。1956 年 2 月,第一机械工业部制定的《1956 年第二次(全年)统配部管机电产品订货工作试行章则》,其中所附机电产品具体订货合同标准格式第 13 条已经规定:"支付罚款并不解除过失一方履行合同的义务"。但这一条款还不等于实际履行原则,因为只约束违约的债务人一方。从 1956 年 7 月 1 日起实行的《重工业部产品供应合同暂行基本条款》,其第 38 条明文规定:"虽然已偿付一切罚款,双方仍须履行合同义务。"另在其第 40 条规定:"需方或供方要求削减订货时,应在交货月份前提出原分配机关(国家计委或重工业部)批准函件方可削减订货。"可以肯定,上述规定表明我国合同立法已正式确立实际履行原则。

到了 20 世纪 60 年代初,我国合同立法关于实际履行原则的态度已发生重大变化。1963 年 8 月 30 日国家经济委员会颁布的《关于工矿产品订货合同基本条款的暂行规定》,实际上已背离了实际履行原则的基本精神。该暂行规定第 28 条规定,"属延期交货的,如需方仍需用者,供方应负延期交货责任;如需方不再需用者,可以向供方办理退货"。该暂行规定第 33 条第 2 款规定,"产品数量不符合规定:少交的,需方仍需要的,应照数补交,因延期而需方不再需要的,可以退货,并承担因此造成的损失;不能交货的,应偿付需方以不能交货的货款总

---

[24] 参见北京政法学院民法教研室、经济法教研室编:《经济合同资料选编》,法律出版社 1981 年版,第 119—120、125 页。

值百分之二十的罚金"。按照上述规定,在供方违约时,需方依法享有拒绝接受实际履行并解除合同的权利,法律允许以支付违约金、损害赔偿金代替实际履行合同。该暂行规定第 36 条明文规定,供需双方的任何一方要求变更或注销合同时,可以经上级主管部门同意变更或注销已生效的供货合同。该暂行规定第 39 条规定:"本规定自公布之日起实行。国民经济各部门现行的物资部门管理的工矿产品订货合同基本条款或补充条款,凡与本规定有抵触者,均按本规定执行。"根据这一条文,《重工业部产品供应合同暂行基本条款》所确立的实际履行原则,因与新法规抵触而当然失效。

我国从 1979 年开始纠正经济指导思想上的自然经济观点,执行对外开放和对内搞活的经济政策和大力发展有计划的商品经济的方针,并逐步对原有经济体制进行改革。对计划制度的改革是经济体制改革的一项重要内容。单一的指令性计划制度,包括工矿产品的统一调拨制度、农副产品的统购派购制度和居民日用消费品的凭票证定量供应制度,均已被打破。国家只对关系国计民生的重要工矿产品实行指令性计划,其他大多数产品则实行指导性计划和市场调节;农副产品的统购派购制度已被废除;日用消费品除主粮及食用植物油暂时保留定量凭证供应外,完全自由买卖。对计划制度的改革和经营者自主权的扩大,极大地提高了社会生产力。过去曾经长期存在的商品供不应求现象已被消灭,一个多渠道、少环节、购销两旺、空前繁荣的社会主义商品市场已经形成,除少数商品如能源、"三大材"等仍供不应求外,大多数生产资料和日用消费品均能满足供应,按照经济学家的说法,已由卖方市场发展为买方市场。经济体制改革和经济生活中发生的根本性变化,要求法律保障合同当事人在遵守法律和国家计划指导的前提下享有广泛的合同自由权利,其中当然包括变更和解除合同的权利,以及在对方违约时拒绝实际履行的权利。毫无疑问,实际履行原则已最终丧失其存在根据和重要性。如果拘守实际履行原则,不仅将严重束缚经营者在社会主义市场上的机动性和灵活性,而且将使国家用来引导和调节国民经济的各种经济手段无法发挥其作用,最终违背经济体制改革的既定方向和阻碍社会主义有计划商品经济的发展。

我们注意到前法制委员会民法起草小组在1979—1981年拟定的三个民法草案，均规定了实际履行原则。例如，1981年7月的《民法草案（第三稿）》，其第161条规定："违反合同的一方不得以承担经济责任的办法，代替合同的履行。但是，下列情况除外：（一）合同的履行在事实上已经不可能；（二）合同的履行已经没有实际意义"。这说明其立法思想尚未摆脱反映原来的经济体制的陈旧观念的束缚。但经济体制改革终究是推动立法和理论发展的动力。主要根据《民法草案（第三稿）》合同编制定的我国《经济合同法》，反映我国经济生活已发生的重大变化和经济体制改革的要求，并参考发达资本主义国家和其他社会主义国家（尤其是匈牙利、南斯拉夫和罗马尼亚）的立法经验，终于拒绝了关于规定实际履行原则的主张。

我国《经济合同法》专设一章规定经济合同的变更和解除，这与《苏俄民法典》拘守实际履行原则因而不承认合同的变更和解除，恰成鲜明对照。按照《经济合同法》第27条第1款第一项的规定，在不损害国家利益和影响国家计划执行的前提下，允许双方协商变更或解除合同。按照该法第27条第1款第二项至第五项的规定，在出现下述法定原因时，合同当事人的一方享有法定解除权：合同所依据的计划被修改或取消；一方关、停、转产而无法履行合同；由于不可抗力或其他与当事人无关的外因，致合同无法履行；一方违约使合同履行不必要。《经济合同法》另在第四章违约责任中，规定了在对方违约时当事人选择补救方法的自由。按照《经济合同法》第35条的规定，债务人违反合同，应向债权人支付违约金或赔偿金；如果债权人要求继续履行，债务人则应继续履行。据此，发生债务人违约情况下的合同是否实际（继续）履行，取决于债权人的选择。债权人根据自己生产和需要及对市场情况的考虑，有权选择实际履行，也有权拒绝实际履行而选择解除合同。如果他选择了解除合同，债务人就可以用支付违约金或赔偿金以解脱责任。上述规定完全摒弃了实际履行原则，使实际（继续）履行复归于一种违约补救办法。

我国《民法通则》的规定精神，与《经济合同法》上述规定是一致的。《民法通则》第 111 条规定："当事人一方不履行合同义务或者履行合同义务不符合约定条件的，另一方有权要求履行或者采取补救措施，并有权要求赔偿损失。"这里明确规定要求（实际）履行是另一方的权利，他当然可以不要求实际履行而选择其他补救措施，包括解除合同并要求赔偿损失。以上说明了我国立法拒绝实际履行原则，绝不是出于偶然，而是经济体制改革及经济生活已发生的深刻变化在法律上的反映。

需要特别指出的是，顾明《关于〈中华人民共和国经济合同法（草案）〉的说明》错误地将第 35 条规定解释为实物履行原则，并说"这种实物履行原则，是社会主义经济合同法区别于资本主义经济合同法的一个重要特征"。这种说法显然是由于不了解传统社会主义合同法实际履行原则，因而对我国经济合同法上述规定产生误解。因其完全违背法律规定精神和经济体制改革实践，有必要予以澄清，以免对法律实践和理论产生不利影响。

毋庸讳言，我国现有合同法理论是在借鉴苏联传统合同法理论基础上形成的，其中确有若干直接反映权力过分集中的经济体制的观念和原则，已经无法与当前发生了深刻变化的经济生活相协调。但我国合同立法及时地反映经济体制改革和有计划商品经济客观规律的要求，已经在某些方面突破旧理论的樊篱，显露出我国自己的合同法的特色，摒弃实际履行原则，即是一例。

合同法上的情事变更问题[*]

一、引言

现代合同法上有情事变更原则。按照这一原则,合同有效成立后,因不可归责于双方当事人的原因发生情事变更,致合同之基础动摇或丧失,若继续维持合同原有效力显失公平,则允许变更合同内容或者解除合同。究其实质,情事变更原则为诚实信用原则之具体运用,目的在于消除合同因情事变更所产生的不公平后果。

自罗马法以来,合同法上本无所谓情事变更原则。传统法律思想坚持纯粹形式主义的合同概念,只需双方当事人达成合意,即可产生所追求的法律效果。至于此项合意基于何种情事、何种前提,其内容是否合于公平,均非所问。合同成立之后,无论出现何种客观情况的异常变动,均不影响合同的法律效力。法律坚持要求双方当事人严格履行合同义务,即所谓契约必须严守的原则。

20世纪以来,人类历史经历了三次重大事变,即第一次世界大战、席卷资本主义世界的1929—1933年经济大危机和第二次世界大战。这些重大事变最终促成了法律思想的转变。第一次世界大战后,由于交通运输被破坏,物价暴涨,货币严重贬值,市场情况发生剧烈变化,致使许多合同无法依约履行。无论是大陆法系国家还是英美法系国家,法院面临大批不能依现行法律或先例裁判的案件,即发生所谓"法律

---

[*] 本文原载《法学研究》1988年第6期。由于发表年代久远,文献无法一一核查。——编者注

不足"现象。在这种历史背景下,学者借鉴历史上的"情事不变条款"理论,提出情事变更原则的各种学说,并经法院判例采为裁判理由,使情事变更原则具有法律拘束力。实践证明,情事变更原则赋予法庭以直接干预合同关系的"公平裁量权",使合同法能够适应社会经济情况的变化,更好地协调当事人之间的利益冲突,维护经济流转的正常秩序。因此,情事变更原则已经成为当代债法最重要的法律原则之一。

由于历史方面的原因,情事变更原则问题迄今未受到我国立法和实务的应有重视。理论界也未对情事变更原则问题进行系统研究,只有少数著作涉及这一问题。① 之所以如此,主要是因为我国曾经在一个相当长时期内,视社会主义经济为非商品经济,实行闭关锁国的政策,实践中采用法律外的手段解决情事变更问题。当前,我国正在进行经济体制改革,执行了对外开放和对内搞活的政策,社会主义商品经济的正常发展要求进一步健全和完善合同法律制度,研究情事变更原则问题具有重大的理论意义和实践意义。

二、对此前我国解决情事变更问题实践的考察

(一)中华人民共和国成立初期的情事变更问题及解决办法

中华人民共和国成立之初,新民主主义政权面临的中心任务是恢复经济,发展生产,改善民生,建立正常的经济秩序。妥善处理中华人民共和国成立前遗留下来的大批合同债务纠纷,是当时各级政府和人民法院的最迫切的课题。按照中央的政策精神,各地处理债务问题的基本原则是:(1)保障一切不违背共同纲领及中央人民政府政策法令的私权;(2)保护正当合理的私营工商业;(3)"发展生产,繁荣经济,公私兼顾,劳资两利"的政策,是处理公私之间、私人之间各种债务问题的大前提,行使债权而妨碍生产是不被许可的;(4)保护合同自由,要

---

① 参见本卷《合同法与公平观念》一文;庄惠辰:《论国际商事合同中的挫折问题》,载《法学研究》1985 年第 4 期;王家福、谢怀栻等:《合同法》,中国社会科学出版社 1986 年版,第 73 页。需说明的是,这里未包括我国台湾地区学者的著作,台湾地区学者对情事变更原则有较深入的研究。

求不违背公平合理和诚实信用原则。②

针对农村(新解放区)债务纠纷的处理问题,中央人民政府政务院发布《新区农村债务纠纷处理办法》(1950年10月20日)。这是中华人民共和国成立后解决合同债务问题的最基本的政策法律性文件。其中规定,解放前农民及其他劳动人民所欠地主的债务,一律废除(第1条);解放前农民及其他劳动人民所欠富农的债务,利倍于本者停利还本,利二倍于本者本利停付,付利不是本之一倍者承认富农的债权继续有效(第2条);凡货物买卖及工商业往来欠账,仍依双方原约定处理(第6条);解放前农民所欠农民的债务及其他一般借贷关系,均继续有效(第7条);解放后成立的一切借贷关系,包括地主借出者在内,其由双方自由议定的合同均继续有效(第8条);今后借贷自由,利息由双方议定,政府不加干涉(第9条)。③

在当时社会条件下,新民主主义的政权宣布一律废除农民及其他劳动人民所欠地主的债务,以及对所欠富农的债务实施干预,是新民主主义革命的结果,与情事变更问题无关。除这两类债务外,其他债务应继续有效,依诚实信用原则要求当事人履行约定债务。但是,由于长期的战争对社会经济生活造成严重影响,加之国民党政府滥发纸币造成物价飞涨和货币严重贬值,新政权建立后进行货币改革,使许多合同债务发生情事变更问题。依其性质划分,约有以下四类情事变更问题:

1. 货币贬值问题

中华人民共和国成立前合同债务均以国民党政府发行之法币、金圆券、银圆券计价,而这类货币在解放前夕严重贬值,中华人民共和国成立后已一律作废。现在应如何以人民币折合履行旧债,因无统一标准,致各地人民法院积压大批案件无法结案。有的地方法院尝试采用

---

② 参见《上海市人民法院清理积案总结》及《关东关于债务问题的处理办法》,载全国人民代表大会常务委员会办公厅研究室、最高人民法院研究室编印:《有关借贷问题的参考资料》,1955年,第41—43页。

③ 参见中央人民政府政务院:《新区农村债务纠纷处理办法》,载全国人民代表大会常务委员会办公厅研究室、最高人民法院研究室编印:《有关借贷问题的参考资料》,1955年,第44—45页。

情事变更原则,变更合同之约定,例如上海市人民法院所持见解是,"战前债务一般地应按债务发生时货币之购买力,及偿还时双方当事人之经济情况,灵活处理,尚无固定之标准"④。依此见解,法院有较广泛的变更合同原约定之职权。重庆市人民法院曾经就伪钞折合问题请示中央,经指示可按实物折合计算。该院即按西南情形,以发生债务关系当时当地大米价格作为标准,将伪币折合大米,再按履约时大米价格折合人民币清偿债务,实行之后群众反映较好。⑤ 依此做法,法院的职权仅在解决伪币之折合问题,无权考虑当事人之经济情况。

2. 地主、富农所欠农民债务问题

按照政务院《新区农村债务纠纷处理办法的办法》的规定精神,地主、富农在解放前欠农民及其他劳动人民的债务应一律有效。但是,解放后紧接着进行了土地改革。在土改中地主、富农的土地已经被没收或征收,因而出现了地主、富农无法偿还所欠农民债务的问题。按照当时的法律政策精神,土地改革前地主、富农欠农民的债务为有效,受国家法律的保护,但考虑到土改时地主、富农之土地和财产被没收或征收,因而规定土地改革前地主、富农欠农民的债务,不论是否有能力偿付,一律不再偿还。⑥ 毫无疑问,这里实际起主导作用的是情事变更原则,因地主、富农土地财产被没收之事实,构成解除合同之情事变更。

3. 银行在被接管前之债权债务问题

中华人民共和国成立后,人民政权接管了国民党四大家族所经营之银行,对于银行被接管前的债权债务进行清理,在实际上适用了情事变更原则。按照中国人民解放军成都市军事管制委员会《接管银行债

---

④ 《1940年上海市人民法院工作总结》,载全国人民代表大会常务委员会办公厅研究室、最高人民法院研究室编印:《有关借贷问题的参考资料》,1955年,第131页。

⑤ 参见《西南军政委员会司法部关于伪币折算标准的通令》,载全国人民代表大会常务委员会办公厅研究室、最高人民法院研究室编印:《有关借贷问题的参考资料》,1955年,第8页。

⑥ 参见《察哈尔省人民政府对雁北专署为复土改后有关债务关系之处理意见的指示》,载全国人民代表大会常务委员会办公厅研究室、最高人民法院研究室编印:《有关借贷问题的参考资料》,1955年,第59页。

权债务处理办法》(1950年2月2日)的规定,一切债权债务之清偿,一概以人民币为本位,凡过去以实物为计算单位者,仍依原约定;以硬币计算者,按人民银行挂牌价折偿人民币;以伪银圆券为计算单位者,一律按发生债权债务之时间为标准,按一定比例折合为人民币清偿。依规定的折算比例,凡1949年11月4日以前之存欠款,伪银圆券1元,即按银圆1元折价清偿;11月5日至8日,按银圆7角5分折价清偿……凡1949年12月1日以后发生之伪银元券存欠款,伪银元券1元,即按银元1角折价清偿。(第3条)凡因当时之需要,订定契约,由被接管银行委托他人代为采购运销或任何授信行为,其因环境变迁,无继续履行契约必要者,一律清结手续,废止契约;契约期限规定较长之生产事业、投资或保险业务,凡合乎我经济政策者应为继续有效,无益于国计民生及属于投机性质者,一律收回清结。(第5条)⑦这里实际上包括两种情事变更问题,前一种是伪币贬值及人民政权实行币制改革所发生的货币折算问题,后一种是人民政权接管银行,因环境变迁发生解除合同问题。

4. 抵押物价格下跌的补偿问题

中华人民共和国成立前订立合同以抵押权担保,因环境变迁发生抵押物价格下跌不足抵偿债务,按理应属于情事变更问题之一种,可考虑使双方合理分担所造成的损失。但对这一类问题,实务上不认为属于情事变更,其所持见解是:关于抵押物价格下跌的补偿问题,如经过法院查封拍卖抵押物后,仍不敷偿还债务时,这是属于实际的执行问题,如债务人尚有其他财产可供清偿债务时,当然可以一并执行。即使债务人所有财产不足清偿债务,其不足部分仍应负清偿责任,不应一笔勾销。⑧

这一时期的情事变更问题约有上述四类,除第四类被认为属于执

---

⑦ 参见《中国人民解放军成都市军事管制委员会金融处布告》,载全国人民代表大会常务委员会办公厅研究室、最高人民法院研究室编印:《有关借贷问题的参考资料》,1955年,第83—84页。

⑧ 《最高人民法院华东分院对苏北人民法院解答几个关于债务纠纷的处理问题的批复》,载全国人民代表大会常务委员会办公厅研究室、最高人民法院研究室编印:《有关借贷问题的参考资料》,1955年,第97—98页。

行问题外，其余三类均在实际上按照情事变更原则予以处理。其处理方式，一是由法律政策直接规定对于某些种类合同一律废止，二是由法院行使干预合同关系的职权，变更合同约定给付或者解除合同。

（二）1956—1978年非商品经济条件下的情事变更问题及解决办法

我国在生产资料私有制的社会主义改造完成后，经济指导思想上把社会主义经济视为某种自给自足的自然经济，逐步形成了高度集中的经济体制，实行统一计划调拨和统购包销制度，合同关系实际上是披着"合同"外衣的指令性计划调拨关系。在这种条件下，合同自由原则被完全否定，公平和诚实信用原则也失去存在的必要。在这一时期，法律要求合同必须严格按照国家下达的指令性计划签订。例如《重工业部产品供应合同暂行基本条款》（1956年7月1日起实行）规定，重工业部所属生产企业、重工业部办事处和执行重工业部分配计划的非重工业部所属企业单位，均须严格执行分配计划贯彻经济合同制度，与需方签订产品供应合同（第3条）；按分配计划供应的产品，供需双方应依据重工业部销售局与申请部门供应机关协商肯定的订货卡片（或供货通知书）所规定的项目签订合同（第4条）。[9]

既然合同是严格按照计划签订的，计划是双方缔结合同关系的基础，如果作为合同基础的国家计划发生变更，例如被修改或取消，合同理所当然地要随之修改或取消。这种"计划变更"，是非商品经济条件下最主要的一类情事变更问题。众所周知，我国在20世纪50年代末和60年代初国民经济曾经遭遇极大困难，因而在1962年执行了"调整、巩固、充实、提高"方针，对国民经济计划进行了大的调整。这就必然导致许多合同发生情事变更问题。由于以往的法规对计划变更所引起的合同变更问题无明确规定，企业间因计划变更所发生的争议无法得到妥善、及时的解决。因此，国家计委、国家经委、一机部于1962年

---

[9] 参见《重工业部产品供应合同暂行基本条款》，载北京政法学院民法教研室、经济法教研室编：《经济合同资料选编》，法律出版社1981年版，第87页。

6月8日联合发出"计联电范字985号""机调周联字1310号"通知,专门解决工矿配件供应合同的计划变更问题;国家计委、国家经委于1962年6月29日发布"计电范字1204号"通知,专门解决机械产品供应合同的计划变更问题。同年8月30日国家经委发布《关于各级经委仲裁国营工业企业之间拖欠货款纠纷的意见(草案)》,其中"关于因国家计划变更而要求退货的问题",重申应按前述三个通知规定的原则执行,即应由合同双方上级主管部门批准方能解除合同。[10]

这一时期,计划变更是最主要的一类情事变更问题。此外,还有其他原因发生的情事变更。按照《中国百货公司供应合同共同条件》(1956年6月1日起实行)第5条的规定,下述四种情形均可发生情事变更,双方可以变更合同内容或解除合同,不以不履行合同论处。[11]

(1) 如国家因军事需要或特殊任务(包括临时出口任务),必须从甲方进货中抽出部分或全部数量供应国家需要而影响合同履行。

(2) 如原料(包括进口)供应发生困难,一时又无代替品可以代替而影响甲方进货,必须修订原签合同。

(3) 如生产临时发生故障(厂房修理、变迁、机器损害以及其他生产事故)因而影响甲方进货和执行合同。

(4) 如乙方所在地之市场发生突然变化(水灾、旱灾、霜、虫等自然灾害严重影响致购买力下降,或购买力突然转移),或因商品流转计划变更以致原合同订货数超过市场需要,而且在本供应区及省内又无法调剂,如不修订原签合同,势必严重妨碍商品全面流通。

按照该条规定,在发生以上四种情事变更情形时,属于计划合同的,须经当事人所在地之行政部门批准及主管省、市公司审查,并由省、市公司附具所在地之行政部门批准意见上报总公司审查后,双方各按总公司批准意见修减原签合同。属于非计划商品的,经当事人所在地

---

[10] 参见《关于各级经委仲裁国营工业企业之间拖欠货款纠纷的意见(草案)》,载北京政法学院民法教研室、经济法教研室编:《经济合同资料选编》,第155页。

[11] 参见《中国百货公司供应合同共同条件》,载北京政法学院民法教研室、经济法教研室编:《经济合同资料选编》,第118页。

之行政部门批准,并经主管省、市公司审查同意,即可提出证明函件联系对方修减原签合同。

这一时期由于经济体制的性质,决定了计划变更为最主要的情事变更类型,并且无论何种情事变更问题,均一律采用行政方法予以解决,以行政机关之决定变更合同内容或解除合同。这与中华人民共和国成立初期运用法律手段,由法律性政策文件直接规定合同作废或由法庭变更或解除合同,是完全不同的。

(三)1979年以来社会主义商品经济条件下的情事变更问题及解决办法

自1979年以来,国家对计划制度逐步进行了改革,单一指令性计划制度包括工业产品的统购包销制度、农副产品的统购征购制度及日用消费品的凭票证定量供应制度均已被打破。国家只对关系国计民生的重要工业品下达指令性计划,其余实行指导性计划和市场调节;农副产品的统购政策已经废除,国家所需粮食等重要产品实行合同定购;日用消费品除主粮及食用植物油仍定量凭证供应外,均可自由买卖。一个统一的社会主义商品市场已基本形成,并日趋繁荣。实行对外开放和对内搞活经济的政策,已使国内市场与国际市场相互沟通。国家主要通过经济政策和法律手段对经济实行宏观控制和调节。适应商品经济的性质和要求,我国法律思想上重新承认了合同自由、公平和诚实信用、等价有偿等法律原则,并由立法明文加以规定。因此,在新的条件下研究情事变更问题具有重大的意义。

在新的条件下,虽然计划变更问题依然存在,但其在情事变更问题中所占地位已不能与前一时期相比,并且有了新的性质,按照《经济合同法》第27条的规定,"订立经济合同所依据的国家计划被修改或取消"已被明定为发生合同法定解除权(修改权)的原因之一。当事人可以单方意思表示解除(修改)合同。严格说来,已不属于情事变更原则问题。

在商品经济条件下情事变更问题的发生是不可避免的,而且商品经济愈发达,情事变更问题愈是层出不穷,这要求我们运用情事变更原则及时、妥善处理纠纷,协调各种利益冲突,维护经济生活法律秩序,促进经济健康发展。基于对近几年经济生活中情事变更问题的初步分析。我认为影响合同履行并导致情事变更的主要原因有:(1)商品经济的本质和市场所固有的风险;(2)物价大幅度上升;(3)各种经济行政管理措施;(4)国家经济政策发生变化;(5)国际市场发生大的变化;(6)外国货币的大幅度贬值或大幅度升值。

  近年来所发生的情事变更问题大致可以归纳为以下几种类型:第一种,合同基础自始欠缺。例如前几年河北、河南、天津等地因误信可以用蚯蚓生产高级补酒,所签订的繁殖蚯蚓合同涉及好多省市的数十家单位;因误信某诈骗犯从香港进口几十万台彩电的谎言,而层层签订的购销彩电的合同;未经批准擅自改变属于文物保护的场所设施用途,同他人签订联合经营合同;未经批准擅自建砖瓦窑然后承包给他人经营的承包经营合同。第二种,因物价大幅度上涨所引起的情事变更。例如一项大型承揽建设合同,在合同生效以后由于物价上涨使工程造价将在合同原定造价的一倍以上,发包人要求解除合同。第三种,因市场固有风险,使企业陷于破产或无力履行合同。第四种,因各种经济行政管理措施使合同基础丧失或对价关系失衡。如一项承包经营旅店的合同生效以后,承包人一再受治安管理处罚,治安管理机关认为此人不能任旅店之经理人;前几年各地出现的购销低质量化肥合同,因国家主管机关下达文件规定不得生产、经营低质量化肥,已生产的应予降价,导致在此之前签订的合同发生情事变更;再如购销进口手提式冷暖风机合同,国家经委下达文件指出沿海某省盲目进口质量低劣的冷暖风机向内地供销是错误的,并指示应予退货或降价,因此使合同发生情事变更。第五种,因国际市场变化影响国内某些出口产品或进口产品的购销合同的履行,或因美元大幅度贬值、日元大幅度升值,使某些以美元或日元计价的合同对价关系被破坏。⑫

---

  ⑫ 外币贬值为情事变更原因,可以参考德国判例,依德国法院 1933 年的一个判例,认为英镑贬值 20%~30% 属于情事重大变更,成立补偿请求权,1935 年的一个判例认为外币贬值 13%,即使法律行为基础动摇,补偿请求权得以成立。参见彭凤至:《情事变更原则之研究》,五南图书出版公司 1986 年版,第 129—130 页。

以上五种情事变更问题,其中第三种应适用《经济合同法》第 27 条第 1 款第三项"当事人一方由于关闭、停产、转产而确实无法履行经济合同"的规定,因当事人行使法定解除权而解除合同,其他四种均应依情事变更原则处理。司法和仲裁实践中所采取的解决办法归纳起来有四种:其一为不承认有情事变更问题,仍维持合同原有效力;其二为引用《经济合同法》第 7 条第 1 款第一项"违反法律和国家政策"的规定,确认合同无效;其三为类推适用"履行不能",确认合同无效;其四为直接引用公平原则,变更合同给付或解除合同。第一种做法不承认有情事变更仍严格要求当事人履行合同,显然是不正确的,因为其违背公平原则。第二种做法引用关于违反法律和政策的规定确认合同无效,属于不当。以前述承包经营砖瓦窑合同为例,承包合同本身并不违法,法律也不要求须经批准,合同当然是有效的。至于发包人擅自建窑改变耕地用途违反有关法规,则只是发包人自己的问题。对这类合同的正确解决办法,是按照情事变更原则以合同基础欠缺而解除合同。后面两种解决办法即类推适用"履行不能"和直接适用公平原则,在实际效果上并无不当,于法理上亦能通,是属于在不引用情事变更原则的前提下解决情事变更问题的变通办法。其实,就是在目前情况下依情事变更原则裁判案件,也并非于法无据。《经济合同法》第 27 条第 1 款第四项规定"由于一方当事人虽无过失但无法防止的外因",指的正是情事变更问题。遗憾的是尚未看到引用这一规定进行裁判的案件。说明即使有了立法规定,其正确适用还有待于解释和阐发其意旨,研究情事变更问题的理论意义和实践意义亦在于此。

三、大陆法上的情事变更原则问题

(一)情事不变条款学说

按照通说,情事变更原则起源于 12—13 世纪注释法学派著作《优帝法学阶梯注解》。其中有一项法律原则,假定每一合同均包含一个默示条款,即缔约时作为合同基础的客观情况应继续存在,一旦这种情况不再存在,准予变更或解除合同,称为"情事不变条款"。至 16—17

世纪，自然法思想居于支配地位，情事不变条款得到广泛应用。仅以意思表示为要素的法律行为，无论其属于民法、刑法、诉讼法、国际公法或者教会法，均须以作为行为基础的某种客观情况的继续存在为其生效条件，此客观情况发生变化，原意思表示即当然失其拘束力。到18世纪后期，情事不变条款之适用过分广泛，以致被滥用，损及法律秩序的安定。于是受到严厉的批评并逐渐被法学家和立法者所摒弃。19世纪初，历史法学派兴起，极力贬低自然法思想的价值。该派之代表人物萨维尼（Savigny）在其巨著《罗马法体系》中，甚至根本未提及这一法律原则。后起之分析法学派，强调实证法，主张形式的正义，重视契约严守原则及法律秩序之安定。因而情事不变条款学说日益丧失其重要性。⑬

情事不变条款曾被一些法典规定为正式法律条文。如1756年《巴伐利亚民法典》第4编"其他给付义务之负担"，规定了情事不变条款。1794年《普鲁士普通邦法》第378、380、381条规定了这一条款。其第378条规定，"经由此种未预见之改变，以致当事人约定，或基于法律规定行为之性质，所可推知的双方当事人之最终目的不能实现时，任何一方均可解除尚未履存之契约"。1811年《奥地利普通民法典》仅在第936条规定，预约没有规定"情事于中途发生非可预料之改变，以致当事人约定或依情事推定的目的不达，一方或双方之信任关系丧失时"，得解除契约。

但《法国民法典》《瑞士民法典》均未规定情事不变条款。《德国民法典》的制定深受历史法学派的影响，因此该法典扬弃了一系列源于罗马法、日耳曼法、自然法及教会法之法律制度。情事不变条款以及与之类似的"前提要件理论"，均被立法者明示排除于《德国民法典》之外。⑭

在第一次世界大战后德国为解决情事变更问题，学者和实务界主

---

⑬ 参见彭凤至：《情事变更原则之研究》，五南图书出版公司1986年版，"前言"。
⑭ 参见彭凤至：《情事变更原则之研究》，五南图书出版公司1986年版，第3页。

张改变立法精神,采解释方式弥补"法律漏洞",而立法者则坚持民法典之立法精神,不承认有"法律漏洞",而是采取特别立法方式解决各种特殊问题。其中最重要的特别立法有:第一次世界大战后的《第三次紧急租税命令》《抵押权及其他请求权增额评价法》,第二次世界大战后的《第三次新订金钱性质法》《法官契约协助法》,《法官契约协助法》最具代表性,于1952年颁布,只适用于1848年6月21日币制改革以前发生的债务关系。依据上述法律,由法官协助合同当事人成立一项新协议,如不能成立协议时,则径以形成裁判代替当事人应为之协议。

(二)法律行为基础学说

按照通说,情事变更原则之理论基础有三:一为法国的不可预见说;二为英美法的目的不达说;三为德国的法律行为基础说。[15] 依不可预见说,认为《法国民法典》第1134条第1款规定依法成立的合同,于当事人间有相当于法律的效力,但当事人因不可预见的情事变更,其履行对于当事人之一方成为非常重大的负担时,关于此点并无当事人之合意,因而原约定于当事人间已无法律效力,应允许变更或解除。[16] 这一理论并未成为通说,亦未被民事审判实践所采纳,因此其重要性和影响不能与另外两种相比拟。英美法学说将在后面谈到,这里先介绍德国的法律行为基础说。

德国在第一次世界大战爆发后面临"法律不足",法院为处理情事变更问题,以法官造法方式补充现行法,创设了不少考虑环境因素的法律解释。为避免法院裁判完全流于所谓"衡平裁判"之危险,民法学者急于发展一套一般性理论,为法院裁判提出理论基础。1921年学者欧特曼(Oertmann)提出"法律行为基础"学说。该学说提出后,立即为法院判例采纳,成为裁判上之固定见解,至今未变。[17]

按照欧特曼的学说,所谓法律行为基础,为缔结法律行为时一方当

---

[15] 参见郑玉波:《民法实用》,三民书局1980年版,第109—111页。
[16] 参见史尚宽:《债法总论》,台北监狱印刷厂1978年版,第428页。
[17] 参见彭凤至:《情事变更原则之研究》,五南图书出版公司1986年版,第24—25页。

事人对于特定环境之存在或发生所具有之预想,该预想之重要性为相对人了解并未作反对表示,或为双方当事人对于特定环境之存在或发生所具有之共同预想,且基于此预想而形成法律行为意思。此即所谓"欧特曼公式"。可知所谓法律行为基础,为法律行为之客观基础,因此与当事人之"动机"或"法律为目的"不同。法律行为基础,并非法律行为之构成部分,因此区别于法律行为所附"条件"或所谓"默示条款"。

依法律行为基础学说,因法律行为基础有瑕疵(自始欠缺或嗣后丧失)而受不利益的当事人,享有解除合同的权利。在法律效果上,法律行为基础说与情事不变条款说是一致的。两者的区别在于:其一,情事不变条款为合同构成部分,而法律行为基础并非合同构成部分;其二,情事不变条款为"拟制"当事人的意思,而法律行为基础则无须借助于这种"拟制";其三,法律行为基础所涵盖的范围比情事不变条款更为广泛。

法律行为基础学说提出后,一方面立即为法院判例所采纳,另一方面却引起学者间数十年的争论。争论的主要之点是,究竟什么是法律行为基础。第二次世界大战后学者拉伦茨(Larenz)提出"修正法律行为基础说",将法律行为基础区分为主观的法律行为基础和客观的法律行为基础。所谓主观的法律行为基础,指双方当事人签订合同时的某种共同预想;客观的法律行为基础,指作为合同前提的某种客观情况。依此学说,主观的法律行为基础用以处理双方"动机错误"案型,而客观的法律行为基础则用来解决"对价关系严重破坏"及"目的不达"问题。

拉伦茨的修正法律行为基础学说受到多数学者赞同,成为目前之通说。但在"主观"基础与"客观"基础的划分标准上,受到严厉的批评。学者雷曼(Lehmamn)认为,严格划分主观与客观法律行为基础,并无实际意义,因此将二者合并观察,提出所谓"联合公式"。依此公式,所谓法律行为基础,指缔结合同时的某种情事,当事人如果考虑到此情事之不确定性,依诚实信用原则和合同之目的,必定以该情事之继续存在为合同发生效力之前提,或者依公平观念应该以该情事之继续存在为合同生效之前提。

1980 年以来,联邦德国愈来愈多的民法学者认识到,情事变更原则问题乃是合同的实质公平问题,随着合同法的伦理化及形式主义合同概念的扬弃,情事变更原则愈加重要。主张彻底改变民法典立法精神,直接以"实质的合同概念"作为处理情事变更问题的理论依据。在方法上突破概念法学的限制,有效运用"判例拘束"方式,创设在法律行为基础概念之下可以作为裁判依据的规范。经此派学者修正,法律行为基础成为处理情事变更原则问题的概括性上位概念,在此概念之下以"对等性原则"及"无期待可能性原则"为事实上的决定标准,并根据无期待可能性之程度,决定法律效果为变更合同内容或解除合同。[18]

（三）法律行为基础制度

法律行为基础学说提出后,经过法院判例反复引用,形成一项具有一定功能与内涵的新兴法律制度,即为"法律行为基础制度"。自第一次世界大战以来的实践证明,法律行为基础制度是用来处理经济及社会情况剧变问题的有效制度,是用来排除因情事变更所发生的不公平后果的普遍准则,并成为打破契约严守原则的途径之一。[19] 此项制度虽然形成于剧变时期,但其运用却不限于剧变时期,尤其对于社会环境瞬息万变之现代,是一项不可或缺的重要法律制度。

根据联邦德国著名的研究机构德国研究协会于 1983 年发布的一项研究报告,从 1879 年 11 月 15 日至 1983 年 3 月底,就有关情事变更原则问题所作法院判决共计 1019 件,其中,双务债权合同为 665 件,约占 65%,包括买卖合同 357 件,承揽合同 64 件,承揽供应合同 18 件,雇佣合同 24 件,租赁合同 95 件,其他 107 件。

对 981 件双务及特别强调时间和人的因素的合同所进行的分析表明,其中 582 件法院认为属情事变更,并依法律行为基础制度裁判,对

---

[18] 参见彭凤至:《情事变更原则之研究》,五南图书出版公司 1986 年版,第 47—49 页。
[19] 参见彭凤至:《情事变更原则之研究》,五南图书出版公司 1986 年版,第 52 页。

其中的 443 件,法院判决 195 件解除合同,248 件变更内容。对于另外 399 件,法院采用类推适用相近法律条文方式进行裁判,有 234 件判决解除合同或减少价金。依法律行为基础制度裁判,被称为狭义的情事变更原则;采用类推方式裁判称为广义的情事变更原则。

对 357 件买卖合同案(占全部判例的 35%)发生情事变更的原因及裁判理由所作分析如下:(1)因治安或其他行政机关之禁令或措施引起环境改变问题,主要类推适用瑕疵担保的规定;(2)因双方"内部计算错误",类推适用错误(我国《民法通则》称为误解)的规定;(3)因战争及政治等原因导致进出口限制,以及战争或自然灾害造成事实上供应困难,类推适用给付不能的规定;(4)因环境改变致目的无法实现,以无期待可能性为由,适用法律行为基础嗣后丧失;(5)因双方之外的计算错误,或对法律状况估计错误,以对价关系障碍为由,适用法律行为基础自始欠缺;(6)因法律、法院裁判变更及行政机关之命令、决定引起问题,以对价关系障碍为由,适用法律行为基础嗣后丧失;(7)因货币贬值、物价上涨以及外国货币贬值引起的情事变更问题,以对价关系障碍为由,适用法律行为基础嗣后丧失。[20]

四、英美法上的情事变更问题

英美法上解决情事变更问题的原则称为合同落空。[21] 英美合同法上本无所谓合同落空,在坚持合同必须严守原则上甚至比大陆法更为严格。合同落空初见于 1863 年的租用音乐厅判例,认为因不可归责于当事人双方的事由而致合同标的物灭失,当事人可以免责。必须要说明的是,合同落空所适用的范围比大陆法的情事变更广泛。通常构成合同落空的原因是:(1)非因当事人过失而致标的物灭失;(2)因战争爆发使合同的履行成为违法行为;(3)政府颁布禁令,禁止履行合同;(4)合

---

[20] 参见彭凤至:《情事变更原则之研究》,五南图书出版公司 1986 年版,第 148—152 页。

[21] Frustration of Contract,通常译为"合同落空",也有的作者译为"合同目的不达"或"合同受挫"。本文采通常译法。

同签订以后,情况发生了根本性的变化,致使合同失去了基础。[22] 实际上合同落空包括了大陆法所谓不可抗力和情事变更。下面着重介绍英美法关于合同落空的各种学说。

(一)默示条款说

在 1916 年的一个案件中,法官劳尔伯恩(Lowburn)勋爵提出默示条款说。他讲到,法庭应当审查合同及缔约时的情形,这不是为了变更而是为了解释,以便发现是否可以从合同的性质看出,双方当事人必定是以某种物或物之状态的持续存在作为订约磋商的基础。如果是那样的话,则合同包含了一个默示条款。劳尔伯恩说,按照我的观点,这样一个作为双方缔约基础的默示条款,是从合同的性质及缔约时的周围情况推论出来的。假使双方考虑到了后来发生的情事变更,他们将会说:如果发生那种情况,我们的关系当然解除!

这一默示条款理论为后来的许多判例所引用。这一默示条款可以从主观主义或客观主义的角度解释。从主观主义角度解释,其含义是,虽然合同当事人未予明示,但法庭从合同中发现了这一默示条款。法庭的作用不是修改双方的协议,而只是赋予双方订约时的真意以法律效力。从客观主义角度解释,它意味着如果当事人考虑到最终将发生这种情事变更,作为公正而理智的人,双方必然会在合同中规定这一条款。这样看来,前者是真正的合同条款,即使其是默示的而非明示的,后者则纯属法律的拟制。

默示条款说的缺陷主要是:(1)按主观主义含义解释,当事人根本上既不期望也未预见这种变更,何以能够规定这一条款(即使默示)?此外,说当事人如果预见到导致合同落空的事故的发生将会简单地同意终止合同,也是不现实的。相反,他们极大可能是要求保留权利、修改合同和提出赔偿要求。(2)按客观主义解释,困难同样存在,所谓公正而理智的人并不存在。实际上,这种解释只是法庭自己的观点,其出

---

[22] 参见〔英〕施米托夫:《出口贸易》,北京对外贸易学院国际贸易问题研究所所译,中国财政经济出版社 1978 年版,第 122—125 页。

现只是为了掩饰法庭的作为。这是一种策略,通过它法官可以适用自己所需要的规则。(3)默示条款理论无法解释在双方明显考虑到可能发生导致合同落空的事故的情形,何以仍判决合同落空。如果默示条款真是出自双方意思,则合理的结论是合同不应解除,因为双方订约时既然考虑到可能发生情事变更,表明当事人自愿承担事故的风险。

(二)"合同基础丧失"理论

"合同基础丧失"理论为哥达德(Godard)法官在 1937 年的一个租船案中首先采用。该案的基本事实是,西班牙内战期间被告代表西班牙政府租用原告汽船,用来运送由西班牙北部向法国港口撤退的平民。租期是从 1937 年 7 月 1 日起的 30 天。租金为每天 250 镑,比平时高三倍,说明双方显然考虑到该船有被扣的可能。7 月 14 日汽船被叛军捕获并扣留至 9 月 11 日。原告要求支付租金,被告辩称合同已经落空。哥达德法官说,假使因为合同标的物被破坏,或者其他原因如阻碍或迟滞,而致合同基础丧失,以至于后来的履行实质上是履行一个与原订合同所不同的合同,则合同应被认为已落空。

"合同基础丧失"理论与前述默示条款说全然不同。二者的区别在于,默示条款说乃是拟制当事人的意思,把合同因落空而解除的法律效果说成是出于合同双方当事人的意思,而按照"合同基础丧失"理论则与当事人的意思无关。《昂逊合同法》一书对此评论说,这是由于认识到法庭在关于合同落空学说中的积极作用,而导致更加现实主义的公式,名为"基础丧失",这与默示条款说是完全不同的。[23]

(三)"公正合理解决"理论

有一个更加激进的理论,即"公正合理解决"理论。这一理论使法庭可以行使修正合同的权力,目的在决定在新的情况下,什么是公正和合理的。

《昂逊合同法》引述莱特(Wright)勋爵对公正合理解决理论的评论:"实质是,法庭或陪审团按照它对公正合理的内容的判断,以一个

---

[23] See A. G. Guest ed., *Anson's Law of Contract*, 25th edition, Oxford, 1979, pp. 508 – 509.

事实判断来决定问题。"该书作者指出,就最一般的意义上说,这一理论无疑是正确的。因为审判过程的全部目的正是在于公正合理地解决争议。但是,这一理论最终并未超出老生常谈的范围。另外,如果说它还包含任何真实内容的话,就是这一理论蕴含着危险。它建议法庭在它自己认为情事需要时,可以凭借拥有的裁判权,超越合同文字进行那种修正。[24] 这一理论在上诉中受到上议院的冷遇,勋爵们再次确认了默示条款理论。

(四)"义务改变"理论

"义务改变"理论,也许是英国合同法关于合同落空的最易被接受的稳健理论。它也是受到最热烈赞赏的理论。这一理论是拉德克利夫(Radcliffe)勋爵在1956年的一个案件中提出来的。他说,当法律认为,由于双方均无过错的情事变更,使合同义务变得不允许被履行时,将构成合同落空。因为在这种情况下要求履行的,已是与合同双方当事人所承担的义务完全不同的另一义务。当事人将会说,这不是我允诺要做的。

按照这一理论,法院的责任是解释合同,按照缔约时的情形对合同条款所作的解释表明,其不能适用于已发生改变的情形,这一合同即已落空。只有在合同义务已发生重大改变,以致与原来双方所承担的义务完全不同时,才能适用合同落空原则。

在介绍英美法关于合同落空的各种学说之后,需要指出的一点是,在同一案件上适用不同的学说所得出的结论几乎没有什么差别。大多数法官深信,必须在得出结论之前发现合同落空的真正基础,尽管他们显然会得出同样的结论。把合同落空视为事实问题或法律问题,或者当作必须采纳的外来证据,可能有某种区别。但是,主要分歧仅仅在于,是采用保守的方法或是采用激进的方法解决问题。假使给他们同一个案件,没有理由认为他们会因采用的理论不同而得出不同的结论。默示条款说最忠实的支持者之一是赛蒙(Simon)子爵,其最坚决的反

---

[24] See A. G. Guest ed., *Anson's Law of Contract*, Oxford, 1979, p.510.

对者之一是莱特勋爵。但是没有什么证据可以说明他们在将得出的结论上有任何分歧。双方均对维护合同严守原则忧虑不安。[25]

五、关于情事变更原则的立法

各主要国家及地区关于情事变更原则的立法有两种不同方式。其一为特别民事立法方式,以德国在第一次大战以后颁布的一系列"法官协助契约"法规为代表。我国在抗日战争胜利后国民党政府颁布的《复员后办理民事诉讼补充条例》,即属于这种方式。该条例第12条规定,法律行为成立后,因不可归责于当事人之事由致情事变更,非当时所得预料,而依原有效果显失公平者,法院应公平裁量,为增减给付或变更其原有效果之判决。[26] 此规定为典型的非常时期民事特别法,本质上为授权法官代表公权力干涉私法关系的法律。法官的裁量权范围十分广泛,不仅合同本身的对等性、公平性,即使是当事人支付能力及受保护之必要性等,也均在考虑之列,且法官变更合同内容的权力几乎毫无限制。[27] 因此我国台湾地区一些学者主张于民事实体法上规定情事变更原则。其二系将情事变更原则制定成概括性条文,规定在民事实体法即民法典作为一条法律原则。依此立法方式,情事变更原则的适用不限于特定时期和特别关系,且因情事变更而变更或解除合同属于当事人的一项实体权利。以下介绍几个具有代表性的立法规定。

《意大利民法典》第1467条规定,如果长期履行、定期履行或分期履行的合同,因为某种非常的不可预知情况的出现而致一方当事人难以履行,则义务人可以终止合同。

1940年《希腊民法典》第388条规定,当事人间在考虑到善意的规则和商业惯例的情况下,订立了双务合同后,如情事因不可预见的原因发生变更,而由于此种变更,使合同义务的履行变为对义务人过分艰

---

[25] See A. G. Guest ed., *Anson's Law of Contract*, Oxford, 1979, pp. 511–512.

[26] 该条例失效后,其第12条与第13条合并规定在我国台湾地区"民事诉讼法"第397条。

[27] 参见彭凤至:《情事变更原则之研究》,五南图书出版公司1986年版,第294页。

巨，则义务人可请求法官裁量将义务酌情减少至适当程度，或者解除全部合同或其未履行部分。

《民主德国国际商事合同法》第 295 条规定，(1) 为达到合同的目的所必不可少的，从而在当事人订立合同时形成合同的基础，并为当事人所不能控制的那些情事，如果根本上发生了变更，且如当事人知道此变更当初就不会订立此合同，则受到这种变更不利影响的当事人有权向另一方建议按照已变更的情事合理地调整合同。(2) 如果另一方当事人不同意上述要求，或者即使调整合同仍不能达到合同目的，则受到不利影响的当事人有权不经事先通知而终止合同……

1977 年重新修订颁布的《匈牙利民法典》第 241 条规定，长期的法律关系中，因合同签订以后所发生的情况使一方当事人的实质性合法利益受到损害，以致影响到双方之间的持久的法律关系，法院可以修改合同。

1978 年颁布的《南斯拉夫债法》第 133 条规定，因情况发生变化致使合同目的无法实现，或合同已显然不再符合当事人愿望，按照一般人的看法认为在变化了的情况下维持合同效力是不公平的，可以解除或变更合同。

《联合国国际货物销售合同公约》(1980 年 4 月) 第 79 条规定，(1) 当事人对不履行义务，不负责任，如果他能证明此种不履行义务，是由于某种非他所能控制的障碍，而且对于这种障碍，没有理由预期他在立合同时能考虑到或能避免或克服它或它的后果。[23]

这里有必要介绍联邦德国将法律行为基础制度立法化的建议。联邦德国司法部于 1982 年提出《债法修正之审查意见及建议书》，建议将实务上沿用成习的法律行为基础制度立法化，作为《德国民法典》关于诚实信用原则规定之第 242 条第 2 款规定，契约之给付，因为外在环境影响而显然困难增加或价值减少时，受不利益之契约当事人，如对此

---

[23] 我国已经加入《联合国国际货物销售合同公约》，此条文应为我国现行法关于情事变更原则的规定。

种环境无须负责,尤其依契约之意义,并未承担此种环境是否发生以及影响如何之危险,而且以不变之方式严守原订契约,对该当事人无期待之可能者,得请求以契约调适之方式,将不利益合理分配于双方当事人。契约之调适不可期待或无期待可能性者,则得请求消灭契约以代契约调适。契约之调适或消灭,应依当事人协议或法院裁判为之。

六、结语

综上所述,情事变更原则为现代社会中处理情事变更问题不可或缺的重要制度。其实质与功能在于,贯彻公平及诚实信用原则,消除因情事变更所致不公平后果,协调合同当事人利益冲突,维护社会公平及经济流转法律秩序。这一原则的立法化,已是当代民法发展不可逆转之潮流。

我国《民法通则》明文规定公平及诚实信用为我国民法之基本原则,《经济合同法》第27条第1款第四项对情事变更已有规定,加之我国已正式加入《联合国国际货物销售合同公约》,该公约第79条规定的情事变更原则已成为我国涉外合同法之一部分。因此,我们当前所要解决的问题,不是应否确立情事变更原则,而是在现行立法基础之上,进一步借鉴各主要国家及地区立法经验和理论研究成果,完善情事变更原则法律制度,发展一套既有中国特色又与各主要国家及地区相通的情事变更原则理论,为审判和仲裁实务有效地、正确地适用这一原则解决各种情事变更案件,提供理论基础和具体裁判标准。

鉴于《经济合同法》第27条第1款第四项关于情事变更的规定欠明确,因而在实务上难以适用,且规定为法定解除权之发生原因与情事变更原则本意不符,建议修订经济合同法时将该规定删去,在该章之末尾另立一条规定情事变更原则。可采如下文字表述:

经济合同成立后,因不可归责于当事人的原因发生情事变更,致法律行为基础丧失,使当事人目的无法实现,仍维持合同效力显失公平,受不利影响的一方当事人有权请求人民法院或仲裁机关变更合同内容或解除合同。

依此文字表述,则情事变更原则适用条件如下:(1)须有情事变更。所谓"情事",指订约时作为合同基础及环境的客观情况;所谓"变更",指此种客观情况发生异常变动。具体判断是否构成情事变更,应以是否导致行为基础丧失(包括自始欠缺和嗣后丧失),是否致当事人目的不能实现,以及是否造成对价关系障碍,作为判断标准。(2)须该情事变更之发生不可归责于当事人。如可归责于一方当事人,则该当事人应承担因此发生之危险,因此不适用情事变更原则。(3)须该情事变更有不可预见的性质。仅一方当事人不可预见,则仅该当事人可以主张情事变更。(4)须维持合同原有效力显失公平。此显失公平应依一般人之看法,包括债务人履行困难和债权人受领不足及债务人履行对债权人无利益。

情事变更的法律效果为赋予受不利益的一方当事人以变更或消灭合同的可能性,属于实体权利,但以诉讼(仲裁)方法行使为必要,因此区别于解除权,相似于《民法通则》所规定的撤销权。

论合同责任[*]

罗马法将民事责任分为两种:"合同责任"与"侵权责任",大陆法国家继承了这一分类法。英美法稍有不同,把民事责任分为:违反合同的责任、违反信托的责任及侵权责任。

合同责任与合同义务(债务),是两个不同的法律概念。所谓合同债务,是合同中规定当事人应为的一定行为。债务人按照合同规定正确履行债务,不会发生责任问题。只有当债务人不履行或不适当履行债务时,才发生合同责任。所谓合同责任,即法律视不履行或不适当履行合同债务为违法行为,使行为人处于一种受制裁之法律地位。

合同责任是合同法律制度长期发展的结果。习惯法时代,曾经通行一种用名誉作为债务担保的责任制度。债务人违反合同时,债权人即当众公开宣布债务人为丧失名誉信用之人。在古代日耳曼人中还盛行一种用誓言约束债务人的责任制度。订立合同时,当事人须凭神宣誓,如违反合同愿受神之惩罚。其中一种叫"家畜之誓",意即合同当事人违反合同时,家畜必遭瘟死。另有指武器发誓,如"剑誓",意即不履行合同债务时,必死于刀剑之下。习惯法时代,国家组织尚在萌芽阶段,不能保证合同的履行。古代人们对神灵的信仰及对神的惩罚的畏惧,足以约束当事人履行债务。而一个人被当众宣布为丧失名誉信用之人,即相当于后世之剥夺民事行为能力,使之失去订立合同的资格。随着社会的向前发展,商品交换的扩大,单靠宣誓责任或名誉责任已经

---

[*] 本文原载《学习与探索》1982年第1期。

不足以约束债务人保证合同之履行，于是逐渐产生了一种以债务人人身作为债务担保的责任制度。债务人违反合同时，债权人可以任意将债务人拘禁，将债务人作为奴隶或出卖到外邦。这种因不履行债务而沦为奴隶的人称为"债奴"。这一责任制度在古代流行于几乎所有的民族。

我们从保存下来的法律条文可以看到，这种人身责任制度是极端残酷的。《十二铜表法》第3表规定，不履行合同时，原告人可以拘捕债务人，将他押解到法庭。假如债务人仍未执行法庭判决，且在受讯时无人代他解脱责任，则原告人得把他带到私宅，给他带上足枷或手铐，其重量不轻于15磅，而且如果债权人愿意，还可以加重。如果双方未能和解，则债务人应继续被拘禁60天。在此期间，他们须在市集日连续3次被带到会议场最高审判官前，被宣布判决他们的钱额。至第3个市集日，他们则被处以死刑，或被出卖到国外。如果债权人为数人时，则法律准许他们将债务人砍切成块。

在公元前6世纪的希腊城邦国家雅典，由于这种人身责任制度的盛行，社会居民的大部沦为债奴，社会阶级关系极度紧张，危及奴隶主阶级的统治。因此，公元前594年上台的雅典执政官梭伦不得不实行改革，恢复债务奴隶的自由，由国家出钱赎回被卖到外邦为奴隶的人，并宣布禁止人身责任制度。

人类社会的进步和合同法律制度的发展，产生了用违约金条款拘束债务人，以及当合同不履行时法律给予受害人以损害赔偿请求权的财产责任制度。人身责任制度渐次被废止，现代合同法律制度之合同责任纯为财产责任。

发生合同责任的首要条件是合同债务的不履行。所谓不履行包括不适当履行(迟延和瑕疵)。各国民法典均以明文规定，合同债务不履行为合同责任发生之根据。如《法国民法典》规定："作为或不作为的债务，在债务人不履行的情形，转变为赔偿损害的责任。"(第1142条)"如债务为不作为的债务时，违反义务之人因单纯违反义务的事实负赔偿损害的责任。"(第1145条)《德意志民主共和国民法典》规定："契约一方未履行自己的义务或履行不当的,应向对方承担责任。"(第82条)《苏俄民法典》也规定:"债务人不履行债或不适当履行债时,他应当赔偿因此给债权人造成的损失。"(第219条)

发生合同责任的另一个必要条件是债务人对于债务的不履行要有过错,包括故意和过失。虽然违反合同债务,但如果债务人并无过错,在一般情形,法律规定不负责任。这就是罗马法上所谓过失责任原则。罗马法时代执行严格的过失责任原则,无过失即无责任。债务人只对自己的过失负责。《德国民法典》用十分简洁的语言,对这一原则作了概括规定:"债务人除另有规定外,对故意或过失应负责任。"(第276条)"因债务人的过失致给付不能者,债务人应向债权人赔偿因不履行所生的损害。"(第280条)同法还规定:"非由于债务人的过失而未为给付者,债务人不负迟延责任。"(第285条)公有制国家民法也同样将过失作为合同责任之必要条件。如《苏俄民法典》规定:"过错是违反债的责任的条件","除法律或合同规定的情况外,不履行债或者不适当履行债的人,只在有过错(故意或过失)的条件下,才负财产责任"(第222条)。

不能归其个人负责的外来原因,主要指所谓"不可抗力"。《法国民法典》明文规定:"如债务人系由于不可抗力"而违反债务时,"不发生损害赔偿责任"(第1148条)。《罗马尼亚经济合同法》规定:"凡因不可抗拒的原因不能执行合同义务的社会主义企业将免于追究责任。"(第22条)各国合同法律制度均将不可抗力作为免除合同责任的条件。但是,到底什么是不可抗力,却没有确切的解释。从法理上说,不可抗力系指合同签订以后发生的意外事故,它的发生与合同任何一方当事人的意志无关,是当事人所无法预见、无法避免和无法控制的。由自然界的原因引起的不可抗力事故,包括水灾、旱灾、地震等;由社会原因造成的不可抗力事故,如战争状态、军事行动和封锁禁运等。在一些公有制国家合同法律制度中,除不可抗力事故外,国家计划的变更也可以作为免除合同责任的理由。

债务人之无过失,应由债务人自己举证,为罗马法以来之法理。债务人证明自己对不履行债务并无过失，即可免除责任。如果债务人不能证明自己无过失，即推定为有过失，使之承担责任。法理上称为过失责任的推定。

现代合同责任的具体形式包括违约金（违约罚款）和损害赔偿。只要具备上述两个必要条件，即有债务不履行之事实，且债务人对于不履行有过失，就发生违约金责任，债权人可依法律和合同的规定请求违约金。但损害赔偿责任的发生除具备以上两个条件外，更须具备第三个必要条件，即确因债务之不履行而使债权人受到损害。假如没有造成损害事实，纵然有债务不履行及债务人有过失，也不发生损害赔偿责任。

《法国民法典》规定，损害赔偿的范围一般应包括因不履行债务使对方"所受现实的损害和所失可获得的利益"（第1149条）。所受现实的损害，在法理上又称为积极损害，指债权人所支出的费用，他的财产的灭失或损坏。所失可获得的利益，又称为消极损害。《德国民法典》将消极损害解释为"依事物的通常过程，或依已进行的准备或其他特别情形，可预期得到的利益"（第252条）。《苏俄民法典》则解释为"那种如果债务人履行了债就可取得的收益"（第219条）。

损害赔偿责任的目的在于弥补受害人因对方不履行债务所受损害，因此法律要求赔偿金额与实际损失相符，不允许获得超过实际损失的赔偿金。法律还要求请求权人提出充分的证据，证明所受损害的存在及损失的数量。如果他不能证明损失的实际存在，法庭将驳回其请求。在英美法，这种情形只能判给名义损失赔偿金。这种赔偿金是一笔在数量上微不足道的金钱，它的作用不在于赔偿损失，而只是表明债务人侵犯了债权人的合法权利。

法律还要求债权人在对方违约时，负及时采取有效措施以尽量减少因对方违约所造成的损失的义务。这在英美合同法上称为"减轻损害"学说。《苏俄民法典》规定，如果债权人没有采取措施减轻损失，或者由于过失促成了损失的扩大，则法庭或仲裁机关有权减轻债务人的赔偿责任（第224条）。其他国家合同法律制度均有类似规定。

违约金又称违约罚款,是合同责任中最常见的责任形式。罗马法时代,合同当事人约定在违反债务时,债务人向对方支付一定量的金钱。《法国民法典》称之为合同的违约金条款。《法国民法典》规定:"违约金条款为契约的一方当事人为担保契约的履行,而承诺于不履行契约时支付违约金的条款。"(第1226条)《德国民法典》规定,违约金为"债务人对债权人约定在不履行债务或不以适当方法履行债务时"应支付之一定金额(第339条)。1922年的《苏俄民法典》亦采取类似规定,违约金"是订约之一方,于不履行或不适当履行合同时,给付他方之金钱或其他财产上之有价物"(第141条)。

可见,违约金为主债务之从债务,违约金条款之有效以主债务有效为条件,主债务无效时,违约金条款亦无效,而违约金条款无效时,主债务并不因之无效。违约金条款虽然有效,如果主债务依约履行,并不发生违约金的支付问题。因此,违约金的另一特征是,它只在债务人负迟延责任时才发生应支付的效力。上文已经谈到,在债务人不履行债务并有过失时,发生违约金请求权。《苏俄民法典》规定,"如果债务人对于不履行或不适当履行债没有责任,则债权人无权请求给付违约金"(第187条)。《法国民法典》规定,债务人"负履行迟延的责任时,始应支付违约金"(第1230条)。再如《德国民法典》规定,"债务人对债权人约定在不履行债务或不以适当方法履行债务时应支付一定金额作为违约金者,违约金在债务人负迟延责任时发生应支付的效力"(第339条)。

在《法国民法典》中,违约金条款纯粹由合同当事人自由商定,不受他人干涉,充分适用合同自由原则。鉴于经济上占优势地位之当事人常通过规定巨额违约金,使债务人蒙受损害,《德国民法典》首开对违约金干预之先例。《德国民法典》规定,"约定的违约金过巨者,法院得依债务人的声请以判决减至相当数额"(第343条)。公有制国家合同法律制度,为了贯彻计划原则,加强对经济流转的控制,均仿《德国民法典》这一制度,在法典中规定法庭有权干预约定违约金。如《苏俄民法典》规定,"如果应当支付的违约金与债权人的损失相比显得过多,则法院有权减少违约金","仲裁局或公断法庭,在特殊情况下,根据应当考虑的债务人和债权人的利益,有权减少应当付给社会主义组织的违约金"(第190条)。《匈牙利民法典》不仅规定法院有权减少违约金,还进一步规定可以增加违约金。该法典规定,"法院有权降低过高的违约金"(第247条),还规定,对于社会主义组织之间的计划合同,"公断委员会有权降低或提高违约金的数额"(第405条第4款)。

这种国家对违约金的干预,不仅表现在授予法院及仲裁机关改变违约金数额的权力,还表现在通过法律法令直接强制规定违约金并强制规定违约金数额。如《苏俄民法典》规定,违约金不仅可以由合同约定,还可以由法律直接规定(第187条)。《匈牙利民法典》规定,"双方当事人必须提出法定违约金的条件"(第401条),即使双方当事人在缔结合同时并未就违约金条款达成协议,该合同亦适用法律规定的强制违约金条款(第401条第4款)。

公有制国家合同法律实践中,违约金这一合同责任形式对于督促当事人履行合同,保证国家计划的完成,具有特别重要的意义。因此这些国家的合同法律制度,对于强制违约金的适用愈来愈普遍。法律对违约金的规定也愈来愈严密。这主要针对的是社会主义组织之间的合同。法律规定合同当事人不得免除违约金责任,不得约定比法定违约金低的违约金。相反,法律准许合同双方约定比法定违约金数额更高的违约金。《捷克斯洛伐克经济法典》最为典型,该法典分别就"供应迟延的违约金"(第204条),"供应不合格产品的违约金"(第206、236条),"对购货人所课的违约金"(第205条),以及"其他履行缺陷的违约金"(第208条)详细地规定了违约金的不同比率和在具有各种加重情节时更高的违约金比率。

违约金可从形式上分为约定违约金与强制违约金,强制违约金已如上述。违约金还可从性质上分为惩罚性违约金与赔偿性违约金。惩罚性违约金,即合同(或法律)规定在不履行或不适当履行时支付一定金额作为惩罚。而赔偿性违约金,则为双方预先估计损害赔偿的总额。这一区别在实践上的意义在于:如果是惩罚性违约金,则债权人除请求违约金外,更得请求履行主债务或请求损害赔偿;反之,如果属于赔偿性违约金,则只能请求违约金,不得更请求履行主债务或额外请求损害赔偿。例如《法国民法典》规定:"违约金为债权人因主债务不履行所受损害的赔偿。债权人不得同时为给付主债务与违约金的请求"(第1229条)。可见法国民法以赔偿性违约金为原则。法律规定了例外情形,假使当事人单纯为履行迟延而约定违约金,即属于惩罚性质,准许债权人在请求违约金之外更请求履行主债务。《德国民法典》的规定与之相似。民国时期制定的《中华民国民法》也是如此,规定"违约金除当事人另有订定外,视为因不履行而生损害之赔偿总额"(第250条)。公有制国家合同法律制度大抵以惩罚性违约金为原则,法律规定的强制违约金更是如此。因此,公有制国家合同法律制度一般规定不准以支付违约金代替主债务的履行,被称为合同的实际履行原则。

英美法学者批评大陆法各国包括苏联在内关于违约金的规定过分复杂,在实践中引起很大的不确定性。在英国法中,违约时支付一笔固定的金额,同样可以作为预定的损害赔偿,也可以作为不履行之惩罚。而对于这种性质的划分,英国法不求诸法律条文的规定,而委之于法庭对合同中当事人意思的解释。如果对合同的适当解释表明,双方当事人的意思系事先估计因违约而遭受的损失,这种金额则属于赔偿性违约金。如果双方当事人的意思是用罚款的办法来保证合同的履行,则属于惩罚性违约金。假如合同中规定的金额被法庭认为是赔偿性违约金,法庭将以这个金额为准来判决,即使违约后果使损失无法估计的情形,也不妨碍债权人取得这种赔偿。实际损失少一些或多一些也没关系。在程序上,债权人请求违约金也无须证明实际损失。相反,假使被解释为惩罚性违约金,法庭对这种违约条款将置之不理,索赔一方须提出足够的证据证明他所要求的损害赔偿。美国、澳大利亚、新加坡等国均采用英国法的办法。

在大陆法国家包括苏联等公有制国家,违约金的支付并不需要证明实际损失。即使违约并未造成损害,债权人也有权请求违约金。在英美法国家,只要对合同的解释表明违约金是作为预定的损害赔偿,就无须证明实际损失。这就使得违约金的追索在法律程序上远比损害赔偿责任简便。特别是在国际贸易中,合同约定违约金作为违约时的赔偿,可以避免日后索赔时的复杂手续。因此,在国内或国际贸易中,违约金责任形式得到广泛的适用。例如,联合国欧洲经委会主持编制的合同格式及经互会国家所使用的交货共同条件,均规定了在迟延履行时支付违约金的条款。

我们从以上的分析可以看出,损害赔偿责任注重于填补债权人因对方不履行债务所受的财产损失,由于赔偿金是由债务人承担,因此损害赔偿责任形式同时也是对违约方予以惩罚的法律手段。违约金则是一种比较灵活的责任形式。公有制国家合同法律制度往往采用加重法定违约金,强制当事人履行合同债务,保证国家计划的实现,因此特别侧重于它的惩罚性作用。但也不能忽视违约金责任形式在赔偿债权人所受损失上的重要作用。特别是在国际贸易中预先规定违约金条款可免去索赔时举证的困难,对于某些无法计算违约损失的合同,这一点尤其重要。即使在国内经济流转中,受害一方也常常满足于违约金的支付而不常提出赔偿损害的请求。

现代合同责任除违约金和损害赔偿两种形式之外,还有所谓罚款。罚款系由法庭或仲裁机关判决违约方支付一笔金额上交国库。在公有制国家合同法律制度中,对于那种不顾商业信用、切断传统供应等违约情形,则判决债务人支付大大超过实际损失的金额,其中超过损失的部分上交国库,作为对违约人的罚款。这种罚款虽然对于保障合同履行也有重要意义,但其适用远不及违约金和损害赔偿广泛。

所谓合同责任,不过是凭借国家强制力以保障合同效力的一种法律手段。如果没有合同责任,合同就不成其为合同,或者徒具合同外形而无法律效力。罗马法上有所谓无式约束,一方违约时,他方无诉权。大陆法有所谓自然债务,不受法律保护。英美法有所谓不能强制履行的合同。这类合同虽然并非绝对无效,也可以产生义务,但一方违反义务时,他方不能通过法律程序强制履行或取得赔偿。可见,没有责任的合同不能得到法律的保障,实际上也并非真正的合同。

法律为保障合同具有法律效力，使合同法律制度真正发挥组织经济流转的作用，特别规定合同责任不能由当事人事先免除。除非法律有特别规定，当事人也不得预先在合同中限制合同责任的范围。

我国自20世纪50年代初期推行合同法律制度以来，没有制定民法典和合同法，未能建立相应的合同责任制度，在理论上未能对合同责任问题开展研究，致使实践中逐渐产生轻视合同责任的倾向。这一倾向表现在主要靠上级行政机关的行政权力来维护合同的效力，违反合同时往往以批评教育代替追究合同责任。特别在生产资料所有制的改造完成后，这种轻视合同责任的倾向进一步发展，认为参加经济流转的主要是公有制单位，追究合同责任无异于把国家的钱从左边口袋掏出来放进右边的口袋，完全是多此一举。当然这与中央集权的经济体制下企业并无独立的财产权也有关系。这种错误倾向发展的结果是，完全否定了合同责任，从而导致合同无法律效力的状况。实践已经证明，合同责任绝非可有可无，没有合同责任就不可能有真正行之有效的合同法律制度。特别在当前，加强合同责任，健全合同责任制度，对于我国合同法律制度说来具有十分重要的意义。我认为，应从法律制度上解决以下几方面的问题。

其一，制定有关合同法规范，强制规定合同，特别是社会主义组织间的合同必须具备责任条款，规定各种合同的法定违约金标准。同时加强合同的鉴证管理、合同仲裁和合同司法，切实保证按照法律和合同规定，追究合同责任，追索损害赔偿金和违约金。

其二，从法律制度和经济制度上使合同责任与企业物质利益挂钩。宜规定违约金和损害赔偿金从企业奖励基金和福利基金中支付，对方则应将这笔金额归入企业流动资金。应由法律规定，违约金请求权和损害赔偿请求权同时是对国家的义务，不得拒绝行使。违约金责任和损害赔偿责任不因债权人抛弃请求权而消灭，遇这种情形，经济检察机关应提起追索之诉，将该违约金和赔偿金归入国库。法庭应判决违法抛弃请求权的单位向国家支付罚款。

其三，我们的现行合同法律制度把上级变更计划作为免除合同责任的理由,使受害单位得不到赔偿,这种规定不利于加强合同责任制度和维护经济流转正常进行。应由法律规定,单位违反合同不得以上级变更计划为免责理由,它必须承担因此应负的合同责任。而变更计划的上级机关,则应从自己有权支配的基金中补偿下属单位因支付违约金和赔偿金而受的损失。如果计划变更系由于上级机关个别领导人的过失行为(如官僚主义瞎指挥),该领导人则应受行政上扣除一定比例工资之处分。

其四,在经济体制改革完成前,社会主义组织之间的经济流转大部分仍适用计划合同,合同债务的履行直接关系国家计划的执行,因此,合同的实际履行原则具有重要作用。但是,考虑到我国经济体制改革完成后,企业享有较充分的合同自由,可以不受计划约束自由订立合同,计划原则主要通过宏观计划方式,间接影响企业意志,指令性计划只适用于少数场合,企业之间的经济流转主要由企业自由订立合同关系,如果仍然一味强调实际履行原则,不允许以支付违约金或赔偿金代替主债务的履行,势必限制企业在商品生产和交换中的灵活性和机动性。在商品经济比较发达的情况下,发生违反合同的情形,债权人有可能及时地从市场取得所需原料或产品,保证企业计划的完成。因此,法律应规定债权人在对方违约时有权请求执行合同责任而拒绝实际履行,这样更有利于社会主义商品经济的发展。

论合同管理[*]

合同管理是现代经济法上一个比较新的概念。对这个法学新课题开展研究，对于完善我国的经济立法和搞好经济司法，从法律上保障经济调整和改革工作的顺利进行，促进我国四化建设的不断发展，有着重要的意义。

我国合同管理始于建国初期。由于多种经济成分并存，国家对资本主义经济采取利用、限制、改造的政策，设立私营企业局，后改为工商行政管理局，开展合同管理包括鉴证和仲裁等工作。所有制改造完成后，逐渐实行高度集中的计划管理体制，合同管理一度中断。从1979年开始，全国各地开展合同管理试点工作，合同管理问题开始受到广泛重视。目前我国合同管理的法律根据仅限于国务院〔1979〕102号文件。

我国合同管理权，是国家行政权力的一个重要组成部分。合同管理权的行使，系基于国家最高行政机关的授权行为。因此产生以下权利义务关系：合同管理机关对参加经济流转的社会主义企业、组织和机关行使合同管理权，上述企业、组织和机关负有服从合同管理机关的管理的义务。我国合同管理权，包含合同鉴证权、合同监督权和合同仲裁权。因此，我国合同管理机关，既是合同鉴证机关，又是合同监督机关，还是合同仲裁机关。这就保证合同管理机关能够直接干预合同从协商、鉴定、履行直至向法院提起诉讼之前的整个过程。下面就合同管理

---

[*] 本文原载《法学研究》1985年第2期。

的各主要环节略作分析。

合同鉴证,是合同管理的第一个重要环节。合同管理机关依据国务院之授权,独立行使鉴证权,对合同的合法性、合理性和可能性进行全面审查,加盖鉴证章,以确认其法律效力。合同管理机关主要审查合同当事人是否具有合同能力,包括权利能力和行为能力;审查合同内容是否符合国家法律、法令和政策的有关规定;对于依指令性计划文件订立的合同,应审查其是否与该计划文件相符;审查合同之形式是否符合有关法规的要求;审查合同条款是否完备,责任是否清楚。合同管理机关对于当事人无合同能力,合同内容违反法律、法令之强制性规定或违反国家计划的合同,应宣布其全部无效或部分无效。在宣布合同内容部分无效时,或对于条款不齐备、责任不明确的合同,应责成双方当事人协商予以修正。

从各地合同管理试点的经验看,管理机关可以派出管理人员直接参与合同的协商鉴定过程,引导和协助双方准确地按照法律和计划文件的要求签订合同,并可采取现场鉴证、上门鉴证等方式。为使合同鉴证顺利进行,管理机关可因地制宜,制定各类合同标准格式,供当事人鉴约使用。

合同管理的第二个重要环节,就是要监督检查合同执行情况。须注意,除合同管理机关享有合同监督权之外,当事人上级主管部门和银行(包括中国人民银行、中国建设银行和中国农业银行)也有权监督合同的执行。但是,上级主管部门和银行的监督与合同管理机关的监督有重大区别。

上级主管部门基于对下属企业的业务隶属关系和计划管理权限,可以检查下属单位完成合同的情况,并据以作为企业是否能被评为先进企业,以及作为决定企业奖励基金提留比例的标准之一,这样可以督促企业积极履行合同规定的供应义务。但是,上级主管部门无权对合同关系之对方当事人实行监督,亦无权对合同内容作任何修正。同样,银行基于信贷管理和结算管理之权限,可以通过发放贷款、调整利息率、托收、拒付及收取滞纳金等方式达到监督合同当事人正确履行合同义务之目的。但上级主管部门的监督和银行的监督属于比较间接的形式，合同管理机关则不然，它有权随时监督检查合同当事人执行合同及与此有关的情况，包括检查当事人的生产进度、计划安排、设备配置、技术措施、原材辅料、燃料动力、资金储备以及农业社队的种子化肥、种植面积等情况。它可以查阅有关生产、供销及财务资料。合同管理机关有权责令合同当事人立即纠正将导致合同落空或影响合同履行的不当行为。它可以要求合同当事人采取适当措施弥补或消除因当事人之不当行为或因意外事故而对合同执行造成的损失和影响。合同管理机关在自己认为必要时得要求合同双方当事人通过协商调整或修正合同规定的指标。总之，合同监督权的行使，可以使合同管理机关通过直接干预合同当事人的生产经营和销售活动，保证合同的正确履行。

合同管理机关在行使合同监督权过程中，如发现偷工减料、转包渔利、倒卖合同或故意逃避监督管理等违法行为，应提交有关部门查处，情节严重者，交政法机关依法制裁。

对合同纠纷的仲裁是合同管理的第三个重要环节。合同管理机关独立行使仲裁权。合同当事人之上级主管机关有义务督促合同当事人执行裁决，银行亦应依据仲裁裁决书划拨款项。当事人如不服仲裁，应向人民法院提起诉讼。合同管理试点地区的经验表明，大部分合同纠纷都能经仲裁得到解决，不服仲裁向法院起诉的是少数。这少数案件，一般是比较重大的疑难案件。从这里可以看出管理机关对合同纠纷的仲裁与人民法院对合同案件的审判之间，有一种分工的关系。

合同管理机关的仲裁与人民法院的审判，是两种解决合同争议的不同方式。两种方式在及时解决争议，维护合同法律效力，以促进经济正常流转这个目的上是共同的。在依据国家有关合同的现行法律、法令、条例和有关政策，并将合同条款作为处理纠纷的准据这一点上也是相同的。并且，合同管理机关的仲裁裁决书和人民法院的判决书，都是具有约束力的法律文件。

但是，合同管理机关的仲裁与人民法院的判决这两种解决合同争议的方式又有着本质的区别。这种区别可以归纳为以下三方面：第一，权限性质不同。仲裁是基于合同管理机关所拥有的仲裁权,而审判则是基于人民法院所拥有的司法权。第二,程序不同。仲裁合同纠纷适用仲裁条例所规定的仲裁程序,审判合同案件适用民事诉讼法所规定的民事诉讼程序。第三,法律效力不同。仲裁裁决与法院判决虽均有约束力,但两者在性质上和效力大小上却有不同。仲裁裁决在合同当事人双方自愿服从之基础上发生效力。当事人一方或双方不服仲裁向人民法院提起诉讼时,裁决即不生效。法院判决则不然,它具有绝对的约束力,不论当事人是否表示服从,判决均强制生效。

依据通常之法理,合同管理机关仲裁合同纠纷被称为"准司法程序"或"准司法手段"。这里的一个"准"字,具有两方面的含义。首先它将仲裁与司法程序或称司法手段加以区别,表明仲裁在性质上是与审判不同的。其次,它又向我们指明,仲裁与审判两者在形式上极为相似,都具有法律上的拘束力。明确合同管理机关的仲裁与人民法院的审判之异同,在实践上具有重要的意义。合同管理机关仲裁合同纠纷,在查清事实、辨明是非、分清责任的基础上依据法律和合同规定作出裁决,对违约方实行财产制裁,由于仲裁以双方自愿服从为前提,并且有较大的灵活性,容易使双方做到心悦诚服。因此,这种方式既能维护合同纪律,又能促进双方的谅解和增进团结,有利于进一步发展双方的协作关系。不服仲裁向法院起诉的案件,往往是比较重大的疑难案件,或者情况复杂,或者所涉及的金额过巨。这种案件通过法院审理判决予以处理,有利于恢复经济流转正常秩序,维护合同的严肃性。并且,由于这类案件影响巨大,处理一案,教育一大片,对于推行合同法律制度实属必要。可见仲裁与审判对于解决合同争议各有分工,不可偏废。

我国合同管理机关统一行使合同鉴证权、合同监督权和合同仲裁权,集鉴证机关、监督机关和仲裁机关的职能于一身,这是我国合同管理机关的突出特征。片面地把我国合同管理机关说成单纯的鉴证机关,或单纯的监督机关,或单纯的仲裁机关,均有损于我国合同管理权的完整。

在社会主义经济条件下,参加经济流转的主要是国有企业、集体所有制企业、独立预算的社会组织和国家机关,它们的经济活动受国家统一制定的国民经济计划的指导,相互之间不存在根本的利害冲突,这就为国家统一管理经济流通过程特别是统一进行合同管理提供了现实基础。同时,我们还应看到,社会主义经济又是商品经济,无论是集体所有制企业还是国有企业都是以相互独立的商品生产者和所有者的身份进行活动。企业相互之间及国家、集体和个人之间在利益上又存在一定的差异。这就决定了企业、社会组织和机关在订立和执行合同的过程中难免会发生矛盾,产生各种争议或纠纷。为及时排解各种合同纠纷,维护流通过程的正常秩序,就要求在合同法律制度之外制定一些必要的合同管理法规,还要求有一个合同管理机关。列宁说:"如果没有一个能够迫使人们遵守法权规范的机构,法权也就等于零。"这一论断对于说明合同管理机关的重要性,同样是十分充分的。

近年来我国逐步开展了经济体制改革试点,扩大了企业自主权,并实行了计划调节与市场调节相结合的方针,合同法律制度也正在全面推行。合同管理工作的重要性正在显现出来,逐渐引起广泛的重视。我们看到在扩大了企业自主权和开展市场调节之后,过去为计划统制所掩盖了的企业之间在利益上存在不一致的一面表现出来。有少数单位为了追求单位本身的利益,不惜损害其他单位和国家整体利益,任意撕毁合同,中断传统供应,任意扩大自销范围和比例,损害和冲击国家计划,倒卖合同,抢购套购国家统购派购物资,违反法律和法令,造成经济流通领域秩序混乱,给国民经济带来严重损失。其所以如此,重要原因之一是我们在着手进行改革试点和扩大企业自主权的同时没有高度重视和加强对经济流通的管理,尤其是合同管理。

合同管理对于改革后的经济体制具有极端的重要性。由于改变了过去单纯靠发布指令性计划指挥生产和流通的传统办法,国家主要制定宏观计划,规定社会和经济发展的主要比例和宏观目标,指导性计划不具有指令性计划那样的强制性,对企业没有约束力。企业享有比较广泛的自主权。合同成为衔接产需和组织生产流通的主要法律形式。在这种情况下,要保证企业之间缔结的合同关系符合国家宏观计划所指明的目标,维持经济流通的正常秩序,使整个国民经济实现有计划按比例的发展,国家除发布指导性计划之外,还必须采取各种经济手段和必要的行政手段。不难理解,合同管理将成为国家调节经济流通的最重要的手段之一。无疑,一旦忽视或放松合同管理,必将使经济流转出现极大混乱,并给国民经济造成不可估量的损失。只有切实抓好合同管理,才能保证合同法律制度的推行,才能建立经济流通领域的法律秩序,才能促进社会主义商品经济的发展。

我国从1979年开展合同管理的试点以来,工商行政管理机关在管理工商合同和农商合同中取得了显著的成绩,摸索总结了一些初步的经验和办法。但是,要全面开展并搞好合同管理工作,使之适应我国经济调整和改革的要求,我认为须解决以下四方面的问题。

一、建立统一的合同管理机关

目前合同管理的现状,是根据国务院〔1979〕102号文件由经委、工商行政管理局和各业务主管部门实行分工、多头管理。实际上,除工商行政管理部门外,各级经委和业务主管部门由于种种原因,基本上没有真正开展合同管理工作,或者仅仅满足于对合同加盖鉴证章,至于合同是否依约履行则无暇顾及。业务主管部门由于与当事人的业务隶属关系,不能超脱于双方当事人之外,在处理合同纠纷上难免失之不公,不能取信于双方。因此,很多重大合同纠纷从地区告到省,又从省告到中央,长期拖延无法获得解决。再则,这种多头分工管理,要求经委及各业务主管部门从上到下分别设立若干套合同管理机构体系,是既无必要又难以实行的。与其分别设立若干套合同管理机构体系,不若集中人力物力建立一套统一的合同管理机构体系。

我国工商行政管理部门早在20世纪50年代就开展过合同管理工作,1979年以来又进行了合同管理的试点,已经建立了一套机构,培养了一批骨干,摸索了一套办法,积累了一些经验。只要适当扩大其编制,充实干部和其他条件,授以管理合同之全权,是完全能够承担统一管理合同这一重任的。同时,工商行政管理局还行使商标管理、市场管理、企业登记等职能,这对于更好地进行合同管理是很有利的条件。我国工商行政管理部门同时进行合同管理、商标管理、企业登记和市场管理等工作,成为独具特色的全国经济监察管理机构系统。因此,我认为完全没有必要抛开工商行政管理部门,去专门设立什么国家仲裁机构或其他名称的合同管理机关系统。授权工商行政管理部门统一行使合同管理权,应该说是既符合国情又现实可行之举。

二、制定统一的合同管理法规

目前各地为适应推行合同法律制度和开展合同管理的需要,根据国务院〔1979〕102号文件,及国家经济委员会、工商行政管理总局、中国人民银行《关于管理经济合同若干问题的联合通知》的精神,制定了诸如《关于工商、农商企业经济合同基本条款的试行规定》《经济合同管理试行办法》等各种部门性或地区性的法律规范。这些规范性文件成为各地实行合同管理的准则和法律依据,起了很大作用。但是,这些规范往往不完善,不统一,相互冲突之处颇多,不能适应进一步推行合同制和开展合同管理的需要,客观上存在一个合同法律制度的统一问题。我认为我国合同法律制度作为一个总的概念,应当包含两类不同性质的法律规范:一类是有关合同的实体法规范,其规定合同主体、内容、客体、方式、责任等,一般是规定在民法典债编;另一类是有关合同的管理法规,可单独制定成一部合同管理法,或分别制定各种条例和规程。两类法律规范的区别在于后者全属强制性规范。当前,鉴于民法典和合同法尚未制定出来,有关方面应将各地现行的合同管理法规加以汇编并进行研究审订。在此基础上提出一个合同管理法草案,由国务院发布试行,各地政府可制定各种补充规定和实施细则,逐步建立一个统一的合同管理法规体系。

三、正确处理合同管理中鉴证、监督和仲裁的关系

鉴证是合同管理首要环节,不搞合同鉴证,就谈不到合同管理,取消合同鉴证也就取消了合同管理。目前对于究竟有无必要鉴证和究竟

哪些合同应该鉴证,有不同意见,难以统一。但这种争论不应影响管理部门开展合同管理工作。鉴于在国民经济调整当中,工商、工工之间的供应合同及商农之间的农副产品收购合同对于完成国民经济计划有极重大的意义,合同管理机关应集中力量抓好这两类合同的管理。各地方政府及合同管理机关亦应有权根据具体情况调整合同管理的重点和范围。

经过鉴证之后,监督检查合同执行情况成为管理中心环节。应纠正单纯盖章鉴证不抓监督检查的倾向。实践证明,凡是对合同进行过监督检查的,履约率就比较高。重庆市在农商合同管理上摸索总结了一套可行的办法和经验,如合同鉴证时抓双方,落实种子、化肥抓供销社,产品交售时抓农方,品种上抓紧缺商品,当事人中要抓不守信用的,价格上抓牌市差价大的,季节上抓上新。各地类似的成功经验要及时总结和推广。

调解、仲裁合同纠纷是合同管理最后一环。合同制度能否推行,管理工作能否成功,管理机关能否取信于民,就看能否对违约方实施财产制裁,因此调解、仲裁十分重要。但是我们不能不看到,仲裁毕竟属于事后处理。合同既已被违反,合同义务没有履行,不但给当事人造成损失,更重要的是给国家利益造成损失,物资供应计划和农副产品收购计划不能实现,这种后果绝非向违约方追索违约金和赔偿金所能弥补的。因此,合同管理工作应立足于预防,及早发现和消除可能影响合同履行的苗头和因素,尽最大可能减少合同纠纷和防止重大损害。重庆市工商行政管理局要求以90%的精力抓监督检查,可谓切中要害。在处理管理工作中各个环节的关系上,应以抓好监督检查为中心,同时不放松鉴证和仲裁,应纠正不重视监督检查的倾向。对于那种主张放弃鉴证和监督只抓仲裁的观点,实在不敢苟同。

四、合同管理机关独立行使合同管理权

党政部门及各经济机关均应尊重合同管理机关的权限。有的地方发现存在刁难合同管理机关,干扰合同管理工作的开展,甚至阻止合同管理机关对违约方实行财产制裁的现象。更有非合同管理机关如公社，擅自鉴证合同收取鉴证费的现象。这类现象应坚决纠正，以维护国家合同管理权的行使。合同管理机关向地方政府负责，并在上级合同管理机关指导下开展工作。对于个别重大案件的处理，合同管理机关主动向当地党组织及当事人上级主管单位征求意见，属于通报情况性质，非调解、仲裁合同纠纷之法定程序。党组织和当事人上级主管部门的意见，对合同管理机关无约束力，不得影响合同管理机关独立作出裁决。合同管理机关亦应注意理直气壮地独立行使管理权，不得因其他部门有不同意见就不敢仲裁，自己把自己束缚起来。

合同自由与合同管理[*]

一、合同自由与国家适度干预

合同自由与国家干预为什么要并在一起呢？主要是因为现代市场经济有五个必要条件。第一，要有市场主体；第二，市场主体要有财产；第三，市场主体要有自由，能决定自己的财产、自己的行为；第四，要有国家的适度干预。国家的适度干预在中央文件中叫"以间接手段为主的宏观调控"；第五，要有社会保障，建立社会保障体制。没有社会保障，工人失业没饭吃，社会就要动乱。现代市场经济五个条件当中，第三个是自由，第四个是国家干预，国家干预这个概念比我们讲的行政管理更高一些，国家干预可以说包含合同管理。国家干预无非从以下几方面进行：一是通过立法干预，规定很多措施，诸如什么行为是被禁止的，什么行为应当受制裁等；二是通过司法干预，如法院在审判当中认定合同的无效，变更合同内容等；三是通过行政机关来干预，行政机关干预当然包括我们讲的合同管理。为什么要进行国家干预呢？同志们在发言和会上提交的论文中，讲了许多理由，我将同志们讲的理由概括为四条：第一是我国处在转轨时期，企业不成熟，不适应市场经济，法律各方面规定还不完善，企业当家人不把企业当作自己的。因此需要加强行政管理，从行政方面进行干预。第二是严重的国有资产流失。许多文章、发言提到很多数字、实例，这是一个严重的现象。在计划经济

---

[*] 本文系根据作者1996年8月在大连"合同法理论与实务研讨会"上的讲话录音整理，并经作者审阅，题目为编者所加。

向市场经济转轨的过程当中,这个问题非常严重。第三是存在严重的违法行为。我们所指的是利用合同这种形式进行的违法活动。最典型的是合同诈骗,利用合同骗取质保金、定金、预付款等,都是利用合同这种形式进行的违法行为,非常严重。第四是企业之间的"三角债"的存在。但我认为仅从上述四方面来讲,国家干预、合同管理就不是长远之计。如果转轨完成了,企业成为正常的市场主体,就不需要干预与管理了?如果国有企业的改组完成,现代企业制度建立,走入正常轨道,是否就不存在干预或管理的必要了呢?事实上,违法行为当然还会存在,"三角债"也还会存在。因此我认为仅从这四方面讲合同管理、国家干预的理由还不充分。我们应从市场经济的本质、市场经济本身的共性来分析,市场经济本身的规律决定了要进行国家干预,理由主要有两个:

第一,现代市场经济与18世纪、19世纪的市场经济有根本的不同。

18世纪、19世纪初市场上的当事人即市场主体基本上是平等的。当时从事生产交换的主体不过是一些小企业主、作坊主等,没有什么现代大型企业。因此一个小企业主和一个农民的经济地位差别不大。所以法律上作了一个假定,即市场主体都是平等的,叫作平等性。即使稍有差别,当农民购买小业主的产品时,小业主可能利用他的一点优势故意使农民吃点亏;反过来,当小业主向农民购买生产资料、原材料和粮食时,农民这时难道不可以利用这个条件使小业主上点当吗?因此法律上就提出另一个假定,叫互换性。在市场经济中,各个主体经常是互相交换的。今天是出卖者,明天马上就是买受者。因此上述差别可以忽略不计。平等性和互换性是建立近代民法三大原则的理论根基。在这两个判断之上就产生了19世纪民法的契约自由、过失责任、所有权的绝对化原则。到了19世纪后期、20世纪这种情况已经有了根本变化。我把它叫作平等性与互换性的丧失。平等性的丧失表现在现代市场当中的两极分化,一方是生产者,另一方是消费者;一方是企业主,另一方是雇员即工人阶级、劳动者。两极之间力量悬殊,不可能平等,这是现实。互换性也丧失了,大企业永远是生产者、出卖者,消费者永远是买方;企业永远是出卖者,企业与消费者的地位不再互换。劳动者就更不用说了。这一现实要求不能再像19世纪初那样采取自由放任的经济政策了,这时要由国家来承担一个很神圣的职责,即对市场经济中最容易遭受损害的弱者给以特殊保护。弱者中包括劳动者、消费者,当然也包括一些小企业。

第二,是对市场经济消极面的认识。

市场经济本身有一个负面。获得过诺贝尔奖的美国经济学家布坎南在《自由、市场与国家》一书中说,市场本身就存在欺诈、作伪和违法这样的倾向。因此,从市场经济本身的规律性出发,提出要由国家承担另一个神圣职责,即维护市场秩序。市场没有秩序,就会出现混乱。现在中央文件中提出了建立"竞争的、公正的、健康的"秩序。所以一方面国家要承担对劳动者、消费者等弱者的特殊保护,另一方面要维持竞争的、公正的、健康的法律秩序。如果从这两点出发看问题,即使将来市场经济走入正轨了,现代企业制度建立了,国有企业改组全部完成了,国家干预还需要存在,合同管理还要进行,这不是权宜之计。合同自由与国家干预既对立又统一,不可偏废。没有合同自由,就没有国家的适度干预。干预就是干预合同的自由,使当事人不能滥用合同自由去损害他人的利益、国家的利益。换言之,是用国家的权力来限制合同的自由。如果合同自由不要了,也就没有国家的适度干预了,而是计划经济、行政经济。因此协调二者的关系关键在于在国家干预前要加"适度"二字。这个度,即干预要有一个适当的程度,有一个限度。超过或不到这个程度都不行,这就是适度干预,这是有根据的。从市场经济的发展、法律制度的发展看,18世纪、19世纪初时西方国家采取自由放任政策,即合同自由绝对化。只要合同经当事人协商同意、签字盖章就一律有效,一律给予保护。合同是当事人的法律,法律是神圣的,法院只能执行法律。这样,合同自由到了一个极端。到了19世纪后期,资本主义市场经济出现了种种问题,经济学家凯恩斯以美国罗斯福新政为事实根据提出了国家干预经济的学说,这一经济理论被各发达国家和地区采纳。特别是20世纪50、60年代,一直到20世纪70年代中期,是主要国家和地区实行国家干预经济政策的黄金时代。这时干预程度是比较大的。但是到 20 世纪 70 年代后期,情况发生了变化。主要国家和地区认识到干预政策如果过分也会阻碍经济的发展。20 世纪 70 年代,市场经济发达国家对经济政策进行了调整,凯恩斯主义被赶下宝座,代之而起的是各种各样的学说。这反映发达国家调整经济政策、调整法律政策、调整关系到合同自由与国家干预的政策。实际上干预经济的政策并没有被放弃,只是将国家干预限制在比较适当的、合理的程度。因此从现实看,它要使对合同自由不过分限制,不让你滥用合同自由,也不束缚企业的积极性,掌握一个度。资本主义市场经济发展到现在,已逐渐摸索到这个规律,这就是合同自由与国家适度干预。我认为我们国家现在搞的既不是 19 世纪初的滥用各种自由,自由放任的政策;也不是 20 世纪 50、60 年代西方完全的凯恩斯主义的国家干预政策;当然也不是计划经济。计划经济比西方国家凯恩斯主义的国家政策干预程度还要高。我们寻求的是一种合理适当的"度",所以我把它叫作合同自由与适度的国家干预。国家的适度干预当然包括行政管理,即适度的行政管理。

二、合同管理概念

从大家的文章、发言以及日常情况,我们发现"合同管理"这四个字是在不同意义上使用的。我们这次会议讨论的是将来合同法中怎么处理这个问题;在我国法律体系、法律制度当中怎么对待合同管理这个制度,特别是工商局所从事的合同管理。因此我们不能仅仅满足于讲些道理、阐明必要性、重要性,而首先应从概念上来仔细区别一下。

第一,行政机关根据行政权限所实施的合同管理与企业内部的合同管理是两回事。企业合同管理制度是内部的,是企业来管理的,与行政权、国家机关没有直接关系。但我们可以指导、帮助它。我们法律上要解决的问题、我们现在讨论的最重要的问题,是行政机关根据行政权限来进行的合同管理,是行政管理,所以要区分开。有的同志把企业的合同管理叫企业自律,这个概念比较好。

第二,区分经济合同管理与合同管理。工商局在改革开放十多年中所进行的是经济合同管理。经济合同管理是工商局依据原来《经济合同法》进行的。《经济合同法》规定的经济合同管理机关就是各级工商行政管理机关。工商行政管理机关作为经济合同管理机关,实施的管理当然叫经济合同管理,管理范围就是《经济合同法》所规定的十余种合同。在过去我们将经济合同管理简称合同管理。过去讲合同管理就等同于经济合同管理。但是现在正起草统一的合同法,这里讲的合同管理范围就很大。在合同法起草的背景下讲合同管理与《经济合同法》上讲的合同管理就不相同。原来经济合同管理的范围很窄。因此合同管理与经济合同管理概念不一样,现在需要加以区分。

第三,从行政权限本身看行政机关对合同进行管理。如果行政机关根据其行政权限对合同进行管理,它的权限叫行政管理权。这个行政管理权包括监督、检查、命令、许可。工商局所进行的合同鉴证,派人到企业检查,依据的就是行政管理权。消协就没有这个权力。狭义的行政管理权就是监督、检查、鉴证、登记、备案等。合同管理在这个意义上使用有比较明确的指涉。此外,还有对利用合同的违法行为进行查处。查处在行政权限上属于行政处罚权或行政制裁权。这些处罚权、制裁权过去都属于法院。在现代市场经济条件下,国外某些行政机关也有行政处罚权。所以,诸如罚款等措施也来自行政机关所具有的行政处罚权。

第四,行政机关为了进行管理、处罚,需要制定一些规则,我们叫行政规章。我们所说的"38号令"就是国家工商局制定的一个规章。行政机关有行政规章的制定发布权。行政管理权、行政处罚权、行政规章制定权三者是有区别的,其范围不一样。有人把三者合在一起叫行政管理或合同管理,虽也可以,但在法律上它们有严格的区别。比如在市场上,行政处罚与行政管理不能混在一起,是分离的,制定规章就更不用说了。此外,我们对企业进行指导,帮助他们制定企业内部规章制度,这不是管理。不仅行政机关、合同管理机关可以去帮助企业,法学教授也可以帮助企业建立内部规章制度。我们可以为企业提供咨询,调查交易对方的资信情况等,这也不是行政管理,实际上是一种服务,行政机关对社会、对企业进行服务。我们姑且叫它服务行政。在行政法上讲行政就是管理行政,现在除管理行政外,行政机关还进行某些服务,就是服务行政。再如我们在会上讲的帮助国有企业看好钱袋,这在行政法上也有一种说法,叫保育行政,像保育员一样对特殊合同主体进行维护。因此要将行政管理与行政机关进行的服务加以区分。

三、工商局合同管理包括的工作

我们可以把工商局进行合同管理要做的工作概括为以下六方面:一是查处违法行为,查处利用合同进行的违法行为;二是调解,调解各种纠纷;三是制止与纠正;四是执法检查;五是鉴证、备案;六是指导自律,帮助企业完善内部管理制度。从上述合同管理概念的区分及我的思路来看,对这六方面我认为:第一,宣传、教育、指导、帮助企业建立内部管理制度等不在行政管理范围之内。第二,调解合同纠纷,如广州的同志讲到成立调解中心。我认为调解谁都可以做,可以进行民间调解。就算工商局作为行政机关来设立一个调解中心,我认为调解还是服务,是服务行政。第三,查处利用合同的违法行为,这是很重要的。此外还有两项:一是监督、检查,二是鉴证、备案、登记。这两项我认为是行政管理。合同管理最重要的是这两项。对企业进行监督、检查,重点对象是国有企业和集体企业,对它们签订、履行合同进行监督、检查。鉴证、备案、登记这些手段、这些工作是根据地方政府规定、行政规章进行的,对当前最重要的或当地最重要的某几种合同进行及时鉴证、登记、备案。这方面大连市工商局做得比较好。比如建筑工程的承包、企业的联合经营、企业的承包等,这些行为关系重大,工商局必须进行鉴证。为减少中外合资、合作企业中,国有企业低估资产入股合资合作,造成国有资产流失的现象,有的地方委托工商局监督管理其合资合作合同,使合同公平合理,资产折价不能低估,防止经办人中饱私囊。因此鉴证备案适用于少数重要合同,监督检查适用于国有企业和集体企业,这是我个人归纳的两点。根据现在工商局管理合同的经验及现实的做法，我们可以得出这样一个结论：我们现在所进行的合同管理不是对所有的合同进行管理，就主体来讲，是针对国有企业、集体企业进行监督检查，从合同的类型来说，是针对国有企业、集体企业的购销合同等一些重大合同进行监督检查，对于基本建设的承包合同、企业承包、联营、中外合资合作以及指令性计划如棉花、粮食定购等这类重要合同进行鉴证，规定强制鉴证备案。我们所说的合同管理概括起来就是这样，即不是对一切合同主体、一切合同进行管理。在现在制定的合同法中，合同有几十种，在这数十种合同中，属于现在工商局进行鉴证备案的合同种类的只是其中很小一部分。既然不是对合同法上的一切合同、一切主体都行使管理权、行使监督检查权，因此我们在这样一部统一合同法上简单写上由工商机关管理合同，就不合理、不适当。这是我个人的看法。有人提出你写上由工商局管合同，工商有能力就多管，没能力就少管，灵活掌握，岂不很好。这里从立法上讲，行政权力不同于公民权、契约权，行政机关的权限叫公权。公权本身既是权利，又是义务。即国家授予你这个权力，你必须行使，如果不行使就是违法，因为这是你的义务。工商行政管理机关管理合同，管理合同既是权力，也是义务。从职责上说，如果规定了工商局管合同，你就非管不可。你这个权力就不能随心所欲地只对某些合同行使而对其余合同不行使。因此，在统一合同法上规定由工商局管理合同，在逻辑、技术和立法上不适合。这是我个人的看法。

四、合同法立法中我的思路

在统一合同法上笼统写上由工商局管理合同这点，我不赞成，但我并不否定工商局对某些合同进行管理。我认为最重要的是范围。监督检查、鉴证备案的范围的确定，需要另找依据。此外，查处违法行为，是否可以考虑在合同法附则中设立一条，即利用合同进行违法行为由工商行政管理机关查处，构成犯罪的由司法机关追究法律责任。另外，对于监督检查，我认为在合同法中不太好规定，在合同法这样一部基本法律中写上哪几种合同由工商局来管这样的内容与其性质不太相称。而且哪些合同需要管理,哪些不需要管理,也是变化的。某些合同现在重要需要管理,也许到某一时期就不必管理了。因此我认为监督检查的范围在行政法规中规定比较合适。建议由国务院制定法规或依据地方的规定对某几种合同进行监督检查,即依据"实施条例"加以确定。

论出卖人的瑕疵担保责任[*]

一、序言

按照现代民法,因购买使用缺陷产品而遭受人身或财产损害的受害人,通常可以基于下述三项责任提起损害赔偿请求:其一,侵权行为责任;其二,一般违约责任;其三,瑕疵担保责任。此三种责任在法律效果上并无不同,均可使受害人获得损害赔偿,但在责任成立要件上却有差异。本文着重论述瑕疵担保责任。

买卖合同有效成立后,出卖人依合同负有交付标的物的义务和使买受人获得标的物所有权的义务,此外,还负有两项瑕疵担保责任,即权利瑕疵担保责任和物的瑕疵担保责任。所谓权利瑕疵担保责任,即保证买受人不至于因第三人主张权利而丧失其标的物;所谓物的瑕疵担保责任,即担保标的物应具有通常的品质或特别保证的品质。本文所论,为物的瑕疵担保责任。

大陆法系民法所谓物的瑕疵担保责任,发端于罗马法上大法官告示。按照罗马法,奴隶和家畜的买卖,标的物具有一定的瑕疵时,买主有价金减额诉权(*actio quanti minoris*)和契约解除诉权(*actio redhibitoria*)。罗马法瑕疵担保责任为近代诸国民法典所继受。基于此沿革上的理由,各国民法典将出卖人的瑕疵担保责任主要作为买卖合同的特别制度加以规定,而与一般违约责任在成立要件和效果上均

---

[*] 本文原载《比较法研究》1991 年第 3 期。由于发表年代久远,文献无法一一核实。——编者注

有差异。①

英美法上具有与大陆法瑕疵担保相同机能的制度,是 warranty(担保或保证),尤其是其中的 implied warranty(默示担保)。按照英美法,合同约款分为两类:condition(条件)和 warranty(担保)。条件乃涉及合同本质的约款,违反条件即构成违约,受害方有权解除合同并请求损害赔偿。担保则属于合同之附随约款,违反担保只发生损害赔偿义务,不得解除合同,因而与违反合同的情形有别。这一普通法特别担保制度,后来被规定于英国《1893 年货物买卖法案》中,成为制定法上的制度。美国《1906 年统一货物买卖法》又有类似规定。但美国法瑕疵担保制度与英国法的最大区别,在于承认受害方基于违反担保也有解除合同之权。而对于违反担保采取区别于一般违约责任的处置,英美两国并无不同。②

我国尚未制定民法典,现行《民法通则》未涉及瑕疵担保问题。但 1986 年的《工业产品质量责任条例》,关于出卖人的瑕疵担保责任已有原则规定。民法理论和实务均承认这一特别制度。运用比较的方法研究瑕疵担保责任制度,将有助于正确阐释我国现行法上的瑕疵担保制度,并进一步从立法上完善这一制度,充分发挥这一制度对于保护消费者和其他买受人利益的特殊功能。

二、外国法上的瑕疵担保责任

(一) 德国法

德国早在普通法时期就已对出卖人规定了严格的瑕疵担保责任,大体上为《德国民法典》所遵从。按照《德国民法典》的规定,出卖人应担保其标的物在危险责任移转于买受人时,无灭失、价值减少,或通常效用或契约预订效用的瑕疵,及具有出卖人所保证的品质。价值或效

---

① 参见〔日〕五十岚清:《瑕疵担保与比较法》,载〔日〕五十岚清:《比较民法学诸问题》,一粒社 1976 年版,第 86 页。

② 参见〔日〕五十岚清:《瑕疵担保与比较法》,载〔日〕五十岚清:《比较民法学诸问题》,一粒社 1976 年版,第 86—87 页。

用的减少程度轻微,不视为瑕疵。买卖合同成立时,买受人知有瑕疵者,出卖人不负担保责任。买受人因重大过失而不知者,如出卖人未保证其无瑕疵,则出卖人仅在故意隐瞒瑕疵时始负责任(第459、460条)。在出卖人应负瑕疵担保责任时,买受人可以请求解除契约,或请求减少其价金。标的物缺少所保证的品质及出卖人故意不告知其瑕疵者,买受人得不解除契约或减少价金,而请求不履行的损害赔偿(第462、463条)。其他情形,买受人无损害赔偿请求权,仅在解除契约时有对契约费用的赔偿请求权。尽管如此,必须注意的是,德国民法学上的缔约上过失理论有补充瑕疵担保责任的作用。尽管《德国民法典》不承认作为瑕疵担保责任的损害赔偿,但作为契约缔结上的过失,多数说认为当然应赔偿其信赖利益,其中包含履行利益。③

(二)法国法

按照《法国民法典》的规定,买卖标的物含有隐蔽的瑕疵,以致不适于其应有的用途或减少其效用,出卖人应承担瑕疵担保责任;出卖人对于明显的且买受人自己能够发现的瑕疵,不负担保责任。出卖人即使不知标的物含有隐蔽的瑕疵,仍应负担保责任(第1641—1643条)。在卖主应负瑕疵担保责任时,买受人有解除契约或价金减额请求权(第1644条)。值得特别注意的是,法典关于"恶意出卖人"(mala fide seller)和"善意出卖人"(bona fide seller)所作的不同规定。所谓"恶意出卖人"指明知标的物有瑕疵的出卖人,法典规定,除返还其收取的价金外,还应赔偿买受人的全部损害(第1645条)。不知标的物有瑕疵的"善意出卖人"则仅返还价金并赔偿因买卖契约而支出的费用(第1646条)。

20世纪以来,法国法院为了强化对缺陷产品受害人的保护,通过解释技术之运用,使法国民法瑕疵担保责任获得重大发展。④ 其表现在于判例法确立了两项原则:(1)对于职业卖主一律适用《法国民法

---

③ 参见〔日〕来栖三郎:《契约法》,有斐阁1985年版,第76页。
④ 1972年莫郎乔公司生产的一种粉剂含有害物质致40多名幼儿死亡,以此事件为契机,激进的消费者保护思想高涨。这是推动法国瑕疵担保责任制度发展的主要动力。

典》第 1645 条,使其承担恶意出卖人的责任(责任内容严格化);(2)居于连锁买卖之末端的买受人,可以超越直接契约关系,直接追究在先的出卖人或制造商的责任(直接诉权)。下面先介绍责任内容严格化。

关于责任内容之严格化,其渊源为多马(Domat)和波蒂埃(Pothier)的学说。多马首先将出卖人区别为善意出卖人和恶意出卖人,而使瑕疵担保责任异其内容,并加上一项例外规则:但出卖人负有应知标的物瑕疵的义务的场合,即使其主张不知,亦应与恶意出卖人作同样处理。究竟什么场合出卖人负有应知标的物瑕疵的义务,多马未予说明。波蒂埃发展了上述学说,主张对于职业卖主,即使对于物的瑕疵全然不知,亦应承担赔偿由此所生一切损害的责任。因为职业卖主(无论是否为所贩卖产品的制造者),"受自己熟练技术的约束",其不熟练或无知本身即为应归责的过失。这样,多马所表述的例外规则,被波蒂埃明示作为追究职业卖主瑕疵担保责任的一般规则。《法国民法典》第 1645、1646 条差不多是波蒂埃主张的条文化,但关于上述规则未有明文规定。

在 1925 年 1 月 21 日法国最高上诉法院审理的一个案件中[⑤],第二审法院认定制造商和出卖人为善意,适用《法国民法典》第 1646 条,并且解释善意出卖人的赔偿责任应包括缺陷产品所致损害。法国最高上诉法院认为第二审判决无误,驳回制造商的上告。约瑟兰德对此案的评释,认为适用《法国民法典》第 1646 条不当,违反了立法者区别善意出卖人和恶意出卖人的立法精神。他主张采波蒂埃上述规则,从事职业活动的制造者和贩卖者,不可能不知道自己所制造和贩卖商品的缺陷。其"善意"的主张不应被准许。因为"不知"本身就意味着他的重大过失,应视为恶意的出卖人,适用《法国民法典》第 1645 条。

由多马和波蒂埃发展的规则,经约瑟兰德的评释,为法院判例所采。起初仍肯定职业卖主可对其善意作反证。1971 年 4 月 27 日法国

[⑤] 案件事实为,Y 从 B 购入 A 制造的汽车,因汽车缺陷发生事故,致同乘者 X 受重伤,X 对 Y 请求损害赔偿,Y 对 B、B 对 A 提出诉讼。第一审法院承认 X 对 Y 的请求,驳回 Y 对 B、B 对 A 的请求。而第二审法院确认 A 及 B 应负责。

最高上诉法院判决更进一步,认为一切制造者负有应知其制品有害瑕疵的义务,必须赔偿此瑕疵所致损害,撤销了原判。⑥ 这样,对于职业卖主,尤其是制造者,不承认有善意的反证,使对卖主恶意的推定成为一种"不可推翻的推定"。于是法国民法中的严格责任得以确立,被称为世界上最严格的产品责任。⑦

(三)日本法

《日本民法典》与其他大陆法系民法典不同,关于瑕疵担保责任仅有一个条文,即第570条:买卖标的物隐含瑕疵时,以买受人不知其事,且因之不能达到契约目的的情形为限,买受人可以解除契约并请求损害赔偿;其他情形,买受人仅能请求损害赔偿。

在日本法上,要成立出卖人瑕疵担保责任,首先,要求买卖标的物有瑕疵。所谓标的物有瑕疵,指关于特定物买卖,存在使物的价值及对通常用途或契约预定用途之适合性的减损或消灭的缺陷;不具备出卖人所保证的性能也属之。其次,要求买卖标的物瑕疵属于"隐含瑕疵"。而关于隐含瑕疵的理解,判例学说颇不一致。按照多数判例的见解,所谓隐含瑕疵,指买受人无过失而不知的瑕疵。换言之,即买受人以交易上一般要求的注意程度所不能发现的瑕疵。最后,要求在契约缔结当时,买受人不知其瑕疵。

在瑕疵担保责任成立的场合,《日本民法典》仅规定买受人有解除契约权和损害赔偿请求权。由于标的物隐含瑕疵使契约目的不能达到时,可以解除契约。虽有隐含瑕疵,买受人如能修补,经过修补能达到契约目的,亦仅能请求损害赔偿。在因瑕疵使标的物价值减少的情形,《日本民法典》不承认买受人有价金减额请求权,这是其与各国立法最大的不同点之一。不承认减额请求权的理由有二:其一,立法者认为价金减额请求权通常用于契约部分解除,而标的物有瑕疵不属于部分解

---

⑥ 原判认为,如证明潜在瑕疵源于通常不能发现的原因,则制造者可免负瑕疵担保责任,即承认制造者对其善意的反证。

⑦ 参见〔日〕平野裕之:《制造物责任的现代意义与法解释论(一)》,载《法律论丛》第58卷第1号,第91—102页;Harry D. Tebbens, *Inlernational Product Liability*, Hague, pp. 84–85.

除;其二,民法典起草者不承认价金减额请求权,主要是认为,与数量不足的场合不同,标的物瑕疵的场合难以决定减额之比例。⑧

(四) 英美法

英国普通法适用"买者当心"的格言,作为一般原则,如果卖主无明示担保,且不构成诈欺,则卖主对于标的物瑕疵不承担责任。这与大陆法国家的法律是不同的。但作为英国普通法一般原则的例外,也在一定条件下承认卖主对标的物瑕疵负默示担保责任。英国《1893年货物买卖法案》对此作了规定。美国法乃以英国法为出发点,亦适用"买者当心"格言,以承认卖主的默示担保责任作为例外,只是其范围有扩大的倾向。现今英美货物买卖法,由于适用默示瑕疵担保,原来作为一般原则的"买者当心"格言,在英国实际上变成了例外;而在美国,这一格言已不存在,现在通行的规则是"卖者当心"⑨。

英美法默示担保责任,适用于下述两种情形:

1. 商销性担保

在货物凭说明书出售的场合,无论卖主是制造者或商人,应存在一项担保其商品具有商销性的默示条件。如果不具有商销性,卖主即应负担保责任。从英国的判例看,判断买卖标的物是否具有商销性时,应当考虑:

(1)该物被使用的用途;

(2)所支付的价格;

(3)对该类货物通常适用的说明书;

(4)该类货物共通的用途;

(5)该货物可能被使用的用途。⑩

按照《美国统一商法典》第 2-314 条的规定,货物至少应达到下

---

⑧ 参见前注,〔日〕来栖三郎书,第 32—85 页。现在看来,以上不承认价金减额请求权的理由难谓充分。

⑨ 同前注,〔日〕来栖三郎书,第 77—79 页。

⑩ See Christine A. Royce-Lewis, *Product Liability and Consumer Safety*, ICSA. Pub, 1988, p. 54.

述标准时,才具有商销性:

(1)在交易中根据合同条款交付时不致被拒收;

(2)如果是种类物,应具有合同所说的平均中等品质;

(3)适合这种货物的一般用途;

(4)在协议允许的范围内,每个单位内的货物性质、数量、质量应相同,每个单位之间的货物性质、数量、质量也应相同;

(5)按照协议的要求进行包装并附适当的标签;

(6)货物应与包装或标签上的说明或保证相符。⑪

2. 特定用途适合性担保

如果卖主在签订合同时有理由知道买主明示或默示要求该商品的特定用途,且买主信赖卖主的熟练技术和判断能力,则无论卖主是否为制造者,均存在一项卖主担保该商品适合该特定用途的默示条件。在英国法,判断商品是否适合特定用途,应考虑若干因素:

(1)买卖是在商业过程中进行的;

(2)买主已事先告知卖主购买货物的事由;

(3)当卖方为买主挑选货物时,买方完全信赖卖主的技能和判断;

(4)货物的缺陷已达到不符合其用途的程度;

(5)该货物在出售时是否具有缺陷;

(6)该货物能否很容易地被修复;

(7)该货物是新货还是旧货。⑫

美国法关于适合特定用途的默示担保,规定在《美国统一商法典》第2-315条。⑬

关于违反瑕疵担保责任的效果,英美两国略有差异。依英国法,买主一旦接受了货物,则仅有价金减额及损害赔偿请求权,他不能解除契约。而美国法除价金减额及损害赔偿请求权之外,承认买主可解除契约。至于损害赔偿的范围,两国相同,适用普通法违反契约的一般原

---

⑪ 参见徐炳:《美国的货物质量保证制度》,载《法学研究》1990年第2期。
⑫ 参见徐炳:《美国的货物质量保证制度》,载《法学研究》1990年第2期。
⑬ 参见《美国统一商法典》,潘琪译,中国对外经济贸易出版社1990年版,第32页。

则,包括履行利益及积极侵害债权所生损害。履行利益即可得利益损失;积极侵害债权所生损害,指诸如食品不洁致人中毒这一类损害。⑭

英美法上卖主的瑕疵担保责任,亦属于无过失责任,或称严格责任。⑮ 但美国对于街头小商人出售带标签罐装食品致消费者患病死亡,小商人应否承担无过失责任这一问题,虽发生过争论,判例学说见解颇不一致,但大多数判例和学者肯定小商人亦应承担无过失责任。⑯

(五) 苏俄民法

1922 年的《苏俄民法典》关于出卖人的瑕疵担保责任有详细的规定。依该法典,所出卖之财产欠缺契约所定品质,以及大量减少价值,或不适合通常或约定之用途,应由出卖人承担瑕疵担保责任。但出卖物之瑕疵于订约时为买方已知,或买方在必要注意后能发现,则出卖人不负责任。此种情形,出卖人仅于其否认该瑕疵之存在时,始负其责任。关于瑕疵担保请求权,如果契约未定较长之期限,则关于建筑物的应在 1 年内提出,关于其他财产的应在 6 个月内提出,从财产交付之日起算。瑕疵担保责任的内容,包括:①对于种类物,请求给付相当品质之物;②请求相应减少价金;③解除契约,并请求赔偿所受之一切损害。

由上可见,《苏俄民法典》瑕疵担保责任与《德国民法典》的规定类似。这显然是由于立法者着重参考了德国的立法。但我们看到,1964 年的《苏俄民法典》对原来的规定作了某些修正。例如,按照新民法典,所谓瑕疵,指所出售物品的"质量不符合要求",未列举"大量减少价值"及"不适合通常及约定之用途";关于瑕疵担保请求权,新法典增加了"修理",即由出卖人无偿地消除瑕疵或偿还买受人为弥补缺陷所花的费用;新法典分别规定了提出请求期限和诉讼期限,提出请求期限从交付之日起算,建筑物为 1 年,其他物品为 6 个月,诉讼时效期限为 6 个月,从提出请求声明之日起算,未提出请求声明时从提出请求期限

---

⑭ 参见前注,〔日〕来栖三郎书,第 79 页。

⑮ 参见前注,〔日〕五十岚清书,第 107 页;前注⑩,第 56 页;前注,〔日〕来栖三郎书,第 79 页。

⑯ 参见前注,〔日〕来栖三郎书,第 79—80 页。

届满之日起算;新法典增加了关于保险期的规定,即对于耐用品或长期保存的产品,由国家标准或技术标准或合同规定一个保险期,此保险期不得短于法律规定的提出请求期限;新法典关于供应合同即社会主义组织之间的买卖设有特别规定,当产品质量低于国家标准、技术标准或样品的要求时,买受人必须拒收产品并拒付价款。[17]

三、我国的瑕疵担保责任

(一) 学说

我国民法理论肯定出卖人负有瑕疵担保责任,即出卖人应保证标的物符合国家规定的质量标准或者合同中约定的质量标准。标的物不符合规定或约定的质量标准,即为有瑕疵,买受人用通常方法检查即可发现的瑕疵,属于表面瑕疵,需要经过技术鉴定或者在使用过程中才能发现的瑕疵,属于隐蔽瑕疵。出卖人对于表面瑕疵和隐蔽瑕疵,都应承担责任。但买受人必须在规定期限内提出请求。[18] 不过关于瑕疵担保责任,迄今未有深入的专题研究,对于瑕疵担保责任的性质、特征、要件及责任形式等,尚未形成系统的见解。[19] 民法著作中关于瑕疵担保责任的论述,实际上是受中华人民共和国成立后几次起草的民法草案的影响。

(二) 立法草案

我国在 20 世纪 50 年代、60 年代和 80 年代曾三次起草民法典,其中对于出卖人的瑕疵担保责任均有规定。这里介绍几个草案的规定,这些规定虽未正式成为法律,但在法解释学上自有其地位和意义。

1. 《买卖契约(合同)第六次草稿》(1957 年 4 月 1 日)

《买卖契约(合同)第六次草稿》是 20 世纪 50 年代起草民法典时草拟的买卖契约部分的最后一稿,其关于瑕疵担保责任的规定最为完

---

[17] 参见 1964 年《苏俄民法典》第 246—249、261—263 条。
[18] 参见佟柔主编:《中国民法》,法律出版社 1990 年版,第 337 页。
[19] 参见《法学研究》编辑部编著:《新中国民法学研究综述》,中国社会科学出版社 1990 年版,第 528—530 页。

善。按照其规定,出卖人未按约定的规格、质量交付出卖财产,应负瑕疵责任。购买人接受财产时应即时进行检验,如国家没有规定或双方没有约定保用期间,则检验之后出卖人不负瑕疵责任。但对于通常检验方法不易发现或出卖人故意隐瞒的瑕疵,购买人虽在检验后,一经发现并即时告知出卖人的,出卖人仍应承担瑕疵责任。

众所周知,我国民事立法和民法理论曾经受到《苏俄民法典》的重大影响。出卖人的瑕疵担保责任即是一例。现将上述草案关于瑕疵担保责任的规定与 1922 年《苏俄民法典》的有关规定作一比较,如下表:

	1922 年《苏俄民法典》	1957 年《买卖契约(合同)第六次草稿》
瑕疵	欠缺契约所定品质及大量减少价值,或不适合通常或约定用途	不符合约定规格、质量
责任要件	依通常方法不能发现,或出卖人故意隐饰;立即通告出卖人	依通常检验方法不易发现,或出卖人故意隐瞒;即时告知出卖人
请求期限	建筑物 1 年;其他财产 6 个月;出卖人有欺骗 3 年;允许约定延长	建筑物或出卖人有欺骗 1 年;其他财产 6 个月;允许依国家规定或合同约定予以延长
责任形式	请求交付相当品质之物;或减少价金;或解除契约,并赔偿损害	请求调换相当品质之物;或免费修理;或减少价金;或解除契约,并赔偿损害

2.《供需合同第四次草稿》(1957 年 4 月 1 日)

20 世纪 50 年代第一次起草民法时,已将供需合同与买卖合同分别规定。按照该草稿第 1 条的规定,所谓供需合同是指社会主义组织之间根据国家有关物资分配计划签订的合同。其中关于供应方的瑕疵担保责任,与上述买卖合同出卖人的瑕疵担保责任已有不同的规定。这对我国以后的立法有重大影响。《供需合同第四次草稿》关于瑕疵责任的规定如下:

第 15 条 需要方接受物资的时候,应当进行检验。对于供应物资用通常检验方法容易发现或者能够发现的瑕疵,属于同城供应的物资,应当在检验后立即提出;属于异地供应的物资,应当在物资运到 10 天内邀请非有关单位到场见证,作出物资瑕疵记录和意见书寄交供应方。对于供应物资用通常检验方法不容易发现或者不能立即发现的瑕疵,需要方在接受物资后6个月内发现了瑕疵,应当立即通知供应方。

第17条 供应物资的瑕疵应当由供应方负责的,需要方有权要求按质论价或者负责修理或者调换相当的物资,并且可以要求赔偿因物资瑕疵所造成的损失。

按照上述规定,供需合同的瑕疵担保责任有两个不同于买卖合同的特点:其一,是物资瑕疵记录和意见书制度,这是我国现行工矿产品购销合同瑕疵异议制度的雏形。其二,供需合同的瑕疵担保责任,不承认合同解除权。其理论依据在于,依国家计划签订的合同,不允许解除,这是社会主义合同法实际履行原则的要求。

3.《中华人民共和国民法(草案)(第三稿)》(1981年7月31日)

我国20世纪80年代初第三次民法起草共产生了四个草案,其中第三稿曾印发各法院和法律院系广泛征求意见,对理论和实践均有一定的影响,尤其须要说明的是,现行《经济合同法》《继承法》和《民法通则》都是在该草案相应编章的基础上制定的。可见该草案在我国民法思想发展史上,以及在对现行制度进行解释上,有重要的价值。我们注意到该草案反映商品经济的要求,对出卖人的瑕疵担保责任有较完善的规定:

第168条 出售物品应当符合国家规定的或者买卖双方约定的质量标准。对不符合标准的物品,买方可以请求卖方更换、修理或者退货;经双方协商一致,也可以适当降低价格;买方如果受到损失,可以请求赔偿。出售物品不得以次充好,掺杂使假;违反的,应当追究民事责任。

第169条 卖方减价出售有缺陷的物品,应当向买方说明物品的缺陷。卖方隐瞒物品缺陷的,买方有权请求按照本法第168条第1款的规定处理。

第170条 买方接受所购物品后发现不符合约定规格的,有权请求卖方更换或者退货。买方购买零售的日用品后,发现规格不合使用的,在物品没有使用、损坏的条件下,可以请求卖方更换或者退货。

第 171 条 买方接受物品后,发现物品原有缺陷,应当即时向卖方提出。除法律、法令另有规定或者当事人另有约定的以外,对物品缺陷提出请求权的期限为 6 个月,对建筑物的缺陷提出请求权的期限为 5 年,从接受之日起计算。[20]

此外,还对按照国家计划签订的供应合同规定了供方的瑕疵担保责任:

第 187 条 供应产品必须符合国家主管机关规定的质量标准。没有规定质量标准的,可以由双方议定标准。供应产品的质量不符合规定或者议定标准的,应当由供方负责修理、更换或者退货;经双方协商一致,也可以适当减价。

第 192 条 需方收到产品后,应当按照主管机关规定或者合同规定的标准、方法、期限进行验收。如果发现产品的规格、数量、质量不符合合同的规定,需方应当在规定时间内向供方提出书面异议。需方在规定的时间内不提出书面异议,就认为所交产品符合合同规定。供方接到需方书面异议后,没有在规定时间内提出不同意见,就认为同意需方的书面异议,并承担相应的责任。

现将《中华人民共和国民法(草案)(第三稿)》所规定的瑕疵担保责任的要点归纳如下:(1)所谓缺陷,指不符合国家规定的或者合同约定的质量标准。不符合约定规格,亦构成缺陷。减价出售有缺陷的物品,而未向买方说明缺陷,构成隐瞒缺陷。(2)责任形式,包括:①更换;②修理;③退货;④损害赔偿。另外,减少价金应以出卖人同意为前提。(3)请求权期限,物品(动产)为 6 个月,建筑物为 5 年。(4)性质上为无过失责任。(5)对于供应合同规定了质量异议制度。

(三)我国现行法上的瑕疵担保责任

我国未颁布民法典,由《民法通则》及各种民事单行法构成实质民

---

[20] 在《中华人民共和国民法(草案)(第四稿)》中,将对建筑物缺陷的请求权期限改为 2 年,见第 169 条。

法体系。由国务院发布的若干条例,其中也包含了有关民事法律规范。现行瑕疵担保责任制度,即分别规定在《工业产品质量责任条例》和《工矿产品购销合同条例》之中。

1.《工业产品质量责任条例》(1986年4月5日)

(1)概念。《工业产品质量责任条例》所称"产品质量责任",是指因产品质量不符合国家有关法规、质量标准以及合同规定的对产品适用、安全和其他特性的要求,给用户造成损失后应承担的法律责任。产品质量责任包括三种不同性质的责任:其一,民事责任;其二,行政责任;其三,刑事责任。其中的民事责任,亦即传统民法所称瑕疵担保责任,并不包括违约(债务不履行)责任及侵权责任。

(2)责任内容。《工业产品质量责任条例》第8条规定,生产企业必须保证产品质量符合国家的有关法规、质量标准以及合同规定的要求。该条例第14条规定,经销企业在进货时应对产品进行验收,明确产品的质量责任。

(3)责任形式。《工业产品质量责任条例》第11条规定,①产品的一般零部件、元器件失效,更换后即能恢复使用的,应负责按期修复;②产品的主要零部件、元器件失效,不能按期修复的,应负责更换合格品;③产品因设计、制造等原因造成主要功能不符合要求,用户可要求解除合同,退还价金;④造成经济损失的,赔偿实际经济损失。

(4)时效。《工业产品质量责任条例》第22条规定,质量责任的仲裁请求和起诉时效期间为1年,从知悉或应当知悉权益受损害(发现瑕疵)之日起算。

2.《工矿产品购销合同条例》(1984年1月23日)

前述《中华人民共和国民法(草案)(第三稿)》中已有关于质量异议制度的规定。所谓质量异议制度,是我国民法上关于出卖人瑕疵担保责任的一项特别制度。按照现行法,仅适用于工矿产品购销合同。以下概括介绍《工矿产品购销合同条例》的规定。

(1)概念。所谓"质量异议",指需方向供方发出的产品存在缺陷的通知。在传统民法中,买受人须履行通知义务,即要求买受人在发现标的物存在瑕疵时,应立即告知出卖人,并以此作为成立出卖人瑕疵担保责任的一项必要条件。鉴于购销合同(供应合同)双方当事人为生产者或经营者,法律要求需方履行瑕疵通知义务时应具备严格的形式,并赋予这种严格形式以直接的法律效力。此即质量异议制度。

(2)供方的法定担保。法律使供方"对提供的产品的质量负责",即承担法定的瑕疵担保责任。要求购销合同中必须规定供方对产品质量负责的条件和期限。

(3)担保范围。包括产品的品种、型号、规格、花色和质量。需方在验收中,如果发现产品的品种、型号、规格、花色和质量不符合合同规定,应一面妥善保管,一面向供方提出书面异议,并有权拒付货款。

(4)质量异议的形式和内容。质量异议必须以书面形式为之。其中应记载合同号、运单号、车(船)号,发货和到货日期;不符合合同规定的产品名称、型号、规格、花色、标志、牌号、批号、合格证(或质量保证书)号、数量、包装、检验方法、检验情况和检验证明;提出需方的处理意见,即需方的具体请求。

(5)异议期限。①外观瑕疵和品种、型号、规格、花色不符合合同规定,属送货或代办托运,应为货到后 10 天;属需方自提,应在提货时,允许合同约定异议期限。②内在瑕疵,应在合同约定的保证期限,或国家规定的检验试验期限内提出。③某些必须安装运转后才能发现内在瑕疵的产品,为 6 个月,从运转之日起算,允许合同约定异议期限。

(6)书面异议的效力。如果需方未在规定或约定的异议期限内提出书面异议,依法视为所交产品无瑕疵。书面异议成立,使供方承担瑕疵担保责任,即由供方包修、包换或包退,并承担因此支付的实际费用。

四、关于瑕疵担保责任制度的若干问题

(一)责任性质

探讨瑕疵担保责任制度的完善,首先应正确认识瑕疵担保责任的性质。关于瑕疵担保责任的性质,国外民法理论上有两种学说,即法定责任说与债务不履行责任说。

法定责任说为日本通说,其认为,瑕疵担保责任为特定物买卖之特有制度,在标的物具有瑕疵的场合,不可能要求出卖人给付无瑕疵之物,出卖人只负交付该有瑕疵之物的义务;出卖人一旦交付了该物,债务即已履行,不发生债务不履行问题;因此,本不应追究出卖人违约责任。但是,这种结果从买卖契约有偿性的角度来看,显然是不公平的。法律为谋求当事人双方的公平,特设瑕疵担保制度,使出卖人承担责任。依此说,瑕疵担保责任是由法律直接规定的,不同于债务不履行责任的特别责任。[21]

与瑕疵担保责任性质密切相关的,是能否对种类物买卖适用瑕疵担保责任问题。法定责任说乃以瑕疵担保责任仅能适用于特定物买卖为前提,否认对种类物买卖适用瑕疵担保责任。其理由如下:①在种类物买卖,如果出卖人给付有瑕疵之标的物,并不属于依债务之本旨履行,因此并不解除出卖人给付完全的标的物之债务。这种情形,买主可依债务不履行责任获得救济,不必另外承认瑕疵担保责任。②依瑕疵担保,判断标的物之是否具有瑕疵,是以契约缔结之时为准,如标的物具有瑕疵,则该契约成为原始的部分履行不能。而在种类物买卖,契约缔结之时标的物尚未特定,不发生原始不能问题,其给付标的物有瑕疵,属于后发障害的债务不履行问题,两者应有区别。③瑕疵担保对买主的保护手段仅限于解除契约和损害赔偿[22],不包括代物给付请求权。这是由于瑕疵担保仅适用于特定物买卖的当然结果。如果适用于种类物买卖,则不承认代物给付请求权将与种类物买卖性质不符。④瑕疵担保责任之所谓瑕疵,乃基于特定物的观念;在种类物买卖,虽偶然给付有缺陷之物,只要同种类物中还存在完全之物,即不能认为标的物有瑕疵。[23]

在罗马法时代,由于商品经济不发达,特定物买卖为商品交易之中

---

[21] 参见前注,〔日〕来栖三郎书,第86—87页;〔日〕奥田昌道等编:《民法学·契约的重要问题》,有斐阁1983年版,第92页。

[22] 日本不承认价金减额。

[23] 参见前注,〔日〕奥田昌道等书,第92—93页。

心,因而瑕疵担保责任仅包括解除契约和价金减额,不发生代物给付请求问题。德国继受罗马法时,资本主义商品经济已有相当的发展,必然以种类物买卖为商品交易的主要形式,在种类物买卖给付瑕疵标的物时,法律对买受人的保护应依瑕疵担保责任还是依债务不履行责任,理论上存在争议。争议的结果,是《德国民法典》特设第480条,明文规定对种类物买卖也应适用关于瑕疵担保责任的规定,并承认买受人有代物给付请求权。《日本民法典》虽继受德国法,但关于瑕疵担保责任之规定十分简略,尤其是对于种类物买卖能否适用并无明文规定,因而在解释上发生疑义。1918年,学者末弘博士发表论文,提出法定责任说,主张关于瑕疵担保责任的规定不适用于种类物买卖,仅能对特定物买卖适用。此后,法定责任说遂成日本之通说。[24]

　　日本战前战后均有少数学者主张应对种类物买卖适用瑕疵担保责任。其理由是:①种类物买卖在标的物特定之后,即应视同特定物买卖;即使事前未予特定,买主受领标的物后,标的物亦已成为特定物,因此应适用瑕疵担保责任的规定。②在标的物特定及受领后,依诚信原则及交易惯例,承认买主有完全履行(代物给付)请求权。③否认对种类物买卖适用瑕疵担保责任,特定物买卖和不特定物买卖,其卖主的责任无法协调。[25] 尤其值得注意的是,即使在法定责任说成为日本通说之后,法院判例也未否定对种类物买卖适用瑕疵担保责任。[26]

　　1959年学者五十岚清在《民商法杂志》上发表《瑕疵担保与比较法》一文,提出债务不履行责任说。此说一出,受到学者北川善太郎、星野英一、山下末人等的支持,并逐渐取代法定责任说的地位而成为现今日本之通说。按照债务不履行责任说,瑕疵担保责任并非法定责任,而属于债务不履行责任之特则,不问特定物买卖或不特定物买卖,均应适用瑕疵担保责任。该说受比较法及德国最近瑕疵担保责任理论的影响,试图重构瑕疵担保责任理论。依该说,不问买卖标的物属于特定物

---

[24] 参见前注,〔日〕奥田昌道等书,第91页。
[25] 参见前注,〔日〕奥田昌道等书,第93页。
[26] 参见前注,〔日〕奥田昌道等书,第95页。

还是不特定物、代替物还是不代替物，出卖人均负有给付与价金相当的标的物义务；如所给付的标的物有瑕疵，不分标的物种类，出卖人均负有债务不履行责任和瑕疵担保责任。瑕疵担保责任是债务不履行责任的一种，是关于买卖的特则。因此，在两者发生抵触的场合，则应适用瑕疵担保责任。[27] 于是，学者称债务不履行责任说为新说，而法定责任说则被称为旧说。新说的重要意义在于，它为法院判例除特定物买卖之外对种类物买卖也一直适用瑕疵担保责任的实践提供了理论依据，并适应了瑕疵担保责任制度的最近发展趋势。

按照新说，瑕疵担保责任为债务不履行责任之特则，其与一般债务不履行责任仍有下述差异：①一般债务不履行责任属于过错责任，须以故意、过失为责任成立要件，而瑕疵担保责任性质上为无过错责任，不以出卖人有故意、过失为要件。瑕疵担保之采无过错责任，其理论上的根据在于维护商品交换的等价原则，借以特别保护交易的公平。[28] ②瑕疵担保责任以买受人履行通知义务为要件，如买受人未依法向出卖人发出瑕疵通知，则不能依瑕疵担保责任提出请求。[29] ③大陆法系各国民法均规定瑕疵担保责任应适用短期时效，而一般债务不履行责任适用普通时效。除沿革上的理由之外，瑕疵担保适用短期时效，是为了尽快解决争议，加快经济流转。[30]

法定责任说与债务不履行责任说的分歧，归根结底，在于如何对待种类物买卖的瑕疵给付问题。在现代商品经济条件下，商品交易的绝大多数为种类物买卖。如采法定责任说，必将使占绝大多数的种类物买卖不适用瑕疵担保责任，使广大消费者和其他买受人不能享受无过错责任利益；而采债务不履行责任说，无论特定物买卖或种类物买卖，一律适用瑕疵担保责任，有利于保护消费者和其他买受人的利益，有利

---

[27] 参见前注，〔日〕五十岚清书，第122—123页；前注，〔日〕奥田昌道等书，第97页。
[28] 参见王泽鉴：《商品制造人责任与消费者之保护》，正中书局1979年版，第14页；前注，〔日〕来栖三郎书，第76、79页。
[29] 参见前注，〔日〕五十岚清书，第116页。
[30] 参见前注，〔日〕五十岚清书，第19页。英美法并无适用短期时效的规定。

于尽快解决争议,加快经济流转,并有利于促使制造商提高产品质量。因此,我主张借用债务不履行责任说,作为我国瑕疵担保责任的理论基础。应当说明,债务不履行责任说也完全符合我国现行制度,按照《工业产品质量责任条例》,不分特定物或种类物,凡不符合国家规定或合同约定的质量要求,生产企业或经销企业均应承担瑕疵担保责任。

(二) 适用范围

1. 瑕疵概念

关于瑕疵概念,有客观说与主观说。按照客观说,所交付之标的物不符合该种物所应具备的通常性质及客观上应有之特征时,即具有瑕疵。按照主观说,所交付之标的物不符合当事人约定的品质,致灭失减少其价值或效用时,即具有瑕疵。罗马法及英美普通法原本采客观说,将瑕疵理解为关于标的物的性质和实体的东西,一切对买主有价值的性质之欠缺。近代诸法典中,《奥地利民法典》采客观说,依其第932条的规定,仅不能除去的、妨碍标的物通常效用之瑕疵,准许解除契约。但《法国民法典》已不限于客观标准,加入了主观的标准,其第1641条规定,因买卖标的物含有隐蔽的瑕疵,致丧失其通常效用或减少通常效用,如达买受人知其情形即不愿买受或必须减少价金始愿买受的程度时,出卖人应负担保责任。关于《德国民法典》第459条[31],原来的判例拘于客观说,采比较狭义的理解,将瑕疵解释为物理的性质及有害一般使用目的。但现今判例采主观立场,只需影响双方当事人预定的使用,即构成瑕疵。在意大利,关于瑕疵概念曾有过激烈争论,法院判例基于传统立场,坚持只对客观瑕疵成立担保责任,此外均应解为债务不履行。新《意大利民法典》虽然采纳判例的立场,但同时却又规定对于主观瑕疵的情形,也适用通知义务和短期时效(第1497条)。[32] 英美法无一般瑕疵概念,除一般的使用目的之外,当事人约定的特殊使用目的,也成为判断标准(《美国统一商法典》第2-314条、第2-315条)。

---

[31] 《德国民法典》第459条规定,物的出卖人对于买受人应担保物在危险责任移转于买受人时无灭失或减少其价值、通常使用的或契约预定的使用价值的瑕疵……

[32] 参见前注,[日]五十岚清书,第88页。

由上可知,瑕疵概念本来仅指客观的东西,现时扩及于主观的东西。学说由客观主义转向主观主义立场。我国现行法的规定,所谓瑕疵是指不符合法律规定的或当事人约定的质量要求,属于主观主义,与现今各国法律发展趋势相符。

2. 对种类物买卖的适用

在罗马法上,瑕疵担保责任的适用仅限于特定物买卖,但近代各国法典均已规定对于种类物买卖也当然适用。现今发展趋势是,瑕疵担保责任的适用,原则上不区分特定物与不特定物。㉝ 前已谈及,依我国现行法,特定物买卖与种类物买卖,均适用瑕疵担保责任。

3. 数量超过与不足

给付数量超过与不足的场合,各国学说一般解为债务不履行,但在实际处理上难以与瑕疵担保相区别,因而也不得不承认成立性质上的瑕疵。尤其是《德国商法典》明定数量超过与不足的情形,买方应负通知义务。在此基础上,法院判例更进一步确立适用短期时效。关于给付数量超过与不足,英美货物买卖法设有违反给付义务的特则,而不属于瑕疵担保问题。例如英国《1893年货物买卖法》第30条规定:(1)卖方支付的数量,如少于契约所定数量时,买方可以拒收,但如买方接受所交货物,则须按契约所定价格支付货款;卖方交付的数量,如多于契约所定数量,买方可以接受契约所订数量而拒绝其余部分,亦可拒收全部货物。如买方接受全部货物,则须按契约所订价格支付货款。㉞

按照我国《工矿产品购销合同条例》第10条的规定,供方交付产品多于合同规定数量时,需方可以接收,也可以拒收多交的部分,但未规定是否可以拒收全部;在交付产品少于合同规定的数量时,唯使供方负担补交的义务,或负担逾期交货或不履行的违约责任,未规定需方能否拒收。由此看来,我国法律对数量超过与不足不作为瑕疵担保问题处理,颇与英美法相似。建议参考英美法制度,在修改《经济合同法》

㉝ 参见前注,〔日〕五十岚清书,第91页。
㉞ 参见张锦源:《英文贸易契约实务》,三民书局1977年版,第187—188页。

和《工矿产品购销合同条例》时,明文规定供方交货多于或少于合同约定数量时,需方有拒收全部货物之权,以妥善保护需方利益。此外,在依合同约定,标的物之数量实际上已构成质量内容之一部时,或出卖人关于数量有保证时,应适用瑕疵担保责任。

4. 给付不同种类之物

依通说,在种类物买卖的场合,所给付之物与合同约定种类不同,乃非依债务之本旨为给付,应认为不构成给付,出卖人因此应负债务不履行责任,而不属于瑕疵担保问题。㉟ 唯在具体适用上,究竟属于债务不履行还是瑕疵担保,难以区别。依英国《1893年货物买卖法》第30条的规定,卖方所交付的货物中,如混有与契约规定不符的货物,买方可以接受与契约相符的货物而拒绝其余,亦可拒收全部货物。㊱《德国商法典》关于异种物的给付也课以通知义务(第378条),法院判例则进一步准用短期时效的规定。但该法又规定,所给付商品与约定明显不同,就卖主来说,存在着卖主对此当然不会承认的情形,买主无通知义务。法国商事判例有对异种物给付承认瑕疵担保的倾向。㊲ 按照《联合国国际货物销售合同公约》第39条的规定,买方对于货物不符合同,必须在发现或理应发现不符情形后一段合理时间内通知卖方,否则将丧失声称货物不符合同的权利。显然,该公约对异种物给付适用瑕疵担保责任。

我国现行法关于给付不同种类之物的规定,与上述发展趋势相一致。《工矿产品购销合同条例》第14条规定,需方在验收中,如果发现产品的品种、型号、规格、花色不符合同规定,应一面妥为保管,一面向供方提出书面异议;在托收承付期内,需方有权拒付不符合同规定部分的货款。依此规定,给付不同种类之物虽不构成质量瑕疵,但法律采取与质量瑕疵同样的处理方式,即适用瑕疵担保责任的规定。在这个问

㉟ 参见前注,〔日〕五十岚清书,第93页;史尚宽:《债法总论》,荣泰印书馆1954年版,第24页。

㊱ 参见前注,张锦源书,第188页。

㊲ 参见前注,〔日〕五十岚清书,第94页。

题上,我国现行法采取了最彻底的立场。

5. 出卖人的保证

古代罗马法,保证与瑕疵担保是相互独立的两项不同制度。违反保证,构成履行义务之违反,应由出卖人承担债务不履行责任。现代大陆法系各国的共同趋势是,将保证纳入瑕疵担保责任的适用范围,区别保证与瑕疵担保的理由已经消失。尤其是《奥地利民法典》(第922、923条)、《德国民法典》(第459、463、482条)、《瑞士债务法》(第197条)及《斯堪的纳维亚买卖法》(第42条),对违反保证,全面适用瑕疵担保责任。如《德国民法典》明示欠缺出卖人所保证的品质,属于物的瑕疵。《斯堪的纳维亚买卖法》也将违反保证纳入瑕疵概念之中。按照这些国家的判例,保证的对象应具有所保证的品质,此所谓品质已超出物理性质,包括物的经济效用。法国法仍拘守传统见解,不承认保证属于瑕疵担保。依《法国民法典》,违反保证,原则上仅发生债务不履行责任。只在同时具有隐蔽瑕疵时,才能适用瑕疵担保责任。比较而言,《意大利民法典》要灵活一些,虽仍以违反保证作为债务不履行责任,但又规定应适用瑕疵担保的短期时效(第1497条)。日本法院判例不遵循法国法而依德国法,承认违反保证应适用瑕疵担保责任。㊳

我国现行法关于出卖人的品质保证未有规定。建议在将来制定民法典或近期修改《工矿产品购销合同条例》时,明文规定:标的物欠缺出卖人所保证的品质,应由出卖人承担瑕疵担保责任。下述情形,应解释为出卖人有关于品质之保证:

(1)样品买卖。在样品买卖的场合,各国法律均认定出卖人保证全部货物将与样品相符。如《德国民法典》第494条规定,货样买卖或样品买卖中认定出卖人担保标的物具有货样或样品的品质。《美国统一商法典》第2-313条规定,任何样品或模型,如果是达成交易的基础原因之一,卖方即明示担保全部货物都将符合此样品或模型。英国《1893年货物买卖法》第15条规定,样品买卖的情形,存在一项货物品

㊳ 参见前注,〔日〕五十岚清书,第94—97页。

质将与样品相符的默示条件。毫无疑问,我国法律应采同样立场,在样品买卖的情形,如所交付标的物与样品不符,应使出卖人承担瑕疵担保责任。

(2)关于最低品质保证。在合同书中约定,或产品说明书或产品包装上载明某种有效成分最低含量或某种杂质、有害成分最高含量的场合,即存在一项出卖人关于最低品质的保证。凡所交货物与保证不符,即应使出卖人负瑕疵担保责任。此外,关于产地的保证,亦应理解为一种质量保证。

(3)商品广告。出卖人在商品广告中宣扬其产品尽善尽美,夸大其优点和效能,一般不能据此解释为存在关于品质的保证。但如广告之内容具体明确,如声明其有效成分最低含量为百分之几,或保证其产品具有何种特殊功效,若无此功效愿承担责任(如无效退款)等,则依其情形应认为出卖人有对品质的保证。违反此种保证,应负瑕疵担保责任。

(4)"三包"约款。我国关于工业品质量有所谓"三包"制度,即经销企业售出的产品在保证期限内发现质量不符合国家的有关法规、质量标准以及合同规定的对产品适用、安全和其他特性的要求时,应由经销企业负责对用户实行包修、包换、包退、承担赔偿损失的责任。凡合同中载明或在产品说明书、产品包装上载明"实行三包",即应认为存在一项出卖人对产品质量的概括保证;违反此项保证,出卖人应承担瑕疵担保责任。

(5)"优质产品"标志。我国有评选优质产品制度,经国家有关机构评选的优质产品被授予优质产品证书和奖牌。凡在合同、产品说明书、产品包装上标有"优质产品"标志者,即可获得消费者信赖,因此存在一项关于产品符合该种优质产品全部条件的质量保证。如产品质量与所标示优质产品质量不符,出卖人应承担瑕疵担保责任。

(三)通知义务与短期时效

瑕疵担保责任作为债务不履行责任的特则,其区别于一般债务不履行责任的特征在于:无过错责任、通知义务和短期时效。设无过错责任的用意,是着重于保护买受人的利益,而设通知义务及短期时效,则在于保护出卖人的利益。与一般债务不履行相比,在瑕疵担保的场合,保护出卖人利益的主要理由在于出卖人毕竟履行了自己的义务,且多数情形属于善意。其后买主基于瑕疵担保的理由请求解除契约及损害赔偿,可能使出卖人遭受损失。因此,法律要求买受人必须直接向出卖人发出瑕疵通知,其瑕疵担保请求权应受短期时效期间的限制。㊴

1. 关于通知义务

各主要国家及地区立法关于通知义务的规定有所不同。一般说来,采民商分立主义的立法,区分商人间的买卖与非商人间的买卖,仅对商人间买卖亦即商事买卖规定通知义务。㊵ 如《德国商法典》第373条、《日本商法典》第526条。对于非商人间买卖,不适用通知义务的规定。德国曾有判例,对于非商人间买卖类推适用商法关于通知义务的规定,但上诉审判决作出否定适用商法的结论。㊶ 采民商合一主义的立法,则对商人间买卖与非商人间买卖不加区分,同样对买受人课以通知义务。如《瑞士债务法》第201条及《斯堪的纳维亚买卖法》第52条。法国虽采民商分立主义,但《法国民法典》《法国商法典》均未规定通知义务。学者认为《法国民法典》第1648条规定的短期诉讼期限,除起到本来的短期时效的功能外,还起到了通知义务的功能。而此项规定的适用并不限于商人间买卖。㊷ 在英美法上,通知义务并非一项独立制度,但其所起的作用与大陆法无异。如《美国统一商法典》第2-602条规定,拒收货物必须在交付或提示交付货物后的合理时间内作出;如果买方未能及时通知卖方,拒收无效。必须说明的是,英美法上通知义务的适用,并不区分商人与非商人,且其适用范围比大陆法广泛,凡有关交付的一切违反契约情形,包括迟延交付、不同场所交付等,均课以通知义务。㊸ 此外,《联合国国际货物销售合同公约》亦规定买

㊴ 参见前注,〔日〕五十岚清书,第115页。
㊵ 参见前注,史尚宽书,第30页。
㊶ 参见前注,〔日〕五十岚清书,第117页。
㊷ 参见前注,〔日〕五十岚清书,第117—118页。
㊸ 参见前注,〔日〕五十岚清书,第118页。

受人应在一段合理期间内履行通知义务(第39条)。

怠于履行此通知义务的后果,各主要国家及地区稍有差异。依《德国商法典》第377条第2款的规定,买主怠于履行通知义务,即视为承认,其结果是丧失基于瑕疵担保责任的一切请求权(包括解除契约、价金减额、损害赔偿及代物给付请求权),而依判例,瑕疵担保以外因违反契约而生的请求权也一并丧失。[44] 按照日本判例,买方怠于履行通知义务,将丧失解除契约、价金减额及损害赔偿请求权,而代物给付请求权仍将存在,但学者主张代物给付请求权应一并丧失。[45] 我国台湾地区"民法"第356条规定,买主怠于为通知者,视为承认其所受领之物。

我国现行法上关于工矿产品购销合同的质量异议制度,亦即国外瑕疵通知制度。关于我国质量异议制度,下述几点有必要说明:

(1)我国虽采民商合一主义,但向来有经济合同与非经济合同的区分。所谓经济合同,在现今相当于西方所谓商事合同。依现行法,质量异议制度唯适用于经济合同中的买卖(购销),而不适用于非经济合同中的买卖。在这一点上,我国民法与德国法和日本法相同,而区别于瑞士法、斯堪的纳维亚民法、法国法及英美法。我认为,应继续坚持上述立场,因为要求对非经济合同也规定质量异议制度,将不利于保护消费者利益。

(2)依《工矿产品购销合同条例》的规定,需方怠于发出质量异议,将视为所交货物无瑕疵。不言而喻,需方将因此丧失基于瑕疵担保的请求权。若出卖人对于瑕疵之产生具有过错,需方在丧失基于瑕疵担保的请求权之外,是否还可以基于违反合同(债务不履行)请求损害赔偿?我主张借鉴德国判例及日本学者的见解,凡怠于提出书面质量异议,其以产品质量不符(存在瑕疵)为理由的一切请求权,包括瑕疵担保请求权及其他债务不履行请求权,应一并丧失。

(3)我国质量异议制度要求严格的书面形式,比其他国家和地区

---

[44] 参见前注,〔日〕五十岚清书,第1117页。

[45] 参见前注,〔日〕五十岚清书,第119、121页。

关于通知义务的规定更为严格。这有利于保护出卖人利益及尽快解决争议,实践证明是成功的经验。

2. 关于短期时效

瑕疵担保请求权的短期时效制度,渊源于罗马法。在现代社会中,出于迅速解决争议,加快经济流转的要求,大陆法系主要国家及地区广泛采用这一制度。而英美法无短期时效的规定,关于担保的请求权,适用一般契约的时效时间。这一期间在英国为 6 年,美国则因州而异,为 1 年至 6 年不等。《美国统一商法典》规定违反买卖契约之诉的时效期间为 4 年。

大陆法系国家关于瑕疵担保的短期时效,一般是 6 个月至 1 年。《德国民法典》及西班牙民法、拉丁美洲各国民法,动产为 6 个月,不动产为 1 年,而依《日本民法典》《瑞士债务法》及《意大利民法典》,不区分动产与不动产,短期时效均为 1 年。唯《法国民法典》未设固定期间,而依瑕疵种类及契约缔结地习惯决定,具体由法官裁量。关于短期时效的适用范围,一般仅适用于标的物瑕疵。但《意大利民法典》第 1497 条第 2 款特别规定,违反保证的情形,也应适用短期时效;德国判例承认在给付数量超过和不足、以异种物为给付的场合,亦应适用短期时效。基于瑕疵担保的解除契约请求权和价金减额请求权应适用短期时效,对此并无异议。基于瑕疵担保的损害赔偿请求权原则上应予适用,而奥地利判例坚持不应适用,是为例外。而依《德国民法典》和《瑞士债务法》,代物给付请求权亦应适用。㊻ 关于时效期间的计算,德国、瑞士、意大利、美国等国均规定从标的物交付之时起算,此为通例。但《日本民法典》却规定从买受人知悉事实之日起算(第 566 条)。

我国现行法也对瑕疵担保责任设有短期时效制度。按照《民法通则》第 136 条的规定,出售质量不合格的商品未声明的,诉讼时效期间为 1 年。《工业产品质量责任条例》第 22 条的规定与此相同。瑕疵担保的短期时效是否应对一切原因及所有请求权适用,法律规定不明确,

---

㊻ 参见前注,〔日〕五十岚清书,第 119—120 页。

学说、判例亦未论及,我认为应对发生瑕疵担保责任的一切原因(包括违反保证、给付不同种类之物)及基于瑕疵担保责任的所有请求权(包括解除合同、价金减额、代物给付和损害赔偿),均适用短期时效。按照现行制度,瑕疵担保的短期时效期间从买受人发现瑕疵之日起算,与日本法相同。因我国对于商事买卖有质量异议制度,另有质量异议期间(性质上为除斥期间)的限制,实际上诉讼时效应解为从提出书面异议之日起算。而对于非经济合同,不适用质量异议制度,依现行规定,买受人无论经过多少年月之后,一旦发现瑕疵,均可在从发现之日起的1年内提出诉讼,实际上不能达到规定短期时效的目的。因此,建议修订《民法通则》及《工业产品质量责任条例》时,改采多数国家立法的立场,即修改为:瑕疵担保责任的短期时效期间,应从标的物交付之日起算。

(四)关于直接诉权

在现代商品经济条件下,绝大多数情形中,商品制造者并不与消费者直接交易,而是在商品制造者与作为消费者的最终买主和最终使用人之间,介入了许多中间人即各种批发商和零售商。居于商品流通最末端的消费者因商品瑕疵遭受损害时,应向谁行使瑕疵担保请求权?他能否直接向商品制造者行使该项请求权?各主要国家及地区法律对此有两种不同的处理办法。根据大多数国家法律,遭受损害的最终买主只能向自己的直接卖主提出请求,该直接卖主承担了瑕疵担保责任之后,又可以向他的直接卖主提出请求,这样一层一层追究下去,最后到达买卖的起点,由最初卖主即商品制造者承担瑕疵担保责任。这是传统的处理办法。其理论根据为契约的相对效力原则。[47] 法国法院为适应现代销售条件下强化对消费者保护的要求,创立了"直接诉权"制度。依直接诉权,遭受损害的最终买主,可以不对自己的直接卖主,而对一切在先的卖主行使瑕疵担保请求权。换言之,他享有一种选择权,可以在自己的直接卖主、中间卖主及制造商之间,任意选择其一,依《法国民法典》第1645条追究瑕疵担保责任。这种处理办法的根据在

---

[47] 这一原则在英美法上称为"合同相对性理论"(Privity of Contract)。

于,虽然制造者与最终买主之间不存在直接的契约关系,但两者之间存在一种连锁买卖关系。一切在先的卖主,均应作为同一标的物的出卖人对最终买主承担契约上的责任。当今采用直接诉权制度的,还只有法国和比利时,但这一制度符合当代法律强化对消费者保护的发展趋势,对于我国瑕疵担保制度的完善不能说没有借鉴意义,因此着重介绍如下。

1. 关于直接诉权的理论构成

对于直接诉权,学者提出三种学说。其一,作为出卖物的附属物移转说。依此说,瑕疵担保诉权,属于出卖物的附属物,将随买卖的链条层层移转,而到达其最终买主。其立法上根据为《法国民法典》第1615条:交付标的物的义务,包括其附件及一切为其连续使用所需之物。其二,推定为他人约定说。依此说,买主所取得的是对于制造者即起源卖主的担保诉权,推定为为以后一切买主的利益而约定。其法条根据为《法国民法典》第1122条:订立契约的人应认为为自己并为其继承人或权利继受人而订立契约;但契约有相反的记载,或契约的性质显示相反的意义者,不在此限。其三,推定债权让渡说。此说是在批判前两说的基础上所提出,认为瑕疵担保诉权的让渡,应从连锁买卖的合意的性质本身来看,推定为契约当事人在契约上所要求的东西。其根据是《法国民法典》第1135条,契约不仅依其明示发生义务,并按照契约的性质,发生公平原则、习惯或法律所赋予的义务。[48]

上述后两说,实质上都是拟制当事人的意思表示,缺点在于无法解释处于连锁买卖中间环节的当事人已明示排除瑕疵担保的情形,其最终买主何以仍能对初始的卖主行使瑕疵担保诉权。比较起来,第一说的优点是,它不用拟制当事人意思表示,回避了对当事人意思的探求,使瑕疵担保诉权与出卖物同一化,必然地、完全地向最终买主转移,其任何中间卖主均不能抗拒这种转移。因此,采第一说为理由的判例较多。[49]

---

[48] 参见〔日〕平野裕之,注⑦所引书,第120—127页。
[49] 参见〔日〕平野裕之,注⑦所引书,第122页。

2.《法国民法典》新增第 1646 – 1 条

以上三说均未能对直接诉权提供有充分说服力的理论构成,于是不得已求助于立法解决。根据 1978 年 1 月 4 日的第 78 – 12 号法律,《法国民法典》新增第 1646 – 1 条:待建房屋的出卖人,自工程验收之日起,应负与建筑师、承包人及其他因工程租借合同与工程主人有关之人根据本法典第 1792、1792 – 1、1792 – 2、1792 – 3 条规定应负的义务。继承此房屋所有权的人,亦享受此项担保。

上述条文关于不动产承揽建筑契约,明文规定了直接诉权,凡将来通过购买或其他方式取得房屋所有权的人,均享有瑕疵担保诉权。这一条文为直接诉权提供了立法上的根据,最终解决了关于直接诉权理论构成的争论。现在看来,法国法上的瑕疵担保直接诉权,是与买卖客体本身结合在一起的东西,是从契约取得的固有权利,归属于作为标的物保有者的买受人。[50]

3. 直接诉权的适用范围

罗马法上的瑕疵担保诉权有:(1)解除诉权;(2)减额诉权。法国民法上对于恶意出卖人,另外承认损害赔偿诉权。

损害赔偿诉权的行使态样有两种:其一,不解除契约,仅行使损害赔偿诉权;其二,解除契约,同时行使损害赔偿诉权。在第一种行使态样,即不解除契约,仅运用直接诉权行使损害赔偿诉权,不发生问题。发生问题的是第二种,即最终买主运用直接诉权,对作为起源卖主的制造者不仅请求损害赔偿,也请求解除契约。

最初面对这个问题的是 1973 年 2 月 27 日法国最高上诉法院判决。该判决否定了运用直接诉权解除契约。该案涉及机械制品买卖,买卖关系为:$Y^1 \longrightarrow Y^2 \longrightarrow X$,X 基于瑕疵担保责任,对 Y^1 和 Y^2 请求解除契约、返还价金及损害赔偿。原审法院承认原告请求,Y^1 上诉。法国最高上诉法院判决,最终买主 X,不能对作为起源卖主的 Y^1 行使直接诉权解除契约;撤销了原判,但未说明理由。

---

[50] 参见〔日〕平野裕之,注⑦所引书,第 129 页。

学者对这一判决态度不一。萨瓦第埃(Savatier)表示赞成。他认为请求解除契约不同于请求损害赔偿,接受最终买主付款的是其直接卖主,而起源卖主并未接受他的价金,因此不应使其负返还义务。但学者科尔努(Cornu)表示反对。他主张对于解除契约亦适用直接诉权,在起源卖主返还自己(从中间买主)收受的价金后,这一金额与最终买主所支付价金之差额,则应由最终买主另外向自己的直接卖主请求返还。而另一学者则主张,这一差额应作为损害赔偿一并向起源卖主请求。

由于受到学者的批判,法国最高上诉法院在1982年5月17日的判决中改变了裁判见解,明确肯定对于解除契约也适用直接诉权,但作为起源卖主的制造者,仅以自己所收取的价金为限返还。[51]

现在让我们回到我国瑕疵担保制度上来。《工业产品质量责任条例》第11条规定,在产品保证期限内发现质量不符合要求时,由产品生产企业对用户和经销企业承担质量责任。该条例第15条规定,经销企业售出的产品在保证期限内发现质量不符合要求时,应由经销企业负责对用户实行包修、包换、包退、承担赔偿实际经济损失的责任。依此规定,我国现行瑕疵担保制度不承认直接诉权,最终买主(用户)只能向自己的直接卖主(经销企业)追究瑕疵担保责任。他不能直接向制造者(生产企业)提出请求。当然,其直接卖主承担责任之后,还可以向他的直接卖主行使请求权,一直追及于制造者。

毫无疑问,我国现行制度与多数国家相同,而不同于法国法。在我国当前的合同实践中,已经可以清楚地看到这种传统的处理办法有下述严重缺点,不适应现实商品经济条件下保护消费者利益的要求:

其一,不能对作为最终买主的广大消费者提供充分的法律保护。在我国现实生活中,作为直接卖主的经销者,在绝大多数情形下资力十分有限,难免使受害人的损失不能得到赔偿。例如近几年多次发生的假劣农药、假劣化肥造成农田大面积受害的事件,受害农民人数众多,

---

[51] 参见[日]平野裕之,注⑦所引书,第130—132页。

造成损失金额巨大,而直接卖主多是县、乡供销合作社及小型商店,无法承担全部损害赔偿责任。

其二,导致显失公平的结果。作为直接卖主的经销者,如供销社、小商店、个体业者,它们不具备产品检验的设备、技术和经验,在大多数情形不能发现产品瑕疵,因而不能向在先的大型经销企业和制造者提出质量异议和行使瑕疵担保请求权。一旦它们对最终买主承担了瑕疵担保责任,按理它们可以向自己的直接卖主追究责任,但这时往往早已超过质量异议期限,属于它们的瑕疵担保诉权早已丧失。结果是无辜的零售业者承担了责任,而制造者(它们多数情形是有过错的,如制售假劣农药、化肥)却逃脱了责任。

其三,法律政策上不协调。基于强化对消费者法律保护的法律政策,我国《民法通则》已对缺陷产品致损的侵权行为规定了无过错责任,并规定受害的买受人享有直接诉权。他可以直接向产品制造者追究责任。但是,如因产品瑕疵致减少价值和效用,或造成人身和家庭财产之外的财产损失,例如彩电无图像,冰箱不制冷,假劣农药、化肥致农田绝收,受害人却不能直接向制造者行使瑕疵担保诉权获得赔偿。这从法律政策上看显然不相协调。

其四,不符合诉讼经济原则,不利于产品质量提高。依现行制度,即使能够做到一环追一环,一直追及制造者,也必将徒增讼累,违背诉讼经济原则。而在实际上往往难以实现,使有责的制造者逃脱了责任,这不能不说是法律的漏洞。长此下去,必然使一些生产厂家常存侥幸之心,如何能够促使其加强责任心,尽一切努力提高产品质量?

基于上述理由,我主张在修改现行法或制定产品质量责任法时,改变立场,采取法国的经验,对瑕疵担保责任规定直接诉权制度。

采纳直接瑕疵担保诉权制度,完全符合我国现实的要求。近年来我国合同实践对于假劣农药、化肥一类案件,大致有两种解决办法:第一种是诉讼外解决方式,即由地方政府或行政机关出面干预,使生产企业直接对受害人承担赔偿责任;第二种是通过程序法解决方式,即通过对民事诉讼法关于"第三人"概念的解释,法院依职权将生产企业列为

"第三人"参加诉讼,并直接判决生产企业单独承担或连带承担赔偿责任。两种方式均达到了绕过现行瑕疵担保制度使制造者承担责任的目的,保护了受害人的利益。但其副作用也是显而易见的,即无论哪一种方式均严重损害了法律的严肃性和权威,不符合法治的要求,且第二种方式混淆程序法与实体法,于法理难通。毫无疑问,改变现行制度,规定直接诉权,是更正确、更明智的选择。

五、结语

当前,我国市场商品质量问题较多,特别是假酒、假农药、假种子、伪劣化肥、劣质电器等商品不断冲击市场,愈演愈烈;因质量问题引起的恶性事故屡有发生,给国家建设和人民生命财产造成了很大的损失;广大用户和消费者对市场商品质量存在的问题极为不满,反应强烈;伪劣商品造成的严重危害已构成社会不安定因素。[52] 从我国改革开放和发展社会主义商品经济的实际出发,认真研究总结合同实践和审判实践的经验教训,广泛借鉴各主要国家及地区立法的成功经验和理论研究新成果,尽快完善我国民法瑕疵担保责任制度,充分发挥这一制度关于保护消费者利益和促使生产企业提高产品质量的社会功能,无疑具有特别重要的意义。

本文未能涉及出卖人瑕疵担保责任的全部内容,还有一些问题,诸如瑕疵担保责任形式及各项请求权的成立要件,损害赔偿的范围及原则,合同免责约款的效力,瑕疵担保责任与不完全给付的债务不履行责任的关系等,均有理论意义和实践价值,当另行著文研究。本文如有不当,请读者指正。

---

[52] 参见国家技术监督局:《关于严厉惩处经销伪劣商品责任者的意见》(1989 年 6 月 27 日国务院办公厅转发),载王怀安等主编:《中华人民共和国法律全书》(增补本),吉林人民出版社 1990 年版,第 104—105 页。

融资性租赁法律问题研究*

一、导言

1952年5月,美国人H.杰恩费尔德创立世界上第一家融资租赁公司——美国租赁公司,成为融资性租赁业诞生的标志。不久,企业家们开始认识到融资性租赁这种崭新交易方式的优点,纷纷步杰恩费尔德的后尘。尤其是1955年后,融资性租赁业在美国获得迅速发展。从20世纪50年代末起,美国租赁公司开始向海外发展:1959年,在加拿大设立了美国租赁公司的附属机构。1960年后,英国设立了商业租赁公司,是英国商业信贷公司与美国租赁公司的合资公司。[①] 1961年,融资性租赁业被引入法国,次年成立了法国第一家租赁公司。[②] 1962年,西德设立了第一家租赁公司。[③] 1963年,日本成立了第一家租赁公司即日本国际租赁公司,次年又成立了东方租赁公司。[④] 20世纪70年代日本的租赁公司又将融资性租赁业引入东南亚,20世纪80年代东南

---

* 本文原载《为了中国民法》,中国社会科学出版社2013年版。
本文初稿完成于1992年1月,5月修改定稿,其中第二部分曾刊于《法学研究》1992年第4期。

[①] 参见〔英〕T. M.克拉克:《租赁》,罗真尚、李增德、汤秀珍等译,物资出版社1984年版,第10、12页。

[②] 参见〔日〕织田博子:《法国租赁交易法》,载加藤一郎、椿寿夫编:《租赁交易法讲座》(上),第563页。

[③] 参见〔日〕平野裕之:《西德租赁交易法》,载加藤一郎、椿寿夫编:《租赁交易法讲座》(上),第494页。

[④] 参见〔日〕加藤一郎:《租赁交易的特色——租赁交易法序论》,载加藤一郎、椿寿夫编:《租赁交易法讲座》(上),第4页。

亚各国融资性租赁业有很大发展。⑤

自美国租赁公司成立以来,融资性租赁业在世界范围内获得迅猛的发展。据统计,美国现有租赁企业3000余家,1985年租赁成交额为946亿美元,占当年民间设备投资总额的20%。⑥ 在美国,融资性租赁是发展最快的一个行业。经济学家预测,到20世纪末,美国80%以上的资本设备将采用融资性租赁方式取得。⑦ 1985年日本融资性租赁成交额超过40000亿日元,按当时汇率折合270亿美元,占当年民间设备投资总额的8.72%。⑧ 租赁的对象已包括各种生产用机器设备、办公用机器设备、汽车、轮船、飞机、石油钻井平台、人造卫星等,电子计算机的租赁业务已占居显著地位。据统计,20世纪70年代以来,美国、欧洲电子计算机用户的80%~90%,美国和英国建筑机械用户的50%,英国拖拉机用户的30%,都采用了融资性租赁方式。⑨

为了加强对融资性租赁业的管理和协调,各国相继成立了租赁协会。1968年,全欧跨国租赁协会成立。1982年,亚洲租赁协会成立。自20世纪80年代以来召开过多次世界性会议,专门讨论融资性租赁业务的有关问题。设在罗马的国际统一私法协会,从1984年起着手讨论制定国际融资性租赁统一法规,1988年5月28日在加拿大的渥太华订立了《国际统一私法协会国际融资租赁公约》。

我国发展融资性租赁业较晚。1979年7月,我国颁布了《中外合资经营企业法》;同年10月,成立了中国国际信托投资公司(以下简称"中信公司"),作为引进和利用外资的一条重要渠道。中信公司成立不久,便派出考察小组出国专门考察现代租赁业务,并着手开展融资性

---

⑤ 参见〔日〕安田信之:《东南亚诸国的租赁法制现状》,载加藤一郎、椿寿夫编:《租赁交易法讲座》(上),第591页。

⑥ 参见谭庆丰、凌寒、李树森等编著:《中国融资租赁实务》,中国对外经济贸易出版社1989年版,第4页。

⑦ 参见〔美〕彼得·T.埃尔格斯、约翰·J.克拉克:《租赁决策》,冯建平、李则兆译,中国财政经济出版社1988年版,第1页。

⑧ 参见〔日〕加藤一郎:《租赁交易的特色——租赁交易法序论》,载加藤一郎、椿寿夫编:《租赁交易法讲座》(上),第4页。

⑨ 参见汪尧田主编:《国际经济合作》,中国展望出版社1986年版,第306页。

租赁业务,为北京市租进一批日本产小汽车。同期,中国民航首次利用融资性租赁方式从美国租进第一架波音747飞机。1981年,中信公司、北京机电设备公司与日本东方租赁公司合资设立了我国第一家租赁公司——中国东方租赁公司,标志我国融资性租赁业的诞生。目前我国已有租赁公司50多家,其中中外合资的租赁公司有27家。中国工商银行等金融机构也兼营租赁业务。包括在各地设立的分公司、子公司在内,全国从事融资性租赁业务的机构已达300多家。其中,当时占全国"三资企业"总数不足千分之一的25家中外合资租赁公司,通过融资性租赁方式引进外资达20多亿美元,占全国"三资企业"10年内引进外资总额154亿美元的13%,为国内各类生产企业承做的技术改造项目达3000多项。融资性租赁无疑已成为我国引进和利用外资的一条重要途径。[⑩]

融资性租赁是一种新型交易方式,其性质与传统民法上的租赁差异甚大。即使在融资租赁业很发达的国家,如美国、法国、德国、日本等,迄今亦未有完善的法制,以致学说和实务上意见纷纭。我国引入融资租赁仅有十余年,既无相应立法,亦未形成判例规则,甚至学术理论的研究亦非常不足,致使法院裁判案件时无所依循。融资租赁业界人士早有要求尽快立法之议,近期传闻立法机关已有配合此次经济合同法修订,相应制定专门条例以规范融资租赁的打算。有鉴于此,本文特根据国内业务实践,参考国外学说判例,试图阐明有关融资性租赁的重要法律问题,期能为立法、司法及实务方面提供一点参考。

二、各国法制上的融资性租赁

(一)美国法上的融资租赁

美国在19世纪产生了几种租赁形态。其一,为实现本公司产品独占状态的租赁。即拥有特殊技术的企业为了实现垄断市场的目的,采

[⑩] 参见张稚萍:《论融资租赁和我国融资租赁立法》,中国人民大学1990年硕士学位论文,第7页。

用租赁方式,只准许承租人使用自己的产品。这种租赁成为实现垄断的手段。其二,作为确保对担保物优先权的手段的租赁,简称担保目的租赁。包括动产设备信托租赁及伪装分期付款买卖租赁两种。

动产设备信托租赁是1870年左右出现的,用于铁道车辆的供应。当时铁道公司苦于负债,将公司不动产向债权人设立附有将来取得财产条款(after-acquired property clause)的让渡担保。一旦附有此条款,则让渡担保的效力将及于设定时所有的以及将来可能取得的一切财产。此后铁道公司利用信托取得铁道车辆时,信托公司即采用租赁方式使自己保留对铁道车辆的所有权,目的在于排除上述将来取得财产条款的效力。

伪装分期付款买卖租赁(bailment lease),在不承认保留所有权买卖的州如肯塔基、科罗拉多、伊利诺伊、马里兰等,被用作保留所有权买卖的替代手段。因为在这些州,保留所有权买卖如未履行占有移转及登记公示,将被认定为诈欺的让渡(fraudulent conveyance)而否定其效力。伪装分期付款买卖租赁作为规避法律的手段,采用租金方式分期支付价款,一定期间经过后承租人行使购入选择权以获得所有权。伪装分期付款买卖租赁与保留所有权买卖相比,还有下面的优点:在保留所有权买卖,出卖人不能对抗从买受人处取得财产的善意受让人;而在伪装分期付款买卖租赁,出租人能够对抗善意受让人。进入20世纪以后,这种伪装分期付款买卖租赁通过判例及立法,被纳入保留所有权买卖。⑪《美国统一附条件买卖法》(1918)第1条规定,在本法中,附条件买卖指下列两种契约:(1)物品买卖契约……(2)物品寄托或租赁契约,依此种契约,受寄人或租用人约定支付实质上等于物品价值的金额,作为报偿,并约定受寄人或租用人于完全履行契约的订定时应成为或成为物品的所有人。⑫ 此将实质上等同于保留所有权买卖的租赁,作为保留所有权买卖处理。这一基本立场被《美国统一商法典》所继

---

⑪ 参见〔日〕三林宏:《美国租赁交易法》,载加藤一郎、椿寿夫编:《租赁交易法讲座》(上),第533—534页。

⑫ 转引自中央人民政府法制委员会:《民法资料汇编》(第7辑),第536页。

受,规定在第 1-201 条第 37 款。必须说明的是,《美国统一商法典》第 1-201 条所反映的,只是上述担保目的租赁,1950 年以后风行的节税型租赁并没有得到反映。

1950 年以后,租赁被从税收调节的观点重新认识。按照当时的资产折旧制度,固定资产的法定耐用年限比经济的使用期限更长,这使企业难以实现设备更新。于是租赁被用来作为规避折旧制度,达到加速折旧和节税效果的手段。即利用租赁规定较短的租赁期,将租金作为损耗处理,使推延纳税和机械设备的早期折旧成为可能。但是,随着资产折旧制度的改善,新的折旧制度开始被采用,至 1962 年,固定资产折旧年数平均缩短了 30%～40%,租赁在税制上的优点减少。[13] 此后又产生了以活用投资减税制度为主要目的的节税型租赁。因为美国在 1962 年执行了刺激投资的政策,作为此政策的一环,投资税额减除制度(ITC)规定企业新设备投资可以享受相当于该设备价额 7% 的所得税扣除。但那些须大额设备投资而自己资金不足或者收益率低的企业,却难以享受 ITC 税额减除优惠。于是,由资金充足且收益率高的租赁公司购入设备,适用 ITC 之后再出租给那些资金不足或收益率低的企业,通过降低租金使企业部分或全部享受税额减除优惠。这种节税型租赁(tax lease or tax oriented lease),特别受中小企业欢迎,20 世纪 70 年代以后成为美国融资租赁的主流。[14]

在美国交易法上,历来存在一项认为承租人对租赁物享有经济权益(equity)的判例法理。[15] 依据这一法理,《美国统一附条件买卖法》及《美国统一商法典》第 1-201 条,将租赁(担保目的租赁)作为一种保留所有权买卖予以规定。美国税法亦根据同一法理,原则上将租赁契

---

[13] 至 1981 年以后,由于废除折旧制度,导入固定资产加速原价回收制度(ACRS),使租赁在税法上加速折旧的优点完全丧失。因为依新制度,企业自己购买设备比租赁设备更为有利。

[14] 参见〔日〕三林宏:《美国租赁交易法》,载加藤一郎、椿寿夫编:《租赁交易法讲座》(上),第 535 页。

[15] 参见〔日〕南博方、岩崎政明:《租赁交易与租金》,载加藤一郎、椿寿夫编:《租赁交易法讲座》(上),第 299 页。

约认定为买卖性质,在纳税处理上与买卖契约同样对待。而作为例外,对于某些符合严格要件的租赁形态,在纳税上作为租赁处理。美国税法上所规定的融资租赁有如下几种:

1. 真正租赁(true lease)

1975年发布的税收规则所规定的租赁形态,须符合下述要件:(1)租赁公司可以向他人取得融资以购买租赁物件,但租赁公司自己出资不得低于价款的20%;(2)租赁不超过经济使用年限的80%,且租期终了时租赁物件残值不低于原取得价款的20%;(3)在承租人购买租赁物件的情形,所支付价款不得低于公平市价(fair market value);(4)租赁公司购入租赁物件时不得接受承租人的出资;(5)承租人也不得向租赁公司提供融资,且租赁公司从他人融资时承租人也不得为其担保;(6)不得专以节税效果为目的,必须有合理经济利益的期待,但不认可仅该承租人可以使用的特殊物件租赁。

2. 金融租赁(finance lease)

《1982年公平课税财政责任法》(Tax Equity and Fiscal Responsibility Act of 1982)所规定的新型融资租赁形态。预定从1984年1月1日起施行,但考虑到此租赁形态的减税效果可能加剧财政赤字,故延期至1988年1月1日施行。按照其要件,承租人行使购入选择权应支付的对价,应在租赁公司取得价额的10%以上;禁止关联公司间的租赁;限于新购入的物件。此外,关于租赁公司最低投资额、租赁期间、特殊物件租赁的禁止等要件,与真正租赁(true lease)相同。⑯

3. 安全港租赁(safe-Habor-lease)

根据《1981年经济重建税收措置法》(Economic Recovery Tax Act of 1981),为缓和真正租赁的严格要件而导入的租赁形态,被称为典型节税效果移转型租赁。但该法从1983年12月31日被废止。

4. 杠杆租赁(leveraged lease)

20世纪80年代以来美国融资租赁的主流形态,为杠杆租赁。从

---

⑯ Finance Lease 预定从1988年1月1日导入,但在1987年1月1日已被废止。

前的租赁交易,仅在租赁公司与承租人间缔结契约,由租赁公司负担租赁物件购入价款的全额出资,因此可称为单一出资者租赁(single investor lease)。而杠杆租赁则除租赁公司、承租人之外,还加上长期资金提供者,在至少三方当事者间缔结契约。即租赁公司自己出资仅占租赁物件取得价额的20%～40%,不足部分向银行、保险公司等长期资金提供者取得附无追索权条款(nonrecourse)的融资。[17] 这种租赁形态的优点在于,租赁公司只需提供租赁物件价额20%～40%的出资,即能得到100%的加速折旧和投资减税的优惠,通过降低租金达到与承租人分享利益。杠杆租赁契约必须符合税法上关于真正租赁的全部要件,因而属于真正租赁的亚种。[18]

现今美国税法上作为租赁契约对待的融资租赁形态,仅有真正租赁和杠杆租赁,而杠杆租赁实为真正租赁之亚种,准确地说,融资租赁仅有真正租赁一种。凡不符合真正租赁要件的租赁形态,均被作为保留所有权买卖对待。可见,区别真正租赁与担保目的租赁,在税法上有极重要的意义。不仅如此,其在私法上亦有重要意义,表现为两方面:首先,是有关《美国统一商法典》的适用问题。担保目的租赁(如伪装分期付款买卖租赁),被认为具有买卖加担保的实质,只是在外形上采用了租赁契约的法形式,因而关于其买卖的侧面应适用《美国统一商法典》第二编(买卖),其担保的侧面应适用第九编(担保交易)。真正租赁并非附担保的买卖,因此不发生适用《美国统一商法典》第九编问题,仅发生第二编个别条文的适用或类推适用问题。其次,对于担保目的租赁,将发生依规制高利贷的制定法认定契约全部或一部分无效的

---

[17] 按照无追索权条款,在承租人租金支付义务履行不能时,资金提供者不能向租赁公司行使追索权。

[18] 参见〔日〕南博方、岩崎政明:《租赁交易与租金》,载加藤一郎、椿寿夫编:《租金交易法讲座》(上),第279—282页。另需说明的是,美国于1986年进行了根本的税制改革,废除了投资税额减除制度并延长了固定资产加速原价回收制度(ACRS)的回收年限,此改革法案从1987年1月1日起施行,其结果使融资租赁的节税效果显著减少。

可能性,而对于真正租赁则不发生该制定法的适用问题。[19]

在私法上,实践要求专门针对动产租赁的立法。[20] 于是,产生了《美国统一商法典》新增第二编租赁。该法典正式评论(official comment)指出了三项立法理由:(1)须由制定法规定什么是租赁。有必要规定一个租赁定义,以便于判定一项交易究竟是租赁抑或伪装成租赁的担保。因为实践中区分租赁和伪装成租赁的担保,缺乏明确的标准;(2)出租人是否必须对承租人负担保责任?对于买卖,毫无疑问应适用《美国统一商法典》第二编关于明示担保和默示担保的规定,但关于租赁的担保,法律是不确定的;(3)在承租人违约时应给予出租人何种救济。如果交易属于伪装成租赁的担保,《美国统一商法典》第九编第五章有明文规定。但对租赁,并无法律规定。[21]

按照官方法律评论,《美国统一商法典》新增第二编的适用范围,仅限于真正租赁,而不包括担保目的租赁,如伪装成租赁的担保。对二者严格加以区别,不仅因为法典第九编对担保目的租赁已有妥善规定,而且是出于法政策的要求。[22] 新增第二编专门规定了融资性租赁的定义[2A-103(g)],融资性租赁是指这样一种租赁:(1)出租人不选择、制造或者供应租赁标的物;(2)承租人获得标的物或者占有和使用标的物的权利;(3)承租人在签署租赁契约时或在此之前已收到证实出租人购买标的物的契约副本,或者租赁契约规定承租人认可出租人购买标的物的契约,为租赁契约生效要件。[23] 按照这一定义,要确认一项交易为融资性租赁,首先须确认它属于租赁而不是担保目的的租赁。值

---

[19] 参见〔日〕三林宏:《美国租赁交易法》,载加藤一郎、椿寿夫编:《租赁交易法讲座》(上),第541页。

[20] 此项立法始于1981年,完成于1987年,作为《美国统一商法典》新增第二编公布,简称"统一商法典租赁编"(UCC—Leases)。参见《美国统一商法典》,1988年正式文本,第214—215页。

[21] 参见《美国统一商法典》,1988年正式文本,第215—216页。

[22] 参见《美国统一商法典》,1988年正式文本,第216页。

[23] 参见《美国统一商法典》,1988年正式文本,第220—221页。

得注意的是,本编有许多规定仅适用于融资性租赁。㉔

(二)法国法上的融资租赁

本文导言已经提到融资性租赁这一新型交易于 1961 年被引入法国。为了促进融资租赁业的发展,规制租赁公司的活动,法国于 1966 年 7 月 2 日颁布了《融资租赁业法》(第 66 - 455 号)。该法明文规定了融资租赁的定义。在此须对该法制定前的情况稍作回顾。

之前的法国法律中关于动产信用买卖,不存在于买方破产时担保卖方债权的有效法律手段。19 世纪以来,为防备在价金支付完毕之前买方支付能力恶化,广泛实行附保留所有权的分期付款买卖。但 19 世纪后半期,法国最高上诉法院判例将附保留所有权的分期付款买卖视为单纯买卖,除破产宣告前有解除契约的意思表示外,买方破产之际卖方对标的物的所有权不能对抗破产管理人。即于买方破产之际,卖方不得主张保留所有权而行使取回权。因此,为了确保卖方的取回权,产生了一种新的交易形式——买取租赁。依买取租赁,在向用户提供动产时不采买卖契约形式,而是将该动产于一定期间租赁给用户,待最后一期租金支付完时,租赁契约转换为买卖契约。这种信用买卖方式,由于采取租赁契约的形式,待租金支付完后自动发生向买卖契约的转换,因而不是伴有买卖预约的租赁,被认为是将所有权转移时间推延至价金支付完毕的单纯买卖。买方破产时卖方的取回权依然未被承认。为了规避此种结果,双方约定于租赁期满时支付追加金以实现买卖的预约,发展为一种复杂的交易形态。尽管如此,卖方的取回权仍不被法院承认。融资性租赁(法国称为 crédit-bail),由于在设备供应人与用户之间介入了起金融机能的租赁公司,因而其与信用买卖交易不同。但租赁公司与用户之间的交易形态,在外观上类似于买取租赁。因此,在用户破产之际租赁公司对标的物的取回权能否被法院承认,同样是个问题。如拉罗谢尔商事法院 1964 年 6 月 26 日判决,仍坚持一贯的见解,

---

㉔ 《美国统一商法典》仅适用于融资性租赁的条文如下:第 2A - 209、2A - 211(2)、2A - 212(1)、2A - 213、2A - 219(1)、2A - 220(1)(a)、2A - 221、2A - 405(c)、2A - 407、2A - 516(2)、2A - 517(1)(a)条。

将融资性租赁混同于买取租赁。该案因很偶然的原因有放弃买取选择权的约定,法院承认租赁公司对标的物有所有权。如果当初没有此项约定,从法院关于买取租赁的判例来看,因融资性租赁的特殊性而承认租赁公司的取回权是不大可能的。

1966年《融资租赁业法》,由于时间关系,在法案的准备阶段和审议过程中,关于融资性租赁的法律性质尤其是与现存法律制度如何衔接问题,未得到充分的考虑。立法者的唯一考虑是如何将融资性租赁与信用买卖尤其是买取租赁相区别,于用户破产之际确保租赁公司在租赁物件上的担保权。

按照该法第1条的规定,所谓融资性租赁是指,无论名称如何,至少考虑以租金名义支付合意价格之一部,并给予承租人取得租赁物全部或一部的可能性,作为所有者的企业为此而购入设备的租赁。依据这一定义,融资性租赁应具备三项要件:(1)租赁契约;(2)承租人有获得标的物全部或一部所有权的可能性;(3)标的物为出租人所购入或者依出租人的计算而制造。[25]

上述《融资租赁业法》第1条定义对此后的学说产生了很大影响。多数学说认为融资性租赁为一种特殊租赁契约。由于《法国民法典》关于租赁契约有明文规定,法律性质明确,因而法国税法上有关融资性租赁的课税制度也极为简洁。即,凡符合上述法律定义三项要件的融资性租赁,原则上与一般租赁契约同样对待。但依《法国一般租税法典》,关于一定的融资租赁,有对租赁物件让渡利益(plus-value)的课税减免及在租赁物件让渡时对登记税等税率的减低等优惠,而对于一般租赁契约则无此优惠。因此,采用融资性租赁在税法上亦有重要意义。另外,法国税法对滥用融资租赁形式及税法规避专门作了规定。尽管采用了融资性租赁形式,但其只是一种名义,契约内容的经济实质视同买卖契约的情形,在租税上应否认其融资性租赁形式,而基于交易的经

---

[25] 参见〔日〕织田博子:《法国的租赁交易法》,载加藤一郎、椿寿夫编:《租赁交易法讲座》(上),第565—568页。

济实质作为买卖契约课税。其在理论上的根据,即学说上所谓"租税法的自律性"原则。根据这一原则,新租税法典在纳税手续编规定,下述契约条款不得对抗租税行政厅:(1)以登记税和不动产公示税的减额为目的的条款;(2)以隐蔽利益或所得及其移转为目的的条款;(3)契约或约定的履行有回避销售税全部或一部缴纳的可能的条款。㉖

(三)德国法上的融资租赁

1962年西德成立了第一家从事融资租赁业务的公司(现在的德意志租赁公司的前身)。在此之前,有所谓租赁买卖。即制造商或销售商以自己制造、所有、管理的产品,直接租赁给顾客,亦称直接租赁。这种租赁买卖的特征在于,它是供应人与用户订立的契约;是促进产品销售的一种手段,贩卖利益优先,而金融性质淡薄;而且是一种贩卖融资(absatz finanzierung),而非投资融资(investions finanzierung)。实际上,是作为分期付款买卖之代用。㉗ 按照西德联邦财政法院判例,在对租赁买卖契约课税问题上,不拘于契约的民法外观和所采取的法形式,而是就具体契约内容进行综合的、经济的考察,凡符合一定基准时,即认定为买卖契约。此即所谓"经济的观察方法"。德国联邦财政法院判例所形成的判断基准如下:(1)租赁买卖契约的租金显著高于通常租赁契约的租金;(2)租赁期间比通常耐用年限短,且该期间支付租金总额相当于物件价额的大部;(3)禁止中途解约;(4)期间终了后,附有购入选择权或估计租赁物件已不存在经济价值。

以第一家租赁公司的设立为契机,融资租赁业在德国获得迅速发展。从20世纪60年代中期开始出现因融资租赁关系提起的诉讼,1970年1月26日联邦普通法院判决以后,融资性租赁(finanzierungs leasing)即成为判例上固定用语。融资性租赁乃借用传统民法上的租赁契约形态,且超出其本来的意义。即使在美国法上,亦未从私法角度

㉖ 参见〔日〕南博方、岩崎政明:《租赁交易与税金》,载加藤一郎、椿寿夫编:《租赁交易法讲座》(上),第287—288页。

㉗ 参见〔日〕岩崎政明:《融资租赁课税的问题点》,载《法学家》第861期;〔日〕平野裕之:《西德租赁交易法》,载加藤一郎、椿寿夫编:《租赁交易法讲座》(上),第596页。

对融资性租赁作充分的分析。德国法与美国法不同,《德国民法典》关于各种典型契约设有明文规定,且德国法学一向以擅长理论分析著称于世,因而理所当然地产生应将融资性租赁归入何种法定典型契约的所谓分类问题。融资性租赁契约兼有分期付款买卖的要素、租赁的要素及金钱消费借贷的要素,任何人对此均无异议。但德国联邦普通法院判例及通说关于融资性租赁在私法上的性质,重视其中的租赁契约要素,认为原则上应属于《德国民法典》第535条以下所规定的使用租赁契约。[28]

在德国税法上,对于融资性租赁无论依上述哪一种要素决定其法律性质,在课税方法上均有不同。从租税法的观点来说,有必要阻止融资租赁契约的加速折旧效果,及谋求购入设备企业与采用租赁方式取得设备企业之间的课税公平,因而不能无视其内在的分期付款买卖要素。德国税法有所谓"经济的观察方法",但融资租赁契约的经济实质,无论如何也不能否认含有金钱消费借贷即金融的要素。如果适用经济的观察方法,反而更难以将其视同买卖契约课税。更何况不能无视判例通说将融资性租赁解为使用租赁契约的私法性质决定论。于是,德国税法为了回避涉及融资租赁契约的法律性质问题,采用了基于经济的所有判定纳税物件归属的方式。[29] 现行税制上,融资性租赁分为两类,并分别规定定义和判断纳税归属之基准。

1. 完全偿还型融资租赁

按照1971年4月19日的《动产租赁通告》和1972年3月21日的《不动产租赁通告》所规定的定义,所谓完全偿还型融资性租赁契约有二层意义:(1)设定一个附有中途解约禁止特约的一定租赁期间;(2)在此期间内用户所支付的租金总额,应能补偿出租人所支出的物

---

[28] 参见〔日〕南博方、岩崎政明:《租赁交易与税金》,载加藤一郎、椿寿夫编:《租赁交易法讲座》(上),第299页。

[29] 即以谁对租赁物件有经济上的支配作为判定纳税物件归属的基准,其法律依据是旧《租税调整法》第11条第4款。该款规定:自主占有的财产归属自主占有者。所谓自主占有者,指对财产作为属于自己的东西而予以占有之人。此即所谓基于经济的所有课税。

件取得价格或者原价和含金融费用的一切附随费用。

完全偿还型融资租赁可进一步分为无购入或期间延长选择权租赁;附购入选择权租赁;附期间延长选择权租赁;特殊物件租赁。

纳税归属判断基准如下:(1)基本租赁期间在租赁物件法定耐用年限的40%以上90%以下,原则上属出租人;(2)反之,在40%以下或90%以上时,原则上属用户;(3)特殊物件租赁,属用户。

2. 不完全偿还型融资租赁

又称一部偿还型融资租赁。20世纪70年代以后,以电脑、办公机器、汽车等的租赁为中心,不完全偿还型融资租赁日益增长。这种形态的融资租赁,上述动产租赁通告和不动产租赁通告均不能适用。因此,1975年12月22日发布了《一部偿还型融资租赁通告》。按照这一通告所规定的定义,所谓一部偿还型融资性租赁契约有二层意义:(1)所设定附中途解约禁止特约的基本租赁期间,在租赁物件法定耐用年限的40%以上90%以下;(2)此期间内,仅以租金补偿出租人所支出的物件取得价格或者原价和含金融费用的一切附随费用的总额之一部分。㉚

(四)日本法上的融资租赁

融资性租赁于1963年由美国传入日本后,在较短的时间内得到普及。但现今日本,除融资性租赁外,还存在经营性租赁、卖出租回、附让渡条件租赁、维修服务租赁等多种多样的租赁形态。其中,融资性租赁是最基本的租赁形态。㉛ 学界通说将租赁分为广义租赁和狭义租赁。凡出租人与承租人之间以一定物件的有偿使用、收益为内容的契约,亦即一切租赁形态,均属于广义租赁。而所谓狭义租赁仅指融资性租赁一种,即企业需要机器设备等固定资产时,向租赁公司提出申

㉚ 参见〔日〕岩崎政明:《融资租赁课税的问题点》,载《法学家》第861期;〔日〕南博方、岩崎政明:《租赁交易与税金》,载加藤一郎、椿寿夫编:《租赁交易法讲座》(上),第290—293页。

㉛ 参见〔日〕冈部真纯:《租赁契约的意义》,载金融财政事情研究会编:《判例租赁·信用交易法》,第2页。

请,由租赁公司从制造商或销售商购入机械设备再租赁给该企业使用的契约。[32]

关于融资性租赁契约的法律本质,从前在日本租赁业界的实务家之间存在将融资性租赁与民法典所规定的典型契约进行对比以求把握融资性租赁的倾向。运用这种手法的结果,使作为对比的赁贷借(传统租赁)契约、金钱消费贷借契约、保留所有权的分期付款买卖契约等有关的法理,无法妥当解决融资性租赁契约的当事人、标的物、租金、契约成立与终止等主要法律问题。其所得结果正好与租赁业界实务家的意图相反。而日本法院判例为解决融资性租赁契约各种法律问题,却不采用上述租赁业界实务家的方法,而是直接从融资性租赁契约的特殊本质,引出其所固有的法理。例如,怠于支付租金的用户(被告),针对租赁公司(原告)收回租赁物件后请求支付残存租金全额,以融资租赁与赁贷借契约相同,在出租人收回租赁物后租金支付义务即行消灭作为抗辩理由。审理此案的东京地方法院认为,融资性租赁是与赁贷借契约不同种类的契约,并承认了原告的残存租金全额支付请求。[33]再如用户(上诉人)认为租金所包含实际年利率达到18.01%,主张适用金钱消费贷借的法理判定融资租赁契约违反利息限制法,东京高等法院以融资性租赁契约兼有赁贷借和消费贷借的性质为根据,拒绝依金钱消费贷借之法理适用利息限制法,驳回上诉。[34]法院判例反映出融资性租赁契约本质的法律特征,可归纳如下:(1)供应商所提供的租赁物件不是由租赁公司而是由用户自己选择决定的;(2)在租赁期间,租赁物件所有权始终归属于租赁公司,用户无取得所有权的权利和机会;(3)在租赁期间,用户以支付租金为条件,对租赁物件享有专用权;(4)为保证租赁公司能收回所投入的资本及支出的费用和金融利益,规定租赁期间绝对禁止用户一侧解除契约;(5)租赁物件之陈旧化风

---

[32] 参见〔日〕久森浩:《经营性租赁契约》,载金融财政事情研究会编:《判例租赁·信用交易法》,第22页。

[33] 参见东京地判昭57·1·28,《判例时报》1050号,第96页。

[34] 参见东京高判昭57·4·27,《判例时报》1048号,第107页。

险主要由用户承担。[35]

关于融资性租赁的课税问题,日本于1978年7月20日发布《关于租赁交易法人税及所得税的通告》,简称《租赁通告》。《租赁通告》的制定,曾参考德国动产租赁通告、不动产租赁通告及美国的经验。作为制定现行租赁通告之基础的主要课税问题如下:其一,租赁期间经过后,用户无偿受让租赁物件或以其名义对价购入选择权的契约,从其经济实质来看,可解为附延期支付条件的买卖;其二,租赁物件系按用户的特别式样制作,租赁期间经过后难以向第三人转租转卖,亦应与前一类作同样解释;其三,租赁期间比租赁物件法定耐用年限短,在此期间将该物件购入费用、金融费用及一切附随费用的合计额分割以租金形式支付,与购入该物件的折旧方法相比,可以达到早期折旧的效果,如对此不加限制将损害现行折旧制度;其四,购入设备的企业与采用融资租赁方式取得设备的企业之间,将发生课税上的不公平。现行租赁通告为解决这些问题,采取了依经济的观察方法以决定契约性质的方针,对符合通告所确定基准的租赁契约,作为买卖契约纳税处理。这实际上是采纳了德国联邦财政法院处理租赁买卖课税问题的方法论,并不符合融资租赁的本质。因为融资性租赁实质上是租赁公司、用户和供应商三当事者间的契约关系,假如依经济的观察方法决定其性质,与其认定买卖关系存在于租赁公司与用户之间,莫如认定买卖关系存在于供应商与用户之间更为合理。[36]

按照现行租赁通告所规定的定义,融资性租赁契约有两层意义:(1)设定一定的租赁期间,此期间所支付的租金总额,大致相当于租赁物件取得价额及附随费用的合计额;(2)租赁期间禁止中途解约。关于纳税处理,通告规定了下述判断基准:(1)租赁期间经过后用户无偿

---

[35] 参见〔日〕冈部真纯:《租赁契约的意义》,载金融财政事情研究会编:《判例租赁・信用交易法》,第4—6页。

[36] 参见〔日〕岩崎政明:《融资租赁课税的问题点》,载《法学家》第861期,第129页;〔日〕南博方、岩崎政明:《租赁交易与税金》,载加藤一郎、椿寿夫编:《租赁交易法讲座》(上),第273页。

取得所有权或附名义对价购入选择权,作为买卖契约课税;(2)特殊物件租赁,也作为买卖契约课税;(3)租赁期间在法定耐用年限的70%以下(法定耐用年限为10年以上时,则在60%以下),作为买卖契约课税。

须补充说明的是,现行通告所规定的定义,只相当于德国法上的完全偿还型融资租赁。而日本近时的租赁交易实践,以电子计算机、办公用机械及汽车的租赁为中心,租赁期间经过后仍有残存价值的租赁和中途解约可能的租赁即一部偿还型融资租赁正日益增长。另外,现行通告乃以有体物的租赁为前提,而近来关于软件、特定程序及技术秘密等无体物租赁,已广泛普及。因此,租赁通告已与日本融资租赁的实践脱节。[37]

(五)我国实务中的融资性租赁

按照现今各租赁公司所使用的合同条款,可将我国实务中融资性租赁的基本特征归纳如下:

第一,承租人自己选定供应商并选定租赁物件,然后向租赁公司提出租赁申请,由租赁公司购买该物件并出租给承租人使用。一般要求承租人对租赁公司与供应商所订购买合同条款予以确认并在合同书上附带签字。

第二,关于租赁期间,依财政部《关于国营工业企业租赁费用财务处理的规定》(财工字〔1985〕第29号),法定折旧年限在10年以上的,应不低于法定折旧年限的50%~60%;法定折旧年限在10年以下的,应不低于法定折旧年限的60%~70%。实务中一般为3~5年。租赁期间,禁止承租人方面解除合同。

第三,租金构成包括设备价款(购买价金加上运输费用及途中保险费等)、利息、手续费、保险费等。

第四,租赁期间,租赁公司对租赁物件拥有所有权,承租人拥有使

---

[37] 参见〔日〕南博方、岩崎政明:《租赁交易与税金》,载《租赁交易法讲座》(上),第274—275页。

用权。

第五,租赁期满,承租人有下述选择权:(1)将租赁物件退还出租人;(2)以预定租金续租;(3)以支付残值为代价购买租赁物件。

第六,租赁公司不承担瑕疵担保责任和危险负担。

试将以上基本特征与美国、法国、德国、日本等国法制上的融资性租赁相对照,不难得出结论:我国现在实务中的融资性租赁合同与法国、德国和日本的融资性租赁契约具有共同的本质,属于一种崭新的契约类型。其渊源为美国20世纪50年代以后的节税型租赁。换言之,我国融资性租赁,相同于美国税法上的真正租赁和《美国统一商法典》新增第二编所规定的融资性租赁,也相同于法国的融资性租赁、德国的融资性租赁及日本的狭义租赁,而异于美国的担保目的租赁、法国的买取租赁、德国的租赁买卖及日本的附让渡条件租赁。

关于融资性租赁,我国现行立法还没有相应的规定。我国现行《经济合同法》是1981年颁布并于1982年施行的,当时融资性租赁刚引入我国,不可能在立法上得到反映。该法所规定的财产租赁相当于日本所谓经营性租赁,亦即传统民法上的使用租赁。有关融资性租赁的规范文件唯有前述财政部《关于国营工业企业租赁费用财务处理的规定》。国家工商行政管理局所编《中国经济合同统一文本格式》载有融资性租赁合同格式,但其属于示范文本,并无法律上效力。

三、融资性租赁契约法性质论

从美国国际租赁公司创立至今,不过40年,融资性租赁已经成为风行各主要国家及地区的一种重要交易形式。如何认定这一交易形式的法律性质,是各主要国家及地区学者长期激烈争论的焦点。探讨融资性租赁契约法律性质问题,无疑具有重要的理论意义和实践意义。

其一,契约分类上的意义。大陆法系国家,大抵由民商法典规定各种类型之典型契约,理所当然地产生应将融资性租赁契约归入何种类型的问题。我国虽未颁布民法典,但现行《经济合同法》对各种典型经济合同(相当于国外所谓商事契约)设有规定,并依《经济合同法》制定了种种合同条例,因此,同样产生融资性租赁合同的归类问题。融资性租赁究竟应归入哪一种典型契约,或者应作为一种独立新型契约,取决于对其法律性质的认定。

其二,契约解释上的意义。契约的成立,契约条款的解释及进而判断其合理性,均应以契约法律性质作为依据。对融资性租赁契约法律性质作出不同的认定,将导致截然不同的解释结果。例如,将其法律性质认定为传统租赁,则可能得出"租赁公司只享受权利而不承担义务,因此契约内容显失公平"的解释结论。

其三,法律适用上的意义。在美国,一项租赁契约被认定为担保目的租赁或者真正租赁,在法律适用上将迥然不同。在大陆法系国家更是如此。即使在我国,如果将融资性租赁法律性质认定为传统租赁,将适用财产租赁合同条例;如果认定为保留所有权分期付款买卖,则应适用《工矿产品购销合同条例》;如果认定为金钱消费借贷,则应适用《借款合同条例》。

其四,税法上的意义。各主要国家及地区税法上将符合一定条件的融资性租赁作为租赁契约对待,企业在税法上可以获得早期折旧和减税的好处。如果将其法律性质认定为非租赁,例如分期付款买卖或金钱消费借贷,则是否还能享受税法上的优惠就成了问题。

其五,当事人利害关系上的意义。对融资性租赁契约法律性质的不同认定,将直接影响当事人的利害关系。例如,台北地方法院就同一被告、同一案情而原告分别为两家租赁公司的两件返还租赁物诉讼,作出完全不同的判决:其一是认定其契约为典型租赁契约,虽失之于保守,尚能使租赁公司立于胜诉地位;其二是认定其契约为附保留所有权的分期付款买卖,则使租赁公司一败涂地。[38]

我国之引入融资性租赁,不过十余年,既无相应立法,学术理论研

---

[38] 参见吕荣海、杨盘江:《契约类型·信托行为》,蔚理法律出版社1989年版,第73—77页。

究亦非常不足,致使法院裁判案件时,既无法律规定可依,亦无理论学说可资参考。于是有制定融资性租赁条例之议。笔者以为,欲制定有关条例,不能回避融资性租赁法律性质问题。因此,对有关融资性租赁法性质论的主要学说逐一检讨,并在此基础之上表明笔者见解,以供立法部门参考。

（一）分期付款买卖契约说

此说为德国学者埃本罗斯（Ebenroth）所提倡,认为租赁公司对于租赁物件仅限于担保利益。着眼于此,则融资租赁契约内容,如租赁公司不负交付义务及由承租人负担租赁物件一切危险等,均可得到合理解释;考虑到这种经济背景,则融资性租赁非常接近于保留所有权的分期付款买卖,其区别仅在于融资性租赁契约无用户将最终取得所有权的预定,这只是出于税法上的考虑,即控制所有权向用户移转,租赁公司并没有作为所有人的经济利益,因此,融资性租赁交易的负担分配表现为特殊的三面关系,由此导出强调买卖法的规定,将融资性租赁契约分析为一种分期付款买卖契约,可使买卖法规定的适用正当化。[39]

台北地方法院1981年度诉字第11191号判决,即认定融资性租赁契约为"附所有权保留之分期付款买卖",驳斥租赁公司依据"租赁关系"的请求。其判决理由如下:租赁关系与分期付款买卖关系,均有一方给付对价,他方交付物之外观,但二者实质内容截然不同。即分期付款买卖之出卖人系以让予所有权之意思将物交付买受人,其于买受人完全给付价金前保留所有权之目的仅为担保分期付款之各期价金债权而已;买受人亦系以所有之意思占有、使用标的物,因此标的物毁损灭失之危险于交付时即由买受人负担。反观租赁关系中,出租人自始即仅有使承租人取得租赁标的物之用益权限,因此租赁物毁损灭失之危险仍由出租人负担,税捐亦应由出租人负担;且因承租人支付租金乃使用租赁物之对价,因此出租人负有使租赁物于交付时合于使用收益之

---

[39] 参见〔日〕平野裕之:《西德租赁交易法》,载加藤一郎、椿寿夫编:《租赁交易法讨论讲座》(上),第499页。

目的,并于租赁关系存续中负有修缮之义务。而通观融资性租赁契约全文,可见租赁公司不负使租赁物于交付时合于使用收益目的、修缮及税捐等义务,标的物之危险于交付时即已移转,与分期付款买卖同,而与租赁异。融资性租赁契约虽使用"租赁"字样,但其内容并不具有租赁之实质,因此应认定为分期付款买卖契约。[40]

分期付款买卖契约说一提出,即受到学者的批判。针对埃本罗斯所谓融资性租赁未预定所有权移转系出于税法上便宜的论点,有德国学者反驳说,在完全偿还型租赁中,租赁公司有对于租赁物残值的经济利益;在不完全偿还型租赁中,租赁公司有作为所有者的风险与机会,因此反对将德国税法上作为租赁处理的融资性租赁契约解为分期付款买卖。[41]

日本现行税法对于附让渡条件租赁不分有偿无偿,原则上一律视为分期付款买卖,法院判例只将附无偿让渡条件租赁认定为分期付款买卖。[42] 所谓附让渡条件租赁,乃双方预先约定于租赁期间届满时,租赁物件所有权无偿或以预定价格转让于承租人之租赁契约,实质上是分期付款买卖。此为一种变型租赁,即使在日本,实务上亦极为稀少。[43] 其应与融资性租赁契约相区别。

关于融资性租赁契约的法律性质,日本判例所持见解可归纳为四种类型。第一种类型,视为赁贷借契约(如东京地判昭57·7·16);第二种类型,视为实质金融契约(如东京高判昭56·8·26);第三种类型,视为并有赁贷借与实质金融两侧面的契约(如大阪地判昭49·10·8);第四种类型,视为具有赁贷借、金融及分期付款买卖性质之契

---

[40] 参见吕荣海、杨盘江:《契约类型·信托行为》,蔚理法律出版社1989年版,第74—76页。

[41] 参见〔日〕平野裕之:《西德租赁交易法》,载加藤一郎、椿寿夫编:《租赁交易法讲座》(上),第499—500页。

[42] 参见〔日〕白木武男:《附让渡条件租赁契约》,载金融财政事情研究会编:《判例租赁·信用交易法》,第20—21页。

[43] 参见〔日〕庄政志:《租赁契约分类·近似观念》,载加藤一郎、椿寿夫编:《租赁交易法讲座》(上),第64页;〔日〕白木武男:《附让渡条件租赁契约》,载金融财政事情研究会编:《判例租赁·信用交易法》,第16—17页。

约,即形式上利用赁贷借的法律关系,其经济本质为以物为中介提供金融上的便宜,对用户则达到与利用保留所有权分期付款购入之同一效果(东京地判昭56·12·21)。[44] 可见日本判例不采分期付款买卖契约说。

分期付款买卖契约说之不足,可以从以下几点予以说明。

其一,当事人意图不同。买卖谓当事人约定一方移转财产所有权与他方,他方支付价金之契约。出卖人的意图在出让财产所有权以获取价金;买受人的意图在支付价金以获取财产所有权。因此,买卖的本质是以等价有偿方式转让财产所有权。[45] 在融资性租赁中,承租人的意图在于以支付租金为代价获得租赁期间内对租赁物件的使用权;租赁公司的意图在于获得租金。在整个租赁期间,财产所有权始终归租赁公司,承租人未获得财产所有权,并无此种可能性。因此,融资性租赁不具有买卖契约有偿转让财产所有权的本质。

其二,租赁期中无期待权。附保留所有权分期付款买卖作为一种特殊交易制度,自其结构形态而言,包括三个要素:(1)具有债权性质之买卖契约;(2)标的物所有权之移转附停止条件,即出卖人于价金完全清偿前尚保留标的物所有权;(3)有与出卖人之所有权处于相对状态并形成消长关系之买受人期待权。[46] 此买受人之期待权,因买卖契约而成立并与买卖契约同其法律上之命运;其目的在取得标的物所有权,系取得所有权之前阶段,因条件成就变为所有权。因此,属于兼具物权与债权二种因素之特殊权利。与分期付款买卖相反,在融资性租赁之整个租赁期间,承租人并无取得租赁物所有权之期待权。

其三,期间届满后标的物所有权归属不同。保留所有权的分期付款买卖,乃以支付全部价金为移转标的物所有权之停止条件。[47] 一旦

---

[44] 参见〔日〕伊藤进:《租赁交易论与判例法》,载加藤一郎、椿寿夫编:《租赁交易法讲座》(上),第37页。

[45] 参见王家福主编:《中国民法学·民法债权》,法律出版社1991年版,第625页。

[46] 参见王泽鉴:《附条件买卖买受人之期待权》,载《民法学说与判例研究(一)》,第246页。

[47] 参见《德国民法典》第455条。

条件成就,即买受人支付全部价金,标的物所有权便自动、当然移转于买受人,无须另订协议或买方行使买取选择权。上文提到日本的附让渡条件租赁,因附有此种停止条件,俟最后一期租金支付完时所有权即自动移转于承租人,学说判例均认为实质上属于保留所有权的分期付款买卖。但附让渡条件租赁非真正融资租赁,在日本称为变型租赁。而融资性租赁契约并不附所有权移转之停止条件。⑱ 租赁期满时,承租人享有三种选择权,以决定租赁物件之归属。即承租人可以将租赁物件退还租赁公司,或行使续租选择权以预定之租金续订租赁契约,或行使买取选择权以支付残值为对价购买租赁物件。唯在最后一情形发生时,所有权才移转,但此系租赁契约终止后双方另订买卖契约之结果。

其四,违背融资租赁交易之实态。从经济的视点观察融资性租赁交易之实态,租赁公司与用户之间的关系虽形式上为物件的租赁,但实质上乃是为支付物件买卖价金提供信用,亦即一种融资。⑲ 用户与供应商之间的关系,从物件的接受、使用、收益方面看,类似于买主与卖主之间的关系。因此学说上有主张承认用户与供应商之间为实质买卖关系的见解。如日本学者片冈义广认为,融资性租赁是由供应商与用户间的实质买卖契约、供应商与租赁公司间的形式买卖契约及租赁公司与用户间的消费借贷契约构成的三当事者间的契约关系,其中供应商与用户间的实质买卖契约为其基础。⑳ 实务中亦有对于因物件瑕疵未缔结租赁契约的特殊案件,在法院解释当事者间关系时认定供应商与用户间成立纯粹买卖契约的判例(东京地判昭 57·11·12)。依分期付款买卖契约说,将融资租赁契约解为保留所有权买卖显然违背融资租赁交易之实态。退一步说,与其认定租赁公司与用户间为一种买卖关系,莫如承认供应商与用户间为一种实质买卖关系更为合理。

---

⑱ 参见〔日〕白木武男:《附让渡条件租赁》,载金融财政事情研究会编:《判例租赁·信用交易法》,第 16 页;吕荣海、杨盘江:《契约类型·信托行为》,蔚理法律出版社 1989 年版,第 96 页。

⑲ 参见〔日〕盐崎勤:《用户与供应商的关系》,载金融财政事情研究会编:《判例租赁·信用交易法》,第 45 页;西川知雄:《国际租赁契约手册》,第 6 页。

⑳ 参见〔日〕加藤一郎、椿寿夫编:《租赁交易法讲座》(上),第 35 页。

其五,利益衡量和价值判断。对融资性租赁关系各方利益进行利益衡量和价值判断时,若将融资租赁契约解为分期付款买卖契约,对于租赁公司显然十分不利:(1)融资性租赁契约之租金构成与分期付款买卖契约之价金构成不同,前者包括物件买价及利息、保险费、手续费、利润等在内,显然高于分期付款买卖之总价金,采分期付款买卖契约说,有被法院解释为"显失公平"的可能;(2)解为分期付款买卖契约,则应适用法律特别保护消费者利益之规定,如依我国台湾地区规定,除非有连续两期迟延支付且迟延金额已达总金额1/5,不能请求支付全部金额或解除契约,相反的约定无效;(3)在承租人将租赁物件转卖给第三人的场合,若解为分期付款买卖,则善意第三人可以获得所有权;(4)在承租人完全支付之前破产的场合,若解为分期付款买卖,则租赁公司不能对抗破产管理人,亦即不能依据所保留的所有权行使取回权;(5)采分期付款买卖契约说,则融资性租赁契约之若干特殊约款如瑕疵担保免责约款等,将丧失其合理性和根据;(6)采分期付款买卖契约说,必然导致否定融资性租赁这种新型交易形式,并否定租赁公司本身,使之变为分期付款公司(台湾地区)或信贩公司(日本)。

(二)租赁契约说

租赁契约说又分为典型租赁契约说(或传统租赁契约说、纯粹租赁契约说)及非典型租赁契约说(或称特殊租赁契约说)。典型租赁契约说为德国学者弗卢梅所倡,认为融资性租赁契约,乃以物的使用(ususrei)为目的,而不是以物(res)本身为目的,因此,租金非物的对价,而是物的使用的对价。其与买卖的差异在于,保留所有权的买卖中,买主立于类似有物权期待的所有者的法律地位;相反,融资性租赁中的承租人并不具有支配物权的利益,仅有关于利用的债务法上的权利。此说将融资性租赁解为通常的租赁契约。[51]

依典型租赁契约说,将融资性租赁解为传统租赁,只不过以特约作

---

[51] 参见〔日〕平野裕之:《西德租赁交易法》,载加藤一郎、椿寿夫编:《租赁交易法讲座》(上),第498页。

了个别修正,作为融资性租赁契约本质要素的融资机能未得到充分的评价,因而受到学者批判。于是产生了非典型租赁契约说。此说强调融资性租赁契约的融资机能,重视契约内容中的特约,认为融资性租赁非纯粹的租赁,民法典关于租赁的规定对其难以规制,因此解为非典型租赁或特殊租赁契约。[52]

法国1966年《融资租赁业法》第1条关于融资性租赁的定义,明定其为租赁契约。受该法定义的影响,大多数学者均采租赁契约说,认为融资性租赁契约是伴有以承租人为买卖一方的预约的租赁契约。多数说亦承认融资性租赁契约的内容——租金比通常租赁异常地高,中途解约时承租人负有剩余租金全额支付义务及由承租人负担一切风险——均与通常租赁契约不同。对此,学者则从融资性租赁契约的经济目的予以说明,并且在法律上以民法典关于租赁契约的规定属于任意性规定说明其正当性。[53]

在日本亦有学者采特殊租赁契约说,认为融资性租赁在经济上乃以金融为目的,租赁契约是为达成此金融目的所采取的法律手段。与通常租赁契约相比较,融资性租赁具有不能无视的特殊性,应视为特殊之租赁。民法关于通常租赁之规定,必须考虑其特殊性而后决定是否予以适用。[54]

租赁契约说乃注重当事人间法律关系之外观及当事人所使用文字,因此又称为客观说。台北地方法院1982年诉字第694号判决,即采此说,认定融资性租赁契约为典型租赁契约,其判决理由如下:解释契约,固须探求当事人立约时之真意,不能拘泥于契约之文字,但契约文字业已表示当事人真意,无须别事探求者,即不得反舍契约文字而更为曲解。本件依两造所不争执之原证租赁合约书观之,不仅契约订明

---

[52] 参见〔日〕平野裕之:《西德租赁交易法》,载加藤一郎、椿寿夫编:《租赁交易法讲座》(上),第498—499页。

[53] 参见〔日〕织田博子:《法国租赁交易法》,载加藤一郎、椿寿夫编:《租赁交易法讲座》(上),第568页。

[54] 参见〔日〕来栖三郎:《契约法》,有斐阁1985年版,第295页。

为租赁,且有一方以物租赁他方使用、收益,他方支付租金之约定,依台湾地区"民法"第421条规定应为典型之有名契约无疑。⑤ 日本亦有判例将融资性租赁契约认定为"以赁贷借为主体的特殊契约",即采特殊租赁契约说。㊺

上述租赁契约说,无论典型租赁契约说或非典型租赁契约说,都过分注重法律关系之外观及拘泥于契约所用文字,于融资性租赁交易之实质及法律行为解释原则均有未合,因此受到学者批判,亦为多数判例所不采。此说之缺点可从以下几方面说明:

其一,融资性租赁契约内容与传统租赁契约实质之差异。租赁契约为法律规定之有名契约,即一方将属于自己的财产交付他方使用收益,他方为此支付租金并于期满后将原物返还之契约。租赁契约为一种财产之有偿使用关系,出租人应使租赁物于交付时及在整个租赁期间合于使用收益状态,因此负有瑕疵担保责任及维修义务,并负担租赁物因意外事故毁损灭失之危险及税捐等,承租人在不继续使用时,得解除租赁契约。但在融资性租赁契约,却有中途解约禁止、瑕疵担保免责、标的物之危险及维修义务由承租人负担等约款,这是与传统租赁契约之根本差异。即使解为一种特殊租赁契约,用债法之任意性亦仅说明这些约款不违法,未能正面解释融资性租赁契约与传统租赁契约的本质差异。㊼

其二,违背融资性租赁契约的经济实质。融资性租赁契约通常是租赁公司应用户的要求,从用户选定的制造商或批发商购入用户选择的设备,在附有禁止中途解约的一定期间内,出租给用户使用,设备之购入价金及包括金融费用在内的一切附随费用,由用户以租金形式分期偿还。从租赁公司立场看,有金融的性质,即对用户贷借购买设备所

---

⑤ 参见吕荣海、杨盘江:《契约类型·信托行为》,蔚理法律出版社1989年版,第73—74页。

㊺ 东京地判昭57·7·16见伊藤进《判例中融资性租赁契约的法性质、有效性及成立问题》附表,载加藤一郎、椿寿夫编:《租赁交易法讲座》(上),第346—354页。

㊼ 参见〔日〕加藤一郎:《租赁交易的特色——租赁交易法序论》,载加藤一郎、椿寿夫编:《租赁交易法讲座》(上),第21页。

需资金。融资性租赁与金钱消费贷借的区别仅在于,前者是以租赁物件为中介,即以"融物"实现"融资",而后者是不以物为中介的融资。⑱无论典型租赁契约说或非典型租赁契约说均无视了融资性租赁契约的经济实质。

其三,融资性租赁非继续性契约。继续性契约为租赁契约之重要特征:出租人按期继续收取租金与承租人之继续使用标的物为对价关系,即以物之使用换取金钱收益。当承租人不能继续使用标的物时,可拒绝继续给付租金;而在融资性租赁中,租赁物件系特别为用户之使用目的而购入,租赁公司意图仅从该承租人收回购置设备之成本及预计之利润。租赁公司乃以"货物"换取金钱而非以"使用"换取金钱。换言之,租赁公司一旦按照用户的指定购买租赁物件,即已履行自己所负义务,因而有权从该特定承租人收回全部成本与利润,而不问承租人是否继续使用、租赁物件是否有瑕疵及发生毁损灭失危险,亦不容许承租中途解约及拒付解约后的租金。由此观之,融资性租赁契约实不具备传统租赁契约之继续性契约特征。若将融资性租赁解为租赁契约,则承租人不继续使用租赁物件时即可拒绝支付租金,或因承租人违约,租赁公司收回租赁物件后,承租人之租金给付义务应当然消灭。其结果将彻底摧毁租赁公司缔约之目的与获利之意图,进而妨碍融资性租赁这一新型交易制度之发展。⑲

(三)金钱消费借贷契约说

法国学者提出的金钱消费借贷契约说,德国学者提出的特殊与信契约说,以及日本学者所谓实质金融契约说,均着眼于融资性租赁具有融资的经济实质,而将融资性租赁契约的法律性质解为金钱消费借贷契约。法国学者 Calon 在关于不动产租赁的论文中认为,在融资性租赁中,承租人所支付的租金并非使用租赁物件的对价,而是偿还租赁公

---

⑱ 参见〔日〕岩崎政明:《融资租赁课税的问题点》,载《法学家》第 861 期,第 125 页;西川知雄:《国际租赁契约手册》,第 6 页。

⑲ 参见吕荣海、杨盘江:《契约类型·信托行为》,蔚理法律出版社 1989 年版,第 109—110 页。

司购买租赁物件所支出的原本及其利息,因此主张将融资性租赁契约解为金钱消费借贷契约。⑩ 德国学者 Borggrafe 认为,融资性租赁契约确乎是以利用供与为目的,但却不仅是以物的利用可能为中介,更重要的是一种融资的给付;租赁公司所承受的不是贩卖危险,而是信用危险;用租赁公司的利用供与及承租人支付这种利用供与的对价,难以说明融资性租赁契约的权利义务关系,租赁公司的义务是通过租赁物件的融资;法律关于买卖及租赁的规定均不能作为融资性租赁契约的适当判断基准,要解决其判断基准及所生法律问题,必须将融资性租赁解为一种与信契约。⑪ 日本学者西川知雄写道:在给予对方当事人的与信行为之点,融资租赁与消费贷借并无差异。极而言之,融资性租赁是以租赁物件为中介而对用户的与信行为,其与金钱消费借贷之差别在于金钱消费借贷无租赁物件之中介。所谓消费借贷,乃是金钱及有价证券等消费物的贷借,而融资性租赁则是耐用有形固定资产的贷借,二者对于用户的与信机能及法律上权利义务有许多共同点。所以,二者并无本质不同。⑫

日本的判例和学说采实质金融说者较多。而采实质金融说及金钱消费借贷契约说,往往援用担保契约的法理以解释有关租赁物件的关系。因此,作为融资性租赁契约的法律构成,也有视为附所有权担保的金钱消费贷借契约的见解。⑬ 采实质金融说的法院判例,在表述上也各不相同:(1)具有金钱消费贷借的实质(东京地判昭52·3·21);(2)实质上是购入价金的融资(东京地判昭57·3·24);(3)本质上对希望购入者提供金融上的便宜(大阪地判昭49·10·8);(4)其经济上的机能与信用契约相同(水户地判昭52·3·15);(5)实质上有提供金

---

⑩ 参见〔日〕织田博子:《法国租赁交易法》,载加藤一郎、椿寿夫编:《租赁交易法讲座》(上),第569页。
⑪ 参见〔日〕织田博子:《法国租赁交易法》,载加藤一郎、椿寿夫编:《租赁交易法讲座》(上),第502—503页。
⑫ 参见〔日〕西川知雄:《国际租赁契约手册》,第6页。
⑬ 参见〔日〕伊藤进:《租赁契约与金钱消费贷借契约·担保契约法理之关系》,载加藤一郎、椿寿夫编:《租赁交易法讲座》(上),第78页。

融的便宜之性格(最三小判昭 57·10·19)。⁶⁴

我国台湾地区高雄地方法院 1983 年诉第 5262 号判决:按融资性租赁,因其本质为在经济上对承租人提供金融上之便利,应特定承租之要求,买下租赁物且交付价金于供应商后,出租于特定之承租人;就租赁公司而言,其所要回收者,乃系从该特定承租人处收回这笔提供之资金、利息、利润及费用,而非承租人使用之对价;且融资租赁债权,亦不受因承租人违约,而出租人终止租约之影响,两者可并行请求,因在整个融资租赁活动中,租赁物之于出租人,应为出租"租赁债权"之担保物,因此其所有权具有与担保物权相同之功能,出租人对租赁物拥有担保义务,向承租人要求取回租赁物之意思通知而已。⁶⁵ 本判决显系受日本判例学说影响,采实质金融说。

金钱消费借贷契约说(包括与信契约说及实质金融说),着眼于融资性租赁之经济功能,认为融资性租赁具有金钱消费借贷之实质,却忽略了法律概念与当事人之关系,将契约背后的经济作用与为达成该经济作用所采取的法律形式混为一谈,难以令人心服。⁶⁶ 此说之不足,可从以下几点说明。

其一,融资性租赁不符合金钱消费借贷契约的构成要件。依金钱消费借贷契约(我国称为借款合同),出借人应将一定数额金钱之所有权移转于借款人,借款人则应归还相同数额金钱并支付利息。其构成要件有三:(1)约定出借人将金钱所有权移转于借款人;(2)向借款人交付金钱;(3)借款人返还同数额金钱并附加利息。若将融资性租赁解为金钱消费借贷契约,则必须满足此三项要件。即融资性租赁契约应约定由租赁公司向承租人交付金钱并移转其所有权,由承租人归还同数额金钱并附加利息。但融资性租赁交易中,租赁公司系将金钱所有权移转及交付于设备供应商,而非移转交付于承租人,因而不同于金

---

⁶⁴ 参见〔日〕加藤一郎、椿寿夫编:《租赁交易法讲座》(上),第346—354页。
⁶⁵ 参见曾隆兴:《现代非典型契约论》(修订三版),三民书局1988年版,第116页。
⁶⁶ 参见吕荣海、杨盘江:《契约类型·信托行为》,蔚理法律出版社1989年版,第107—108页。

钱消费借贷契约。承租人所支付的租金包括：基本额（购入租赁物件之价金减去残值）；利息；固定资产税（租赁公司作为所有者所负担税金额）；保险费；手续费；利润。此与金钱消费借贷之偿还原本并附加利息显然有别。

其二，金钱消费借贷契约说不能解释租赁物件的使用关系。金钱消费借贷契约只涉及一定数额金钱的移转交付，而不涉及物件的使用关系。借款人用借入金钱购买设备，当然享有设备所有权，其使用收益乃以所有权为根据，而与出借人无涉。但融资性租赁契约，不能无视物件使用关系的存在，且该使用关系属于债权关系性质。此物件使用关系为融资性租赁契约之基本要素。[67] 不援用租赁契约的法理，单从金钱消费借贷契约，无法解释这种使用关系。

其三，买取选择权的存在与金钱消费借贷契约说矛盾。依金钱消费借贷契约说，承租人只从租赁公司借入一定数额金钱用以购买设备，因此承租人当然对设备享有所有权。按照附所有权担保的金钱消费借贷契约的见解，为担保租赁公司的金钱债权，承租人将所有权让与租赁公司而自己保留占有、使用和收益权能。[68] 这样一来似乎解释了融资性租赁中租赁公司之拥有所有权与承租人之拥有使用收益权，但是，一个无法克服的难题是融资性租赁契约中的买取选择权。在融资性租赁契约，租赁期间届满承租人有三项选择权，即他可以将租赁物返还于租赁公司，或以预定租金续租，或以支付残值为对价买取租赁物。而按照金钱消费借贷契约说，在承租人偿还原本及利息后，租赁公司之担保权即应消灭，租赁物应当然回归承租人，即不发生将租赁物返还租赁公司之问题，亦无须承租人行使所谓买取选择权。

其四，金钱消费借贷契约说将导致对融资性租赁契约适用利息限制法，对融资性租赁这一新型交易制度的发展显然不利。主要国家及

---

[67] 参见〔日〕伊藤进：《租赁交易论与判例法》，载加藤一郎、椿寿夫编：《租赁交易法讲座》（上），第46页。

[68] 参见〔日〕平野裕之：《租赁物件归属与担保化》，载加藤一郎、椿寿夫编：《租赁交易法讲座》（上），第164页。

地区关于金钱消费借贷,均设有限制利息率的强行性法律规定。采金钱消费借贷契约说,融资性租赁契约有可能被法院认定为隐匿金钱消费借贷的伪装行为(如东京地判昭 57·4·26),或者被认定为规避利息限制法之脱法行为。[69]

(四)动产担保交易说

此为我国台湾地区学者吕荣海所创新说。吕荣海认为,唯在大陆法系国家及地区才产生有关融资性租赁法律性质之争论,在美国则不产生此问题。盖因美国为融资性租赁之发源国,在融资、担保法制史上,"租赁"作为动产担保交易制度之一种,具有悠久之历史。现行《美国统一商法典》更废除了各种动产担保交易在形式、名称上之区别,明文规定租赁的意图作为担保之用,契约所创设之担保利益包括意图供担保之租赁,融资性租赁之法律性质为动产担保交易,不成问题。反之,在大陆法系德、日两国,因受"物权法定主义"及动产担保原则上须移转占有之限制,加之融资性租赁新传入,固有的法律即发生无法适应之情形,而产生融资性租赁这一新型经济活动之法律性质究竟如何之困扰与争论。

基于动产担保交易之法制背景,吕荣海认为融资性租赁之法律性质为一种动产担保交易。此动产担保交易说,将能够兼容前述法律性质诸学说之长处,同时又能克服诸学说之缺点。详言之,动产担保交易同时具有三项特点:(1)融资功能。债务人得借此担保方式争取融资。(2)担保功能。债权人对标的物拥有担保权益,得放心提供融资。(3)使用功能。债务人不须将标的物移转供债权人占有,仍得以继续使用标的物,即动产担保交易能够达成"以融资所筹措之动产本身,作为融资之担保",同时"接受融资者尚能够占有、使用该动产"之功能。同样,在融资性租赁,承租人(债务人)得借此方式争取融资(融资功

---

[69] 东京高判昭 57·4·27,当事人以租金之实际利息率达到 18.01%,主张适用利息限制法判决契约为无效,法院判决认为融资性租赁非金钱消费借贷契约,驳斥了当事人关于适用利息限制法的主张。假使法院采金钱消费借贷契约说,则应认可利息限制法之适用。参见〔日〕加藤一郎、椿寿夫编:《租赁交易法讲座》(上),第441—442页。

能),同时,出租人(债权人)对租赁物享有所有权,得放心提供融资(担保功能),再者,承租人亦不须将租赁标的物移转供出租人(债权人)占有,仍得继续使用标的物(使用功能),其"以融资所筹措之动产本身作为融资之担保,同时接受融资者尚能占有、使用该动产"之特征与一般动产担保交易并无两样。因其具有"融资功能"之特征,故能包容金钱消费借贷说及无名契约说之长处(指出融资性租赁实质、本质为金融行为),并能克服金钱消费借贷说法律形式容有疑问之缺点,以及克服特殊租赁说"继续性契约"之缺点。因其具有"担保功能"之特征,则能克服金钱消费借贷说未能涵盖信用供给者对标的物享有权利,得于债务人违约时取回标的物之缺点。最后,因其具有"使用功能"之特征,故能包容特殊租赁说之长处;指出债务人(承租人)占有、使用收益标的物之事实。⑩

归纳起来,吕荣海提出动产担保交易说之根据有三:(1)在美国法制上,融资性租赁之法律性质为动产担保交易;(2)融资性租赁具有与动产担保交易相同的三项功能;(3)动产担保交易说可以包容金钱消费借贷说、无名契约说及特殊租赁说之长处,并可克服各学说之缺点。笔者认为,动产担保交易说同样不能令人信服,其不足之处可以从以下几点说明。

其一,美国法制上视为动产担保交易的租赁并非现今所谓融资性租赁。回顾美国法上融资性租赁发生、发展的历史,可见美国在19世纪后期产生了几种租赁形态,如动产设备信托租赁及伪装分期付款买卖租赁。前者使信托公司保留对铁道车辆的所有权,目的在于排除铁道公司与其他债权人设立让渡担保所附将来取得财产条款的效力。后者是在不承认保留所有权买卖的州被用作保留所有权买卖的替代手段。二者均以担保债权为目的,因而被称为担保目的租赁。进入20世纪后,担保目的租赁通过法院判例及立法被纳入保留所有权买卖即动

---

⑩ 参见吕荣海、杨盘江:《契约类型·信托行为》,蔚理法律出版社1989年版,第114—116页。

产担保交易。⑦《美国统一附条件买卖法》第1条及《美国统一商法典》第1-201(37)条、第9-102(2)条所规定的租赁,正是担保目的租赁。美国在20世纪中期产生了以规避固定资产折旧制度实现加速折旧和节税为目的的租赁,以及以活用投资减税制度为主要目的的租赁,被称为节税型租赁。美国税法上视同租赁契约纳税处理的真正租赁和杠杆租赁,即属于节税型租赁,是为美国融资性租赁之主流形态。由于节税型租赁发生较晚,在《美国统一商法典》上未得到反映,统一商法典所规定的只是担保目的租赁。诚如吕荣海所说,担保目的租赁被作为动产担保交易看待,因而应适用《美国统一商法典》第二编关于买卖的规定及第九编关于担保交易的规定。但节税型租赁(真正租赁及杠杆租赁),并非动产担保交易,因此不发生适用《美国统一商法典》第九编的问题。⑫ 现今主要国家及地区盛行的融资性租赁乃源于美国的真正租赁即节税型租赁,而非源于担保目的租赁。吕荣海以美国法上将担保目的租赁视为动产担保交易,证明融资性租赁法律性质为动产担保交易,显属不当。⑬

其二,动产担保交易说无视融资性租赁之加速折旧和节税功能。动产担保交易说之主要根据在于融资性租赁具有的融资、担保及使用三项功能,此三项功能与动产担保交易完全相同。这里遗漏了一项与融资功能同样重要且为动产担保交易所不具备的功能,即加速折旧和节税的功能。融资性租赁这一新型交易方式之所以产生,并在二十世纪六七十年代获得迅速发展以至于风行全世界,是因为采用融资性租赁获得设备与企业自己购入设备相比,有两大好处。一是资金上的好处。采融资租赁方式,实际上由租赁公司垫付设备价款,企业无须一次性投入巨额资金即可使用新设备,然后在一个长时期内以新设备所产

---

⑦ 参见〔日〕三林宏:《美国租赁交易法》,载加藤一郎、椿寿夫编:《租赁交易法讲座》(上),第533—534页。

⑫ 参见〔日〕三林宏:《美国租赁交易法》,载加藤一郎、椿寿夫编:《租赁交易法讲座》(上),第541页。

⑬ 1987年公布的《美国统一商法典》新增第二编租赁,明文规定了租赁的定义和融资性租赁的定义,而将担保目的租赁排除在本编适用范围之外。参见《美国统一商法典》,1988年正式文本,第2A-103条及对本条的正式评论。

生的利润作为租金分期向租赁公司支付,比企业以自有资金或贷款购买设备显然更为有利。二是加速折旧和税法上节税的好处。由于科学技术飞速发展使设备的经济使用年限愈来愈短,而固定资产法定耐用年限往往太长,企业按照固定资产折旧制度难以实现设备更新;采融资性租赁方式,租赁期间比法定耐用年限短,在此期间租金全额作为损耗处理,可以实现事实上加速折旧的目的并得到节税的好处。此所谓资金上的好处,亦即融资性租赁具有融资功能、担保功能和使用功能,所谓加速折旧和节税的好处,亦即融资性租赁之加速折旧和节税功能。如果仅有资金上的好处,融资性租赁绝不可能获得如此飞速发展,甚至难以作为一种独立的交易形式存在。因为采用动产担保交易,如附保留所有权的分期付款买卖及信用买卖等,即可得到同样的效果。融资性租赁之作为一种独立的交易形式获得飞速发展,正是在于融资性租赁不仅有融资、担保和使用功能,可以使企业获得资金上的好处,而且有加速折旧和节税的功能,可以使企业获得加速折旧和节税的好处。[74]

其三,融资性租赁与动产担保交易在法律形式上有重大差异。融资性租赁交易系由租赁公司与用户之间的租赁契约及租赁公司与供应商之间的买卖契约两个契约构成。动产担保交易(以日本的信用贩卖交易为例)系由信用贩卖公司与贩卖店之间的加盟店契约、贩卖店与购入者之间的买卖契约及购入者与信用贩卖公司之间的垫付契约三个契约构成。二者之差异表现在四个方面:(1)在融资性租赁交易中,买卖契约的当事者为租赁公司与供应商,用户非买卖契约之当事者;而在信用贩卖交易中,买卖契约的当事人为购入者与贩卖店,信用贩卖公司非买卖契约之当事者。(2)在融资性租赁交易中,租赁期间从用户签发物件受领证(借受证)之时开始,租赁公司凭物件受领证向供应商支付价款;而在信用贩卖交易中,物件交付后无须签发借受证,信用贩卖公司依据加盟店契约于支付日对贩卖店付款。(3)在融资性租赁交易

---

[74] 参见〔日〕加藤一郎:《租赁交易的特色——租赁交易法序论》,载加藤一郎、椿寿夫编:《租赁交易法讲座》(上),第7页。

中,物件所有权在价金支付之同时由供应商移转于租赁公司,即使期间届满亦不向用户移转;而在信用贩卖交易,商品所有权在垫付金支付之同时由贩卖店移转于信用贩卖公司,至分期付款完毕前信用贩卖公司保留此所有权,但分期付款完毕即由信用贩卖公司移转于购入者。(4)在融资性租赁交易中,租金中包含固定资产税、保险费等;而在信用贩卖交易中,固定资产税、保险费等由购入者自己支付。[75]

其四,动产担保交易说之担保权构成。动产担保交易说之核心,在于"以融资所筹措之动产本身,作为融资之担保"[76]。以动产担保交易说解释融资性租赁,则租赁公司对于租赁物件享有所有权只是用来担保租金债权,属于一种所有权担保。此所有权担保之法律构成,不外乎两种方式:一是让渡担保构成。即承租人从供应商取得所有权,然后将此所有权让渡于租赁公司,以担保租赁公司之债权。二是所有权保留构成。即供应商交付物件时保留所有权,因租赁公司代位清偿而将此保留所有权移转于租赁公司。若采让渡担保构成,则租赁公司与承租人之间的法律关系为所有权担保的金钱消费借贷契约;若采用所有权保留构成,则租赁公司与承租人之间的法律关系为保留所有权的分期付款买卖契约。或者回到金钱消费借贷契约说,或者回到分期付款买卖契约说。关于两说之缺点前已论及,在此不赘述。无论采取哪一种担保权构成,在所担保债权获得清偿后,所有权即应当然回归于承租人,而与融资性租赁之实际情形正相反。[77]

(五)无名契约说

此说认为,融资性租赁契约与现存各种典型契约相比较均有相异之处,因此不能归类于任何一种典型契约。应根据融资性租赁所具有的基本特征,承认其为一种独立于既存典型契约的无名契约。采无名

---

[75] 参见〔日〕卷之内茂:《租赁契约与信用贩卖契约》,载金融财政事情研究会编:《判例租赁·信用交易法》,第53—54页。

[76] 吕荣海、杨盘江:《契约类型·信托行为》,蔚理法律出版社1989年版,第115页。

[77] 参见〔日〕平野裕之:《租赁物件的归属与担保化》,载加藤一郎、椿寿夫编:《租赁交易法讲座》(上),第156页。

契约说的学者认为,融资性租赁契约的基本要素如下:(1)物件所有权归租赁公司,而不归承租人;(2)租金支付义务与物件之使用收益非对价关系;(3)与租金支付义务立于对价关系的是以支付物件购入价金方式对承租人的信用供与;(4)只应在物件筹措的限度内承认其金融性质;(5)关于物件的使用收益,租赁公司只负消极义务而非积极义务,因而只受处分的约束;(6)租赁公司不负物件瑕疵及灭失、毁损之责任;(7)仍保留物件的使用关系;(8)此使用关系属于债权关系而非物权关系等。以上述基本要素为前提,将融资性租赁契约与典型契约,如租赁契约、金钱消费借贷契约、分期付款买卖契约、担保权设定契约、使用权设定契约等相比较,可以发现,融资性租赁契约与任一典型契约均有本质上的差异。因此,应当承认融资性租赁契约之独自契约性。[78] 融资性租赁制度,若就典型契约而言,虽属租赁契约之一种,但就其机能而言,除有租赁契约之性质外,尚有买卖、融资、担保等作用,故解释为系一种有偿无名契约,较为妥当。[79] 有的学者在对关于融资性租赁法律性质的诸种学说进行分析比较之后,认为无名契约说更为适当,解释为具有独自内容的一种无名契约。[80]

从对日本法院判例的分析可见,采无名契约说的判例所占比例最大。如东京高判昭 57·4·27 认为其属于并有实质上赁贷借与消费贷借的性格之契约;东京地判昭 52·3·31 认为其属于含有赁贷借要素的无名契约;东京地判昭 57·3·24 认为其属于实质上是融资,法律上属于诺成契约的赁贷借契约之一种。属于这一类型的判例很多,日本最高法院判决亦采此说,因而学者预测,将融资性租赁契约作为并有赁贷借的侧面和实质金融的侧面的契约之判例法正在形成。[81]

---

[78] 参见〔日〕伊藤进:《租赁交易论与判例法》,载加藤一郎、椿寿夫编:《租赁交易法讲座》(上),第45—46页。

[79] 参见曾隆兴:《现代非典型契约论》(修订三版),三民书局1988年版,第103页。

[80] 参见〔日〕加藤一郎:《租赁交易的特色——租赁交易法序论》,载加藤一郎、椿寿夫编:《租赁交易法讲座》(上),第21页。

[81] 参见〔日〕伊藤进:《租赁交易论与判例法》,载加藤一郎、椿寿夫编:《租赁交易法讲座》(上),第36—37页。

有的学者指出,无名契约说的缺点在于不具积极性,从适用法律之实用角度及法律进化之角度而言,融资性租赁这一生活事实定性为无名契约,仅属消极的做法,尚未积极地解决问题。[82]

笔者认为,在关于融资性租赁法性质论的诸说中,无名契约说的优点是显而易见的。无名契约说抛弃了用现有典型契约解释融资性租赁法律性质,企图将此新型交易形式纳入旧有契约类型的所谓"归类法",而是正视这一新型交易之现实形态,分析归纳其本质和基本特征,在此基础上承认融资性租赁为一种独立的新契约类型。采无名契约说,能够做到并重融资性租赁契约之法律形式和经济实质,即既注重所采取的类似传统租赁契约的法律形式,并且洞察此法律形式背后所隐藏的经济实质,承认其具有租赁和融资双重法律性质,为正确认识及解释融资性租赁契约并妥善处理有关各种法律问题,提供了法理依据。至于吕荣海所谓无名契约说"不具积极性"之缺点,笔者认为不成其为问题。盖契约之有名无名,为学说上之区分,乃以现行法是否设有专门规定为准。所谓无名契约,亦即法律尚未设立专门规定之新型契约。无名契约说,亦可谓为新型契约说,其足以指导判例和立法,应毋庸置疑。我国迄今未制定民法典,现行《经济合同法》及《技术合同法》所规定的有名契约,种类有限,实际生活中存在的无名契约不下十数种。倘能在此次《经济合同法》修订时,增设关于融资性租赁的规定,并相应制定融资性租赁合同条例,则融资性租赁即成为我国法制上区别于传统财产租赁之一种新型有名契约。

四、融资性租赁若干法律问题

(一)融资性租赁契约之成立与生效

融资性租赁交易是由三方当事人、两个契约所构成的交易。即租赁公司与承租人签订的融资性租赁契约及租赁公司与供应商签订的买卖契约,两契约相互交错。其通常缔约过程如下:(1)用户与供应商之

---

[82] 参见吕荣海、杨盘江:《契约类型·信托行为》,蔚理法律出版社1989年版,第112页。

间商定设备买卖契约条件;(2)用户向租赁公司提出缔结租赁契约的申请;(3)用户与租赁公司之间签订租赁契约;(4)租赁公司与供应商之间签订买卖契约;(5)供应商向用户交货,用户进行验收;(6)用户向租赁公司交付物件受领证(借受证),并支付第一期租金;(7)租赁公司向供应商支付买卖价金。㉘

在上述过程中,租赁契约之成立与生效,和买卖契约之成立与生效,相互交错。至第 3 阶段租赁公司与用户签订租赁契约时,只是契约成立而尚未生效;须至第 6 阶段,用户对供应商交付货物验收后向租赁公司交付物件受领证并支付第一期租金,租赁契约方才发生法律效力,于是租赁期间开始计算,用户负交付租金义务。而租赁公司须待接到用户交付的物件受领证后,方才向供应商支付买卖价金。

虽然租赁契约与买卖契约有密切的联系,但日本法律上仍然认为是两个相互独立的契约。如大阪高判昭 58・8・10 判决,断言除有特别情事外,其一契约之有效无效,对另一契约之成立与效力不生影响。此立场已为其他判例所接受,成为一项判例法原则。但对于变型融资性租赁之售出租回(sale and lease-back),由于供应商与承租人为同一人,须承认两契约间的相互影响。㉙

值得一提的是东京地判昭 57・11・12 判决。案件事实:用户预订利用融资性租赁,因而与供应商达成供应设备的合意,在设备交付、验收并签发验收证明书后发现设备瑕疵,结果未缔结租赁契约。用户要求退货,供应商不同意。于是用户提起诉讼,请求确认债务不存在,而供应商则提起反诉,请求用户支付价金全额。判决:以供应商对设备进行修补为条件,认可供应商要求用户支付买卖价金的请求,驳回用户的请求。㉚ 亦即在此特殊情形,法院使用户负担与买卖契约的买主同样

㉘ 参见〔日〕片冈义广:《租赁契约生效前的法律关系》,载金融财政事情研究会编:《判例租赁・信用交易法》,第 94—95 页。

㉙ 参见〔日〕伊藤进:《租赁交易论与判例法》,载加藤一郎、椿寿夫编:《租赁交易法讲座》(上),第 31—32 页。

㉚ 参见〔日〕片冈义广:《租赁契约生效前的法律关系》,载金融财政事情研究会编:《判例租赁・信用交易法》,第 96 页。

的债务。

笔者认为,融资性租赁契约与买卖契约毕竟有密切的联系,而区别于通常的租赁契约和通常的买卖契约。前述日本法院判例视两契约相互独立、互不影响的见解,容有商榷余地。因此,赞同几代教授的主张:租赁契约不成立、无效或解除时,如在物件交付之前,租赁公司与供应商之间的买卖契约应可解除,或者因默示解除条件成就而自动失效,但如在物件交付后,买卖契约应不受影响;买卖契约不成立、无效或解除时,租赁契约应可解除,或者因默示解除条件成就而自动失效。[86]

融资性租赁契约因其特殊性质,如租金比通常租赁高及包含若干特殊约款,在发生争议时,承租人一方往往以内容显失公平、违反利息限制法、违反公序良俗等为由,主张契约无效。这里介绍一著名判例:日本名古屋高判昭55·7·17判决。

本案中,用户主张:(1)本件契约规定租赁公司有解除权,而用户无论有何理由均不能解除契约,这一规定显失公平;(2)本件租赁契约的实体,无非租赁公司对用户的资金融通,不仅在租金总额中加算了融资原本在租赁期间的利息,而且对于租金支付迟延又规定了迟延损害金条款,认为构成原本高利的复利;(3)租赁公司取去租赁物件后,仍可请求租赁期间相应的租金,结果成为无对价地取得物件;(4)出租人应负租赁物件的瑕疵担保责任及管理责任,而本件租赁契约规定租赁公司全然不负责任,等等。因此,本件租赁契约属于滥用契约自由以牟取暴利的契约,因违反公序良俗而应无效。

名古屋高等法院判决,驳回了用户第(1)(2)(4)项主张,关于第(3)项,命令对于物件取走时的规定损失金与租赁期间届满年度的规定损失金差额进行清算。日本最高法院判决支持原审关于第(1)(2)(4)项判断,而关于第(3)项作了变更,命令清算物件取走时的价格与

---

[86] 参见〔日〕伊藤进:《租赁交易论与判例法》,载加藤一郎、椿寿夫编:《租赁交易法讲座》(上),第32页。

租赁期间届满时的预定价格之差额。⑧⑦ 在此案中,法院全面肯定了租赁公司的主张,即肯定融资性租赁契约的合法性。总之,主要国家及地区判例通说,从融资性租赁的特殊性出发,均不容许以其包含若干特殊约款而否定其合法性,我国无疑亦应采同样立场。

(二)租赁公司的交付义务

依金钱消费借贷契约说,不发生租赁公司交付租赁物件的问题。但融资性租赁契约之法律性质不能解为金钱消费借贷,已如前述。因此,判例通说注重于融资性租赁契约具有租赁契约之要素,肯定租赁公司有物件交付义务。⑧⑧ 通过对日本法院判例的分析可见,在判断租赁公司是否存在交付义务时,法院主要考虑:(1)融资性租赁实质上是金融色彩强烈的契约,同时也存在租赁的要素,因此租赁公司负有物件交付义务。(2)租赁公司不必到现场确认物件的存在,不必直接向用户交付,由供应商直接向用户交付;在用户基于自己的意思与责任向租赁公司发出物件受领证后,除租赁公司具有恶意的特殊情形外,即视为租赁公司已履行其物件交付义务并免除其责任。(3)但是,在某些具体案件中,供应商与租赁公司间有特殊关系——如供应商与租赁公司间有提携关系、租赁公司为供应商之子公司、由供应商代订租赁契约等的情形,因供应商的背信行为致用户受骗作为物件受领证时,则应保护用户的利益。⑧⑨

这里介绍一个用户发出受领证后要求解除融资性租赁契约的著名判例:东京地判昭52·3·31,案件事实为用户(原告)与供应商通谋为骗取物件价金,作成内容虚假的建设机械受领证书,租赁公司误信物件已经交付而向供应商支付了价金,其后,用户以物件并未交付为由主张解除租赁契约并要求返还已支付的租金。法院判定原告发出受领证书

---

⑧⑦ 参见〔日〕大西武士:《租赁契约的有效性》,载金融财政事情研究会编:《判例租赁·信用交易法》,第113—114页。

⑧⑧ 参见〔日〕伊藤进:《租赁契约与金钱消费借贷契约·担保契约法理之关系》,载加藤一郎、椿寿夫编:《租赁交易法讲座》(上),第88页。

⑧⑨ 参见〔日〕林部实:《租赁业者的物件交付义务》,载金融财政事情研究会编:《判例租赁·信用交易法》,第121页。

后又以未交付为由要求解除租赁契约为滥用权利,违反诚实信用原则,驳回其请求。其判决理由涉及融资性租赁法律性质:本案属融资性租赁,供应商与租赁公司之间为买卖契约,用户与租赁公司之间为含有租赁要素之无名契约,两契约有密不可分的关系,其实质无非租赁公司对供应商及用户的信用供与,租金在经济上有金钱消费借贷原本与利息的分期偿还金的意义。即使租赁物件未现实交付,只要已发生与交付同样的事态——价金支付、租金支付,基于租赁公司对供应商的信用供与,则租赁契约应生法律效力。[90]

关于物件受领证发出后物件并未交付的判例,还有东京地判昭56·10·2、东京地判昭57·3·24,均强调物件受领证的法律意义,以用户发出受领证书后又主张物件未交付属于违反诚实信用的民法一般原则,而判决租赁公司胜诉。同类案件亦有判决租赁公司败诉的,如东京地判昭55·4·2及札幌高判昭58·2·2。但上述二案均属于有特别情事,前者系供应商代订租赁契约而供应商欺骗用户在物件未交付时发出受领证书;后者则是物件受领证书本身不具备验收日期等重要内容,属于租赁公司有怠于注意之过失。

如上,融资性租赁契约因具有租赁之要素,因此租赁公司不能不负物件交付义务,但融资性租赁契约非纯粹租赁契约,乃以租赁契约的法律形式意图实现融资的经济本质,法律性质上应解为具有租赁和融资双重性质之新契约类型,因而并不要求租赁公司直接地履行其交付义务。换言之,租赁公司之物件交付,非现实形态的物件交付,而是观念意义上的物件交付,法律上以用户向租赁公司发出物件受领证为判定标准。一旦用户发出物件受领证,除租赁公司有重大归责事由外,即应视为租赁公司已履行其物件交付义务,即使租赁物件并未交付,融资性租赁契约的法律效力亦不受影响。

(三) 中途解除契约

融资性租赁契约通常规定有禁止在租赁期间届满之前解除契约的

---

[90] 参见〔日〕林部实:《租赁业者的物件交付义务》,载金融财政事情研究会编:《判例租赁·信用交易法》,第119页。

约款,称为中途解约禁止特约。即使契约书中未有明文规定禁止中途解约,在解释上亦应认为当然有此特约。因为禁止中途解约乃是从融资性租赁契约的本质所导出的当然结论。[91] 日本税法上的租赁通告,将禁止中途解约规定为融资性租赁要件之一。

中途解约禁止特约在实务上有三种形态。一是契约书上并无明文规定,但从契约全文看,乃以不能解约为前提,即使是租赁公司也不能解除契约;二是契约书明文规定用户一侧不能中途解约,至于租赁公司一侧可否解除契约未作规定;三是契约书规定,除有特定情形外,双方均不能解约,而所谓特定情形,指用户不履行契约义务(拒付租金)及资信状况恶化,此种情形亦仅租赁公司一侧可以解约。上述第二种,虽未规定租赁公司一侧可否解约,亦应与第三种作同样解释。无论属于何种形态,关于租赁公司一侧解约,仅限于可归责于用户的场合,方为有效。[92]

融资性租赁契约禁止中途解约的理由,首先在于,在融资性租赁契约中,租赁物件是由用户自己选定的,一般不具备通用性,即使返还给租赁公司,也不能期待通过出卖租赁物件收回与残存租金相当的金额。其次在于,租赁物件的购入价金、利息、固定资产税、保险费、手续费等,于固定租赁期间采用租金形式分期偿还,若允许用户一侧中途解约,将使租赁公司难以收回所投下的资本。[93]

现实生活中,用户一侧以种种理由要求中途解约的案件并不少见。如名古屋地判昭 54·6·27 判例,用户主张单纯与供应商约定,在不使用租赁物件时可以退回,因此要求解除租赁契约,将租赁物件退给租赁公司。法院认为,中途解约有害于租赁公司的权利,判断为违背融资性

---

[91] 参见〔日〕太田丰:《租赁契约的中途终止》,载金融财政事情研究会编:《判例租赁·信用交易法》,第 173—174 页。

[92] 参见〔日〕大西武士:《租赁契约的有效性》,载金融财政事情研究会编:《判例租赁·信用交易法》,第 115—117 页。

[93] 参见〔日〕太田丰:《租赁契约的中途终止》,载金融财政事情研究会编:《判例租赁·信用交易法》,第 174 页。

租赁契约之行为。⑭

从融资性租赁契约的法律性质及其经济目的看,禁止中途解约是有其合理性的。但是,融资性租赁交易实践中,租赁期间的中途解除契约的情形正日益增多。在电子计算机及其他办公机器的融资性租赁,由于技术革新的结果,不断开发各种新机型,用户希望改用新机型,同租赁公司协商达成中途解约的合意,称为合意解约。在日本,关于办公机器的融资性租赁契约之合意解约,已经成为一种惯例,比例达到30%~40%。此即日本学者所谓融资性租赁契约的"中途解约惯行化"现象。⑮

我国融资性租赁业起步较晚,目前主要是大型机械设备的租赁,但在不久的将来总会发展电子计算机等办公机器的融资租赁,所以应当重视上述"中途解约惯行化"现象。我国各租赁公司所使用的契约格式一般规定"禁止单方解约",依民法解释学之反对解释方法,应解释为允许双方合意解约。

(四)瑕疵担保免责特约的有效性

融资性租赁契约中通常明文规定租赁公司不承担瑕疵担保责任,此即所谓瑕疵担保免责特约。如《中国东方租赁公司租赁合同书》第7条规定:如卖主迟延租赁物件的交货,或租赁物件的规格、式样、性能、机能等与购买合同所规定的内容不符,或有不良或瑕疵等情况,甲方(租赁公司)不负责任。在融资性租赁契约所发生的诉讼中,用户往往主张此免责特约于用户显著不利或显失公平,要求确认其无效。

主要国家及地区判例及学者通说从融资性租赁的法律性质及经济目的出发,均承认此种免责特约为有效。其理由如下:(1)任意法规性。民法关于瑕疵担保责任的规定为任意性规定,允许契约双方以特

---

⑭ 参见〔日〕太田丰:《租赁契约的中途终止》,载金融财政事情研究会编:《判例租赁·信用交易法》,第174页。

⑮ 参见〔日〕加藤一郎:《租赁契约的特色——租赁交易法序论》,载加藤一郎、椿寿夫编:《租赁交易法讲座》(上),第14—15页;太田丰:《租赁契约的中途终止》,载金融财政事情研究会编:《判例租赁·信用交易法》,第175页。

约予以变更。(2)制度的本质的要求。多数判例认为,融资性租赁的经济机能在于向用户提供融资,具有金融的性质,因此,瑕疵担保免责特约为融资性租赁制度本身的本质要求。(3)用户的选择责任。融资性租赁契约反映其金融性质,用户基于自己的知识和经验,选定设备的制造厂商,设备的种类、数量、规格、型号、商标牌号等,租赁公司完全按照用户的指定予以购买。因此,因选择错误所产生的结果,应由用户负责。(4)租赁公司缺乏商品知识、信息、经验和处置能力。租赁公司的机能仅在向用户提供融资,不具备关于商品的知识、信息、经验和处置能力,因而不应承担瑕疵担保责任。(5)对用户保护的考虑。融资性租赁契约在规定免责特约的同时,订有损害赔偿请求权让渡约款,即规定将租赁公司在买卖契约上对供应商所享有的损害赔偿请求权让渡给用户,用户可直接向供应商行使请求权。实务中,供应商直接向用户交付保证书的情形日渐增多,据此,在供应商与用户之间应认定为有维修服务契约之预定。因此,在发生瑕疵的场合,用户可以直接向供应商行使请求权。[96] 笔者认为,以上各点均可作为我国确认瑕疵担保免责特约有效的根据。

但是,在某些特殊情形,瑕疵担保免责特约亦可能被确认无效。一是由租赁公司选择决定供应商、设备种类、规格、型号、商标等的情形,租赁公司不能免责。但租赁公司只是向用户介绍、推荐而由用户自己作出选择决定的情形,免责特约仍应有效。二是租赁公司明知有瑕疵而未告知或因重大过失而不知有瑕疵,可因违反诚实信用原则而使免责特约无效。三是租赁公司与供应商有密不可分的关系,如租赁公司为供应商的子公司或有相互提携关系的情形,免责特约亦可能被确认为无效。四是未给予用户以救济手段或用户不能行使请求权的情形,瑕疵担保免责特约应无效。[97]

---

[96] 参见〔日〕庄政志:《从判例法看租赁业者的瑕疵担保责任》,载加藤一郎、椿寿夫编:《租赁交易法讲座》(上),第369—371页。

[97] 参见〔日〕庄政志:《从判例法看租赁业者的瑕疵担保责任》,载加藤一郎、椿寿夫编:《租赁交易法讲座》(上),第372—373页。

(五)用户对供应商的直接请求权

租赁公司瑕疵担保责任免除的前提条件之一及这种免除的必然结果,是用户对供应商直接行使瑕疵担保请求权。关于此直接请求权的理论根据和法律构成,学说和判例提出了各种各样的见解。

1. 两契约收缩的构成

即供应商与租赁公司之间的买卖契约和租赁公司与用户之间的租赁契约,两契约收缩,合为一体,依完全有效的条款,以租赁公司对用户的担保责任全部免除为前提,由供应商对用户直接负担保责任。用户以物件瑕疵及交付迟延为由,有直接对供应商提起诉讼的资格与利益。此为法国维尔文商事法院1967年4月18日判决中所提出,在本案上诉审亚眠法院1967年12月20日判决中得到支持。此后为巴黎商事法院1970年5月19日判决、法国最高上诉法院商事部1972年1月3日判决以买卖契约与租赁契约是不同的两个契约为由,予以排斥。[98]

2. 债务人的交替更改

即租赁契约上的债务人租赁公司,对于债权人用户,用负买卖契约上担保责任的另一债务人供应商替换自己,因此免除自己的瑕疵担保责任。但想要这种更改有效,须以当事者明示的意思,尤其是债权人免除债务人责任的明示意思表示为必要。如当事者意思不完全,即不能达成合意,因而受到批评,为法国最高上诉法院1977年1月26日判决所推翻。[99]

3. 为第三人的契约

即依民法关于为第三人契约的理论,认为在缔结买卖契约时,作为要约人的租赁公司对作为受要约人的供应商,有供应商作为卖主所负担保责任利益由第三人(用户)作为受益者享受的约定,因此承认用户对供应商的诉权。这种法律构成在法国得到多数判例和学者的支持。[100] 在

---

[98] 参见〔日〕织田博子:《法国租赁交易法》,载加藤一郎、椿寿夫编:《租赁交易法讲座》(上),第572页。

[99] 参见〔日〕织田博子:《法国租赁交易法》,载加藤一郎、椿寿夫编:《租赁交易法讲座》(上),第574—575页。

[100] 参见〔日〕织田博子:《法国租赁交易法》,载加藤一郎、椿寿夫编:《租赁交易法讲座》(上),第575—576页。

日本的判例、学说中亦有同样见解。[101]

4. 委任

法国法院多数判例所采取的法律构成,是为第三人的契约并以租赁公司对用户的诉讼委任作为补充。有时亦仅基于委任,承认用户对供应商的诉权。依委任构成,用户作为租赁公司的受托人对供应商行使诉权。采委任构成,用户则为租赁公司提起诉讼,而实际上用户是为自己的利益。因此,委任构成虽为多数判例承认,在学说上仅受到部分学者的支持。[102]

5. 债权让渡

关于用户直接向供应商行使瑕疵担保请求权的法律构成,法国最高上诉法院最终采取了债权让渡说。即依契约条款,租赁公司将自己对于供应商的买卖契约上的请求权,转让给用户。用户因此直接对供应商行使瑕疵担保请求权及损害赔偿请求权。但这一让渡要能对抗供应商,应以通知供应商并得到供应商的承诺为必要。实务上对这种承诺的要求较低,只要供应商在物件交付书上签字或在订货单上签字,即已足。债权让渡说,从用户以自己名义行使买卖契约上的请求权的结果来看,可以避免上述各种构成的不足。但在对供应商的通知和得到承诺这一要件未能满足的场合,法院仍然采用为第三人契约及委任构成。[103] 债权让渡说对于日本判例和学说亦有影响。[104]

6. 损害担保契约

认为在用户与供应商之间成立损害担保契约,承认用户可直接对供应商追究损害赔偿责任。采此法律构成的法院判例有:大阪地判昭51·3·26、大阪高判昭53·8·31及其上告审最高判昭56·4·9。此

---

[101] 基于为第三人契约而肯定用户请求权的判例有大阪地判昭60·7·5,参见金融财政事情研究会编:《判例租赁·信用交易法》,第156页。
[102] 参见〔日〕织田博子:《法国租赁交易法》,载加藤一郎、椿寿夫编:《租赁交易法讲座》(上),第576页。
[103] 参见〔日〕织田博子:《法国租赁交易法》,载加藤一郎、椿寿夫编:《租赁交易法讲座》(上),第576—578页。
[104] 参见〔日〕盐崎勤:《用户与供应商的关系》,载金融财政事情研究会编:《判例租赁·信用交易法》,第48页。

外,日本学者还提出了用户与供应商间实质买卖关系、融资性租赁为三当事者契约关系等法律构成,迄今未被法院判例所采。[105]

上述各种法律构成中,笔者认为,以债权让渡构成最为可采。首先,是债权让渡说直接根据当事人的意思,比之其他构成基于对当事人关系的理论解释,更具合理性。其次,债权让渡说符合融资性租赁交易之实态。例如我国各租赁公司所使用的合同文本均有租赁公司将购买合同中对卖主的索赔权转让给用户的规定。最后,债权让渡构成与将来由法律直接规定用户对供应商的请求权,并不矛盾。依民法原理,债权让渡亦可基于法律的规定而发生。[106]

尤其值得注意的是,巴拿马关于融资性租赁的《第七号法律》(Law No. 7 of 10 July 1990)明文规定承租人有代位权,即承租人有权代位行使出租人基于买卖契约对于设备制造商或供应商的瑕疵担保请求权和损害赔偿请求权。依此规定,当租赁物件与契约不符或有瑕疵时,承租人对供应商有直接请求权。[107]

笔者认为,在我国法律尚未对融资性租赁作出规定前,可采债权让渡构成,以作为确认对供应商直接追究瑕疵担保责任的法律基础。依我国《民法通则》第91条的规定,债权让渡应征得债务人同意。考虑到瑕疵担保请求权之让渡与其他债权让渡不同,不至于对债务人(供应商)有任何不利,且供应商于缔结买卖契约时已明知标的物将出租给用户使用,索赔权转让为融资性租赁交易之惯例,因此解释时不应过分拘泥,应解为仅以通知供应商为已足,不要求供应商有同意的明示。建议我国立法机制定关于融资性租赁合同条例时,明文规定承租人的代位权,即承租人有权代位行使出租人基于买卖合同而对于出卖人的

---

[105] 参见〔日〕盐崎勤:《用户与供应商的关系》,载金融财政事情研究会编:《判例租赁·信用交易法》,第48页。

[106] 参见王家福主编:《中国民法学·民法债权》,法律出版社1991年版,第71页。

[107] See Espino-Sagel, *Panama Introduces New Financial Leasing Law*, L's MCLQ, August 1991, pp. 301–311.

瑕疵担保请求权。[108]

（六）危险负担免责特约的有效性

在传统租赁契约中，租金与标的物之使用收益互为对价，出租人负有保持标的物适于使用收益状态之义务，因不可归责当事人双方之事由致标的物毁损灭失时，其危险应由出租人负担。但融资性租赁契约则相反，这反映其所具有的金融性质。融资性租赁契约设有危险负担免责特约，以排除民法有关租赁契约危险负担规定之适用，而将危险负担移转于承租人。在租赁期间，租赁物件因不可抗力等不可归责于当事人双方之事由而致灭失、被盗及毁损致不能修复的场合，用户不能解除契约，应向租赁公司支付规定损害赔偿金；非因用户之故意过失致租赁物件一部灭失时，用户不得就灭失部分要求租金减额；残存部分不能达成租赁之目的时，用户无权解除契约并应向租赁公司支付规定损害赔偿金。我国各租赁公司所使用的合同书均有此危险负担免责特约。[109]

这里介绍一个关于危险负担免责特约有效性的著名判例：大阪地判昭 51·3·26 判决。案情是在租赁期间，因台风造成水害，租赁物件浸水致丧失机能，租赁公司与用户发生争执，用户拒绝支付规定损害赔偿金。法院判决租赁公司的危险负担免责特约为有效。其判旨大意：融资性租赁契约实质上是承租人购买租赁物件，由出租人向承租人贷与购入资金的融资，意图产生与承租人购入该物件同一的经济效果；租金非物件使用收益之对价，属于物件购买价金、利息及其他经费的分期偿还。承租人始终对租赁物件有现实的支配，其因该物件灭失所受损害，应采用保险予以填补。与传统租赁契约不同，本件契约并不因标的物灭失而终止，承租人亦不能免除租金支付义务。之所以如此，是因为

---

[108] 此承租人代位权，应不包括解除买卖契约请求权。关于瑕疵担保请求权，参见本卷《论出卖人的瑕疵担保责任》一文。

[109] 如《中国环球租赁公司合同书》第 8 条、《中国东方租赁公司合同书》第 9 条。

标的物灭失危险由承租人负担的规定并不造成当事者间显失公平。⑩

主要国家及地区判例和通说均承认租赁公司的危险负担免责特约为有效，理由如下：(1)民法关于危险负担的规定属于任意性规定，允许当事人以特约排除其适用。(2)融资性租赁之经济实质，为租赁公司对于承租人的融资，民法关于金钱债务不得以不可抗力为免责事由的原则亦应适用。(3)危险负担免责特约为保障租赁公司收回所投下资金的必要手段，并不构成经济地位之滥用。(4)租金之计算并非作为物件使用收益的对价。(5)虽说由用户负担危险，实际上由租赁公司办理投保，最终由用户负担的部分很小。(6)从规定损害赔偿金的计算方式来看，并无不当。(7)与由物件形式上的所有者负担危险相比，由具有现实的支配权、对物件使用收益的一方负担更为合理。尤其是关于动产，承租人即使无过失，其设置场所、保管状态等往往对于事故的发生有很大影响。⑪ 上述各点，均可作为我国法院认定免除租赁公司危险负担特约有效的根据。

(七)承租人的违约责任

融资性租赁契约通常对承租人违约责任有明文规定。在承租人不支付租金或有其他违约情事时，租赁公司可以请求立即支付残存租金全额，或者径行解除契约并请求支付规定损害赔偿金或相当于残存租金额的损害赔偿。实践中因而发生三个问题：期限利益丧失；损害赔偿金的支付；损害赔偿金约款的过苛性。

1. 关于期限利益丧失

融资性租赁在每期租金支付期限到来之前，租赁公司无权请求其支付，即承租人对于期限之到来享有期限利益。融资性租赁契约规定，承租人不支付租金或有其他违约情事，租赁公司有权要求即时付清全部租金，即法律上所谓期限利益丧失约款，以期限利益丧失作为对违约人的

---

⑩ 参见〔日〕日野丰：《租赁物件灭失的危险负担与免责特约之效力》，载加藤一郎、椿寿夫编：《租赁交易法讲座》(上)，第386页。

⑪ 参见〔日〕庄政志：《租赁契约与危险负担》，载金融财政事情研究会编：《判例租赁·信用交易法》，第162页。

制裁。发生期限利益丧失之后果,须具备三项要件:(1)有期限利益丧失事由;(2)有期限利益丧失约款;(3)租赁公司行使期限利益丧失选择权。

2. 关于损害赔偿金的支付

在承租人违约时,租赁公司依据约定可以直接解除契约,收回租赁物件并请求承租人支付损害赔偿金。此损害赔偿金或者以相当于残存租金额计算,或者以残存租金额减去中间利息计算,后者又被称为规定损害赔偿金。判例和学说均肯定在承租人违约时,租赁公司有权获得损害赔偿金。因为融资性租赁具有金融的性质,其租金为投入资金之对价,而非物件使用收益的对价,且租赁物件往往不具通用性,为保障租赁公司收回所投入资金,在承租人违约解除契约之后亦应以损害赔偿金名义收取租金金额。

3. 关于损害赔偿金约款的过苛性

在承租人违约的场合,租赁公司不仅收回租赁物件,而且获得一笔数额巨大的损害赔偿金。而在租赁契约完全履行的场合,租赁公司仅可取得租金全额及期满后取得租赁物件之残余价值。因此,产生损害赔偿金约款的过苛性问题。主要国家及地区法律解决此问题有不同方式。下面介绍法国和日本的解决方式。

在法国,依融资性租赁契约,即使用户仅有一次怠于支付租金,租赁公司亦有权解除契约,收回租赁物件,用户还须支付相当于残存租金额的损害赔偿金。为了回避此苛酷的结果,学说上提出了各种理论,但都不足以成为承租人利益的有效防卫手段,最后不得不求助于立法。《1975年7月9日的法律》(第75—597号),授予法官以增加或减少约定损害赔偿金的裁量权。该法对《法国民法典》第1152条作了修改。《法国民法典》原第1152条规定,在契约规定损害赔偿金的情形,法官只能判给约定的金额,禁止法官对约定损害赔偿额作增减。修改后的第1152条规定,在约定的金额明显过大或过小的场合,法官可酌予增减。这使法官拥有干涉当事人约定,协调双方利益冲突的自由裁量权。值得指出的是,巴黎上诉法院于1975—1977年判决的29件案件,有22

件判决减额,其中有 13 件减额 50% 以上。[112]

在日本,租赁公司对于残存租金和租赁物件的双重取得曾经被视为理所当然,不主张进行清算的见解在初期阶段占支配地位。用户一方要求从返还的租赁物件价值中抵偿损害赔偿金。而租赁公司一方则认为,如果否定损害赔偿金,将动摇融资租赁事业之基础。最近的判例则一面承认损害赔偿的请求并无不当,一面却命令租赁公司于中途收回租赁物件的场合,有对于由此所生利益进行清算的义务。鉴于损害赔偿金约款之过苛性,并考虑到租赁公司在经济上的优势地位及采附合契约形式,现时的学说中,主张承认租赁公司负有清算义务的见解占据多数。而在实务中亦已出现在契约书上明订清算条款。按照最高判昭 57·10·19 判决,融资性租赁契约,租赁业者于租赁期间中途从利用者取回租赁物件的场合,即使取回的原因是利用者的债务不履行,除特殊情事外,应将租赁物之返还所取得的利益返还于利用者或者充作租金债权的支付,这从正面肯定了租赁公司的清算义务。清算的对象为租赁物件返还时所具有的价值,与本来租赁期间届满时应有的残存价值之差额。[113]

我国各租赁公司的合同书中均规定有期限利益丧失约款和损害赔偿约款。例如《中国东方租赁公司合同书》第 13 条规定,如乙方不支付租金或违反本合同任何条款时,甲方有权采取下列一部或全部措施:(1)要求即时付清租金或其他费用之全部或一部;(2)径行终止本合同,收回租赁物件,并要求乙方赔偿损失。又如《中国环球租赁公司合同书》第 10 条规定,如乙方不支付租金或违反本合同其他条款,甲方有权要求乙方即时付清租金和其他费用;或收回租赁物件,并自行处置,所得款项充抵乙方应付租金及迟延利息,不足部分应由乙方赔偿(这

---

[112] 参见〔日〕织田博子:《法国租赁交易法》,载加藤一郎、椿寿夫编:《租赁交易法讲座》(上),第 580—582 页。

[113] 参见〔日〕太田丰:《租赁物件之中途收回与清算之要否》,载《判例租赁·信用交易法》,第 178—179 页;〔日〕伊藤进:《从判例法看因不付租金中途收回租赁物件与残存租金请求及清算义务》,载加藤一郎、椿寿夫编:《租赁交易法讲座》(上),第 425—430 页。

一规定已经包含了清算条款)。参考国外的经验,并结合我国实际,笔者认为,关于承租人的违约责任应确立下述原则:一是期限利益丧失选择权与契约解除权不得一并行使;二是在行使契约解除权收回租赁物件时,租赁公司应负清算义务,即以租赁物件收回时所具有的价值减去租赁期满时应有残存价值之差额,抵偿残存租金额或损害赔偿金额。此清算义务不以契约订有清算约款为前提;三是约定损害赔偿金额显著过高或过低时,法院应有酌予增减之裁量权。

(八) 关于承租人破产

1. 解除约款的有效性

融资性租赁契约中通常规定,遇承租人停产、关闭、破产时,租赁公司有权解除契约,收回租赁物件并要求支付损害赔偿金。此即契约解除约款。关于此解除约款是否具有法律效力,学说上有两种不同见解。一为肯定说,认为租赁公司为预防在承租人陷于破产时因适用破产程序而使自己利益受到限制或损失,预先设立契约解除约款,依民法契约自由之基本原则,当然应为有效。二为否定说,认为依破产法,租赁物件应加入破产人总财产,在全体债权人间进行公平分配,如承认解除约款的效力,将使租赁公司立于比其他债权人优越之地位,为求债权者间的利益平衡,应否定此解除约款的效力。[114] 笔者认为,融资性租赁为具有租赁与融资双重性质之新型契约,其解除约款与其他约款如瑕疵担保免责特约及危险负担免责特约等,均系保障租赁公司收回所投入资本的必要手段,为这一制度本身的要求,且契约当事人预先约定解除约款完全符合民法契约自由之基本原则,因此赞同肯定说。依此说,于承租人陷于破产时,租赁公司可依据解除约款,行使契约解除权,解除融资性租赁契约,收回租赁物件并请求损害赔偿。需说明的是,租赁公司收回租赁物件后亦负有清算义务,此与因承租人违约而收回租赁物件的情形相同。

---

[114] 参见〔日〕盐崎勤:《租赁交易与破产》,载加藤一郎、椿寿夫编:《租赁交易法讲座》(上),第217—218页。

2. 因债务不履行而解除契约

在承租人破产之前,因迟延支付租金,租赁公司已有解除租赁契约的意思表示,其解除当然应为有效,租赁公司因而可以请求返还租赁物件并要求支付损害赔偿金。学说上对此并无疑问,而产生问题的是,在承租人破产前,有不支付租金之事实而租赁公司尚未有解除契约的意思表示,在破产手续开始后还能不能解除契约? 学说上有分歧意见。一是消极说,认为破产手续开始后,债权人非依破产手续不得请求履行债务,就这一意义上说,债务不履行的状态已经消失,因此债权者不能以债务不履行为理由要求解除契约。二是积极说,认为在破产手续开始前债权人已经取得解除权,破产管理人因受此解除权的对抗,应依破产手续处理。从实质上考虑,破产手续开始前作为解除原因的债务不履行已经存在,暂时未行使解除权的债权人如果一旦破产手续开始就一概不能行使解除权,则对债权人显然过苛。因此,应解为债权人(租赁公司)在破产手续开始后可以行使契约解除权。[115] 显而易见,上述两说中以积极说为合理。

3. 破产管理人的选择权

通说认为,融资性租赁契约于承租人陷于破产时,应依破产法使破产管理人享有选择权:破产管理人有权选择继续履行契约或者解除契约。如果他选择继续履行契约,则租金债权不作为破产债权处理,而应优先于破产债权受清偿,如破产管理人怠于支付租金,则租赁公司可以解除契约,请求返还租赁物件并要求损害赔偿。如果破产管理人选择解除契约,则应返还租赁物件于租赁公司,而残存租金债权则作为破产债权处理。[116] 而在实际上,破产管理人选择继续履行契约的情形极为稀少,大多数情形均选择解除契约。[117]

---

[115] 参见〔日〕盐崎勤:《租赁交易与破产》,载加藤一郎、椿寿夫编:《租赁交易法讲座》(上),第219页。

[116] 参见〔日〕盐崎勤:《租赁交易与破产》,载加藤一郎、椿寿夫编:《租赁交易法讲座》(上),第227—228页。

[117] 参见〔日〕伊藤真:《租赁契约与破产事件手续》,载金融财政事情研究会编:《判例租赁·信用交易法》,第212页。

在论及承租人破产之后,应顺便谈到作为出租人的租赁公司破产,虽然租赁公司破产的事例极少。租赁公司陷于破产的情形,其破产管理人能否解除租赁契约?学者之通说采否定的见解。其理由如下:(1)若认租赁公司之破产管理人有解除契约之权,将违背当代法律注重保护承租人之基本精神;(2)无可归责于承租人之原因,因租赁公司之破产而解除契约,剥夺承租人对租赁物件之使用权,成为对承租人期待权的严重侵害;(3)从融资性租赁的性质看,租赁公司收回租赁物件后仍须变卖,能卖得几许价款尚是问题,而收回租赁物件必然使承租人遭受重大损害,此损害赔偿请求权只能作为破产债权处理,其结果对承租人极为苛酷。[118] 基于上述理由,不应允许租赁公司破产管理人有解除契约之权。

(九)对第三人的侵权行为责任

因租赁物件本身及其设置、保管、使用等致第三人遭受损害,通常有以下四种情形:(1)租赁物件为汽车等交通运输工具,因交通事故致第三人遭受损害,发生交通事故责任;(2)因租赁物件本身具有缺陷而造成他人的人身和财产损害,发生产品责任;(3)租赁物件为建筑物(不动产融资租赁)或构成建筑物之一部,因倒塌、脱落等致他人遭受损害,发生建筑物责任;(4)因租赁物件侵犯他人知识产权,发生侵犯知识产权的责任。本文只论及前两种责任。

1. 交通事故责任

按照我国《民法通则》第 123 条的规定,因高速运输工具造成他人损害时,应由高速运输工具的经营者承担无过错责任。在发生交通事故的车辆属于融资性租赁之标的物时,究竟应由承租人还是租赁公司承担损害赔偿责任?关键在于判断谁是高速运输工具的经营者。依民法学说,判断经营者的标准有两条:运行支配和运行利益。对车辆之运行拥有运行支配并享受运行利益之人,为经营者,应对车辆所造成他人

---

[118] 参见〔日〕盐崎勤:《租赁交易与破产》,载加藤一郎、椿寿夫编:《租赁交易法讲座》(上),第 237 页。

损害负赔偿责任。⑲ 显然,承租人对于车辆之运行拥有运行支配和享受运行利益,应作为经营者承担损害赔偿责任。对此不应有疑问。有疑问者为租赁公司应否承担赔偿责任,因为租赁公司为车辆之所有人,其将车辆出租给承租人使用,从承租人收取租金,应否认为对于车辆之运行亦享受运行利益。按照通说,融资租赁虽采租赁契约之法律形式,而其实质为租赁公司对承租人的融资,所收取的租金实际上是所投下资金的分期偿还,与租赁物之使用收益并非对价关系,即使因不可抗力致租赁物件灭失毁损,承租人不能使用收益,其租金支付义务亦不因而消灭。可见此所谓租金仅具有形式的意义,不能以租赁公司按期收取租金而认定其享受运行利益。因此,租赁公司不应承担交通事故的损害赔偿责任。

2. 产品责任

按照我国《民法通则》第122条的规定,因产品具有缺陷致产品之消费者、使用者遭受人身和财产损害时,应由产品之制造者或销售者承担无过错责任。⑳ 在租赁物件因具有缺陷发生人身财产损害时,承租人既非产品之制造者,也非产品之销售者,当然不应承担赔偿责任。其应由租赁物件之供应商或制造者承担赔偿责任,应是毫无疑问。租赁公司虽非制造者,但依契约条款,租赁期届满,用户行使购买选择权,以支付残值为代价取得租赁物件之所有权时,租赁公司应否作为销售者承担赔偿责任,难免产生疑问。应解释为租赁公司不应作为销售者承担赔偿责任,理由如下:(1)融资性租赁在实质上乃是租赁公司对于用户的融资,在融资性租赁交易中,租赁公司是以资金换取收益,而非以商品换取收益,其经济地位接近于金融业者,而异于贩卖业者;(2)在融资性租赁中,租赁公司并不与租赁物件直接发生联系,不具备有关的商品知识、信息、检测技术和手段;(3)融资性租赁交易之实态,不过是用户从供应商购买物件而由租赁公司垫付价款,租赁公司之取得所有

---

⑲ 参见梁慧星:《论制定道路交通事故赔偿法》,载《法学研究》1991年第2期。
⑳ 参见梁慧星:《论产品制造者、销售者的严格责任》,载《法学研究》1990年第5期。

权乃是作为收回投下资金之担保,因此实质买卖关系存在于用户与供应商之间。

融资性租赁契约中通常规定:因租赁物件本身及其设置、管理、使用等原因致使第三人遭受损害时,应由承租人负赔偿责任。此项规定应有商榷余地。如上所述,因租赁物件所生对第三人的侵权行为责任,属于交通事故责任时,依法应由承租人承担赔偿责任;属于缺陷产品致损的产品责任时,依法应由供应商或制造商承担赔偿责任,而承租人并不负责。无论属于交通事故责任或产品责任,租赁公司均不负赔偿责任。

五、后记

融资性租赁这一新型契约制度是第二次世界大战以后现代化商品经济高度发展的产物,其法律结构、经济功能和民事权利义务关系相当复杂,向我们提出了许多前所未见的法律理论问题。民法学者有义务去研究这些实践中提出的新课题,广泛参考借鉴国外最新判例和学说,结合我国在这方面的实践经验,及时作出理论的概括和解释。本文如有不当,请读者赐正。

中国环球租赁公司法律部张稚萍女士建议笔者研究这一课题,为笔者搜集提供了大部分中外文资料,其中包括张稚萍女士以《论融资租赁和我国融资租赁立法》为题的硕士学位论文,并为本文若干重要论点提供了宝贵意见。谨此致谢。

论农业生产责任承包合同[*]

在我国社会主义国营经济和集体经济组织内部,随着生产责任制和经济责任制的逐步建立和完善,各种责任承包合同得到广泛运用。国营和集体经济组织内部因实行联产计酬责任制所产生的经济联系,成为法律上的权利义务关系。由合同所规定下来的权利和义务,受国家法律的保护,任何一方违反合同规定,不履行或不正确履行义务,均应受到法律规定的经济制裁。责任承包合同是我国合同法律制度中的一种新的合同类型,责任制是这类合同的经济本质和内容,而合同则是责任制所采取的必要的法律形式。《全国农村工作会议纪要》要求,"实行各种承包责任制的生产队,必须抓好订立合同的工作,把生产队与农户、作业组、专业人员之间的经济联系和双方的权利义务用合同形式确定下来"。

合同制度已经如此发达,产生了各种不同的合同种类。合同形式的适用越来越广泛,有的已超出了商品交换的范围,一些不属于商品交换的社会关系也同样采用合同作为法律形式。责任承包合同正是如此。我们说责任承包合同是我国合同法律制度中的一种新型的特殊合同,它具有与其他经济合同不相同的法律特征:①它所反映的不是商品交换关系,而是生产组织关系或经营管理关系;②它所反映的这种生产组织关系或经营管理关系,不是整个国民经济中或不同的经济组织之间的关系,而是单个国营或集体经济组织内部的关系,因此责任承包合

---

[*] 本文原载《学习与探索》1984年第1期。

同通常又称为内部合同;③由于它反映的是内部关系,这就决定了责任承包合同的主体中,一方必须是另一方的内部组织或成员,双方共处于一种行政上的隶属关系(一方是生产队,另一方是该生产队的农户、作业组或社员);④责任承包合同的主体不要求法人资格,农村社员在签订责任承包合同时也不是以公民资格,而是以经济组织内部成员的资格。这一点非常重要。生产队与生产队之间,农户与农户之间,生产队与不属于该生产队的农户或者个人之间,都不能签订生产责任承包合同。如果不坚持这一点,必然会混淆生产责任合同与其他合同,例如租赁合同和承揽合同,在实践中造成混乱,影响我国农村经济的社会主义性质。有的地方生产队将山林和鱼塘等包给不属于本生产队的农户或个人,这种合同不是生产责任承包合同,而属于普通租赁合同或承揽合同。

生产责任承包合同分为两种不同形式,即包产合同与包干合同。包产合同形式适用于实行包产到户责任制和专业承包责任制的生产队,包干合同形式则适用于实行包干到户责任制的生产队。

包产到户责任制和专业承包责任制均须由生产队与农户、专业队组或个人签订包产合同。合同内容一般包括:生产任务(产量、产值、利润等)、生产资料(土地、机器、房屋设施及用具等)、集体投资、时间要求、奖赔办法及其他协议事项。包产合同与承揽合同颇为类似,属于以完成一定工作为内容的合同。按照包产合同,承包户应由自己承担责任完成生产队交给的生产任务,超过包产指标部分的劳动成果,应按照合同规定全部归承包户所有。如果未完成包产任务,减产部分则应由承包户负责赔偿。

须加注意的是,包产合同在本质上不同于承揽合同。承揽合同反映社会经济流转领域中,经济组织之间、经济组织与公民之间以及公民相互之间提供服务(如加工、维修)的关系。而包产合同在本质上是社会生产领域中,经济组织内部的经营管理关系或生产组织关系。承揽合同的主体只能是法人或具有权利能力和行为能力的公民。而包产合同的主体一方是生产队,另一方是该生产队的内部组织如作业组、专业队，或者是该生产队的社员。承揽合同是商品交换的法律形式，承揽人依据承揽合同所获得的货币报酬，是他所提供的服务即为完成一定工作所付出的劳动的商品价格。而包产合同却不具有商品交换的性质，承包户依据包产合同所获得的工分及超产部分，并不是他为完成包产任务所付出劳动的价格或价值。超产部分是生产队对承包户完成包产任务所给予的物质奖励。

包产合同双方当事人所享有的权利。承包户的权利：①在保证完成包产任务的前提下，进行自主劳动的权利；②有获得完成包产任务所必需的生产投资、种子、化肥和农药的权利；③有使用生产队大中型农机具及水利设施的权利；④根据完成包产任务的情况获得相应的工分报酬的权利；⑤在超额完成包产任务时，按照合同的规定有获得超产部分产品或对超产部分分成的权利。生产队的权利：①对承包户的生产经营活动有计划管理和进行监督的权利；②有取得合同规定的包产部分产品或产值的权利；③有按照合同规定比例对超产部分产品或产值进行分成的权利；④在合同规定期限届满后，有权重新调整承包地段。

包产合同当事人双方应承担的义务。承包户的义务：①服从生产队计划管理和监督的义务；②按照合同规定各项指标完成包产任务的义务；③将生产的产品或产值如实报告生产队的义务；④按照合同规定将包产部分及超产应交集体的部分保质保量上交生产队的义务；⑤保质保量完成合同规定的农业基本建设投工数和其他集体用工数的义务；⑥根据实际需要对承包地段上的小型田间工程进行维护修理的义务。生产队的义务：①按合同规定保证按时供应资金及种子、化肥、农药等生产资料；②合理安排耕畜、大中型农机具及水利设施的使用；③按照合同的规定给付工分报酬；④统一安排推广良种、科学种田和病虫害防治工作；⑤对承包户提供必要的技术指导。

包产到户及专业承包责任制是以集体经营和统一核算为基础的，而包干到户责任制则是以分户经营和自负盈亏为基础的。包干到户是在坚持生产队体制不变、基本生产资料公有制不变的前提下，生产队农田承包给农户，牲口、小型农具分户管理使用，产品不再按工分进行分配,而是实行包交提留的办法,即"保证国家的,留够集体的,剩下都是自己的"。它既兼顾了国家、集体、社员三者的利益,又充分体现了多劳多得的分配原则,是社会主义农业生产的一种行之有效的责任制形式。包干到户责任制是从包产到户责任制派生出来的,两者的区别仅在于分配方法不同,一个是统一分配,另一个是按合同分配。包干到户责任制的优点在于方法简便易行,减少了定工、定产、定成本,以及交产记工、核算分配等复杂程序,省略了将产品统一交队又再分回来的手续,有利于进一步克服平均主义,减轻农民负担。同时,产量高低、费用多少与承包户利益直接联系,有利于讲求经济效益,能充分调动广大社员群众的积极性,促进生产的恢复和发展。这种责任制适应于生产力水平和经营管理水平比较低的队及队员居住分散的生产队。

  实行包干到户的生产队,对承包土地的划分应本着有利耕作、有利排灌的原则,进行合理搭配,一般按人劳比例承包。社员对所承包的土地,只有使用权,没有所有权。一般是参照前三年的平均产量和当年的增产条件确定产量指标,作为包干上交的依据。可以一年一定,也可以一定几年。每年的定产指标,都应有适当的增产幅度。社员向生产队上交的内容:一是国家征购任务和农业税;二是上交集体提留的公积金、公益金、管理费、干部误工补贴以及对困难户的补助等。另外,还应根据当年需要确定每户社员担负的基本建设用工、义务工及其他集体用工数。在民主讨论的基础上,由生产队与承包户签订包干合同。合同内容因农、林、牧、副、渔、工各业而略有不同,但一般应包括下列主要内容:承包的生产资料(如土地、耕畜、农机、固定设备等),交付承包户使用的流动资金,产量或产值,包干上交任务,时间要求,奖赔办法,农业基本建设用工、义务工和其他协议条款。

  包干合同以转移生产资料使用权为主要内容。在这一点上与包产合同不同。包产合同属完成一定工作的合同。在包干合同中,没有将包产部分产品全部上交生产队,再由生产队给承包户评记工分的内容。这是由于实行包干到户责任制的生产队取消了生产队统一核算的分配形式,而包干合同直接作为分配的手段。承包户按合同规定上交国家征购、农业税及集体提留以后,剩下的劳动成果全归自己所有。因此,包干合同不仅是经营管理的法律形式,也是一种分配的法律形式。这是它与包产合同的另一个重大区别。

从法律特征上看,包干合同类似于租赁合同,两者均属于转移财产使用权的合同。按照租赁合同,承租人获得租赁财产的使用权,他必须按合同规定向出租人交付租金。在租赁合同终止时,承租人必须将租赁财产归还出租人。同样,按照包干合同,承包人获得所承包的土地、耕畜、农机及工副业设施,如磨房、砖窑等的使用权。合同终止时,他必须将上述土地、耕畜及其他生产资料归还生产队。两者的区别主要在于,包干合同的承包人并不向生产队交付租金。他按照包干合同的规定上交给生产队的产品或货币,不是所承包耕地及其他生产资料的租金,而是他按所承包土地及劳力所分摊的农业税金、征购任务和集体提留的公积金、公益金、干部误工补贴、五保户和困难户的补助等,完全不具有商品交换的性质。而租赁合同是商品交换的法律形式,租金是承租人购买租赁财产使用权所付出的价格。可见,包干合同与租赁合同具有完全不同的本质。当前,严格划清包干合同与租赁合同的界限,在理论上和实践上均具有特别重要的意义。

包干合同双方当事人应享有的权利:

承包户的权利:①对他所承包的各项生产资料(如土地、耕畜、农机及工副业设施)享有使用权。②对所承包的耕地及其他生产项目有进行自主经营的权利。但这种自主权并不是无限制的,也不等于自由种植。承包户必须按照合同规定的品种、面积进行种植。因为合同规定的品种、种植面积是根据国家给生产队的统购派购计划及生产队与有关部门签订的农副产品预购合同确定的。承包户只有严格按照承包合同所规定的各项指标进行生产,才能保证国家统购派购计划和预购合同任务的完成。承包户在保证完成合同规定品种数量的前提下,可以根据市场需要安排生产,不受干预。③承包户有使用生产队或大队所有大中型农机具及水利设施的权利。④有要求生产队保证按时供应化肥、农药、良种的权利。⑤承包户在交足国家农业税、征购任务及集体提留以后,对余下的产品和劳动成果有完全的所有权,可以自己享用或出售。

生产队的权利:①对承包户的生产经营活动有计划管理和监督的权利。生产队将国家下达的农副产品统购派购计划及同有关部门签订的预购合同任务,按土地和人劳比例分配给承包户。在国家下达的计划调整时,生产队有权修改和变更包干合同规定的相应指标。生产队对承包户的生产经营活动有管理和监督权,在发现承包户未按合同规定种植或有可能完不成上交任务时,有权责令承包户纠正不当行为并采取有效的补救措施。②生产队有获得合同规定的集体提留部分的权利。③在包干合同终止、承包户无力经营或转营他业时有收回承包耕地及其他生产资料的权利。④遇特殊情形有对承包土地进行适当调整的权利。

包干合同双方当事人应承担的义务:

承包户的义务:①保证完成国家农业税和征购任务的义务;②服从生产队计划管理和监督的义务;③按照合同规定向生产队交足集体提留的义务;④按照合同规定完成农业基本建设用工、义务工和其他集体用工的义务;⑤必须自己从事劳动的义务。劳弱户在自己劳力不足的情况下可以变工、换工或在农忙时请人帮忙,但他不得将所承包的土地和设施转包、出租;⑥承包户负有合理使用和保护承包土地、设施的义务。但不得在承包耕地上葬坟、盖房、起土或改作他用如改为砖瓦窑,更不得破坏和荒废;⑦在合同终止,在无力经营或转营他业时,有将承包耕地、耕畜、农机、工副业设施及其他生产资料完好地归还生产队的义务。

生产队的义务:①生产队应合理统筹安排大中型农机具和水利设施供承包户使用;②向承包户提供良种和技术指导;③向承包户提供化肥、农药或者合理分配计划供应指标;④统一安排和组织抗御自然灾害和防治病虫害。

在推行生产责任承包合同中,必须坚持在国家计划指导下保障农户的生产经营自主权,不允许借口生产经营自主权而削弱和摆脱国家计划指导,必须坚持在合同中规定生产队的计划管理和监督权利及承包户服从这种管理和监督的义务。那种认为合同只需规定承包户一年交多少钱粮,由承包户自由种植的想法是不妥当的。有的生产队放弃计划管理和监督,听任承包户随心所欲、自由种植,到市场上购买或到有关部门购买粮食、棉花等产品来充抵计划任务。这种倾向必须制止。国家统购、征购和派购的农副产品,特别是粮食、棉花、油料、烟叶、茶叶、地方特产及供应城市的蔬菜等产品,必须严格按计划生产。要把国家计划任务落实在承包合同中,用合同形式保障计划的实现。同时,要进行深入细致的思想教育工作,增强计划观念和法治观念,教育农民自觉完成国家计划和合同任务。不这样做,而听任农户自由种植,就会冲垮国家计划。有的地方在签订合同时不规定生产队的义务,承包户得不到必要的农药、化肥和良种供应。有的地方未能恰当地统筹解决集体农机具、耕畜、水源使用问题,致使承包户之间为使用农具、耕畜及用水发生纠纷,甚至酿成刑事案件。有的干部认为签订了承包合同,就一切问题都解决了,因而放弃领导和管理,忽视思想教育工作。生产责任承包合同,是我国农村集体经济的一种经营管理的法律形式。恰当地运用包产合同或包干合同形式,可以正确协调集体利益和个人利益,做到国家、集体和个人利益三者兼顾,发挥集体统一经营和劳动者自主经营两个积极性,促进我国社会主义农业经济的发展。但是,合同这种形式并不能代替集体经济的全部领导工作和管理工作,更不能代替思想政治工作。夸大合同的作用,以为合同可以解决一切问题,这是不现实的,并且是有害的。

保证保险合同纠纷案件的法律适用[*]

引 言

从20世纪90年代后期开始,我国保险业推出一种名为保证保险的新险种,例如机动车消费贷款保证保险。由于保证保险本身的特殊性,导致人民法院审理保证保险合同纠纷案件在法律适用上发生分歧。本文的目的是为人民法院审理这类案件提供参考意见。

一、什么是保证保险?

(一)保证保险合同的投保人

《保险法》第10条第1、2款规定:"保险合同是投保人与保险人约定保险权利义务关系的协议。投保人是指与保险人订立保险合同,并按照保险合同负有支付保险费义务的人。"机动车消费贷款保证保险合同的投保人,是借款合同的债务人,亦即从银行借款用于购买机动车的买车人。

(二)保证保险合同的被保险人

《保险法》第22条第2款规定:"被保险人是指其财产或者人身受保险合同保障,享有保险金请求权的人,投保人可以为被保险人。"按照这一规定,投保人和被保险人可以是同一人,也可以是不同的人。保证保险合同的投保人与被保险人就是不同的人,投保人是借款合同的债务人;被保险人是借款合同的债权人。

---

[*] 本文写作于2006年2月20日。

（三）保证保险合同的保险标的

《保险法》第12条第4款规定："保险标的是指作为保险对象的财产及其有关利益或者人的寿命和身体。"保证保险合同的保险标的，是借款合同债务的履行。

（四）保证保险合同的保险利益

《保险法》第12条规定，投保人对保险标的应当具有保险利益。投保人对保险标的不具有保险利益的，保险合同无效。保险利益是指投保人对保险标的具有的法律上承认的利益。

我们看到，在保证保险合同中，保险标的是借款合同债务的履行，而此债务的履行对借款合同的债权人有利，对借款合同的债务人不利。可见，在现实中的保证保险合同中，投保人自己对于保险标的并不具有保险利益，与《保险法》第12条关于投保人对保险标的应当具有保险利益的规定，显然不合。

（五）保证保险合同的保险事故

《保险法》第17条第5款规定："保险事故是指保险合同约定的保险责任范围内的事故。"保证保险合同的保险事故，是借款合同债务的不履行，即债务人违约。

按照保险法原理，保险事故必须是客观的、不确定的、偶然发生的危险，换言之，保险事故之是否发生应不受保险合同当事人主观方面的影响。但保证保险合同的保险事故，是投保人自己不履行债务的行为，此保险事故之是否发生，取决于投保人自己的主观意愿。如果投保人履行债务，保险事故就不发生；反之，投保人不履行债务，保险事故就发生。而投保人不履行债务，除遭遇死亡、丧失劳动能力、陷于破产等特殊情形外，均属于投保人故意不履行债务。可见保证保险合同的保险事故，与保险法原理不合。

（六）小结

因为保险人所承保的保险事故，是投保人不履行债务，而该保险事故之是否发生，主要是由投保人主观方面决定的，不符合关于保险事故必须是客观的不确定事故的保险法原理。因此，我们可以断言，现今所谓保证保险合同,不是真正意义上的保险合同。又由于保证保险的保险事故之是否发生,实际上是由投保人主观方面决定的,因此保证保险本身就包含着投保人故意不履行债务,造成保险事故发生的可能性。换言之,保证保险本身包含保险诈骗的危险。

二、保证保险与信用保险

在保险实务中,与保证保险类似的是信用保险,二者容易混淆。保证保险和信用保险,均以债务履行为保险标的,均以债务人届期不履行债务为保险事故,差别仅在于投保人不同。在保证保险中,投保人是借款合同的债务人;在信用保险中,投保人是借款合同的债权人。

在信用保险中,投保人(债权人)对于保险标的(债务履行)具有保险利益,且保险事故(债务不履行)之是否发生,不受投保人(债权人)的影响,属于客观存在的不确定风险。实质上是,借款合同的债权人以支付保险费为代价,将债务不履行的风险转嫁给保险人。因此,信用保险,完全符合保险法关于保险标的、保险事故和保险利益的规定,属于真正的保险合同。

在保证保险中,投保人(债务人)对于保险标的(债务履行)不具有保险利益,且保险事故(债务不履行)之是否发生,实际上取决于投保人(债务人)的主观意愿,不符合保险事故必须是客观的不确定风险的基本原理。保证保险不符合《保险法》关于保险标的、保险事故和保险利益的规定,不是本来意义上的保险合同。

三、保证保险合同的定性和法律适用

我们已经看到,所谓保证保险,与保险法原理和现行《保险法》的规定多有不合,因此所谓保证保险并不是本来意义上的保险。当事人订立保证保险合同,是借用保险合同的形式,实现担保债务履行的目的。换言之,所谓保证保险合同,形式和实质是不一致的,是采取保险形式的一种担保手段。这一判断与中国保监会和最高人民法院的认识是一致的。

1999年8月30日,中国保监会在《关于保证保险合同纠纷案的复函》(保监法〔1999〕16号)中指出,保证保险是财产保险的一种,是保险人提供担保的一种形式。2000年8月28日,最高人民法院《对湖南省高级人民法院〈关于中国工商银行郴州市苏仙区支行与中保财产保险有限公司湖南省郴州市苏仙区支公司保证保险合同纠纷一案的请示报告〉的复函》(〔1999〕经监字第266号)中指出,保证保险虽是保险人开办的一个险种,其实质是保险人对债权的一种担保行为。

正确认定保证保险合同的性质,对于人民法院审理保证保险合同纠纷案件具有重要意义。既然保证保险采用保险合同的形式,属于"财产保险的一种",则人民法院审理保证保险合同纠纷案件就应当适用保险法的规定;既然保证保险的实质是"保险人对债权的一种担保行为",则人民法院审理保证保险合同纠纷案件也应当适用担保法关于人的担保(保证合同)的规定。

根据保证保险合同的形式与实质的关系,人民法院审理保证保险合同纠纷案件,应遵循以下法律适用原则:

第一,对于保险法和担保法均有规定的事项,应当优先适用保险法的规定;

第二,保险法虽有规定但适用该规定将违背保证保险合同的实质和目的的情形,应当适用担保法的规定,而不应当适用该保险法的规定;

第三,对于保险法未有规定的事项,应当适用担保法的规定。

四、法律适用的具体问题

(1)《保险法》第12条第1、2款规定:"投保人对保险标的应当具有保险利益。投保人对保险标的不具有保险利益的,保险合同无效。"当事人订立保证保险合同,是借用保险合同的形式,达成担保借款合同债务履行的目的,投保人(债务人)对于保险标的(债务履行)不具有保险利益,正是保证保险合同的本质和目的所决定的。因此,人民法院审理保证保险合同纠纷案件,不能适用《保险法》第12条的规定。换言之,人民法院不得支持被告(保险人)以违反《保险法》第 12 条的规定为由请求确认保证保险合同无效的主张。

(2)《保险法》第 28 条第 2 款规定,"投保人、被保险人或者受益人故意制造保险事故的,保险人有权解除保险合同,不承担赔偿或者给付保险金的责任"。保证保险合同并不是本来意义的保险,而是采用保险合同的形式达成担保债务履行的目的,保险人所承保的不是不确定的客观风险。除投保人(债务人)遭遇死亡、丧失劳动能力、陷于破产等客观原因外,保险事故之发生(不履行债务),均属于"投保人"(债务人)故意为之,均可构成投保人"故意制造保险事故",如根据《保险法》第 28 条的规定,免除保险人给付保险金的责任,势必造成保证保险合同的目的落空,违背保证保险合同的本质和目的。因此,人民法院审理保证保险合同纠纷案件,不得适用《保险法》第 28 条的规定。换言之,人民法院不得支持被告(保险人)以违反《保险法》第 28 条为由请求免于承担给付保险金责任的主张。

(3)《保险法》第 45 条第 1 款规定:"因第三者对保险标的的损害而造成保险事故的,保险人自向被保险人赔偿保险金之日起,在赔偿金额范围内代位行使被保险人对第三者请求赔偿的权利。"本条能否作为承担了给付保险金责任的保险人向债务人追偿的法律根据?因为债务人即投保人,属于保证保险合同的当事人,不是保证保险合同当事人之外的"第三者",不符合《保险法》第 45 条关于保险代位权的规定。因此,人民法院不能以本条作为认可承担了给付保险金责任的保险人向债务人追偿的法律根据,而应当以《担保法》关于保证人代位权的规定作为根据,亦即《担保法》第 31 条的规定:"保证人承担保证责任后,有权向债务人追偿。"换言之,承担了给付保险金责任的保险人向债务人追偿,其法律依据不是保险法上的保险人代位权,而是担保法上的保证人代位权。

(4)《担保法》第 5 条规定:"担保合同是主合同的从合同,主合同无效,担保合同无效。担保合同另有约定的,按照约定。担保合同被确认无效后,债务人、担保人、债权人有过错的,应当根据其过错各自承担相应的民事责任。"

保证保险合同是用来保证借款合同债务的履行的担保手段,因此借款合同是保证保险合同的基础关系。作为基础关系的借款合同被认定无效,导致保证保险合同的保险标的消灭,因此保证保险合同亦应无效;但保证保险合同被认定无效时,作为其基础关系的借款合同并不因此无效。此与保证合同与基础合同的关系是一致的。因此,人民法院审理保证保险合同纠纷案件,于保险人证明投保人构成保险欺诈(骗保骗贷)的情形,应当适用《担保法》第5条的规定认定保证保险合同无效,并根据保险人过错程度判决保险人对于原告(被保险人)所受损失承担相应的责任。

这里介绍东莞市中级人民法院《关于平安保险东莞支公司与建行东莞市篁村支行、陈国彭保证保险合同纠纷上诉案审理报告》中的相关内容:由于该保证保险合同实际上是以保险合同形式表现出来的担保合同,具有担保合同的功能,根据担保法有关规定,主合同无效导致担保合同无效的,担保人无过错的,不承担责任;担保人存在过错的,应承担过错赔偿责任。而导致本案所涉合同无效的根本原因在于陈国彭的欺诈行为,但保险公司在陈国彭提供一系列虚假购车文件进行投保的情况下,没有履行严格审查义务,最终与陈国彭签订了保险合同并收取了保费,故此保险公司在签订保证保险合同过程中也存在一定的过错,应当对本案借款损失承担一定的赔偿责任。根据最高人民法院《关于适用〈中华人民共和国担保法〉若干问题的解释》第8条的规定,认定上诉人保险公司应对陈国彭不能清偿的案涉债务承担1/3的赔偿责任。综上内容,我认为,这一法律适用和责任认定是正确的。

(5)《担保法》第28条规定:"同一债权既有保证又有物的担保的,保证人对物的担保以外的债权承担保证责任。债权人放弃物的担保的,保证人在债权人放弃权利的范围内免除保证责任。"人民法院审理保证保险合同纠纷案件,如果对于保险标的另有抵押担保,则应当适用《担保法》第28条的规定,先执行抵押担保,保险人仅对于执行抵押担保未能清偿的债务承担给付保险金责任。被保险人(债权人)放弃抵押担保的,保险人在被保险人(债权人)放弃权利的范围内免除给付保险金责任。

(6)保险人可否以被保险人未对投保人(借款人)进行资信审查为由主张免于承担给付保险金的责任?

《保险法》第17条第1款规定:"订立保险合同,保险人应当向投保人说明保险合同的条款内容,并可以就保险标的或者被保险人的有关情况提出询问,投保人应当如实告知。"此投保人的"如实告知"关系保险人的重大利益。按照该条第2—4款的规定,如投保人的"告知"不实,保险人有权解除保险合同并拒绝承担保险赔付的责任。因此,根据该条的规定,应当认为保险人对投保人的"告知"内容负有主动审查义务。

银行在发放贷款时要求借款人向指定的保险公司投保保证保险,并以保证保险合同的签订作为借款合同的生效条件,目的是让保险人承担借款人不能还款的风险。可见银行之所以签订借款合同,是信赖保险人对借款人资信的审查及在借款人不能还款时保险人将代其承担还款责任。因此,被保险人在订立借款合同时对借款人(投保人)的资信情况是否审查,与保证保险合同无关。人民法院审理保证保险合同纠纷案件,不得支持保险人以被保险人对借款人(投保人)未进行资信审查或审查不严为由要求不承担给付保险金责任的主张。

第二部分
侵权责任法

侵权责任法立法

对《侵权责任法草案（第二次审议稿）》的修改意见[*]

《侵权责任法草案（第二次审议稿）》[①]，是在第一次审议稿[②]基础上增删修改而成。二者的差别在于：其一，第一次审议稿总则3章、分则7章，共10章68条，第二次审议稿，总则4章、分则8章，共12章88条；其二，第二次审议稿，在第一次审议稿基础上，删去14个条文，新增42个条文；其三，第一次审议稿未规定医疗损害责任，第二次审议稿增设第七章医疗损害责任；其四，第二次审议稿第一章，与第一次审议稿第一章，虽均以"一般规定"为章名，但其内容几乎完全不同。我对第二次审议稿的修改意见如下。

一、建议恢复第一次审议稿第一章和第二章的结构安排

第一次审议稿第一章"一般规定"，设7个条文。包括：过错责任原则和过错推定（第1条）；无过错责任原则（第2条）；共同侵权行为（第3条）；承担责任的方式（第4条）；因果关系的证明（第5条）；受害人死亡情形的请求权人（第6条）；特别法优先适用原则（第7条）。

第一次审议稿第二章"损害赔偿"，设13个条文。包括：侵害人

---

[*] 本文写作于2009年1月25日。

[①] 指2008年12月22—27日第十一届全国人大常委会第六次会议审议的《中华人民共和国侵权责任法草案》。

[②] 指2002年12月第九届全国人大常委会第三十一次会议初次审议的《中华人民共和国民法草案》的侵权责任法编（第八编）。

身、财产应赔偿损失(第8条);因保护他人使自己受害(第9条);致残、致死的赔偿项目(第10条);赔偿金等的确定(第11条);后续费用请求(第12条);侵害姓名权等的赔偿金计算(第13条);侵占财产的返还(第14条);妨害物权行使(第15条);侵害人格权等的精神损害赔偿(第16条);精神损害赔偿数额的确定(第17条);损害赔偿金的支付(第18条);损益相抵规则(第19条);均无过错时的损失分担(第20条)。

第二次审议稿第一章"一般规定",设6个条文。主要是,将原第一章的过错责任原则和过错推定、无过错责任原则、共同侵权行为、承担责任的方式共4个条文,移至第二章;删去因果关系证明;仅保留特别法优先适用原则一条(作为第6条)。另行增设5个条文:立法目的(第1条);侵权责任的概括规定(第2条);请求权人(第3条);被扶养人和支付医药费、丧葬费人的权利(第4条);民事责任优先执行原则(第5条)。

第二次审议稿第二章"责任构成和责任方式",设19个条文。包括:从原第一章移入4个条文;过错责任原则和过错推定(第7条);无过错责任原则(第8条);共同侵权行为(第9条);承担责任的方式(第17条)。从原第十章移入4个条文:教唆、帮助(第10条);共同危险行为(第11条);原因竞合(第12条、第13条)。保留原第二章的4个条文:致残、致死的赔偿项目(第18条);为保护他人使自己受害(第21条);均无过错时的损失分担(第22条);损害赔偿金的支付(第25条)。新增设6个条文:连带责任的承担方式(第15条、第16条);财产损失的计算(第19条);排除妨害和消除危险(第20条);侵害生命权等的精神损害赔偿(第23条);侵害人格权、身份权的精神损害赔偿(第24条)。

第二次审议稿第一章、第二章的条文较多,内容更趋完善,但其结构和条文安排,反不如第一次审议稿合理。因此,建议恢复第一次审议稿第一章、第二章的结构和条文安排。主要是,将第二章第7条至第17条共11个条文,并入第一章,安排在第1条立法目的之后,删去原

第 2 条关于侵权责任的概括规定,将原第 4 条移入第二章。

修改后的第一章,仍以"一般规定"为章名,设 15 个条文。即第 1 条立法目的;第 2 条第 1 款过错责任原则,第 2 款过错推定;第 3 条无过错责任原则;第 4 条共同侵权行为;第 5 条教唆和帮助;第 6 条共同危险行为;第 7 条、第 8 条原因竞合;第 9 条第三人造成损害;第 10 条、第 11 条连带责任的承担;第 12 条承担责任的方式;第 13 条受害人死亡情形的请求权人;第 14 条民事责任优先执行原则;第 15 条特别法优先适用原则。

修改后的第二章,恢复"损害赔偿"章名。保留原第 18 条至第 25 条共 8 个条文,加上从第一章移入的原第 4 条(被扶养人和支付医药费、丧葬费人的权利)。并建议恢复被删去的第一次审议稿第二章的以下条文:残疾赔偿金、死亡赔偿金的确定(第 11 条);后续费用请求(第 12 条);侵害姓名权等损失的确定(第 13 条);精神损害赔偿数额的确定(第 17 条);损益相抵规则(第 19 条)。本章共设 14 个条文。

修改理由:

《侵权责任法》的"一般规定",其基础性的内容,是关于归责原则的规定,即学者所谓"概括条款"或者"一般条款"。例如,《法国民法典》第 1382 条、第 1383 条、第 1384 条;《德国民法典》第 823 条、第 824 条、第 825 条、第 826 条;《日本民法典》第 709 条、第 710 条、第 711 条;《瑞士债务法》第 41 条;《欧洲民法典草案》第六编第 1:101 条。第二次审议稿第二章第 7 条第 1 款关于过错责任原则的规定,第 2 款关于过错推定的规定,以及第 8 条关于无过错责任原则的规定,与上述法典之上述规定相当,属于侵权法"一般规定"基础性的内容。第二次审议稿第一章,因为缺乏此基础性的内容,与章名"一般规定"显然不符。

除原第 8 条关于归责原则的规定外,原第 9 条至第 11 条属于侵权责任法的共同规则,亦应规定在第一章"一般规定"中。原第 18 条至第 25 条是关于最主要的侵权责任方式,即损害赔偿的规定,仍作为第二章主要内容予以规定,符合立法和法律适用的逻辑。

原第 17 条规定的承担侵权责任的方式虽有 8 种之多,但按照裁判实践经验,各级人民法院审理之侵权责任案件,判决或者请求判决被告承担损害赔偿责任者,在99%以上,而判决或者请求判决被告承担其他责任方式者,不及1%。参看各主要国家和地区侵权立法,关于损害赔偿的规定,莫不是其最主要的内容。第一次审议稿第二章章名"损害赔偿",堪称正确。故建议第二章恢复"损害赔偿"章名。

二、建议删去第一章第 2 条关于侵权责任的概括规定

第 2 条:侵害民事权益,应当承担侵权责任。

删去本条的理由:

其一,"民事权益"一语含义宽泛,包含一切民事权利和民事利益在内,显然超出《侵权责任法》保护范围。无论大陆法系还是英美法系的侵权法,均着重保护绝对权,而不包括相对权。例如债权,其主要受违约责任的保护,侵害债权,发生违约责任,不发生侵权责任。理论和实务上所谓第三人侵害合同,及因违约导致人身损害情形认可责任竞合,均属于例外规则。按照第二次审议稿第 2 条规定,将一切民事权利和民事利益,均纳入侵权法保护范围,使人误以为作为典型相对权之债权亦受侵权法保护,侵害债权亦可发生侵权责任,势必混淆侵权责任和违约责任,导致裁判实务的混乱。

其二,按照第 2 条规定,凡侵害民事权益,即应承担侵权责任,不仅混淆了侵权法的适用范围,且未规定侵权责任的任何构成要件,与本法第二章第 7 条、第 8 条关于侵权责任归责原则的规定相抵触。将造成对本法的理解、解释和适用的困难。按照本法立法宗旨,追究侵权责任,必须以第 7 条关于过错责任原则的规定,或者第 8 条关于无过错责任原则的规定,作为裁判依据,绝对不能以第 2 条作为裁判依据。可知,第 2 条规定属于毫无用处之赘文,不具有裁判规范的实际意义。

其三,假如认为第 2 条规定有其存在的意义,则应当认为,该条为"结果责任原则",仅以有损害为侵权责任构成条件,有损害,即有责任。在民法发展史上,此项结果责任原则,曾经存在于两千多年前的罗马古法时期,从我国某些少数民族历史上亦可发现其踪迹,早已为近现代民法所抛弃。如果保留第 2 条关于结果责任原则的规定,作为本法"一般规定"之基本原则,将如何与本法第二章第 7 条关于过错责任原则和第 8 条关于无过错责任原则的规定,相互衔接和协调?且不难预见,保留此一条文,必将招致国际社会对于中国《侵权责任法》,乃至对于中国现行民事法律的重大误解,以致否认中国法律的进步性。

其四,本法所规定的侵权责任归责原则,在提交第十一届全国人大常委会第六次会议审议的说明中明确表述为:"过错责任与无过错责任相结合的原则。"换言之,第 7 条和第 8 条关于过错责任和无过错责任的规定,才是本法明确规定的归责原则。第 2 条关于"侵害民事权益,应当承担侵权责任"的规定,属于毫无实用价值之有害条款。考虑到我国法官队伍整体素质水准参差不齐,保留本条难免造成裁判实践的混淆和误解、误用,建议断然删去。

三、建议修改关于"无过错责任原则"的文字表述

第 8 条原文:行为人没有过错,法律规定也要承担侵权责任的,依照其规定。

建议修改为:

第　条:法律规定不以过错为承担侵权责任的条件的,依照其规定。

修改理由:

现行《民法通则》第 106 条第 3 款规定:"没有过错,但法律规定应当承担民事责任的,应当承担民事责任。"此是我国民事立法,适应现代社会生活及侵权法发展的潮流,首次明文规定无过错责任,作为与过错责任原则并列的归责原则,具有重大实践意义和理论意义。《民法通则》制定于改革开放之初,受民法学理论研究的局限,第 106 条第 3 款无过错责任原则的条文表述有欠准确,易于造成理解和适用的混淆。

现代侵权法上的无过错责任原则,是作为传统过错责任原则的例外规则。相对于过错责任原则须以行为人具有过错作为承担侵权责任的条件而言,无过错责任原则不以行为人具有过错作为承担侵权责任

的条件。换言之,在法律规定适用无过错责任原则的案型,法庭在判断被告应否承担侵权责任时,根本不考虑被告有无过错。既不要求原告证明被告有过错,也不允许被告主张自己无过错而请求免责。只要审理查明,被告的行为与原告所受损害之间存在因果关系,法庭即应判决被告承担侵权责任。

就本法规定适用无过错责任原则的案型而言,可以断言,至少在绝大多数情形,加害人都是有过错的。例如,本法规定的产品责任,生产销售具有对消费者人身、财产不合理危险的缺陷产品,难道不是过错?机动车驾驶人未尽到谨慎驾驶之注意义务而造成他人损害,难道不是过错?企业排污造成人民生命财产损害,难道不是过错?遛狗时未给狗嘴戴上笼套而致咬伤他人,难道不是过错?违反管理规定饲养烈性犬等凶猛动物致咬伤他人,难道不是过错?未妥善维护管理建筑物而致倒塌、脱落造成他人损害,难道不是过错?保管核材料不善造成他人损害,难道不是过错?遗失、抛弃高度危险物造成他人损害,难道不是过错?

现代侵权立法,包括本法在内,之所以对这些案型规定适用无过错责任原则,其法律政策上的考虑是,在某些案型,例如,缺陷产品致损案件、企业劳动者受害案件,要求受害人证明加害人过错有其困难,有使受害人难以获得赔偿、加害人逃脱责任之虞;而在更多的案型,例如,高度危险物致损案件、饲养动物致损案件、环境污染致损案件、建筑物倒塌致损案件,要求受害人证明加害人过错,则纯属没有必要、多此一举。显而易见,包括本法在内的现代侵权法,之所以规定对这些案件类型适用无过错责任原则,其政策目的,绝不是要使"没有过错"的人承担侵权责任,而是要免除受害人证明加害人过错的举证责任,使无辜的受害人易于获得损害赔偿,使加害人不能逃脱侵权责任。

在法律规定适用无过错责任原则的案型,如果行为人真的"没有过错",则可以向法庭主张法定免责事由,而免于承担侵权责任。例如,在产品责任案件,证明产品投入流通时,引起损害的缺陷尚不存在;在交通事故责任案件,证明受害人故意造成损害;在高度危险物致损案件,证明因不可抗力或者受害人故意造成损害;等等。即使在法律规定替代责任的情形,使用人承担赔偿责任之后,也还有向有过错的被使用人追偿之权利。

通观本法第二次审议稿88个条文,貌似规定行为人"没有过错"也要承担赔偿责任的,唯有一个条文,即第22条规定"受害人和行为人对损害的发生都没有过错的,可以根据实际情况,由双方分担赔偿责任"。此规定源于现行《民法通则》第132条。有学者称之为"公平责任原则",并非妥当。条文之所谓"分担赔偿责任"并不准确,实际是"分担损失"。其已经不具有侵权责任的本质,属于在极其特殊情形下救济受害人之特别措施。第二次审议稿提交审议的说明,明示本法实行"过错责任和无过错责任相结合的原则",而不承认所谓"公平责任原则",是完全正确的。附带建议将该条文中"由双方分担赔偿责任",改为"由双方分担损失",以准确体现此项特别救济措施之特殊功能。

必须指出,明知行为人"没有过错",而硬要追究其法律责任,不符合现代民法的精神。规定对"没有过错"的行为人追究侵权责任的法律,是不文明、不人道的。无论本法第一次审议稿、第二次审议稿,或者中国现行有效的特别法(如《环境保护法》《道路交通安全法》等),均不存在任何规定"行为人没有过错""也要承担侵权责任"的条文。

第二次审议稿第8条关于"行为人没有过错,法律规定也要承担侵权责任的"条文表述,不仅未能准确体现无过错责任原则的本质和设立此项归责原则的政策目的,且易于招致国际社会对中国侵权法乃至中国民事法律进步性的无端否定。建议修改为:"法律规定不以过错为承担侵权责任的条件的,依照其规定。"兹事体大,不可不察。

四、建议将第四章分解为三章,作为本法的三个分则规定

第二次审议稿第四章关于责任主体的特殊规定,是将第一次审议稿第十章移至前面作为总则,共有8个条文。即第31条监护人责任;第32条暂时丧失意识造成他人损害;第33条使用人责任;第34条网络服务提供者的责任;第35条安全保障义务;第36条、第37条、第38

条未成年人在幼儿园、学校或者其他教育机构受损害的赔偿责任。这些内容,并不是《侵权责任法》的总则规定,而属于分则规定。因此,建议将第四章分解为三章,适当充实其内容,作为本法的三个分则。

其一,将第31条关于监护人责任的规定,与第36条、第37条、第38条关于未成年人在学校等受损害的规定,合并为一章,以"未成年人侵权和未成年人受损害"为章名。

其二,以第33条规定为基础,增加国家机关工作人员的侵权责任;使用人对被使用人侵权的替代责任;法人和其他组织对其机关、职能部门、代理人侵权的替代责任,作为单独一章,以"使用人责任"为章名。本章建议条文如下:

第　　条:国家机关的工作人员在执行职务中,违反法律规定给他人造成损害的,应当由国家机关承担赔偿责任。

国家机关承担赔偿责任后,有权向具有故意或重大过失的工作人员追偿。

第　　条:法人和其他社会组织的机关给他人造成损害的,由法人或其他社会组织承担赔偿责任。

法人和其他社会组织的职能部门、代理人以其名义进行活动给他人造成损害的,由法人或其他社会组织承担赔偿责任。

第　　条:被使用人在执行职务活动中给他人造成损害的,由使用人承担赔偿责任。

使用人承担赔偿责任后,可以对具有重大过失的被使用人追偿。

其三,以第34条关于网络服务提供者的侵权责任、第35条关于安全保障义务的规定为基础,增加关于商业诽谤的规定;关于妨碍经营的规定;关于不当陈述和不当评审意见的规定;关于窃用他人账号、密码、证件的规定;关于第三人侵害合同的规定,作为单独一章,以"商业活动中的侵权责任"为章名。本章增设条文如下:

第　　条:负有信赖义务的人提供虚假陈述或者不当咨询意见使受害人遭受损害的,应当承担赔偿责任。但提供人能够证明自己没有过错的除外。

设立本条的理由：

现代市场经济是以当事人之间的相互信任、信赖为基础。例如，人们信任、信赖金融机构出具的资信证明，信赖会计师、审计师、评估师出具的意见（报告）。这种信赖关系不以存在合同为前提。我国上市公司披露虚假信息导致投资人遭受重大损失的案件，会计师、审计师、评估师提供不当审计、评估报告导致他人遭受损害的案件，均有发生。出于建立和维护正常市场经济秩序的考虑，特设本条规定虚假陈述、提供不当咨询意见致人损害的民事责任。本条属于过错推定责任。须注意的是，虚假陈述和提供不当咨询意见，所侵害的是经济利益，加害人应当承担的民事责任，应限于赔偿所造成的实际损失，而不包括可得利益损失。

第　　条：捏造并散布虚假事实，损害经营者的商业信誉、商品名声的，应当停止侵害并消除影响；造成经济损失的，应当承担赔偿责任。

设立本条的理由：

本条是关于商业诽谤的规定。所谓商业诽谤，指捏造并散布虚假事实，损害经营者的商业信誉、商品名声的侵权行为。所谓经营者，是指以营利为目的从事产品生产和销售及服务的自然人、法人和其他组织。商业诽谤属于一般侵权行为，以加害人有故意或者重大过失为构成要件。商业诽谤之严重者，不仅要依法承担损害赔偿的民事责任，而且还要依法承担刑事责任。现行《刑法》第221条规定：捏造并散布虚伪事实，损害他人的商业信誉、商品声誉，给他人造成重大损失或者有其他严重情节的，处2年以下有期徒刑或者拘役，并处或者单处罚金。

第　　条：妨害他人正常经营活动的，受害人有权请求加害人停止侵害；造成经济损失的，加害人应当承担赔偿责任。

设立本条的理由：

为建立和维护正常的市场经济秩序，保护市场主体的正常经营活动和合法权益，特设本条。妨害经营的基本特征是，加害人虽然未对经营者的财产实施直接侵害，但是通过实施妨害行为，例如，阻塞交通、破坏营业环境、阻碍顾客进入营业场所等，干扰经营者正常的经营活动，使其遭受经济损失。受害人应当是从事经营活动的企业或者其他经营者。加害人应有故意或者重大过失。

第　　条：窃用他人姓名、账号、密码、证件等进行交易造成他人损害的，受害人有权请求加害人赔偿损失。

即使不能证明窃用交易造成受害人实际损失，加害人从窃用交易中获得的利益也应依据关于不当得利的规定返还受害人。

设立本条的理由：

近年来，我国股市和期货市场投资人的姓名、账号、密码、身份证等被他人窃用，进行买卖股票、期货，而致被窃用人遭受重大经济损失的案件时有发生。为适应证券和其他资本、金融市场健康有序发展的需要，特设本条，规定加害人窃用他人的姓名、账号、密码、证件等进行股票、期货、外币或者其他金融产品交易行为，造成被窃用人损害的，加害人应当对受害人承担赔偿责任。即使没有造成被窃用人的实际损害，加害人因窃用交易所获得的利益亦应依据不当得利的规定返还被窃用人。此外，如因交易安全保障义务人的过错，给加害人造成进行窃用交易的机会，则在无法找到加害人或者加害人无力赔偿或无力全部赔偿的情形，应当依据本法关于安全保障义务的规定，由负有安全保障义务的人承担补充责任。本条所谓赔偿损失，限于赔偿实际损失，而不包括可得利益损失。

第　　条：第三人以引诱、胁迫、欺诈等方式使合同一方当事人违反合同的，合同对方当事人有权请求该第三人赔偿损失。

设立本条的理由：

按照合同的相对性原理，合同的效力仅及于当事人双方，即使因第三人原因导致合同一方违约，依《合同法》第121条规定，仍应由违约方承担违约责任。本条规定第三人侵害合同，是合同相对性原理的例外，其立法目的在于维护市场道德秩序。例如，甲乙双方已经订立买卖合同，因第三人丙提出更优惠的条件导致甲违反与乙的买卖合同，这种情形乙只能对甲追究违约责任，而不能追究第三人丙的侵权责任。但如第三人丙以引诱、胁迫、欺诈等方式使甲违反与乙的买卖合同，则乙有权追究第三人丙的侵权责任。须注意的是,在第三人侵害合同的情形,受害人只能在违约责任与侵权责任之间选择其一起诉。他一旦选择追究第三人的侵权责任,则不得再追究违约方的违约责任;如选择了追究违约方的违约责任,则不得再追究第三人的侵权责任。

五、删去第 65 条关于规制过度诊疗行为的规定

第 65 条:医务人员应当根据患者的病情实施合理的诊疗行为,不得采取过度检查等不必要的诊疗行为。

医疗机构违反前款规定,应当退回不必要诊疗的费用,造成患者其他损害的,还应当承担赔偿责任。

建议删去的理由:

本条所谓过度诊疗行为,相当于国外所谓"过度医疗"和"保护性医疗"。自 20 世纪 90 年代以来,过度诊疗行为逐渐成为影响和谐社会建设的严重社会问题。医务人员对患者采取过度诊疗行为,其动因有二:一是意图规避医疗损害责任。此与自 20 世纪 90 年代以来医患关系紧张有关。二是为了获得经济利益。因为医院内部规定医生可以从自己诊治患者的各种检查交费中获得一定比例的分成。

第二次审议稿提交第十一届全国人大常委会审议的说明,明示本法设立第七章规定医疗损害责任的政策目的:"妥善处理医疗纠纷,界定医疗损害责任,切实保护患者的合法权益,也要保护医务人员的合法权益,促进医学科学的进步和医药卫生事业的发展。"第七章"医疗损害责任"的主要制度设计,基本体现了这一政策目的,符合公平正义并且是合理可行的,相信可以缓和医患关系的紧张,在一定程度上发挥抑制过度诊疗行为的效用。但本法之实施,仅可能逐渐弱化医生和医院采取过度诊疗行为以"规避医疗损害责任"之意图,如不能从医院管理体制上彻底禁止、禁绝医院内部关于医生就各种检查、诊疗费用分成之所谓奖励措施,则仍将不可能真正解决"过度诊疗行为"这一严重社会问题。

特别应注意的是,规制过度诊疗行为,属于医疗卫生管理行政法规的内容,而与本法民事法律性质不合。特别是本条第 2 款关于"承担赔偿责任"的规定,易于误导患者,滋生事端,尤为不当。假设某一曾遭遇过度诊疗行为的年轻女性,婚后不能生育,认为是若干年前的过度检查所致,依据本条第 2 款关于"造成患者其他损害的,还应当承担赔偿责任"的规定,向人民法院提起诉讼,人民法院是否应当受理？受理后如何判断证据？特别是如何判断医院过度检查行为与原告不育之间因果关系之有无？如果轻率作出医院承担赔偿责任之判决,是否符合公平正义？如果不予受理或者判决驳回原告请求,将如何说服当事人和平息社会舆论？可见,在侵权责任法设置此项规定具有莫大风险,实无一利而有百害,且与本法协调、缓和医患关系的政策目的相左。建议断然删去本条。

六、对第九章高度危险责任的修改意见

第二次审议稿第九章高度危险责任,设 6 个条文。其中,第 72 条规定高度危险责任的归责原则;第 73 条规定"核材料和核设施、民用航空器造成他人损害";第 74 条规定"占有、使用易燃、易爆、剧毒、放射性等高度危险物,从事高空、高压作业,使用高速运输工具,造成他人损害";第 75 条规定"遗失、抛弃高度危险物造成他人损害";第 76 条规定"非法占有高度危险物造成他人损害";第 77 条规定"未经许可进入高度危险活动区域或者高度危险物存放区域受到损害"。修改意见如下。

（一）对第 72 条的修改意见

第 72 条原文：从事高度危险作业造成他人损害的,作业人应当承担无过错责任。法律规定有免责事由的,依照其规定。

建议修改为：

第　条：从事高度危险作业及占有高度危险物造成他人损害的,作业人或者占有人应当承担无过错责任。法律规定有免责事由的,依照其规定。

修改理由：

现今所谓高度危险致人损害,包括高度危险作业（活动）致人损害

和高度危险物致人损害两种情形。《民法通则》第123条不作区分而统称"高度危险作业造成他人损害",似有不妥。高度危险作业致人损害,造成损害的原因是"作业"(活动)所具有的高度危险性,例如,"从事高空"作业(建筑施工)致人损害;高度危险物致人损害,其造成损害的原因是"物"本身所具有的高度危险性,例如,"核材料和核设施"致人损害。高度危险作业造成他人损害,理应由"作业人"承担责任;而高度危险物致人损害,则应由高度危险物的占有人承担责任。所谓"占有人",包括高度危险物的管理人和所有人。

(二)将第73条分解为两条,分别规定核材料和核设施致人损害及民用航空器致人损害

第　条:核材料和核设施造成他人损害的,由核材料和核设施的占有人承担赔偿责任,但能够证明损害是由受害人故意造成的除外。

修改理由:

核材料和核设施致人损害的原因,在于高度危险物本身所具有的高度危险性,亦即核材料和核设施所具有的放射性,理应由核材料和核设施的占有人承担赔偿责任。原第73条规定由"经营人"承担赔偿责任,有欠妥当。因"经营"一语,有从事营利性活动(商事活动)的含义,说"核设施"的"经营人"已显勉强,说"核材料"的"经营人"则显然不通。故建议改为"占有人"。

第　条:民用航空器造成他人损害的,由民用航空器的经营人或者使用人承担赔偿责任。

航空旅客在上下民用航空器或者在民用航空器内部遭受损害的赔偿责任,适用有关法律法规的规定。

修改理由:

民用航空器用于营利性客、货运输造成他人损害,当然应由其经营人承担赔偿责任。但民用航空器用于非营利性活动,如用于"科研"目的以及私人航空器自用,显然不能称为"经营",故建议规定由"经营人或者使用人"承担赔偿责任。我国现有关于航空旅客人身损害赔偿的行政法规,且该行政法规对于航空旅客人身损害的赔偿责任,并未明确

区分究竟属于侵权责任,还是属于合同责任。因此,增设第2款规定,凡航空旅客在上下航空器或者在航空器内部遭受人身损害,均应适用有关行政法规,而不能适用本法。因此,第1款所谓"他人"应不包括乘用该民用航空器的旅客。

(三)对第74条的修改意见

第74条原文:占有、使用易燃、易爆、剧毒、放射性等高度危险物,从事高空、高压作业,使用高速运输工具,造成他人损害的,有关单位或者个人应当承担侵权责任,但能够证明损害是因不可抗力或者受害人故意造成的除外。

修改意见:

将第74条分解为4个条文:易燃、易爆、剧毒等危险物致人损害;高压输电线路和高压设施致人损害;高空作业致人损害;轨道机动车致人损害。鉴于核材料和核设施致人损害,另有专条,因此应当删去"放射性"一语。本法就机动车事故损害赔偿,设有专章(第六章机动车交通事故责任),且就轨道机动车致人损害将设专条,因此应当删去"使用高速运输工具"一语。建议修改为:

第　条:易燃、易爆、剧毒等危险物致人损害的,由占有人或者使用人承担赔偿责任。但能够证明受害人故意造成损害的除外。

修改理由:

无论保管中的易燃、易爆、剧毒等危险物,或者使用中的易燃、易爆、剧毒等危险物,均可能造成他人损害,因此本条规定由"占有人或者使用人"承担赔偿责任。

第　条:高压输电线路及高压设施造成他人损害的,由高压电能的经营人、高压设施的管理人承担赔偿责任。但能够证明受害人故意造成损害的除外。

修改理由:

第74条原文所谓"高压作业"造成他人损害,应指高压输电线路和高压设施致人损害。鉴于自改革开放以来,因高压输电线路和高压设施致人损害的案件,数量多且后果特别严重,因此有必要设立专条加以规定。高压输电线路及高压设施致损案件适用无过错责任原则的根据,在于高压电致人损害的特殊性。当人体与高压输电线路或者高压设施的距离低于安全距离时,高压输电线路或高压设施发生放电现象,一旦巨大能量的高压电流击中或者贯穿人体,即使幸免于死亡,也将造成严重残疾,其后果非常严重。而低压电致人伤害,是电流流经心脏造成心脏停止跳动致人死亡,如果电流未流经心脏,一般不会导致死亡,更不会造成残疾。因此,低压电致人损害属于一般侵权责任,应当适用过错责任原则,而高压输电线路和高压设施致人损害,属于高度危险责任,应当适用无过错责任原则。

改革开放以来,我国电力管理体制历经变更。在20世纪80年代初,国家为缓解电能短缺,提倡农村经济组织办电,建设属于农村经济组织的高压输电线路和高压设施,即所谓"农网"。但在20世纪90年代,国家实行电力体制改革,要求将属于农村经济组织的输电线路和变电设施的所有权转归国有,这一改革在大部分地区已经完成。进入21世纪,电力体制改革进一步推进,实行"发电、供电、电网"分离。发电厂(站)只负责电能的生产,所生产电能除少量自用外,一律出卖给供电公司;供电公司负责电能的销售经营,即从发电厂购进电能,再销售给用户;但供电公司借以输送电能的高压输电线路却不属于供电公司,而属于专业电网公司。

造成电击伤害的危险源,是输电线路上的高压电流,而不是输电线路本身。如输电线路上没有高压电流通过,即与居民晾晒衣服的普通金属线无异,不存在高度危险,即使造成伤害,也属于一般侵权的过错责任。发生电击事故的高压输电线路的所有权人,既可能是供电公司,也可能是电网公司,甚至在农网改造未完成地区还可能是农村经济组织。鉴于发生电击伤害的危险源不是输电线路,而是供电公司所经营的高压电能,因此本条明确规定,高压输电线路致人损害,由高压电能的经营人承担赔偿责任,而不论发生电击事故的输电线路的产权归属。条文所谓"高压电能的经营人",特指供电公司,而不是电网公司,即高压输电线路的经营人。

高压设施的产权状况也较复杂。供电公司有自己的变电站、变电所和变电设施，一些用户也有自己的变电所、变电房和变电设施。这些设施属于建筑物或者建筑物之一部，其管理人负有高度注意义务。起码应当设置隔离围墙、围栏并设置危险警示标志。因未设置隔离围墙、围栏或者警示标志，致他人进入设施或者接近设施造成电击伤害，当然应由该设施的管理人承担赔偿责任。

在高压设施属于用户的情形，该用户既是所有权人，也是管理人。在高压设施属于供电公司的情形，国家是所有权人，供电公司是管理人。在"农网改造"尚未完成地区，原属农村经济组织的高压设施，虽已统一归由供电公司经营、使用、管理，但其所有权尚未转归国有，因此这种高压设施致人损害，应当由管理人供电公司承担赔偿责任，而已经不再使用，不再承担维护、管理职责的农村经济组织不是管理人，当然不应承担责任。

第　　条：从事建筑施工及设置机械装置等造成他人损害的，由施工人、设置人承担赔偿责任。但能够证明受害人故意造成损害的除外。

修改理由：

第74条原文所谓"高空作业"，是指"建筑施工"。现代具有对他人的生命财产安全的特殊危险的工业生产活动，除建筑施工活动外，还有设置机械装置从事机械化生产活动。从事建筑施工造成他人损害，应当由施工人（建筑公司、建筑承包人）承担赔偿责任；因机械装置造成他人损害，应当由设置人（企业、工厂主）承担赔偿责任。本条以"从事建筑施工"取代"高空作业"，并增加"设置机械装置"一语，以涵盖建筑施工致人损害和工厂、企业中的机械装置致人损害。

第　　条：轨道机动车造成他人损害的，由经营人承担赔偿责任。但能够证明受害人故意造成损害的除外。

修改理由：

第74条原文所谓"使用高速运输工具"造成他人损害，是指机动车事故致人损害。考虑到本法专设第六章"机动车交通事故责任"，以规范无轨机动车（汽车、无轨电车、摩托车）交通事故的损害赔偿，唯剩下轨道机动车(有轨电车、火车、地铁)交通事故的损害赔偿问题未有法律规范。故设本条,规定轨道机动车造成他人损害的,由经营人承担赔偿责任。

七、对第十一章"物件致人损害责任"的修改意见

(一)建议将本章章名修改为"建筑物和物件致人损害责任"

修改理由:

本章规范对象,包含建筑物和其他构筑物致人损害,而建筑物和其他构筑物,按照现行《物权法》的分类和定义,属于不动产,不在"物件"(动产)概念外延之内。因此,建议将本章章名改为"建筑物和物件致人损害责任",以与本章内容相符。

(二)建议增设一条,规定建筑物及构筑物因缺陷导致垮塌致人损害的赔偿责任

第 条:因设计、施工的原因致建筑物及桥梁、堤坝、道路、隧道等构筑物存在缺陷,在合理使用期限内造成他人人身、财产损害的,由设计人、施工人、监理人连带承担赔偿责任。但设计人证明其设计符合国家规定安全标准的,不承担赔偿责任。

增设本条的理由:

自改革开放以来,建筑物及桥梁、堤坝、道路、隧道等构筑物,因设计、施工缺陷(所谓豆腐渣工程)导致垮塌造成人员伤亡的严重事件层出不穷。据汶川地震灾区有关部门调查研究,及我赴彭州、德阳、绵阳等灾区实地观察,汶川大地震之造成如此惨重的人民生命财产损失,确与建筑物质量有关。我在已变成一片废墟的北川老城,亲见一栋20世纪70年代建筑完好无损,另在彭州市龙门山镇,亲见距震中映秀镇直线距离8公里的宝山村十数栋新农村建筑完好无损,而该村其他建筑无一幸存。我深信,只要确保建筑施工质量达到《防震减灾法》规定的安全标准,尽量减少乃至杜绝"豆腐渣工程",今后即使再遭遇汶川地震那样的大地震,亦可挽救千千万万人的生命。

确保建筑物符合安全标准,尽量减少乃至杜绝"豆腐渣工程",其

关键在于严格执行招标投标制度和工程监理制度。值得注意的是，《招标投标法》虽已颁行多年，但各种形式的"假招标"严重存在，难以确保最终承担建设工程施工的建筑公司、工程队具有符合要求的技术资质。现行《合同法》虽已规定实行建设工程监理制度，建设工程监理制度亦已实行多年，但遗憾的是，《合同法》并未规定监理人与施工人对建设工程质量承担连带责任，且在实践中，监理人往往由承担该工程施工的建筑公司的子公司和关联公司担任，导致监理人不能严格履行监理职责，甚至沦为施工队偷工减料、制造"豆腐渣工程"的"帮凶"。

要确保建筑物符合安全标准，减少乃至杜绝"豆腐渣工程"，一定要杜绝"假招标"和"假监理"。尤其要杜绝"假监理"。如果杜绝了"假监理"，监理人都能严格履行监理职责，即使不具技术资质的工程队凭借"假招标"承揽了工程施工，也难以通过工程监理这一关，最终可能防止"豆腐渣工程"的出现。严格执行监理制度，避免监理人成为施工队偷工减料、制造"豆腐渣工程"的"帮凶"，真正发挥监理制度的功能，杜绝"豆腐渣工程"，应当同时从《侵权责任法》《合同法》和行政管理法采取措施。

其一，在有关行政管理法规中，严格监理人的资质要求，禁绝建筑公司独资或者合资设立监理公司，禁绝由承担工程施工的建筑公司的子公司、关联公司担任工程监理人；其二，修改现行《合同法》，在建设工程一章增设一条，明确规定监理人与施工人就工程质量连带承担瑕疵担保责任；其三，在本法"建筑物和物件致人损害责任"一章，增设专条，明确规定监理人与施工人就建筑物及桥梁、堤坝、道路、隧道等构筑物缺陷致损连带承担赔偿责任。本条之设，实关系我中华民族千千万万人的身家性命，请立法机关格外留意。

中国侵权责任法的制定*

一、引言

中国于20世纪70年代后期实行改革开放,为适应发展社会主义商品生产和商品交换的需要,民事立法受到重视。1979年开始第三次民法典起草①,至1982年先后起草了四个草案。② 此后,立法机关考虑到经济体制改革刚刚开始,社会生活处在变动之中,一时难以制定一部完善的民法典,决定解散民法起草小组,暂停民法典起草,改采先分别制定单行法,待条件具备时再制定民法典的方针。

需说明的是,新中国的立法实践,不着重公法与私法的严格区分,除《民法通则》《合同法》《物权法》等民事法律外,许多行政管理性法律、法规中也包含民事法律规范。中国现行民事立法体系,由相当于民法典总则的《民法通则》(1986年),与《合同法》(1999年)、《物权法》(2007年)、《婚姻法》(1980年,2001年修正)、《收养法》(1991年)、《继承法》(1985年)等民事单行法,以及若干行政法规中的民事法律规范构成。

---

* 本文写作于2009年4月26日。

① 自新中国成立以来,进行过三次民法典编纂。第一次是1954年至1956年,第二次是1962年至1964年,均因政治运动而告中断。根本原因是当时实行单一公有制的计划经济体制,国家通过行政层次和行政权力组织生产、流通和消费,不具备制定和实施民法典的社会经济条件。

② 1982年的《民法草案(第四稿)》分为八编:第一编民法的任务和基本原则;第二编民事主体;第三编财产所有权;第四编合同;第五编智力成果权;第六编财产继承权;第七编民事责任;第八编其他规定。这一编制体例乃是仿照1964年的《苏俄民法典》和《匈牙利民法典》形成的。

二、有关侵权责任的现行法

中国有关侵权责任的现行法,首先是《民法通则》第六章关于侵权责任的规定,其次是若干行政管理性法律和法规中有关特殊侵权责任的规定,再次是有关侵权责任的部委规章,最后是最高人民法院的解释文件。《民法通则》关于侵权责任的规定,属于侵权责任基本法,行政管理性法律、法规中关于特殊侵权责任的规定,属于侵权责任特别法。部委规章关于侵权责任的规定,不具有强制执行的效力,不能直接作为裁判依据,可供各级人民法院裁判案件时参考。最高人民法院关于侵权责任的解释文件,实际是各级人民法院裁判侵权案件的依据,但在裁判文书中不能直接引用。

（一）《民法通则》第六章的规定

《民法通则》③第六章④关于侵权责任的规定,共有 21 个条文。包括:过错责任原则(第 106 条第 2 款);无过错责任原则(第 106 条第 3 款);不可抗力免责(第 107 条);因保护国家、集体或者他人而使自己受损害(第 109 条);侵害财产的侵权责任(第 117 条);侵害知识产权的侵权责任(第 118 条);侵害身体、致人死亡的赔偿责任(第 119 条);侵害姓名权、肖像权、名誉权、荣誉权的侵权责任(第 120 条);国家机关或者国家机关工作人员的侵权责任(第 121 条);产品责任(第 122 条);高度危险责任(第 123 条);污染环境的侵权责任(第 124 条);公共场所施工致人损害的侵权责任(第 125 条);建筑物倒塌、脱落、坠落致人损害的赔偿责任(第 126 条);饲养动物致人损害的赔偿责任(第 127 条);正当防卫和防卫过当(第 128 条);紧急避险和避险过当(第 129 条);共同侵权行为的连带责任(第 130 条);过失相抵规则(第 131 条);公平责任(第 132 条);监护人责任(第 133 条);承担民事责任的方式(第 134 条)。

---

③ 《民法通则》共 9 章 156 条,其中第一、二、三、四、五章属于民法总则编的内容;第六、七章属于民法典分则的内容;第八章属于国际私法的内容。

④ 《民法通则》第六章将侵权责任与违约责任合并规定,称为"民事责任",是受 1962 年《苏联民事立法纲要》和 1964 年《苏俄民法典》的影响。

(二)行政管理性法律、法规

1.《产品质量法》第四章

《产品质量法》(1993年2月22日通过,2000年7月8日修正),属于行政管理法,其中,第四章规定损害赔偿的第41—46条,以《民法通则》第122条的规定为根据,着重参考欧共体的《产品责任指令》(85/374号)和《美国严格产品责任法》,规定了缺陷产品致人损害的严格责任。在《产品质量法》生效之前,法院审理缺陷产品致人损害案件,适用《民法通则》第122条;在《产品质量法》生效之后,法院审理缺陷产品致人损害案件,不再适用《民法通则》,而直接适用《产品质量法》第四章的规定。

《产品质量法》第四章关于严格产品责任的规定:因产品缺陷致人损害由生产者承担无过错责任(第41条第1款);法定免责事由包括未将产品投入流通、产品投入流通时引起损害的缺陷尚不存在、将产品投入流通时的科学技术水平尚不能发现缺陷的存在(第41条第2款);销售者的过错造成产品缺陷或者销售者不能指明生产者或者供货者,由销售者承担赔偿责任(第42条);受害人可以选择向生产者要求赔偿或者向产品的销售者要求赔偿(第43条);赔偿项目包括医疗费、护理费、误工减少的收入、残疾者生活自助费、生活补助费、残疾赔偿金、丧葬费、死亡赔偿金、所扶养人的生活费等费用(第44条);2年诉讼时效、10年除斥期间(第45条);缺陷定义:产品存在不合理的危险,或者不符合有关安全的强制标准(第46条)。

2.《道路交通安全法》第76条

2003年10月28日,第十届全国人民代表大会常务委员会第五次会议通过《道路交通安全法》。《道路交通安全法》属于行政管理法,但其中第76条规定了机动车事故损害的侵权责任,在《民法通则》第123条规定高速运输工具致人损害的无过错责任的基础上,增加关于第三者责任强制保险的直接请求权的规定,以及关于过失相抵的规定。《道路交通安全法》施行后,人民法院审理机动车事故损害赔偿案件,优先适用《道路交通安全法》第76条,而不再适用《民法通则》第

123条。

按照《道路交通安全法》(2003年)第76条的规定,机动车事故造成非机动车驾驶人、行人人身伤亡的,由保险公司在机动车第三者责任强制保险的责任限额范围内予以赔偿。超过责任限额的部分,由机动车一方承担责任;但有证据证明受害人违反道路交通安全法律、法规,机动车驾驶人已经采取必要处置措施的,可减轻机动车一方的责任。交通事故损害由受害人故意造成的,机动车一方不承担责任。⑤

值得注意的是,2007年12月29日第十届全国人民代表大会常务委员会第三十一次会议对《道路交通安全法》第76条作了修改。按照修改后的《道路交通安全法》第76条的规定,受害人(非机动车驾驶人、行人)没有过错的,由机动车一方承担赔偿责任;受害人有过错的,根据过错程度适当减轻机动车一方的赔偿责任;机动车一方没有过错的,承担不超过10%的赔偿责任。交通事故损害由受害人故意造成的,机动车一方不承担责任。⑥

3.《医疗事故处理条例》

2002年2月20日国务院第五十五次常务会议通过《医疗事故处

---

⑤ 《道德交通安全法》(2003年)第76条规定:机动车发生交通事故造成人身伤亡、财产损失的,由保险公司在机动车第三者责任强制保险责任限额范围内予以赔偿。超过责任限额的部分,按照下列方式承担赔偿责任:(1)机动车之间发生交通事故的,由有过错的一方承担责任;双方都有过错的,按照各自过错的比例分担责任。(2)机动车与非机动车驾驶人、行人之间发生交通事故的,由机动车一方承担责任;但是,有证据证明非机动车驾驶人、行人违反道路交通安全法律、法规,机动车驾驶人已经采取必要处置措施的,减轻机动车一方的责任。交通事故的损失是由非机动车驾驶人、行人故意造成的,机动车一方不承担责任。

⑥ 修改后的《道路交通安全法》(2007年)第76条规定:机动车发生交通事故造成人身伤亡、财产损失的,由保险公司在机动车第三者责任强制保险责任限额范围内予以赔偿;不足的部分,按照下列规定承担赔偿责任:(1)机动车之间发生交通事故的,由有过错的一方承担赔偿责任;双方都有过错的,按照各自过错的比例分担责任。(2)机动车与非机动车驾驶人、行人之间发生交通事故,非机动车驾驶人、行人没有过错的,由机动车一方承担赔偿责任;有证据证明非机动车驾驶人、行人有过错的,根据过错程度适当减轻机动车一方的赔偿责任;机动车一方没有过错的,承担不超过10%的赔偿责任。交通事故的损失是由非机动车驾驶人、行人故意碰撞机动车造成的,机动车一方不承担赔偿责任。

理条例》⑦,自同年 9 月 1 日起施行。按照该条例第 4 条的规定,医疗事故分为四级:造成患者死亡、重度残疾的,属于一级医疗事故;造成患者中度残疾、器官组织损伤导致严重功能障碍的,属于二级医疗事故;造成患者轻度残疾、器官组织损伤导致一般功能障碍的,属于三级医疗事故;造成患者明显人身损害的其他后果的,属于四级医疗事故。按照该条例第 49 条的规定,医疗机构承担赔偿责任,须以构成医疗事故为责任成立要件,经鉴定不构成医疗事故的,医疗机构不承担赔偿责任。构成医疗事故,医疗机构承担损害赔偿责任,应当按照该条例第 50 条规定的赔偿项目和标准计算损害赔偿金。⑧

在《医疗事故处理条例》颁布之前,人民法院裁判医疗损害赔偿案件,适用《民法通则》第 106 条第 2 款关于过错侵权责任的规定,在《医疗事故处理条例》生效之后,人民法院审理医疗损害赔偿案件,应当优先适用《医疗事故处理条例》的规定,而不再适用《民法通则》第 106 条第 2 款的规定。但是,鉴于医疗事故鉴定委员会设置于医学会之下,导

---

⑦ 《医疗事故处理条例》包括:总则,医疗事故的预防与处置,医疗事故的技术鉴定,医疗事故的行政处理与监督,医疗事故的赔偿,罚则,附则,共 7 章 63 条。

⑧ 《医疗事故处理条例》第 50 条规定:医疗事故赔偿,按照下列项目和标准计算:(1)医疗费:按照医疗事故对患者造成的人身损害进行治疗所发生的医疗费用计算,凭据支付,但不包括原发病医疗费用。结案后确实需要继续治疗的,按照基本医疗费用支付。(2)误工费:患者有固定收入的,按照本人因误工减少的固定收入计算,对收入高于医疗事故发生地上一年度职工年平均工资 3 倍以上的,按照 3 倍计算;无固定收入的,按照医疗事故发生地上一年度职工年平均工资计算。(3)住院伙食补助费:按照医疗事故发生地国家机关一般工作人员的出差伙食补助标准计算。(4)陪护费:患者住院期间需要专人陪护的,按照医疗事故发生地上一年度职工年平均工资计算。(5)残疾生活补助费:根据伤残等级,按照医疗事故发生地居民年平均生活费计算,自定残之月起最长赔偿 30 年;但是,60 周岁以上的,不超过 15 年;70 周岁以上的,不超过 5 年。(6)残疾用具费:因残疾需要配置补偿功能器具的,凭医疗机构证明,按照普及型器具的费用计算。(7)丧葬费:按照医疗事故发生地规定的丧葬费补助标准计算。(8)被扶养人生活费:以死者生前或者残疾者丧失劳动能力前实际扶养且没有劳动能力的人为限,按照其户籍所在地或者居所地居民最低生活保障标准计算。对不满 16 周岁的,扶养到 16 周岁。对年满 16 周岁但无劳动能力的,扶养 20 年;但是,60 周岁以上的,不超过 15 年;70 周岁以上的,不超过 5 年。(9)交通费:按照患者实际必需的交通费用计算,凭据支付。(10)住宿费:按照医疗事故发生地国家机关一般工作人员的出差住宿补助标准计算,凭据支付。(11)精神损害抚慰金:按照医疗事故发生地居民年平均生活费计算。造成患者死亡的,赔偿年限最长不超过 6 年;造成患者残疾的,赔偿年限最长不超过 3 年。

致医疗事故鉴定公信力不足,以及人民法院内部认识不统一,造成裁判实践的"二元化",即经鉴定构成医疗事故的,适用医疗事故处理条例的规定,受害人所获得赔偿金较低;反之,未经鉴定甚至经鉴定不构成医疗事故的,适用《民法通则》第106条第2款关于过错责任的规定,并按照最高人民法院关于人身损害赔偿的解释文件规定的标准计算,受害人所获得赔偿金额反而较高。因此,进一步导致医患关系紧张。

(三)教育部《学生伤害事故处理办法》

教育部于2002年8月发布《学生伤害事故处理办法》⑨,自2002年9月1日起施行。该办法第26条规定,学校对学生伤害事故负有责任的,根据责任大小,适当予以经济赔偿。该办法第27条规定,因学校教师或者其他工作人员在履行职务中的故意或者重大过失造成的学生伤害事故,学校予以赔偿后,可以向有关责任人员追偿。该办法第28条规定,未成年学生对学生伤害事故负有责任的,由其监护人依法承担相应的赔偿责任。该办法第12条规定,学校对于因不可抗力、来自学校外部的突发性侵害、学生自杀自伤,以及其他意外因素造成的学生人身损害,不承担责任。按照其第38条的规定,该办法关于完全无行为能力学生伤害的规定,可准用于幼儿园发生的幼儿伤害事故。

(四)最高人民法院的解释文件

1. 最高人民法院《关于审理名誉权案件若干问题的解答》(法发〔1993〕15号)

最高人民法院在本解释文件中肯定,侵害死者名誉将构成侵权责任,死者近亲属有请求权(第5问);擅自公布、宣扬他人隐私,致他人名誉受损的,应认定为侵害他人名誉权;新闻报道严重失实,致他人名誉受损的,应认定为侵害他人名誉权(第7问);撰写、发表批评文章,文章的基本内容失实,致他人名誉受损的,应认定为侵害他人名誉权(第8问);撰写、发表虚构文学作品,作品情节与生活中某人的情况相似,不应认定

---

⑨ 包括:总则,事故与责任,事故处理程序,事故损害的赔偿,事故责任者的处理,附则,共6章40条。

为侵害他人名誉权；描写真人真事的文学作品，对特定人进行侮辱、诽谤或者披露其隐私，致其名誉受损的，应认定为侵害他人名誉权；在作品已被认定为侵害他人名誉权后，发表该作品的刊物拒不刊登道歉声明，不采取其他补救措施，应认定为侵害他人名誉权(第9问)。

2. 最高人民法院《关于审理名誉权案件若干问题的解释》(法释〔1998〕26号)

最高人民法院在本解释文件中明确肯定，医疗卫生单位的工作人员擅自公开患者患有淋病、麻风病、梅毒、艾滋病等病情，致使患者名誉受到损害的，构成侵害患者名誉权；但医疗卫生单位向患者或其家属通报病情，不构成侵害患者名誉权(第8问)。消费者对产品质量或者服务质量进行批评、评论，不构成侵害他人名誉权；但借机诽谤、诋毁，损害其名誉的，应认定为侵害名誉权。新闻单位对生产者、经营者、销售者的产品质量或者服务质量进行批评、评论，内容基本属实，没有侮辱内容的，不应认定为侵害名誉权；主要内容失实，损害其名誉的，应认定为侵害名誉权(第9问)。

3. 最高人民法院《关于确定民事侵权精神损害赔偿责任若干问题的解释》(法释〔2001〕7号)

特别应注意的是，本解释文件，在《民法通则》第120条规定的姓名权、肖像权、名誉权、荣誉权受侵害可以请求精神损害赔偿之外，将精神损害赔偿的范围扩及生命权、健康权、身体权、人格尊严权和人身自由权，并肯定违反社会公共利益、社会公德侵害他人隐私或者其他人格利益，受害人亦可请求精神损害赔偿(第1条)。侵害死者姓名、肖像、名誉、荣誉，以违反社会公共利益、社会公德的方式侵害死者隐私，及非法损害死者遗体、遗骨，其近亲属亦可请求精神损害赔偿(第3条)。

4. 最高人民法院《关于审理人身损害赔偿案件适用法律若干问题的解释》(法释〔2003〕20号)

值得注意的是，最高人民法院在本解释文件中，除明确规定人身损害赔偿案件的各项费用及残疾赔偿金、死亡赔偿金的计算标准外，还对《民法通则》第131条规定的过失相抵进行了解释。侵权人属于故意或者重大过失,受害人属于一般过失的,不得适用过失相抵;对于法律规定无过错责任的侵权行为,受害人有重大过失的,可以适用过失相抵(第2条)。此外,还通过解释创设了共同危险行为规则(第4条)和安全保障义务规则(第6条),弥补了现行法律的不足。

三、《侵权责任法》的制定

至20世纪90年代后期,中国实现了由单一公有制的计划经济体制向社会主义市场经济体制的转轨。1998年3月,第八届全国人大常委会主管立法工作的王汉斌副委员长决定恢复民法典起草,并委托九位民法学者专家成立民法起草工作小组[10],负责起草《物权法草案》和《民法草案》。民法起草工作小组议定"三步走"的计划:第一步,制定统一合同法,实现市场交易规则的完善、统一、与国际接轨[11];第二步,从1998年起制定物权法,实现财产归属关系基本规则的完善、统一、与国际接轨;第三步,在2010年前制定民法典,最终实现建立完善的法律体系的目标。

中国于2001年加入世界贸易组织(WTO),要求尽快改善国内法制环境。全国人大法制工作委员会于2002年1月11日召开民法典起草工作会议,委托六位专家学者分别起草民法典各编条文[12],当年即完成一部民法典草案,于同年12月23日经第九届全国人大常委会第三十一次会议审议后,在新闻媒体公布征求修改意见,称为《中华人民共

---

[10] 民法起草工作小组的九位成员是:中国政法大学教授江平、中国社会科学院法学研究所研究员王家福、北京大学教授魏振瀛、清华大学教授王保树、中国社会科学院法学研究所研究员梁慧星、中国人民大学教授王利明、最高人民法院原经济审判庭副庭长费宗祎、全国人大常委会法制工作委员会原民法室副主任肖峋及原经济法室主任魏耀荣。

[11] 《合同法》的起草始于1993年,1993年10月拟订《合同法立法方案》,1994年1月正式开始起草,1995年1月产生《合同法(建议稿)》,1998年形成正式草案提交全国人大常委会审议,1999年3月15日经全国人大第二次会议通过,同年10月1日生效。

[12] 由中国社会科学院法学研究所梁慧星研究员负责起草总则编、债权总则编和合同编;中国人民大学法学院王利明教授负责起草人格权编和侵权行为编;中国社会科学院法学研究所郑成思研究员负责起草知识产权编;最高人民法院唐德华副院长负责起草民事责任编;中国政法大学巫昌祯教授负责起草亲属编和继承编;最高人民法院退休法官费宗祎负责起草涉外民事关系的法律适用编。

和国民法草案(征求意见稿)》。⑬

2003年,第十届全国人大常委会考虑到《民法草案》有1200多个条文,涉及面广,内容复杂,作为一部法律进行审议修改,历时很长,难度很大,遂决定改采分编修改审议,仍以单行法形式颁布施行,待各编均作为单行法审议通过之后,再按照法典体例编纂成一部完整的民法典。⑭ 按照立法计划,应当依次审议《物权法草案》《侵权责任法草案》和《涉外民事关系法律适用法草案》。《物权法》已于2007年3月16日由第十届全国人大第五次会议通过,同年10月1日起生效。按照第十届、第十一届全国人大常委会的立法规划,《侵权责任法草案》的修改审议,被提上了立法日程。

2008年9月,法制工作委员会在《民法草案》第八编的基础上,修改形成《侵权责任法(修改草案)》,于2008年9月24—27日召开专家讨论会⑮,讨论了这一修改草案,称为《侵权责任法草案(2008年9月23日修改稿)》。⑯ 会后,法制工作委员会斟酌各方面的修改意见,形成正式的法律草案,提交第十一届全国人大常委会第六次会议(2008年12月22—27日)进行审议,称为《侵权责任法草案(第二次审议稿)》。

目前,法制工作委员会正在《侵权责任法草案(第二次审议稿)》基础上,斟酌常委会审议中所提出的修改意见,和法律实务界、法律理论

---

⑬ 《民法草案(征求意见稿)》包括九编:第一编总则,117条;第二编物权法,329条;第三编合同法,454条;第四编人格权法,29条;第五编婚姻法,50条;第六编收养法,33条;第七编继承法,35条;第八编侵权责任法,68条;第九编涉外民事关系的法律适用法,94条,共计1209条。

⑭ 参见《全国人民代表大会法律委员会关于〈中华人民共和国侵权责任法草案〉主要问题的汇报》(2008年12月22日),第2页。

⑮ 由法制工作委员会副主任王胜明主持。参加会议的法官有:黄松有、杜万华、陈现杰、刘竹梅、林文学、汪彤、马荣、单国军、赖秋珊;参加会议的学者有:王利明、杨立新、张新宝、梁慧星、于敏、王卫国、许传玺、王军、张民安等。

⑯ 包括12章:第一章一般规定,第二章责任方式,第三章共同侵权,第四章抗辩事由,第五章机动车交通事故责任,第六章环境污染责任,第七章产品责任,第八章医疗损害责任,第九章高度危险作业责任,第十章动物致人损害责任,第十一章物件致人损害责任,第十二章有关责任主体的特殊规定,共95条。

界、政府部门和地方各级人大所提出的修改意见,对草案做进一步的修改完善,预计在2009年8月召开专家讨论会进行讨论,然后提交到2009年10月召开的第十一届全国人大常委会第十一次会议进行第三次审议。如果进展顺利,可能在2010年3月召开的第十一届全国人大第三次会议审议通过。

四、《侵权责任法草案(第一次审议稿)》

所谓《侵权责任法草案(第一次审议稿)》,是指2002年12月23日第九届全国人大常委会第三十一次会议初审的《民法草案》侵权责任法编(第八编),包括:总则3章,分则7章,共10章。

总则3章。

第一章"一般规定",包括:过错责任原则(第1条第1款)和过错推定(第1条第2款);无过错责任原则(第2条);共同侵权行为的连带责任(第3条);责任方式(第4条);受害人证明因果关系(第5条);死亡情形近亲属的请求权(第6条);特别法优先适用原则(第7条)。

第二章"损害赔偿",包括:侵害他人人身、财产的赔偿(第8条);因防卫他人而使自己受损害(第9条);致人残疾、死亡情形的赔偿项目及赔偿额确定(第10、11条);后续费用的请求权(第12条);侵害姓名权等的赔偿金计算(第13条);侵占、损坏他人财产(第14条);妨害物权行使(第15条);侵害人格权及毁损人格象征意义物品的精神损害赔偿(第16条);精神损害赔偿金的确定(第17条);损害赔偿金的一次性支付(第18条);损益相抵规则(第19条);均无过错时的公平分担(第20条)。

第三章"抗辩事由",包括:正当防卫和防卫过当(第21条);紧急避险和避险过当(第22条);自助行为(第23条);过失相抵规则(第24条)。

分则7章。

第四章"机动车肇事责任",设12个条文。重复修改前的《道路交通安全法》第76条的规定,并增加规定出租出借、融资租赁、盗窃、送修保管、分期付款买车等情形的责任承担。

第五章"环境污染责任",设4个条文,根据《环境保护法》第41条规定无过错责任原则,并增加规定排污符合标准时的责任,因果关系推定,竞合情形依照排放量比例承担责任。

第六章"产品责任",设6个条文,基本重复《产品质量法》第41—46条的规定,并增加规定消除危险、排除妨害,运输、仓储原因造成产品缺陷,说明错误。

第七章"高度危险作业责任",设12个条文。包括:高空、高压作业、占有、使用易燃、易爆危险物损害;航天器、航空器损害;核损害;高压损害;制造、加工、使用危险物损害;列车运行损害;遗失高度危险物损害;非法占有高度危险物损害;未经许可进入高度危险区域。

第八章"动物致人损害责任",设2个条文。包括:饲养动物损害;自然保护区野生动物损害。

第九章"物件致人损害责任",设6个条文。包括:建筑物损害;高空抛物损害;堆放物损害;障碍物损害;林木折断、果实坠落损害;公共通道挖坑、施工损害。

第十章"有关侵权责任主体的特殊规定",设8个条文。包括:监护人责任;替代责任;网站的责任;安全保障义务;教唆、帮助;共同危险行为;原因竞合。

五、《侵权责任法草案(第二次审议稿)》

《侵权责任法草案(第二次审议稿)》,是在第一次审议稿基础上增删修改而成。包括总则4章,分则8章,共12章88条。删去第一次审议稿14个条文,新增42个条文。特别值得注意的是,第二次审议稿增设第七章"医疗损害责任",得到理论界和实务界的一致好评。

总则共4章。

第一章"一般规定",设6个条文。主要是将原第一章的过错责任原则和过错推定、无过错责任原则、共同侵权行为、承担责任的方式共

4个条文,移至第二章;删去因果关系证明;仅保留特别法优先适用原则(第6条),另行增设5个条文:立法目的(第1条),侵权责任的概括规定(第2条),请求权人(第3条),被扶养人和支付医药费、丧葬费人的权利(第4条),民事责任优先执行原则(第5条)。

第二章"责任构成和责任方式",设19个条文。包括:从原第一章移入4个条文:过错责任原则和过错推定(第7条);无过错责任原则(第8条);共同侵权行为(第9条);承担责任的方式(第17条)。从原第十章移入4个条文:教唆、帮助(第10条);共同危险行为(第11条);原因竞合(第12条、第13条)。保留原第二章的4个条文:致残、致死的赔偿项目(第18条);为保护他人使自己受害(第21条);均无过错时的损失分担(第22条);损害赔偿金的支付(第25条)。新增设7个条文:第三人造成损害(第14条);连带责任的承担方式(第15条、第16条);财产损失的计算(第19条);排除妨害和消除危险(第20条);侵害生命权等的精神损害赔偿(第23条);侵害人格权、身份权的精神损害赔偿(第24条)。

第三章更名为"不承担责任和减轻责任的情形",设5个条文。保留:正当防卫和防卫过当(第29条);紧急避险和避险过当(第30条);过失相抵规则(第26条)。删去:自助行为。增加:受害人故意免责(第27条);不可抗力免责(第28条)。

第四章"关于责任主体的特殊规定",设8个条文。是将原第十章提前。保留原第十章4个条文:监护人责任(第31条);替代责任(第33条);网站的责任(第34条);安全保障义务(第35条)。新增4个条文:暂时丧失意识的损害(第32条);无行为能力人在幼儿园、学校的损害(第36条);限制行为能力人在学校的损害(第37条);幼儿园、学校以外的人造成未成年人损害(第38条)。

分则共8章。

第五章"产品责任",设7个条文。删去:说明错误。新增:警示、召回制度;明知缺陷情形的惩罚性赔偿。

第六章"机动车交通事故责任",设7个条文。删去重复《道路交通安全法》的条文,代之以《道路交通安全法》优先适用的规定。保留:出租、出借;盗窃、抢劫。删去:融资租赁;送修、保管;分期付款买车。新增:未办理过户手续;买卖拼装、报废车;驾驶人逃逸。

新增第七章"医疗损害责任",设14个条文。包括:过错责任原则(第53条);医疗机构的替代责任(第54条);医务人员的说明后义务(第55条);抢救危急患者的紧急情况(第56条);注意义务的判断标准(第57条);特别情形的过错推定(第58条);因果关系推定(第59条);患者的告知义务(第60条);医疗产品缺陷责任(第61条);输血感染责任(第62条);医学文书资料的保管与查阅、复制(第63条);患者隐私保护(第64条);禁止过度医疗(第65条);医务人员执业活动的保护(第66条)。

第八章"环境污染责任",设5个条文。在原有规定基础上,增加第三人过错造成污染环境。

第九章"高度危险责任",设6个条文。将核损害与民用航空器损害合并。删去:航天器损害;列车运行损害;制造、加工易燃、易爆危险物损害;制造、储运电力、液体、煤气、蒸汽损害;运输中危险物损害;第三人过失。保留:遗失、抛弃高度危险物致人损害;非法占有高度危险物致人损害;未经许可进入高度危险区。新增:高度危险作业致人损害的概括规定;占有、使用高度危险物及从事高空、高压作业、使用高速运输工具致人损害。

第十章"动物致人损害责任",设4个条文。饲养动物损害,改为仅受害人重大过失可以适用过失相抵。删去:自然保护区野生动物损害。新增:烈性犬等凶猛动物损害的无过错责任;动物园动物损害;第三人过错。

第十一章"物件致人损害责任",设6个条文。基本保留原条文,仅删去果实坠落致人损害。

新增第十二章附则,设1条规定本法生效日期。

六、《侵权责任法》制定中的主要争论点

(一) 两种立法思路

第一种立法思路,将《侵权行为法》视为民事权利救济法,强调侵权法的本质是民事责任而不是债权债务,认为侵权法与债法具有不同的性质,在编纂民法典时应当将侵权法作为独立一编,脱离债法的体系,而与物权法、债权法、亲属法、继承法相并列,安排在法典最后。[17]

第二种立法思路,沿袭大陆法系民法理论,将侵权行为视为债权债务的发生原因,即损害赔偿之债,因此强调侵权行为法属于债法,在编纂民法典时应当将侵权行为法规定在债法总则,或者在债法总则之下与合同法并立。[18]

显而易见,第一种立法思路,源于1982年的《民法草案(第四稿)》和现行《民法通则》。1982年的《民法草案(第四稿)》设第七编"民事责任",及现行《民法通则》设第六章"民事责任",是受苏联民法理论的影响。[19] 值得注意的是,制定统一合同法时,出于逻辑体系完整的考虑,已经将"违约责任"作为统一合同法第七章,着重于民事权利保护的立法思路的逻辑性已经被打破。

(二) 关于法律名称

主张前述第一种立法思路的学者,赞成法律名称叫"侵权责任法"。因为"侵权行为法"强调个人为自己行为负责,而在现代社会,人们越来越多地要为他人的行为负责;"侵权行为法"更多地强调过错。而时至今日,公平责任、危险责任等日益增加,采用"侵权责任法"的名

---

[17] 参见王利明主编:《中国民法典学者建议稿及立法理由:侵权行为编》,法律出版社2005年版,第2页。

[18] 参见梁慧星:《中国民法典草案建议稿附理由:侵权行为编、继承编》,法律出版社2004年版,第1页。

[19] 魏振瀛指出,"《民法通则》专章规定民事责任,可以说参考了苏联的民事立法和民法学说"。参见魏振瀛:《关于民法典中民事责任新体系的思考》,载中华硕博网,2009年3月13日访问。

称,可以涵括这些不以过错为要件的责任。[20]

主张前述第二种立法思路的学者,不赞成法律名称叫"侵权责任法",认为应当叫"侵权行为法"。因为本法大部分内容是关于侵权行为形态和构成要件的规定,承担责任的基础是加害行为。并且认为"侵权责任法"这一法律名称与民法理论体系和民法典编纂体例不协调,因为任何法律都有相应的法律责任,如果本法叫"侵权责任法",就还要有"违约责任法""不当得利责任法""无因管理责任法",甚至"物权责任法",等等。[21]

值得注意的是,2008 年 12 月 4 日,在全国人大法律委员会审议《侵权责任法草案》的会议上,有的委员不赞成叫"侵权责任法",认为不合逻辑,与民法体系不协调,建议改称"侵权行为法"。针对此项意见,法律委员会主任委员胡康生回应说,作为单行法,名称叫侵权行为法不妥。已有的单行法,没有叫"某某行为法"的,如果叫侵权行为法,可能使群众产生误解。现在制定单行法,名称叫侵权责任法,将来编纂民法典时,本法内容编入债权编,作为债权债务发生原因之一,名称叫侵权行为,当不成问题。

(三)两种立法模式

第一种立法模式,强调借鉴英美法的经验,制定涵盖社会生活中的全部损害类型,甚至包括物权请求权在内的所谓"大侵权法",在将来编纂民法典时,侵权责任法编应当独立于债权编,而与物权编、债权编、亲属编、继承编并列。并且,进一步提出所谓"类型化"立法模式,主张"尽可能穷尽社会生活中的一切侵权行为类型"[22]。

---

[20] 参见王利明:《我国侵权法起草中的主要疑难问题——在第二届中欧侵权法国际研讨会上的发言》,载中国民商法律网,2007 年 7 月 23 日访问。
[21] 参见黄芬:《侵权责任法制定中的重大疑难问题》,载《河北法学》2009 年第 2 期。
[22] 杨立新提出"类型化"方案,建议规定 44 种侵权行为类型。参见杨立新:《论侵权行为一般化和类型化及我国侵权行为法立法模式选择》,载《河南省政法管理干部学院学报》2003 年第 1 期。此后,杨立新起草的《侵权责任法草案(第二稿)》,规定了 66 种侵权行为类型。

第二种立法模式,主张借鉴《欧洲民法典草案》侵权行为编[23]的经验,设立一项概括性条款作为统一的侵权责任请求权基础,仅列举规定社会生活中最主要、最常见的侵权行为类型和准侵权行为类型。这些列举性规定,不重复规定侵权责任请求权基础的共性问题,仅着重解决各类侵权行为或准侵权行为在归责原则、免责事由、损害赔偿或者责任承担等方面的特殊问题。[24]

值得注意的是,无论《侵权责任法草案(第一次审议稿)》或者《侵权责任法草案(第二次审议稿)》,均仅规定社会生活中的"最主要、最常见"的侵权行为和准侵权行为种类,并不打算"穷尽社会生活中的一切侵权行为类型"。由此可见,中国立法机关并未采纳所谓"类型化"立法方案。[25]

(四)归责原则

《民法通则》颁布后,民法学界关于侵权责任的归责原则一直存在分歧。在侵权责任法制定中,归责原则再次成为争论热点,有所谓"三原则说""二原则说"和"一原则说"。所谓"三原则说",认为中国侵权责任法并存过错责任、无过错责任和公平责任三项归责原则。所谓"二原则说",认为中国侵权责任法只有过错责任和无过错责任两项归责原则。所谓"公平责任",实质是在极特殊情形,法律规定由双方当事人分担意外事故所造成的损害,属于"特殊救济措施",并非归责原则。所谓"一原则说",认为中国侵权责任法仅有过错责任一项归责原则,法律规定不以过错为承担责任的要件,属于"例外规定",不得称为

---

[23] 参见《欧盟私法:原则、定义和示范规则》,载梁慧星主编:《民商法论丛》(第43卷),法律出版社2009年版。

[24] 参见张新宝:《侵权法立法模式:全面的一般条款+全面列举》,载《法学家》2003年第4期。

[25] 在第十一届全国人大常委会第六次会议上,全国人大法律委员会报告侵权责任法草案的主要内容,列举了"产品责任""机动车交通事故责任""医疗损害责任""环境污染责任""高度危险责任""网络侵权责任""学校幼儿园的责任"和"动物致人损害责任"等侵权责任类型。参见第十一届全国人大常委会第六次会议文件(10):《全国人民代表大会法律委员会关于〈中华人民共和国侵权责任法草案〉主要问题的汇报》(2008年12月22日),第4—9页。

归责原则。[26]

　　值得注意的是,在第十一届全国人大常委会第六次会议上,法律委员会就《侵权责任法草案》的起草修改经过和主要内容作了汇报,明确指出"草案根据《民法通则》的规定,明确我国侵权责任制度实行过错责任和无过错责任相结合的原则"。并且指明草案第 7 条是关于过错责任原则的规定,第 8 条是关于无过错责任原则的规定。显而易见,《侵权责任法草案》采纳所谓"二原则说"[27]。

---

　　[26]　参见黄芬:《侵权责任法制定中的重大疑难问题》,载《河北法学》2009 年第 2 期。
　　[27]　第十一届全国人大常委会第六次会议文件(10):《全国人民代表大会法律委员会关于〈中华人民共和国侵权责任法草案〉主要问题的汇报》(2008 年 12 月 22 日),第 3—4 页。

对《侵权责任法草案（2009年8月20日修改稿）》的评论及修改建议[*]

一、概述

《侵权责任法草案（2009年8月20日修改稿）》（以下简称"修改稿"），是在第二次审议稿基础上稍加修改而成，包括12章，92条。其结构，与第二次审议稿完全相同，即第一章一般规定；第二章责任构成与责任方式；第三章不承担责任和减轻责任的情形；第四章关于责任主体的特殊规定；第五章产品责任；第六章机动车肇事责任；第七章医疗损害责任；第八章环境污染责任；第九章高度危险责任；第十章动物损害责任；第十一章物件损害责任；第十二章附则。唯第六章章名，由"机动车交通事故责任"，改为"机动车肇事责任"。条文数由第二次审议稿的88条，增至92条。稍作比较，即可发现修改稿有58个条文是第二次审议稿原文、一字未改；有25个条文对原文作了修改、删减和添加；删去3个条文，新增9个条文。

改动较大的有六章，即第二章责任构成和责任方式，第四章关于责任主体的特殊规定，第五章产品责任，第六章机动车肇事责任，第七章医疗损害责任，第九章高度危险责任。改动较小的有三章，即第三章不承担责任和减轻责任的情形，第八章环境污染责任，第十章动物损害责任。原封不动、一字未改的有两章，即第一章一般规定，第十一章物件损害责任。

---

[*] 本文写作于2009年9月17日。

二、关于第一章"一般规定"

本章维持第二次审议稿的原文,一字未改。其中,第 2 条关于侵权责任的概括规定:"侵害民事权益,应当承担侵权责任。"民法学界多数学者和实务界人士均认为属于"有害条文",建议断然删去。即使有个别学者主张予以保留,亦建议必须做适当修改。

我在对第二次审议稿的修改意见中指出,按照第 2 条规定,凡侵害民事权益,即应承担侵权责任,混淆了侵权法的适用范围,且未规定侵权责任的任何构成要件,与本法第二章第 7 条、第 8 条关于侵权责任归责原则的规定相抵触,使人误认为中国实行"结果责任原则",导致对本法理解、解释和适用的困难。按照本法立法宗旨,追究侵权责任,必须以第 7 条关于过错责任原则的规定,或者第 8 条关于无过错责任原则的规定,作为裁判依据,绝对不能以第 2 条作为裁判依据。故本条属于毫无用处之赘文,不具有作为裁判规范的实际意义,且易于启人疑窦,致国际社会质疑中国立法之进步性。

此前不久(2009 年 9 月 12 日、13 日)在海南大学召开的中日民商法研究会第八届大会上,多位日本学者指责本条属于早已被历史抛弃的"结果责任原则",建议删去。并且说,中国立法机关如果一定要保留本条,则务必添加"限制性"词语,例如"依照本法"。

故再次建议删除本条,如果立法机关实在不愿删除,则建议添加"限制性"词语,修改为:"侵害民事权益,应当依照本法规定承担侵权责任。"鉴于本法第 6 条规定"特别法优先适用原则",此所谓"依照本法规定",意指依照本法及特别法的规定。

三、关于第二章"责任构成和责任方式"

第二章责任构成和责任方式,第二次审议稿是 19 个条文,修改稿增至 21 个条文。主要修改如下。

(1)修改第 8 条无过错责任原则的文字表述。

第二次审议稿第 8 条原文:"行为人没有过错,法律规定也要承担侵权责任的,依照其规定。"

修改稿第 8 条:"行为人侵害他人人身、财产造成损害,法律规定不论行为人有无过错都要承担侵权责任的,依照其规定。"

此项修改,准确表达了无过错责任原则的本意,体现中国立法更加着重于科学性,值得赞同。

(2)修改第 10 条关于"教唆、帮助"他人实施侵权行为的条文。

第二次审议稿第 10 条原文:"教唆、帮助他人实施侵权行为的,应当承担连带责任。

教唆无民事行为能力人实施侵权行为的,承担全部责任。教唆限制民事行为能力人实施侵权行为的,承担主要责任。帮助无民事行为能力人、限制民事行为能力人实施侵权行为的,承担相应的责任。"

修改稿第 10 条:"教唆、帮助完全民事行为能力人实施侵权行为的,应当与行为人承担连带责任。

教唆、帮助无民事行为能力人、限制民事行为能力人实施侵权行为的,应当承担侵权责任;该无民事行为能力人、限制民事行为能力人的监护人有过错的,应当承担相应的责任。"

修改稿首先是将第 1 款的"他人"改为"完全民事行为能力人";其次是第 2 款不再区分"教唆"与"帮助",并区分"教唆"的对象,而分别规定不同的责任;最后是第 2 款增加监护人的责任。

第 1 款属于文字修改,无实质意义。第 2 款末句增加监护人过错责任,明示即使在他人"教唆""帮助"情形,监护人如有过失,也不得免责,有利于促使监护人履行监护职责,有其实质意义,值得赞同。

特别应注意的是,原文第 2 款区分"教唆"与"帮助"及区分教唆对象属于"无行为能力人"或者"限制行为能力人",而相应区别规定"全部责任""主要责任""相应的责任",目的在于方便实践操作,实现裁判的统一和公正。修改后的第 2 款不加区别而笼统规定为"承担侵权责任",意在委托法官针对具体个案自由裁量。从中国当前裁判实践情形看,影响裁判统一和公正的法律外因素之存在,已经损及法律和人民法院的威信,原来的"区别规定",应更有利于避免法官的恣意裁量,确保裁判的统一和公正。因此,建议恢复原文"区别规定"。

(3)关于人身伤害的赔偿项目中,增添"营养费"一项。

修改稿第17条:"侵害他人人身造成伤害的,应当赔偿医疗费、护理费、营养费、交通费等为治疗和康复支出的合理费用,以及因误工减少的收入。造成残疾的,还应当赔偿残疾生活自助具费和残疾赔偿金。造成死亡的,还应当赔偿丧葬费和死亡赔偿金。"其中,"营养费"一项是新添加的。

最高人民法院《关于审理人身损害赔偿案件适用法律若干问题的解释》(2003年)第17条已经承认"必要的营养费"应由加害人赔偿。本条将"营养费"列入法定赔偿项目,体现侵权立法着重总结实践经验,以及对于受害人权利之保护。

(4)新增关于死亡赔偿金、残疾赔偿金的计算标准的规定。

修改稿第18条第1款:"死亡赔偿金一般按照国家上年度城镇职工年平均工资乘以十五年计算。具体数额根据受害人的年龄、收入状况等因素可以适当增加或者减少。"

修改稿第18条第2款:"残疾赔偿金主要根据受害人丧失劳动能力的程度确定,最高不超过国家上年度城镇职工年平均工资乘以十五年。"

本条第1、2款以"国家标准"取代"法院所在地标准",且不再区别城镇居民与农村居民,而统一适用"国家城镇职工标准",其政策目的,显然在于回应社会上关于"同命不同价"的批评,纠正因受害人身份(城镇居民或者农村居民)不同,而获得赔偿金额悬殊的不公正现象。统一适用"国家城镇职工标准",将使属于农村居民和中部、西部城镇职工的受害人所获得的赔偿金大幅提高,体现中国侵权立法的极大进步。值得注意的是,统一适用"国家城镇职工标准",将使东部经济发达地区城镇职工受害人所获得的赔偿金有所减少,亦未必合理。

据统计资料,2008年度全国城镇职工年平均工资是29229元,乘以15,受害人可能获得的死亡赔偿金是438435元。但高于此全国标准的有9个省(自治区、直辖市),东部地区最高是34316元;低于全国标准的有 22 个省(区、市),中部地区最低是 24390 元。东部地区的受害人,按照当地标准可能获得的死亡赔偿金是 514740 元,因适用全国标准,而减少了 76305 元。中部地区的受害人,按照当地标准可能获得的赔偿金是 365850 元,因适用全国标准,而增加了 72585 元。

可见统一适用全国标准对低于全国标准的 22 个省(自治区、直辖市)的受害人有利,而对高于全国标准的 9 个省(自治区、直辖市)的受害人不利。因此,建议在本条第 1、2 款均增设"但书"规定,即受害人属于城镇职工且法院所在地城镇职工年平均工资高于国家标准的,可以不适用国家城镇职工标准,而适用法院所在地城镇职工年平均工资标准。

(5)新增关于在残疾赔偿金或者死亡赔偿金之外不再计算精神损害赔偿的规定。

新增第 18 条第 3 款:"赔偿残疾赔偿金和死亡赔偿金的,不得再计算精神损害赔偿。"

增设本款规定的实质在于,明确规定残疾赔偿金和死亡赔偿金,均属于精神损害赔偿的特殊形式。目前全国人大常委会正在修订《国家赔偿法》,其修改草案第一次审议稿第 35 条第 1 款规定,请求权人在获得死亡赔偿金或者残疾赔偿金之后,还可以请求"精神损害抚慰金"。全国人大常委会第一次审议中,全国人大代表李其宏即提出,"残疾赔偿金和死亡赔偿金实际上已包含了精神损害抚慰金的内容,再规定精神损害赔偿不合适"。全国人大常委会委员金硕仁亦建议,"国家赔偿涉及精神损害的,可依据民事损害赔偿的标准"。可见立法机关对于死亡赔偿金和残疾赔偿金的性质认定,亦未准确。

我在 2009 年 5 月 31 日和 6 月 15 日法律委员会审议《国家赔偿法(修改草案)》的会议上,指出《国家赔偿法(修改草案)》第 35 条第 1 款的规定,与现今民法理论和裁判实践不符。死亡赔偿金是对于死者遗属的精神损害赔偿,国内学术界并无争议。残疾赔偿金究竟属于精神损害赔偿抑或属于国外所谓"逸失利益赔偿",虽有分歧,但以主张属于精神损害赔偿为多数说。按照民法原理及国外立法经验,精神损害赔偿与逸失利益赔偿的区别在于:逸失利益赔偿应当适用损益相抵规则,扣除"生活费""利息"和"税金",且在逸失利益赔偿之外不得再赔偿"被扶养人生活费"(抚恤金);而精神损害赔偿不适用损益相抵规则,不扣除上述费用,且在精神损害赔偿之外还应支付"被扶养人生活费"(抚恤金)。

按照最高人民法院《关于审理人身损害赔偿案件适用法律若干问题的解释》(2003年),无论死亡赔偿金或者残疾赔偿金,均不适用损益相抵规则,均不扣除"生活费""利息""税金",且受害人或者其遗属在获得残疾赔偿金或者死亡赔偿金之外,还可以请求"被扶养人生活费"(抚恤金)。特别值得注意的是,最高人民法院《关于确定民事侵权精神损害赔偿责任若干问题的解释》(2001年),已经明确表述将死亡赔偿金和残疾赔偿金视为精神损害赔偿的立场,其第9条规定:"精神损害抚慰金包括以下方式:(一)致人残疾的,为残疾赔偿金;(二)致人死亡的,为死亡赔偿金;(三)其他损害情形的精神抚慰金。"因此,修改稿第18条第3款明文规定,已赔偿残疾赔偿金或者死亡赔偿金的,不再计算精神损害赔偿,将最高人民法院的上述立场和实践经验,规定为法律条文,明确残疾赔偿金和死亡赔偿金性质上属于精神损害赔偿,具有重大理论和实践意义。

(6)新增关于"死亡人数较多的,可以同一标准确定死亡赔偿金"的规定。

修改稿第19条:"因交通事故、矿山事故等侵权行为造成死亡人数较多的,可以不考虑年龄、收入状况等因素,以同一标准确定死亡赔偿金。"

为了克服所谓"同命不同价"的不合理现象。本条将近年实务中解决"矿难"等多人死亡事件的成功实践经验,上升为法律规则,体现侵权立法的进步。

(7)新增关于侵害人格权的财产损失难以确定的,可按照侵权人因此获得利益赔偿的规定。

修改稿新增第21条:"侵害他人姓名权、名誉权、肖像权、隐私权等造成财产损失的,按照受害人因此受到的损失赔偿;受害人的损失难以确定的,按照侵权人因此获得的利益赔偿。"

实践中,侵害人格权以及侵害知识产权的侵权案件,往往难于计算或者难以证明受害人所受财产损失数额,如果拘泥于由请求权人证明财产损失数额的固有理论,将使受害人难以获得赔偿,并且使侵权行为人获得不当利益,难以发挥《侵权责任法》的惩戒功能,因此实践中已有以侵权人所获得利益作为受害人所受财产损失的做法。本条将实践中的成功经验上升为法律条文,值得肯定。

应特别注意的是,我国《民法通则》关于特别人格权的规定,遗漏了"隐私权"一种。因《民法通则》的制定是在改革开放之初,苏联民法理论的影响尚严重存在,起草人对于应否规定人民享有"隐私权"心存疑虑。最高人民法院《关于审理名誉权案件若干问题的解答》(1993年),通过解释手段对此项立法漏洞进行了弥补,使"披露他人隐私",构成侵害名誉权的侵权行为。此项解释,受到学术界和实务界的一致好评。

但此项解释,并未使此项法律漏洞获得完全弥补。所谓"隐私",属于当事人不愿他人知悉的个人生活秘密,披露他人隐私并不一定损及他人名誉。按照最高人民法院此项解释,披露他人隐私而未损及他人名誉的,行为人将不承担侵权责任。且最高人民法院此项解释,仅言"隐私",而未称"隐私权"(最高人民法院为裁判机关,无权规定人民享有何种民事权利),对于人民隐私权保护的力度不够。

自20世纪90年代以来,学术界、实务界和社会舆论,均呼吁立法机关以正式法律形式承认"隐私权"为一种特别人格权。为反映这一普遍要求,《侵权责任法(第一次审议稿)》第13条明文规定了"隐私权"。遗憾的是,第二次审议稿删去了该条。本条实际上是在第一次审议稿第13条基础上修改而成,其明文规定"隐私权"为一种特别人格权,适应了社会发展和广大人民群众的权利要求,体现了中国侵权立法的长足进步,值得赞同。

(8)删除侵害人格权、身份权请求精神损害赔偿的"故意"要件。

第二次审议稿第24条原文:"故意侵害他人人格权、身份权,造成他人严重精神损害的,受害人可以请求精神损害赔偿。"

修改稿第 23 条:"侵害他人人格权、身份权,造成他人严重精神损害的,受害人可以请求精神损害赔偿。"

原文规定以"故意"为请求精神损害赔偿的要件,对于受害人而言,失之过苛。且在诉讼中,证明和判断侵权人是否故意颇为困难,易于使侵权行为人逃脱责任。删去"故意"要件,可避免证明和判断是否"故意"的困难,使精神损害赔偿请求权易于成立,对于受害人和法院均有利。并考虑到新增第 24 条已将"侵权人的过错程度"作为法庭确定精神损害赔偿金数额的因素,如果侵权人能够证明自己仅属于"过失"而非"故意",法庭将相应减少赔偿金数额。可见本条删去"故意"要件,对于侵权人亦不致过苛,具有合理性。

(9)新增关于确定精神损害赔偿的规定。

修改稿新增第 24 条:"精神损害赔偿应当根据精神损害程度、侵权人的过错程度、侵权行为的后果等因素确定。"

精神损害与财产损害的区别在于,精神损害是难以计量的,而财产损害是可以计量的。因此,请求财产损害的赔偿,请求权人应当就所受财产损害的存在及其数额举证,如果不能举证证明财产损害的存在及其数额,其请求往往不能得到法庭的认可。特别情形,如侵害人格权和知识产权等,受害人往往难以证明所受财产损害数额,本法新增第 21 条规定,可将侵权人所获得利益作为受害人所受损失,以资救济。

但精神损害本质上不可计量,如果要求受害人举证证明,将使受害人得不到赔偿,本法规定精神损害赔偿的立法目的亦将落空。据我所知,各地各级人民法院对于精神损害赔偿的认识不统一,一些法院能够正确执行最高人民法院关于证据规则的解释,根据所谓"经验法则",综合考量各种因素如侵权人过错程度、损害程度和损害后果等,依职权确定精神损害赔偿金数额;但有一些法院不能正确认识精神损害的性质,将精神损害混同于财产损害,要求受害人举证证明精神损害的存在及其严重程度,否则驳回其请求,致一些遭受严重精神损害的受害人未能获得公正赔偿。本条明文规定人民法院在审理精神损害赔偿案件时,应当根据本条所列举的因素确定精神损害赔偿金额。所体现的立法精神是,强调法庭依职权裁量,力求使受害人获得公正赔偿,发挥精神损害赔偿制度的规范功能。

(10)在关于损害赔偿金支付方式的条文中,添加关于确定损害赔偿金数额的内容。

第二次审议稿第 25 条原文:"损害发生后,当事人可以约定损害赔偿金的支付方式,没有约定或者约定不明确的,应当一次性支付。一次性支付有困难的,可以分期支付,但应当提供适当担保。"

修改稿第 27 条:"损害发生后,当事人可以协商损害赔偿金的数额及其支付方式。协商不一致的,损害赔偿金的数额可以通过调解、诉讼等办法确定;损害赔偿金的支付方式应当一次性支付。一次性支付有困难的,可以分期支付,但应当提供适当担保。"

本条原来的目的,仅在于规定损害赔偿金的支付方式。损害赔偿金数额当然可以由侵权人与受害人双方协商确定,或者由法定的或者双方同意的第三方进行调解确定,或者诉请人民法院判决。此属于理所当然、不言自明的。概言之,本法绝大多数条文之设立目的,均在于判断应否赔偿及确定赔偿金数额,至于规范损害赔偿金之支付方式,则唯有本条一个条文。修改稿忽视本法内部逻辑关系及本条规范目的,在规定损害赔偿金支付方式的条文中,轻率添加关于损害赔偿金数额确定办法的内容,有画蛇添足之嫌。建议删去所添加内容而恢复原条文。

(11)将第二章第 14 条关于第三人造成损害的规定,移至第三章作为免除责任或者减轻责任的法定事由,并删去原文第 2 句关于"但书"的规定。

第二次审议稿第 14 条原文:"损害是由第三人造成的,第三人应当承担侵权责任。法律规定有关单位或者个人承担补充责任或者相应责任的,依照其规定。"

修改稿第三章第 28 条:"损害是由当事人造成的,第三人应当承担侵权责任。"

此项修改仅是条文位置改变。按照自己责任原则,谁造成他人损害,谁对受害人承担侵权责任。既然当事人一方的损害是由当事人之外的第三人造成,当然应由该第三人承担赔偿责任,受伤害一方的对方当事人不应当承担责任或者仅在该第三人不能承担责任或者不能承担全部责任时,承担相应的补充责任。故此项修改,符合法律逻辑,可以赞同。

四、关于第四章"关于责任主体的特殊规定"

本章以"关于责任主体的特殊规定"作为章名,并不妥帖。例如,第35条规定对自己暂时没有意识或者失去控制时的加害行为承担责任,在责任主体上毫无特殊之处;第38条、第39条规定某些行业的经营者因违反法定注意义务而承担责任,严格言之,亦不得认为责任主体有何特殊之处。我在对第二次审议稿的修改意见中,建议将本章分解为三章,适当增加内容,作为分则。建议三章的章名分别是"未成年人侵权或者未成年人受侵害""使用人责任""商业活动中的侵权责任"。可惜修改稿并没有采纳此条修改意见。

(1)第37条关于网络服务提供者责任的规定,第1款的"明知"网络用户利用其网络服务"实施侵权行为",被修改为"知道"网络用户利用其网络服务"侵害他人名誉权、肖像权、隐私权、著作权等权益";第2款的受害人"有权向网络服务提供者发出要求删除、屏蔽侵权内容的通知",被修改为"有权通知网络服务提供者采取删除、屏蔽、断开链接等必要措施"。修改后的条文,增加了可操作性。

(2)修改稿第38条关于安全保障义务的规定,第1款扩大了安全保障义务人的范围,将第二次审议稿原文"旅馆、饭店、商店、银行、娱乐场所等公共场所的管理人",修改为"旅馆、饭店、商店、银行、车站、娱乐场所等公共场所的管理人,或者灯会、展销会等群众性活动的组织者";第2款原文"管理人尽到安全保障义务的,不承担侵权责任;未尽到安全保障义务的,承担相应的侵权责任",修改后的条文删去"管理人尽到安全保障义务的,不承担侵权责任"一句,保留后一句,并将"承担相应的侵权责任",修改为"承担相应的补充责任"。

特别值得注意的是,第2款将"承担相应的侵权责任",修改为"承担相应的补充责任",具有重要意义。按照原文"相应的侵权责任",存在下面的疑问,即在加害人已经承担全部赔偿责任之后,"未尽到安全保障义务"的管理人是否还应承担赔偿责任？修改为"承担相应的补充责任",就消除了此项疑问。如果加害人承担了全部赔偿责任,管理人即使"未尽到安全保障义务",亦不再承担任何赔偿责任。换言之,管理人即可根据本法第38条的规定,主张免责抗辩；如果加害人未承担赔偿责任或者未承担全部赔偿责任,"未尽到安全保障义务"的管理人,亦仅承担与其"未尽到安全保障义务"的程度"相应"的部分赔偿责任。换言之,管理人即可根据本法第38条的规定,主张减轻责任的抗辩。可见,此项修改不仅增强了本条的可操作性,而且有助于实现裁判的统一和公正,值得赞同。

(3)第40条关于限制民事行为能力人在学校等受人身伤害的赔偿责任的规定,第二次审议稿的学校或者其他教育机构"未尽到教育、管理职责的,承担相应的赔偿责任",修改为"履行教育、管理职责有过错的,应当承担赔偿责任"。

按照民法原理和裁判实务,"未尽到教育、管理职责"即视为"有过错","尽到教育、管理职责"即视为"无过错",而并不考虑责任人的"心理状态",这就是现今各主要国家和地区民法理论和实务所公认的"客观过错说"。联系第39条"但书"以"证明尽到教育、管理职责"作为法定免责理由,本条将"未尽到教育、管理职责的",改为"履行教育、管理职责有过错的",势必启人疑窦：法庭在认定"未尽到教育、管理职责"之后,是否还须进一步判断"有无过错"？如果回答是肯定的,则有倒退回"主观过错说"之嫌,且不利于对受害人的保护；如果回答是否定的,则此项改动属于画蛇添足,以恢复原文"未尽到教育、管理职责"为妥。

此外,将第二次审议稿原文"承担相应的赔偿责任",修改为"应当承担赔偿责任",体现了加重学校等教育机构的责任,强化对未成年人人身保护的政策目的,值得赞同。

(4)第41条关于幼儿园、学校等教育机构以外的人造成未成年人伤害的责任,第二次审议稿原文"未尽到管理职责的,承担相应的赔偿责任",修改为"未尽到管理职责的,承担相应的补充责任"。将"承担相应的赔偿责任"修改为"承担相应的补充责任",值得赞同。理由同第38条。

五、关于第五章"产品责任"

(1)修改稿第42条,删去第二次审议稿原文规定法的免责事由的第2款,仅保留关于严格产品责任原则的规定,并增添第2句规定"但书"。

第二次审议稿第39条原文:"因产品存在缺陷造成他人损害的,生产者应当承担侵权责任。生产者证明有下列情形之一的,不承担侵权责任:(一)未将产品投入流通的;(二)产品投入流通时,引起损害的缺陷尚不存在的;(三)将产品投入流通时的科学技术水平尚不能发现缺陷存在的。"

修改稿第42条:"因产品存在缺陷造成他人损害的,生产者应当承担侵权责任。法律规定不承担责任或者减轻责任的,依照其规定。"

本条删去原文第2款关于三项法定免责事由的规定,而在第1款增加第2句:"法律规定不承担责任或者减轻责任的,依照其规定。"其中所谓"法律规定",当然是指现行《产品质量法》第41条第2款关于该三项法定免责事由的规定,及本法第三章关于免除责任和减轻责任事由的规定。可见此项修改,纯粹属于技术性修改,并无实质意义上的改动。

(2)新增关于产品推荐人和产品代言人责任的规定,值得注意。

本章新增第49条:"销售者、广告经营者、广告发布者、社会团体以及其他组织或者个人,明知产品有缺陷,仍然宣传、推荐该产品误导消费者造成损害的,与生产者承担连带责任。"

关于广告经营者、广告发布者的责任,《广告法》(1994年)第38条已有规定,该条规定,发布虚假广告,欺骗和误导消费者,使购买商品或者接受服务的消费者的合法权益受到损害的,应当由广告主依法承担赔偿责任;广告经营者、广告发布者明知或者应知广告虚假仍设计、制作、发布的,应当承担连带责任。鉴于《广告法》制定于改革开放之初,当时社会团体推荐商品和所谓名人代言商品的现象还不普遍,因此《广告法》未涉及"社会团体以及其他组织或者个人"的责任。

自20世纪90年代以来,社会团体推荐商品和名人代言商品的现象日益普遍,产生消费者受害的严重社会问题。所宣传、推荐、代言的商品存在缺陷或者瑕疵致购买人遭受损害,因缺乏明确的法律规定,往往难以追究推荐人和代言人的责任,至多以"退回代言报酬"为限。更有甚者,有的法院认定产品代言人是广告作品中的"表演者",判决代言人不承担任何责任。

2008年发生"三鹿奶粉致众多婴幼儿受害事件",社会舆论呼吁立法规制社会团体推荐产品和名人代言产品,要求加重推荐人和代言人的法律责任,促成食品安全法的颁布、实施。《食品安全法(草案)》第55条规定:"社会团体或者其他组织、个人在虚假广告中向消费者推荐食品,使消费者的合法权益受到损害的,与食品生产经营者承担连带责任。"

但《食品安全法》第55条,仅适用于食品的推荐和代言,而食品之外的其他商品的推荐和代言仍然缺乏规范。有鉴于此,侵权责任法修改稿增设本条,将推荐人和代言人的连带责任适用于一切商品,凡是"明知"产品有缺陷仍然予以推荐(代言)、宣传的,均与生产者承担连带责任。条文所谓"社会团体或者其他组织",涵括宣传、推荐商品的一切社会团体、行业组织、国家机关、新闻媒体;所谓"个人",主要指代言产品的"名人"。本条将一切产品推荐和产品代言纳入规范对象范围,弥补了迄今存在的食品之外的产品推荐人和代言人不承担责任的法律漏洞,值得肯定。但规定代言人和推荐人与生产者承担连带责任,仍有再行斟酌之必要。

2009年2月26日全国人大法律委员会审议《食品安全法(草案)》

时,王利明委员认为草案第 55 条规定推荐人和代言人"承担连带责任"过重,建议改为"承担相应的民事责任"。我表示赞同王利明委员的意见,并指出法律上的连带责任,适用于共同侵权行为人之间,"名人代言"终归是被生产者利用,而生产者生产不安全食品是导致消费者遭受损害的根源,代言的名人与生产者不构成共同侵权行为,立法应当慎加区别。生产者应当承担完全的赔偿责任,代言人仅应当承担部分赔偿责任,草案规定为"承担连带责任",在法理上有所不当,亦有失公正。又鉴于广告经营者和广告发布者的责任在广告法有明确规定,建议本条不涉及广告经营者、广告发布者,仅规范所谓名人代言和社会团体推荐产品的行为,规定代言人和推荐人承担相应的赔偿责任。建议修改为:"社会组织或者个人,通过媒体向消费者推荐的食品不符合食品安全标准,使消费者的合法权益受到损害的,应当承担相应的民事责任。"

我进一步补充说,如果委员们坚持认为"相应的民事责任"不能接受,还可删去"相应"二字,改为"应当承担民事责任",至于究竟承担多大的民事责任,授权人民法院斟酌具体个案决定。因有的法理学教授委员强烈要求规定连带责任,致未能形成一致意见。最后胡康生委员决定,条文仍维持承担"连带责任"不变,仅将"在广告中"改为"在虚假广告中"。

缺陷产品的代言人或者推荐人,类似于《刑法》上的"过失犯"和"从犯"。《刑法》第 25 条规定,二人以上共同过失犯罪,不以共同犯罪论处;第 27 条规定"在共同犯罪中起次要或者辅助作用的,是从犯。对于从犯,应当从轻、减轻处罚或者免除处罚"。修改稿第 49 条,对于生产者与代言人、推荐人不加区别,一律规定为"承担连带责任",有悖于法律的公正性和科学性,并与刑事立法形成鲜明反差。

另须注意的是,《食品安全法》第 55 条规定"在虚假广告中向消费者推荐食品,使消费者的合法权益受到损害的",代言人和推荐人承担连带责任,仅以"虚假广告"和"消费者的合法权益受到损害"为责任成立要件,而不问代言人、推荐人是否具有过错亦即是否"明知"。这一规定,符合现行法关于严格产品责任原则(《产品质量法》第41条、修改稿第42条)的规定。

修改稿第49条修改为"明知产品有缺陷,仍然宣传、推荐该产品"。"明知"即是"故意"。显然将"严格责任",变更为"过错责任",与《产品质量法》第41条和修改稿第42条明文规定的严格责任原则抵触。更为重要的是,本条规定以"明知"为承担责任的要件,必然使一切缺陷产品的代言人、推荐人均可通过举证证明自己"不知"或者"非明知"而逃脱责任。只需当庭出示由国家质检机构出具的"产品合格证",即可证明自己"不知"或者"非明知"。

新增第49条,规定产品代言人和推荐人承担连带责任,置法律的公正性和科学性于不顾,拉开一副"严惩不贷"的架势,实际上却使一切代言人和推荐人通过出示国家质检机构的"合格证"而"逃之夭夭",使本条实际成为"稻草人"条款。建议修改如下:

第49条:"社会团体以及其他组织或者个人,在虚假广告中向消费者推荐产品,使消费者合法权益受到损害的,应当承担相应的赔偿责任。法律有不同规定的,依照其规定。"

第2句"但书"所谓"不同规定",是指现行《食品安全法》第55条关于食品代言人和推荐人承担连带责任的规定。并预留将来立法机关就某些易于造成人民生命财产严重损害的"特殊产品",规定代言人和推荐人承担连带责任的空间。

六、关于第六章"机动车肇事责任"

(1)第六章原来的章名是"机动车交通事故责任",修改稿改称"机动车肇事责任"。

"机动车交通事故"一语,是各主要国家和地区民法上作为一种特殊侵权行为的概念,指称机动车在道路行驶中造成行人或者非机动车驾驶人人身伤害,而应由机动车保有人对受害人承担民事赔偿责任的特殊侵权行为。而"机动车肇事"则属于《刑法》上的概念,《刑法》第133条规定有交通肇事罪。修改稿采用显然属于刑法概念的"机动车肇事"一语,以取代民法立法、理论和裁判实践所一贯使用的"机动车交通事故"这一民法概念,混淆了公法与私法、犯罪行为与民事侵权行为、刑事责任与民事责任,将导致理论和实践的混乱。建议恢复"机动车交通事故责任"章名和"机动车交通事故"概念。

(2)新增关于"好意同乘"的规定。

修改稿新增第56条:"免费搭乘非运营机动车发生交通事故造成搭乘人损害,属于搭乘一方机动车责任的,可以适当减轻对搭乘人的赔偿责任。"

侵权法上所谓"好意同乘",即通常所谓的"搭便车"。在因"搭便车"发生交通事故,致搭车人遭受损害的情形,国外有减轻机动车一方赔偿责任的做法,即"好意同乘减额"。修改稿新增本条,系参考国外"好意同乘减额"规则,并非没有根据。

但仅仅因为"搭便车",未支付乘车费用,在所搭乘机动车发生交通事故致搭乘人遭受死亡、严重残疾等人身损害时,就可以扣减受害人或其家属本应获得的死亡赔偿金、残疾赔偿金,是将金钱利益与生命权、身体权等人类最重大的人格利益等量齐观。特别是在实现"人权入宪"的社会主义中国,这一规定更特别显得不合时宜。

因"搭便车"未支付的金额,通常为十几元、几十元,至多一百几十元,相对于搭乘人遭受的死亡或者残疾的人身损害而言,是无法相提并论的。根据本条"适当减轻对搭乘人的赔偿责任"的规定,从受害人或者遗属本应获得的残疾赔偿金或者死亡赔偿金总额,扣减哪怕10%、5%,也至少是数万元、十数万元,相当于"搭便车"未付车费金额的几百倍。退一步言之,即使将生命权、身体权与金钱利益等量齐观,这样"减额"也有失均衡,甚至违背《合同法》关于"同数额金钱债务可以抵销"的民法原则。建议断然删除本条。

(3)修改稿第50条明文规定受害人对于保险公司的直接请求权。

第二次审议稿第36条原文:"机动车发生交通事故造成损害的,适用道路交通安全法的有关规定。"

修改稿第50条:"机动车肇事造成损害,由保险公司在机动车强制保险责任限额范围内予以赔偿;不足部分依照道路交通安全法的有关规定承担赔偿责任。"

所谓《道路交通安全法》的有关规定,亦即 2007 年修改后的《道路交通安全法》第 76 条。但第二次审议稿第 46 条所谓"道路交通安全法的有关规定",是指《道路交通安全法》第 76 条整个条文;而修改稿第 50 条所谓"道路交通安全法的有关规定",仅指《道路交通安全法》第 76 条后段。修改稿此项修改,并不具有实质上的意义。改与不改,在法律适用上没有区别。尽管如此,本条明文规定受害人对保险公司的"直接请求权",亦有其意义。

(4)修改稿关于盗窃、抢劫机动车情形,增补关于保险公司垫付抢救费用的规定。

第二次审议稿第 51 条原文:"盗窃、抢劫或者抢夺的机动车发生交通事故造成损害的,由盗窃人、抢劫人或者抢夺人承担赔偿责任。"

修改稿第 55 条:"盗窃、抢劫或者抢夺的机动车发生交通事故造成损害的,由盗窃人、抢劫人或者抢夺人承担赔偿责任。保险公司在机动车强制保险责任限额范围内垫付抢救费用的,有权向盗窃人、抢劫人或者抢夺人追偿。"

此项增补规定,有利于受害人利益之保护,值得赞同。

(5)修改稿新增第 57 条规定交通事故社会救助基金垫付费用的范围,同时删去第二次审议稿第 52 条。

修改稿新增第 57 条:"有下列情形之一,需要支付受害人人身伤亡的抢救费用、丧葬费用的,道路交通事故社会救助基金应当垫付:(一)超过机动车强制保险责任限额范围的;(二)未参加机动车强制保险的;(三)机动车肇事后逃逸的。道路交通事故社会救助基金垫付后,其管理机构有权向交通事故责任人追偿。"

删除的第二次审议稿第 52 条原文:"机动车驾驶人发生交通事故后逃逸的,保险公司支付保险金或者道路交通事故社会救助基金垫付医疗费用后,有权向交通事故责任人追偿。"

此项修改,将救助基金垫付费用的范围,由"肇事机动车逃逸"一项,扩大到三项,还包括了"超过机动车强制保险责任限额范围",以及"未参加机动车强制保险",将有利于受害人利益的保护,具有重要意义。

但现今机动车交通事故损害赔偿存在的最重大的社会问题是,依法应当承担损害赔偿责任的责任人没有资力,致受害人不能获得全额赔偿甚至根本得不到赔偿。例如,近年接连发生的醉酒开车和所谓"飙车"造成多人死亡、残疾的恶性事件。即使在机动车逃逸情形,本条亦仅规定由救助基金垫付"抢救费用、丧葬费用",未涉及对于死者遗属和残疾受害人而言更为重要的残疾赔偿金和死亡赔偿金。因此,有必要进一步扩大交通事故社会救助基金垫付的范围,以包括因责任人无资力而致受害人难以获得赔偿的情形。

建议第57条增加一款:"因肇事机动车逃逸或者机动车一方无资力赔偿,致受害人或者其近亲属不能获得残疾赔偿金或者死亡赔偿金的,应当由机动车交通事故社会救助基金垫付。机动车交通事故社会救助基金向受害人或者其近亲属垫付后,有权向责任人追偿。"

七、关于第七章"医疗损害责任"

(1)修改稿将医疗机构的"替代责任",改为医疗机构"自己的责任"。并将原来的两个条文,合并简化为一个条文。

第二次审议稿第53条原文:"患者在诊疗活动中受到损害,医务人员有过错的,应当承担赔偿责任。"

第二次审议稿第54条原文:"因医务人员的过错造成患者损害的,由所属的医疗机构承担赔偿责任。"

修改稿第58条:"患者在诊疗活动中受到损害,医疗机构有过错的,应当承担赔偿责任。"

与之相应,将规定过错推定的第62条(第二次审议稿第58条)中的"推定医务人员有过错",修改为"推定医疗机构有过错"。此外,在规定医务人员的执业活动受法律保护的第68条(第二次审议稿第66条),将原文"医务人员的执业活动受法律保护",修改为"医疗机构和医务人员的合法权益受法律保护";将"干扰医务人员正常工作、生活的,应当依法承担法律责任",修改为"干扰医疗机构,妨害医务人员工作生活的,应当依法承担法律责任"。

医务人员与医疗机构之间,当然可以说是一种使用人关系。如果规定为"替代责任",将医疗机构视同一般使用人,将医务人员视同一般被使用人,就存在以下难以回避的问题:其一,是否承认医疗机构对受害患者承担赔偿责任之后,有权向有过错的医务人员追偿?其二,是否认可医疗机构通过证明自己尽到管理职责而获得免责?修改稿抛弃所谓"替代责任"构成,而视医疗损害责任为医疗机构自己的责任,可以回避不必要的争议,有利于保障受害患者损害赔偿请求权的实现,值得赞同。

(2)完善关于紧急情况下抢救患者的规定。

第二次审议稿第56条原文:"因抢救危急患者等紧急情况,难以取得患者或者其近亲属同意的,经医疗机构负责人批准,可以立即实施相应的医疗措施。"修改稿第60条,将条文中的"经医疗机构负责人批准",修改为"经医疗机构负责人或者授权的负责人批准"。

按照原规定,仅"医疗机构负责人"可以批准,在该负责人不在的情形,将因没有"经医疗机构负责人批准",而不能立即实施紧急救治措施。本条增补"授权的负责人",避免了法律漏洞。

(3)将第二次审议稿规定医疗产品责任的第61条与规定输血感染责任的第62条,合并规定为一个条文。

第二次审议稿第61条原文:"因药品、消毒药剂、医疗器械的缺陷造成患者损害的,患者可以向医疗机构请求赔偿,也可以向生产者请求赔偿。医疗机构赔偿后,属于生产者等第三人责任的,有权向生产者等第三人追偿。"

第二次审议稿第62条原文:"因输入不合格的血液造成患者损害的,患者可以向医疗机构请求赔偿,也可以向血液提供机构请求赔偿。医疗机构赔偿后,属于血液提供机构责任的,有权向血液提供机构追偿。"

修改稿第64条:"因药品、消毒药剂、医疗器械的缺陷,或者输入不合格的血液造成患者损害的,患者可以向生产者或者血液提供机构请求赔偿,也可以向医疗机构请求赔偿。

患者向医疗机构请求赔偿的,医疗机构可以要求生产者或者血液提供机构与患者共同协商赔偿。医疗机构赔偿后,属于生产者患者血液提供机构等责任的,有权向其追偿。"

此项修改,不仅简化了条文,也增强了可操作性。

(4)删去第二次审议稿第60条关于患者义务的规定,将部分内容并入新增第65条关于医疗机构法定免责事由的规定。并且,删去规定"过度诊疗行为"的条文。

第二次审议稿第60条原文:"患者应当向医务人员告知与诊疗活动有关的病情、病史等情况,配合医务人员进行必要的检查和治疗。患者未尽到该项义务,造成误诊等损害的,医务人员不承担赔偿责任。"

修改稿新增第65条:"有下列情形之一的,医疗机构不承担赔偿责任:(一)患者不配合医疗机构进行必要的检查和治疗,造成误诊等损害的;(二)医务人员在抢救危急患者等紧急情况下出现轻微过失造成损害的;(三)限于当时的医疗水平损害是难以避免的;(四)不可抗力造成损害的。"

删去第二次审议稿第65条:"医务人员应当根据患者的病情实施合理的诊疗行为,不得采取过度检查等不必要的诊疗行为。

医疗机构违反前款规定,应当退回不必要诊疗的费用,造成患者其他损害的,还应当承担赔偿责任。"

此两项修改,有助于平衡医患双方的合法权益,并有利于医疗事业和医学科学的发展,具有重要意义,值得赞同。

八、关于第九章"高度危险责任"

(1)修改稿第74条(第二次审议稿第72条)的第2句:"法律规定免责事由的,依照其规定",被修改为"法律规定不承担责任或者减轻责任的,依照其规定",以求准确。

（2）第二次审议稿第 73 条原文规定"核材料和核设施、民用航空器"致人损害的赔偿责任。修改稿第 75 条删去"民用航空器"，并将原文"核材料和核设施"，修改为"民用核设施"，在法定免责事由中添加"因战争等破坏行为"。而另就民用航空器损害设立专条。

第二次审议稿第 73 条原文："核材料和核设施、民用航空器造成他人损害的,该核材料和核设施、民用航空器的经营人应当承担侵权责任,但能够证明损害是因受害人故意造成的除外。"

修改稿第 75 条："民用核设施发生核事故造成他人损害的,该民用核设施的经营人应当承担侵权责任,但能够证明损害是因战争等破坏行为或者受害人故意造成的除外。"

修改稿新增第 76 条："民用航空器造成他人损害的,适用民用航空法的有关规定"。

所谓"民用航空法的有关规定"，是指《民用航空法》第 124 条、第 125 条关于在民用航空器上及上、下民用航空器过程中造成旅客人身、财产损害的赔偿责任的规定，及第十二章关于民用航空器对地面第三人损害的赔偿责任的规定。这样修改,明确了本法与《民用航空法》（关于航空损害赔偿的规定）构成一般法与特别法的关系,适用特别法优先的原则,方便裁判实践。

（3）将原文"使用高速运输工具",修改为"使用轨道运输工具"。

鉴于本法就高速运输工具损害设有专章,即第六章机动车肇事责任,修改稿第 77 条将原文"使用高速运输工具"修改为"使用轨道运输工具"。并将法定免责事由之一的"受害人故意"修改为"受害人自身原因"。值得赞同。

（4）关于"遗失、抛弃高度危险物"损害责任规定的细致化。

第二次审议稿第 75 条原文："遗失、抛弃高度危险物造成他人损害的,由所有人、管理人承担侵权责任。"

修改稿第 75 条："遗失、抛弃高度危险物造成他人损害的,由所有人承担侵权责任。所有人将高度危险物交由他人管理的,由管理人承担侵权责任;所有人有过错的,与管理人承担连带责任。"

总的说来,修改稿对第九章高度危险责任的上述修改,均属于技术性的修改。其意义在于,增强法律条文之间的逻辑性,保证法律的正确适用。

九、关于第十一章"物件损害责任"

修改稿第十一章"物件损害责任",竟然只字不改,令人不解。谨重申我对于本章的修改建议如下。

(1)建议将本章章名修改为"建筑物和物件致人损害责任"。

本章规范对象,包含建筑物和其他构筑物致人损害,而建筑物和其他构筑物,按照现行《物权法》的分类和定义,属于不动产,不在"物件"(动产)概念外延之内。因此,建议将本章章名改为"建筑物和物件致人损害责任",以与本章内容相符。

(2)建议增设一条,规定建筑物及构筑物因缺陷导致垮塌致人损害的赔偿责任。

建议条文:"因设计、施工的原因致建筑物及桥梁、堤坝、道路、隧道等构筑物存在缺陷,在合理使用期限内造成他人人身、财产损害的,由设计人、施工人、监理人连带承担赔偿责任。但设计人证明其设计符合国家规定安全标准的,不承担赔偿责任。"

自改革开放以来,建筑物及桥梁、堤坝、道路、隧道等构筑物,因设计、施工缺陷(所谓"豆腐渣工程")导致垮塌造成人员伤亡的严重事件层出不穷。据汶川地震灾区有关部门调查研究,以及我赴彭州、德阳、绵阳等灾区实地观察,汶川大地震之造成如此惨重的人民生命财产损失,确与建筑物质量有关。我在已变成一片废墟的北川老城,亲见一栋20世纪70年代建筑完好无损,另在彭州市龙门山镇,亲见距震中映秀镇直线距离8公里的宝山村十数栋新农村建筑完好无损,而该村其他建筑无一幸存。我深信,只要确保建筑施工质量达到《防震减灾法》规定的安全标准,尽量减少乃至杜绝"豆腐渣工程",今后即使再遭遇汶川大地震那样的地震,亦可挽救千千万万人的生命。

确保建筑物符合安全标准,尽量减少乃至杜绝"豆腐渣工程",其关键在于严格执行招标投标制度和工程监理制度。值得注意的是，《招标投标法》虽已颁行多年，但各种形式的"假招标"严重存在，难以确保最终承担建设工程施工的建筑公司、工程队具有符合要求的技术资质。现行《合同法》虽已规定实行建设工程监理制度，建设工程监理制度亦已实行多年，但遗憾的是，《合同法》并未规定监理人与施工人对建设工程质量承担连带责任，且在实践中，监理人往往由承担该工程施工的建筑公司的子公司和关联公司担任，导致监理人不能严格履行监理职责，甚至沦为施工队偷工减料、制造"豆腐渣工程"的"帮凶"。

要确保建筑物符合安全标准，减少乃至杜绝"豆腐渣工程"，一定要杜绝"假招标"和"假监理"。尤其要杜绝"假监理"。如果杜绝了"假监理"，监理人都能严格履行监理职责，即使不具技术资质的工程队凭借"假招标"承揽了工程施工，也难以通过工程监理这一关，最终可能防止"豆腐渣工程"的出现。严格执行监理制度，避免监理人成为施工队偷工减料、制造"豆腐渣工程"的"帮凶"，真正发挥监理制度的功能。杜绝"豆腐渣工程"，应当同时通过《侵权责任法》《合同法》和行政管理法采取措施。其一，在有关行政管理法规中，严格监理人的资质要求，禁绝建筑公司独资或者合资设立监理公司，禁绝由承担工程施工的建筑公司的子公司、关联公司担任工程监理人；其二，修改现行《合同法》，在建设工程一章增设一条，明确规定监理人与施工人就工程质量连带承担瑕疵担保责任；其三，在本法"建筑物和物件致人损害责任"一章，增设专条，明确规定监理人与施工人就建筑物及桥梁、堤坝、道路、隧道等构筑物缺陷致损连带承担赔偿责任。

上述建议曾作为人大代表建议案，提交第十一届全国人民代表大会第二次会议。会后建设部对该项建议作了答复，认为关于"严格监理人资质要求，杜绝由承担工程施工的建筑公司的子公司和关联公司担任工程监理人"的建议具有建设性，该部将在制定和完善相关的行政管理法规中，采纳此项建议。建设部作为主管机关明确表示接受此项建议，值得赞赏。故在此，重申关于《侵权责任法》规定监理人与施工人承担连带责任的建议，请立法机关慎重考虑。

《侵权责任法草案（第三次审议稿）》的评析与修改建议*

引 言

我国《侵权责任法》之制定,应追溯到2002年民法典的起草。2002年,立法机关委托学者分编起草,由法制工作委员会编纂的《民法草案》,于同年12月23日提交第九届全国人大常委会第三十一次会议进行审议后,向社会公布征求意见,称为《民法草案(征求意见稿)》。[①]

2003年,第十届全国人大常委会考虑到,《民法草案(征求意见稿)》有1200多个条文,涉及面广,内容复杂,作为一部法律进行修改、审议,历时很长,难度很大。遂决定改采分编修改、审议,仍以单行法形式颁布施行,待各编均作为单行法审议通过之后,再按照法典体例编纂民法典。[②] 按照立法计划,应当依次审议《物权法草案》《侵权责任法草案》和《涉外民事关系法律适用法草案》。《物权法》已于2007年3月16日由第十届全国人大第五次会议通过,同年10月1日起生效。按照第十届、第十一届全国人大常委会的立法规划,《侵权责任法草案》的修改审议,被提上了立法日程。

---

* 本文写作于2009年11月15日。
① 《民法草案(征求意见稿)》包括九编:第一编总则(117条);第二编物权法(329条);第三编合同法(454条);第四编人格权法(29条);第五编婚姻法(50条);第六编收养法(33条);第七编继承法(35条);第八编侵权责任法(68条);第九编涉外民事关系法律适用法(94条)。共计1209条。
② 参见第十一届全国人大常委会第六次会议文件(10):《全国人民代表大会法律委员会关于〈中华人民共和国侵权责任法草案〉主要问题的汇报》(2008年12月22日),第2页。

2008年,法制工作委员会在《民法草案(征求意见稿)》第八编③的基础上,斟酌民法学者和实务专家等各方面的修改意见,形成《侵权责任法草案(第二次审议稿)》④,提交第十一届全国人大常委会第六次会议(2008年12月22—27日)进行了审议。

法制工作委员会在《侵权责任法草案(第二次审议稿)》基础上,斟酌常委会审议中所提出的修改意见,和民法学术界、实务界、政府部门和地方各级人大所提出的修改意见,对草案进行修改完善,形成《侵权责任法草案(2009年10月19日稿)》,提交于2009年10月27日至31日召开的第十一届全国人大常委会第十一次会议进行第三次审议,称为《侵权责任法草案(第三次审议稿)》。本文是对第三次审议稿(以下简称草案)的结构、归责原则和若干重要规定的评析及一些修改建议。

一、法律结构、一般规定与归责原则

(一)法律结构与立法模式

采"总则—分则"结构。"总则"3章:第一章一般规定(第1—5条);第二章责任构成和责任方式(第6—25条);第三章不承担责任和减轻责任的情形(第26—31条)。"分则"8章:第四章关于责任主体的特殊规定(第32—40条);第五章产品责任(第41—47条);第六章机动车交通事故责任(第48—53条);第七章医疗损害责任(第54—64条);第八章环境污染责任(第65—68条);第九章高度危险责任(第69—77条);第十章动物损害责任(第78—84条);第十一章物件损害责任(第85—90条);第十二章附则(第91条)。

其中,第四章章名"关于责任主体的特殊规定",并不妥当,例如,第32条规定行为人对于自己暂时没有意识或者失去控制致人损害的

---

③ 《民法草案(征求意见稿)》第八编,现在被称为《侵权责任法草案(第一次审议稿)》,包括:总则3章,分则7章,共10章。

④ 《侵权责任法草案(第二次审议稿)》,是在第一次审议稿基础上增删修改而成。包括:总则4章、分则8章,共12章88条。删去第一次审议稿14个条文,新增42个条文。特别值得注意的是,第二次审议稿增设第七章"医疗损害责任"。

责任,在责任主体上毫无特殊之处。实际上本章是监护人责任、使用人责任、网络服务提供者的责任、安全保障义务及未成年人受损害等内容的"大杂烩",虽以"关于责任主体的特别规定"为章名,但仍属于分则性规定而不是总则性规定。

众所周知,我国民法学界关于《侵权责任法》的制定,提出了两种立法模式。第一种立法模式,强调借鉴所谓英美法的经验,制定"涵盖社会生活中的全部损害类型",甚至包括物权请求权在内的所谓"大侵权法"。此所谓"大侵权法"模式,近年进一步发展成为所谓"类型化"立法模式,主张"尽可能穷尽社会生活中的一切侵权行为类型"。杨立新教授起草的《侵权责任法草案(第二稿)》,规定了66种侵权行为类型,即所谓"类型化"立法模式的代表。第二种立法模式,即"一般条款+特别列举"模式,主张借鉴欧洲民法典侵权行为编的经验,设立一项一般条款作为统一的侵权责任请求权基础,然后列举规定社会生活中最主要、最常见的侵权行为类型和准侵权行为类型。这些列举性规定,不重复规定侵权责任请求权基础的共性问题,仅着重解决各类侵权行为或准侵权行为在归责原则、免责事由、损害赔偿或者责任承担等方面的特殊问题。中国社科院课题组起草的中国民法典侵权行为编草案,即所谓"一般条款+特别列举"立法模式的代表。

《侵权责任法草案(第三次审议稿)》,并未涵盖社会生活中的全部损害类型,其第五章规定产品责任,第六章规定机动车交通事故责任,第七章规定医疗损害责任,第八章规定环境污染责任,第九章规定高度危险责任,第十章规定动物损害责任,第十一章规定物件损害责任,再加上第四章规定的监护人责任、使用人责任、网络服务提供者责任和违反安全保障义务的责任,总共是11种侵权责任类型。显然不是第一种立法模式即所谓"大侵权"或者"类型化"立法模式,而接近于第二种立法模式即所谓"一般条款+特别列举"的立法模式。

(二)一般条款、保护客体

第2条规定:"侵害民事权益,应当依照本法承担侵权责任。

本法所称民事权益,包括生命权、健康权、姓名权、名誉权、肖像权、隐私权、监护权、所有权、用益物权、担保物权、著作权、专利权、商标专用权、股权、继承权等人身、财产权益。"

需说明的是,本条是在第二次审议稿第 2 条的基础上加以修改而成。第二次审议稿第 2 条规定:"侵害民事权益,应当承担侵权责任。"当时受到多数民法学者批评,认为"民事权益"概念含义甚宽,包括"绝对权"和"相对权",侵权法的保护对象应当以"绝对权"为限,不包括"相对权"。国外学说判例所谓"第三人侵害债权",应属于例外。因此,可能导致对侵权责任和违约责任的混淆。此外,第 2 条原文对于侵权责任未规定任何构成要件或者限制条件,易于与历史上的"结果责任"混淆,并可能导致裁判实践上的混乱。因此多数学者建议删去第 2 条,如果要保留第 2 条,至少应当增添"依照本法规定"作为限制性条件。

草案第 2 条,采纳了增添限制性条件的建议,规定"应当依照本法"承担侵权责任,并增加第 2 款,以列举方式规定"民事权益"定义,实际上是限定了本法保护客体范围。经过修改后的本条,具有了实质上的意义,成为《侵权责任法》的一般条款,值得肯定。

按照我国民法理论和实践,侵权法保护客体并不以"民事权利"为限,还包括民事权利之外的"合法利益"。无论侵害民事权利,或者侵害民事权利之外的合法利益,均可成立侵权责任。故本条第 1 款明文规定本法之保护客体为"民事权益",包括"民事权利"和尚未被法律规定为"民事权利"的"合法利益"。从本条第 2 款所列举规定的 15 种民事权利可知,作为本法保护客体的"民事权利",应以"绝对权"为限。民事权利之外的"合法利益",应包括人格利益(如死者名誉)和财产利益(如纯经济损失)。此与我国台湾地区法院判例解释台湾地区"民法"第 184 条关于一般侵权行为之规定[5],认为保护客体包括"权利"和

---

[5] 我国台湾地区"民法"第 184 条规定:"一、因故意或过失,不法侵害他人之权利者,负损害赔偿责任。故意以悖于善良风俗之方法,加损害于他人者亦同。二、违反保护他人之法律,致生损害于他人者,负赔偿责任。但能证明其行为无过失者,不在此限。"

"法益",无论"权利侵害"或者"法益侵害",均可成立侵权责任⑥,是一致的。

应注意的是,现行《民法通则》未规定"隐私权",属于立法漏洞。1993年最高人民法院《关于审理名誉权案件若干问题的解答》,对此项漏洞进行弥补,使"披露他人隐私",构成侵害名誉权的侵权责任。⑦ 此项解释,受到学术界和实务界的一致好评。但所谓"隐私",属于当事人不愿他人知悉的个人生活秘密,披露他人隐私并不一定损及他人名誉。按照最高人民法院此项解释,如披露他人隐私而未损及他人名誉,则行为人仍将不承担侵权责任。自20世纪90年代以来,学术界、实务界和社会舆论,均呼吁立法机关以正式法律形式承认"隐私权"为一种特别人格权。草案第2条第2款关于民事权利的列举规定中,明示"隐私权"概念,表明我国法律认可"隐私权"为一种特别人格权,适应了社会发展和广大人民群众的权利要求,体现了立法的进步。

须补充一点,按照我国民法理论和实践,关于侵权责任之成立,无所谓"违法性"要件,凡"侵害"他人民事权益,均可成立侵权责任,使我国民法理论和实践避免了"违法性要件之要否"的争论。因此,草案第2条及以下条文均仅言"侵害",而不论"侵害"之是否属于"不法"。此与《德国民法典》(第823条)及我国台湾地区"民法"(第184条)关于侵权行为之规定明示"不法侵害"不同。

(三)归责原则

草案第6条规定:"行为人因过错侵害他人民事权益造成损害的,应当承担侵权责任。

根据法律规定推定行为人有过错,行为人不能证明自己没有过错的,应当承担侵权责任。"

---

⑥ 1966年台上字第2053号判决。此外,我国台湾地区"民法"第195条的"名称"即明示"侵害其他人格或身份法益"。

⑦ 根据最高人民法院《关于审理名誉权案件若干问题的解答》第7问,对未经他人同意,擅自公布他人的隐私材料或以书面、口头形式宣扬他人隐私,致他人名誉受到损害的,按照侵害他人名誉权处理。

第 7 条规定："行为人侵害他人民事权益造成损害，不论行为人有无过错，法律规定应当承担侵权责任的，依照其规定。"

我国民法学界关于侵权责任的归责原则一直存在分歧。有所谓"三原则说""二原则说"和"一原则说"。所谓"三原则说"，认为我国侵权责任法并存过错责任、无过错责任和公平责任三项归责原则。所谓"二原则说"，认为我国侵权责任法只有过错责任和无过错责任两项归责原则。所谓"公平责任"，实质是在极特殊情形，法律规定由双方当事人分担意外事故所造成的损害，属于"特殊救济措施"，并非归责原则。所谓"一原则说"，认为我国侵权责任法仅有过错责任一项归责原则，法律规定不以过错为承担责任的要件，亦属于"例外规定"，不得称为归责原则。⑧

特别应注意的是，在第十一届全国人大常委会第六次会议上，法律委员会就《侵权责任法草案（第二次审议稿）》所作说明，明确指出"我国侵权责任制度实行过错责任和无过错责任相结合的原则"⑨。草案第 6 条是关于过错责任原则的规定；第 7 条是关于无过错责任原则的规定。可见本法采取"二原则说"，应无疑义。

草案第 6 条第 1 款关于过错责任原则的规定，是以《民法通则》第 106 条的规定为基础，加以简化而成。以"行为人"概念涵括原文的"公民、法人"两个概念；以"侵害他人民事权益"一语，涵括"侵害国家的、集体的财产"及"侵害他人财产、人身"。使关于过错责任原则的表述，更加简明、准确，符合过错责任原则的本意。草案第 6 条第 2 款，关于"过错推定"的规定，是新增的。从第 2 款的编排位置可知，起草人并未将"过错推定"作为一项单独的"归责原则"，而是作为该条第 1 款"过错责任原则"的特别规定。

按照草案第 6 条第 1 款关于过错责任原则的规定，凡属于适用过错责任原则的案件，原则上须由原告（受害人）证明被告（加害人）有过

---

⑧ 参见黄芬：《侵权责任法制定中的重大疑难问题》，载《河北法学》2009 年第 2 期。
⑨ 《全国人民代表大会法律委员会关于〈中华人民共和国侵权责任法草案〉主要问题的汇报》（2008 年 12 月 22 日），第 3 页。

错。按照该条第 2 款的规定,如果属于"法律规定推定行为人有过错"的案型,则不要求原告就被告有过错举证,而是要求被告就自己"没有过错"举证;如果被告"不能证明自己没有过错",法庭即应认定被告有过错,而判决被告承担侵权责任。质言之,属于法律规定"推定过错"的案型,适用本条第 2 款的规定,举证责任及举证不能的后果由被告(加害人)负担;属于法律未规定"推定过错"的案型,则应适用本条第 1 款规定,举证责任及举证不能的后果由原告(受害人)负担。

按照本法内部逻辑关系,第 7 条关于无过错责任原则的规定,其法律意义仅在排除第 6 条过错责任原则之适用。第 7 条关于无过错责任原则的规定本身,并不具有作为裁判根据的意义。要对于某种赔偿案件适用无过错责任原则,必须法律明确规定该类案型不以过错为承担责任的条件。因此,一切追究无过错责任的案件,所适用的是本法或者其他法律法规关于无过错责任的具体规定,而不是适用第 7 条关于无过错责任原则的规定。凡是本法或者其他法律法规未明确规定为无过错责任的案型,均属于本法第 6 条规定的过错责任原则的适用范围。

另须注意,草案第 7 条关于无过错责任原则的规定,是以现行《民法通则》第 106 条第 3 款规定为基础修改而成。《民法通则》第 106 条第 3 款原文:"没有过错,但法律规定应当承担民事责任的,应当承担民事责任。"这是我国民事立法,适应现代社会生活及侵权法发展的潮流,首次明文规定无过错责任,作为与过错责任原则并列的归责原则,具有重大实践意义和理论意义。

现代侵权法上的无过错责任原则,是作为过错责任原则的例外规则。相对于过错责任原则须以行为人具有过错作为承担侵权责任的条件而言,无过错责任原则不以行为人具有过错作为承担侵权责任的条件。换言之,在法律规定适用无过错责任原则的案型,法庭在判断被告应否承担侵权责任时,根本不考虑被告有无过错。既不要求原告证明被告有过错,也不允许被告主张自己无过错而请求免责。只要法庭审理查明,加害行为与原告所受损害之间存在因果关系,即应判决被告承担侵权责任。

现代侵权立法,之所以对某些案型规定适用无过错责任原则,其法律政策上的考虑是,在某些案型,例如,缺陷产品致损案件、企业劳动者受害案件,要求受害人证明加害人过错有其困难,有使受害人难以获得赔偿、加害人逃脱责任之虞;而在更多的案型,例如,高度危险物致损案件、饲养动物致损案件、环境污染致损案件、建筑物倒塌致损案件,要求受害人证明加害人过错,纯属没有必要、多此一举。显而易见,现代侵权法规定无过错责任原则的政策目的,绝不是要使"没有过错"的人承担侵权责任,而是要免除受害人证明加害人过错的举证责任,使受害人易于获得损害赔偿,使加害人不能逃脱侵权责任。

现行《民法通则》制定于改革开放之初,因当时民法学理论研究的局限,致其第 106 条第 3 款关于无过错责任原则的条文表述不准确,易于造成理解和解释适用的混淆。草案第 7 条将"没有过错,但法律规定应当承担民事责任",修改为"行为人侵害他人民事权益造成损害,不论行为人有无过错,法律规定应当承担侵权责任",比较准确地表述了无过错责任原则的本意,体现了中国民法理论和立法的进步。

二、多数人的侵权行为

(一)共同侵权行为

第 8 条规定:"二人以上共同实施侵权行为,造成他人损害的,应当承担连带责任。"

第 11 条规定:"二人以上分别实施侵权行为造成同一损害,每个人的侵权行为都足以造成全部损害的,行为人承担连带责任。"

共同侵权行为人应当承担连带责任,为各主要国家和地区民法共同制度,且多数民法典设有明文规定。《民法通则》第 130 条规定:"二人以上共同侵权造成他人损害的,应当承担连带责任。"民法理论和实践,对于共同侵权行为之成立,是否以各行为人间存在"意思联络"为要件,存在分歧意见。多数学者主张,不要求"意思联络",只要有"行为上的关联性"和"结果的统一性",即可成立共同侵权行为。

最高人民法院《关于审理人身损害赔偿案件适用法律若干问题的

解释》,以《民法通则》第 130 条为根据,进一步将共同侵权行为区分为两种:"共同故意或者共同过失"的共同侵权;"侵害行为直接结合发生同一损害后果"的共同侵权。前者相当于"有意思联络"的共同侵权;后者指存在"行为上的关联性和结果统一性"的共同侵权。草案大体沿袭民法理论和裁判实践的上述思路,就共同侵权行为,分设为两个条文,第 8 条规定"有意思联络"的共同侵权行为,第 11 条规定"行为关联"的共同侵权行为。与《德国民法典》(第 830 条)、《日本民法典》(第 719 条)及我国台湾地区"民法"(第 184 条)仅以一个条文规定共同侵权行为,稍有不同。

值得注意的是,草案第 8 条所谓"二人以上共同实施",应指行为人间"有意思联络",亦即最高人民法院司法解释所谓"有共同故意或者共同过失",相当于我国台湾地区法院判例解释共同侵权行为之"共同过失不法侵害"。第 11 条所谓"二人以上分别实施侵权行为造成同一损害",相当于最高人民法院解释所谓"侵害行为直接结合发生同一损害后果",相当于我国台湾地区法院判例所谓"行为关联共同"。

考虑到符合"二人以上分别实施"侵权行为造成"同一损害后果"的,并不都构成共同侵权行为,还可能构成所谓"原因竞合"。因此,第 11 条在"二人以上分别实施"和"造成同一损害"两项要件之外,特别增加第三项要件:"每个人的侵权行为都足以造成全部损害"。如果每个人的侵权行为都不足以造成全部损害,须相互结合才可能造成全部损害,则不构成共同侵权行为,而构成所谓"原因竞合"。

(二)教唆和帮助

第 9 条规定:"教唆、帮助他人实施侵权行为的,应当与行为人承担连带责任。

教唆、帮助无民事行为能力人、限制民事行为能力人实施侵权行为的,应当承担侵权责任;该无民事行为能力人、限制民事行为能力人的监护人未尽到监护责任的,应当承担相应的责任。"

"教唆",在我国台湾地区"民法"中称为"造意"。各国家及地区民法典均有"教唆人和帮助人视为共同侵权行为人"的规定,如《德国民法典》第 830 条第 2 款、《日本民法典》第 719 条第 2 款,以及我国台湾地区"民法"第 185 条第 2 款也有规定。值得注意的是,草案未采取"视为"这一立法技术,而是在共同侵权行为概念之外,将"教唆、帮助"规定为一种独立的侵权行为类型,并且以教唆、帮助的对象为成年人或者未成年人,而分设两款规定。

本条第 1 款规定"教唆、帮助"成年人,教唆人、帮助人"应当与行为人承担连带责任"。第 2 款第 1 句规定"教唆、帮助"未成年人,教唆人、帮助人仅"应当承担侵权责任",而非承担"连带责任"。第 2 款第 2 句规定,在他人"教唆""帮助"未成年人实施侵权行为的情形,如监护人未尽到监护责任,则监护人"应当承担相应的责任"。此所谓"相应的责任",是指与"监护过失"程度相当的责任。第 2 款第 2 句规定,存在监护人过失时,监护人不得免责,这有利于促使监护人履行监护职责,有其实质意义,值得赞同。

特别应注意的是,第二次审议稿中本条第 2 款原文是:"教唆无民事行为能力人实施侵权行为的,承担全部责任。教唆限制民事行为能力人实施侵权行为的,承担主要责任。帮助无民事行为能力人、限制民事行为能力人实施侵权行为的,承担相应的责任。"其区别"教唆"与"帮助"及区别教唆对象为"无行为能力人"与"限制行为能力人",而相应区别规定为:教唆人、帮助人相应承担"全部责任""主要责任""相应的责任"。但第三次审议稿中第 9 条第 2 款,却不再加以区别而笼统规定为教唆人、帮助人应当"承担侵权责任"。

从我国当前裁判实践情形看,影响裁判统一和公正的法律外因素之明显存在,已经损及法律和人民法院的威信,第二次审议稿中本条第 2 款的"区别规定",似应更有利于避免法官的恣意裁量,确保裁判的统一和公正。并且,第三次审议稿中本条第 2 款笼统规定为"承担侵权责任",也必然使本条区别教唆、帮助的对象为成年人抑或未成年人,失去实质意义。本条第 1 款规定教唆、帮助"他人"实施侵权行为,教唆人、帮助人应当"承担连带责任",而第 2 款却规定教唆、帮助未成年人,教唆人、帮助人应当"承担侵权责任",难免启人疑窦,而徒增解释适用的困难。特建议恢复第二次审议稿中本条第 2 款区别不同侵权责任的规定;如若不然,则建议删去本条第 2 款第 1 句。

(三)共同危险行为

第 10 条规定:"二人以上实施危及他人人身、财产安全的行为,其中一人或者数人的行为造成他人损害,能够确定具体加害人的,由加害人承担侵权责任;不能确定具体加害人的,行为人承担连带责任。"

民法理论和实践上有所谓"共同危险行为",指二人以上实施加害行为,各加害行为均可能造成损害,而不能确定具体加害人的情形。《德国民法典》(第 830 条)、《日本民法典》(第 719 条)及我国台湾地区"民法"(第 185 条)均规定准用关于共同侵权行为的规定,使各行为人对受害人承担连带责任。因此,有人称为"准共同侵权行为"。现行《民法通则》并未规定"共同危险行为",但我国民法理论和实践在共同侵权行为之外,认可"共同危险行为"之存在。

最高人民法院《关于审理人身损害赔偿案件适用法律若干问题的解释》第 4 条规定:"二人以上共同实施危及他人人身安全的行为并造成损害后果,不能确定实际侵害行为人的,应当依照民法通则第一百三十条规定承担连带责任。共同危险行为人能够证明损害后果不是由其行为造成的,不承担赔偿责任。"起草人在总结民法理论和实践经验的基础上,将"共同危险行为"作为一种单独的侵权行为类型加以规定,而与《德国民法典》《日本民法典》及我国台湾地区"民法"稍有不同。

按照第 10 条的规定,构成共同危险行为的要件:一是行为人为多数,即条文所谓"二人以上";二是行为具有危险性,即条文所谓"危及他人人身、财产安全的行为";三是"不能确定具体加害人"。特别应注意,只需符合这三项要件,即应成立"共同危险行为",而由各行为人对受害人承担连带责任。至于究竟属于"共同实施"或者"分别实施"及有无"意思联络",均不在考虑之列。

须补充一点,本条规定"能够确定具体加害人的,由加害人承担侵权责任"一句,目的在于方便实践操作及明确"共同危险行为"与其他侵权行为的界限。如"能够确定具体加害人",则已不属于"共同危行为"的范围。这种情形,如确定具体加害人为一人,应属于一般侵权行为,由该行为人对受害人承担侵权责任;如确定的具体加害人为二人以上,则应构成"共同侵权行为",依据本法第8条、第11条的规定,应由各行为人对受害人承担连带责任。

(四)原因竞合

第12条规定:"二人以上分别实施侵权行为造成同一损害,能够确定责任大小的,各自承担相应的责任;难以确定责任大小的,平均承担赔偿责任。"

侵权法上所谓"原因竞合",指由多个原因造成同一损害而不能按照共同侵权行为处理的损害类型。既可能是二人以上分别实施的加害行为发生"竞合",也可能是一个或者多个加害行为与危险物发生"竞合"。"原因竞合"是"共同侵权行为"之外的独立"类型",其侵权责任之承担,不能采取"连带责任"形式,而是按照各个原因行为(或者物)对于损害后果的发生所起"作用力"(原因力),以确定各个原因行为(或者物)所应分担的侵权责任份额。

现行《民法通则》未规定"原因竞合",而我国民法理论和裁判实践在"共同侵权行为"之外认可"原因竞合"的存在。最高人民法院《关于审理人身损害赔偿案件适用法律若干问题的解释》第3条第2款规定:"二人以上没有共同故意或者共同过失,但其分别实施的数个行为间接结合发生同一损害后果的,应当根据过失大小或者原因力比例各自承担相应的赔偿责任。"草案在总结民法理论和裁判实践的基础上,专设第12条规定"原因竞合"。

最高人民法院前述解释,首先以"没有共同故意或者共同过失"为前提,将"有意思联络"的共同侵权行为排除在外,然后以数个加害行为的结合"态样"属于"直接结合"抑或"间接结合",作为区别"无意思联络"的共同侵权行为("行为关联共同")与"原因竞合"的标准。如属于"直接结合",应构成"无意思联络"的共同侵权行为("行为关联共同");如属于"间接结合",则应构成所谓"原因竞合"。实践表明,上述解释以结合"态样"属于"直接结合"或者"间接结合"作为划分标准,在裁判实践中仍然难以掌握,故为起草人所不采。

按照本条规定,构成"原因竞合"的要件如下。一是"二人以上分别实施侵权行为"。此项要件之着重点在"分别实施",据此区别于第8条规定的"有意思联络"共同侵权行为。另需说明的是,对于"二人以上分别实施"之"二人"的理解不应拘泥,实际情形可能是"二人以上"分别实施的行为发生"竞合",也可能是"一人"或者"数人"的行为与"一物"或者"数物"的"危险性"发生"竞合"。

须注意一点,民法上所谓"行为"有"积极行为"(作为)与"消极行为"(不作为)之别。本条所谓"行为",仅指"积极行为"(作为),而不包括"消极行为"(不作为)。例如,根据草案第36条的规定,网络服务提供者"未及时采取必要措施",仅"对损害的扩大部分"与该实施侵权行为的网络用户承担连带责任,而不构成"原因竞合"。再如,根据草案第37条的规定,在第三人的行为造成他人损害情形,负有安全保障义务的人"未尽到安全保障义务"的,仅应"承担相应的补充责任",而不构成"原因竞合"。

二是"造成同一损害"。此项要件之着重点在损害之"同一性",即造成的损害是"一个",而不是"两个"或者"多个"。实际生活中,常有这样的案件,前一行为造成受害人倒地受"脑震荡"伤害,后一行为造成受害人一大腿"骨折"伤害,属于造成"两个"损害,应当由前一行为人对"脑震荡"伤害承担侵权责任,后一行为人对"大腿骨折"伤害承担侵权责任,而不应按照"原因竞合"处理。

三是各个原因"都不足以造成全部损害"。此项要件的着重点是,各个原因(行为或者物)都不足以造成"损害"或者不足以造成"全部损害",必须各个原因"结合"才造成"全部损害"。反之,如果各个原因"都足以造成全部损害",则应根据草案第11条的规定成立"行为关联共同"的共同侵权行为,而由各行为人承担连带责任。补充说明,此项要件是区别"原因竞合"与"行为关联"共同侵权行为的标准,已规定在草案第11条,故本条省略。

按照本条规定,构成"原因竞合"的法律效果是:"能够确定责任大小的,各自承担相应的责任;难以确定责任大小的,平均承担赔偿责任。"条文未明示"确定责任大小"的标准,但按照最高人民法院《关于审理人身损害赔偿案件适用法律若干问题的解释》第3条第2款的规定,应当以"过失大小"或者"原因力比例"为标准。在由数个"行为"竞合造成同一损害情形,可以比较各个行为人的"过失大小",据以确定各行为人应当承担的赔偿责任份额;在行为与"物"竞合造成同一损害情形,因"物"无所谓"过失",因此只能比较各原因对于损害结果发生所起作用即"原因力比例",据以确定各原因的责任人所应当承担的赔偿责任份额。如果既难以比较"过失大小",也难以确定"原因力比例",则应当根据本条末句,使各责任人平均承担赔偿责任,自不待言。

三、损害赔偿、停止侵害与分担损失

(一)人身损害赔偿

第16条规定:"侵害他人造成人身伤害的,应当赔偿医疗费、护理费、交通费等为治疗和康复支出的合理费用,以及因误工减少的收入。造成残疾的,还应当赔偿残疾生活自助具费和残疾赔偿金。造成死亡的,还应当赔偿丧葬费和死亡赔偿金。"

第17条规定:"因交通事故、矿山事故等侵权行为造成死亡人数较多的,可以不考虑年龄、收入状况等因素,以同一数额确定死亡赔偿金。"

第16条规定侵权行为造成人身伤害、死亡的赔偿项目。但在同一事故造成死亡人数较多时,为便于解决纠纷,避免所谓"同命不同价"的不合理结果,实践中往往采用同一死亡赔偿金数额。起草人将此项实践经验上升为法律规则,规定在第17条。

因《民法通则》规定,自然人的权利能力始于出生、终于死亡[10],所谓"死亡赔偿金"性质上只能是对死者遗属的精神损害赔偿。此在我国学术界已无争议。所谓"残疾赔偿金",究竟属于对残疾者的精神损

---

[10] 《民法通则》第9条规定:"公民从出生时起到死亡时止,具有民事权利能力,依法享有民事权利,承担民事义务。"

害赔偿,抑或属于对残疾者"逸失利益"之赔偿,学术界虽有分歧,但以主张属于精神损害赔偿为多数说。按照最高人民法院《关于审理人身损害赔偿案件适用法律若干问题的解释》,无论死亡赔偿金或者残疾赔偿金,均不扣除"生活费""中间利息"和"税金",且受害人或者其遗属在获得残疾赔偿金或者死亡赔偿金之外,还可以请求赔偿"被扶养人生活费"(抚恤金)。特别值得注意的是,最高人民法院关于精神损害赔偿的司法解释,已经明确将死亡赔偿金和残疾赔偿金定性为精神损害赔偿。⑪

(二)财产损失的赔偿

第19条规定:"侵害他人财产的,财产损失按照损失发生时的市场价格或者其他标准计算。"

第20条规定:"侵害他人人身权造成财产损失的,按照被侵权人因此受到的损失赔偿;被侵权人的损失难以确定,侵权人因此获得利益的,按照其获得的利益赔偿。"

损害赔偿责任的目的在于填补受害人所受损害,故应根据受害人实际受到的财产损失,确定侵权人所应支付的损害赔偿金数额。在财产权受侵害的案型中,根据第19条规定,可以按照受侵害财产当时的市场价格计算、确定赔偿金额。条文明示"损失发生时的市场价格",此与我国台湾地区法院解释"应以请求时之市价为准"⑫不同,值得注意。此外,条文所谓"其他标准",应当指依法不能自由买卖的"财产",因无"市场价格",只能采用别的计算标准。至于究竟采用什么标准,难以明示。

至于人身权受侵害,因人的生命、身体、健康、姓名、肖像、名誉、隐私不能计算金钱价值,往往难以计算受害人所遭受实际财产损失。裁

---

⑪ 最高人民法院《关于确定民事侵权精神损害赔偿责任若干问题的解释》第9条规定:"精神损害抚慰金包括以下方式:(一)致人残疾的,为残疾赔偿金;(二)致人死亡的,为死亡赔偿金;(三)其他损害情形的精神抚慰金。"

⑫ 我国台湾地区"1975年度第六次民事庭推总会议决议":"算定被害物价格时,应以起诉时之市价为准,被害人于起诉前已曾为请求者,以请求时之市价为准。"

判实践中采取以侵权人所获财产利益作为被侵权人所受财产损失的办法。若干年前某地方人民法院审理的商业广告擅自采用某著名运动员肖像的案件,即已采用这一办法。草案第20条将此项实践做法规定为法律条文,具有意义。但这一办法之采用,是否仅限于"人身权受侵害",有斟酌余地。在侵害知识产权,如侵害著作权、商标专用权的情形,多有"被侵权人的损失难以确定"的情形,亦有适用之必要。建议明文规定,或者在"人身权"后加一"等"字。

(三)精神损害赔偿

第22条规定:"侵害他人人身权,造成他人严重精神损害的,被侵权人可以请求精神损害赔偿。"

现行《民法通则》第120条规定姓名权、肖像权、名誉权等人格权受侵害,可以判决精神损害赔偿,而未规定生命、身体、健康权受侵害,可否请求精神损害赔偿。为弥补此项漏洞,最高人民法院司法解释认为,生命权、身体权、健康权、人格尊严权、人身自由权及其他人格利益受侵害,受害人均可请求精神损害赔偿。⑬ 草案肯定最高人民法院的解释,设立本条规定,凡人身权受侵害,受害人可请求精神损害赔偿。此与我国台湾地区"民法"第194条规定"侵害生命权"之非财产上损害赔偿、第195条规定"侵害其他人格或身份法益之非财产上损害赔偿",其立法精神应当是一致的。⑭

(四)停止侵害等请求权

第21条规定:"侵权行为危及他人人身、财产安全的,被侵权人可以请求侵权人承担停止侵害、排除妨碍、消除危险等侵权责任。"

---

⑬ 最高人民法院《关于确定民事侵权精神损害赔偿责任若干问题的解释》第1条规定:"自然人因下列人格权利遭受非法侵害,向人民法院起诉请求赔偿精神损害的,人民法院应当依法予以受理:(一)生命权、健康权、身体权;(二)姓名权、肖像权、名誉权、荣誉权;(三)人格尊严权、人身自由权。违反社会公共利益、社会公德侵害他人隐私或者其他人格利益,受害人以侵权为由向人民法院起诉请求赔偿精神损害的,人民法院应当依法予以受理。"

⑭ 我国台湾地区"民法"第194条规定:"不法侵害他人致死者,被害人之父、母、子、女及配偶,虽非财产上之损害,亦得请求赔偿相当之金额。"该法第195条规定:"不法侵害他人之身体、健康、名誉、自由、信用、隐私、贞操,或不法侵害其他人格法益而情节重大者,被害人虽非财产上之损害,亦得请求赔偿相当之金额。"

我国民法理论和实践,认可对于进行中的侵权行为,受害人有停止侵害、排除妨害、消除危险请求权。现行《民法通则》第 134 条规定的承担民事责任的方式,包括"停止侵害、排除妨碍、消除危险"。草案设立本条规定,其政策目的在于及时制止正在进行中的侵权行为,避免造成严重损害。

(五)双方均无过错时的损失分担

第 24 条规定:"受害人和行为人对损害的发生都没有过错的,可以根据实际情况,由双方分担损失。"

《民法通则》第 132 条规定:"当事人对造成损害都没有过错的,可以根据实际情况,由当事人分担民事责任。"此条被不少学者、法官解释为"公平责任原则"。一段时间里,裁判实践甚至出现滥用"公平责任原则"的倾向。如前所述,草案明确否定所谓"公平责任原则",对于本属于过错责任原则适用范围的某些特别情形,因行为人与受害人均无过错,法庭根据实际情况判决双方分担损失,属于损失之公平分担,而非侵权责任。故条文明示"由双方分担损失",以避免歧义。

四、使用人责任

第 34 条规定:"用人单位的工作人员在工作过程中造成他人损害的,由用人单位承担侵权责任。

劳务派遣期间,被派遣的工作人员在工作过程中造成他人损害的,由接受劳务派遣的用工单位承担侵权责任;劳务派遣单位有过错的,承担相应的补充责任。"

第 35 条规定:"个人之间形成劳务关系,提供劳务一方在劳务过程中造成他人损害的,由接受劳务一方承担侵权责任;提供劳务一方在劳务过程中自己受到伤害的,根据双方各自的过错承担相应的责任。"

现代民法所谓"使用人责任",是由"雇用人责任"发展而来。《民法通则》未规定"使用人责任"。为弥补这一漏洞,最高人民法院《关于审理人身损害赔偿案件适用法律若干问题的解释》,专门规定了雇用人责任。⑮ 起草人在总结裁判实践经验基础上，首先，将"使用人责任"区分为"用人单位"与工作人员之间的使用关系，以及个人之间的使用关系，第 34 条规定用人单位与工作人员之间的使用关系，第 35 条规定个人之间的使用关系；其次，考虑到"劳务派遣"的特殊性，在第 34 条设第 2 款规定被派遣的工作人员致人损害的责任。值得注意的是，无论何种使用关系，草案均采取英美侵权法关于雇主责任的"替代责任"构成，而不考虑使用人有无"选任、监督过失"，因此与《德国民法典》第 831 条及我国台湾地区"民法"第 188 条⑯不同。

第 34 条第 1 款所谓"用人单位"，应解释为包含公、私企业及国家机关和事业单位在内，因此未专条规定所谓"公务员之侵权行为"。我国台湾地区"民法"第 186 条所谓"公务员之侵权行为"⑰，《民法通则》称为"国家机关工作人员的侵权行为"。《民法通则》第 121 条规定："国家机关或者国家机关工作人员在执行职务中，侵犯公民、法人的合法权益造成损害的，应当承担民事责任。"《侵权责任法》生效之后，草案的第 34 条第 1 款将取代现行《民法通则》第 121 条，成为国家机关工作人员侵权行为之一般法，而《行政诉讼法》（1989 年）关于行政机关工作人员侵权责任的规定⑱，及《国家赔偿法》

---

⑮ 最高人民法院《关于审理人身损害赔偿案件适用法律若干问题的解释》第 9 条第 1 款规定："雇员在从事雇佣活动中致人损害的，雇主应当承担赔偿责任；雇员因故意或者重大过失致人损害的，应当与雇主承担连带赔偿责任。雇主承担连带赔偿责任的，可以向雇员追偿。"

⑯ 我国台湾地区"民法"第 188 条规定："受雇人因执行职务，不法侵害他人之权利者，由雇用人与行为人连带负损害赔偿责任。但选任受雇人及监督其职务之执行已尽相当之注意或纵加以相当之注意而仍不免发生损害者，雇用人不负赔偿责任。"

⑰ 我国台湾地区"民法"第 186 条规定："公务员因故意违背对于第三人应执行之职务，致第三人受损害者，负赔偿责任。其因过失者，以被害人不能依他项方法受赔偿时为限，负其责任。"

⑱ 《行政诉讼法》（1989 年）第 67 条第 1 款规定："公民、法人或者其他组织的合法权益受到行政机关或者行政机关工作人员作出的具体行政行为侵害造成损害的，有权请求赔偿。"该法第 68 条第 1 款规定："行政机关或者行政机关工作人员作出的具体行政行为侵犯公民、法人或者其他组织的合法权益造成损害的，由该行政机关或者该行政机关工作人员所在的行政机关负责赔偿。"

(1994年5月12日通过)⑲,均应属于第34条第1款的特别法,自不待言。

五、网络服务提供者的责任

第36条规定:"网络服务提供者知道网络用户利用其网络服务侵害他人民事权益,未采取必要措施的,与该网络用户承担连带责任。

网络用户利用网络服务实施侵权行为的,被侵权人有权通知网络服务提供者采取删除、屏蔽、断开链接等必要措施。网络服务提供者接到通知后未及时采取必要措施的,对损害的扩大部分与该网络用户承担连带责任。"

近年来利用网络侵害他人名誉、隐私等人格权的问题日益引起社会广泛关注,通过立法规制网络侵权的呼声越来越高。草案适应这一要求,设立本条。

六、安全保障义务

第37条规定:"宾馆、商场、银行、车站、公园、娱乐场所等公共场所的管理人或者群众性活动的组织者,未尽到安全保障义务,造成他人损害的,应当承担侵权责任。

因第三人的行为造成他人损害的,由第三人承担侵权责任;管理人或者组织者未尽到安全保障义务的,承担相应的补充责任。"

我国民法理论和裁判实践,引进德国法院判例形成的"交易安全注意义务"理论,以解决某些公共场所发生的损害赔偿案型。⑳ 草案总结裁判实践经验设立本条规定"安全保障义务"。

---

⑲ 《中华人民共和国国家赔偿法修正案》将在2009年11月26日至30日召开的第十一届全国人大常委会第十一次会议上进行第三次审议。

⑳ 最高人民法院《关于审理人身损害赔偿案件适用法律若干问题的解释》第6条规定:"从事住宿、餐饮、娱乐等经营活动或者其他社会活动的自然人、法人、其他组织,未尽合理限度范围内的安全保障义务致使他人遭受人身损害,赔偿权利人请求其承担相应赔偿责任的,人民法院予以支持。因第三人侵权导致损害结果发生的,由实施侵权行为的第三人承担赔偿责任。安全保障义务人有过错的,应当在其能够防止或者制止损害的范围内承担相应的补充赔偿责任。安全保障义务人承担责任后,可以向第三人追偿。赔偿权利人起诉安全保障义务人的,应当将第三人作为共同被告,但第三人不能确定的除外。"

七、道路交通事故社会救助基金

第53条规定:"机动车驾驶人发生交通事故后逃逸的,该机动车参加强制保险的,由保险公司在机动车强制保险责任限额范围内予以赔偿;机动车不明或者该机动车未参加强制保险,需要支付被侵权人人身伤亡的抢救、丧葬等费用的,由道路交通事故社会救助基金垫付。道路交通事故社会救助基金垫付后,其管理机构有权向交通事故责任人追偿。"

现行《道路交通安全法》第17条创设"道路交通事故社会救助基金"[21]。同法第75条规定,"医疗机构对交通事故中的受伤人员应当及时抢救","抢救费用"超过机动车第三者责任强制保险责任限额的,未参加机动车第三者责任强制保险或者机动车肇事后逃逸的,由道路交通事故社会救助基金先行垫付部分或者全部抢救费用。[22] 草案第53条规定垫付范围为"人身伤亡的抢救、丧葬等费用",其中增加一"等"字,为将来扩大交通事故社会救助基金垫付范围,例如,因机动车逃逸或者责任人无资力赔偿的情形,垫付"死亡赔偿金""残疾赔偿金"预留"空间"[23]。

八、产品责任

(一)严格责任

第41条规定:"因产品存在缺陷造成他人损害的,生产者应当承担侵权责任。法律规定不承担责任或者减轻责任的,依照其规定。"

---

[21] 《道路交通安全法》第17条规定:"国家实行机动车第三者责任强制保险制度,设立道路交通事故社会救助基金。具体办法由国务院规定。"

[22] 《道路交通安全法》第75条规定:"医疗机构对交通事故中的受伤人员应当及时抢救,不得因抢救费用未及时支付而拖延救治。肇事车辆参加机动车第三者责任强制保险的,由保险公司在责任限额范围内支付抢救费用;抢救费用超过责任限额的,未参加机动车第三者责任强制保险或者肇事后逃逸的,由道路交通事故社会救助基金先行垫付部分或者全部抢救费用,道路交通事故社会救助基金管理机构有权向交通事故责任人追偿。"

[23] 2009年10月10日上午,全国人大常委会法律委员会审议《侵权责任法草案》,梁慧星委员建议本条增加一款规定:"因机动车逃逸或者责任人无资力致不能支付死亡赔偿金或者残疾赔偿金的"由交通事故社会救助基金垫付。胡康生主任决定,在本条救助基金垫付项目"抢救费用、丧葬费用"后增加一"等"字,为今后扩大垫付项目范围预留空间。

本条第 1 句规定缺陷产品致损的严格责任,实际是重复现行《产品质量法》[24]第 41 条第 1 款的规定。第 2 句所谓"法律规定不承担责任",实际上是指《产品质量法》第 41 条第 2 款规定的三项法定免责事由。[25]

(二)警示、召回义务

第 46 条规定:"产品投入流通后发现存在缺陷的,生产者、销售者应当及时采取警示、召回等补救措施。未及时采取补救措施或者补救措施不力造成损害的,应当承担侵权责任。"

本条规定,产品投入流通后发现缺陷的,生产者、销售者负有及时采取警示、召回等补救措施的义务,未及时采取补救措施或者补救措施不力造成损害,生产者、销售者仍然不能根据《产品质量法》第 41 条第 2 款第(3)项免责事由[26],主张免责。

(三)惩罚性赔偿

第 47 条规定:"明知产品存在缺陷仍然生产、销售,造成他人生命、健康损害的,被侵权人有权依法请求惩罚性赔偿。"

我国民法理论和立法,沿袭德国民法理论,坚持民法责任与公法责任的严格区分,因而现行《民法通则》未规定惩罚性损害赔偿。因 20 世纪 80 年代中后期,产生"假冒伪劣、缺斤短两"的损害消费者利益的严重社会问题,民法学者和消费者协会建议借鉴美国法上的惩罚性损害赔偿制度,1993 年制定《消费者权益保护法》,设第 49 条规定惩罚性赔偿。[27]但该法第 49 条规定的惩罚性赔偿金额仅为合同价金的两倍,此与我国

---

[24] 《产品质量法》属于行政管理法。但该法第四章,着重参考欧共体的《产品责任指令》(85/374 号)和《美国严格产品责任法》,规定了缺陷产品致人损害的严格责任。

[25] 《产品质量法》第 41 条第 2 款规定:"生产者能够证明有下列情形之一的,不承担赔偿责任:(一)未将产品投入流通的;(二)产品投入流通时,引起损害的缺陷尚不存在的;(三)将产品投入流通时的科学技术水平尚不能发现缺陷的存在的。"

[26] 即"将产品投入流通时的科学技术水平尚不能发现缺陷的存在"。

[27] 《消费者权益保护法》(1993 年)第 49 条规定:"经营者提供商品或者服务有欺诈行为的,应当按照消费者的要求增加赔偿其受到的损失,增加赔偿的金额为消费者购买商品的价款或者接受服务的费用的一倍。"

台湾地区"消费者保护法"第51条的规定㉘稍有不同。2008年,我国发生"三鹿奶粉致婴幼儿受害事件",《食品安全法》(2009年)第96条规定"价款十倍"的惩罚性赔偿金。㉙ 草案在"产品责任"(第五章)第47条规定惩罚性赔偿,将惩罚性损害赔偿制度的适用限制在"产品责任",其立法目的值得重视。但本条未规定惩罚性赔偿的"倍数",致条文所谓"依法"究何所指,难免产生疑问。建议明确规定惩罚性赔偿金的"倍数",并增加"但书"规定,与《食品安全法》第96条的规定衔接。建议条文如下:

第47条 明知产品存在缺陷仍然生产、销售,造成他人生命、健康损害的,被侵权人有权请求不超过实际损害额三倍的惩罚性赔偿。但其他法律另有规定的,依照其规定。

九、医疗损害责任

(一)过错责任原则

第54条规定:"患者在诊疗活动中受到损害,医务人员有过错的,由所属的医疗机构承担赔偿责任。"

按照我国民法理论,医疗损害属于一般侵权行为,应当适用过错责任原则(《民法通则》第106条第2款)。但2002年国务院颁布《医疗事故处理条例》㉚,其中规定了医疗事故鉴定制度。㉛ 按照《医疗事故处理条例》第49条的规定,医疗机构承担赔偿责任,须以构成医疗事故为责任

㉘ 我国台湾地区"消费者保护法"第51条规定:"因本法所提之诉讼,因企业经营者之故意所致之损害,消费者得请求损害额三倍以下之惩罚性赔偿金;但因过失所致之损害,得请求损害额一倍以下之惩罚性赔偿金。"
㉙ 《食品安全法》(2009年)第96条规定:"违反本法规定,造成人身、财产或者其他损害的,依法承担赔偿责任。生产不符合食品安全标准的食品或者销售明知是不符合食品安全标准的食品,消费者除要求赔偿损失外,还可以向生产者或者销售者要求支付价款十倍的赔偿金。"
㉚ 《医疗事故处理条例》包括:第一章总则;第二章医疗事故的预防与处置;第三章医疗事故的技术鉴定;第四章医疗事故的行政处理与监督;第五章医疗事故的赔偿;第六章罚则;第七章附则,共7章63条。
㉛ 根据《医疗事故处理条例》第4条的规定,医疗事故分为四级:造成患者死亡、重度残疾的,属于一级医疗事故;造成患者中度残疾、器官组织损伤导致严重功能障碍的,属于二级医疗事故;造成患者轻度残疾、器官组织损伤导致一般功能障碍的,属于三级医疗事故;造成患者明显人身损害的其他后果的,属于四级医疗事故。

成立要件,经医疗事故鉴定委员会鉴定不构成医疗事故的,医疗机构不承担赔偿责任。鉴于医疗事故鉴定委员会设置于医学会之下,导致医疗事故鉴定公信力不足,以及人民法院内部认识不统一,造成裁判实践的"二元化"。经鉴定构成医疗事故的,适用《医疗事故处理条例》的规定,受害人所获得赔偿金较低;反之,未经鉴定甚至经鉴定不构成医疗事故的,适用《民法通则》第106条第2款关于过错责任的规定,并按照最高人民法院《关于审理人身损害赔偿案件适用法律若干问题的解释》规定的计算标准,受害人所获得赔偿金额反而较高。这导致医患关系的紧张。

特别应当注意的是,草案第54条明确规定"医务人员有过错的,由所属的医疗机构承担赔偿责任",将使医疗损害赔偿责任"回归于"过错责任原则的适用范围。按照本条规定,人民法院审理医疗损害赔偿案件,将以本条作为裁判根据,"有过错即有责任,无过错即无责任",而不再适用《医疗事故处理条例》关于以构成医疗事故为承担赔偿责任必要条件的规定。可以推知,侵权责任法一旦通过、实施,现行《医疗事故处理条例》第五章"医疗事故的赔偿"将同时废止。

(二)说明义务及患者同意

第55条规定:"医务人员在一般诊疗活动中应当向患者简要说明病情和医疗措施。需要实施手术、特殊检查、特殊治疗的,医务人员应当及时向患者说明病情、医疗措施、医疗风险、替代医疗方案等情况,并取得其书面同意。不宜向患者说明的,医务人员应当向患者的近亲属说明,并取得其书面同意。

医务人员未尽到前款义务,造成患者损害的,医疗机构应当承担赔偿责任。"

第56条规定:"因抢救危急患者等紧急情况,不能取得患者或者其近亲属意见的,经医疗机构负责人或者授权的负责人批准,可以立即实施相应的医疗措施。"

本法基于对患者自主决定权之尊重,参考其他国家和地区所谓"知情同意"规则,设第55条明确规定医务人员的"说明义务"和患者的"同意权"。考虑到因抢救危急患者等紧急情况,难以取得患者或者其近亲属的意见,增设第 56 条规定,这种情形下,实施医疗措施应"经医疗机构负责人或者授权的负责人批准"。

(三)医务人员的注意义务

第 57 条规定:"医务人员在诊疗活动中应当尽到与当时的医疗水平相应的注意义务。医务人员未尽到该项义务,造成患者损害的,医疗机构应当承担赔偿责任。

判断医务人员注意义务时,应当适当考虑地区、医疗机构资质、医务人员资质等因素。"

本条规定医务人员在诊疗活动中应尽之注意义务,未采用"高度注意义务""专家的注意义务"等概念,而表述为"与当时的医疗水平相应的注意义务"。但考虑到我国地域辽阔,不同地区的医疗水平存在差别,同一地区不同资质的医疗机构的医疗水平亦有差别,在判断医疗机构应尽之注意义务标准时,根本不承认这些差别或者过分强调这些差别,都是不合理的。因此,草案第 57 条第 2 款规定,在判断医务人员注意义务时,"应当适当考虑地区、医疗机构资质、医务人员资质等因素"。

(四)过错推定

第 58 条规定:"有下列情形之一,造成患者损害的,推定医疗机构有过错:(一)违反法律、行政法规、规章等有关诊疗规范的规定的;(二)隐匿或者拒绝提供与纠纷有关的医学文书及有关资料的;(三)伪造或者销毁医学文书及有关资料的。"

总结裁判实践经验,本条明文规定,凡具备本条列举的三种情形之一时,应当"推定医疗机构有过错"。此所谓"推定",应当解释为"不可推翻的推定",而与通常所谓"推定"允许以反证加以推翻不同。

(五)医药产品缺陷致害及输血感染

第 59 条规定:"因药品、消毒药剂、医疗器械的缺陷,或者输入不合格的血液造成患者损害的,患者可以向生产者或者血液提供机构请求赔偿,也可以向医疗机构请求赔偿。患者向医疗机构请求赔偿的,医疗机构可以要求生产者或者血液提供机构协商赔偿。"

因医院使用的医药产品具有缺陷,造成患者受损害,按照本法及

《产品质量法》关于严格产品责任的规定,应当由生产者承担赔偿责任。考虑到许多情形,因生产者在外地甚至外国,患者很难起诉缺陷医疗产品的生产者,因此本条规定患者"可以向医疗机构请求赔偿"。按照《民法通则》,输血感染致患者损害,应当适用过错责任原则。迄今的裁判实践中,对于输血感染案件,如果患者仅起诉输血医疗机构,法庭将依据医疗机构的请求将血液提供机构列为共同被告。经审查认定属于血液不合格造成患者损害的,法庭判决血液提供机构承担赔偿责任,而输血医院不承担责任。总结裁判实践经验,本条明文规定因血液不合格造成患者损害的,患者"可以向医疗机构请求赔偿"。显而易见,这样规定是出于方便患者维权的考虑。

无论是缺陷医疗产品致害还是不合格血液致害,医疗机构承担赔偿责任后,当然有权向缺陷医疗产品的生产者、不合格血液提供机构追偿。但如果在患者起诉医疗机构的诉讼中,缺陷医疗产品生产者、不合格血液提供者被列为共同被告,将有利于节约诉讼资源、减轻医疗机构的负担。故本条最后一句规定"医疗机构可以要求生产者或者血液提供机构协商赔偿",协商不成,如受害患者仅起诉医疗机构,医疗机构当然有权要求法庭将缺陷医疗产品生产者或者不合格血液提供机构列为共同被告,自不待言。

(六)法定免责事由

第60条规定:"有下列情形之一,患者有损害的,医疗机构不承担赔偿责任:(一)患者或者其近亲属不配合医疗机构进行必要的诊疗的;(二)医务人员在抢救危急患者等紧急情况下已经尽到合理注意义务的;(三)限于当时的医疗水平难以诊疗的。"

基于"妥善处理医疗纠纷,界定医疗损害责任,切实保护患者的合法权益,也要保护医务人员的合法权益,促进医学科学的进步和医药卫生事业的发展"的立法政策目的[32],草案特设本条规定医疗机构法定免

---

[32] 参见《全国人民代表大会法律委员会关于〈中华人民共和国侵权责任法草案〉主要问题的汇报》(2008年12月22日),第5页。

责事由。似应再增加一项法定免责事由:"因患者特殊体质发生难以预见、难以避免的并发症和不良后果的。"

(七)禁止过度诊疗

第 63 条规定:"医务人员应当根据患者的病情实施合理的诊疗行为,不得采取过度检查等不必要的诊疗行为。

医疗机构违反前款规定,应当退回不必要诊疗的费用,造成患者其他损害的,还应当承担赔偿责任。"

此所谓"过度诊疗行为",相当于国外所谓"过度医疗"和"保护性医疗"。自 20 世纪 90 年代以来,过度诊疗行为逐渐成为影响和谐社会建设的严重社会问题。故草案专设本条,禁止过度诊疗行为。医务人员对患者采取过度诊疗行为,其动因有二。一是意图规避医疗损害责任。此与自 20 世纪 90 年代以来医患关系紧张有关。二是为了获得经济利益。医院往往有内部规定,医生可以从所诊治患者的各种检查交费中获得一定比例的分成。本章主要制度设计,基本体现了"切实保护患者的合法权益,也要保护医务人员的合法权益,促进医学科学的进步和医药卫生事业的发展"的政策目的,相信其实施可以缓和医患关系的紧张,在一定程度上发挥克服过度诊疗行为的效用。但如不能从医院管理体制上彻底禁止、杜绝医院内部关于医生就各种检查、诊疗费用分成之所谓奖励措施,则仍不可能真正解决"过度诊疗行为"这一严重社会问题。

十、建筑物损害责任

(一)高楼坠物损害

第 86 条规定:"从建筑物中抛掷物品或者从建筑物上坠落的物品造成他人损害,难以确定具体加害人的,除能够证明自己不是加害人的外,由可能加害的建筑物使用人给予补偿。"

本条规定"高楼坠物"致人损害案件,难以确定具体加害人时,由可能加害的建筑物使用人分担损害。第一次审议稿和第二次审议稿均规定,由可能加害的建筑物使用人"承担赔偿责任",本条改为由可能加害的建筑物使用人"给予补偿"。这样修改的理由是,被判决分担损害的建筑物使用人中,仅可能有"一人"是加害人,而多数人均不是加害人,而对于不是加害人的多数人而言,他们既然没有实施加害行为,其分担损害当然不具有"承担侵权责任"的性质。

本条规定在法理上的根据,是"建筑物管理瑕疵"。罗马法即有从建筑物向外抛掷物品致人损害,由建筑物所有人承担赔偿责任的规定。现代民法关于建筑物责任的规定,如《法国民法典》第1386条、《德国民法典》第836条、《日本民法典》第717条、我国《民法通则》第126条,即是由该项罗马法规则发展而来。

值得注意的是,前述罗马法规则及《法国民法典》《德国民法典》《日本民法典》及我国《民法通则》规定的建筑物责任,其所谓"建筑物"与本条所谓"建筑物"不同。本条所谓"建筑物",是现代"区分所有式建筑物",其建筑物所有人、建筑物使用人不止一人,而是多人。假如建筑物仅有一个所有人或者仅有一个使用人,从该建筑物任一窗口抛下一个烟灰缸造成他人损害,我们无须确定具体抛掷烟灰缸之人,即可按照《民法通则》第126条的规定判决由该建筑物的所有人或者使用人承担赔偿责任。为什么现在从"区分所有式建筑物"窗口抛下一个烟灰缸造成他人损害,就非得确定具体抛掷烟灰缸之人不可,在不能确定具体抛掷烟灰缸之人时,就不可以让该建筑物的全体所有人或者全体使用人承担赔偿责任呢?

鉴于现代区分所有式建筑物的多单元、多层结构特征,要求全体所有人或者全体使用人承担赔偿责任,也有不尽合理之处。因为致人损害的那个烟灰缸仅可能从一个单元的二层以上楼层的窗口坠落,不可能从其他单元的楼层的窗口坠落,本条所谓"可能加害的建筑物使用人"即坠落烟灰缸的那个单元的二层以上的建筑物使用人(或者所有人),而不包括别的单元的建筑物使用人。本条在确定"可能加害的建筑物使用人"范围后,准用关于"共同危险行为"的规则,将能够"证明自己不是加害人"的使用人"除外",最后判决不能证明自己不是加害人的"可能加害的建筑物使用人",对该单元二楼以上坠落的烟灰缸所造成他人的损害"给予补偿"。此所谓"给予补偿",应当是"平均分担"而不是"连带责任",自不待言。

有的民法学者认为,因不能确定具体抛掷烟灰缸之人,而使其他无辜的建筑物使用人承担赔偿责任有失公平,既然不能确定具体的抛掷烟灰缸之人,就应当驳回受害人的请求。但是,这样的主张不符合多数民法学者和多数民事法官对公平正义的理解。与被判决分担损害的真正加害人以外的建筑物使用人比较,被高楼坠落的烟灰缸砸伤、砸死的受害人更无辜。要求每一个人为自己外出遭受高楼坠落伤害向保险公司投保伤害保险,既不现实,也不合理,要求每一个人戴上"头盔"上街,更不像话。因为不能确定具体抛掷烟灰缸之人,就驳回受害人起诉,使无辜受害人或者其家属不能获得救济,也不符合经济分析法学和危险控制理论。

(二)建筑物缺陷损害

建议在第十一章增设一条规定建筑物缺陷致损责任。条文如下:

第　　条　因设计、施工的原因使建筑物及桥梁、堤坝、道路、隧道等构筑物存在缺陷,在合理使用期限内造成他人人身、财产损害的,由设计人、施工人、监理人连带承担赔偿责任。但设计人证明其设计符合国家规定安全标准的,不承担赔偿责任。

建筑物缺陷致人损害责任与侵权责任法草案第85条建筑物责任的区别如下:其一,第85条建筑物责任的根据是"管理人(维护、保养)过失";建筑物缺陷致人损害责任的根据是"建筑物缺陷",即因设计、施工违反法律、法规、规章规定的安全标准,致建筑物存在对于他人人身、财产的"不合理危险";其二,建筑物责任适用过错责任原则,第85条规定采"过错推定";建筑物缺陷致人损害责任应适用无过错责任原则;其三,建筑物责任的保护对象,即第85条规定的"他人",是指建筑物所有权人、使用权人、管理人之外的其他人;建筑物缺陷致人损害责任的保护对象,是设计人、施工人、监理人之外的一切人,包括建筑物的所有人、占有人、使用人、管理人和在该建筑物内外活动的人(如学生、老师、顾客、运动员、行人等)。

建筑物缺陷致人损害的原因是"建筑物缺陷",即因设计施工违反法律法规规章规定的安全标准,致建筑物存在"不合理危险"。"罪魁祸首"是违反法律法规规章的建筑承包商(设计人、施工人和监理人)。建筑物的"所有人和管理人",一般不可能造成"建筑物缺陷"甚至根本不可能知道"建筑物缺陷"之存在。退一步说,"所有人和管理人"即使怀疑建筑物存在缺陷,也根本不可能通过"履行维护、保养义务"以消除"缺陷"、排除危险。因此,要求无辜的建筑物所有人或者管理人承担赔偿责任,而不规定设计人、施工人、监理人承担赔偿责任,不合法理、情理,不符合法律逻辑。

当存在缺陷的建筑物属于公共用途建筑物,例如学校房舍,因建筑物倒塌造成学生人身伤害时,依草案第 85 条的规定,应当由学校作为管理人(或者国务院作为所有人)承担赔偿责任。这就发生以下问题,即是否允许学校(或者国务院)通过"证明自己没有过错"而免除责任?如果允许免责,受害学生及家长将不能获得赔偿,这合理吗?如果法庭以学校"不能证明自己没有过错"为由,判决学校作为管理人承担赔偿责任,这合理吗?一栋或几栋校舍垮塌,致死、致残学生动辄数十人、几百人,学校赔得起吗?有的人会说,应由作为所有人的国家(国务院为代表)承担赔偿责任,不发生赔得起、赔不起的问题。但是,明明是建筑承包商违反安全标准,导致校舍垮塌压死、压伤学生,为什么我们的国家要(实际是用人民交纳的税金)替真正的"罪魁祸首"建筑承包商背这口黑锅?

当存在缺陷的建筑物属于非公用建筑物,例如住宅、商铺,因建筑物垮塌造成房主、承租人人身伤害时,依第 85 条的规定,应当由"所有人或者管理人"承担赔偿责任,在这种情形下,房主是所有人,承租人是管理人,这不是要受害人自己告自己、自己追究自己的赔偿责任吗?如果该建筑物垮塌还同时伤害了其他人(如消费者、行人),则让遭受人身伤害的"他人"(消费者、行人)起诉在同一建筑物垮塌事件中遭受人身伤害的建筑物所有人和承租人,这合理不合理?让同一建筑物垮塌事故的受害人相互追究赔偿责任,而不去追究制造建筑物垮塌事件的"罪魁祸首"建筑承包商的赔偿责任,这样的法律制度,合理吗?

建筑物因不符合安全标准倒塌致人损害,与建筑物所有人、管理人无关。而建筑物垮塌,首先会砸死、砸伤建筑物的所有人、管理人(承租人)。有的人说,所有人、管理人承担赔偿责任之后,可以再根据第85条第2款的规定,追究造成建筑物缺陷的建筑承包商的赔偿责任。问题是,应当根据什么样的法律条文?一种意见认为应当根据本法第6条关于过错责任原则的规定。建筑承包商违反安全标准造成建筑物缺陷,因而导致建筑物垮塌致人损害,建筑承包商对受害人承担过错责任,而完全无辜的建筑物所有人、管理人却要对受害人(撇开所有人、管理人自己受害不论)承担过错推定责任,这合乎逻辑、合于正义吗?

建筑物缺陷致人损害责任,责任根据是建筑承包商违反国家强制性的安全标准导致建筑物存在危及人身、财产安全的不合理危险,只要此缺陷建筑物在合理使用期限内倒塌造成损害,即应由建筑承包商承担赔偿责任,而不考虑建筑承包商是否具有过错。因此,建筑物缺陷致人损害,不应适用本法第6条关于过错责任原则的规定,而应适用本法第7条所规定的无过错责任。这与本法和《产品质量法》规定缺陷产品致人损害的无过错责任,是同一道理。

特别应注意的是,按照本法内部逻辑关系,第7条关于无过错责任原则的规定,其法律意义仅在排除第6条过错责任原则之适用。第7条本身不具有作为裁判根据的意义。要对于某种损害赔偿案件适用无过错责任原则,必须是法律对于该类损害明确规定不要求以过错为承担责任的条件。因此,一切追究无过错责任的案件,所适用的是关于该类案件无过错责任的具体规定,而不是适用第7条。如果本法没有明确规定建筑物缺陷致人损害适用无过错责任原则的条文,则无论受害人直接追究还是承担了责任的所有人、管理人追究建筑承包商的赔偿责任,就只能适用本法第6条规定的过错责任原则。而要求受害人或者所有人、管理人举证证明建筑承包商存在过错,就像要求消费者举证证明产品生产者有过错一样,几乎是不可能的。或许这就是,自改革开放以来,建筑物因不符合安全标准倒塌致人损害事件层出不穷,而迄今未闻有建筑承包商被法院判决承担赔偿责任的原因。

我参加全国人大考察组赴彭州、德阳、绵阳等地震灾区实地观察，汶川大地震之造成如此惨重的人民生命财产损失，的确与建筑物质量有关。德阳、绵阳的法院的调研报告也是这样认识的，甚至采用了"原因竞合"的表述。我们的政府采用行政手段处理，而未由法院处理，显然出于政治上的考虑，而绝不是说"豆腐渣工程"的制造者不应当承担责任。制定《防震减灾法》，规定执行严格的安全标准，及强化行政管理和监督，当然是必要的，但根据历史的经验，如果不趁这次制定《侵权责任法》的大好机会，在法律上明确规定建筑承包商对于建筑物缺陷致人损害承担无过错责任，《防震减灾法》和建筑物安全标准能不能得到切实遵行，"豆腐渣工程"能不能尽量减少，党中央领导人提出的把各地学校建成"地震避难场所"的目标能不能真正实现，是大有疑问的。

自改革开放以来，因建筑设计缺陷致建筑物垮塌，造成人民生命财产严重损害的事件时有发生。尤其自20世纪90年代以来，全国大小城镇房地产开发如火如荼。在解决"居者有其屋"这一亘古难题的同时，如何确保人民群众居处其中的商品房、经适房、限价房、廉租房以及别墅、豪宅符合国家强制安全标准，不致变成时刻威胁一家老小生命安全的"不定时炸弹"，是摆在全国人民和人民政府面前的天大的难题。近来媒体有关"倒楼事件""阳台事件""承重墙事件""竹片代钢筋事件"的频繁报道，难道还不能使我们警惕吗？

《侵权责任法》明文规定建筑物缺陷致人损害的无过错责任，可以发挥法律的教育、警戒、震慑功能。通过法律的宣示，教育、警戒、震慑建筑承包商，强化其安全意识、法律意识，以确保建筑物符合国家强制安全标准。且不说彻底消灭"豆腐渣工程"，就是通过《侵权责任法》的宣示，能够使建筑物质量普遍有所提高也好。

侵权责任法解析

我国侵权责任法的几个问题[*]

一、《侵权责任法》的立法背景

要学习和评析刚刚通过的《侵权责任法》,我们首先就要考虑这部法律是在什么样的历史条件、什么样的背景下颁布的。

(一)国际环境下的侵权法改革

首先要了解国际环境的变化,尤其是要了解第二次世界大战后人类面临什么问题、各主要国家和地区在法律制度方面有什么改革动作。第二次世界大战结束后,参战国的经济开始恢复,现代化的市场经济急速发展,各种各样的灾害、损害和危险也随之不断涌现。机动车的大量生产和运用,导致社会上发生的交通事故越来越多;人们的物质生活极大丰富,由产品导致的损害不断增加;20世纪60年代在日本爆发大规模的公害病,更是震惊了世界。我们从来都没有想象到人类会面临如此大的灾难、如此大的损害和危险。

正是在这样的历史背景下,从20世纪60年代开始,世界主要国家和地区都在进行侵权法的改革。在美国,美国法学会于1965年在《侵权法第二次重述》第402A条中确立了严格责任原则在产品责任法中的适用;1997年通过的《侵权法第三次重述》又进一步将产品缺陷分成三类,并对三种分类适用各自的归责原则。欧共体深受美国的影响,于1985年通过了《欧洲共同体理事会关于使成员国缺陷产品责任方面的法律、法令和行政法规相互接近的指令》,要求在1990年之前各成员国

---

[*] 本文源自作者于2010年1月3日在中山大学法学院讲座的整理稿。

对其国内侵权法的产品责任实行严格责任,此后,欧共体的成员国英国、德国、荷兰、丹麦、挪威等相继颁布了以严格责任为原则的单行产品责任法。在新西兰,议会于1972年通过了《意外事故赔偿法》,确立了"新西兰事故赔偿计划",在新西兰领域内的任何人,无论因交通事故、医疗事故、缺陷产品还是其他意外事故遭受损害,都可以从国家设立的意外事故补偿委员会获得补偿。这部法律和赔偿计划的出台在侵权法学界引起了轰动,不少学者惊呼侵权责任被社会保障所取代、侵权法已死亡。不少国家的学者对新西兰的事故赔偿计划非常感兴趣,想学习新西兰的做法。在日本,著名的民法学者加藤雅信教授在20世纪80年代提出了关于侵权行为法和社会保障制度改革的新构想,加藤雅信教授借鉴新西兰的立法,并考虑到日本侵权行为法制和各种社会保险制度的现状,认为人类社会要解决各种原因导致的损害赔偿问题,应当建立一种统一的综合救济制度。加藤雅信教授的构想在日本产生了很大的反响,不少政府机构邀请加藤雅信教授前去作报告、介绍综合救济制度的构造。在英国,1973年专门设立了由皮尔逊勋爵主持的皇家委员会,负责审查英国的侵权行为法制并提出改革建议。委员会经过调查研究后,提出报告建议采纳新西兰事故赔偿计划的经验,后因欧共体颁布了有关产品责任实行严格责任的指令,英国才没有推行新西兰的事故赔偿计划。

欧美国家的侵权法改革又影响到我国。1986年我国通过了《民法通则》,当时我国处在改革开放的初期,物质产品还比较匮乏,所以《民法通则》没有过多地考虑缺陷产品致害的损害赔偿。《民法通则》在侵权法方面的最大亮点、最大贡献是规定了侵害人身的侵权损害赔偿,第120条规定了公民的姓名权、肖像权、名誉权、荣誉权受到侵害的,可以要求赔偿损失。自20世纪80年代后期以来,改革开放的推进使物质产品得到极大丰富,随之出现了假冒伪劣产品,缺陷产品致损的事故也频频发生,1993年我国颁布了《产品质量法》,该法参考了美国产品责任法律的严格责任制度和欧共体的产品责任指令,在第四章"损害赔偿"中规定了缺陷产品致损的严格责任。

在这样的侵权法改革背景下,欧共体在实行了产品责任的严格化后,于 1989 年提出了制定欧洲民法典的设想,其中一课题组负责起草欧洲侵权责任法。2006 年,课题组公布了欧洲侵权行为法草案,该草案作为欧洲民法典草案的第六编并没有使用"侵权行为法"的名称,而是使用了"侵害他人产生的非合同责任"这一名称。不管使用什么名称,在《欧洲民法典草案》上,侵权法这一部分是非常重要的一编。

这就是我们法律改革所处的大环境——战后经济振兴,现代化市场经济不断推进发展,大量的、前所未有的损害和危险不断涌现和增加。我国也不例外,随着经济社会的发展,我国的环境公害日益严重,矿难事故频发、飙车和醉驾引发的交通事故不断发生,一次事故死伤很多人。面临这样的大环境,世界主要国家和地区纷纷进行侵权法的改革,我国也加入了这一改革浪潮。

(二)我国的特殊国情

我国侵权法制方面的改革,当然是在这样一个国际大环境下进行的,除此之外,我国还有自己的特殊情况,那就是由计划经济向市场经济改革和转轨。在计划经济条件下,人们对"侵权行为"这个概念是闻所未闻的。翻查"文化大革命"以前的资料,我们就会发现,改革开放以前人民法院民事审判庭审理的案件大概就是两类,其一是婚姻继承纠纷的案件,其二是人身伤害赔偿的案件。当时的人身伤害赔偿没有机动车事故责任、产品责任,也没有现在侵权法上的侵权类型的分类,而主要是一些打架、斗殴的案件,造成的损害不大,赔偿额也较小。到了 20 世纪 80 年代中后期,我国开始从计划经济向市场经济转轨,不同形式的侵权行为开始增加。对此,1986 年《民法通则》对侵权行为进行了规定:第 120 条规定了侵犯人身权的损害赔偿责任;第 106 条第 2 款和第 3 款分别规定了过错责任和无过错责任;第 132 条规定了当事人在无过错情况下分担民事责任。此后,我国侵权法制的创建和侵权法方面的改革,也都是在向市场经济转轨、市场经济发展这个环境下进行的。

(三)侵权法制改革的必要性

侵权法制的改革和发展,与人类的经济社会生活是密不可分的,它体现了人类对抗和回应经济社会生活中出现的各种损害和危险的努力。

我们过去学习民法都知道,《法国民法典》和《德国民法典》上有关侵权行为法的条文规定并不多。《法国民法典》关于侵权行为的规定只有第 1382—1386 条简单的 5 个条文;《德国民法典》关于侵权行为的规定也只有第 823—853 条 31 个条文。但现在我国制定的《侵权责任法》,除第 92 条有关法律施行的规定外,实质性的规定有 91 条,与《法国民法典》相比在条文数目上翻了不知多少倍,法律内容也极大地丰富了。2008 年在海南举行的中日民商法研究会上,日本的教授就提到了我国的《侵权责任法》有没有必要制定这么多条文的问题。当时,日本早稻田大学的近江幸治教授马上回应,认为《侵权责任法》规定这么多的条文是确有必要的。近江幸治教授说到,目前在法官审理的各类案件中,侵权案件所占的比例非常大,在这些侵权案件中,约有一半是交通事故侵权的案件,所以为了对应这些损害和危险,确有必要多规定一些条文。

我们都知道,如果要以简单的法律条文来应付社会生活中出现的各种各样新型的损害和危险,则需要依靠法官的解释和推理,需要依靠法官在司法实践中创设规则。《法国民法典》和《德国民法典》关于侵权行为的条文如此之少,却没有影响到法国和德国对各类新型侵权案件的解决,是因为这两个国家有关侵权责任方面的法律规则除法典上的条文以外,还有大量的规则是由法官在裁判中创设的,如我们经常提到的交通安全义务、纯经济损失等规则,其实都是由法官创设的。我也经常在想,世界各个国家在制定了民法典以后都有一定的保守性,舍不得对民法典动手术、不愿意修改法律。在这种情况下,唯有依靠法官的解释推理、在裁判中创设规则以及学者的学理解释来应付各种新问题,但我认为,长此以往这种做法并不是办法,随着新问题越来越多,终究要对法律进行修改和完善。

比如说德国,19 世纪末公布的《德国民法典》实行一百多年以来,其债权编虽有不少修改和补充,但总体而言其基本制度变化不大。但随着社会经济生活的发展,特别是欧洲一体化的影响,要求改革债法的呼声越来越高。1978年联邦德国司法部成立了德国债法改革委员会,负责调查研究、提出债法改革的方案。到了2001年,德国联邦议会通过了《债法现代化法》,以适应欧盟建立统一大市场的需要,这部法律在买卖合同、承揽合同、时效制度和给付障碍制度方面进行了重大修改。在侵权责任方面,虽然德国官方没有什么改革的动作,但不少学者已经提出了侵权法的修改方案,如对于德国民法上的使用人责任,早在20世纪80年代就有人提出了修改建议。

总之,我们要理解和评析《侵权责任法》这部法律,就必须把它放在人类社会当前的环境中认识它。现代化市场经济急速发展,各种损害和危险不断增加,这就是我们所面临的国际大环境。当然,我们国家也有自己的特殊国情,我国当前处于向现代化市场经济转轨的时期、我国国民普遍对法律不够尊重、我国的法官人数众多且素质参差不齐,若要求我国的法官也像法国和德国的法官一样运用推理和解释方法来弥补法律的缺陷,恐怕是做不到的。

二、如何理解《侵权责任法》规定的一般条款和《侵权责任法》保护的权益问题

(一)一般条款的历史发展

对于侵权法的一般条款,我们过去并没有讨论,在出现了多个侵权责任法专家建议草案之后,我们才关注到侵权法的一般条款。众所周知,我国民法学界关于侵权责任法的制定,有两种模式。第一种模式,是"一般条款+特别列举"的模式,设立一项一般条款作为侵权责任请求权基础,然后列举规定社会生活中最主要、最常见的侵权行为类型。第二种模式是所谓的"大侵权法"模式,中国人民大学的王利明教授提出该模式,主张尽可能地涵盖社会生活中的一切损害类型,后经杨立新教授发展为"一般条款+类型化"的模式,主张将社会生活中的一切侵权行为和准侵权行为类型一并加以规定,杨立新教授起草的《侵权法草案建议稿》规定了66种侵权行为类型,就是该立法模式的代表。

那什么是侵权法的一般条款呢？在学者们的论述中，所谓侵权法的一般条款，就是侵权责任的基础性规定。《欧洲民法典草案》侵权行为编草案的第 1 条就使用了"基础规定"这一标题，将侵权责任的主要要素加以概括。侵权责任有哪些主要的要素呢？第一个要素是侵害的对象，反过来又称为保护对象、保护客体；第二个要素是归责事由，也称为责任原则，即规定什么情况下以过错为要件、什么情况下不以过错为要件；第三个要素是责任的形式。侵权法的一般条款理应包含上述三个要素。以《日本民法典》第 709 条为例，该条文规定"因故意或过失侵害他人权利时，承担因此而产生的损害赔偿责任"。此处，"因故意或过失"是归责事由，"他人权利"是保护对象，"损害赔偿责任"是责任形式。可见，《日本民法典》第 709 条包含了侵权责任的三个要素，当属侵权法的一般条款。

在 2009 年 12 月 29 日中国人民大学召开的《中华人民共和国侵权责任法》通过研讨会上，王利明教授提出《侵权责任法》的一般条款是第 6 条，杨立新教授则认为，《侵权责任法》的一般条款是第 2 条加第 6 条。我的意见是，《侵权责任法》的一般条款应是第 2 条。其一，《侵权责任法》的第 2 条与《欧洲民法典草案》侵权行为编的第 1 条基础规定比较接近。其二，作为侵权法的一般条款必须是比较简明的，而且包含前述所讲的三个要素，《侵权责任法》的第 2 条符合这些要求。

需说明的是，《侵权责任法》的第 2 条是在第二次审议稿第 2 条的基础上加以修改而成的。原来第二次审议稿第 2 条规定的是"侵害民事权益，应当承担侵权责任"。这个条款受到了大多数民法学者的批评，我当时也反对这个条款。首先，该条款没有规定任何归责原则要件，容易与历史上的结果责任混淆。此外，"民事权益"一词的含义过于宽泛，包括绝对权和相对权，而侵权法的保护对象应以绝对权为限，不包括相对权。因此，多数学者主张删去第 2 条，全国人大常委会法工委副主任王胜明认为可以保留该条款并加以完善。后来，第三次审议稿第 2 条保留了第二次审议稿第 2 条的规定并作了完善，除增加了"应当依照本法"的限制性条件外，还增加了第 2 款，以列举方式规定了

"民事权益"的定义,使侵权法的保护客体限定在绝对权的范围之内。

(二)《侵权责任法》第 2 条是一般条款

对照侵权法一般条款应包含的三个要素,可以认为《侵权责任法》第 2 条包含这三个要素。首先,该法第 2 条第 1 款规定了侵权法保护对象为"民事权益",第 2 款以列举方式规定了"民事权益"的定义,使侵权法的保护对象以绝对权为限,符合我国民法理论的传统。其次,"依照本法"四个字至关重要。"依照本法"不仅指明了责任原则的规定,即依照本法第 6 条、第 7 条关于归责原则的规定承担侵权责任;"依照本法"还指明了责任形式的规定,即依照本法规定的承担责任形式承担侵权责任。前述介绍的《日本民法典》第 709 条规定的责任形式是赔偿责任,我国台湾地区"民法"也是如此。这是因为,在传统的侵权法上,承担侵权责任就是损害赔偿,侵权责任就等于损害赔偿责任,所以,包括德国、日本在内的多个国家的民法在侵权责任的有关规定中都只讲到了赔偿责任。与之相对,我国的《侵权责任法》极大地发展了侵权责任的形式,尽管大多数的条文仍然规定了赔偿责任,但我们还规定了赔偿责任以外的其他责任形式,比如赔礼道歉、消除影响、恢复名誉等。其中,第 21 条专门规定了停止侵害、排除妨碍、消除危险三种请求权。这三种请求权,在我们的教科书上都被认为是典型的物权请求权,除《欧洲民法典草案》侵权行为编有这样的规定外,大多数国家及地区的侵权法上都没有规定这三种请求权。而且,"依照本法"这四个字还指明了本法规定的诸如死亡赔偿金、残疾赔偿金、误工收入等具体的赔偿项目,以及损害的确定方法。

《侵权责任法》第 2 条告诉我们,侵权法的保护对象是"民事权益",并用"依照本法"四个字对侵权责任的责任原则、责任形式作了指引性的提示,所以我认为《侵权责任法》第 2 条是一个典型的侵权法一般条款。

(三)《侵权责任法》第 2 条保护的权益范围

值得注意的是,第 2 条一般条款中使用了"民事权益"一词。不同于法国、德国、日本侵权法上"侵害权利"要件的规定,我国《侵权责任法》保护的客体不限于"民事权利",还包括民法权利以外的"合法利益"。这是一个有中国特色的规定,也有着非常重要的意义。根据法国法和德国法的规定,只有侵害他人的权利才构成侵权,因此法官需要审查被告所侵害的客体是否为权利。什么是权利、什么不是权利呢?只有法律上明确类型化的利益才叫权利,法律上没有规定的就不称为权利。所以,若严格按照这些国家的侵权法规定,如果被告所侵害的客体不属于法律规定的权利,即便被告的行为造成了原告损害、被告有过错、被告的行为与原告的损害之间存在因果关系,法官也会判决驳回原告的诉讼请求、判决被告不承担民事责任。问题在于,即便加害人的行为不构成侵犯权利,但也是侵犯了他人的合法利益,若法律不保护受害人的这些合法利益,若法官判决加害人不承担任何的责任,不就等于是放纵和鼓励加害人的加害行为吗?所以,法国、德国等国家和地区也慢慢作出改变,对侵权法的保护对象作出弹性的解释,法律条文上规定的仍然是"侵害权利",但在裁判实务和民法理论上通过解释将不构成权利的合法利益也包括在侵权法的保护对象范围内,侵犯了权利构成侵权责任,侵犯了不构成权利的合法利益同样构成侵权责任。日本和我国台湾地区的民法理论就把侵权分成权利侵害和法益侵害两类。

　　那为什么我国的《侵权责任法》将保护客体直接规定为"民事权益"呢?这是对自《民法通则》颁布以来的立法实践和民法理论的总结。《民法通则》第106条关于过错侵权责任的规定并没有规定"侵害权利"的要件,而是规定"侵害他人财产、人身的"(应当承担民事责任)。也就是说,侵害他人财产权的构成侵权,侵害他人财产利益的也构成侵权;同样,侵害他人人身权或者不属于人身权的人身利益,同样构成侵权。由于《民法通则》第106条对保护对象的规定是弹性的,所以,理论界和实务界在研究和运用当中也运用了这样的灵活性,侵害他人财产权或人身权的构成侵权,侵害他人财产利益或人身利益的同样构成侵权。这样的例子很多。例如,最高人民法院关于死者名誉保护的司法解释就明确了侵害死者名誉的救济,死者名誉不就是一项合法利益吗?1993年最高人民法院《关于审理名誉权案件若干问题的解答》指出,披露他人隐私的构成侵害名誉权的侵权责任,当时《民法通则》并没有规定隐私权,但隐私也是一种受保护的利益。德国、日本和我国台湾地区都有不少学者研究"纯经济损失"是否受法律保护的问题。王泽鉴先生在阐述纯经济损失时还举了这样一个例子。一个建筑公司的施工队在施工时不慎挖断了地下电缆,地下电缆是供电公司的财产,供电公司当然可以追究建筑公司的侵权责任。但是,施工队挖断电缆导致一片社区停电,社区内的工厂和居民都因停电遭受不同程度的损失,这些工厂和居民是否也可以向建筑公司主张赔偿呢?王泽鉴先生认为,如果严格解释侵权法的保护对象、将侵权法的保护对象限于民事权利,那么,遭受停电的工厂和居民就不能主张损害赔偿,因为他们遭受的损失不是权利,而是纯粹的经济利益,是合同法上的可得利益。若在中国大陆,如前所述,由于《民法通则》第106条规定的侵权法保护对象包括权利和利益,所以,不仅供电公司可以主张赔偿,遭受停电的工厂和居民也可以以财产利益遭受损失为由向建筑公司主张赔偿。这就能解释为什么德国和我国台湾地区的学者对纯经济损失这个问题讨论非常热烈,而在我国大陆则很少有学者讨论,是因为我国侵权法的保护对象早就已经包含了不构成权利的合法利益。再如,几年前一些地方法院裁定网络虚拟财产受法律保护,有些学者就建议制定《虚拟财产法》,把当事人对网络游戏虚拟财产的享有规定为权利。其他国家并没有这样的规定,但是,虚拟财产受不受法律保护呢?我认为,它是受法律保护的,此时有两种保护方式。第一种是通过追究违约责任的方式来保护。追究谁的违约责任呢?应该是追究网络经营者的违约责任,因为游戏玩家和网络经营者之间有一个合同,网络经营者导致了游戏玩家的虚拟财产损失,根据《合同法》第60条第2款的规定,根据诚实信用原则网络经营者有保密的义务,网络经营者违反了该义务就构成了违约责任。第二种是侵权责任。如果你能够查到谁把你的网络虚拟财产抢走了、偷走了,你可以告那个用户,此时法院裁判的依据是《侵权责任法》。自20世纪90年代后期以来,一些法院裁定虚拟财产受法律保护,但是虚拟财产是什么权利呢?对于虚拟财产,不仅我们国家没有规定它是权利,其他国家也没有规定它是权利。那对它是怎么保护的呢?不就是作为一种合法利益来进行保护的吗?通过合法利益来保护,在这方面有很多判例,而且还有很多当事人都提出了这样的主张,但是没有得到法院的认可。

《侵权责任法》第 2 条规定的是"民事权益",民事权益当然也就包括民事权利和民事利益,即合法的利益。但是第 2 条第 2 款的列举当中,前面只列举了民事权利,后面用了"等人身财产权益",这个表达并不是很令人满意。在法律委员会的会议上我就提出,第 2 款在列举了前面的权利之后应该加上"以及其他合法利益"。我的这个建议得到一些委员的支持,但是法工委副主任王胜明同志不同意。王胜明同志发表很多意见,认为财产权、人身权等都是利益。虽然这个表达不是那么令人满意,但毕竟它最后说了"人身权益",当然就包括了权利和利益,这个表达上的小小缺点就不成问题。

分析至此,我们就可以看到,《侵权责任法》的立法模式更加接近于社科院提出的"一般条款 + 特别列举"的模式,本法仅规定了 11 种主要的、常见的侵权类型。

三、如何理解侵权请求权和物权请求权的竞合问题

侵权请求权和物权请求权当然会发生竞合。下面我们对《物权法》第三章中规定的物权请求权逐项分析。首先是第 33 条规定的确认请求权,其当然不会与侵权请求权发生竞合。接着是第 34 条规定的返还请求权,其可以与侵权请求权发生竞合。然后是第 35 条规定的排除妨害、消除危险请求权,其是否会与侵权请求权发生竞合呢?这里需要区分两种情况进行分析:其一是当侵权行为危及他人的财产,则会发生物权请求权和侵权请求权的竞合,受害人既可以依据《物权法》请求排除妨害、消除危险,也可以依据侵权法请求排除妨碍、消除危险;其二是当侵权行为危及他人的人身,则不会发生物权请求权和侵权请求权的竞合,此时只能依据侵权法主张保护。

需说明的是,当初起草《物权法草案》时第三章使用的章名是"物

权请求权",当时有学者提出,第三章当中的部分条文如第 36 条、第 37 条并不属于物权请求权的内容,故建议删除这两个条文。后来立法机关将第三章的章名改为"物权的保护",使第 36 条、第 37 条得以保留。第 36 条规定的修理、重作、更换、恢复原状请求权和第 37 条规定的损害赔偿请求权,显然不是物权请求权,也不属于侵权责任的内容,因为其没有规定侵权责任的构成要件。在我看来,这两个条文是指示性的规定,旨在提醒权利人在物权遭受侵害时,除依据《物权法》主张保护外,还可以依据侵权法主张保护,权利人依据侵权法主张保护的,此时则适用《侵权责任法》。

《侵权责任法》第 21 条专门规定了停止侵害、排除妨碍、消除危险这三种责任形式,可谓是意义重大。除《欧洲民法典》侵权行为编有类似的规定外,其他国家和地区的侵权法都没有作此规定,而只是在学术讨论上提出过类似建议。这个条文的重大意义,在于帮助我们更好地理解侵权法的功能。在过去,我们对侵权法功能的传统理解是,侵权法就是一部损害救济法,强调侵权法事后救济、填补损害的功能,而很少提及侵权法还有预防损害、防止损害扩大的功能。现在,《侵权责任法》第 21 条的规定体现出我们对侵权法功能的认识和观念发生了改变,侵权法不仅有填补损害、事后补偿的功能,当侵权行为刚刚发生、正在进行尚未发生最后的严重损害后果时,权利人还可以请求加害人停止侵害,这就是侵权法预防功能的体现。

值得一提的是,《侵权责任法》第 21 条的规定也给《民事诉讼法》提出了新问题。当权利人依据侵权法请求加害人停止侵害时,在民事诉讼上应当适用什么程序？是普通程序还是简易程序呢？我国现行的《民事诉讼法》并没有处理这类请求的特别程序。那么,《侵权责任法》第 21 条的规定就给《民事诉讼法》的修改提出了要求,《民事诉讼法》作为程序法应当适应实体法的发展,应及时创设新的程序配合实体法上出现的新的请求权。实际上,《侵权责任法》第 21 条所设的请求停止侵害就是英美法上所谓的申请禁令,在侵权行为刚刚开始还未导致严重损害后果时,权利人可申请法院颁发禁令,禁止侵权行为人继续实施加害行为,法院在进行书面审查后马上作出是否颁发禁令的裁定。如果按照我国现行民事诉讼的审判程序处理这类请求,则耗时过长,等到法院作出裁决时往往侵权行为已经结束、损害结果已经形成。所以说,《侵权责任法》的出台为《民事诉讼法》的修改提供了一个契机,全国人大常委会法工委下一个阶段的任务之一,就是要对《民事诉讼法》作实质性的修改。

四、如何理解《侵权责任法》第17条规定的"同命同价"问题

《侵权责任法》第17条争议比较大,它当初的表述是"因同一交通事故及矿难等侵权行为造成死亡人数较多的,可以以相同数额确定死亡赔偿金",因此社会媒体就把这一条称为"同命同价",但其实这和我们平时说的"同命同价"还不一样。我们平时说的"同命同价",是指人的生命是等价的,不管你在哪里死亡赔偿金都应该是一样的。但是根据上述规定显然是做不到的,而根据2008年8月20日审议的草案就可以做得到。在那个草案中,法工委发明了一个条文,即死亡赔偿金按照上一年度城镇职工的平均工资乘以15年来确定。法工委制定的这个条文一经公布,学者们一致叫好,认为这才是真正的"同命同价",不管在哪里死亡,死亡赔偿金都是按上一年度的城镇职工的平均工资乘以15年来计算,不分死者是企业家、大学教授还是农民工,不管死者是居住在东部、西部还是中部,是发达地区还是落后地区,死亡赔偿金都一样。当然这个条文在第三次审议稿中被删掉了。在法律委员会讨论的时候,我提出为什么要删掉这个条文,法工委副主任王胜明对我说王利明教授也认为不应该删掉该条文。会上还有一个委员提出,我国作为一个社会主义国家,人们在生的时候做不到"同命同价",难道连死亡的时候也做不到吗?委员们为这个条款争论了很久,最高人民法院的代表在法工委的会上提出反对意见,认为这个条文只是理想主义的条文,发生在我国西部省份的损害如果也按照全国城镇职工的平均工资来赔,会造成赔偿额过高的不公平结果等。

我们回过头来解读《侵权责任法》的第17条规定,原来的草案规

定"因交通事故、矿山事故等侵权行为造成死亡人数较多的,可以不考虑年龄、收入状况等因素,以同一数额确定死亡赔偿金"。它实际上讲的是我们现行的做法,现在地方政府处理矿难等采取的是这个办法,这个办法在社会上也受到了广泛的认可,因此想把它在法律上规定下来,这个条文在三次审议中都通过了。到第四次审议的时候,也就是2009年12月的那次常委会上,一个副委员长建议删掉本条,他说这个条文有问题,第一,即使法律不规定,我们政府这样做也丝毫不受影响,可见这个规定没有意义;第二,条文规定"可以"以相同的数额,但为什么不说"应该"呢?"可以"一词意味着可以不以相同的数额赔偿,那什么时候以相同的数额、什么时候不以相同的数额,又没有一个标准,这会导致分歧。结果法工委研究了以后,就把它勾掉了,勾掉的理由就是刚才两条,第一,没有意义;第二,引起分歧。结果在法律委员会提出这两点理由之后,王利明教授首先提出意见,他说这一条不应该删掉,社会普遍认可这一条是本法最大的亮点,不能删掉它。人大常委会副秘书长李连宁说,这个条文已经得到了社会的认同,现在删掉它影响不好。还有很多委员都认为不应该删,我当时也提了一个不应该删的理由,我认为,保留这个条文还有一个意义——现在政府处理矿难等恶性事件采取统一标准,原因之一当然是为了操作上的方便。虽然这种做法已经得到整个社会的认可,但是毕竟在法律上没有根据。一个矿难几十个人死了,你按照同一个标准赔偿,缺少法律依据。现在老百姓都认可,将来随着社会的发展和人们权利意识的提高,难免会引起质疑。法律规定是要按照每个人的工资收入、年龄等进行计算,那为什么政府要实行统一标准呢?将来受到这样的质疑怎么办呢?所以现在需要我们从法律规定上肯定政府的这个做法,并且使它合法化。同时我们可以看到近些年来法院在处理此类事件的时候,也采取了同样的做法,也需要我们使它合法化。对此,有委员就说,发生矿难、航空事故等重大损害,要逐一地按照每一个人来加以计算的话,必然旷日持久,很难操作,有了这个条文就非常好。这个委员还特别提到了我们曾经在韩国发生的一起航空事故,因为飞机上有很多韩国人,要一一计算,所以总是达不成协议。而规定了这一条就有利于处理矿难、航空事故等重大事故,最后法律委员会一致意见是要保留本条。法工委主任胡康生同志觉得"矿难"这个词太显眼,于是在第四次审议时就把"矿难"一词删掉了,就剩下"同一交通事故",胡康生同志说其实本条针对的并非交通事故,交通事故并不是最典型的,于是干脆把它也删掉吧。因此就改成现在"因同一侵权行为造成多人死亡的,可以以相同数额确定死亡赔偿金"。这就是这个条文在审议当中的一些争论,以及最后保留它的意义,那就是在同一事故同一个侵权行为导致死亡的情况下,我们在这个有限的范围内可以说实现了"同命同价",而非在一般的意义上实现"同命同价"。

五、如何理解过错责任和严格责任的免责问题

在大陆法系上,我们习惯使用的概念是过错责任、无过错责任,在过错责任当中还有过错推定的概念,但大陆法系中没有严格责任这个概念。大陆法系的这套概念是以是否以当事人过错为构成要件来进行区分的,以当事人过错为要件的为过错责任,不以当事人过错为要件的则为无过错责任。严格责任这个概念是来自英美法的,在英美法中,严格责任是从责任对责任人而言是严一点还是宽一点的角度来说的,所以说它被称为严格责任。为适应第二次世界大战后经济发展以及回应由此引起的大规模生产销售所导致的损害,美国法学会公布了《侵权法第二次重述》。原来的美国侵权法上是没有严格责任这个制度的,它只有过错责任这个制度,即有过错承担责任、没有过错则不承担责任。但《侵权法第二次重述》专门规定了一个条文——第402A条。第一次重述只有第402条,在第二次重述中新增加了第402A条这一条,这个条文说,如果你销售的产品有缺陷,结果导致了损害,则由你承担责任。这样就把过错给丢掉了,因此可以说这个条文规定了严格产品责任。相较于原来的过错责任,它当然严得多,所以就把它叫作严格责任。它是从宽严这个角度来讲的,这样严格责任这个概念就出现了。

我们介绍美国法时,也就引入了严格责任。我们前面提到了1993

年的《产品质量法》,这部法律的第41条规定,生产的产品有缺陷,导致他人的人身、财产发生损害的,生产者承担责任。我们就解释说这就是严格责任。这个时候就有人说,严格责任就是无过错责任,不以过错为要件;但是又有人说,严格责任和无过错责任不同。这就导致了分歧。那么,这个严格责任和无过错责任是不是一回事?我们就要看前面提到的欧共体的产品责任指令——欧共体的85/374号指令。这个指令要求欧共体的成员国都要把产品责任规定为无过错责任,它这个指令用的是无过错责任,而非严格责任,所以从这点可以看出,在法国、德国以及其他欧共体国家,它们现在的产品责任法规定的都是无过错责任,在这里我们可以说无过错责任和严格责任是一回事。

但是这就发生一个问题,在无过错责任当中,有的情况下有免责事由,有的情况下没有免责事由。也就是说,从严格程度来看,它有差别,但是从法律体系、概念体系、要不要以过错为构成要件来看,我们非常清楚,其属于无过错责任,而再仔细分析严格程度,有免责事由的,严格程度就要低一些,没有免责事由的,它的严格程度就要高一些。那个免责事由,受害人故意免责的就要严一些,受害人重大过失免责的就要轻一些。还有我们的《产品质量法》第41条第2款直接规定了三项法定的免责事由。所以说,我们从不同的角度来研究它,无过错责任的内部以及适用无过错责任的侵权类型上,有的时候可以看出来,它的严格程度有差别,《侵权责任法》也有这种差别。

不可抗力作为免责事由,在我国《民法通则》中就已经规定了,而且在各个国家都是如此,不可抗力是违约责任、侵权责任的免责事由。但是话说回来,并不是具有不可抗力的情况下都免责,什么情况下不可抗力不能免责呢?这就需要法律的特别规定。也就是说,不可抗力免责本身是法律的一个特别规定,而不可抗力在什么情形下不能作为免责事由,这又需要法律进行特别规定。

我国《侵权责任法》第29条在规定了不可抗力作为免责事由的同时,还规定了法律另有规定的除外,这一条是一个概括规定。但是后来为什么又在高度危险责任这一章的具体条文中规定它呢?为什么又把它规定为某一类具体侵权行为的免除或者减轻责任事由呢?这也是考虑到这些高度危险责任的情形最容易发生这样的问题,所以法律上进行了特别规定,这是不是一定导致重复等问题呢?这就考虑到我们的立法不可能严格按照法律的逻辑,学者总是希望我们的法律的逻辑非常严密,要严密到什么程度呢——要像《德国民法典》一样严密。但是那样高度严密的法典,老百姓在看的时候,法官、律师在理解和操作的时候都会有些困难。所以在最容易发生不可抗力免责的情况下,即高度危险的情况下,我们就把这个不可抗力免责或者减轻责任直接规定出来,这也是为了方便老百姓、法官以及律师理解法律和运用法律。本法的逻辑不是非常严密,原来很多章的第1条都有一句"法律另有规定不承担责任的,依照其规定",比如产品责任这一章的第41条,环境污染责任的第65条,高度危险责任的第69条以前都有这一句规定,后来在审议时都说这句话太重复了,没什么必要,就都删掉了。这就是在逻辑上的适当考虑,对过分重复的内容都会进行修正,学者们也强调和注重逻辑,但立法还不是非常严密,这就是立法和学术之间的差别。立法机关在制定法律的时候,我们的法律已经比较进步了,现在已经比较注重逻辑性和概念的准确性这些问题了,但是毕竟离我们法学教授期望的标准还很远。比如说本法使用的是"侵权人"和"被侵权人"的概念,张民安教授就反对,他说德国的法律都叫作"加害人"和"受害人",为什么我们要叫作"侵权人"和"被侵权人",当被侵权人死亡的时候,其亲属就不是被侵权人,这就要再加一个条款"导致死亡的时候,近亲属可以提起请求",这就多此一举,都叫作"加害人"和"受害人"就没有这样的问题了。

六、如何理解《侵权责任法》第86条规定的连带责任问题

本法有些地方有极大的创造,本法对适应中国社会的国情来说,对适应现代社会的发展来说,都是有创造性的,比如将医疗损害专设一章,把《医疗事故处理条例》废除,这个有非常重大的意义。还有从制度上来说,我们发展了传统的侵权法制度,这就是第85、86、87条,这是中国侵权法对传统侵权法所作的极大的创造性发展，我们看这三个条文，实际上来源于我们《民法通则》上的第 126 条，《民法通则》第 126 条的内容就是现在《侵权责任法》第 85 条，这个条文来源于什么地方呢？《侵权责任法》第 85 条所讲的"坍塌、脱落"，它是来源于罗马法中"准私犯"①的第(1)项，具体可参考黄风翻译的《罗马法教科书》。《罗马法教科书》上先讲"私犯"再讲"准私犯"，其所言的私犯就是指侵权，准私犯就是指准侵权。准私犯当中的第(1)项，就是我们的第 85 条，它叫作建筑物的坍塌脱落。而现在的第 86 条呢，就是罗马法当中准私犯行为的第(2)项，由建筑物内对外抛掷物品。那么这两个准私犯行为差别在什么地方呢？第一个是建筑物塌了、垮了、倒了或者建筑物上的东西掉下来；而第二个准私犯行为，它说的不是建筑物本身，是建筑物里面的人向外抛掷物品，就是我们现在说的高楼抛物，这个罗马法上就有了。后来的《德国民法典》和《法国民法典》都是继承罗马法，那为什么它们把第二个准私犯行为就删掉了呢？它们只涉及第一个准私犯行为——坍塌脱落，这很难理解。我们的《民法通则》第 126 条规定了建筑物坍塌脱落。它之所以这样规定是因为过去的社会现实：在过去的社会，主人自己盖房子，他自己请工匠来盖房子，我们看那个罗马的圣彼得大教堂盖了一百多年。还有俄罗斯的彼得大帝建圣彼得堡，他是怎么建的呢？他就说这里要建一个城市，这里是一个军事要地，他就把这个地方划成一块一块的区域，分给那些俄罗斯的贵族和官员，每人一块，让他们自己来建。彼得大帝首先自己从西欧请来工匠在此建了一个宫殿，建完后，这些贵族就排着队地请这些工匠给他们建，所以说当时社会都是自建自住，有没有我们现在的房地产开发商、房地产开发企业？没有。有没有我们现在专业的建筑公司？没有。所以在过去这个情况下，一个条文就够了。你自己盖房子的时候不注意质量，你请来的工匠水平不高，盖的房子最后塌了，你砸了客人朋友，该你承担责任。砸死了自己，活该。这就是过去的思想，这就是这个条文的来源。我们

---

① 〔意〕彼德罗·彭梵得：《罗马法教科书》，黄风译，中国政法大学出版社 2005 年版。

看德国、法国、日本民法都只有这个条文。但是随着我们社会的发展变化,我们现在谁是自建自住的?除农村有些农民还是自己建房以外,在城市的我们都是买的商品房。我们家里买商品房的时候,我们对这个房屋的质量有没有把握?我们能不能判断这个房屋的质量符合标准等?谁也不敢说。我们新闻媒体现在说的那些"房倒倒""楼脆脆",就是说的这个问题,居然用竹片代替钢筋。社会状况已经发生了变化,如果再拘泥于原来的这一条规定,那又会有什么样的结果呢?开发商请来了一个没有资质的建筑队,建筑队采购了低标号的水泥冒充高标号的水泥,使用了小土炉炼出的豆腐渣钢筋来建,然后卖给我们,最后房子一垮,按照原来的规定,由所有人承担责任,那不就是自己倒霉嘛。所以说,这个第86条是适应社会的发展的。

第86条是我建议的,我为什么建议这一条呢?是因为汶川地震发生之后,我刚好做了手术,躺在床上,我看到电视报道,如此多的人付出了生命的惨痛代价,我就在想我们的法律上有没有问题呢?我们当年制定《合同法》之类的这些法律,我们有没有责任呢?有没有办法能够减少这些损害,减少这个生命的损失?后来我能够行走的时候,我就参加了一个考察团,到了地震灾区考察,而且还和懂建筑的人进行了交流。我到了彭州龙门山镇的宝山村,它和映秀镇就是一山之隔,山的南边是宝山村,北边就是映秀镇。山已经被破坏得千疮百孔了,龙门山镇的所有房子都毁了,但是距震中只有7公里直线距离的宝山村的新农村建设的房子却完好无损。宝山村农民住的房子全是新的,全是好的。他们的支部书记已经双目失明了,我特地问他为什么这些房子会安然无恙?他说当时设计的时候,定的安全标准是抗七级地震,他把它改了,要求抗八级地震。这就给人很大的启发,战胜地震这样的巨大灾害,有一个办法,就是靠建筑质量。还有在北川老城,这里已经是一片废墟,唯独一栋建筑安然无恙,就是北川市检察院的办公楼,我很诧异,就问是不是因为这栋楼是新建的,所以质量才高啊?人家告诉我不是新建的,是20世纪70年代的。20世纪70年代建的完好无损,为什么呢?我刚才讲了,20世纪70年代没有假冒伪劣产品,没有假钢筋啊假水泥啊，也没有偷工减料，当时还是计划经济。除建筑质量之外，抗击人类最大的灾难还有一个办法。在彭州，它的中小学建筑全部垮了，但是没有一个老师一个学生被埋进去或者被砸死。什么原因呢？彭州市中小学多年以来进行了逃生训练，老师学生都定期进行逃生训练，训练时老师站在哪个位置，哪个班走哪个楼梯，这些都井然有序，所以，虽然彭州市的中小学建筑都塌了，但没有压进去一个人。所以说，抗击人类最大的灾难，有两个办法，一个是靠建筑质量，另一个是靠逃生训练。

那么这个建筑质量要怎么保证呢？我找了一个懂建筑的人咨询，他说一个关口非常重要，那就是监理。监理人是代表开发商的。掩埋的工程，他不签字你不能掩埋；浇注的工程，他不签字你不能继续向上浇注。即使是高标号的水泥，没有充足的凝固时间，你浇上去，它也是豆腐渣。所以说监理很关键。而现在我们国家的监理实际情况是，监理公司是建筑公司的子公司，它没有起到作用。后来，我在人大提了一个建议，就是"建筑物等因缺陷倒塌导致损害，由监理人、设计人、施工人承担责任，设计人证明自己的设计符合国家规定的安全标准的话，可以免责"。我在人大提了这个建议，我当时想如果这条建议可以转到法工委就好了，结果转到了建设部，建设部就这个意见给我回了函。它说你建议加强监理管理、不得设立子公司或者关联公司来担任监理人等这些建议都很好，我们会予以考虑，但是你建议建筑物倒塌的无过错责任我们不赞成，因为我们《民法通则》第126条规定的是推定过错责任。这个建议案没有到法工委，所以第二次审议稿、第三次审议稿都未涉及这个问题。在法律委员会审议第三次审议稿的时候，我又提出了这个建议，但是别人不赞成。建筑物致损在草案的最后，没有充裕的时间讨论了。会后我又专门写了一个书面建议，比较建筑物管理瑕疵与建筑物缺陷造成损害的区别。因为我当时在会上提的时候，像王利明教授他们都不赞成，王胜明同志就更不用说了，但胡康生同志说了一句话，他说房屋倒塌首先把这个主人压死了，法律上说所有人承担责任，但是首先砸死的就是这个所有人。可见胡康生主任注意到原来的规定不合理。所以我写了这个意见，详细比较了建筑物因管理瑕疵造成损害与建筑物因建筑不符合安全标准而倒塌的区别。这个意见发了过去,第二天王胜明同志就给我打电话说,我们对你这个意见进行了研究,现在决定把原第85条分为两条,我们将和最高人民法院、建设部商量具体条文。我当时说,我的意见提了,我的责任就没有了,就该你们了。最后我们看到,第四次审议稿将第85条中的"倒塌"删去,另外增加了第86条专门规定建筑物"倒塌"。我提的建议是由设计人、施工人、监理人承担连带责任,结果他们设计的条文规定由建设单位和施工单位承担连带责任。我非常赞成,这样规定非常好。现在流行搞假招标,让一些没有资质的建筑队承建。所以让他与施工单位承担连带责任是非常好的。第2句"建设单位、施工单位赔偿后,有其他责任人的,有权向其他责任人追偿",这一句中的"其他责任人"就包括了监理人、设计人以及假冒伪劣原材料的供应商。

第86条第1款规定的是建筑物因缺陷导致倒塌,后来在法律委员会讨论的时候,建设部又提出了倒塌并不都是缺陷导致的,还有别的原因导致的倒塌,例如,某个住户把承重墙拆了,导致倒塌;地铁施工导致相邻的建筑物倒塌;还有可能是恐怖分子放一个炸弹,导致倒塌。因此加上第2款,而把原来的第2款作为第1款的最后一句。因此我们看到第1款有"其他责任人",第2款也有"其他责任人",但是通过立法过程我们可以知道,第1款所说的"其他责任人"是指造成建筑物缺陷的责任人,例如,监理人、设计人以及假冒伪劣材料的供应商;第2款中的"其他责任人"则不同,是指建筑物缺陷以外的原因造成建筑物倒塌的责任人,例如,前面谈到的地铁施工人、拆承重墙的人和恐怖分子。可见,随着社会的发展,我们把罗马法"准私犯"行为的第(1)项分成两条规定,这是为了适应社会的发展变化。

而第87条,也就是人们说的高空抛物,就是恢复了罗马法"准私犯"行为的第(2)项。这是过去德国民法、日本民法等搞丢了的制度,我们现在把它恢复。别人的侵权法为什么没有这一条,那只能这样想:人家的道德水平比较高,不会把烟灰缸等往外丢;再就是它们制定法律的时候没有今天这样的高楼大厦、这样密集的住宅集群。针对我们今天的社会实际,如此密集的高楼大厦,时不时掉下个烟灰缸砸伤行人,《侵权责任法》创设第 87 条,恢复了罗马法原有的规定。可见本法第 85、86、87 条这三个条文在现代侵权法上非常有特色。有个别学者反对第 87 条,例如,著名的侵权法专家张新宝教授就反对,说什么闭门家中坐,祸从天上来。别人向下丢烟灰缸,为什么却让我承担责任?我们的学者在从事法学研究的时候,在为国家的立法出谋献策的时候,一定不要考虑个人的利益,你要考虑社会的正义。你说一个人在外面走,上面掉个烟灰缸把他砸死了,他的子女怎么办?他的父母怎么办?他作为家庭的主要劳动力被砸死了,情况多么悲惨,你为什么不考虑?你分担一下损失,这有什么问题?并且这样处理符合经济分析法学和侵权法中的危险控制理论,法学理论上有依据。这是一个非常好的条文,它可以发挥法律的教育作用。所以侵权法公布以后,那些物业管理公司和业主委员会在每一个楼层都要贴告示,来提醒住户自己并教育孩子不要丢烟灰缸,不要丢啤酒瓶。特别要说明,设立第 87 条是总结自《民法通则》生效以来的法院实践经验,立法政策上的考虑绝不是如个别学者所说"为了被烟灰缸砸死的一个人",而是为了整个社会全体社会成员的人身安全。谁不出门、谁不上街?总不能要求我们大家戴着安全帽上街吧。

七、如何理解不真正连带责任和补充责任问题

首先我要说这个"不真正连带责任"的概念在中国大陆有没有必要,这是大有疑问的。什么叫作连带责任?最典型的就是共同侵权行为人承担连带责任,为什么要发明一个共同侵权行为呢?就是为了使行为人承担连带责任。为什么要发明连带责任呢?就是为了保护受害人。两个以上的加害人,一个有钱一个没钱,若按照普通的规则承担按份责任,那没钱的赔不了,谁倒霉呢?受害人倒霉。所以我们要理解法律上规定连带责任,就是为了使受害人得到充分的赔偿。因为其他国家和地区的法律制定非常早,侵权法非常简单,共同侵权行为就一条。它们规定得太简单,遇到别的情形需要特殊保护受害人怎么办呢,它们的裁判实践就发明了一个不真正连带责任。也就是说法律上找不到明确规定为连带责任的,但是法院为了保护受害人,使受害人能够获得充分赔偿,就要让加害人承担连带责任。这种做法,因为没有法律明文规定为连带责任,而是法院基于实践需要使之承担连带责任,给它创设一个理论上的依据,就叫作不真正连带责任。这是我的一个不是很严谨的解释。而我们处在立法的过程中,若我们认为有必要承担连带责任,就直接规定为连带责任。凡是从立法政策上考虑有必要让加害人承担连带责任的,我们就直接规定为连带责任,这些连带责任都是真正的连带责任即法律明确规定的连带责任,因此我们的法律上没有所谓不真正连带责任。你看我们的共同侵权行为、共同危险行为以及违反安全保障义务等,都明确规定承担连带责任,都是真正的连带责任。

然后谈这个第43条的产品责任,产品责任在《产品质量法》上就有规定了,这一条肯定不是连带责任,它是什么呢?它就是中国的立法者为了方便受害人求偿,设立的一个技术性的措施。因为按照《产品质量法》的规定,因产品缺陷造成损害的,应当由生产者承担责任。如果严格按照这个规定的话,那个生产者和消费者远隔千里,甚至好多产品生产者在外国,他怎么求偿啊?所以说,虽然我们的《产品质量法》规定了产品的销售者因自己的过错才承担责任,他承担的是过错责任,而不是无过错责任,但是为了方便消费者受害人求偿,就规定你可以选择最方便求偿的一方提出请求,销售者就在你旁边,你就找他,他赔了你他再去向生产者追偿。那如果生产厂家就在附近呢,那你直接找生产厂家就很方便。如果消费者不知道生产厂家或者说你知道生产厂家已经破产了,那你就干脆找销售者。所以说,我认为这个条文在法律政策考虑上,没有考虑连带不连带的问题,纯粹是为了方便受害人求偿。这在《产品质量法》上就已经规定了,现在还有新发展,我们看医疗损害这一章的第59条,这在过去的《医疗事故处理条例》中是没有的。因药品、消毒药剂、医疗器械的缺陷使患者受害,属于《产品质量法》规定的无过错责任;输血感染,属于《民法通则》第106条第2款规定的过错责任。对于医药产品缺陷损害,严格按照《产品质量法》,你只能找生产者。医院用了不合格的药品器械导致损害，我为什么不可以找医院呢？消费者找到医院，医院往往拒绝赔偿，为什么呢？因为《产品质量法》上没有讲到医院，它只讲到销售者，医院说我哪里是销售者啊，销售者是以营利为目的的，我这个医院是救死扶伤的，怎么能找我呢，你应该去找生产者或者销售者。这就是自《产品质量法》颁布以来的现实，因为药品器械的缺陷造成的损害，医院通通不管。这就造成同样的问题，好多药品器械是进口的，患者打官司本来就不容易，还要委托律师到国外去起诉，真是难上加难啊。因此我们还是采取了与《产品质量法》相同的办法，你用了质量不合格的药品导致了损害，你先赔了再说，你赔了之后可以找生产者或者销售者追偿。输血也是一样，按照法院关于输血感染的判例，医院没有过错是免责的，这是按照《民法通则》第106条第2款的规定，判决由血站承担责任。实际上输血感染受害案件很多，患者说我在医院住院，你给我输血整出这些病来，却让我去找血站，而有的血站没有了，或者很难找。因此，本法制定的时候就充分考虑到受害患者求偿的方便，患者既然在这个医院输血导致了丙肝等，医院先赔了再说，赔了再去找生产者求偿。这就是第59条，这当中涉及医疗机构、卫生部门和老百姓、患者之间的利益冲突，所以说这一条是很重要的。前面第三次审议稿不是这样规定的，它规定患者告医疗机构的，医疗机构可以要求生产者、血液提供者与患者协商赔偿，法律委员会审查的时候，就有人说这样规定是不是就又把患者推过去了——你让患者去找生产者。后来常委会审议也说这样不行，最后就改成医院先赔偿，然后再去追偿。这样就方便了患者，当然这也没有改变责任性质，输血感染是过错责任，医院产品缺陷损害是无过错责任。我们的立法当中，很多地方是注重受害人权益的真正落实，并不是仅仅规定了什么是过错责任、什么是无过错责任，而是着重考虑受害者是不是能得到实际利益。这应该说是本法一大特色。

  侵权责任在国外的法律中规定得很简单，承担赔偿责任再加上一个连带责任就完了。但是我们的法律把它进一步地分解，不仅有赔偿责任、连带责任和补充责任，还有全部责任、主要责任、次要责任，当然在审议草案时把全部责任、主要责任和次要责任给删掉了。但是我们保留了补充责任。我们不仅保留了补充责任,还规定了相应的补充责任。大家看相应的补充责任在《侵权责任法》第 37 条第 2 款,第三人导致损害的时候,未尽安全保障义务的责任人承担相应的补充责任。什么是补充责任呢?就是导致损害的人赔不了、赔不完的,由承担补充责任的人来赔,这就是补充责任的含义。考虑到第 37 条第 2 款所适用的情形,在江西南昌发生过这样的案件,匪徒抢银行把一个储户打死了。那个坏人跑了,没有抓到,即使抓到了,这个抢银行的人他赔得起吗?他要赔得起他就不抢银行了,他肯定赔不起。这时候怎么办?如果规定银行承担补充责任的话,就是全部要让银行来赔,这是不是公正呢?不公正。记得这个案件法院判决银行赔 30 万元。大概是全部损失的 1/3,其依据就是《侵权责任法》第 37 条规定的安全保障义务。如果第三人承担了全部责任,银行即使未尽安全保障义务,也不承担责任,因为银行承担的是补充责任,在第三人承担全部责任后就可以不承担责任。第三人承担不了的时候,由银行来补充,但是银行也不能补充承担全部责任,它只是承担相应的补充责任。从上面的这个案子也可以看出,第三人在银行营业部杀了人,按照现在的司法解释来算,死亡赔偿金大概就是 60 万元,你都让银行来赔不合适,所以在补充责任前面就又加了"相应的"三个字。所谓"相应",就是与他未尽安全保障义务的情节、程度"相应"。当然,究竟赔偿多少叫"相应"很难说,这样规定的立法本意就是授权法院最后作出一个比较公正的判决,意思就是即使第三人跑了,法院也不能判决银行承担全部赔偿责任,应当判决银行承担按照一般人的观念认为比较公正的一笔赔偿金。

八、如何理解侵权责任和国家救济之间的关系问题

请注意本法机动车交通事故责任一章的最后一条,也就是《侵权责任法》第 53 条规定的交通事故社会救助基金。社会救助基金这个制度是中国法律上的一个极大的创造。它来源于何处呢?开始时我说到了新西兰的《意外事故赔偿法》,我们有的同学读过王泽鉴先生有关侵权法发展的论文,他就讲到了现在的社会伤害很多,不能按照传统仅靠侵权法来解决,还应当加上商业保险,侵权法加上商业保险还不够,还要再加上社会保障。王泽鉴先生在他论文中专门提到,现在要三管齐下,靠三种手段并用,才能够对抗人类社会所面临的各种各样的危险、各种各样的损害。本法第 53 条就规定了社会救助基金,这来源于《道路交通安全法》,该法创设了交通事故社会救助基金制度,机动车轧死了人,逃逸了怎么办?丧葬费谁来出?撞伤了人,谁来出这个医疗费?做了手术,谁来付手术费?《道路交通安全法》规定由社会救助基金垫付。《侵权责任法》制定的时候就沿用现行制度,规定由社会救助基金垫付丧葬费、抢救费。在法律委员会审议第三次审议稿的时候,我针对这一条提出的问题是恶性交通事故越来越多,一个交通事故导致了多人死伤,不说他逃逸了,就是不逃逸他也赔不起。同学们想一想成都的那个案子,死了 4 个人,还伤了好些人,他赔得起吗?赔不起。本法关于死亡赔偿金、残疾赔偿金的规定,对死者遗属和伤者都是很好的,最后因为这个责任人没有钱,这些死者的近亲属、这些严重残疾的人实际得不到赔偿,怎么办?我就提了个建议,我说应该在这一条后面增加一款,规定机动车事故责任人逃逸以及责任人没有赔偿能力的,由社会救助基金来垫付死亡赔偿金、残疾赔偿金。第 1 款规定丧葬费、抢救费,第 2 款规定死亡赔偿金、残疾赔偿金。对于死者亲属来说,最重要的是死亡赔偿金,对于残疾者来说,最重要的是残疾赔偿金。只有让死者近亲属和残疾的受害人本人得到死亡赔偿金和残疾赔偿金,他们才算实实在在享受到法律规定的权利、利益和好处。有的同志不同意,王胜明同志说社会救助基金现在都还没有完全建立,好多地方都没有搞起来,这个钱从何而来?按照我的意见,钱很好办,交通事故是机动车造成的,是机动车生产、销售、运营、行驶的风险,应当让生产者和销售者每生产一部汽车,每销售一部汽车都交一定比例的钱。还有征收一定比例的过路费、过桥费。销售汽油的收入也交一定比例的钱。机动车违章罚款也征收一定比例,就可以筹集起来了。一个城市开始时有几百万元的基金,像北京、上海、广州这样的大城市筹集 1000 万元的基金,经济不发达的地方国家财政拨给一笔钱，这个救助基金就可以运转了。在会上，我说了这个意见以后，王胜明同志说现在的条件做不到，他说原来规定的抢救费、丧葬费还没有解决呢，救助基金在很多地方还没有成立呢。我当时讲了现在大量的恶性案件赔不起，还有呢，我们的西部、我们的农村，那些交通事故的肇事人全家就是一辆卡车跑运输，全家人靠此维持生活，最后发生交通事故轧死轧伤人，他自己也车毁人亡，当然他也赔不起了。江苏有个法院统计，此法院审理的交通事故损害赔偿案件中，责任人赔不起的占15%以上，这就是我们的现实。我这个意见，胡康生同志也觉得有点道理，他提出一个解决办法，他说我们在抢救费、丧葬费后面加一个"等"字，为将来扩大救助基金的垫付的范围留下空间。所以说这个"等"字意义重大。如果遇到机动车逃逸或者责任人没有赔偿能力的案件，人民法院就可以依据本条这个"等"字，判决由社会救助基金垫付死亡赔偿金和残疾赔偿金。

中国侵权责任法解说^{*}

引 言

中国迄今未制定民法典,由居于基本法地位的现行《民法通则》(1986年),统率《物权法》(2007年)、《合同法》(1999年)、《婚姻法》(1980年、2001年修改)、《收养法》(1991年)、《继承法》(1985年)和《侵权责任法》(2009年)等民事单行法,构成现行民事立法体系。现行《民法通则》,不是民法典的总则,它不仅规定民法总则的内容(第一、二、三、四、七章),还规定民法分则的内容(第五、六章)及国际私法的内容(第八章)。《侵权责任法》的制定①,以《民法通则》第六章民事责任的第一节"一般规定"、第三节"侵权的民事责任"、第四节"承担民事责任的方式"为基础,总结《民法通则》实施以来的裁判实践经验和民法理论研究成果,并广泛参考借鉴发达国家(如日本)和地区的经验。

一、法律结构与立法模式

本法采"总则—分则"结构。"总则"3章:第一章一般规定(第1—5条);第二章责任构成和责任方式(第6—25条);第三章不承担责任和减轻责任的情形(第26—31条)。"分则"8章:第四章关于责任主体的特殊规定(第32—40条);第五章产品责任(第41—47条);第六章机动车交通事故责任(第48—53条);第七章医疗损害责任(第54—64

---

* 本文原载于《北方法学》2011年第1期。

① 《中华人民共和国侵权责任法》于2009年12月26日通过,自2010年7月1日起施行。

条);第八章环境污染责任(第65—68条);第九章高度危险责任(第69—77条);第十章饲养动物损害责任(第78—84条);第十一章物件损害责任(第85—91条);第十二章附则(第92条)。共12章,92个条文。

需说明的是,第四章实际是监护人责任、使用人责任、网络侵权责任、安全保障义务及未成年人受损害等内容的"杂烩"。虽以"关于责任主体的特别规定"为章名,但仍属于分则规定。法律草案之执笔人未必不知本章章名之不妥,问题是因本章内容之"杂"而难以确定一个适当的章名。②

中国民法学界关于侵权责任法的制定,提出了两种立法模式:第一种立法模式,强调借鉴英美法的经验,制定"涵盖社会生活中的全部损害类型"的所谓"大侵权法",主张"尽可能穷尽社会生活中的一切侵权行为类型",亦即所谓"类型化"立法模式。③ 第二种立法模式,即"一般条款+特别列举"模式,主张借鉴《欧洲民法典草案》侵权行为编的经验,设立一项一般条款作为统一的侵权责任请求权基础,然后列举规定社会生活中最主要、最常见的侵权行为类型和准侵权行为类型。这些列举性规定,不重复规定侵权责任请求权基础的共性问题,仅着重解决各类侵权行为或准侵权行为在归责原则、免责事由、损害赔偿或者责任承担等方面的特殊问题。④

本法并未涵盖社会生活中的全部损害类型,其第五章规定产品责任,第六章规定机动车交通事故责任,第七章规定医疗损害责任,第八章规定环境污染责任,第九章规定高度危险责任,第十章规定饲养动物

---

② 这在中国古代立法亦不乏其例,如魏国《法经》第5篇"杂法",汉《九章律》第5篇"杂律",唐《永徽律》第10篇"杂律",唐《开元令》第27篇"杂令"。可见,本章采用"关于责任主体的特别规定"这一章名,出于不得已。

③ 参见杨立新:《侵权责任法草案(第二稿)》,该草案规定了66种侵权行为类型,共182个条文。王利明教授起草的"侵权行为编草案"共235个条文,规定的侵权行为类型更多,参见王利明主编:《中国民法典学者建议稿及立法理由:侵权行为编》,法律出版社2005年版。

④ 中国社会科学院、中国民法典立法研究课题组起草的中国民法典草案侵权行为编(共99个条文),即采所谓"一般条款+特别列举"立法模式。参见梁慧星主编:《中国民法典草案建议稿附理由:侵权行为编、继承编》,法律出版社2004年版。

损害责任,第十一章规定物件损害责任,再加上第四章规定的监护人责任、使用人责任、网络侵权责任和违反安全保障义务的责任,总共是11种侵权行为类型,接近于前述第二种立法模式。

二、一般条款、保护客体

《侵权责任法》第2条规定:"侵害民事权益,应当依照本法承担侵权责任。

本法所称民事权益,包括生命权、健康权、姓名权、名誉权、荣誉权、肖像权、隐私权、婚姻自主权、监护权、所有权、用益物权、担保物权、著作权、专利权、商标专用权、发现权、股权、继承权等人身、财产权益。"

民法理论上所谓侵权法"一般条款",或称"概括条款",是指侵权责任法基础性的规定。"一般条款",应当包含三项要素:保护客体、归责事由、责任形式。例如,《日本民法典》第709条规定:"因故意或过失侵害他人权利或受法律保护的利益的人,对因此所发生的损害负赔偿责任。"⑤其中,"权利或受法律保护的利益"是保护客体,"故意或过失"是归责事由,"赔偿责任"是责任形式。

《侵权责任法》第2条第1款规定:"侵害民事权益,应当依照本法承担侵权责任"。其中,"民事权益"为保护客体,并由本条第2款进一步对"民事权益"予以限定;"依照本法",指依照本法关于侵权责任之归责事由的规定及依照本法关于应承担侵权责任之责任形式的规定。⑥ 可见第2条为侵权责任法"一般条款",相当于《日本民法典》第709条的规定。

---

⑤ 这里引用的是2004年《民法现代语化法案》修改后的条文,称为新709条,在原来条文(旧709条)的基础上,增加了"受法律保护的利益"一语。凡本文所引用日本民法条文,均引自渠涛编译:《最新日本民法》,法律出版社2006年版。

⑥ 《侵权责任法》第5条规定特别法优先适用原则。迄今"对侵权责任另有特别规定"的法律有:《产品质量法》(第41—46条);《道路交通安全法》(第76条);《环境保护法》(第41条);《水污染防治法》(第85条);《大气污染防治法》(第62、63条);《固体废物污染环境防治法》(第85、86条);《民用航空法》(第124、157条);《放射性污染防治法》(第59条);《电力法》(第60条);《铁路法》(第58条)、《食品安全法》(第55、96条)等。此外,《行政诉讼法》(第67、68条)和《国家赔偿法》,亦与本法构成特别法与一般法的关系。

现行《民法通则》第 106 条第 2 款规定的"侵害国家的、集体的财产,侵害他人财产、人身",并未限定于"财产权""人身权"。据此,民法理论和裁判实践解释侵权法保护客体不以"民事权利"为限,包括"财产权""人身权"及尚不构成权利的"财产利益""人身利益"。无论侵害民事权利,或者侵害民事权利之外的合法利益,均可成立侵权责任。

本条第 1 款在《民法通则》第 106 条第 2 款规定基础上,根据其实施以来的民法理论和实践经验,用"民事权益"概念代替《民法通则》原文所谓"财产、人身",作为侵权责任法保护客体,并且设立第 2 款,以列举方式规定"民事权益"定义。作为侵权法保护客体的"民事权益",包括"民事权利"和尚不构成民事权利的"合法利益"。从本条第 2 款所列举的 18 种民事权利可知,此"民事权利"以"绝对权"为限。⑦ 民事权利之外的"合法利益",包括人身利益和财产利益。根据自《民法通则》实行以来的裁判实践,受保护的人身利益包括死者名誉、死者肖像、家庭生活安宁等;受保护的财产利益包括财产的占有、可得利益(纯经济损失)、网络虚拟财产等。

按照中国民法理论和实践,关于侵权责任之成立,无所谓"违法性"要件,《民法通则》关于侵权责任的规定,亦仅规定"侵害",而未规定"不法侵害"或者"违法侵害",在裁判实践中,凡"侵害"他人民事权益,均可成立侵权责任。因此,本法第 2 条及以下条文均仅言"侵害",而不论"侵害"之是否属于"不法",此与《德国民法典》(第 823 条)及我国台湾地区"民法"(第 184 条)之法律条文明示"不法侵害",学说判例以加害行为有"违法性"作为侵权责任之成立要件不同。⑧

值得注意的是,《日本民法典》条文(第 709 条)并无"违法"一语,但学说判例一直存在"违法性要件之要否"的争论,且"违法性要件肯

---

⑦ 本法未采纳学者关于规定"第三人侵害债权"的建议,坚持保护客体中的"民事权利"以绝对权为限,但本法保护客体尚包括不构成权利的财产利益和人身利益,在第三人以引诱、胁迫、欺诈等方式致使合同一方违约使对方遭受经济损失的情形,则合同对方仍有依据本法追究该第三人侵权责任之可能。

⑧ 参见王泽鉴:《侵权行为》,北京大学出版社 2009 年版,第 217 页。

定说"为多数说,"违法性要件否定说"为少数说。⑨ 中国《侵权责任法》及学说判例不承认"违法性"要件,与日本的少数说一致。

三、归责事由

(一)本法采二元归责

中国民法学界关于侵权责任的归责原则一直存在分歧。有所谓"三原则说""二原则说"和"一原则说"。所谓"三原则说",认为《侵权责任法》并存过错责任、无过错责任和公平责任三项归责原则。所谓"二原则说",认为只有过错责任和无过错责任两项归责原则。所谓"公平责任",实质是在极特殊情形,法律规定由双方当事人分担意外事故所造成的损害,属于"特殊救济措施",并非归责原则。所谓"一原则说",认为《侵权责任法》仅有过错责任一项归责原则,法律规定不以过错为承担责任的要件,亦属于"例外规定",不得称为归责原则。⑩

在第十一届全国人大常委会第六次会议上,法律委员会就《侵权责任法草案(第二次审议稿)》作了说明,明确指出"我国侵权责任制度实行过错责任和无过错责任相结合的原则"⑪。本法第 6 条是关于过错责任原则的规定;第 7 条是关于无过错责任原则的规定。可见本法采取"二原则说",应无疑义。

此与日本侵权行为法不同。日本侵权行为法(第 709—724 条),作为规定侵权责任的一般法,是采过错责任原则,无过错责任规定在特别法中。⑫

(二)过错责任原则

《侵权责任法》第 6 条规定:"行为人因过错侵害他人民事权益,应

---

⑨ 参见[日]圆谷峻:《判例形成的日本新侵权行为法》,赵莉译,法律出版社 2008 年版,第 72—73 页;于敏:《日本侵权行为法》,法律出版社 1998 年版,第 148—150 页。
⑩ 参见黄芬:《侵权责任法制定中的重大疑难问题》,载《河北法学》2009 年第 2 期。
⑪ 《全国人民代表大会法律委员会关于〈中华人民共和国侵权责任法草案〉主要问题的汇报》(2008 年 12 月 22 日),第 3 页。
⑫ 参见[日]加藤雅信:《事务管理、不当得利、不法行为》,有斐阁 2002 年版,第 139—141 页。

当承担侵权责任。

根据法律规定推定行为人有过错,行为人不能证明自己没有过错的,应当承担侵权责任。"

中国民法理论和实践,一般不区分"故意"和"过失",而统称"过错",因此也不区分"故意侵权行为"与"过失侵权行为"。⑬ 本条第 1 款关于过错责任原则的规定,是以《民法通则》第 106 条第 2 款的规定为基础⑭加以简化而成,更加简明、准确,符合过错责任原则的本意。本条第 2 款关于"过错推定"的规定,是新增的。从第 2 款的编排位置可知,起草人并未将"过错推定"作为一项单独的"归责原则",而是作为本条第 1 款"过错责任原则"的特别规定。

按照本条规定,凡属于法律规定"推定过错"的案型应适用第 2 款规定,举证责任及举证不能的后果由被告(加害人)负担;凡属于法律未规定"推定过错"的案型,则应适用第 1 款规定,举证责任及举证不能的后果一般应由原告(受害人)负担。

本法规定"推定行为人有过错"的案型,主要是第 38 条关于无行为能力人在幼儿园、学校受人身损害责任的规定;第 81 条关于动物园的动物致人损害责任的规定;第 85 条关于建筑物管理瑕疵损害责任的规定;第 87 条关于高楼抛物损害补偿的规定;第 88 条关于堆放物倒塌损害责任的规定;第 90 条关于林木折断致人损害责任的规定;第 91 条第 2 款关于窨井等地下设施损害责任的规定。可见,本法关于推定过错的规定,除第 38 条外,都是"物"(包括动物)造成的损害,即传统民法所谓"准侵权"。

按照《日本民法典》的规定,适用"推定过失责任"的侵权行为类型包括:监护人责任(第 714 条);使用人责任(第 715 条);土地工作物占有人责任(第 717 条);动物占有人责任(第 718 条)。其中,监护人责

---

⑬ 《日本民法典》中关于故意侵权行为与过失侵权行为之"区别否定说"为通说;"区别必要说"为少数说。参见前注⑨,第 49—50 页。

⑭ 《民法通则》第 106 条第 2 款规定:"公民、法人由于过错侵害国家的、集体的财产,侵害他人财产、人身的应当承担民事责任。"

任、使用人责任、动物占有人责任,在中国《侵权责任法》为无过错责任,值得注意。

须特别说明,本法第七章医疗损害责任,也属于过错责任。[15] 但立法机关考虑到,因诊疗活动的特殊性,具体案件审理中往往难以判断医疗机构是否有过错,且举证不能的后果,无论归属于患者方面或者医疗机构方面,均有失公正,因此,参考借鉴发达国家和地区关于"客观过失论"的判例学说[16],专设若干条文明确规定判断过错的标准,以方便法庭正确判断过错。

这些判断标准是:第55条关于医务人员的说明义务和取得患者书面同意的规定[17];第57条关于一般注意义务判断标准的规定[18];第58条关于"推定过错"的规定[19];第60条关于医疗机构法定免责事由的规定。[20] 因此,人民法院审理医疗损害责任案件,不应适用第6条第1款过错责任原则关于过错举证的一般规则,被告医疗机构是否存在过错,应由法庭根据上述条文规定标准予以认定。

(三)无过错责任原则

第7条规定:"行为人损害他人民事权益,不论行为人有无过错,

---

[15] 《侵权责任法》第54条规定:"患者在诊疗活动中受到损害,医疗机构及其医务人员有过错的,由医疗机构承担赔偿责任。"

[16] 日本民法传统上采"主观过失论",现今多采"客观过失论"(行为义务违反论),参见前注[12],第154页。

[17] 《侵权责任法》第55条规定:"医务人员在诊疗活动中应当向患者说明病情和医疗措施。需要实施手术、特殊检查、特殊治疗的,医务人员应当及时向患者说明医疗风险、替代医疗方案等情况,并取得其书面同意;不宜向患者说明的,应当向患者的近亲属说明,并取得其书面同意。医务人员未尽到前款义务,造成患者损害的,医疗机构应当承担赔偿责任。"

[18] 《侵权责任法》第57条规定:"医务人员在诊疗活动中未尽到与当时的医疗水平相应的诊疗义务,造成患者损害的,医疗机构应当承担赔偿责任。"

[19] 《侵权责任法》第58条规定:"患者有损害,因下列情形之一的,推定医疗机构有过错:(一)违反法律、行政法规、规章以及其他有关诊疗规范的规定;(二)隐匿或者拒绝提供与纠纷有关的病历资料;(三)伪造、篡改或者销毁病历资料。"唯须注意,本条所谓"推定过错"属于"不可推翻的推定",而与本法第6条第2款所谓"推定过错"不同。

[20] 《侵权责任法》第60条规定:"患者有损害,因下列情形之一的,医疗机构不承担赔偿责任:(一)患者或者其近亲属不配合医疗机构进行符合诊疗规范的诊疗;(二)医务人员在抢救生命垂危的患者等紧急情况下已经尽到合理诊疗义务;(三)限于当时的医疗水平难以诊疗。前款第一项情形中,医疗机构及其医务人员也有过错的,应当承担相应的赔偿责任。"

法律规定应当承担侵权责任的,依照其规定。"

按照本法内部逻辑关系,第 7 条关于无过错责任原则的规定,其法律意义仅在于排除第 6 条过错责任原则之适用。第 7 条关于无过错责任原则的规定本身,并不具有作为裁判根据的意义。要对某种侵权案件适用无过错责任原则,法律必须明确规定该类案型不以过错为承担责任的条件。[21] 凡本法或者其他法律未明确规定为无过错责任的案型,均应属于本法第 6 条过错责任原则的适用范围。

本法规定适用无过错责任原则的案型包括:监护人责任(第 32 条);使用人责任(第 34、35 条);产品生产者责任(第 41 条);机动车交通事故责任(第 48 条、《道路交通安全法》第 76 条)[22];环境污染责任(第 65 条);高度危险作业损害责任(第 69 条);民用核设施损害责任(第 70 条);民用航空器损害责任(第 71 条);占有、使用高度危险物损害责任(第 72 条);从事高空、高压、地下挖掘活动或使用高速轨道运输工具损害责任(第 73 条);遗失、抛弃高度危险物损害责任(第 74 条);非法占有高度危险物损害责任(第 75 条);饲养的动物致人损害责任(第 78、79、80、82 条);建筑物倒塌致人损害责任(第 86 条);公共场所等挖坑损害责任(第 91 条)。

日本侵权行为法作为规范通常生活的民事法律,坚持过失责任主义。[23] 其唯一例外是第 717 条关于土地工作物所有人责任的规定,此所有人责任属于无过失责任。[24]《日本民法典》起草人即已指出,对于

---

[21] 加藤雅信教授曾谈及"过失责任"与"无过失责任"在条文上的区别:凡条文明示"故意、过失"要件者,即属于"过失责任";反之,条文未言及"故意、过失"要件者,即属于"无过失责任"。中国《侵权责任法》亦是如此,凡条文明示"过错"要件者,为"过错责任";条文未言及"过错"要件者,为"无过错责任"。参见前注[12],第 140—141 页。

[22] 《道路交通安全法》第 76 条规定,机动车发生交通事故造成人身伤亡、财产损失的,由保险公司在机动车第三者责任强制保险责任限额范围内予以赔偿。超过责任限额的部分,受害人(非机动车驾驶人、行人)没有过错的,由机动车一方承担赔偿责任;受害人有过错的,根据过错程度适当减轻机动车一方的赔偿责任;机动车一方没有过错的,承担不超过 10% 的赔偿责任。交通事故损害由受害人故意造成的,机动车一方不承担责任。机动车一方的责任,是否属于无过错责任,存有疑问。

[23] 参见前注[12],第 139 页。

[24] 参见前注[12],第 354 页。

高速运输工具、矿业等高度危险活动,可通过制定特别法导入无过错责任。㉕ 迄今日本规定无过失侵权责任的特别法,有《矿业法》(第 109 条)、《原子力损害赔偿法》(第 3 条)、《大气污染防治法》(第 25 条)、《水污染防治法》(第 19 条)、《制造物责任法》(第 3 条)、《垄断禁止法》(第 25 条)、《机动车损害赔偿保障法》(第 3 条)等。

四、多数人的侵权行为

(一)共同侵权行为

《侵权责任法》第 8 条规定:"二人以上共同实施侵权行为,造成他人损害的,应当承担连带责任。"

《侵权责任法》第 11 条规定:"二人以上分别实施侵权行为造成同一损害,每个人的侵权行为都足以造成全部损害的,行为人承担连带责任。"

现行《民法通则》第 130 条规定:"二人以上共同侵权造成他人损害的,应当承担连带责任。"民法理论和实践关于共同侵权行为之成立是否以各行为人间存在"意思联络"为要件,存在分歧意见。㉖ 最高人民法院《关于审理人身损害赔偿案件适用法律若干问题的解释》以《民法通则》第 130 条为根据,进一步将共同侵权行为区分为两种:一是"共同故意或者共同过失"的共同侵权;二是"侵害行为直接结合发生同一损害后果"的共同侵权。

本法肯定裁判实践的上述思路,就共同侵权行为分设两个条文,第 8 条规定"共同实施"的共同侵权行为,第 11 条规定"分别实施"的共同侵权行为。唯须注意,本法将共同侵权行为作为《侵权责任法》共同制度规定于"总则",此与《日本民法典》(第 719 条)将共同侵权行为作为特殊侵权行为之一加以规定㉗,稍有不同。第 8 条所谓"共同实施"

㉕ 参见前注⑫,第 140 页。

㉖ 主要有所谓"意思联络说""共同过错说""关联共同说"和"折中说"。参见王胜明主编:《中华人民共和国侵权责任法释义》,法律出版社 2010 年版,第 55—56 页。

㉗ 《日本民法典》第 719 条规定:"(1)数人因共同侵权给他人造成损害时,各自对其损害的赔偿负连带责任。在不能知晓共同行为人中何人加害时,亦同。(2)教唆或帮助侵权行为人的人视为共同行为人,适用前项规定。"

一语,指行为人就侵权行为之实施有"意思联络"。若无"意思联络",不得称为"共同实施",而应属于"分别实施"。故第 8 条所谓"共同实施"的共同侵权行为,相当于日本民法所谓"主观共同关系"(或"主观的关联共同性")的共同侵权行为;第 11 条所谓"分别实施"的共同侵权行为,相当于日本民法所谓"客观共同关系"(或"客观的关联共同性")的共同侵权行为。㉘

(二)教唆和帮助

《侵权责任法》第 9 条规定:"教唆、帮助他人实施侵权行为的,应当与行为人承担连带责任。

教唆、帮助无民事行为能力人、限制民事行为能力人实施侵权行为的,应当承担侵权责任;该无民事行为能力人、限制民事行为能力人的监护人未尽到监护责任的,应当承担相应的责任。"

本法在共同侵权行为(第 8、11 条)之外,将"教唆、帮助"规定为一种独立的侵权行为类型,并根据教唆、帮助的对象为成年人或者未成年人,分设为两款规定,与日本民法有所不同。《日本民法典》第 719 条第(2)项规定,"教唆或帮助侵权行为人的人视为共同行为人,适用前项规定"。即将教唆、帮助他人实施侵权行为"视为"共同侵权行为。

本条第 1 款规定"教唆、帮助"成年人,教唆人、帮助人"应当与行为人承担连带责任",是将教唆、帮助成年人实施侵权行为,作为共同侵权行为对待。此与《日本民法典》第 719 条第(2)项规定,并无区别。

但本条第 2 款针对教唆、帮助"未成年人"设立特别规则,既不明确规定教唆人、帮助人承担连带责任,亦未采第二次审议稿的办法,明确区别规定为承担"全部责任""主要责任"或"相应的责任"㉙,而是笼统规定为教唆人、帮助人应当"承担侵权责任",其立法理由何在?

㉘ 参见前注⑫,第 384—386 页。
㉙ 第二次审议稿本条第 2 款原文是:"教唆无民事行为能力人实施侵权行为的,承担全部责任。教唆限制民事行为能力人实施侵权行为的,承担主要责任。帮助无民事行为能力人、限制民事行为能力人实施侵权行为的,承担相应的责任。"

从本条第 2 款修改情形,可推知立法者所作的政策考虑是,如本款明确规定教唆人、帮助人与行为人"承担连带责任",将难以体现对教唆人、帮助人惩戒之目的,且在被教唆、帮助的未成年人(其家庭或监护人)经济地位较优时,受害人将选择请求该未成年人承担全部赔偿责任,而有使教唆人、帮助人逃脱责任之虞;如按照第二次审议稿区别规定为承担"全部责任""主要责任""相应的责任",则在教唆人、帮助人无赔偿资力的情形,受害人有难以获得全部赔偿甚至难以获得赔偿之虞。

立法者为摆脱此两难困境,干脆将教唆、帮助未成年人实施侵权行为之侵权责任承担,委托人民法院根据具体案情裁量决定,故本款仅笼统规定为"应当承担侵权责任"。人民法院依据此项委托授权,于裁判教唆、帮助未成年人实施侵权行为之个案时,如教唆人、帮助人有赔偿资力,当然可以判决其承担"全部责任""主要责任"或者"相应的责任";如教唆人、帮助人不具有赔偿资力,则可判决教唆人、帮助人与行为人承担连带责任,以保障受害人能够获得完全的赔偿。

(三)共同危险行为

《侵权责任法》第 10 条规定:"二人以上实施危及他人人身、财产安全的行为,其中一人或者数人的行为造成他人损害,能够确定具体侵权人的,由侵权人承担责任;不能确定具体侵权人的,行为人承担连带责任。"

中国民法理论和裁判实践上有所谓"共同危险行为",指二人以上实施加害行为,各加害行为均可能造成损害,而不能确定具体加害人的情形。在日本民法中,称为"加害者不明的共同侵权行为"㉚。《日本民法典》第 719 条第(1)项后段规定"在不能知晓共同行为人中由何人加害时,亦同",即"准用"关于共同侵权行为的规定,使各行为人对受害人承担连带责任。

现行《民法通则》并未规定"共同危险行为",但民法理论和裁判实

㉚ 参见前注⑫,第 395 页。

践认可"共同危险行为"之存在。㉛ 起草人在总结民法理论和裁判实践经验的基础上,将"共同危险行为"作为一种单独的侵权行为类型加以规定,而与日本民法稍有不同。

按照第 10 条的规定,构成共同危险行为的要件有三:一是行为人为多数,即条文所谓"二人以上";二是行为本身具有危险性,即条文所谓"危及他人人身、财产安全的行为";三是"不能确定具体侵权人"。符合这三项要件,即应成立"共同危险行为",而由各行为人对受害人承担连带责任。至于参与共同危险行为之人,可以主张因果关系抗辩以求免责,自不待言。㉜

(四)原因竞合

《侵权责任法》第 12 条规定:"二人以上分别实施侵权行为造成同一损害,能够确定责任大小的,各自承担相应的责任;难以确定责任大小的,平均承担赔偿责任。"

侵权法上所谓"原因竞合",是指多个原因造成同一损害结果而不能按照共同侵权行为处理的侵权行为类型。日本学说判例,称为"竞合性侵权行为",并作为"共同侵权行为之一种类型"处理。㉝

现行《民法通则》未规定"原因竞合",而民法理论和裁判实践在"共同侵权行为"之外认可"原因竞合"的存在。㉞ 起草人在总结民法

㉛ 最高人民法院《关于审理人身损害赔偿案件适用法律若干问题的解释》(2003 年)第 4 条规定:"二人以上共同实施危及他人人身安全的行为并造成损害后果,不能确定实际侵害行为人的,应当依照民法通则第一百三十条规定承担连带责任。共同危险行为人能够证明损害后果不是由其行为造成的,不承担赔偿责任。"

㉜ 最高人民法院《关于审理人身损害赔偿案件适用法律若干问题的解释》(2003 年)第 4 条末句规定:"共同危险行为人能够证明损害后果不是由其行为造成的,不承担赔偿责任。"

㉝ 日本"判例对于严格意义上不能认定主观关联共同性,又难以认定客观关联共同性的场合也作为共同侵权行为来处理"。参见前注⑨,第 343 页。

㉞ 最高人民法院《关于审理人身损害赔偿案件适用法律若干问题的解释》(2003 年)第 3 条第 2 款规定:"二人以上没有共同故意或者共同过失,但其分别实施的数个行为间接结合发生同一损害后果的,应当根据过失大小或者原因力比例各自承担相应的赔偿责任。"

理论和裁判实践的基础上,专设本条规定"原因竞合"。㉟

按照本条规定,构成"原因竞合"的要件有三:一是"二人以上分别实施",以区别于第 8 条"共同实施"的共同侵权行为。须特别说明的是,对于"二人以上分别实施"之"二人"不应拘泥,实际情形可能是"二人以上"分别实施的行为发生"竞合",也可能是"一人"或者"数人"分别实施的行为与"一物"或者"数物"的"危险性"发生"竞合"。二是"造成同一损害"。此项要件之着重点在损害之"同一性",即造成的损害是"一个",而不是"两个"或者"多个"。三是各个原因都不足以造成全部损害。此项要件的着重点是,各个原因都不足以造成损害或者不足以造成全部损害,必须各个原因"结合"才造成"全部损害"。反之,如果各个原因都足以造成全部损害,则应根据本法第 11 条的规定成立"分别实施"的共同侵权行为,而由各行为人承担连带责任。

按照本条规定,构成"原因竞合"的法律效果是:"能够确定责任大小的,各自承担相应的责任;难以确定责任大小的,平均承担赔偿责任。"条文未明示"确定责任大小"的标准,按照最高人民法院《关于审理人身损害赔偿案件适用法律若干问题的解释》第 3 条第 2 款的规定,应当以"过失大小"或者"原因力比例"为标准。如果既难以比较"过失大小",也难以确定"原因力比例",则应当根据本条末句,使各责任人平均承担赔偿责任。本条规定"原因竞合"的法律效果,为各行为人承担按份责任,与日本判例有所不同,值得注意。㊱

㉟ "其他国家和地区的大多数民法中没有类似本条的规定,只有《魁北克民法典》第 1478 条规定:数人引起的损害,依他们各自过错的严重程度的比例分担责任。"参见前注㉖,第 69 页。

㊱ 川井教授指出:"尽管说明方法不同,数人的行为竞合致损害发生场合的责任是全部连带责任,或者部分连带责任,或者按份责任中的一个,裁判例根据案件的不同按照其中一个处理。作为导出该结论的说明方法是作为共同侵权行为,还是作为独立侵权行为的竞合,或者将按份责任作为独立的侵权行为的竞合来看待,不过是存在上述差异而已。"转引自前注⑨,第 345 页。

五、人身损害的赔偿

《侵权责任法》第 16 条规定:"侵害他人造成人身损害的,应当赔偿医疗费、护理费、交通费等为治疗和康复支出的合理费用,以及因误工减少的收入。造成残疾的,还应当赔偿残疾生活辅助具费和残疾赔偿金。造成死亡的,还应当赔偿丧葬费和死亡赔偿金。"

《侵权责任法》第 17 条规定:"因同一侵权行为造成多人死亡的,可以以相同数额确定死亡赔偿金。"

本法第 16 条规定侵权行为造成人身伤害、死亡的赔偿项目,但在同一事故造成多人死亡时,为便于解决纠纷,避免所谓"同命不同价"的不合理结果,实践中往往采用同一死亡赔偿金数额。起草人将此项实践经验上升为法律规则,规定在第 17 条。

中国民法所谓"死亡赔偿金",性质上是对死者遗属的精神损害赔偿,学术界无争议。其根据是现行《民法通则》第 9 条关于自然人的权利能力始于出生、终于死亡的规定。[37] 所谓"残疾赔偿金",究竟属于对残疾者的精神损害赔偿,抑或属于对残疾者"逸失利益"之赔偿,学术界存在分歧。值得注意的是,最高人民法院《关于确定民事侵权精神损害赔偿责任若干问题的解释》,已将残疾赔偿金和死亡赔偿金定性为精神损害赔偿。[38] 此项解释表明,将死亡赔偿金和残疾赔偿金定性为精神损害赔偿,是中国裁判实践的一贯立场。因此,本法第 16 条、第 17 条所谓死亡赔偿金和残疾赔偿金,属于精神损害赔偿,而不是对所谓"逸失利益"的赔偿,值得注意。

须补充说明的是,最高人民法院虽然将残疾赔偿金和死亡赔偿金定性为精神损害赔偿,但在裁判实践中具体计算残疾赔偿金和死亡赔

---

[37] 《民法通则》第 9 条规定:"公民从出生时起到死亡时止,具有民事权利能力,依法享有民事权利,承担民事义务。"

[38] 最高人民法院《关于确定民事侵权精神损害赔偿责任若干问题的解释》(2001 年)第 9 条规定:"精神损害抚慰金包括以下方式:(一)致人残疾的,为残疾赔偿金;(二)致人死亡的,为死亡赔偿金;(三)其他损害情形的精神抚慰金。"

偿金的数额时,仍然采用与"逸失利益"大体相同的计算方法。㊴ 这样计算得出的残疾赔偿金和死亡赔偿金,虽然性质上属于对残疾者本人或对死者遗属的精神损害赔偿,但在给予残疾者本人或死者遗属精神抚慰的同时,当然可以作为"被扶养人生活费"之用,因此本条不再规定"被扶养人生活费"一项。㊵

六、财产损失的计算

《侵权责任法》第 19 条规定:"侵害他人财产的,财产损失按照损失发生时的市场价格或者其他方式计算。"

损害赔偿责任的目的在于填补受害人所受损害,故应根据受害人实际受到的财产损失,确定侵权人所应支付的损害赔偿金数额。本条明示"按照损失发生时的市场价格",此与日本民法不同。

日本民法并无"按照损失发生时的市场价格"这样的硬性规定。损害认定的原则是,财产灭失情形以其交换价值,财产毁损情形以其交换价值的减少额,作为损害额。㊶ 但在财产灭失之后市场价格发生变动情形,应以侵权行为发生时至案件口头辩论终结时之间的"最高价

㊴ 最高人民法院《关于审理人身损害赔偿案件适用法律若干问题的解释》(2003 年)第 25 条第 1 款规定:"残疾赔偿金根据受害人丧失劳动能力程度或者伤残等级,按照受诉法院所在地上一年度城镇居民人均可支配收入或者农村居民人均纯收入标准,自定残之日起按二十年计算。但六十周岁以上的,年龄每增加一岁减少一年;七十五周岁以上的,按五年计算。"该解释第 29 条规定:"死亡赔偿金按照受诉法院所在地上一年度城镇居民人均可支配收入或者农村居民人均纯收入标准,按二十年计算。但六十周岁以上的,年龄每增加一岁减少一年;七十五周岁以上的,按五年计算。"

㊵ 值得注意的是,修改后的《国家赔偿法》在规定残疾赔偿金和死亡赔偿金之后,仍然保留了"被扶养人生活费"一项,与《侵权责任法》第 16 条的规定不一致。《国家赔偿法》第 34 条规定:"侵犯公民生命健康权的,赔偿金按照下列规定计算:……(二)造成部分或者全部丧失劳动能力的,应当支付医疗费、护理费、残疾生活辅助具费、康复费等因残疾而增加的必要支出和继续治疗所必需的费用,以及残疾赔偿金。残疾赔偿金根据丧失劳动能力的程度,按国家规定的伤残等级确定,最高不超过国家上年度职工年平均工资的二十倍。造成全部丧失劳动能力的,对其扶养的无劳动能力的人,还应当支付生活费;(三)造成死亡的,应当支付死亡赔偿金、丧葬费,总额为国家上年度职工年平均工资的二十倍。对死者生前扶养的无劳动能力的人,还应当支付生活费……"

㊶ 参见前注⑫,第 283、284—285 页。

格"作为损害赔偿额算定的基准。如果受害人难以举证证明损害额,则依据《日本民事诉讼法》第248条的规定,法庭可根据口头辩论的宗旨及证据调查的结果认定相当的损害额。

本条所谓"其他方式",指依法不能自由买卖的"财产",因无"市场价格",只能采用别的计算方式。依解释,此所谓"其他方式"包括:在法律、行政法规、部门规章规定有计算标准的情形,采用该规定的计算标准;无规定的计算标准,当然可以由当事人协商约定计算标准或者协商确定财产损失金额;在既没有规定的计算标准,也不能通过协商约定计算标准或者确定损失金额的情形,法庭可以根据公平原则确定赔偿金额,自不待言。

七、侵害人身权益造成财产损失的赔偿

《侵权责任法》第20条规定:"侵害他人人身权益造成财产损失的,按照被侵权人因此受到的损失赔偿;被侵权人的损失难以确定,侵权人因此获得利益的,按照其获得的利益赔偿;侵权人因此获得的利益难以确定,被侵权人和侵权人就赔偿数额协商不一致,向人民法院提起诉讼的,由人民法院根据实际情况确定赔偿数额。"

人身权益受侵害,因人的生命、身体、健康、姓名、肖像、名誉、隐私不能计算金钱价值,往往难以计算受害人所遭受的实际财产损失。裁判实践中采取以侵权人所获财产利益作为被侵权人所受财产损失的办法。若干年前某地方人民法院审理的擅自采用某著名田径运动员肖像制作商业广告的案件,即已采用这一办法。本条将此项实践做法上升为法律条文,具有意义。

须注意的是,侵害"人身权益"中的"生命、身体、健康"所造成的财产损失(及非财产损失)之计算,已由本法第16条规定。因此,本条"被侵权人的损失难以确定,侵权人因此获得利益的,按照其获得的利益赔偿",应指侵害"生命、身体、健康"之外的"人身权益",如侵害姓名、肖像、名誉、隐私等的情形。

八、精神损害赔偿

《侵权责任法》第 22 条规定:"侵害他人人身权益,造成他人严重精神损害的,被侵权人可以请求精神损害赔偿。"

现行《民法通则》第 120 条规定姓名权、肖像权、名誉权等人格权受侵害,可以请求精神损害赔偿,却未规定生命权、身体权、健康权受侵害,可否请求精神损害赔偿。为弥补此漏洞,最高人民法院《关于确定民事侵权精神损害赔偿责任若干问题的解释》第 1 条明示:生命权、身体权、健康权、人格尊严权、人身自由权及其他人格利益受侵害,受害人均可请求精神损害赔偿。[42]

侵权法起草人肯定最高人民法院的上述司法解释,设立本条规定,凡侵害他人人身权益,造成他人严重精神损害的,受害人可请求精神损害赔偿。大体对应于《日本民法典》第 710 条关于"财产以外的损害的赔偿"、第 711 条关于"对近亲属的损害赔偿"的规定。[43] 日本民法所谓"财产以外的损害的赔偿",其具体形式称为"慰谢金"[44];中国民法所谓"精神损害赔偿",其具体形式称为"精神损害抚慰金"[45]。

但须注意,本条所谓"人身权益"概念,包含"生命、身体、健康"在内。侵害他人"生命、身体、健康"致人残疾或者死亡,按照本法第 16

---

[42] 最高人民法院《关于确定民事侵权精神损害赔偿责任若干问题的解释》(2001 年)第 1 条规定:"自然人因下列人格权利遭受非法侵害,向人民法院起诉请求赔偿精神损害的,人民法院应当依法予以受理:(一)生命权、健康权、身体权;(二)姓名权、肖像权、名誉权、荣誉权;(三)人格尊严权、人身自由权。违反社会公共利益、社会公德侵害他人隐私或者其他人格利益,受害人以侵权为由向人民法院起诉请求赔偿精神损害的,人民法院应当依法予以受理。"

[43] 《日本民法典》第 710 条规定:"侵害他人的身体权、自由权或名誉权,以及侵害他人的财产权等自不待言,依前条规定负有损害赔偿责任的人,对于财产以外的损害也必须予以赔偿。"该法典 711 条规定:"侵害了他人生命的人,对于受害人的父母、配偶及子女,即使其财产权没有受到侵害也必须做出损害赔偿。"

[44] 日本民法未有"慰谢金"计算标准的规定,而由法庭斟酌案件具体情事,依自由心证决定慰谢金额。参见前注[12],第 283 页。

[45] 根据最高人民法院《关于确定民事侵权精神损害赔偿责任若干问题的解释》(2001 年)的规定,残疾赔偿金和死亡赔偿金,有具体计算标准;精神抚慰金,没有计算标准,而由法庭根据具体案情自由裁量。

条规定,受害人或者其近亲属有权请求残疾赔偿金或者死亡赔偿金。如前所述,此残疾赔偿金和死亡赔偿金在性质上属于精神损害赔偿。因此,侵害他人"生命、身体、健康"致他人残疾、死亡情形,受害人或者其近亲属,在依据本法第16条获得残疾赔偿金或者死亡赔偿金之后,不得再依据本条规定请求精神损害赔偿。

九、停止侵害请求权

《侵权责任法》第21条规定:"侵权行为危及他人人身、财产安全的,被侵权人可以请求侵权人承担停止侵害、排除妨碍、消除危险等侵权责任。"

中国民法理论和实践,认可对进行中的加害行为、妨害行为或危险状态,受害人有停止侵害、排除妨害、消除危险请求权。现行《民法通则》第134条规定的承担民事责任的方式,亦包括"停止侵害、排除妨碍、消除危险"。故特设本条规定。

须注意的是,停止侵害请求权,其立法目的在于及时制止那些刚发生的、进行中的侵权行为,以避免造成严重损害后果,显然不能适用一审普通程序,而要求创设一种类似于英美法申请禁止令(Injunction)那样的新程序。在立法机关修改《民事诉讼法》,创设类似申请禁止令程序前,按照最高人民法院《民通意见》第162条,人民法院可以根据受害人的申请先行作出停止侵害的裁定。⑯

本法所谓"停止侵害请求权",相当于日本法上的"差止请求权"。例如,对于商号的不正当使用、不正当竞争行为、侵害知识产权等,《日本商法》(第20条)、《日本不正当竞争防止法》(第3条第1款)、《日本专利法》(第100条第1款)、《日本著作权法》(第112条第1款)有差止请求权的明文规定。《日本民法典》虽然没有明文规定差止请求

---

⑯ 最高人民法院《关于贯彻执行〈中华人民共和国民法通则〉若干问题的意见(试行)》(1988年)第162条第1款规定:"在诉讼中遇有需要停止侵害、排除妨碍、消除危险的情况时,人民法院可以根据当事人的申请或者依职权先行作出裁定。"

权,但裁判实践中认可差止请求权。[47] 差止请求权,在程序上采用事先保全的方法,值得重视。[48]

十、使用人责任

《侵权责任法》第 34 条规定:"用人单位的工作人员因执行工作任务造成他人损害的,由用人单位承担侵权责任。

劳务派遣期间,被派遣的工作人员因执行工作任务造成他人损害的,由接受劳务派遣的用工单位承担侵权责任;劳务派遣单位有过错的,承担相应的补充责任。"

《侵权责任法》第 35 条规定:"个人之间形成劳务关系,提供劳务一方因劳务造成他人损害的,由接受劳务一方承担侵权责任。提供劳务一方因劳务自己受到损害的,根据双方各自的过错承担相应的责任。"

《民法通则》未规定"使用人责任"。为弥补这一漏洞,最高人民法院《关于审理人身损害赔偿案件适用法律若干问题的解释》(2003 年)第 9 条创设了雇佣人责任。[49] 起草人在总结裁判实践经验的基础上,将"雇佣人责任"改名为"使用人责任",并区分为"用人单位"与工作人员之间的使用关系和个人之间的使用关系,第 34 条规定用人单位与工作人员之间的使用关系,第 35 条规定个人之间的使用关系。又考虑到"劳务派遣"的特殊性,在第 34 条设第 2 款,规定被派遣的工作人员致人损害的责任。

关于使用人责任,有两种立法例:一为无过失责任,如《法国民法典》第 1384 条第(5)项规定,及英美法上的替代责任(vicarious liability);二为推定过失责任,如《德国民法典》第 831 条、《瑞士债务

---

[47] 参见前注⑫,第 320—321 页。
[48] 参见前注⑨,第 272 页。
[49] 最高人民法院《关于审理人身损害赔偿案件适用法律若干问题的解释》(2003 年)第 9 条第 1 款规定:"雇员在从事雇佣活动中致人损害的,雇主应当承担赔偿责任;雇员因故意或者重大过失致人损害的,应当与雇主承担连带赔偿责任。雇主承担连带赔偿责任的,可以向雇员追偿。"

法》第55条、我国台湾地区“民法”第188条(50)。就公平正义而言,使用人利用他人扩大其活动范围,依报偿责任理论,理应承担被使用人侵害他人权益所生损害赔偿责任。且被使用人通常不具备赔偿资力,唯使用人承担赔偿责任,始足以保障受害人获得完全赔偿。故从立法政策考量,此两种立法例,以无过失责任为优。(51)

特别考虑到在现代市场经济条件下,使用人多数是现代化企业,其对雇员之招聘、选任、监督、管理,往往有严格制度。雇员执行职务中造成他人损害的,使用人易于举证证明自己对于雇员之选任、监督不存在过失而逃脱责任,最终使遭受损害之他人不能获得赔偿,致使用人责任制度救济受害人的法律目的落空。即使在法院裁判实务上,对于使用人的举证免责作严格限制甚至一概不予认可,但法律既有举证免责之规定,使用人往往不同意和解,难免在诉讼上多方设法证明自己无选任监督过失,造成诉讼资源浪费。(52) 有鉴于此,本法关于使用人责任制度之设计,采取法国民法和英美法之无过失责任。

值得注意的是,《日本民法典》第715条第(1)项规定:“为某事业使用他人的人,对于被使用人在其事业的执行中对第三人造成的损害,负赔偿责任。但使用人对于被使用人的选任及其事业执行的监督已尽相当的注意,或者即使尽到相当的注意,损害仍不免发生时,不在此限。”显而易见,采推定过失责任。但在判例上,使用人主张选任、监督上的无过失抗辩统统不被认可,使得第715条第(1)项第2句关于使用人免责抗辩的规定,成为一个“空洞条文”(53)。其结果是《日本民法

(50) 我国台湾地区“民法”第188条规定:“1. 受雇人因执行职务,不法侵害他人之权利者,由雇用人与行为人连带负赔偿责任。但选任受雇人及监督其职务之执行,已尽相当之注意或纵加以相当之注意仍不免发生损害者,雇用人不负赔偿责任。2. 如被害人依前项但书之规定,不能受损害赔偿时,法院因其申请,得斟酌雇用人与被害人之经济状况,令雇用人为全部或一部之损害赔偿。3. 雇用人赔偿损害时,对于为侵权行为之受雇人,有求偿权。”

(51) 参见前注⑧,第421页。

(52) 参见前注⑧,第422页。

(53) “最高裁判所认定使用者免责的判例从来没有,下级裁判也未曾见。使用者免责的规定基本是一个空洞的条文。”参见前注⑨,第303页。

典》第715条规定的使用人责任在实际上成为无过失责任。(54)

关于使用人责任的另一个问题是,使用人对于受害人承担赔偿责任之后,可否对造成损害的被使用人行使“追偿权”? 最高人民法院《关于审理人身损害赔偿案件适用法律若干问题的解释》(2003年)第9条第1款末句规定,“雇主承担连带赔偿责任的,可以向雇员追偿”。

法律委员会考虑到现代社会生活的实际情形,被使用人大多数属于工薪劳动者,依赖工薪收入维持自己和家庭生计,其工薪报酬本来就很低,使用人行使追偿权之结果,往往导致被使用人及其家庭生活陷于困境。对一些工薪报酬较高的行业而言,使用人行使追偿权仍然有其合理性,自不待言。但是,哪些使用关系可以认可追偿权,哪些使用关系不宜认可追偿权,情况比较复杂。即使是适宜认可追偿权的情形,其追偿条件如何设置,哪些以“故意”为条件,哪些以“重大过失”为条件,哪些有“一般过失”即可追偿,亦难以具体规定。因此,法律委员会决定,本法不就追偿权作一般规定,而将应否认可追偿权、追偿权行使条件及追偿额比例,委托人民法院于裁判实践中根据具体情况处理。

《日本民法典》第715条第(3)项规定:“前两项的规定,不妨碍使用人或者监督人对被使用人行使求偿权。”对于此项规定如何理解,存在分歧意见。(55) 关于追偿权的另一个问题是,于认可使用人行使追偿权情形,是认可“全额追偿”,还是“限额追偿”? 近时的学说认为,使用人向受害人支付损害赔偿金后,如果该金额可以全部向被使用人追偿,结果是被使用人最终承担全部责任,违背使用人责任制度的立法目的,因此必须对使用人追偿权的行使进行限制。(56) 最高裁判所1976年7月8日

---

(54) 参见前注⑫,第371页。

(55) 一种意见认为,《日本民法典》第715条第(3)项规定,并非设定追偿权的根据,而应解释为“注意性的规定”。参见前注⑨,第300页。一种意见认为,第715条第(3)项规定了使用人或监督者对被使用人行使追偿权的根据,并进一步尝试采类型化方法,对于非营利性使用人责任类型,一般认可使用人的追偿权;对于营利性使用人责任类型,仅在被使用人有故意、过失情形认可使用人行使追偿权;对于危险业务的使用人责任类型,仅在被使用人有故意或重大过失情形认可使用人行使追偿权。无论上述何种类型的使用人责任,如果被使用人无资力承担赔偿责任,则不得认可使用人的追偿权。参见前注⑫,第373页。

(56) 参见前注⑨,第300页。

判例,根据诚信原则和权利滥用的法理,对使用人追偿额限制在 1/4 限度内。(57) 上述关于追偿权的学说判例,值得重视。

本法所谓"因执行工作任务",即《日本民法典》(第 715 条)所谓的"执行职务"。因此,人民法院于判断被使用人是否属于"因执行工作任务"时,可以参考日本判例认定是否属于"执行职务"之"行为外观"理论。(58) 凡被使用人之"行为外观",具有执行工作任务之形式,客观上足以使他人认定其为执行工作任务,即使属于滥用职务行为、怠于执行工作任务行为,或者利用执行工作任务之机会及与执行工作任务之时间和场所有密切关系的行为,均应认定为"执行工作任务"。

最后需说明的是,第 34 条第 1 款所谓"用人单位",应包含公、私企业及国家机关和事业单位在内,因此本法未专条规定所谓"公务员之侵权行为"。第 34 条第 1 款将取代《民法通则》第 121 条(59)成为国家机关工作人员侵权行为之一般法,而《行政诉讼法》(1989 年)(第 67、68 条)关于行政机关工作人员侵权责任的规定(60)及《国家赔偿法》(1994 年制定、2010 年修改),均应属于第 34 条第 1 款的特别法。

十一、网络侵权行为

《侵权责任法》第 36 条规定:"网络用户、网络服务提供者利用网

(57) 最高裁判所 1976 年 7 月 8 日判例,使用人承担被使用人驾驶油罐车发生机动车事故的损害赔偿之后,向被使用人追偿,原审仅在赔偿金额的 1/4 的限度内认可追偿,并认为使用人请求中超过 1/4 的部分违反诚信原则,构成权利滥用,故不予认可。使用人上告,被最高裁判所驳回。参见前注⑨,第 302—303 页。

(58) 所谓"行为外观理论",最高裁判所 1964 年 2 月 4 日判决指出,"民法第 715 条规定的执行职务并非仅仅指被使用者正当地执行其担任的职务,从被使用者的行为的外观客观的考察,由使用者的业务形态、规模等认定属于被使用者的职务行为的范围的情形即足矣"。参见前注⑨,第 291 页。

(59) 《民法通则》第 121 条规定:"国家机关或者国家机关工作人员在执行职务中,侵犯公民、法人的合法权益造成损害的,应当承担民事责任。"

(60) 《行政诉讼法》(1989 年)第 67 条第 1 款规定:"公民、法人或者其他组织的合法权益受到行政机关或者行政机关工作人员作出的具体行政行为侵犯造成损害的,有权请求赔偿。"该法第 68 条第 1 款规定:"行政机关或者行政机关工作人员作出的具体行政行为侵犯公民、法人或者其他组织的合法权益造成损害的,由该行政机关或者该行政机关工作人员所在的行政机关负责赔偿。"

络侵害他人民事权益的,应当承担侵权责任。

网络用户利用网络服务实施侵权行为的,被侵权人有权通知网络服务提供者采取删除、屏蔽、断开链接等必要措施。网络服务提供者接到通知后未及时采取必要措施的,对损害的扩大部分与该网络用户承担连带责任。

网络服务提供者知道网络用户利用其网络服务侵害他人民事权益,未采取必要措施的,与该网络用户承担连带责任。"

近年来利用网络侵害他人名誉、隐私等人格权的问题日益引起社会广泛关注,要求通过立法规制网络侵权。本法适应这一要求,设立本条。本条设3款:第1款规定网络用户和网络服务提供者的侵权责任。依据本款规定,网络用户、网络服务提供者利用网络侵害他人民事权益,该网络用户或者网络服务提供者应当对受害人承担侵权责任。第2款规定受害人要求网络服务提供者采取必要措施的权利,及网络服务提供者未采取必要措施情形应当承担的侵权责任。依据本款规定,网络服务提供者接到受害人通知后及时采取"删除、屏蔽、断开链接等必要措施"的,即可免于承担侵权责任;未及时采取必要措施的,应当对损害的扩大部分与网络用户承担连带责任。判断采取措施之是否"及时"及计算"损害的扩大部分",应当以网络服务提供者"接到通知"之时点为准。第3款规定网络服务提供者的连带责任。依据本款规定,网络服务提供者与实施侵权行为的网络用户承担连带责任的要件:一是网络服务提供者"知道"网络用户利用其网络服务侵害他人民事权益;二是网络服务提供者"未采取必要措施"。判断被告是否"知道",应采客观标准即网络服务行业的其他经营者处于同一情形是否"知道",而不是主观标准即被告自己当时是否知道,自不待言。但考虑到现代互联网信息爆炸的实际情形,要求网络服务提供者承担过高、过严的注意义务并不现实,从本条3款规定的内容及安排顺序解释,无论是判断被告网络服务提供者是否"知道",或者判断其是否"及时采取必要措施",均可以"接到通知"为基准。"接到通知",即构成"知道","接到通知"后仍"未采取必要措施",即应判决该网络服务提供者与实施侵权行为的网络用户承担连带责任。

十二、安全保障义务

《侵权责任法》第 37 条规定:"宾馆、商场、银行、车站、娱乐场所等公共场所的管理人或者群众性活动的组织者,未尽到安全保障义务,造成他人损害的,应当承担侵权责任。

因第三人的行为造成他人损害的,由第三人承担侵权责任;管理人或者组织者未尽到安全保障义务的,承担相应的补充责任。"

中国民法理论和裁判实践,引进德国法院判例形成的"交易安全义务"理论,以解决某些公共场所发生的损害赔偿问题。但德国判例上的"交易安全义务"的适用领域很宽[61],几乎涵盖了本法全部分则(第五至十一章)规定的侵权类型,而中国民法理论和裁判实践创设的"安全保障义务",只是用来弥补现行法律规定的不足,其适用范围很窄,仅限于提供公用服务的营业服务场所和群众性活动。[62] 本法在总结有关理论研究和裁判实践基础上,设立本条规定"安全保障义务"。

按照本条的规定,负有安全保障义务的人被限定于公共场所的管理人和群众性活动的组织者。条文列举规定的所谓"公共场所"是指,"宾馆、商场、银行、车站、娱乐场所等公共场所"。从条文列举规定可见,本条所谓"公共场所",是指向公众提供各种公用服务的"营业服

---

[61] 根据德国原最高司法法院第六庭庭长介绍,交易安全义务常见类型有 11 类,分别发生在以下领域:街道和广场;水路;建筑基地;设施;庆典、市场和类似集会;职业上的危险领域;商品制造者;对道路交通的参与;铁路;有轨电车;航运和体育活动。参见李昊:《交易安全义务论》,北京大学出版社 2008 年版,第 144 页。

[62] 最高人民法院《关于审理人身损害赔偿案件适用法律若干问题的解释》(2003 年)第 6 条规定:"从事住宿、餐饮、娱乐等经营活动或者其他社会活动的自然人、法人、其他组织,未尽合理限度范围内的安全保障义务致使他人遭受人身损害,赔偿权利人请求其承担相应赔偿责任的,人民法院应予支持。因第三人侵权导致损害结果发生的,由实施侵权行为的第三人承担赔偿责任。安全保障义务人有过错的,应当在其能够防止或者制止损害的范围内承担相应的补充赔偿责任。安全保障义务人承担责任后,可以向第三人追偿。赔偿权利人起诉安全保障义务人的,应当将第三人作为共同被告,但第三人不能确定的除外。"

场所"。考虑到许多大型群众性活动在公共场所举行,例如在体育场馆举行演唱会,可能发生"管理人"责任与"组织者"责任的竞合,如果损害的原因属于公共场所及其设施本身的缺陷,则应由场所管理人承担责任;如果损害的原因不属于场所本身,而属于组织管理瑕疵或者因组织群众性活动临时增设设施的缺陷,则应由组织者承担责任。

按照本条第 2 款的规定,如果损害是由第三人造成的,则应当由该第三人对于受害人所受全部损害承担赔偿责任,未尽到安全保障义务的管理人或者组织者,仅在该当事人不能承担赔偿责任或者不能承担全部赔偿责任时,承担与其未尽安全保障义务的程度相应的补充责任。换言之,如果造成损害的该第三人对全部损害承担了赔偿责任,则未尽到安全保障义务的管理人或者组织者将不承担任何责任。或者,即使该第三人逃逸或者因无赔偿能力根本不能承担赔偿责任,未尽到安全保障义务的管理人或者组织者亦仅承担与其未尽安全保障义务的程度相应的赔偿责任,而不应承担全部赔偿责任。[63]

十三、惩罚性赔偿

《侵权责任法》第 47 条规定:"明知产品存在缺陷仍然生产、销售,造成他人死亡或者健康严重损害的,被侵权人有权请求相应的惩罚性赔偿。"

中国民法理论和立法沿袭德国民法理论,坚持民法责任与公法责任的严格区分,因而现行《民法通则》未规定惩罚性损害赔偿。因 20 世纪 80 年代中后期,发生"假冒伪劣、缺斤短两"等损害消费者利益的严重社会问题,民法学者和消费者协会建议借鉴美国法上的惩罚性损害赔偿制度,1993 年制定《消费者权益保护法》,设第 49 条规定惩罚性赔偿。[64] 但该法第 49 条规定的惩罚性赔偿金额仅为合同价金的两倍。

---

[63] 例如,20 世纪 90 年代某地一家银行营业部发生一位储户被抢劫银行的凶犯杀害的案件,法院审理认定该银行营业部未尽到安全保障义务,最后判决该银行营业部赔偿死者家属 30 万元(约相当于全额的 1/3),即管理人承担"相应的补充责任"之适例。

[64] 《消费者权益保护法》(1993 年)第 49 条规定:"经营者提供商品或者服务有欺诈行为的,应当按照消费者的要求增加赔偿其受到的损失,增加赔偿的金额为消费者购买商品的价款或者接受服务的费用的一倍。"

2008年,中国发生"三鹿奶粉致婴幼儿受害事件",2009年颁布的《食品安全法》第96条规定"价款十倍"的惩罚性赔偿金。(65)

按照本条规定,惩罚性损害赔偿制度的适用,被限定于"产品责任"范围内,产品责任之外的侵权行为,不得适用惩罚性损害赔偿,其立法目的值得重视。但本条未规定惩罚性赔偿的"倍数",而是规定被侵权人有权请求"相应的"惩罚性赔偿,将惩罚性赔偿金数额(倍数)之决定,委托给审理案件的人民法院结合具体案情予以裁量。当造成损害的产品属于"食品"时,《食品安全法》第96条关于可以判处"价款十倍"的惩罚性赔偿金的规定,将作为本条规定之特别法而优先适用,自不待言。

日本民法迄今未规定惩罚性损害赔偿,且判例、通说亦不认可一般的惩罚性损害赔偿。但裁判实践中,法官于计算慰谢金时,基于自由裁量,往往考虑"加害的动机、态样等情事",增加或减少慰谢金的金额,使慰谢金具有惩罚性,称为惩罚的慰谢金。(66)

十四、建筑物责任

中国民法所谓"建筑物责任",日本民法上称为"土地工作物责任"。《日本民法典》第717条规定土地工作物责任,采推定过失责任。(67) 现行《民法通则》第126条规定建筑物责任,亦采推定过错责任。(68) 在裁判实践中,对于"道路、桥梁、隧道等人工建造的构筑物因维

---

(65) 《食品安全法》(2009年)第96条规定:"违反本法规定,造成人身、财产或者其他损害的,依法承担赔偿责任。生产不符合食品安全标准的食品或者销售明知是不符合食品安全标准的食品,消费者除要求赔偿损失外,还可以向生产者或者销售者要求支付价款十倍的赔偿金。"

(66) 参见前注⑫,第311—313页。

(67) 《日本民法典》第717条规定:"(1)因土地工作物的设置或保存有瑕疵而致使他人发生损害时,其工作物的占有人对受害人负赔偿损害的责任。但占有人对于防止损害发生已尽必要的注意时,须由所有人赔偿其损害。(2)项规定,准用于树木的栽植及其支撑物有瑕疵的情形。(3)于前两项,如果在损害的原因上有其他责任人时,占有人或使用人可以对该责任人行使求偿权。"其中,第(1)项第2句规定的所有人责任属于无过失责任。

(68) 《民法通则》第126条规定:"建筑物或者其他设施以及建筑物上的搁置物、悬挂物发生倒塌、脱落、坠落造成他人损害的,它的所有人或者管理人应当承担民事责任,但能够证明自己没有过错的除外。"

护、管理瑕疵致人损害的"案型，亦适用《民法通则》第126条。(69)

自进入21世纪以来，中国发生多起房屋、桥梁倒塌事故，造成人民群众生命财产巨大损失，建筑物等的安全、质量问题引起社会广泛关注。全国人大法律委员会考虑到建筑物因不符合安全标准造成倒塌的严重危害性，决定在《民法通则》第126条规定的基础上，将建筑物责任区分为建筑物管理瑕疵损害责任（第85条）和建筑物倒塌损害责任（第86条），对于建筑物管理瑕疵损害仍维持推定过错责任，对于建筑物倒塌损害采无过错责任。此外，总结自《民法通则》实施以来的裁判实践经验，创设关于从建筑物向外抛掷物品致人损害的责任（第87条）。

（一）建筑物管理瑕疵责任

《侵权责任法》第85条规定："建筑物、构筑物或者其他设施及其搁置物、悬挂物发生脱落、坠落造成他人损害，所有人或者管理人不能证明自己没有过错的，应当承担侵权责任。所有人、管理人或者使用人赔偿后，有其他责任人的，有权向其他责任人追偿。"

本条规定情形：既然发生损害的原因，是对于建筑物、构筑物或者其他设施的管理存在管理、维护瑕疵，当然应由所有人或者管理人，对受害人承担侵权责任。于所有人自己管理情形，由所有人承担责任；所有人委托他人管理情形，由管理人承担责任。条文"造成他人损害"中的"他人"，是指所有人、管理人之外的人，自不待言。

本条第1句规定，建筑物管理瑕疵损害责任，属于过错推定责任。人民法院裁判建筑物管理瑕疵损害案件，原告（受害人）只需证明自己遭受损害的事实，以及证明被告所有或者管理的建筑物等造成自己损害即可，无须证明被告有过错。被告（所有人或者管理人）不能证明自

(69) 最高人民法院《关于审理人身损害赔偿案件适用法律若干问题的解释》（2003年）第16条规定："下列情形，适用民法通则第一百二十六条的规定，由所有人或者管理人承担赔偿责任，但能够证明自己没有过错的除外：（一）道路、桥梁、隧道等人工建造的构筑物因维护、管理瑕疵致人损害的……前款第（一）项情形，因设计、施工缺陷造成损害的，由所有人、管理人与设计、施工者承担连带责任。"

己没有过错，即应当承担侵权责任。

按照本条第2句规定，所有人或者管理人承担赔偿责任后，如有其他责任人，有权向其他责任人追偿。所谓"其他责任人"，是指造成建筑物存在管理、维护瑕疵的人。例如，委托装修公司对建筑物等进行装修、修缮、维护，存在装修、修缮、维护的质量瑕疵情形，是指"装修公司"，或者所有人或者管理人自己进行装修、修缮、维护，所使用的材料存在质量瑕疵情形，是指瑕疵材料的生产者或者供应商。

本条关于建筑物管理瑕疵损害责任的规定，相当于《日本民法典》第717条关于土地工作物占有人侵权责任之规定，二者均采推定过错（过失）责任。须注意的是，本条（及第86条）所谓"建筑物、构筑物或者其他设施"，不分民用、公用，而《日本民法典》第717条所谓"土地工作物"，限于民用。日本"公有公用土地工作物"即"公共设施"，因设施管理瑕疵致人损害，不适用《日本民法典》第717条，而应适用《日本国家赔偿法》关于无过失责任的规定。[70]

（二）建筑物倒塌损害责任

《侵权责任法》第86条规定："建筑物、构筑物或者其他设施倒塌造成他人损害的，由建设单位与施工单位承担连带责任。建设单位、施工单位赔偿后，有其他责任人的，有权向其他责任人追偿。

因其他责任人的原因，建筑物、构筑物或者其他设施倒塌造成他人损害的，由其他责任人承担侵权责任。"

本条第1款规定建筑物因缺陷倒塌损害的责任。责任的根据是因建筑物缺陷造成建筑物倒塌。所谓"建筑物缺陷"，是指建筑物未达到有关法律、法规、规章规定的安全标准，致建筑物存在对于他人人身、财产的"不合理危险"。

按照本条第1款的规定，建筑物因缺陷倒塌损害责任属于无过错责任。此与《产品质量法》关于产品缺陷损害责任的规定相同。但本

---

[70] 《日本国家赔偿法》第2条第（1）项规定："公路、河流或者其他公共设施因设置或管理上的瑕疵，致他人遭受损害时，由国家或公共组织负赔偿责任。"

条规定建筑物缺陷倒塌致损的无过错责任,并无任何免责事由。凡建筑物、构筑物或者其他设施因缺陷倒塌造成他人损害,即应由建设单位与施工单位连带承担赔偿责任。"造成他人损害"一语中的"他人",泛指因建筑物倒塌遭受损害的一切人,包括建筑物所有人、管理人在内,而与第85条建筑物管理瑕疵损害责任所谓"他人"(不包括所有人、管理人)不同。

本条第1款还规定,建设单位、施工单位对受害人承担赔偿责任后,如有其他责任人,有权向其他责任人追偿。此所谓"其他责任人",在建筑物因"设计缺陷"导致倒塌的情形,为"设计人";在因监理人"未尽监理职责"导致建筑物存在缺陷的情形,为"监理人";在因"不合格建筑材料"造成建筑物缺陷的情形,为该不合格建筑材料的"生产者"或者"供应商"。

本条第2款规定其他责任人的原因致建筑物倒塌致损的责任。此所谓其他责任人的"原因",是指建筑物缺陷之外的"原因"。例如,因建筑物所有人、使用人拆除"承重墙"导致建筑物倒塌;因相邻地挖坑施工、地铁施工动摇地基致建筑物倒塌;因犯罪分子进行爆破导致建筑物倒塌。因此,本款所谓"其他责任人",是指拆除"承重墙"的建筑物所有人或者使用人,或者挖坑施工和地铁施工的相邻地使用人,或者实施爆破的犯罪分子。

(三)从建筑物抛掷物品损害的补偿

《侵权责任法》第87条规定:"从建筑物中抛掷物品或者从建筑物上坠落的物品造成他人损害,难以确定具体侵权人的,除能够证明自己不是侵权人的外,由可能加害的建筑物使用人给予补偿。"

本条规定"高楼抛物"致人损害,难以确定具体加害人时,由可能加害的建筑物使用人分担损害。本条的法律渊源是罗马法落下物或投掷物致害的"准私犯"规则。按照罗马法,如果从建筑物中落下或投出的任何物品在公共场所造成损害,住户无论是否具有过错,均可受到"落下物或投掷物致害之诉"(actio de effuses et deiectis)的追究,被要

求双倍地赔偿损失。同一房间的数名房客将负连带责任。㉛

我国《民法通则》没有就高楼抛物致损设立规定,但20世纪80年代某地方法院裁判高楼坠物伤人案件,判决由该单元二层以上业主分担赔偿责任,此后为多数法院仿效,形成判例规则。本条总结人民法院裁判经验,使之上升为法律条文。

本条所谓"可能加害的建筑物使用人",指坠落物品的那个单元二层以上的建筑物使用人(或者所有人),而不包括别的单元的建筑物使用人。本条在确定"可能加害的建筑物使用人"范围后,准用关于"共同危险行为"的规则,许可属于"可能加害的建筑物使用人"主张因果关系抗辩。最后判决不能证明自己不是加害人的"可能加害的建筑物使用人",对坠落物品所造成他人的损害"给予补偿"。此所谓"给予补偿",应当是"平均分担"而不是"连带责任",自不待言。

㉛ "二、落下物或投掷物致害(Effusum deiectum),如果从建筑物中落下或投出的任何物品在公共场所造成损害,住户无论是否具有过错,均可受到落下物或投掷物致害之诉的追究,被要求双倍地赔偿损失。如果造成一名自由人死亡,任何市民均有权提起诉讼,罚金将是50金币;如果造成伤害,审判员有权裁量应当支付的赔偿。同一房间的数名房客将负连带责任。"参见〔意〕彼得罗·彭梵得:《罗马法教科书》,黄风译,中国政法大学出版社1992年版,第405—406页。

怎样看待侵权责任法[*]

《侵权责任法》虽然颁布已经两年了,但我们对它的学习还很不够。我自己直到现在也并没有对法律每一部分都掌握。现在中国恐怕没有哪一位学者和法官敢说他对这部法律已经完全掌握了。下面我谈谈对几个问题的认识。

第一个问题,我们应当如何认识这部《侵权责任法》?

同志们要特别注意,这部法律是在特定时期制定的,是在改革开放三十多年以后制定的。本法首先总结了《民法通则》关于侵权责任的立法经验;然后总结了人民法院的裁判实践经验,尤其是最高人民法院关于侵权责任的解释规则;还特别总结了民法学界三十多年来关于侵权责任立法和理论的研究成果,这些研究成果不仅针对我们自己的立法与实践,还广泛参考、借鉴、研究了发达国家和地区的侵权立法经验和判例学说。我们可以看到,本法有些内容来自《民法通则》条文,原封未动;有些内容是在《民法通则》条文基础上加以发展或者细化形成的;有些条文完全是最高人民法院的解释规则,只是在文字表述上有所调整,或在细节上有所变动;有些条文是在最高人民法院解释规则基础上做了重大变动;有些条文来自我国某个地方法院裁判的某个案件;也有一些条文是来自我国台湾地区或者外国的某一个判决或某项理论,当然结合我们的实际作了调整或改造;有些条文可能来自我们某个教

---

* 本文源自作者于 2011 年 8 月在审判理论研究会民商事审判理论委员会 2011 年年会上的发言。

授的某本教材或著作,但与该教授当初的理论也有差别。

  法工委副主任王胜明同志已经指出,是人民法院的实践经验,加上民法学术界的智慧,再加上立法机关的智慧,这三方面的智慧结合起来造就了我国这部《侵权责任法》。王胜明同志认为这部法律非常不错。王利明教授也谈到,这部法律在国际上反响很好。我认为,这部法律的理念和内容是进步的,其立法技术也是先进的。

  我们要正确理解《侵权责任法》,就必须把它放在人类社会当前的大环境、大趋势中来认识它。自第二次世界大战结束以来,人类社会生活发生了根本性的变化,现代化市场经济急速发展,科学技术巨大的、惊人的进步,使人类面临无处不在、频繁发生的各种危险和损害,原有的侵权立法和侵权法理论已经不能满足要求。很多国家的学者在惊叹"侵权法的危机""侵权法的死亡"的同时,再三呼吁侵权法和侵权法理论的改革。许多国家和地区组织纷纷进行侵权法改革,我国也加入了这一改革浪潮。当然,我们国家也有自己的特殊国情:向现代化市场经济急剧转轨,现代化和城市化加速推进,导致各种危险、各种损害的发生更为频繁和严重,且人民群众普遍对法律不够尊重,法官人数众多、素质参差不齐,要求法律规则尽量具体,有更强的可操作性,以保障裁判的统一和公正。本法广泛参考借鉴发达国家和地区的立法经验和理论成果,包括一些还未上升为法律条文的判例学说,当然结合我们的国情和实践做了选择和改造。

  现在的问题是,我们用来学习、理解、掌握这部法律的时间还太少。这部法律颁布之后人民法院系统内部的学习也不够。一部新法颁布之后,法院系统内部组织培训法官最充分的是《合同法》,全国各级法院从上到下组织法官反复学习,每一位民事法官都经过培训,因此法官对《合同法》的掌握很快。法院系统对《物权法》的学习培训比《合同法》少一些。而《侵权责任法》是纯粹的裁判规则,是为法官裁判侵权责任案件量身定制的法律依据,并且主要是把我国改革开放三十多年来,特别是《民法通则》生效以来人民法院裁判实践的成功经验上升为法律条文。可以说本法大部分内容是人民法院实践经验的总结和升华。如果仔细分析可以发现许多法律条文的来源,是哪一个法院的哪一个案件判决,或者是最高人民法院哪一个解释文件的哪一条。我们的法院和法官可不应小看这部法律,不应该不重视人民法院自己的经验。全体民事法官,一定要认真、深入地学习这部法律,尽力做到比较完整准确地理解和掌握这部法律,在裁判实践中做到正确解释适用这部法律。法律刚颁布不久,就来讨论如何完善和创新,还为时太早。应当说,要使我们法院系统的全体民事法官,都比较准确地掌握它、做到正确地解释适用,这个任务很重。

第二个问题,如何处理本法与其他法律的关系?

刚才说到本法是我国侵权责任的基本法,这是本法的定位。这里要谈到本法与其他法律的关系,与行政法规的关系,与最高人民法院解释的关系。先说本法和《民法通则》的关系。本法是在《民法通则》关于侵权责任的规定(第六章民事责任的第一节一般规定、第三节侵权的民事责任、第四节承担民事责任的方式)的基础上,重新立法,重新制定条文,因而本法一经生效,《民法通则》关于侵权责任的规定就全部作废。因为《民法通则》上述规定已经被《侵权责任法》取代了,这在理论上叫作新法废止旧法,在解释方法上叫历史解释。本法生效后,人民法院审理侵权责任案件,不得再适用《民法通则》关于侵权责任的规定。本法第5条所谓"其他法律对侵权责任另有特别规定的",不包括《民法通则》关于侵权责任的规定。这一点要特别注意。审理侵权责任案件,可以适用《民法通则》关于诉讼时效的规定,但不能适用《民法通则》关于侵权责任的规定。适用《民法通则》关于侵权责任的规定,将构成法律适用错误。

另外是本法与"其他法律"的关系。本法第5条规定依照特别法优先适用原则,处理本法和其他特别法的关系。刚才讲到《民法通则》不属于第5条所谓"特别法"的范围。王胜明同志主编的《中华人民共和国侵权责任法释义》一书第35页谈到,我国现有四十多部单行法对相关侵权责任有特别规定,诸如《物权法》《农村土地承包法》、"知识产权三法"、《婚姻法》《继承法》,以及《公司法》《海商法》《票据法》《保险法》《证券法》等商事法,《道路交通安全法》《铁路法》《民用航空法》《产品质量法》《消费者权益保护法》《药品管理法》《食品安全法》,有关环境保护的几部法律,等等。这四十多部单行法关于侵权责任的特别规定,应优先于本法适用。如果其他法律另有规定,法庭仍适用本法,也将构成法律适用错误。

此外,还要谈到《国家赔偿法》。关于《国家赔偿法》是否属于本法的特别法,学术界存在分歧,主要是民法学界之外的一些学者不赞成将《国家赔偿法》视为本法的特别法。本法制定中,立法机关对此亦未明确表态,前述王胜明同志主编的《中华人民共和国侵权责任法释义》一书也回避谈这个问题。请大家注意奚晓明副院长主编的《〈中华人民共和国侵权责任法〉条文理解与适用》一书,在介绍了国外关于国家赔偿法与民法关系的三种立法例之后特别指出:国家赔偿在很多方面与侵权责任具有相似性,如保护法益、责任构成要件、归责原则、损害赔偿的计算、责任承担方式、免责事由、时效等,试图将国家赔偿法与民法完全分离,是很难做到的。这样的认识足以代表最高人民法院的立场。应当肯定,本法第5条所谓"其他法律"当然包括《国家赔偿法》,人民法院审理国家机关及其工作人员的职务侵权案件,凡《国家赔偿法》有规定的,应优先适用《国家赔偿法》的规定,《国家赔偿法》没有规定的,仍然要适用本法的规定。

特别要谈到本法与行政法规的关系。按照《立法法》(2000年)的规定,侵权责任属于民事基本制度,只能由全国人大制定法律予以规定(第7条、第8条)。但该法却又规定,全国人大及其常委会可以授权国务院对本属于全国人大立法权的部分事项,先行制定行政法规(第9条)。国务院于2002年颁布《医疗事故处理条例》,其中规定关于医疗事故损害赔偿的规则(第五章),就属于这种授权立法。请大家特别注意,《侵权责任法》已经否定了《医疗事故处理条例》关于医疗事故损害赔偿的规定。本法第七章医疗损害责任,把《医疗事故处理条例》中关于民事赔偿的规则废止了。

本法第一个草案未规定医疗侵权问题,第二个草案增加了第七章医疗损害责任,规定了裁判医疗损害侵权案件的详细规则,其立法目的是要缓和医患关系的紧张。一段时间以来我国社会生活中医患关系十分紧张,为什么紧张?其中一个原因就是自2002年以来,我们抛弃了依据民法裁判医疗损害侵权案件的成功经验,改为按照行政法规来处理医疗损害赔偿案件。医疗损害责任本属于典型的民事侵权责任,我们把它从民法中抽离出来,用行政法规加以规范,依据行政法规进行裁判,最终的结果就是导致医患关系紧张。所以立法机关及时地在本法规定第七章医疗损害责任,使医疗损害责任重新回归于民法,这是针对中国的国情,针对面临的现实问题作出的重大立法变更。并且,应当看到,本法第七章的规定从理念到具体规则也是很先进的。

值得注意的是,有的法院、法官直到现在还在讨论《医疗事故处理条例》该不该适用?是否需要委托医疗事故鉴定委员会做医疗事故鉴定?有的同志则在讨论所谓医疗过错鉴定问题。这些同志没有理解一个重要事实,即《医疗事故处理条例》关于医疗事故赔偿的规定,已经因本法的生效而被废止。人民法院审理医疗损害侵权责任案件,应当适用《侵权责任法》第七章关于医疗损害责任的规定及本法总则的规定,不得再适用《医疗事故处理条例》的规定,不得再使用医疗事故概念,不得再进行医疗事故鉴定。

本法审议过程中,有的委员建议恢复"医疗事故"概念,法律委员会和法工委都不同意,为什么?因为保留了"医疗事故"概念,废止《医疗事故处理条例》关于医疗事故赔偿的行政法规则的立法目的就会落空。为了贯彻这个立法目的,本法不仅废弃医疗事故概念,设第七章规定医疗损害责任,并且在本法第5条关于特别法优先适用原则的法律条文中,将所谓"特别法"限定为全国人大及其常委会制定的"其他法律",而不包括国务院制定的"行政法规"。第5条未提及"行政法规",不是立法机关的"疏忽",而是为了贯彻立法目的——将《医疗事故处理条例》排除在"特别法"之外,同时借此宣示:侵权责任属于民事基本制度,不得由行政法规加以规定。

最后,有必要谈到这部法律与最高人民法院司法解释的关系。前面多次谈到,本法多数制度、条文来自最高人民法院解释规则,经立法程序将最高人民法院的解释规则升华为法律条文。将法律条文与原有解释规则对照,可以看到,有的差别不大,有的差别很大。也还有一些解释规则没有上升为法律条文。因此要特别注意,如何处理本法与原有解释规则的关系这个问题。

以最高人民法院《关于审理人身损害赔偿案件适用法律若干问题的解释》(2003年)为例,我们一定要注意到,哪些解释规则已经被上升为法律条文,凡是已经上升为法律条文的,无论与原有解释规则是否有差异,都要适用法律条文,不得再适用已经被替代的解释规则。至于解释文件中哪些规则已经上升为法律条文,哪些没有上升为法律条文,最高人民法院要尽快清理。例如,该解释第17条关于人身损害赔偿项目的解释规则,已经被本法第16条所取代,就只能适用本法第16条,不能再适用解释第17条。不能因为第16条未规定"被扶养人生活费",就再根据解释第17条判给"被扶养人生活费"。本法否定"被扶养人生活费"的理由是,本法残疾赔偿金和死亡赔偿金,虽然定性为精神损害赔偿,却因采用了发达国家和地区法院计算"逸失利益赔偿"的方法,而具有精神损害赔偿和逸失利益赔偿的双重功能。另外,本法第16条未规定"营养费",是因为"为康复支出的合理费用"一项已经包含了"营养费"。置本法第16条关于人身损害赔偿项目的规定于不顾,而仍然适用解释第17条,或者同时适用本法第16条和解释第17条,都将构成法律适用错误。

当然,也有一些解释规则没有上升为法律条文,例如,上述解释第10条关于承揽人责任(国外称为"定作人责任")的解释规则,本法未作规定,不等于否定这个解释规则,因此还有适用的余地。还有一些技术性的解释规则,例如,残疾赔偿金和死亡赔偿金的计算方法(上述解释第25条、第29条),不可能上升为法律条文,当然还要适用。我们期待最高人民法院尽快对此前有关侵权责任的解释进行清理,最好的办法是,最高人民法院尽快发布针对《侵权责任法》的新解释文件,并废止本法施行之前的解释文件。

第三个问题,特别要注意本法的逻辑结构体系。

按照一般解释学,要理解事物的局部必须理解事物整体,而要理解事物整体又必须理解事物的局部。这就是所谓"解释学循环"。我们解释法律,同样有所谓"解释学循环":要正确理解法律的某个用语、条文或制度,必须以对整个法律体系的理解为前提;而离开对法律的用语、条文和制度的理解,则又不可能理解整个法律体系。按照体系解释方法,要正确解释某个法律条文,须正确把握该条文在整个法律体系中所处的位置,及与其他法律条文之间的逻辑关系。因此,我们的法官要正确理解、解释、适用《侵权责任法》某个条文和制度,必须正确理解、掌握《侵权责任法》的逻辑结构体系。

《侵权责任法》仅有 92 个条文,其规模当然不能与有 428 条的《合同法》相比。但我们绝对不能因为《侵权责任法》条文少,就误认为其逻辑结构体系简单。实际上,《侵权责任法》的逻辑结构体系,要比《合同法》复杂得多。《合同法》条文虽多,基本上就是一个"总分"(总则、分则)结构,总则部分从合同订立(第二章)到违约责任(第七章)属于递进关系,分则部分(第九章至第二十三章)属于并立关系,其逻辑结构体系相对简单。而《侵权责任法》是一个多层次的、多重的、复杂的逻辑结构体系。不理解掌握《侵权责任法》的整个逻辑结构体系,就不可能正确理解《侵权责任法》。如果置本法的逻辑结构体系于不顾,抓着单个条文进行解释,就不可能正确理解、解释、适用该条文。

《侵权责任法》设计了一个多重、多层结构,这是本法的特点。我们过去的侵权法教科书,将侵权行为分为一般侵权行为与特殊侵权行为,大陆法系民法立法关于侵权法的规定也是如此,就是一个"二分结构":一般侵权行为与特殊侵权行为。这是大陆法系传统的侵权法结构体系,非常简单,非常直观。特别值得注意的是,本法抛弃了教科书式的、传统的侵权法结构体系,新创了一个远比传统结构体系复杂得多的多层逻辑结构体系。试作分析如下。

(一)第一个层次:"一般条款+特别规则"

第一个层次的逻辑结构,亦即本法最基本的逻辑结构是,"一般条款+特别规则"。其标志性的条文是第2条第1款:"侵害民事权益,应当依照本法承担侵权责任。"张新宝教授和杨立新教授称之为"一般条款"。所谓"一般条款",既不同于具体的法律规则,也不同于一般的法律原则,而是对侵权责任请求权基础的高度概括规定。本法第2条以下的全部内容,都是对一般条款的具体化和补充,相对于第2条一般条款而言,第2条以下的全部内容都属于"特别规则"。

(二)第二个层次:"总分(总则、分则)结构"

本法第二个层次的逻辑结构,亦即本法所谓"特别规则"的逻辑结构,是一个"总分(总则、分则)结构"。第一章至第三章属于"总则",第四章至第十一章属于"分则"。这个"总分(总则、分则)结构",就是本法第二个层次的逻辑结构。其中,"总则"3章,主要是关于归责原则、责任构成要件、责任方式、赔偿项目、责任减免的"列举性"规定;"分则"8章,是关于各种最常见、最重要的侵权行为的"类型化"规定。

(三)第三个层次:过错侵权与无过错侵权的"二分结构"

本法第三个层次的逻辑结构,是关于过错侵权责任与无过错侵权责任的"二分结构"。这是上述"一般条款+特别列举+类型化"结构之下的,另一个层次的重要的逻辑结构。有的教授已经指出,我们这部《侵权责任法》与发达国家和地区的侵权法不一样。例如德国、日本及我国台湾地区,只规定过错侵权责任,只有过错责任原则一个归责原则,为了减轻受害人的举证负担,在若干情形采用了过错推定。当然,发达国家和地区也并不是没有无过错侵权责任,一是它们的无过错侵权责任规定在特别法,二是无过错侵权责任局限于危险责任,适用范围很窄,只是"例外规则"。其民法理论认为,承担侵权责任,不是因为有损害,而是因为有过错,就像氧气使蜡烛燃烧一样。这反映了当时的立法政策,特别注重保障个人自由,并未将民事权利之保障作为首要立法目的。

我们的立法,立足于中国国情和当今时代特点,将民事主体的合法权益之保障,作为《侵权责任法》首要的立法目的,进而突破传统民法理论和立法例,采过错责任和无过错责任"二元归责",同时并行规定过错侵权责任和无过错侵权责任。过错侵权责任与无过错侵权责任之间，不是"一般与特殊""原则与例外"的关系，而是"并立、并行、并重"的关系。这是本法区别于发达国家和地区的侵权行为法的另一个特色。

（四）第四个层次："一般条款＋特别规则"与"类型化"

本法第四个层次的逻辑结构，即过错侵权责任部分的"一般条款＋特别规则"和无过错侵权责任部分的"类型化"。回忆当初关于侵权责任法立法结构体例的讨论，张新宝教授建议的结构体例叫"一般条款＋特别列举"，杨立新教授建议的结构体例叫"一般条款＋类型化"。上述第一个层次与第二个层次的逻辑结构合起来，正好是"一般条款＋特别规则＋类型化"。可以认为，本法实际上是对学者建议的两种结构体例加以"整合"，构成本法最基本的逻辑结构体例。

先看过错侵权责任部分的逻辑结构。请同志们特别注意《侵权责任法》第 6 条第 1 款的规定："行为人因过错侵害他人民事权益，应当承担侵权责任。"此即所谓过错责任原则。按照这一原则，凡属于过错责任原则涵盖范围的侵权案件，有过错才承担侵权责任，无过错不承担侵权责任。还要特别注意，这一规定同时还是本法过错侵权责任的"一般条款"。因为本法关于过错侵权责任，不仅规定第 6 条第 1 款过错责任原则，还特设第 6 条第 2 款规定过错推定，并特设第七章规定医疗过错侵权责任。本法关于过错侵权责任规定的特色体现在这里，第 6 条第 1 款、第 6 条第 2 款、第七章，构成一个"一般条款与特别规则"的逻辑关系。在法律适用上，就要颠倒过来。如果属于医疗损害案件，应当适用第七章的规定，采取"过错客观化"判断；医疗损害之外的、属于本法规定为过错推定的案件，则应根据第 6 条第 2 款的规定，责令被告承担证明自己无过错的举证责任；既不是医疗损害案件，也不属于过错推定的案件，才按照第 6 条第 1 款的规定，要求原告（受害人）承担证明加害人有过错的举证责任。

第七章医疗损害责任，虽然《侵权责任法》第 54 条明文规定了过错责任，但鉴于医患关系的特殊性，本法在过错判断上既不采取由原告

(患者)承担举证责任,也不采取最高人民法院关于"举证责任倒置"的解释规则,而是参考发达国家和地区民法学说判例所谓"新过错说",采取"过错客观化"的判断方法。所谓"过错客观化"判断方法,即由法律预先设立"注意义务标准",法庭就用法律规定的注意义务标准来对照被告的诊疗行为,据以认定是否有过错。第55条规定说明并取得书面同意的义务,未尽到此项义务就有过错,尽到此项义务就没有过错,法庭很容易判断。第57条规定判断过错的一般标准,"与当时的医疗水平相应的诊疗义务",尽到与当时的医疗水平相应的诊疗义务就没有过错,反之即有过错。这一条在立法过程中争执最大,有的委员一再要求增加"当地的医疗水平"作为判断标准,法律委员会没有同意。因为如果加上"当地的医疗水平",被告医疗机构就可以"当地的医疗水平"低于"当时的医疗水平"主张免责,受害患者就很难得到赔偿。第57条这个过错判断标准,看起来比较抽象,但在多数案件中仍然容易判断,真正难以判断的案件较少。真遇到难以判断的案件,法院当然可以委托权威公正的医学和临床专家进行鉴定,实际上是鉴定"当时的医疗水平"这个客观事实,为法庭判断过错明确判断标准,而不是代替法庭判断被告有无过错。因此不得称为"医疗过错鉴定"。第58条规定三种情形应"推定医疗机构有过错",法律委员会审议侵权法时主持审议的胡康生主任委员就明确指出,条文虽然叫"推定医疗机构有过错",实际是"认定"医疗事故有过错,不允许医疗机构反证自己无过错。因此,本条属于"不可推翻的推定"(irrebuttable presumptions of fault),与第6条第2款规定的过错推定不同,第6条第2款所谓"过错推定",是允许以反证加以推翻的过错推定(rebuttable presumptions of fault)。请同志们特别注意《侵权责任法》第60条规定了法定免责事由,具有三项免责事由之一,法庭便判决被告医疗机构免责。本法规定"过错客观化"判断标准,再规定三项法定免责事由,就为法院审理医疗损害案件排除了很多困难,容易作出公正判决。

顺便谈一下,考虑到医患关系的特殊性,一方面,患者难以证明损害与医疗行为有因果关系,另一方面,医疗机构在很多情况下也难以证明患者的损害与诊疗行为没有因果关系,因此本法否定了最高人民法院关于因果关系举证责任倒置的解释规则,删去第二次审议稿中关于因果关系推定的条文。因此,法庭应当采用与其他侵权责任案件相同的方法判断医疗因果关系,如遇特别疑难案件,当然可以委托权威公正的医学专家进行因果关系鉴定。

再看无过错侵权责任。首先,《侵权责任法》第 7 条关于无过错责任原则的规定,与第 6 条第 1 款关于过错责任原则的规定,是并立关系,明示本法采取"二元归责"。发达国家和地区的侵权法并没有规定无过错责任原则的条文,因为它们的侵权法上无过错责任只是"例外"规定,过错责任才是原则。其次,本法第 7 条仅是对无过错责任原则的"宣示",不能作为判决依据,要判决无过错责任,必须适用对该侵权类型规定无过错责任的具体条文。最后,前面已经谈到,本法对无过错侵权责任采用"类型化"立法,除第五、六、八、九、十、十一章规定无过错责任的六大类型外,第四章还规定了监护人责任(第 32 条)、使用人责任(第 34、35 条)、安全保障义务(第 37 条)等无过错侵权责任类型。

这里需要补充一下,本法关于无过错侵权责任规定的特点是"类型化",但不同的侵权类型在"类型化"程度上也有差别。例如,监护人责任(第 32 条)、安全保障义务(第 37 条)、使用人责任(第 34、35 条),仅设概括性的规定,一种类型设一两个条文,谈不上"体系",而其他无过错侵权责任类型,每种类型由一个原则条文与若干具体规则构成一个"体系"。尤其第九章高度危险责任,在原则规定(第 69 条)之下,进一步分设七个"小类型","类型化"更彻底。还须说明,本法关于过错侵权责任的规定,也有采用"类型化"方法的,例如,第七章医疗损害责任。另外,在关于无过错侵权责任类型的规定中,也有过错责任或推定过错责任的规定"穿插"其中,例如第五章产品责任,其中销售者的责任(第 42 条);运输者、仓储者的责任(第 44 条)属于过错责任;再如第十一章物件损害责任,其中建筑物管理瑕疵责任(第 85 条)、堆放物倒塌损害责任(第 88 条)、林木折断损害责任(第 90 条),属于推定过错责任。

(五)第五个层次:"原则规定 + 特别规则"

本法第五个层次的逻辑结构,是由"原则规定 + 特别规则"组成的若干个"小型规则体系"。例如,前面谈到过错侵权责任中的"推定过错",就是由第 6 条第 2 款"原则规定",加上第 81 条、第 85 条、第 88 条、第 90 条、第 91 条第 2 款关于具体案型的"特别规则",构成一个规则体系。再如,会上有法官谈到的不可抗力免责,是由第 29 条原则规定,与第 70 条、第 72 条、第 73 条关于具体案型的"特别规则",构成一个规则体系。不可抗力免责,适用于过错侵权责任的法理根据是"无过错",适用于无过错侵权责任的根据不是加害人无过错,而是"利益衡量"。基于利益衡量的考虑,本法对高度危险责任(第九章)设立了特别规则,第 72 条占有使用高度危险物损害和第 73 条高度危险活动损害,规定了不可抗力免责,第 70 条核事故损害仅限于通常不可抗力事件中的"战争等情形"可以免责,此外的高度危险损害案型不适用不可抗力免责。换言之,第 29 条"但书"所谓"另有规定",即指第九章高度危险责任而言。此外,本法还有一个关于"第三人造成损害"的规则体系,值得重视。这一规则体系,由第 28 条"一般规定"与一系列"特别规则"构成。按照第 28 条的原则规定,第三人造成的损害,应当由该第三人承担侵权责任,只要被告向法庭证明"损害是第三人造成的",法庭即应驳回原告起诉,其法理根据,在程序法上是"主体不适格",在实体法上是"自己责任原则"。但本法基于民事主体权利保护和预防侵权损害之立法政策目的,特设第 37 条第 2 款、第 40 条、第 44 条、第 59 条、第 68 条、第 83 条等关于"补充责任"的规定,作为第 28 条原则规定之"特别规则"。

第四个问题,要严格区分立法论与解释论。

会上张新宝教授已经谈到"立法论"与"解释论"的区别。从会上的发言和提交的论文看,这个问题还没有引起多数法官的注意。法学论文,根据内容和写作目的分为两类:立法论和解释论。立法论讨论法律的"应然",解释论讨论法律的"实然"。会上有的论文,批评本法某个制度,建议修改某个制度,建议创设新的制度,甚至建议制定某项新的法律,属于"立法论";有的论文结合实有的或假设的案件,讨论应当根据本法某个条文进行裁判,讨论某个条文的适用范围、构成要件、法律效果,以及某个概念、用语的含义,是否存在不当和漏洞及弥补漏洞的方法和依据,属于"解释论"。《侵权责任法》制定之前和制定过程中,有大量的文章,包括法官、律师的文章,讨论应当制定什么样的侵权法,应采用何种结构体例,应当规定哪些制度、哪些内容,乃至讨论具体条文的行文用词、语法表达等,均属于立法论。

撰写属于立法论的文章,可以不受任何条条框框的局限,不受现行法的局限,各尽其智、畅所欲言,可以旁征博引、评古论今。评判属于立法论的文章的优劣,不是看文章的见解、建议是否符合现行法,是否可能为立法机关所接受,而是看文章的见解、立论是否有理有据,是否符合法理,是否符合我国国情和法律进步发展的趋势。

撰写解释论的文章就不能这样,必须尊重现行法,受现行法的约束,致力于对现行法具体法律条文、制度准确理解、解释和正确适用,即使经过研究发现某个具体条文、制度存在不足、不当乃至失误,其任务也只能是在不违反本法立法政策的前提下,运用种种解释方法,对该具体条文、制度予以弥补、补救以实现其规范目的,而不是进行批判或进行修改。

特别要说明,除撰写论文(法条评释、判解研究等)属于解释论之外,法官履行职责,包括会见双方当事人、主持庭审、合议案件、撰写结案报告、撰写判决书和裁定书,以及向上级汇报案件乃至参加审判委员会审议案件,都是在运用解释论。可见,运用解释论是法官的本职、本行,法官素质和水平高低,主要体现在运用解释论的能力和水准。

第五个问题,谈谈本法的成功与不足。

我在开头已经谈到,我认为《侵权责任法》内容是进步的,立法技术上是先进的。前面已经谈到本法逻辑结构体系的重大创新。这里再将本法对传统侵权法和侵权法理论的重大发展和制度创新,概括如下:(1)本法将"保护民事主体的合法权益"作为第一项立法目的,且明定《侵权责任法》有"预防和制裁侵权行为"的功能(第 1 条),相应增设关于"停止侵害、排除妨碍、消除危险"请求权(第 21 条);(2)采用"民事权益"概念,将"合法利益"纳入侵权法的保护范围(第 2 条);(3)对多数人侵权行为制度作体系化改造,将共同侵权行为区分为"主观共同侵权"(第8条)与"客观共同侵权"(第11条),单独规定"教唆与帮助"(第9条)和"共同危险行为"(第10条),并创设"原因竞合"侵权责任(第12条);(4)关于侵害人身权益致财产损失案件,规定可按侵权人所获得的利益赔偿(第20条);(5)将雇用人责任改称使用人责任,并由过错推定责任,改为无过错责任(第34、35条);(6)创设作为特别侵权类型的"安全保障义务"制度(第37条),对于"未尽到安全保障义务"要件之判断,既不要求原告举证予以证明,亦不允许被告举证予以推翻,系采用英美法所谓"事实自证"规则;(7)在产品责任中明文规定"惩罚性赔偿"制度(第47条);(8)关于医疗损害责任,采"过错客观化"方法来判断(第55、57、58条),并且充分贯彻对"患者自己决定权"的尊重(第55、56条),为所谓"消极安乐死"留下可能性;(9)改造建筑物责任制度,分为管理瑕疵致损的推定过错责任(第85条),因建筑缺陷倒塌致损的无过错责任(第86条第1款),建筑缺陷外原因倒塌致损的无过错责任(第86条第2款),以及"从建筑物中抛掷物品"致损的补偿制度(第87条);(10)将残疾赔偿金、死亡赔偿金定性为精神损害赔偿,并采取域外法院计算"逸失利益赔偿"的方法,使之兼有精神损害赔偿和"逸失利益赔偿"的功能。

无论如何进步的立法都不可能完美无缺,《侵权责任法》也是如此。《侵权责任法》的不足表现在:一是某些概念欠准确,例如用"侵权人、被侵权人"概念取代"加害人、受害人"概念嫌轻率;第37条将"宾馆、商场、银行、车站、娱乐场所等"称为"公共场所"不妥当;第十一章规定的"建筑物、构筑物""林木"等均不能称为"物件";二是第13条规定含义模糊,法律规定承担连带责任,如受害人仅起诉个别连带责任人,法庭似不可判决被告承担连带责任;三是第47条规定惩罚性赔偿,却不限定惩罚性赔偿金的倍数,而将应由立法规定事项委托给人民法院裁量,理由不充分。这几点属于本法的不足,并不构成错误。下面谈本法的两项错误规定。

一是本法第19条规定"财产损失按照损失发生时的市场价格"计算,违背损害赔偿制度的目的,且不符合市场经济客观规律。例如汽车毁损案件，假设损失发生时的市场价格是 20 万元，到法庭判决时同型号新车的市场价格已降至 15 万元。按照本条规定应判被告赔 20 万元，被告主张赔购买同型号新车价 15 万元行不行？法庭坚持判赔 20 万元是否公正？再如房屋毁损案件，假设损失发生时的房价每平方米 2000 元，法庭判决时已经涨到每平方米 8000 元，法庭仍按每平方米 2000 元计算赔偿金行不行？公正不公正？现在提倡"案结事了"，能不能了？

二是本法第 35 条最后一句规定，在个人的劳务关系中，提供劳务一方自身受到损害的，根据双方各自的过错分担责任。这是非常错误的。因为雇员在执行职务中自身遭受损害，属于劳动保险、工伤保险问题，属于合同法问题。受伤雇员要求雇主承担医药费、治疗费等，不是基于侵权责任请求权，不能适用过错相抵规则。如个体餐馆的大师傅切菜把手指头切掉了，当然谈不到雇主有什么过错，但因此让受伤雇员自己承担全部"责任"，不仅违情悖理，且违反《劳动法》和《社会保险法》。现行《劳动法》(2009 年) 第 73 条规定，劳动者在劳动中"负伤""因工伤残"，应"依法享受社会保险待遇"。1988 年天津滨海新区 (当时叫塘沽区) 法院审理过一个案件，雇主承包拆除旧厂房，雇员在施工中遭受人身伤害，雇主以合同约定"工伤概不负责"为由拒绝赔偿，经请示，最高人民法院《关于雇工合同"工伤概不负责"是否有效的批复》(〔1988〕民他字第 1 号) 指出："对劳动者实行劳动保护，在我国宪法中已有明文规定，这是劳动者所享有的权利"，受国家法律保护，任何个人和组织都不得任意侵犯。可见，本法第 35 条末句，不仅违法 (违反《劳动法》《社会保险法》)，而且违宪 (违反现行《宪法》)。人民法院真要根据此项规定裁判劳动者工伤案件，当然做不到"案结事了"，更谈不到"为民司法"。

对这两项错误规定，我建议人民法院采用如下解释方法予以补救：关于第 19 条规定，将按照损失发生时的市场价格计算和采用其他方式计算，解释为供法庭选择的两种计算方法，如按照损失发生时的市场价格计算显失公平，则采取"其他方式" (包括按照判决时的市场价格) 计算财产损失，以达成公平合理的判决。关于第 35 条末句规定，可将《劳动法》和《社会保险法》有关工伤保险的规定,解释为其他法律"另有规定",依据本法第5条特别法优先适用规则,直接适用《劳动法》《社会保险法》的规定,而不适用第35条末句规定。

最后谈一个问题,即第六章交通事故责任的第53条:"……机动车不明或者该机动车未参加强制保险,需要支付被侵权人人身伤亡的抢救、丧葬等费用的,由道路交通事故社会救助基金垫付……"其中的这个"等"字如何理解?交通事故社会救助基金属于社会保障制度,这个制度是道交法创设的,但道交法明文规定由社会救助基金垫付的费用限于"抢救费、丧葬费"。考虑到现今交通事故损害赔偿存在的严重社会问题是,多数案件的责任人没有赔偿能力,致受害人不能获得赔偿或者不能获得足额赔偿。

且不说近年接连发生的"醉驾""飙车"造成死伤人数众多的恶性事件,即使是普通交通事故,多数责任人属于农村个体经营户,靠一辆卡车跑运输维持一家生计,发生交通事故往往自己也人伤(亡)车毁,多数责任人不具备赔偿能力。人民法院也不敢拍卖他的房屋和承包土地。有的地方法院统计,交通事故损害赔偿案件中,责任人不具备赔偿能力的占一半以上。按照道交法现行规定,由社会救助基金垫付抢救费和丧葬费当然是必要的,但对于死者遗属和残疾受害人而言,保障其及时、足额获得法律规定的残疾赔偿金和死亡赔偿金,显得更加重要。因此,有必要扩大交通事故社会救助基金的垫付范围,在责任人没有赔偿能力的情形,由社会救助基金垫付残疾赔偿金和死亡赔偿金。

但又考虑到交通事故社会救助基金制度刚刚创设,很多地方还没有设立,如果本条明文规定由救助基金垫付"残疾赔偿金""死亡赔偿金",则在尚未设立救助基金的地区,即使法院作出判决也没法执行。因此,法律委员会主任委员胡康生同志决定,在本法第53条第2句条文中特别增加一个"等"字,为人民法院审理机动车逃逸或者责任人无赔偿能力的案件,判决由交通事故社会救助基金垫付"死亡赔偿金""残疾赔偿金"预留"空间"。当然,这样判决的前提条件是当地已经有了交通事故社会救助基金。

索 引

A

安全保障义务 30,455,458,477-478,493-494,509,525,561,565-566,587-588,604,607

B

保管合同 29,43,52-53,84
保险合同 33,37,43,52,113-114,256
保证保险 440-446
保证合同 32-33,43,52,108,113-115,332,445
被扶养人生活费 489,578,599
表见代理 18,55-56,85-86,121
标准合同 19,235
不安抗辩权 6-7,9,20,61,89,121

补充责任 33,458,493,558,560-561,588,605
不当影响 19,46,57,87,116,124
不可抗力 7,10,23,30,75,224,226,322,431,455,462,552,605
不良债权 174-178
不真正连带责任 558-559

C

财产损失 253,327,521,578-579
残疾赔偿金 451,473,487-489,499,501,520-521,526,562,577-578,581,599,609
产品责任 123,151,351,431,454,468,477,495,526,539-540,559,564,589,604
产品质量法 151,163,469,477,527,552,559,597

惩罚性赔偿 478,527－528,
　588－589,607
诚实信用原则 8,10,16,22,44,
　46,54－55,58－59,81－82,
　84－85,87－88,121,173,203,
　253,256－257,300,318
承诺 16－17,46,100,154,160,
　188,227,277,324
出版合同 30－31,43,52,106
储蓄合同 43,52,84,124,136
催告 22,125,216－218,225

D

代理 28,55－56,70－71,85－
　86,124,249,269
担保法 32－33,107,113,443－
　445
道路交通安全法 455,469－
　470,4790,500,526,562,571,
　597
德国民法典 6,19,80,167,234,
　250－254,260,278,324,349,
　367,541,582
第三人侵害债权 23,46,68,
　124,177,510
缔约过失责任 16－17,46,54,
　84,189
定金 24,64,67,92,94,117,
　158－160,187－188,266,269,
　340
定式合同 46,58－59,87－88
对外贸易代理 71

F

法定代表人越权行为 18,56,
　146
法定抵押权 27,121,215－220
法国民法典 6,123,127,182－
　184,227,230－232,250－251,
　255－258,324,426,533,541
妨害经营 457
分担责任 608
附随义务 10,46,55,85,121,
　123,142－143

G

概括条款 117,451,566
高度危险责任 460,479,484,
　503,508,553,565,604－605
公平原则 16,44,121－122,
　162,210,251,253－257,284,
　307,373
公平责任 468,480,482,512,
　568
共同侵权行为 449－451,477－
　478,514－519,559,572－576,
　606
共同危险行为 517,533,559,

574,607

公序良俗原则　16,44

构成要件抗辩　163－164

雇佣合同　32,34,43,106－108,
113,231－232,235

归责事由　48,71,543,566,568

归责原则　135,145,451,453,
460,482,508,511,565,568－
569,597

过错推定　64,97－98,145－
146,449－451,477－479,512,
530,534,569,601－602

过度诊疗行为　459－460,503,
532

国际货物买卖合同公约　80

国际商事合同通则　60,72,100,
112,146,209－212

国家救济　561

国家赔偿法　524,597

过失推定　23,71

过失相抵　205－212,469,473－
474,479

H

行纪合同　28,43,46,52－53,
70,84,122

好意同乘　499

合伙合同　34,43,52－53,84,
107－108,113－116,124－125

合理预见　23

合同的解释　24,43,51,68,95,
171

合同的履行　4,6,20,37,42,
52－53,55,296,320,326

合同的效力　18－19,42,51－
53,56,118,167,328,458

合同的终止　22,52－53,55,84

合同定义　16,36,122,221－
224,227－230

合同管理　69,121,138,140,
281,330,339

合同基础丧失　20,62,90

合同履行的保全　20,62,90

合同消灭　22,33,117,147

合同约定不明　20

合同责任　320,462

合同债权人的撤销权　62

合同债权人的代位权　62

合同自由　14,38－43,46,79,
128－132,230,241,339

后合同义务　55,84,142－143,
147

后契约义务　22,46,121,123,
180

J

机动车肇事责任　476,484,498

技术成果转让、许可合同　33－

34,43

技术合同法 3,5,34,37,69,99,107－110,120,138,140,413

加工承揽合同 27,221

监护人责任 455－456,468,478,509,565,569,604

监理人 150,465－466,505－506,534－535,556－557,592

减轻责任的抗辩 164

建设工程承包合同 27,218

建筑物责任 430,533－534,589

将来财产买卖 160,191－192

教唆 450,486,515,573

交易习惯 24,55,61,68,85,95,180

解除权 7,21－22,63,91,125,155－156,251,415,428－429

借贷合同 27,43－44,52－53,84,231－232

结算合同 43,45,47,52,114,124,136

借用合同 27,43,52－53,84

经济合同法 3,36,39－40,72,110－111,119－120,127,134－136,138,264－272,296－297,318,394,413

精神损害赔偿 450,473,478,488－491,520－522,577,580－581,599,607

救助基金 500－501,526,561－563,609

居间合同 28,43,52－53,84,122,257

拒绝履行 23,63,65,91,93,121,264

K

抗辩权 20,38,60－61,89,163

可撤销合同 3,18－19,57,274

可得利益损失 10,23,458

L

连带责任 32－33,450,468,476,478,486,496－498,514,519,525,558－560,573－575,593,607

履行不能 22－23,48,75,80,307,361

旅游合同 29,43,53,114,124,137

M

买卖合同 34,42－44,51－53,153－154,157－159,166－170,181,185－189,192－193,195－196,458,542

免责抗辩 162,164－165,197,203,494,583

免责事由 23,29,101,460,482,495,531,552,597

免责约款 23,377,400

民法通则 3-5,7-10,19,36,49,70-73,78-79,81,99,107,109-112,207-208,275-279,467-469,471-473,480,511-515,564,567,590,596

民事权益 452,510,543-544,547,566-568,586

O

欧洲合同法原则 72,100

欧洲民法典草案 451,482,540,543-544,565

P

培训合同 43,108,114

平等原则 44

欺诈 18,45,57,72,79,86-87,109,177,249,271,278,458

Q

企业经营权转让合同 25

强制实际履行 24,64,67,95,185,288,292

侵害人身权益造成财产损失 579

侵权法保护客体 510,567

侵权行为法 480-481,539-541,568,571

侵权请求权 547

侵权责任 24,29,95,101,177,207,320,452-456,458-459,468,485,504,513,525-526,544,546,567,596,605

侵权责任法编 481

情事变更 8,20,60,74,88,124,298

R

人身伤害 23,487,494,520,535,577,608

融资租赁 27,46,106,114,380,383,386,388-390,419,431,477,479

S

善意取得 58,87,168-169,195,276

商业诽谤 456-457

商业活动中的侵权责任 493

涉外经济合同法 3,7-8,37,99,119-120,134-135,206-208,210-212

生效要件 18,116,268

市场价格 146,153,521,578,

608
实际履行原则 20,285,326,329,357
适用范围抗辩 163－164
使用人责任 455－456,509,523,565－566,582,604
双务合同 20,60,89,316
说明义务 529,570
死亡赔偿金 451,469,487－489,520－521,549,562,577－578,581,599,609
苏俄民法典 6,228,252－254,258,279,322－325,354,356
损害赔偿 10,23,64,66－67,92－94,100,142,159,185,207,218,265,323,325－328,349,449－452,476,520－522,580
损失分担 450,478,523
损益相抵 68,95,124,489
所有权转移 24,180,386

T

特别法优先适用 449,476,478,485,598,609
替代责任 455－456,477－479,501－502,524
停止侵害等请求权 522
同命同价 549,551

同时履行抗辩权 3,6－7,9,20,60,89
统一合同法 49,76,78－80,93,119,140,213,345,474,480
土地使用权转让合同 25,42

W

网络服务提供者的责任 509,525
违法性 511,567－568
委托合同 28,34,43,52－53,84,122
违约金 7,10,23－24,64－68,92－94,117,159－163,197－199,203－204,324－328
违约金调整 161,180,197,199,202－204
违约形态 23,64－65,92－93,210
违约责任 6,10,23,42－43,46,51－53,64,68,71－72,92,95,97－99,101－102,120－121,135－137,146,180,347,425,452,546
无过错责任原则 449－451,453－455,463,476－478,512－514,570,604
物件损害责任 484,505,509,566,604

无权处分　57,86-87,167-170,190-191,194-196,276

无效合同　18-19,270,275-276,279

X

瑕疵担保责任　170,176,178,347-351,353-358,360-368,372,377,415,419

瑕疵履行　23,65,210,292-293

狭义无权代理　18,55,85

显失公平　18-19,57,124,144,251,254,257-258,279,298,319,400,419

向第三人履行义务　20

胁迫　18,45,57,72,79,87,109,177,271,278,458

行政合同　15,73,109

悬赏广告　17,116,180

Y

演出合同　31,43,52,114

严格责任　29,71-72,92,97,145,469,498,526,539,551

要约　16,45,160,225,227,277

医疗合同　29,43,106,114

医疗事故处理条例　470-472,529,553,559,597-598

医疗损害责任　449,477,479,501-502,508-509,528,564-565,597-598,602,607

因果关系　145,164,449,454,513,545,603-604

隐私权　489-490,493,510-511,566

营养费　487,599

由第三人履行义务　20

优先购买权　213-214

邮政通讯服务合同　30,43

逾期履行　23

预期违约　20,61,89,106

预约　17,116,157-160,181-189,308,401

原因竞合　29-30,450-451,477-478,515,518-519,575-576,607

约定解除　21,155,428

运送合同　27,43-44,52,221

Z

责任竞合　24,46,64,92,107

责任原则　8,64,71,92,97-101,120,452,493,528,544,568,570

责任主体　455,477-478,484,493,508-509

赠与合同　26,42-43,51-53,84,122

宅基地买卖 153-154
债权让与 7,21,225
债权人迟延 20,65,93,117
债权债务的概括移转 21
债务承担 7,21,117,154
债务加入 154

重大误解 18-19,57,270-271,277,453
住宿、饮食服务合同 30,43
注意义务 29,479,530,586
租赁合同 34,43,51-53,84,125,170,213,221,311,437